费城夜话集

Fireside Talk from Philadelphia

谷世强 (美国) @ 著

By: Shiqiang Gu

DIXIE W PUBLISHING CORPORATION U.S.A.

美国南方出版社

费城夜话集 / 谷世强（美国）著

责任编辑：周景玲
插图摄影：卢　琳、谷世强
版面设计：张　蕾

Published by

Dixie W Publishing Corporation

Montgomery, Alabama, U.S.A.

http://www.dixiewpublishing.com

本书由美国南方出版社出版

· 版权所有　侵权必究 ·

2022 年 3 月 DWPC 第一版

开本：244mm x 170mm

字数：389 千字

Library of Congress Control Number: 2022931022

美国国会图书馆编目号码：2022931022

国际标准书号 ISBN-13: 978-1-68372-418-6

作者简介

谷世强 籍贯河北省玉田县。1957 年 9 月天津出生。1983 年毕业于天津理工大学（原天津理工学院）。现为美国 SCI 中国市场咨询公司总裁 CEO。2011 年，《我的移民之路 – 儿子怎样进入"常春藤"》由北京的中国国际文化出版社出版发行。

加入美国 SCI 公司 30 年来，作者工作之余在《人民日报海外版》、美国《侨报》、美国《世界日报》和《世界周刊》等报刊发表海外纪闻、游记以及评论文章一百多篇。

代 序
Preface

2011 年 3 月 30 日，美国《侨报》的《文学时代》版头条以半个整版篇幅配发照片，发表了我写的"关于《我的移民之路》"一文。我就以此文作为《费城夜话集》的代序吧！

关于《我的移民之路》

（宾州）谷世强

兔年三月，我家所在的费城郊外小区又春回大地了。这个周末的夜晚，我举目仰望据说是 18 年才能一遇、比平常看上去要大 14% 的"超级大月亮"，感觉它果真又圆、又亮、又大！举头望明月自然少不了会低头思故乡。望着这超级明亮的圆月，屈指算来，我已来美国工作生活 18 年了！想来我离开家乡天津来到美国费城那一年应该也有这 18 年一遇的"超级圆月"，可惜我却不记得了。

冬去春来，寒暑易节，18 年了，我回首在美国的移民生活感觉真是酸甜苦辣咸五味俱全。人的一生会走过很多路，笔直或者崎岖。我们新一代华人的移民之路虽兔不了奋斗与艰辛，但却令人振奋和终生难忘。不论是因为何种原因或是抱着何种梦想而远渡重洋、移民海外的炎黄子孙，每每回首自己走过的移民之路时，会发现其实自己就是一本生动的书。每本书里面都少不了的"关键词"一定是自己的祖国母亲 —— 中国。

给报刊写稿子不但帮我解了乡愁而且还帮我拉近了家人和亲朋好友的距离，我在爬方块字格子中更深刻地体验着移民的情感、探索着成功的移民之路。

这世界万事都相辅相成、相互作用。这不，正是因为我在美国这十多年来始终心系华夏，不断地将我在美国移民生活的所见所闻所想写成方块字文章发表，我也有了自己的"博客"，内容还算比较丰富多彩，文学质量还比较好。虽然我从来没有专门推广我的博客，但点击量却还挺高，其中不乏留下赞美之词的同胞和朋友。就是这个专门收录我移民美国后发表的文章的博客又促成了我与在北京的中国国际文化出版社的出书合作。人家有学问的都是先写书再出书，而且常有名人作序。而我则不同，出版社的编辑审阅了我简单汇总的个人博客稿件后，很快通知我"大作语言精炼，逻辑严谨，文理流畅。在没有著作权、版权侵权，以及出版社有修改权的前提下，可以公开出版发行。"这是我没想到的。

既然如此，咱也别辜负了编辑的鼓励和她们的宝贵时间，就当真赶鸭子上架一回，尽力将书稿整理好争取奉献给读者一本小书，供人们在等飞机、坐地铁和上洗手间时有兴趣翻翻看看。

在海外能为出书有目的地写写这方块字、有望与读者侃侃家常，这本身还真让我有了幸福感。这不，在责任编辑的指导下，我这本"计划外生育"无心插柳柳成荫出来的集子已经顺利完成了终审，封面和封底美术设计也完成了，编辑来电通知我，我这本书名为《我的移民之路》。

其实，这书名就是集子里面一篇我曾发表在《人民日报海外版》的文章题目而已。这本就要在北京出版的书里，一共选录了40篇我在美国生活十多年里写作发表的文章，数一数这本文集连同大量北美移民生活照片也200页有余了。出版社还为这本书申请拿到了港澳和海外发行的批准书号，也许通过这本文集我还能与许多在美国和世界各地的华人、华侨朋友见面。想着很快就要出版的文集，我心里美滋滋的。

正所谓有意栽花花不开，无心插柳柳成荫。万事都要顺其自然。没有写过书的我怎么能出书呢？说来话长。来美前，我喜欢在工作之余写写海外见闻、编译些"可乐市场战"等文章陆续在《天津日报》《今晚报》和《技术市场报》等报刊上发表。我刚到美国加入 SCI 国际市场咨询公司时，我和其他新移民一样，都少不了每天疲于奔命，从学如何用电脑到适应新的工作环境，我接受着各种在异国他乡必须面对的挑战，在所谓拼搏奋斗的日子哪里有写方块字文章雅兴和时间。感谢太太卢琳的支持，也感谢儿子谷峥，他到美国后很快适应了新环境，并成为班里的优秀生，不让人操心。

我在美国工作之余又时不常地写起方块字文章来了。只不过到美国后我写东西都是用电脑了，稿子也主要是在北美华人的主要日报《侨报》和《人民日报海外版》发表。

近些年发表的文章能在互联网上轻松查到了，许多文章也被网络媒体给转载了。两年前，我也胡里胡涂地凑热闹，在新浪网上开了个博客，将到美国以后发表的大部分文章收录进博客了。这些文章包括了方方面面，于是我的博客有点像个杂货铺了。这些文章多少反映了我们新一代移民的海外生活和所思、所想、所牵肠挂肚和我们酸甜苦辣俱全的移民之路。

渐渐地，到访过我的博客的亲朋同学多了些，我在北京中医药大学当博导教授的大哥谷世喆首先鼓励我有时间不妨考虑将发表的文章汇编起来出本集子。现在，这本集子还真的要出版了。

在该书的封底有这样一行文字很说明问题：这是"一本真实反映新一代移民拼搏、进取、乡情、思想和"龙行海外"生活的文集"。该书一共分八章，第一章：移民之路 — 天津到费城；第二章：中国根，父母情；第三章：话说美国；第四章：常回家看看，等等，无一不是我们华侨华人在海外生活的缩影。

特别令我欣慰的是，该书在第五章"祭父母"中收录了 2010 年 4 月 1 日清明节前夕，美国《侨报》发表了我在海外悼念已故父母亲人的纪念文章，让生我们、养我们的父母亲和笔者少年时期珍贵的"全家福"照片等资料都一并出版，希望能常留于世。

我就用书中收录的这篇"祭父母"一文中的一段结束此文吧：我还记得，我小时候，在我家一带有个走街串巷磨剪子磨菜刀的老头，每次到我们院门口都要将我家的剪刀磨得特别快。原来，母亲无意间听说这个靠串街磨剪刀为生的老人家乡闹灾，家人在忍饥挨饿时，马上拿出一袋粮食送给这根本就不认识的磨刀老人。从此，每次他来磨剪刀时，母亲除了尽量多付钱外，总是请他喝热水、吃馒头之类的。后来，这磨刀人见到母亲就称"救命恩人"，并为我们免费磨刀。可惜啊，这么好的母亲，1971 年冬天，年仅 50 岁就病逝了。我移居到美国工作生活 10 多年，但小时候跟母亲上街买菜，天冷时母亲为我们添棉衣、做棉被、吃母亲做的饭菜时的情景，至今历历在目。回首我走过的移民之路，动力来自哪里？父母和祖国。

目 录 Contents

Chapter 1
移民美国 30 年

Chapter 2
从"常春藤"到伯克利加大

Chapter 3
父母恩情家天津

Chapter 4
难忘故乡那些事儿

Chapter 5
美国游记

Chapter 6
神州揽胜

Chapter 7
台湾印象

Chapter 8
云游世界

Chapter 9
费城夜话论东西

Chapter 1

移民美国 30 年

2017 年 2 月 7 日，美国《侨报》的《文学时代》版头条以半个整版篇幅发表了我写的《我在美国过春节》一文：

我在美国过春节

（宾州）谷世强

"梅花带雪飞琴上，柳色和烟入酒中"和"爆竹声中一岁除，春风送暖入屠苏。千门万户曈曈日，总把新桃换旧符"等唐诗宋词，似乎永远都是我们华人过年迎春的意境。习近平 2017 年春节团拜祝词引用的一句唐诗，又让王维的贺春佳句"草木蔓发，春山可望"丁酉鸡年火了一把。

不过，当年的李白杜甫陆游，加上韩愈、苏轼等"唐宋八大家"们，无论他们的想象力如何丰富浪漫，也无法预见到如今春节已呈现跨越时空的两大特色。哪两大特色？我一边在美国家中看央视春晚直播，一边忙着手机微信拜年，一边就总结出了今日春节的两大特色：一曰春节微信化，二叫春节国际化。

大陆央视和地方卫视的春晚节目让"梅花带雪飞琴上"表现的淋漓尽致，从江南到北京。但是，"柳色和烟"与其说是"入酒中"，倒不如说是已被淹入微信群中了！爆竹声其实也在防雾霾中渐行渐远，倒是海外中国城，除夕夜敲锣打鼓、舞龙舞狮和鞭炮齐鸣，将我们带入了儿时在家乡打灯笼过年的甜美回忆。如今的"80 后"、"90 后"还有几个"总把新桃换旧符"的？连我们这一代也跟着将桃符换成微信帖子了！

还不要说"文革"时期的封闭了。上世纪 80 年初，"改革开放"已然春风浩荡，过春节我们的一切活动都出不了家乡的一亩三分地。那时有几个坐过小轿车、吉普车的啊？骑自行车拜年能骑出多远？

春节到外地旅游度假？根本就没听说过。出国度假游？连做梦都觉得是疯了。上世纪 80 年代后期和 90 年代初叶从中国来美国的访问学者也好名校博士留学生也罢，都是年前一个多月就给家里写信拜年。那真是"每逢佳节倍思亲"彻夜给父母家人写成的几页纸的拜年和报平安家信，会被小心翼翼地折叠装进航空信封，再贴上蓝色的 Air Mail 标签，再装上估计不会超重的两张照片，转天就会跑到邮局寄往大洋彼岸的家乡。然后，就是盼望早日收到家人回信报平安的那份祈盼。这过程甜蜜得让人难忘。

　　电邮和微信当年肯定是没有。过春节给家里打个电话拜年？那也是奢望。那时在美国的留学生和访问学者，中国的家里装有电话的，我周围就一个也没有。那时家里装有电话的，甭问，肯定是高干。所以啊，如今的网络微信，让我们都能享受享受比高干还高干的拜年。

　　放眼全球，如今世界地图上不过春节的国度还真不多了。美国最重要的节日当属"圣诞节"吧？但真正过"圣诞节"和放假的也主要是有基督教传统的西方国家。今天的春节呢？从亚洲到非洲，从欧洲到澳洲，只要是旅游热点，那里的宾馆饭店和景区必定大红灯笼和中国结装点的春节年味，红火又热闹。华人聚集的北美大地更不用说了。这不，在温哥华的弟弟谷世斌告诉我，年三十在中国城要买条活鱼得排队一个多小时才行！而以香港和大陆华人为主的温哥华，这年夜饭活鱼那是必须地，吉祥如意，富富有余！

　　海外华人过春节，也是中华文化传统传承国际化。节前我到费城中国城理发，我说下个周末正好大年初一、初二，理发店肯定会大忙。给我理发的福州籍师傅马上纠正说，谁大年初一理发？你不知道"正月不剃头，剃头死舅舅"吗？他说，正月来理发的，不是没有舅舅的就是美国出生的华人 ABC，不懂老例。这一说，给我们正在理发的几个顾客全都给说乐了。

　　这个丁酉鸡年春节，据说已有 600 多万持中国护照的游客海外游。这是个什么概念？如果平均每人花 1000 美元看西洋景的话，就是 60 多亿美元的花销！这就是中国春节越来越国际化的硬道理。"老外"们看着眼晕也眼红，很多著名景点现在除了英文就是中文标示了。

　　以前，口袋鼓起来的中国人春节出境游，以港澳台、新马泰、马尔代夫和印尼巴厘岛以及日本和欧美、加拿大为主。如今，这个鸡年春节，600 多万中国游客让以色列、阿联酋、澳大利亚乃至非洲都成了热门旅游目的地，南极估计都少不了。真有点你不过春节，让中国春节过你的劲头。以蔚蓝色海滨度假胜地闻名的巴巴多斯，是加勒比海的弹丸岛国，人口才 40 多万。但是，就在这个世界地图上都不好找的弹丸小国，仅我看到和吃过的中餐馆就已经有十多家了！

　　说起中国春节文化的国际化，我忽然想到了鸡年的英文翻译和生肖邮票。以前，记得我们给"老外"发贺卡等时，鸡年都是翻译成 Year of Chicken。在我们的词汇量里面，只要是说鸡，立即会想 Chicken。到了美国我才发现，敢情"老美"邮局是将鸡年翻译为 Year of Rooster。其实，Rooster 这词儿专指雄鸡。我们的鸡年难道不是雄鸡之年吗？从此，跟"老外"祝贺鸡年，我都是说 Happy Year of Rooster!

　　美国邮局是在中国"改革开放"高潮的 1992 年 1 月 23 日首次发行庆祝春

节的 Year of Rooster 生肖邮票的。从此，便形成了年年春节前发行生肖邮票的传统。虽然邮票面值已经翻倍了，但票面图案设计突出中国剪纸、鞭炮、灯笼和汉字等文化特色的传统，今日依然。

你还别说，不知道与川普当选总统是否有关，连年亏损的美国邮局也闻鸡起舞有点效率了。每年，美国邮局都是慢腾腾地春节临近时才开始发行生肖邮票。今年不同，一月初美国邮局就开始在全美发行庆祝丁酉鸡年的生肖邮票了。而且，这枚 Year of Rooster 生肖邮票图案精美，很有雄鸡一唱天下春的气势。邮票主图案是一只漂亮的大公鸡，鸡冠鲜红，脚踩梅花，上书四个金色汉字：恭喜发财！

鸡年是笔者的"本命年"。所以，我第一时间买入的 Year of Rooster 生肖票背面的英文介绍也读的仔细。这第一段"老美"写的就中看，"从 2017 年 1 月 28 日起，全世界亿万人将步入鸡年。据说，鸡年出生的人有信心、忠诚而且诚实 (confident, loyal and honest)。他们有激情人缘好，经常会享有事业成功的荣誉。"哈哈，看看人家"老美"邮局，多会给我们"属早起"的一族说好听的拜年话！

如今，春天信息的年味儿谁先知呢？还是北宋诗人苏轼笔下的"竹外桃花三两枝，春江水暖鸭先知"吗？否！节前，每天早晨起来，微信群里看不完的鸡年报春帖子、段子、照片、视频和亲朋春节旅游信息雪片般飞来。我想，如果苏轼老先生能活到今天而且跟我们一样人在海外的话，也许会这样写出"竹外桃花三两枝，家乡年味"群"先知"的佳句来呢！

我是天津土生土长。所以啊，我每天收到的微信，来自家乡天津的最多。虽然都是直辖市，但天津卫"介个地方"比北京和上海更讲究民俗。民俗到了天津就成了年俗了。天津卫过年的风俗习惯那叫一个讲究，初一的饺子初二的面，初三的盒子往家转！讲究年味年俗的天津卫，杨柳青的年画和天津窗花剪纸吊钱仍然很有市场，贴上喜庆又吉祥。离春节还有两星期的时候，我在天津的三哥嫂就给我在北京当教授的大哥家寄去了天津的"合家欢乐"和"福"字窗花吊钱。三哥谷世乐是民乐作曲家，他在微信群里写到："吊钱、窗花一贴，顿时就有喜庆气氛和年味。送上一份节日祝福！"。也是北京名老中医的大哥谷世喆立即回复道："祥和热闹还是天津卫！"。有时，我也在春节微信的海洋里恍惚，今年我是在哪里过年呢？

让微信闹的，因为时差，我们每天起床后先顾不上吃早点，先得打开 iPhone 看微信。每天与已经不分国度和时差的亲们微信频频，异国他乡的感觉弱了，距离美也没了。杜甫笔下"烽火连三月，家书抵万金"的祈盼心情多感人啊，给微信没了。唐诗《渡汉江》中"岭外音书断，经冬复立春。近乡情更怯，不敢问来人"的诗情画意多美好啊，已然被春节国际化和微信化淡化了。

　　前不久，我的"发小"老同学李耕兄来美国旅游，送给我一个华为技术公司出产的"荣耀盒子"。真是神了，将这个方块形状的白色盒子连接到我家电视后，不但每天随时都可以收看央视各个频道，包括家乡天津在内的各大卫视台也能实时收看了。

　　中国的鸡年除夕夜正好是美国费城的早晨。我们根本不用熬夜就能和中国的亲们一起同步看央视春晚，微信褒贬评论不休。大年初一早上，费城郊外雪花飘飘。此时，新年伊始的家乡天津已是万家灯火了。我沏上一杯碧螺春一边早点，一边欣赏着窗外瑞雪兆丰年的朵朵雪花，一边打开电视看家乡天津等卫视台的地方春晚。当然，我也忘不了大年初一给群里和朋友圈上的亲们发微信拜年。鸡年春节正是：吃早点，看春晚，赏雪花，拜大年！

2007 年 3 月 3 日，面向全球华人发行的《人民日报海外版》要闻版头条发表了我写的《我化乡愁为动力》一文：

我化乡愁为动力

谷世强　（美国 SCI 咨询公司副总裁）

美国历史名城费城与我家乡天津是姐妹城市。先是我本人、随后是太太和儿子移民来到费城生活工作。我加入总部在费城的美国 SCI 国际市场咨询公司，一晃十多年了。

说实话，虽然我在 SCI 公司的工作有经常回中国出差的便利条件，在过去的一年我就回国五六次之多，但乡愁依旧。爸爸已经 90 高龄，近年来一直在天津中医院一附属医院治疗，每次回国虽然尽量挤时间但也只能在病榻前陪伴片刻。每当明月高悬的夜晚，每逢春节等佳节来临，仍会思念远方父母亲人，关注家乡的冷暖变迁。来美国时间越久，越是已经安居乐业，越是常能回国回家看看，这份牵挂、这份乡情就越浓。

我在美国化解乡愁的办法是：化乡愁为动力。十多年前我刚刚加入 SCI 时，这家在费城市中心市场大街拥有漂亮办公条件的咨询公司，在北美、南美、欧洲、日本都有业务，就是在中国没有，他们也不了解中国和中国市场正在快速崛起的巨大商机。

我凭着对中国发展的信心和理解，凭着熟悉中国国情、文化、语言，凭着巨大的乡情动力，主动请缨负责中国市场业务开发。那时的 SCI 连一个中国市场客户都没有，难啊。常常好不容易开发出一个感兴趣也对路又有实力的美国潜在客户公司，一听说 SCI 不是专门做中国或亚洲市场的咨询公司，就动摇甚至打退堂鼓。

经过不懈的努力，我与公司的同事们合作，终于得到第一个客户公司。随着业务越做越精、越做越专，客户越来越多，乃至柯达等大公司也与我们合作了，中国业务开始成为 SCI 的支柱产业。我们完成了大量中国市场项目，为国内许多城市的招商引资和引进国外先进技术作出了贡献。

化乡愁为动力、以乡情为资源，不但确立了我在公司的地位，也为 SCI 公司迎来了许多客户公司上层的赞誉。谈美国的棒球、美式足球、美国企业文化和客户关系等，虽非我们的强项，但谈中国市场、谈中国文化、谈中国的发展和特色等等，以及合资、独资、知识产权保护、所得税、资源与物流等等，我们是专家。我们可以积极引导甚至左右"主流"。

这不，刚刚拿下独资企业营业执照，准备在无锡开业的美国客户公司老总请我 3 月下旬到中国出差，帮助完成开业前的最后准备工作并协助开业仪式等。中国的发展进步是我们在海外挺起中国人腰杆创造业绩的基础。我们海外华侨华人化乡愁为动力，主动介绍中国发展进步和投资等机会的努力，又是祖（籍）国发展快车的润滑剂。

美国是个包容性很强的国家。只要我们主动，只要我们自己不排外，只要我们开诚布公、不卑不亢，许多美国人都是很好交朋友的。我们公司总裁WECKESSER 博士的太太在费城 FOXCHASE 肿瘤医院当副总，两口子每逢感恩节、圣诞节，都请我们全家到他们家吃火鸡宴，感受美国"洋节"的家庭团聚文化。我当然也请他们全家来我家过中国节，教他们怎么做中国锅贴，怎么做中国醋椒鱼等等，也让老美们感受我们中国讲究色、香、味俱全的食文化。现在 WECKESSER 博士常常"露一手"给太太家人烧个中国菜，还常告诉我，太太说他烧的中国菜很棒。

我们华人望子成龙之心特别重。其实，放手让孩子在美国按情趣和特长发展，尽量融入主流社会，比天天关起门来死读书追求"第一名"好。我儿子谷峥上小学一年级时来美国，英文连上厕所也不会说。很快，他就有了白人、黑人、亚裔的朋友，并多次在美国各种数学等竞赛中得奖。特别令人骄傲并且很给华人争气的是，谷峥在 2001 年初中毕业时荣获有美国总统布什和美国教育部长签名的"总统杰出学业成就奖"，成为美国学生中的佼佼者。2004 年暑假，他被选入宾夕法尼亚州州长学校学习 IT 技术，2005 年高中毕业时以 GPA4.08 总成绩荣获杰出学生奖。

谷峥现在美国"常春藤"名校康奈尔大学读电气工程专业二年级。虽然玩心仍然很重，但凭中国人的聪明和悟性，一直是班上最优秀的学生，与美国教授和同学关系也很融洽。谷峥除了业余喜欢打网球外，还在大学乐队当西洋乐队鼓手。我儿子他们这一代乡愁是没有什么了，但中国"根"不能忘。我们差不多每年都安排他回中国探亲，使乡情在下一代延续。

春天到了，我家乡海河两岸又要柳绿花红了。想着很快又要回国出差又能回家看看了，真高兴！

2017 年 12 月 24 日，周日版美国《世界日报》的《世界周刊》配发多幅太太卢琳提供的彩照，在《挖趣》专栏发表了我写的《搬家甩卖 逛豪宅淘宝贝》一文：

搬家甩卖 逛豪宅淘宝贝

文/谷世强　　图/卢琳

如果上网搜一下 Moving Sales 如何翻译的话，有翻译成清仓特卖的，也有翻译成前院大清货的，更有翻译成车库买卖的。其实都不对，我觉得翻译成搬家甩卖最贴切。因为，Moving Sales 与 Garage Sales（车库甩卖）和 Yard Sales（前院甩卖）都不同。

搬家甩卖在美国很流行，也很受欢迎。可以说是美国传统文化的一部分。特别是好家具、好衣物和好艺术品较多的富人，更喜欢搬家甩卖。而且，富人区的搬家甩卖最吸引人前来捡漏和看豪宅。很多富人也是退休了的老人，搬家前，会将不方便搬走古玩柜、大餐桌、瓷器酒具乃至油画壁毯找个周末卖掉，就是搬家甩卖。

富豪家总有中国瓷器

有趣的是，很多美国富人家里面都或多或少的有中国瓷器花瓶、鱼缸甚至字画，清朝和民国时期的也常见。于是乎，包括我太太在内的华人喜欢逛富人区搬家甩卖的越来越多，最喜欢掏腰包买的就是中国瓷器等，就是没捡着漏也感觉划算。

这不，我们在费城郊外富人区的搬家甩卖会上，很快就先将房主楼下看到的一个带木托架的中国瓷鱼缸买下，然后又在其楼上将看上的一个中国硬木高脚花盆托架买下。其实我们也不懂行情和淘宝，反正这个外面是花鸟图案金边、内壁是四条红金鱼、底部一条红金鱼动感十足的大鱼缸，缸底还烧有"大清同治年制"红色印章，就孤芳自赏地断定，怎么也值这几十美元的搬家甩卖价了！

美国的搬家甩卖大致分为两种。一种是房主在当地报纸或者网上做个广告，说好某周六上午 9 点开始搬家甩卖，自己定价、自己操持、自己卖。但愿意费时费力自己卖的富人越来越少见了，我就没见过。另外一种最为流行。那就是委托当地有信誉的专业搬家甩卖公司全权负责甩卖，房主外出度假等，收入根据委托合同分成。尽管搬家甩卖现在也收信用卡，但更多还是现金交易，可见专业公司信誉卓著。这也是了解美国社会诚信经商文化的一个视角。

很多富人对自家的瓷器、餐具、家具、油画和摆设等是否是古玩和市场价值多少根本没概念，自己标价自己卖也许更赔。而专业公司有经验也有专才，标价就很接近市场价。当然，专业公司的定价通常也要房主同意。由于被委托公司的佣金收入与"营业额"收入挂钩，他们当然会尽心尽力多为客户卖几个钱，服务态度也好。

根据网上广告，周末闲暇时有选择地去逛逛 Moving Sale 其实可以受益多多。首先，当然是踏青赏秋途中可看看富人区的房地产信息。而且，在美国，只要有地址，就能够从 Zillow 公司网站上了解该房产的价位，室内外面积，几个卧房几个洗浴间，建筑年月和有无车库乃至日照时间是否适合安装太阳能等，一应俱全，有助于对美国社区和房地产市场的亲身经历式了解。

其次，逛 Moving Sale 还可以亲身体会美国文化的一个方面。在中国，就是同学或者家人聚餐，也都预定个单间，享受私密空间。能设想北京、上海等地的富人搬家卖房子，东西搬走前登广告请根本不认识的人来买"搬家甩卖"吗？能百分之百地放心委托一家公司从定价到广告到划价到收费到房产安全都一手操办，委托人一点也不参与更不会在场，然后毫无问题地按协议分成吗？难！所以，周末没事儿逛逛 Moving Sale，也时常能感触良多，思考比较中美社会文化的异同。

淘宝人趋多再无半价日

前来逛 Moving Sale 的买主，我们华人大多怀有一颗捡漏淘宝的心。还别说，清朝和民国年间，中国为美国市场烧制的出口瓷器真不少，图案和造型在国内反而见不到。老美呢，很多是为了买套餐具或者家具物美价廉，文化传统上喜好这个使然。以前，通常都是周六开卖，剩下的东西周日再卖时半价。现在前来淘宝的人多了，周日半价的日子也成老黄历了。

我是因为太太两三年前忽然开始热衷于去逛 Moving Sale 才跟着去凑热闹的。而太太则是受了费城地区"海伦拍卖"（Sales by Helen）网站的影响才开始喜欢上 Moving Sale 的。现在，连我也认识了这位每次搬家甩卖活动都在门前主持也管收款的慈眉善目的海伦老太太。海伦是位典型的美国白人老太太，十分敬业。为写这篇稿子，我也打开"海伦拍卖"网站仔细看了看，还真挺专业。

去过几次"海伦拍卖"公司举办的 Moving Sale 后，我才明白，她们客户中有超过 75% 的富人是卖掉郊外豪宅要搬到公寓楼房去住的老人。郊外豪宅虽然大，但夏天要请人给草坪剪草、冬天要请人给自家车道除雪，下饭馆等都不方便。市区公寓虽小多了，但不用再操心这么多了。但是，公寓的住房面积缩小很多，这些老人不得不将大件物品甩卖出去。明白了美国老年文化的这一点，大家对搬家甩卖的大件物品质量也就完全可以放心了。

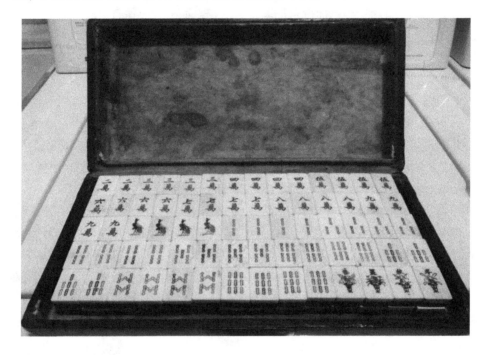

从 Moving Sales 上买到了一副老麻将牌。

捡漏同时长知识

逛 Moving Sale 还有长知识的好处。虽然我们是外行，但凑热闹买回家几件中国瓷器等后，自然想查查看看，捡漏的心理还是有的。这不，漏没捡到，倒是查到昌江南岸的中国瓷都景德镇曾被称为昌南。结果，西方就有人按照不准确的音译将昌南翻译成了 China。而昌南就是景德镇，后来，China 也就是瓷器了。而中国又是瓷器制造和出口大国，所以 China 又被翻译成中国了。你看，不逛这 Moving Sale，不查查这瓷器是否古董，我还真不知道 China 这个词的来历。

我们除了从一处"海伦拍卖"上买回家的大鱼缸有"大清同治年制"的红印，也曾在另外一处买到过底部烧有"同治年制"红印的瓷坛。但我们从 Moving

Sale 上很便宜买到的碗底烧有"伊万里烧"字样的金边大瓷碗，不但特别大而且图案颜色很漂亮。网上一查，又涨学问了。

原来，中国伊万里瓷还是欧洲人在 18 世纪对这种外销瓷器的称呼。国内收藏家不大感冒这种瓷器，原因竟然是伊万里瓷的颜色和碗内纹饰有点日本风格。我在美国费城郊外 Moving Sale 上买的这个"伊万里烧"彩色大瓷碗，应该是 400 多年前出产的瓷器，是中国景德镇还是日本出产的不好说。

这是因为当时清朝政府的禁海令让日本江户时代的田瓷曾经代替了景德镇瓷对欧洲的出口。而这些日本田瓷是经过伊万里港转运出口的，故而得名伊万里瓷。日本的替代品外面彩釉颜色以蓝色、红色和描金这三种颜色为主。景德镇恢复出口欧洲后又增加了绿色，更加绚丽多彩。而我买回家的这个"伊万里烧"彩色金边大瓷碗绿色就很多，相信一定是我们中国景德镇出产的伊万里瓷，更加富丽堂皇。你看，我们瞎买，还真可能就买对了，捡到漏了！

笔者从 Moving Sales 上买到的大清同治粉彩百鸟朝凤金鱼缸。

2018 年 7 月 12 日，美国《侨报》的《文学时代》版配发彩照发表了我写的《400 美元封鸟洞》一文：

400美元封鸟洞

（宾州）谷世强

"两个黄鹂鸣翠柳，一行白鹭上青天"，"鸟宿池边树，僧敲月下门"。我们从小就耳熟能详的诗情画意里面，鸟儿就是美丽和大自然的化身。莺歌燕舞，鸟语花香，多美啊！大诗人杜牧甚至将生活现状描绘成鸟去鸟来山色里，人歌人哭水声中。

美国法律明文规定，所有鸟巢受法律保护。所以，我这篇文章的题目只能用封鸟洞，我可没有毁鸟巢。依法，任何捣毁鸟巢和伤害野生鸟儿的行为皆为违法。美国除了大学有野生动物保护专业，到处可见野生动物保护区外，每年宠物市场都是百亿美元之巨。人少、地大、草木茂盛，花鸟自然多。美国五十州，每个州还有依法评选出来的州鸟呢。我所在的宾夕法尼亚州，州鸟是北美松鸡，够有野味儿吧？纽约州的州鸟名曰蓝知更鸟，跟宾州费城为邻的新泽西州州鸟的名字更美，美国金翅雀。

我家住在费城郊外，距离 Valley Forge 国家公园 10 分钟车程，花草树木多，红色的、蓝色的、黄色的和羽毛黑亮的鸟儿多了，个头更大的美国灰麻雀更是叽叽喳喳太多了。散步在大草坪上与小松鼠和野兔邂逅当然也是常事。早上和黄昏时分，我家后院草丛中常来野鹿觅食，大大小小六七只之多，有长鹿角的也有不长的。后院有一条小溪流过，我家房子在溪水这边，鹿群就在溪水那边饮水吃草。这鸟语花香呦呦鹿鸣的不挺好吗？非也。

鸟在树上筑巢，野兔在后院草丛狡兔三窟，松鼠在后院书上搭窝本来是挺好，鹿群如果也只是光顾后院小溪旁边的嫩草，倒也吉祥如意。但是，就有不喜欢在树上筑巢经风沐雨的鸟儿偏偏喜欢在我家高高的屋檐下啄开大洞，登堂入室地在屋顶空间筑巢传宗接代。当我家被鸟儿扰得不胜其烦时，我们才了解到住在郊外独立屋的很多美国人家都有如此遭遇。

美国有的是树，建筑木材资源充足。不但建别墅式民宅 House 是木结构，很多四五层的公寓楼也是木结构建筑。我家的 House 两层楼高，大屋顶的房檐下面被非啄木鸟的什么鸟啄出一个圆洞，洞口很圆很大，鸟儿可以进出自如，下雨也会进水。我没能上去看过，但据说木结构 House 屋顶下面有很大的空间，是很多种鸟儿的理想安乐窝。在屋顶空间筑巢，宽敞又安全，鸟儿自然是越繁殖越多。一开始感觉动静不大。后来，动静越来越大。凌晨我们睡意正酣时，正好是早起的鸟儿有食吃的觅食时刻，叽叽喳喳，进进出出，不胜其烦。每天如此折腾，谁还能爱屋及鸟感觉到鸟语花香的诗情画意？

朋友说了，不要少见多怪。将屋顶让鸟啄出来的圆洞封死不就完了吗？没那么容易！首先，爬上这么高的屋顶封堵鸟巢摔下来是要命的。况且，君不见美国枪击案打死了这么多人都不能依法禁枪，我们也不懂美国动物保护法规，怎敢贸然行动？鸟能看得起我们，在屋檐下面啄开大洞登门入室筑巢，但我们去拆毁鸟巢就会犯法，自己的房子也不行。网上查询方知，不仅仅是麻雀喜欢在民居高高的屋檐下面啄洞筑巢，羽毛漂亮的知更鸟、牛鹂、美国金翅雀还有燕八哥，都有这个本事和嗜好。

我们在网上也查询到，美国到处都有宠物和野生动物保护专业服务公司。只要付费，什么疑难杂症都有专业公司依法帮你搞定。太太赶紧给附近的动物保护服务公司电话求援。第一家，一问，光派人到我家看现场的检查费就要2百美元。再询问第二家，照样不便宜，收费名目不同而已。最后找到一家听起来还算靠谱的专业服务公司，说是一揽子收费现场看过定价。而且，这家公司也不需要等待太久，周末马上可以派人过来，太太就接受了。

周六上午，该公司的车按约定时间到了，车顶上是梯子。专业工人也是司机，下车将梯子打开拉长，几下就上到了屋檐下面，检查后告诉我们，一口价400 美元可以搞定。同意的话，马上就可以开始封堵屋檐下鸟洞的操作。这工人看上去挺憨厚，我们就 OK 了。

原来，这封堵屋顶鸟洞的活儿，在美国郊外很多。专业工人先是熟练地给洞口安装了一个塑料管装置，说是屋顶鸟巢里面的鸟儿可以轻易飞出去，但外面的鸟儿绝对进不去了。这种只能出不能进的装置，可以确保"依法"封堵鸟洞，同时不伤害里面的鸟巢和鸟，特别是刚孵化出来的雏鸟。

大约又过了十天，这专业工人又来我家检查。当他确信我家屋顶里面已经鸟走巢空后，才将那个临时放鸟出去的圆管装置取下，将洞口完全封堵好。这400 美元还真不白花，从此清晨我们也可以睡上安生觉了。早起的鸟儿觅食吃总算不烦扰我们了。

住在美国郊外，每年花在动物身上的钱其实不少。我家后院有块菜地，我喜欢种天津黄瓜。第一年，秧苗刚在菜地长高，黄花绽放，眼看又能吃到家乡顶花带刺又绿又脆的天津黄瓜了，一夜间动物将嫩叶都吃光了！能不生气吗？

估计不是野兔就是松鼠干的好事。赶紧去 Home Depot 买来一尺高的铁丝篱笆将菜园子围了起来，觉得这下子就可以高枕无忧了，又补种了秧苗。

费城郊外夏日灿烂的阳光下，天津黄瓜苗长的飞快，转眼就长高了，高出了铁丝篱笆。又出事了。一觉醒来，早晨起来去给菜园子浇水，发现小鹿正在伸着脖子吃瓜秧上面的嫩叶和小黄瓜，有的瓜秧也被咬断了。

看来郊外常见的野鹿也喜欢吃蔬菜秧苗嫩叶。这个生气啊！赶紧再去 Home Depot 店买来据说是专门驱鹿用的喷雾剂在菜园周围喷洒，臭气的确难闻，人都不愿意靠近。但不大管用，很快气味散了，大鹿还来偷吃。没辙，再去买来一米高的塑料网篱笆，上下两层一人高将菜园子前面扎上篱笆了，这才彻底解决了问题。网购还有卖电子装置，能发出怪音声波吓唬驱赶鹿和野兔等，貌似高科技，其实不大管事。

我太太在门前草坪种植的美国樱桃树更是棵"花钱树"。三年前，太太心血来潮买了一颗樱桃树种下，阳光雨露，眼见着樱桃树苗壮成长，开花结果。但很快麻烦来了，春夏之际，还不够高的樱桃树嫩树叶鹿最爱吃，夜里过来吃个精光。没有办法，只好花钱请木工给做了一个高高的木围栏，涂上白色油漆，貌似门前新景。

邮差问我，"Mr. Gu，这是什么金贵树种？" 话外音就是用得着花这本钱专门打造一个木护栏吗？我笑答，"It's money tree!"（这是棵摇钱树！）。邮差知道我在玩笑，一笑理解，不再多问。

护栏里面的樱桃树鹿是吃不到了，但新问题又来了。去年入夏树上终于长出来了的樱桃，一串串红的水灵喜人，但很快就被动物吃的所剩无几。估计这次的嫌犯是鸟儿无疑。吃一堑长一智。今年入夏，太太专门网购来了绿色的网套，套在了长出樱桃的枝条上，感觉今年可以稳操胜券吃到自己亲手种出来的红樱桃了。非也！就在樱桃开始成熟红得发紫越来越甜时，忽然发现松鼠频频光顾。太太又赶紧买来塑料钉毯铺在树下，据说可以让松鼠不敢越雷池一步。连电子发声驱赶装置都上马了。但这些都对聪明敏捷的松鼠防不胜防。松鼠一跃就能上树，什么钉毯！

一个周六上午，我又见松鼠进入护栏要跃上樱桃树，赶紧给轰跑了。但仔细一看，晚了！网套里面已经红彤彤的樱桃已然让松鼠都给吃的差不多了。太太生气的不得了。又在研究明年更高级有效的防鸟、防松鼠"新技术"，又得花钱。其实，到商店买两磅新鲜樱桃很便宜。

所以，鸟语花香很有诗意，天津黄瓜和美国樱桃也的确诱人，但小鸟、野鹿、野兔和松鼠给郊外住户带来的麻烦和烦恼也是年复一年。跟家门口种棵樱桃树就要如此花钱防护还生气相比，400 美元封堵屋顶鸟洞又合法又一劳永逸，多乎哉？不多也。

费城郊外的住房屋檐很高。

2012 年 2 月 18 日，面向全球华人发行的《人民日报海外版》的《读者桥》版发表了我写的《说说美国的报税季》海外纪闻：

说说美国的报税季

谷世强 （美国）

新年一过，美国就进入一年一度的"报税季"了。上至美国总统，下到普通百姓都必须完成报税，否则就是违法。每年的报税截止日期是 4 月中旬，今年确定为 4 月 17 日。每到截止日的那个晚上，美国各地大邮局都要延长营业时间到午夜，很多人排长队赶这"最后一班车"，排队的盛况便成了当晚的重要新闻。

在美国，纳税人依法向政府缴纳所得税看上去是简单的政府行为，其实，从每年 1 月起到 4 月中的整个"报税季"也是一场商战。政府收税，专业报税公司收费。电视上、网上和相关媒体上充斥着 TurboTax 和 H&R Block 等专业报税及报税软件公司的广告，街上、商场和购物中心等地也常见专业报税公司大做广告和"拉客"的场景。

美国个人所得税的申报很复杂，除了工资、奖金外，纳税人家庭的银行利息、股票收益甚至孩子奖学金收入等都要报税，亏损也要报税。不报、谎报、虚报甚至误报都有可能被重罚。而且，除了要报联邦税外，还要同时报本州的地方税。

就拿最重要的联邦税而言，绝大多数美国家庭通常都要申报 1040A 普通税表。新年刚过，美国各地的图书馆等公共场所就摆放好了各种报税表格，供人们免费索取，美国国税局 IRS 网站上也可下载。1040A 表如何填报的说明书有 88 页之多。大到奖金和投资盈亏等如何报税、归还房屋抵押贷款利息如何减税，小到给慈善事业捐款和家庭馈赠如何填报减税，股票亏损如何减税，子女和本人上大学如何减税，甚至看牙医、配眼镜、买助听器等如何减税等，不一而足。

尽管有如此详细的报税表填写说明书，尽管国税局设有免费网上报税服务，尽管商店里有多种专业公司开发的报税软件可买，但许多美国家庭还是选择花钱请专业报税公司代为填报联邦税和州税，一是避免报错税，二是争取得到最高的退税。根据报税的复杂程度和要求，请专业报税公司的报税服务费从几百美元到数千美元，甚至几万美元。

只有奖学金、助研或者助教收入的在校研究生也须报税，但可以选择1040EZ 表报税。EZ 是英文 Easy（简易）的简写。我看了一下 2011 年度报税的 1040EZ 表说明书，也有 42 页之多。想想当年，笔者刚到美国工作时也是对照说明书用 1040EZ 表报税，后来有了房产和孩子上学减税等，就必须用1040A 表报税了。现在，我请熟悉的报税公司给我们家报联邦税和州税，即使这样，每年年初给报税公司准备收据等基本报税材料也是一项不小的工程，都是我太太给报税公司填写答复。

美国的工薪阶层税负很重，而大富豪们的收入主要来自股票证券、房地产、企业、收藏和海外投资等，可享受减免税待遇。前不久，股神巴菲特带头呼吁美国政府提高对富人的征税税率。

很多纳税家庭和个人其实都盼着一年一度的"报税季"到来。为什么呢？因为可能获得退税。美国国税局称申报个人所得税为 Federal Income Tax Return(联邦所得税退税)，1040A 表的英文全称其实是"退税表"。工薪一族每半月拿到薪水和年底拿到奖金等收入时，通常单位会计已经参照常规税率扣除和上缴了当月的所得税。而报税人在"报税季"填报 1040A 报税表格时，算入各种合法减免税后，其结果很可能是上缴了过多的所得税，国税局要根据报税表结果将多收的税款退还给报税人。通常，报税后一个月左右就能收到国税局的退税支票。收入水平高低不同，能从国税局得到的退税多少也大不一样，从拿到几百美元退税到拿到几千、几万甚至几十万美元的退税都有。当然，如果填报 1040A 报税表格的计算结果，是报税人欠国税局税款，就要分毫不差地补交所欠税款，否则将依法被惩罚。

现在正是"报税季"，许多人又梦想着能得到一笔联邦所得税退税款了。

　　2010年7月7日，面向全球华人发行的《人民日报海外版》的《旅游》版发表了我写的《美国"访客中心"的启示》旅游漫笔：

美国"访客中心"的启示

谷世强　（美国）

　　从我家开车10多分钟就是费城郊外很有名的 VALLEY FORGE 国家公园，这座大型的美国国家公园成年免费开放，游客随时可以开车进去观光游览、烧烤野炊、骑车、跑步和散步。公园的主门前有一建筑醒目的"访客中心"。"访客中心"里面既有该国家公园的景色、历史和游览路线的详细介绍，也有笑容可掬的服务人员随时为你解答问题，并根据季节天气等情况为你提供当天游览路线。"访客中心"还有个小影院，反复播放介绍这座国家公园的影片，看完电影，游览公园，感觉别样：从不明不白的瞎游乱逛升华为有目的的知识旅游。对公园的历史和景色深入了解的人越多，其名声也会越大，来访的游客会更多，周围饭店的旅游收入也越多。

　　我认为游览从观看介绍该景点的影片和光盘开始很有好处。费城郊外有个著名的"长木公园"，又名"杜邦公园"，是世界级的大型植物园，四季景色各异。但外地游客通常只能在四季的某一天来访，很难全面了解公园的春夏秋冬景致和植物园的来历。但是进园前，只要先看看"长木公园"介绍短片，你就会有半个"长木公园"专家的感觉，再游览起来感觉自然不同。

　　其实，许多人对名胜古迹的兴趣和热衷，都来自于对它的了解和知识，对许多知名与不知名的名胜古迹而言，花点钱搞个短小精悍的介绍影片或者光盘，其长期投资效益不言而喻。我去过北京和天津蓟县的长城很多次，关于长城的历史知识仍然少得可怜，似乎就记得"不到长城非好汉"。

　　除景点外，美国各个城市的飞机场和火车站以及宾馆饭店也都是当地的"访客中心"，会不失时机地推销介绍本地的旅游度假资源。在美国，当汽车跨过州界驶入另外一个州时，除了有诸如"纽约州欢迎你！"等标识外，还有这个州设立的"访客中心"。里面有大量的关于该州各市各镇和名山大河、葡萄果园、古战场、游乐场、博物馆乃至滑雪场、海滨和大型购物中心以及宾馆饭店的各种免费样本、画册和简介，还有游客需要的当地游览交通图、景点游览图等，有的"访客中心"还用免费咖啡和饼干来欢迎访客。

笔者大哥谷世喆教授在访客中心前留影。

"访客中心"的工作人员以老人居多，估计是退休后做义工，都十分友善和有耐心。只要你提出问题，他们都会认真解答，还常用颜色笔在地图上画出你需要的行车或者旅行路线，免费送给你。其目的就是让访客一进入该州界，就有宾至如归的感觉。

旅游图什么？首先就是图愉快。每次我们从95号高速公路去华盛顿时，都会到该市的"访客中心"停车休息，拿些最新的华盛顿市和周围地区的旅游资料。头两次去时路不熟，就是靠"访客中心"工作人员的帮助和介绍，我们才得以顺利游览华盛顿。否则，散客就是人到了旅游城市，也只能"瞎逛一气"，该看的没看到，不该跑的瞎路倒没有少跑。

美国许多有景点的小镇也有自己的"访客中心"，而市中心游客集中地方更是不能少了。比如，走进"独立访客中心"，关于在费城的吃、住、行、玩都能得到满意的答案。"独立访客中心"每周7天天天开门迎客，足见美国各个州、市和镇等对旅游事业的重视和"访客中心"的重要。全美国"访客中心"的服务都是免费的，其财务纳入该州、市和镇等的预算开支。政府通过向宾馆、饭店和景点等收税来调节"访客中心"的开支。

中国应该有更加优越的条件，建立完善的"访客中心"体系，并由国家旅游局按照省、市、县和重点景点等形成网络体系，科学发展旅游事业。通过"访客中心"的服务来带动当地旅游事业。增加旅游收入其好处是长远的，中国应该也可以建好各地的"访客中心"。现在国内"有车一族"多了，大巴旅游团也多了，人们越来越愿意出行旅游了，我们的"访客中心"和有利于推广当地旅游事业的高速公路休息区、服务区也应该多起来、火起来。

2014 年 8 月 31 日，美国《世界日报》的周日《生活周报》版配发多幅彩照，用近一个整版发表了我写的《游优胜美地 赏千岁红杉》游记：

游优胜美地 赏千岁红杉

文：谷世强　　图：卢琳

优胜美地国家公园（Yosemite National Park）以山青水秀和从天而降的瀑布美景闻名于世，但真正震撼我的，却是公园南端的那片马里波萨红杉林（Maripose Grove）。在优胜美地国家公园发现的三处红杉林中，这片马里波萨红杉林有 500 多棵红杉巨树，靠近公园南门适宜游客前来观赏。

科学家已经发现，这里的红杉巨树树龄可以高达 3000 多岁，是世界上已知最长寿的物种之一。更让人震撼的是，不论是林中已经倒地的红杉还是这 500 多棵仍在茁壮成长的红杉，每一棵都高大笔直，其中的千年红杉巨树"身高"甚至超过 60 米。试想，我们的居民楼每层 3 米多高，这红杉巨树高过十几层的高楼，也比纽约的"自由女神像"还要高！我们用力仰望这红杉巨树，在感叹大自然造物主的神奇中，向这真正的千岁"巨人"红杉树顶礼膜拜，俯首称臣。

灰色巨人 枝繁叶茂

我们和很多其他游客一样，在公园大停车场改乘免费大巴慕名前来游览。尽管很多"老美"喜欢徒步在红杉林里面穿行游览，但我们老人孩子在夏日炎炎下还是买票乘坐敞篷旅游车观赏红杉林。每个成人游客的票价是 26.5 美元，学生 19 美元，5 岁以下儿童免费。旅游车每半小时发一班车，在林中开车游览一小时。乘车游可以边观光边增长知识。每个乘车游客上车时会得到一个耳机导游器。

旅游车开动后导游器的耳机里面就开始介绍所经过的每一处景点、每一棵有名的红杉树和这片红杉林的故事，让我们受益匪浅。可惜，导游器现在只有英文、法文、德文、西班牙文和日文语音导游，还没有翻译成中文的。敞篷旅游车还会在红杉林里面最有名的景点处让游客下车观赏、拍照和喝水等，挺方便。我们就在那棵有名的"灰色巨人"（Grizzly Giant）红杉巨树前下车仔细游览拍照。

有不少文章介绍这棵红杉巨树时称其已有 2700 岁，而优胜美地国家公园网站公布的最新研究认为，"灰色巨人"的树龄估计为 1800 岁。虽然"灰色巨人"并非是这里最"年长"的，但它确实最高、最大，地面以上"身高"近 64 米，是这个世界上当之无愧的红色"巨人"物种！

最奇妙的是，这棵红杉巨树下面被山火烧出一个大洞，导游器的耳机里面会告诉你其实这个树洞比你眼睛能看到的要大得多，一辆七人轿车完全可以从这个大树洞穿过去！别看树干被山火烧出这么大的一个洞，"灰色巨人"今天依然枝繁叶茂地耸立在加州这片红杉林中俯瞰世界。

红杉浴火 祸福相依

走进红杉林随处可见，很多还在生长和已然倒下的红杉树都有被大火燃烧过的痕迹，跟刚经历过一场战争或者是大火洗礼过似的。听导游器介绍才知道，原来，大自然的山火是红杉林得以生存生长必须的。人为的消防扑灭山火不但对红杉林没有好处，反而阻碍红杉林的生长。

卢琳在红杉树洞旁留影。

为什么呢？研究发现，红杉树非常"抗火"，山火烧尽了林中其他树木，正好帮助红杉树消除了跟他们争地、争水和争阳光的"竞争对手"。而且，山火也帮助红杉树的种子在野火中破壳而出，在合适的松软土壤条件下生根、发芽直至长成参天巨树。如同浴火凤凰，优胜美地这片奇妙的红杉林也是我们这个地球上真正的不怕火烧的浴火物种！最能体现大自然造物主神奇伟大的是，红杉不但特别能"抗火"，还有特别"不中用"的自身保护，让人类懒得去砍伐红杉巨树。

这些红杉巨树看上去高大无比是绝好的栋梁之材，但早期的伐木工发现，这巨树树质很脆，倒地易折断，做家具等也不适宜，商业采伐价值不高。正是这天生的"缺点"保护了这片红杉巨树林没有毁于人类砍伐的锯斧之下，实乃"祸兮福所倚，福兮祸所伏"。

参天红杉树告诉我们，这世界上其实没有什么绝对的优点，也没有绝对的缺点，好事也可以变坏事，而坏事也可以变好事。

长生不老 抗病秘诀

如果说优胜美地国家公园的这片奇妙红杉林彰显了"野火烧不尽，春风吹又生"这自然法则，它也印证了"病树前头万木春"这诗句也不尽然。马里波萨红杉可以高寿到三千多岁，其长寿的秘诀在哪里呢？科学家研究发现，红杉巨树可以长寿 3000 岁的秘密是这物种除了有"抗火"特质外，机体里面还有一种"抗病虫害"的特殊体液。

从马里波萨红杉林里面倒地的红杉树可以看到，这种巨树树根很浅，而且也没有非常的盘根错节，容易被大风吹倒。但是，红杉林里面从来没有发现有因为病虫害而得病枯萎死去的红杉树。导游器里面半幽默调侃地讲解到，优胜美地国家公园的科学家和植物学家正在研究红杉巨树体液的特殊化学成分结构，期望有朝一日人类也能发现其中的奥秘，开发出与红杉体液相似的长生不老药，让人类一圆长生不老之梦。

就在距离旧金山不远的红杉林国家公园（Redwood National Park）里面的海岸红杉是优胜美地国家公园红杉树的近亲。而海岸红杉长得更高，是红杉树中最高的，也是我们这个地球上长得最高的物种。

为什么地球上如此之多有生命成长的物种中，这两种不同的红杉巨树都生长在美国加州这片土地上呢？这无独有偶的奥秘，只有天知道。

在红杉林里，我们既能感到大自然和造物主的奇妙，也能感到时间可以改变一切。朋友，去加州游览优胜美地国家公园吧。在马里波萨红杉林，你一定也会为高大无比的千年巨树而震撼并感叹大自然的神奇的。

2013 年 5 月 4 日，面向全球华人发行的《人民日报海外版》"读者桥"版的《海外纪闻》发表了我写的《游旧金山亚洲艺术博物馆》一文：

游旧金山亚洲艺术博物馆

谷世强 文／图 （美国）

美国是个博物馆大国，各类博物馆有上万座之多，但称得上集亚洲历史文化之大成又冠以"亚洲"的艺术圣殿，非旧金山亚洲艺术博物馆莫属。这里有许多弥足珍贵的中国、土耳其、印度、日本、朝鲜、菲律宾乃至越南、印尼、缅甸、柬埔寨、尼泊尔等国的文物艺术珍品 1.8 万多件。去年底，趁着圣诞节新年休假的机会，我来到这座心中的艺术圣殿，仔细游览了一番。

这次游览正好赶上中国书法艺术特别展的尾声。买完门票步入展厅，只见前来观展的观众熙熙攘攘，其中还有很多是金发碧眼的"老美"。我不禁感叹，难得信息时代的旧金山还洋溢着解密中国书法艺术之美的热潮。书法展展厅里摆有练习毛笔字的"描红模"，"老美"和华裔青少年在现场老师指导下临摹得津津有味。书法展还特意委托华人艺术家徐冰先生创作了一部名为"汉字的性格"的动画片，吸引不少游客驻足观看。

如果说西方的绘画和雕塑等艺术常围绕耶稣基督的话，亚洲国家的陶瓷、雕塑、青铜器、绘画和玉器等艺术则受佛教影响不浅。在亚洲艺术博物馆，我近距离欣赏到来自中国、印度、日本、泰国、缅甸、越南和柬埔寨等亚洲国家各个历史时期的金身、木质或陶瓷佛像。这些佛像无不神态端庄，精雕细刻，各显慈悲。明代末期的坐佛和修行罗汉栩栩如生。宋代木制观音菩萨慈眉善目，五彩陶瓷坐佛神态威严。端坐在莲花上的日本镀金佛像，闭目养神的姿态似介于中国佛与印度佛之间。馆藏的印度佛像特别丰富，有石刻的，也有金属铸造的；有坐怀不乱的欢喜佛，也有脚踩蛇身美女、手提蛇尾、喜笑颜开的印度佛，形象生动，不拘一格。

中国瓷器、玉器、青铜器可谓是亚洲艺术博物馆的收藏特色。从新石器时代到晚清的藏品皆是馆藏丰富，非其它博物馆可比。在博物馆二楼展厅展出的清代瓷器"论道大盘"烧制精美，图案人物和山水风景色彩斑斓，画面漂亮。

金代磁州窑出产的女婴瓷枕造型独特，瓷枕主要为黑白两色，但使用橘黄色点缀花蕊，画龙点睛效果明显。还有北宋年间出产的黑白两色梅瓶，图案朴素无华，瓶体亭亭玉立，满瓶牡丹花很有立体感，堪称精品。这里历朝历代以花鸟和龙为主体的瓷器就更多了。明万历年间的五彩飞龙碗上烧制的八条飞龙，个个生龙活虎，色彩布局相得益彰。还有清朝出产的彩色瓷壶组四件套，每个造型一样但色彩和图案各异，有龙有花又成套，大气漂亮。

旧金山亚洲艺术博物馆展出的明朝修行罗汉。

亚洲艺术博物馆里收藏的唐三彩珍品不少。也许是"丝绸之路"离不开马和骆驼的原因吧，唐三彩瓷器藏品中以马和骆驼最多。其中有一匹保存状态良好、色彩斑斓的三彩骆驼，体形很大，四腿健壮有力，正在引颈嘶鸣，两个驼峰上的骑垫十分华丽，代表了唐代彩瓷制作炉火纯青的工艺水平。藏品中也有下身是马腿，但上身是头上长着双角、龇牙咧嘴的人面怪兽唐三彩，还真不多见。

让我感慨和震撼的是，亚洲艺术博物馆里的1.8万多件馆藏中，有7700件来自上世纪60年代芝加哥大实业家布兰德治的个人捐赠。这位热衷于东方文化艺术的实业家，还要求旧金山市政府投资3亿美元成立专门的亚洲艺术委员会，在博物馆建成了自己的图书馆和影像档案馆，对保存和弘扬古老的东方文化艺术真可谓功莫大焉。今年2月22日至5月27日，这里还举办中国古代兵马俑特别展，秦朝雄壮的兵马俑也得以远渡重洋，在美国旧金山一展风采。

2016年1月14日，美国《侨报》的《文学时代》版头条用半个多版篇幅配发彩照发表了我写的《我在美国过新年》一文：

我在美国过新年

（宾州）谷世强

很多在美国的华人都喜欢利用圣诞、新年等"洋节"假期举家外出度假游。2016年元旦，我们没有外出旅游度假，就在费城郊外的家里过新年。而且，年前的"圣诞节"也是在家里度过的。与节日外出旅游很不同，在家过节还真是对美国新年怎样过有点新感受。看一场接一场的电视实况转播，可以说是我在美国过新年一天的主旋律。一杯中国碧螺春新茶在手与家人在一起欣赏电视直播，休闲祥和中也感慨"老美"过新年与我们过春节在文化和传统上确有很大不同。

在家过节，到居住小区外面散步，邻居没碰到，却见户外飞鸟依然很多，排成"人"字队形的大雁群展翅雁鸣着从我头上飞过，好像是在祝贺新年快乐。也许是新年吉祥，下午外出散步时，又见一群梅花鹿到后院觅草吃。新年元旦，白天的小区户外就是如此宁静。

美国过新年与中国过春节不同之处很多。与春节除夕夜的"春晚"一花独秀，大陆央视一台节目抢尽海内外华人眼球不同，美国过新年ABC和NBC等大电视台则八仙过海，各显他们擅长的现场直播神通。从新年早饭后开始看ABC和NBC两大台覆盖全美国的加州玫瑰花车游行现场直播开始，一直到晚饭时分ABC和NBC还在现场热播的橄榄球和冰球大赛，高潮迭起，精彩纷呈，即使是我们这些宅在家里电视机前的人也大有身临其境的感觉。新年现场直播带给全美国的节日热烈气氛，融化了冬季的冰天雪地。所以，"老美"新年电视节目的重头戏在室外现场直播，从头到尾的高水平现场直播。而"春晚"从演出直播到电视和电脑跟前的观众，全都是在室内。

美国过圣诞、新年，主题也是家人团聚。除夕夜和新年这一天的下午，我们小区都有"老美"家庭请亲朋来聚餐，喝酒、聊天祝贺新年。很多"老美"邻居都喜欢在家门口的邮箱上悬挂彩色气球，给客人引路。我们在美国的华人，很多也喜欢新年一家一菜或者带两个拿手菜聚会，喝茶、聊天叙乡情。美国人过圣诞和新年，虽然不贴对联也不挂红灯笼，但很重视室外草坪上的彩灯装饰。除夕和新年夜晚，家家户户门外树上挂满的各式彩灯特别是小鹿等动物彩灯造型，祥和中十分夺目。

2008 年新年，大哥谷世喆到 Tim Weckesser 博士家做客。

圣诞节是家庭团聚的传统节日，当然也有基督教文化色彩，教会都有唱诗庆圣诞活动。所以，餐馆大部分都会关门。想下饭馆吃饭？那就只有去大城市的中国城或者散落在城市周围的中餐馆了。但新年这天，不但中餐馆都照常营业，日餐、韩餐和西餐饭馆虽然顾客可能不多但很多都营业。现如今，中国过春节，"年饭"常常要几个月前就订桌，在家里自己做饭吃过年"团圆饭"的家庭反而越来越少了。其实，"年饭"在家吃自家人做的，才更有家庭团聚的"年味儿"。

"爆竹声中一岁除，春风送暖入屠苏。"说的是中国过春节。其实，美国过新年也讲究营造个喜庆热烈的节日气氛，祝福新的一年繁荣富足。每年除夕夜，不论寒风如何刺骨，我所在的费城等美国城市，居民都会兴致勃勃地汇集到市区的广场，在音乐会的摇滚乐曲中耐心等待新年钟声敲响前绚丽的焰火升空的节日盛况。那一时刻，新年钟声回荡，进入高潮的焰火晚会将天穹染红、将寒气驱散，人们唱啊、跳啊，互相拥抱祝福，在一片"Happy New Year!"祝福声中伴随着焰火晚会的交响乐曲步入新年。整个焰火晚会，ABC 和 NBC 等大电视台的地方台都会现场直播，让在家里的市民通过电视机也能身临其境般地感受到新年焰火晚会的热烈气氛。京津冀等地冬天雾霾如此严重，如果春节大放鞭炮的习俗能被每个城市春节除夕夜的焰火晚会所取代，对净化空气和移风易俗会大有好处。

美国过年除了年轻人回家看望父母家人，与父母家人吃一顿通常是以烤火鸡或者烤火腿或者烤三文鱼等为主菜的"年夜饭"外，没有到处拜年的习俗，更没有"谢师宴"。新年那天，也意味着火爆了两个月的"节日季"商家网上、网下的购销旺季结束了。新年那天，很多商场都歇业一天。这与中国越过春节商场、饭馆等室内活动场所越火爆真是南辕北辙。"老美"们过年不拜年、不逛商场也不赶饭局，在美国怎么过新年呢？

2016 年元旦这天，拥有最多美国观众的 ABC 和 NBC 两大电视台各自占据不同的现场直播位置，派出经验丰富的现场解说名嘴，整个上午都是从西海岸阳光灿烂的加州小城帕萨迪纳市现场直播著名的玫瑰花车游行。每年元旦这一天，都要在帕萨迪纳市举办的玫瑰花车游行，与东部纽约市每年除夕夜的"大苹果"彩球倒计时迎新年演唱晚会和赌城拉斯维加斯的盛大除夕夜焰火晚会，号称美国新年最具魅力的三大庆典活动。美国过新年的这三大庆典活动城市，每年都会吸引万千海内外游客前来过"美式"新年，已然成为美国迎新年和过元旦的节日传统了，旅游和广告收入当然也不少。

穿插有大量广告的玫瑰花车游行的确好看，让全美国都能在数九寒天感受到加州的阳光灿烂，和无数朵玫瑰花以及其它各色美丽鲜花装饰成的花车带给人们的新年快乐。今年元旦的花车真是一个比一个构思和造型新颖华丽。球星科比已经宣告退休而且洛杉矶的湖人队也不再是美国 NBA 篮球赛连续几年的"球霸"，但洛杉矶人没有忘记湖人队，更没有忘记创造 NBA 奇迹的球星科比。看，洛杉矶市今年元旦来这里参加比美的花车上面，就是一个巨大的篮球，篮球上醒目地写着"湖人队"，周围当然有美女啦啦队助兴，万众瞩目。

接近花车游行尾声，压轴好戏更是此起彼伏。嘴里喷火的中国龙花车赢得满堂喝彩。那口中不断喷出火焰的中国巨龙，不但做得栩栩如生，而且非常有威武感和玫瑰花美感，可见加州华人的巨大能量和影响力。台湾的中华航空是每年玫瑰花车游行的"常客"。今年元旦，华航照例推出了精心打造的华航花车前来比美造势。ABC 和 NBC 的现场直播特写镜头，将华航花车上的古老木船和荡漾着双桨的台湾族俊男美女，一下子呈现到美国家家户户的电视机前，让人在耳目一新中认识台湾宝岛风光，当然也会认识华航。

　　2016 年元旦举办的是第 126 届玫瑰花车游行，可见其历史悠久。至今，已经有超过 150 个国家和地区的玫瑰花车来这里争奇斗艳在美国新年亮相。不论是在现场还是在电视机前，每年都全程现场直播的玫瑰花车游行影响力越来越大。2008 年，中国首次参加玫瑰花车游行。以"北京 2008 奥运会"为主题中国玫瑰花车，让无数美国人在现场和电视机直播前看到和感受到了正在快速崛起的中国和中国文化。

　　玫瑰花车游行直播一结束，ABC 台就立即开始了也是面向全北美的大学生队橄榄球大赛，继续在新年争夺观众。元旦下午的这一场大学生橄榄球大赛已经成为新年最叫座、最万众瞩目的橄榄球大赛，是新年的一道大餐。NBC 台当然也不示弱，玫瑰花车彩直播一落幕，就马不停蹄地开始从冰天雪地的东部现场直播美国人十分热捧的美、加强队冰球大赛。今年元旦是美国的波士顿队与加拿大的蒙特利尔队一决胜负。不要以为冰球大赛会在室内体育管里举行。新年的这场也是美国和加拿大万众瞩目的高水平冰球大赛就在寒风冷咧的室外大体育场举行，看台上球迷们穿着防寒服热火朝天。过年，要的就是这个劲儿。

　　美国人过年真的喜欢室外活动。不论纽约的冬季如何的天寒地冻，从除夕的下午开始，数以万计的纽约市民和海内外游客都会兴高采烈地汇聚到时代广场迎新年。他们又唱又跳，他们冒着严寒兴高采烈地欣赏露天音乐会，他们要一直等到零点时分，"大苹果"彩球落到地上和天空彩纸飞扬的纽约新年盛况，他们完全不在乎纽约除夕夜的温度有多低。过年，过的是个精神。费城的除夕焰火晚会也是一样，只是让民众进入新年时刻沸腾狂欢的不是"大苹果"，而是费城传统的新年焰火晚会。

2012 年新年，笔者全家到西部黄石公园度假游。

　　以前我们不懂，为什么美国很多大型演唱会都在室外而且都没有座椅要站着看呢？ 原来， 只有站着看才能最完美地实现场上和场下的互动。场上歌星边跳边扭边弹吉他演唱，场下的"追星族"们则如醉如痴融入歌星的歌声和节奏，跟着唱、跟着舞、跟着喊，享受完全参与的乐趣。大冬天的，看室外音乐会如何能坐得住？

　　今年元旦夜，我们也是在家里电视机前欣赏维也纳金色大厅演出的高水平交响音乐会的转播，真是美的享受。音乐会场外配舞、配解说的播放形式活泼奔放，交响乐指挥非常幽默诙谐，难怪新年夜在电视机前欣赏维也纳交响乐演出也已经成为了很多美国家庭过年的传统节目，轻松祥和。

2014 年 1 月 10 日，美国《侨报》的《文学时代》版配发节日照片发表了我写的《节日季》一文：

节日季

（宾州）谷世强

新的一年开始了。美国一年一度的节日季也达到了高潮。美国每年的节日季是从新年前的 11 月最后一个星期四的"感恩节"开始，一直到新年钟声响过。

这期间既有"黑色星期五"、"网购星期一"这样的购物狂欢节，也有新年前的"圣诞节"。

美国一年一度的节日季正值学校放寒假，上班族选择节日季休假的也多，这期间是美国一年一度的休假小高潮。整个节日季里，占领电视机屏幕的绝对是球赛。大学生橄榄球赛和专业橄榄球赛的赛季、NBA 篮球赛和包括加拿大主要城市球队的冰球大战一场接着一场，如火如荼、难解难分。

如我所在的费城，几乎全城人都是费城橄榄球队"老鹰队"的球迷。要是"老鹰队"打进了决赛，整个费城就沸腾了，几百甚至上千美元一张的决赛球票也照样一票难求。美国球迷还真厉害，大冬天的在室外体育场观看橄榄球赛一坐就是几小时，不是真球迷早就被冻跑了！我们华人大多都看不大懂美式橄榄球和棒球赛，看 NBA 篮球赛也很多如我一样并非某个 NBA 球队的真球迷，只是看热闹。

节日季球赛热播造成整个社会崇尚体育、崇尚强者和崇拜冠军，也潜移默化地引导了青少年一代热爱体育、参与体育，加入自己的校队，从小练橄榄球、篮球、棒球、网球、滑冰和游泳等。我们的住宅小区里，几乎有一半的家庭在自家车库门口都树立有一篮球框架，家长和孩子一有时间就练习投篮球，当然也有在草坪上玩橄榄球和练习棒球的。全家人一起看球、评球和打球也是美国家庭生活的重要一环，对于密切父母与子女关系很重要。

全民体育热也在有意无意中大大帮助了商家在节日季的促销，有助于经济发展。节日季里热销的商品包括在大赛中表现出色和赢得冠军的球队运动衣和棒球帽等。美国各大商场里面都辟有专门出售当地主要球队包括大学橄榄球和篮球队等的运动服装，市场很大。

很多华人朋友趁节日季商家大打折赶紧买汽车、衣物、电器和名牌运动鞋，还帮中国亲友购买名牌化妆品等。

除了购物，在美国的节日季里，华人在家看中文电视剧的不少，如《小爸爸》、《打狗棍》等等，与中国基本保持同步。

还有不少华人喜欢举行家庭派对。感恩节时，我家便请了 30 多位华人朋友来我家过节，其中很多都是我太太参加的华人基督教会的朋友，都有从中国来美求学、工作的同样经历，不是硕士就是博士。

现在，越来越多美国华人参加华人基督教教会，其中一个重要原因是教会给华人提供了一个互相认识、互相帮助的平台。

在美国，华人家庭聚餐时，被邀请的客人都会自带一两个自己的拿手菜。而主人家则多准备两个菜和酒之类的。那天聚会，有朋友一家就带来两三个菜，一下子就摆满了一大桌子的菜。豆豉扣肉、酱牛肉、中国城做的烤鸭、五香花生拌藕片、素什锦、四川凉粉和南方朋友的烤年糕等中餐佳肴真不少。还有朋友带来了一只已在家烤好了的大火鸡，另一位朋友也带来了一个在家已烤好了的大火腿肉，还有日本寿司，满屋香味！

除了朋友带来的一箱瓶装青岛啤酒和我们准备的葡萄酒，我还特地打开了一瓶前不久回国出差带回来中国白酒"小糊涂仙"，58 度，让会喝白酒的朋友们在我家过了一把中国白酒瘾。

趁美国节日季和子女放寒假，很多华人朋友都外出旅游。冰天雪地的冬季，华人朋友大都喜欢去暖和的地方旅游度假。我在温哥华的弟弟世斌和弟妹就是在古巴过的圣诞节。弟弟告诉我，古巴虽然穷，但治安不错，海滨非常漂亮。从弟弟发给我们的照片看，古巴的海水真是蔚蓝蔚蓝的，清澈见底跟加勒比海真有一比。而且，古巴的海滨似乎龙虾很多，船老大一会儿功夫就给旅游团从海底抓回来很多只龙虾，大家就在古巴品龙虾庆圣诞。

我们家最近几年也是趁节日季放假乘游轮去过加勒比海；前年还在加勒比海岛国巴巴多斯过新年；去年去了西部的拉斯维加斯并顺便自驾车游览了大峡谷和死亡谷国家公园以及好莱坞影城等。

当然，我们周围的亲朋也有去南极过圣诞看极光的和去南美过夏天的。因为我年迈的岳母从天津来我家，今年我们就在家过节日季。

前不久圣诞节刚过，我们一家三口及我岳母一起从费城开车 3 个小时，慕名到马里兰州的盖瑟斯堡游览了冬季灯会。位于巴尔的摩与华盛顿之间的小城盖瑟斯堡本来是个名不见经传的恬静小城，因为已连续 17 年在塞尼卡河州立公园举办冬季灯会，它目前正成为美国东海岸地区圣诞节前后度假赏灯的好去处，前来看灯展的华人不少。

体现西方文化的美国盖瑟斯堡冬季灯会则力图展现圣诞前夜和新年之际的静谧、深邃、自然乃至温馨祥和的节日气氛。盖瑟斯堡灯会避免采用强光灯具，没有大型灯展造型也没有采用现代化的探照灯和激光烘托热烈灯光效果，而是大量采用蓝色、桔黄、白色和绿色等并不很明亮的冷光源造型追求宁静祥和的节日灯展效果。

盖瑟斯堡灯展外面也并没有刻意创造灯火通明的氛围。我们借助 GPS 开车到达夜幕下非常恬静的塞尼卡河州立公园。跟随其他游客的车辆到达公园灯展入口。不用下车，每辆车缴费 15 美元放行，不论你车里面坐多少人，保持游客汽车鱼贯而入，秩序井然。

我们的汽车沿着公园里面一条 3.5 英里长的婉婷道路慢慢前行，我们静静地欣赏着道路两边越来越多的冬季灯展造型。这里最多的灯展造型是各种动物形象，有狗熊与白兔滑冰、马拉雪橇、圣诞小鹿、企鹅行走还有小猫钓鱼等等，有些造型很具有想象力，也有些造型是在表现圣诞、新年的童话故事。

与中国灯会灯火通明不同噪杂热闹不同，盖瑟斯堡灯展主办方要求游客进门时都要将自己汽车的前灯熄灭，以突显冬季灯展圣诞降临、万籁俱静、白雪皑皑、夜幕之中那种神秘祥和的西方节日气氛。汽车在排成长队缓缓前行，很多游客在打开车窗用闪光灯拍照，没有一辆车鸣笛，没有一点声音，每一个人都在用心欣赏着这差不多 6 公里长的灯展，心旷神怡。这夜晚，州立公园的夜空群星闪烁，月色皎洁。

新的一年给人们带来希望与动力，愿崭新的日子如这月色般皎洁宁静。

2011 年 12 月 23 日，美国《侨报》的《文学时代》版在圣诞节前夕配发照片发表了我写的《Tim 博士家的圣诞 Party》一文：

Tim博士家的圣诞Party

（费城）谷世强

　　记不清楚是从哪年开始，我们一家三口圣诞节下午都是到 Tim 博士家参加 Party。Tim 博士的全名是 Timothy Weckesser，与我既是 20 多年的朋友也是合作伙伴。他是我们 Sino-Consulting 咨询公司总裁，每年都要去中国出差两次，喜欢中华历史文化。他家宴会厅中央墙壁上高悬的还是我的父亲、天津名医谷济生 10 多年前来美国参加 Tim 家圣诞节晚宴时手书的"博学思远"横幅，这让 Tim 家的宴会厅有了中华文化的风采。

　　我第一次应邀到 Tim 博士家过圣诞节是在 1986 年，那时我从天津来费城进修，回中国前正好赶上过圣诞节。

在 Tim 家参加节日 Party 的烤火鸡宴。

　　而后，我父母、我岳父母来美国探亲时也都应邀参加过 Tim 博士家的圣诞节晚宴，对热情的 Tim 博士一家和美国的节日文化留下深刻印象。我们一家虽然移民美国很多年了，但"洋节"仍然过不出"洋味"，儿子更喜欢 Tim 博士家地道的圣诞 Party。

　　Tim 博士和妻子 Sandi 对每年圣诞节都认真准备。首先，不论年景好坏，他们家楼下客厅中央的圣诞树绝对不会马虎打折扣。塑料做的"假"圣诞树是不会有的，他们一般都在节前选购树型比较高大漂亮的真圣诞树装饰客厅。然后，Sandi 会在树上挂满彩灯、彩球等装饰品。的确，新砍伐的圣诞节树不但会散发松树的清香，而且会给整个圣诞 Party 增色不少，让圣诞节有"圣诞味"。

Tim 和 Sandi 夫妇在烤制圣诞 Party 的羊排与火腿。

　　从市场角度说，美国有 2 万多圣诞树种植场。包括美国"白宫"在内，有超过 20% 的美国家庭都买专门修剪好的新鲜松树做圣诞树。每年圣诞节前，美国要卖掉超过 3000 万株的新鲜圣诞树，仅此一项就是十几亿美元的市场。同时，还有近一半的美国家庭选择购买人造塑料圣诞树，市场也是大得惊人。而绝大部分人造塑料圣诞树每年都是从中国进口。试想，这又是多少亿美元的大市场？当然，美国砍伐真树用做圣诞树的传统绝对不适合亚洲特别是中国的国情。

　　其次，如同我们逢年过节常少不了红烧鱼和包饺子一样，Tim 家的"圣诞节"西餐晚宴 Party 也有"传统主菜"，如烤火鸡、烤牛排和甜点苹果排，味道非常不错。

　　Tim 博士家的圣诞晚宴通常是下午 5 点左右正式开始，4 点左右，客人们纷纷抵达。Party 开始前，我们先是倒上一杯葡萄酒或者啤酒聊天。我们是唯一的华人家庭，大家聊天也常围绕着"China"这个近几年来越来越"热门"的话题。一方面是因为美国人喜欢和"精通"的橄榄球比赛等聊天话题非我所长，另方面是大家的确对中国和中国的发展兴趣盎然。一聊起中国来，那自然是我的"强项"话题了。

2013年圣诞节，谷峥与 Tim 的儿子 Theis 在他家圣诞树前。

与很多"老美"一样，Tim 一家都喜爱橄榄球比赛。全家人都是费城"老鹰队"的铁杆球迷。我们通常是大家一边等待圣诞宴会开始，一边聊天，一边观看电视里面现场直播的橄榄球比赛。

为了烘托节日喜庆气氛，Tim 家大客厅圣诞树不但彩灯齐放，不远处的壁炉此时也火焰正旺，正在燃烧的大圆木不时发出噼噼啪啪的声响，常让我联想起儿时在家乡天津年三十晚上燃放鞭炮迎新春的快乐时光。

当烤火鸡、烤西排、烤火腿肉等主菜出烤箱宴会很快就要开始时，我和儿子还有 Tim 博士的女儿玛瑞亚就开始点燃宴会桌上、钢琴上、壁炉台上、客厅所有大小桌子上的蜡烛，节日气氛马上就有了。如今，我们一家三口已然成为 Tim 博士家圣诞节晚宴的一部分了。我以为，过圣诞节这样的传统和文化也是帮助我们华侨华人融入所在国文化的润滑剂。

听，2011年圣诞节向我们走来了；看，Tim 博士家的圣诞树已装饰好了。

　　2014年3月9日，周日版美国《世界日报》的《世界周刊》配发11幅度假游彩照、用三个整版篇幅发表了我写的《度假天堂巴巴多斯》游记：

度假天堂巴巴多斯

文/谷世强　图/卢琳

　　洋节毕竟是洋节，华人热闹不起来。于是乎，很多海外华人趁圣诞节和新年假期全家外出旅游度假，我们也不例外。圣诞节那天在家吃不吃烤火鸡反正也无所谓，趁机场清净、假期开始和机票打折正好启程。

　　前年，我们一家三口在圣诞节当天上午从费城机场出发，去加勒比海岛国巴巴多斯度假。入住、睡觉、一觉醒来但见饭店房间阳台前面的加勒比海在早晨灿烂阳光照耀下碧波万顷，荡起道道涟漪，就像海面上洒满了闪闪的碎银，海景美不胜收。从阳台上眺望这蔚蓝色的大海，我大声喊道：别了，美国东海岸的冰雪寒冬！

卢琳和儿子谷峥在与巴巴多斯的包车司机探讨旅游路线。

冬季的巴巴多斯阳光充足，气温和海水温度都非常适宜下海游泳，不冷也不湿热。难怪这季节这里随处可见英国、美国和加拿大等欧美国家游客白天在海滨晒日光浴，晚上泡饭店和酒吧。与日本等国不同，巴巴多斯是一个你能每天看到和感到的岛屿之国。

作为一个独立国家，巴巴多斯人口只有将近 28 万。其中，90% 是非洲裔，其余主要是欧洲裔白人。巴巴多斯岛有多大呢？从北到南岛长只有 21 英里，从东到西岛宽只有 14 英里。岛国的国土面积只有 166 平方英里，相当于 400 多平方公里，弹丸之地。

加勒比海璀璨明珠

正所谓"山不在高有仙则名，水不在深有龙则灵"。岛国虽小，但其西靠加勒比海、东临大西洋的地理位置，使其必须轻易摘得镶嵌在加勒比海和大西洋之间一颗璀璨明珠的桂冠。

小巧玲珑的美丽岛国最大的美就是处处可以赏海。这个以旅游度假产业为生的国度，岛的感觉绝对大于国。不过，中国和美国等都在这个人口不足 28 万的岛国设有大使馆。巴巴多斯的旅游度假酒店林立，但大都在其西海岸蔚蓝色的加勒比海沿线，海滨浴场当然也都在这一线。我们在网上挑选和预定的"黄鸟酒店"正好位于海景优美、饭店酒吧和中餐馆集中的 St. Lawrence Gap 海滨区，十分方便。

在这小小的岛国，我们的"中国胃"还能吃上中餐吗？真是"哪里有海哪里就有中餐馆"。我们抵达巴巴多斯第一天中午到饭店附近寻找吃饭的地方，没想到，距离我们住的宾馆走路几分钟就看到也有中文书写的"萃苑"饭馆。再往前走几步另外一家的中文书写名称是"东方"，都是中餐馆无疑。我们感觉"东方"看着更靠谱一些，就落座这里吃午饭了。

中餐馆装饰一般，但毕竟是"老乡"，服务很亲切。因为菜、肉、蛋和佐料甚至大米等都需要从外面进口，价格比美国要贵些。一大盘鸡肉或者虾仁炒面 20 巴元（10 美元），外加小费。

这家餐馆老板是安徽人，在岛国首都布里斯顿市区还开有另外两家中餐馆，靠岛国的旅游业谋生，生活简单安逸但很满足。老板在国内也买了房，与老板娘每年都要回中国一两次。

到了加勒比海岛国，我们的"中国胃"当然也少不了要品尝当地风味。岛上的巴巴多斯海鲜大排档（The Fish Market）就在加勒比海岸边，晚上最热闹，烧烤和油炸新鲜的海鱼，蛮有异国风味。巴巴多斯许多餐馆都是临海而设，而且没有玻璃窗，可以边吃喝边尽情欣赏加勒比海的碧波荡漾，情调也很不错。

笔者在巴巴多斯的加勒比海滨留影。

海滩洁白 碧波荡漾

跟国内三亚等海滨节假日的人山人海相比，岛国漫长并且洁白的加勒比海海滩人显得很少，感觉特别休闲。我喜欢这里蔚蓝色的海水，清澈见底。海滨浴场洁白细腻的白沙滩更让游人陶醉，流连忘返。

我们每天早饭后沿海边散步并在饭店上网查过邮件后，上午 11 点前到饭店楼下的浴场下海畅游和晒日光浴一小时。下午 3 点多再来一次，常常玩到落日的余晖映红了远处的加勒比海才走回饭店。

饭店与浴场之间就隔着一条汽车不多的马路。饭店下面也有一个室外游泳池。冬季到岛国巴巴多斯度假游，真是不错的选择。

岛国虽小，不出国界也有大溶洞等奇观和植物园等景观可以游览。当然，海上开游艇，潜水和海钓等旅游项目这里也有的玩。

我们慕名乘坐岛国 Atlantis 号潜艇到神秘的加勒比海深处探秘之旅至今令人难忘。买了潜艇游票后，届时潜艇游公司会按照预约到客人所住饭店接人到码头不再另外收费，而且服务很到位。一开始我还以为直接从潜艇公司的码头上潜艇呢，原来不是。

下午 2 点，我们跟随导游首先登上一艘机动客船。客船向着大海深处快速驶去，导游用标准美式英语介绍安全须知和 Atlantis 号潜艇概况。开了一会儿，我们的客船在大海深处停下来了。导游说 Atlantis 号潜艇很快就要进入我们的水域了。正在我们从客轮上眺望远处的巴巴多斯岛全貌时，附近的水面开始泛起水花，潜艇就像出水芙蓉般浮出水面展现在我们面前，漂亮！

当潜艇的甲板与我们客轮的甲板搭上了有扶手的过桥后，潜艇里面的游客一个个满脸高兴地爬出潜艇，上了我们的客船。然后，就轮到我们上了潜艇甲板，顺着潜艇梯进入潜艇。每一位游客座位前面都有一个圆窗，可以清楚地观看海底世界。

搭潜艇 赏海底奇景

艇身白色的 Atlantis 号潜艇艇长 65 英尺，艇重 80 吨。潜艇内可以容纳 48 个游客和 3 名工作人员。艇内有空调和音乐，氧气充足感觉十分舒适。

潜艇启动后，下潜 10 英尺，50 英尺，十几分钟后就载着我们老老少少 40 多名游客下潜到了 140 英尺的加勒比海海底。在潜艇航行和下潜过程的不同水深，我们看到了很多全身蓝色的蓝鱼鱼群，鱼群一侧身变方向就浑身蓝光闪耀，非常好看。成百条的大马眼鱼群和许多身体颜色花纹各异大鱼群不断出现在潜艇窗外，美不胜收令人眼界大开。下潜中我们还看到了悠闲在海底吃草的大海龟，各种海珊瑚礁和海棉等，谷光十色，变幻莫测。

潜艇还带着我们在海底世界围绕着一艘大沉船转了一圈，沉船里面有很多好看的鱼儿游来游去。这时，潜艇里面播放起"铁塔尼亚号"电影主题曲，浪漫而刺激，将游客的情趣一下子推向高潮。

笔者在海滨浴场泳后走回酒店。

Atlantis 号潜艇安全系数很高，还有夜晚探秘加勒比海海底世界的节目，肯定很好看。据说，全世界现在有两艘这样的观光潜艇，另外一艘在加拿大的温哥华。潜艇在 20 到 140 英尺水深里面不断上浮下潜，带领我们追寻海底世界美丽的鱼类和珊瑚景观。

一小时后，当我们的潜艇安全浮出水面时，全体游客自发地为驾驶员和导游报以热烈掌声，感谢他们的服务。当我们乘坐客轮回到码头的潜艇公司时，每个乘客都得到了一张印有乘客姓名和日期的跟随 Atlantis 号潜艇成功下潜 140 英尺水深的证书。这证书我得好好保留。咱没有当过海军但却乘潜艇下潜过加勒比海了！

"小英国" 巴巴多斯

曾经是英属殖民地的巴巴多斯素有"小英国"之称。就连岛国的公路体系也是沿袭了英国的一套，汽车方向盘都在右手边，道路左行右行和拐弯的规矩与美国、加拿大和中国相反，需要一点时间才能适应。

也许是旅游国度的原因，岛国"网民"比例极高，饭店无线上网很方便并且免费。巴巴多斯机场也提供免费 WiFi 上网。

除了旅游业外，岛国就只有甘蔗种植业和当地有名的 banks 牌啤酒公司算是工农业了。也许干旅游业比出海打鱼谋生更容易，我们在巴巴多斯就没有见过渔民，更没有见过卖虾干和海参等特产的。

到了这里才知道，巴巴多斯是葡萄牙语"无花果树"的意思，岛上无花果树随处可见。除了蔚蓝的海水和蓝天白云外，洁白的细沙滩和椰树、棕榈树、鲜花和各种叫不出名的热带植物让岛国显得分外美丽动人。

因为巴巴多斯沿岸海底石灰岩是白色的缘故，这里的的海滩都是白色的，让近海的海水颜色显得特别蔚蓝。早晨的波涛并不汹涌。温柔的波浪一波接一波，那节奏，那颜色，那声响真美丽和谐极了。

如果说巴巴多斯岛西岸的加勒比海有如漂亮多姿的靓女的话，其东岸的大西洋则像脱缰野马汹涌澎湃，巨浪推起千堆雪，有如强悍的拳击冠军。这里，游客不仅能零距离欣赏大西洋万马奔腾壮观波涛，也能感受大海的能量。

巴巴多斯的宾馆、包括中餐馆在内的饭馆、商店和旅游景点购票都接受 VISA 等主要信用卡，街上 ATM 自动取款机也很多很方便。虽然这里可以直接花美元，用现金的话还是将美元换成巴元花着更方便划算。比如，你买 7 巴元的东西，口袋没有巴元的话就得付 4 美元。而且，这里乘坐公共汽车是将车钱放入收款箱无法找钱。如果不提前准备好每人 2 巴元车费的话就亏了。有点意思的是，这里的大公交车还给打印车费票据。

岛国巴巴多斯从水果蔬菜到矿泉水等一切靠进口，物价水准比美国贵多了。好在这里的许多度假饭店房间都有厨房和煤气灶，而且每个房间都有锅碗瓢盆盘子和刀叉等，还有盐和胡椒粉呢，想得真很周到。我们早餐就经常在饭店房间煮鸡蛋、煮面条和冲芝麻糊等，方便、省钱。

　　由于蔬菜和肉蛋等原料价格不菲，巴巴多斯很多餐馆应该说是比较贵的，海鲜也不便宜。但是，这里也有肯德基等快餐连锁店，相对物美价廉。来巴巴多斯度假游别忘记带上一听你喜欢的好茶叶或者好咖啡，这里的水好，每天自己煮开水沏壶好茶或者泡杯好咖啡坐在饭店阳台上赏海，真别有一番风味。

　　2014 年 6 月 22 日，周日版美国《世界日报》的《世界周刊》配发太太卢琳拍摄的五幅彩照、用两个整版发表了我写的《枪展就在家门口》一文。而且，我在枪展上端着一只自动步枪的彩照还上了本期副刊的封面：

枪展就在家门口

文 / 谷世强　　图 / 卢琳

　　5 月 23 日夜晚，孤僻疯狂的美国 22 岁冷血杀手罗杰（Elliot Rodger）在加州美丽的圣塔巴巴拉大学校园区制造的血腥枪杀案，夺走六条年轻生命，包括三名华裔，震惊美国。受害人家属和社会再次强烈呼吁美国禁枪。61 岁的白人受害人 Chris 的父亲接受 CNN 采访时声泪俱下痛心疾首。他愤怒地询问美国政府、国会和政客"你们高谈阔论美国人持枪权利不可侵犯，那我儿子生命的权利又在哪里呢？我们被枪打死的无辜实在是太多，太多，太多了！"。

　　不过，现实生活就是现实生活，就在圣塔芭芭拉枪击惨案刚一周后，东岸宾州橡树镇举办的大型枪展 31 日就如期开幕了。橡树镇距离我家很近，开车一会儿就到了。从天津来的岳母 80 多岁了还从来没有看过卖枪的，我和太太来美国 20 多年，看到越来越多的美国枪击案，却难以明白花旗国为什么禁枪这么难，而且也从来没有看过枪展。趁这枪展开到了我们家门口，就决定一起去看看，也算是了解花旗美国的枪文化。

　　上午 10 点多，我们开车一会儿功夫就到了橡树镇会展中心。门前很大的停车场上早已停满了汽，展会工作人员主动指给我们不远处一个车位。从汽车牌照看，来自宾州和新泽西州的最多，纽约州甚至麻省等较远地方来的车也不少。看来美国人或者说花旗文化里面还真有喜欢枪械的一面。

不见警察无安检

　　会展中心门口我们就看到一辆警车，里面没人。出乎我们意外的是，这卖枪支弹药的展会跟卖玩具等商品的展会一样，什么特别安检也没有。进门入场即没有查验和不准带包入内的设限，也不需要身份证，更不设 X- 光安检，有钱就能进去看、进去买。门票不贵，但只收现金，成人 10 美元。说是门票，其实就是交钱后在我们每人手背上盖个红印章。这样，我们就可以随便进出枪展大门了。

我们看到很多人都是带着孩子全家出动来这里看枪展过周末，跟逛商场一样，会场气氛相当的轻松，刚刚在加州发生的校园枪击案对枪展一点影响都没有。展厅里面还有卖热狗和汉堡以及咖啡和冷饮的，也有卖动物图案和手工纪念品以及军服的，挺热闹。二年前笔者出差曾经在巴尔的摩机场附近一家很大的专门卖野外运动商品的购物中心里面，见识过卖枪和子弹的专区。上述商店卖的长短枪支和子弹以及自动弓弩等都是崭新的商品。而在橡树镇举办的枪展就完全不同了。

我们心里想着，这枪展重地到处都是枪支弹药如此进出随便，花旗美国还真牛！一走进展会大厅，我们怕看枪展不安全悬着的心立马落地了。只见大厅里面每个摊位上卖枪的和看展的都表情轻松愉快谈笑风生，与看其它商展会无异。而且，在展会 A 和 B 两个很大的展厅里面，我们一个警察和持枪保安都没有看见，看来这样的枪展在美国早已司空见惯没有任何特殊。原来在展会上卖枪、卖刀和卖子弹的很多都是私人和就干这行的家庭，只要报名花钱租到摊位，就可以依法大大方方地在这里卖枪枪械子弹等"军火"。

2014 年，笔者在费城郊外枪展上端起自动步枪拍照

俄枪摊位盖 "党旗"

我们不仅在枪展上看到很多卖新式手枪和长枪甚至机枪的摊位，也看到很多卖各式老枪和古董收藏枪的摊位。卖各种腰刀和跨刀等的摊位也不少。有的卖新刀，也有卖手柄雕刻精致漂亮的收藏刀。当然，卖子弹的一盒盒、一箱箱的都是崭新的子弹，大的子弹竟然有我手掌长，真挺吓人的。很有乐子的是，一个专门卖俄国造步枪的摊位上，竟然还在装枪支的军用颜色木箱盖上挂了一面鲜红色的镰刀斧头共产党旗帜招揽顾客。化旗美国，真是五花八门，无奇不有。

美国这头号自由国家虽然近年来被越来越多的校园枪击案、职场枪击案、商场枪击案和银行以及家庭枪击案所困扰，"禁枪"的呼声越来越高，但真正立法禁枪似乎是猴年马月的事情。以前，每次校园等枪击惨案发生，我都会纳闷美国禁枪怎就这样难呢？而且，每次枪击惨案后都会有人辩护说，杀人不是枪支而是人，从宪法保护美国人拥有枪支自由到人权到美国历史和文化，也是头头是道。

枪支协会太厉害

移民美国后我也多少知道一点全国枪支协会(NRA)的厉害。美国民选总统，两党支持的总统候选人花老鼻子钱拼命竞选，当然都是为了最终能入主白宫。而拥有雄厚资金实力和会员影响力的美国枪支协会所影响的选票，对任何人想当选总统都至关重要。据说，NRA 所掌控和影响的选票一向都是只投给拥护宪法《第二修正案》的候选人。而这个宪法修正案就是确保美国人拥有持枪的权利。NRA 的巨大游说和影响力不仅仅表现在总统选举上，对国会议员选举也是一样。而美国大法官是由总统任命的，从而，NRA 其实多少也影响到了大法官的人选。而生产枪支弹药的军火商等影响力也非同小可。所以，在三权鼎立的美国，虽然社会禁枪呼声甚高，但真正能实现立法禁枪，那还真是路漫漫其修远兮，遥遥无期吧。

我们走进枪展大厅，第一个邀请我们拿资料和填写会员表格的就是美国枪支协会 NRA，我们谢绝后快步走开。而且，我在展会上看到有这么多的美国私人和家庭也是以卖枪和卖子弹维生，又有这么多美国人热衷于买枪玩枪，更感觉到美国实现禁枪之难。

在美国买一把新枪其实并不贵。看上去很不错的新手枪通常也就是 400 美元左右。但是，被枪支收藏爱好者买来卖去的老古董手枪、步枪和猎枪，标价从数千到数万美元一把。此时我更明白一点了，原来美国除了很多人买枪防身外，还有不少"藏友"玩枪和收藏枪。难怪美国人均拥有枪支数量世界第一！

据统计，美国大约有将近一半的家庭拥有枪支，听起来挺吓人。谁都知道，民间枪支越多，发生枪击案和走火误伤造成的人员伤亡几率就会越多。在美国，拥有枪支弹药是人权，而保护公民生命安全不死于非命也是人权。禁枪与否，就是这人权与人权之间的政治了。在展会里面我是边看边想，要是美国真禁枪了，花旗大地不许再卖枪弹了，这些造枪弹的，卖枪弹的和相关的商店、协会、展会等等吃谁去？经过美国近年枪击惨案受害者家属、社会舆论和支持同情禁枪的政客的共同努力，如果能尽快立法限制禁止精神有问题者购买和拥有枪支，严格审查和防范体系，对于我们绝人多数都没有枪甚至根本没有摸过枪的在美华裔来说，就是有福了。在枪展上，你随便可以端起一把冲锋枪拍照，没人管，旁边就是卖子弹的！看来土生土长的老美眼中的枪械与我们很不同，从根儿上说文化和历史就完全不同。这也是花旗文化一部分。

2014 费城郊外举办的枪展一角。

无辜华童枪下亡

教会朋友夫妇都是从国内来的移民，两口子特善良。谁曾想，几年前他们的独生子放学后去一个美国同学家里玩，同学翻到了家里的手枪，好奇摆弄触动了扳机，朋友的独子应声中弹身亡。就这样，在美国很容易就能买到的手枪和子弹瞬间击碎了一个无辜华裔家庭的幸福生活。5 月 23 日晚发生的加州圣塔巴巴拉大学校园血腥枪杀案，不也是瞬间又让包括三名华裔在内的多家无辜受害者家庭梦碎花旗吗？

　　自由也好，人权也好，但美国如果能禁枪会更好。看着这么多做工精美的长枪、短枪和古董收藏枪，特别是那看着比越战武器还先进的全自动步枪和机关枪，看着仅凭驾照和信用卡、支票就能轻易过户购买这些"要命的"军火，我就不由自主地担心。枪支和子弹不是绣花针，真是随时可以要人命的。展会上卖出这许多枪弹，那谁会是下一个无辜受害者呢？不论是从旅游还是从多了解美国社会文化多元化出发，有机会的话，去看看有规模的枪械商店或者是去看看枪展，也是走马花旗和了解美国的社会文化，不是吗？

枪展上连机枪子弹都可以买。

2013 年 3 月 10 日，面向全球华人发行的《人民日报海外版》"读者桥"版头条配发照片发表了我写的《怎样在美国西部自驾游》一文：

怎样在美国西部自驾车游

谷世强　（寄自美国）

趁着假日，我们一家三口刚从美国西部自驾车旅游一圈，收获良多。我知道有不少来美国探亲、旅游的华人朋友，对自驾车游美国大峡谷、黄石公园和加州死亡谷国家公园等西部奇景跃跃欲试，那好，我就利用《人民日报海外版》这座"读者桥"，和大家分享一下我的自驾游经验。

熟悉路况 关注天气

美国死亡谷是世界五大惊险奇景之一，位于美国西部加州与内华达州相毗连的群山之中，既是世界上夏日最热地方之一，又是西半球海拔的最低点。这里有在大峡谷和黄石公园都看不到的十分特别的十分特别的山景、沙漠和盐湖，还有当年的金矿遗址和保存完好的传奇别墅山庄，驾车其中会对天高地厚别有一番感受。但死亡谷也是美国最大和最危险的国家公园之一，冬季驾车到此享受探险之旅，一定要精心准备，防患于未然。

从地图上看，死亡谷国家公园距离旧金山不过 300 多英里，距离拉斯维加斯只有 100 英里。但如果在冬季出行，许多高速公路会因冰雪、"白毛风"等天气原因而关闭，且在这样的恶劣路况下，车速也会下降。所以，在美国自驾车旅游不能只凭地图来策划旅游路线和计划时间，一定要在网上查询或打电话给所去饭店、公园等查询路况和天气。否则，不能按时到达，导致预定饭店的费用"打水漂"不说，山路雪地行车，特别是夜晚行车还很危险。

租好车 勤加油

长途自驾车旅游最好选择 Hertz, Enterprise, Avis 等知名租车公司。这些公司在几乎所有的机场和城镇甚至大饭店都有租车网点，在需要他们提供服务或要求换车时，还能拨打免费电话随叫随到。最重要的是，通常大的租车公司车型齐全、车子新。在死亡谷国家公园和大峡谷空中玻璃走廊有时只能走石子路和雪地路，最好租车子新、轮胎新的四轮驱动 SUV 越野车或大型吉普。通过租车公司买一份保险（几美元一天）也是有必要的。

死亡谷国家公园有两个美国德拉瓦州那么大，驾车游四五天都难看完其地貌美景。但里面只有两个加油站和一个简陋修车点，因此见到加油站一定要把油加满，建议后备箱里也随时备上一桶汽油，去黄石公园和大峡谷等也是一样。

还有一点，在死亡谷国家公园、黄石公园和大峡谷的很多地段都无手机信号，人也很少。所以，自驾车游时最好能带上一个便携式气泵，遇上汽车轮胎被钉子扎了也能用自备的气泵先充上气，再将汽车开到饭店或者修车店。行车不能全靠 GPS 导航，带上当地地图很重要。还需带足水、食物、常用药、雪刮子、手电筒、打火机等。

死亡谷国家公园有些景点连四轮驱动的越野车都不好使，要租公园里面的大轮越野吉普车才能安全上去。去往景点前不妨先向公园游客服务中心的工作人员咨询好行车路线，避免发生意外和走冤枉路。黄石公园和大峡谷公园里面的道路就相对好走多了，但每天出车前对轮胎、汽油、雨刷的检查以及对除霜按钮、雾灯的熟悉同样不可懈怠。

2011 年，笔者在黄石公园留影。

路线细策划 饭店精挑选

冬季要避免从旧金山驾车去死亡谷国家公园，因为这一段容易遇到冰雪路面。推荐从赌城拉斯维加斯出发，游过拉斯维加斯后，仅几小时车程便可到达著名的大峡谷空中玻璃走廊，体验大峡谷的震撼。然后从大峡谷直接开车去死亡谷国家公园。这条路一般比较畅通。死亡谷国家公园里的饭店性价比不错，但要提前预定。在死亡谷国家公园待上四五天后，就直奔洛杉矶好莱坞影城和旧金山。这一路既有太平洋的碧波万顷，也有加州葡萄园和牧场，不妨沿着美国 1 号公路前行，自由自在观赏风景、停车照相。

旧金山除了有规模很大的"中国城"和著名的亚洲艺术博物馆等景点外，还有金门大桥和乘船海上观光等。旧金山及其郊外商场和直销名牌店等很多，回国前购物很便利。机场每天都有直飞北京的航班，飞上海和香港也十分方便。所以，不妨在旧金山的租车公司网点还车，结束美国西部自驾游。

从拉斯维加斯、洛杉矶自驾车去黄石公园很方便。从旧金山租车去黄石公园要稍远一些，但路很顺。一路上可以体验天苍苍、野茫茫的美国西部广阔的自然风光，同时还可在美国过足车瘾，真是一举两得。黄石公园非常大，4 月底仍可能下雪，建议带好保暖衣服并且提前预定好公园里面的饭店。最好也能预留出一两天时间游览一下盐湖城，这里的摩门教大教堂和摩门教会议中心规模惊人，也很好看。

此外，在美国自驾游特别是带着从国内来探亲的老人一起玩时，要选择房间里面有咖啡机的饭店入住，因为中国老人大多喜欢饮热茶，有了咖啡机就可以随时喝上热茶。饭店一般都能在网上查询预订，预定时，最好选择有免费停车场和免费早餐的。这样，十天半个月下来，不但能省很多钱，也节省了不少时间。

赌城拉斯维加斯近两年新建了规模很大的中国城，中餐地道而且价格公道，距离市中心也不远。能吃好、住好、停车方便安全，自驾游会平添几分舒适和乐趣。

　　2010 年 2 月 3 日，美国《侨报》的《文学时代》版发表了我写的《北美游经验谈》旅游札记：

北美游经验谈

（宾州）　谷世强

　　嫂子在天津的高中当教师，平时很忙。为了一放暑假就能实现兄嫂和女儿全家来北美探亲旅游的愿望，我去年 4 月份就发邀请给他们申请来美签证。我的邀请信理由简单明了，就是邀请他们来美国观光、购物，顺便到我家探亲。5 月底，兄嫂和女儿一家三口首次到使馆面谈，顺利获得了来美探亲旅游签证。

　　我家就住在美国东海岸名城费城郊外，往北开车 2 小时是纽约，往南行车 3 小时是华盛顿。

　　兄嫂一家在我家探亲期间，当然得遍游这些东海岸名城外加波士顿、大西洋城和尼亚加拉大瀑布等。虽然我家在美国东海岸，但我为他们订购的往返机票并没有安排他们就近从纽约直飞北京回国，而是安排他们在暑假结束前从西海岸名城旧金山回北京。为啥？这样安排既可以仍然享受到往返国际机票的价格优惠，又方便我们一起畅游美国西部后回国。而且，旧金山到北京的飞行时间也缩短很多，从西海岸回中国会快捷舒适许多。

　　海外家庭旅行看似简单，其实只有考虑计划周全才能减少走冤枉路、花冤枉钱和避免在海外受旅行问题的"洋罪"。

　　如果不是买包括全部北美境内联程机票的话，我的经验是从大陆到美国的往返国际机票，通常是在美国的华人旅行社购买价格最好。而在北美城市间的机票，选择网上凭信用购买电子票最有物美价廉机会。自己在家里上网就办了，不用求任何旅行社。订饭店和租车也是通过美国的 Expedia.com 等知名旅行服务网站选择落实，方便可靠又价格最好。

　　我们游览的最重要一站是拉斯维加斯。拉斯维加斯虽然以"赌城"闻名天下，但实际上可以观光游览之处很多，是美国西部游理想的起点城市。

　　首先，美国各大中城市每天都有很多直飞或者一站中转飞抵拉斯维加斯的航班，交通便利。航班多，竞争自然就激烈，我们游客得实惠的机会就多。如果不是周末和节日，常可买到时间又舒服价格又特别低廉的机票。其次，看一眼美国地图你就会发现，拉斯维加斯作为西部游"跳板"城市，地理位置最佳。

根据兄嫂的预定要回中国时间，我网上查寻发现，8 月 18 日周二从费城启程飞拉斯维加斯航班时间和价格都好。这样，我们从费城到拉斯维加斯的机票，税前才 84 美元一张。

从拉斯维加斯机场租车，最后在旧金山或者其他机场同一租车公司还车也没有问题，就是异地还车要稍贵一点而已。发达完备的美国租车业，让异地自驾游十分方便。考虑我们人多还有行李，就租了一部 7 座位很宽敞舒适的旅行车。从租车公司租用 GPS 导航器不太划算，我就从家里带来了 GPS。拉斯维加斯赌场饭店都提供免费停车场，以方便和吸引自驾车游客。

可能与金融危机影响拉斯维加斯生意和我预定得早有关，我选择的赌场饭店很高级，但我们预定的每个双床房间才 28 美元一间，加税也不过 31.22 美元一间，便宜得真令人难以置信。

所以，自家北美游，如果能尽早网上查询、预定，常能有超值收获。

　　2016 年 4 月 2 日，面向全球华人发行的《人民日报海外版》"读者桥"版配发照片发表了我写的《美国人的"花鸟"情结》一文：

美国人的"花鸟"情结（海外纪闻）

谷世强（寄自美国）

　　阳春三月，美国费城市区带状公园里的樱花和桃花竞相开放。每年这个时候，卖各种树苗、草籽、花籽、草坪肥料、除草剂以及剪草机、微耕机和种花工具的商店里准会生意兴隆。别看很多美国人对于室内装修并不热衷，只求个舒适而已，但他们对于自家的草坪、树木和花园的打理却一点都不含糊，平均每个美国家庭用于这笔开销的，每年竟达近 3000 美元。

　　美国 50 个州，每个州都有评选出来的州花、州树和州鸟，从政府到当地百姓都对自己的州花、州树和州鸟挺当一回事儿，很多人还引以为豪。比如，纽约州的州花是玫瑰，州鸟是蓝知更鸟，州树是糖枫树。每年 10 月底前后，如果你有机会到纽约州旅游的话，会有漫山遍野的枫树林迎候你，层林尽染，煞是壮观。如果是在山上赏枫，到处还能听到蓝知更鸟的欢叫声，更让人感到心旷神怡、美不胜收。

　　我知道国人喜欢选加州为旅游目的地。加州的州花很有意思，学名叫"花菱草"，却常被直译成"加州罂粟花"。旧金山附近不是有个著名的红木国家公园吗？加州的州树还真就是"加州红木"。顾名思义，如果喜欢观赏参天红木树的话，当然首选加州了。加州是个很特别的州，你看，就连命名州花、州树，都不忘在前面冠以"加州"二字，以示与众不同。州鸟也是如此，叫做"加州鹑"。也许正是因为加州不一样的个性，才有了好莱坞、硅谷和伯克利加大等"大牌"吧。

　　大概是哈佛大学和麻省理工学院的名气使然吧，很多中国人都熟悉东海岸的波士顿。来了之后你会知晓，波士顿冬天的冰天雪地与其冰球队一样有名。然而，波士顿所在的马萨诸塞州的州花却阳光得很，叫做"五月花"，州树是美洲榆树，州鸟是黑顶山雀。当然，该州的别名昵称更阳光，叫做"海湾之州"，感觉不到一丝寒意。

　　正是缘于人们对自然之美的由衷喜爱，才会演绎出州花、州鸟等"花鸟"情结。人人爱鸟、护鸟，给鸟创造好的栖息地，鸟类自然就会多起来。今年 3 月 8 日，趁着春光灿烂，我们驱车去了离我家 50 英里的宾州中溪湖野生动物保护区，观看北美雪雁。每年初春，都会有十几万只北美雪雁飞抵这里栖息。根据保护区网站快报：今年从 2 月底开始，数以十万只北美雪雁就蜂拥而至中溪湖，场面壮观。我们到达保护区时，看到中溪湖的湖面已然完全化开，没有一点薄冰了。不少观鸟者和摄影爱好者正在兴致盎然地观赏北美雪雁在湖面上起飞和降落，聆听北美雪雁快乐的鸟语，场面令人震撼难忘。

　　在场的观鸟者和摄影爱好者中，华人面孔还真不少。在赞叹声中，除了能听到"老美"的英文，就是南腔北调的华语了。

　　转眼夕阳西下，我们眼见着雪雁们从水面上腾空而起，呼叫着飞向落日。那万千雪雁在鲜红的落日余晖中展翅飞翔的场面，很是壮观神圣！

　　北美雪雁在长途迁徙中，选择宾州中溪湖落脚栖息绝非偶然。这里 4000 英亩的湖面和周围茂密的树林是大批候鸟休养生息的理想之地。中溪湖保护区的草坪上都有警示牌，不准游客越线，动物在这里受到绝对保护。自从宾州政府投入巨资在上世纪 70 年代将这里辟为野生动物保护区后，聪明的北美雪雁就将它们的迁徙飞行路线往北偏移，选择中溪湖落脚栖息。一开始只有几千只，后来发展到十几万只，每年初春都绝不爽约。因此，去中溪湖观赏雪雁越来越流行、越来越时尚。

2015 年 9 月 26 日，面向全球华人发行的《人民日报海外版》"读者桥"版配发两幅动漫插图大篇幅发表了我写的《微信 – 火爆海外华人圈》一文：

微信 – 火爆海外华人圈

谷世强　（寄自美国）

开创于中国内地的手机微信平台，据说已拥有 5 亿多海内外用户，如今也迅速热透了我们在海外的华人圈。我在美国的侄女、在加拿大的兄弟和在欧洲以及澳大利亚的同学们都已经添加微信了。我们现在和国内的家人、同学及朋友几乎天天在微信里见面、在微信里聊天、在微信里实时尽享心灵的鸡汤。一句话，微信真的一下子拉近了我们与国内亲朋的时空距离，让海内外华人随时随地沟通交流，环球同此凉热。这不，中秋节还没到，我在微信群里已经收到不少节日祝福和看着令人思乡、眼馋的中秋月饼了！

融入一个社交新世界

的确，若论发照片、发视频音频、发即时新闻、视频即时聊天，抑或在网络世界不分国界地建立亲朋群、同学群和好友群等，微信的确比电子邮箱、短信及社交网站等更加方便好用。正是微信里面的这个群、那个群和"朋友圈"，将我们与国内家人、同学和朋友，融入一个充满亲情的、实时的和丰富多彩的社交新世界。

自从我加入微信群后，生活习惯都改变了。每天起床洗漱后，吃早点前的第一件事就是赶紧看今天的微信：国内家人又有啥新动态、好消息？端午节之前，我在温哥华的弟弟世斌就给群里发来了"送开心粽子来了"的有趣动漫。同学群里的大学老同学也从天津给我们发来了一锅正煮得热气腾腾的粽子视频。立即就有老同学微信捧场"闻到香味了，好诱人啊，看着也高兴！"。紧跟着的父亲节，微信群里又是一片"父亲节快乐！"的祝贺声。外甥女在"朋友圈"里转发的"一曲《父亲》，唱哭无数人"，点击打开，的确声情并茂，十分感人。身在悉尼的同学老曹，还于父亲节当天通过微信告诉我们，澳大利亚的父亲节在 9 月份，所以他一年要过两次父亲节呢！

　　暑期从美国回国探亲的侄女一家，不断地将他们在北京与父母家人团聚、在丽江和昆明等地旅游度假的照片和录像，实时传给我们谷家微信群的所有家人，又快又好又不用付费。

　　我太太和几个姐妹之间的微信群每天都很热闹，她们在群里聊子女教育、旅游计划及哪个菜好吃等，并互相传递着好听的新歌和在外地旅游度假时拍摄的照片等，乐此不疲。前不久，我们去费城郊外农场看薰衣草花开景色时，太太拍到了"蝶恋花"的美好时刻，很快就晒到了微信群里。

　　一次，我在费城郊外家门口的银行，帮助要从天津来美国进修的外甥女预付房租。因为有些银行汇款必须的信息我不很清楚，银行无法执行汇款。我立即打开手机的微信，直接用语音"呼唤"远在天津的外甥女，她即刻就用语音回复了，声音特别清晰。随后，外甥女又通过微信文字对话框与我确认账号和地址等，一分钟时间，这横跨太平洋的问题就立马办妥了。

2019 年上海豫园的节日灯景很"中国"。

帮海外华人解了乡愁

　　微信的快捷、方便和实用，让我回想起我在费城进修时的往事。那是1986 年，从美国大城市费城空邮一封家信到天津，没有十天半个月的绝对不行。

信和照片寄丢了的时候也是有的。当时国内一般居民家都还没有安装电话，手机更没有了。与家人天各一方，通信难，通话和看到照片、影像更难，感觉几个月的进修时间过得好慢。后来，电子邮箱和网络电话大大方便了海外华人与国内亲朋的交流沟通，但很多时候还是感到信息传递不畅或有遥远的距离感。而微信平台一推出，这些问题都迎刃而解了，特别是微信的语音和视频通话功能对海外华人尤其珍贵，它让我们随时随地可以听到和看到家乡亲人的音容笑貌，找到了"常回家看看"的感觉。

其实，微信刚在国内兴起时，就有亲朋让我也加入，我当时不屑一顾，以为电子邮箱、短信和网上电话已经够用了。前年春节前夕，我在费城和住北京、天津的侄辈们给我们谷家注册建起了一个微信群。我们这些在海内外的"长辈"也就都被邀请参加了。很快，每天在群里聊天、报平安、晒旅游和孙辈照片、分享海内外奇闻逸事等成了常态，还有时为微信里流传的一个观点、事件或段子各抒己见，争论不休，那份其乐融融，宛如三世同堂！微信改变了我家的日常信息交流形式、频度、深度和内容，家庭关系纽带也因此被系得更加紧密和亲密了。

除了信息交流方式的改变，微信还帮助海外华人告别了寂寞、消解了乡愁。经常在微信的"朋友圈"和群里看到：从姑苏美景到家乡天津新貌、从国内"最美高铁"开通到各地新建的高楼大厦，一个又一个精美的摄影和视频作品，让我们在海外看得很过瘾。这不，前不久同学群里发来了《天津！你别太过分》的视频，图文并茂，把家乡天津的海河两岸风光、五大道美景、滨海新区以及看着就很香的"狗不理"包子、"十八街麻花"、天津煎饼果子等特色美食"一网打尽"，很解乡愁。

前不久，我在温哥华的五哥谷世安医生以加拿大白求恩学会创会会长的身份，应邀到北京观礼了9月3日大阅兵和随后的庆祝活动。哥哥从天安门广场用微信发来的现场照片和视频，让我们全家兴奋不已，讨论热烈，这种"全家以此同乐"的感觉，真好！

2015 年 2 月 24 日，美国《侨报》的《文学时代》版头条以近一个整版篇幅配发配文剪纸图案，发表了我写的《不一样的"年味"》一文：

不一样的"年味"

（宾州）谷世强

羊年春节到了！笔者在家乡天津的二哥谷世宁发来的邮件说，"春节到了，天津的年味也越来越浓了"。我人在美国也感受到了家乡那浓浓的年味。

美国这里春节气息不浓，此时，我满脑子都是在家乡过年、拜年和闹元宵的"年味"了。

这"年味"到底是啥味儿呢？反正就是沁着家乡地气、裹着浓浓亲情、只有在中国过大年才有的那味儿。若论民俗和过年的"讲究"，大概没有哪个城市比天津更有年味儿了。甭管雾霾不雾霾，年三十儿除夕夜，家家户户饺子下锅时满天津城震耳欲聋的鞭炮声别的城市还真比不了。这钱，天津人跟听相声似的，舍得花！要不怎么出了马三立、冯巩，又出郭德纲呢？

天津人从大年初一到正月十五走亲戚串朋友的拜年礼数最不含糊。天津杨柳青的"富富有鱼"年画，古文化街"娘娘庙"的香火，食品街从"十八街麻花""狗不理包子"到"果仁张"的特色小吃都太有年味了。特别是那年夜饭，天津人最得意、最拿手儿的红烧鱼主菜和"虾仁独面筋"等天津特色菜，更让家乡天津的年味特别飘香。

遗憾的是，来美国 20 年了，洋节是越过越多，在家乡天津赶上吃年夜饭的机会却寥寥无几。这羊年到了，我远在美国却已经感受到了除夕夜全家人在天津一起包饺子、看春晚、唠家常那其乐融融的年味。

如同美国洋节的这个"洋"字跟咱们华人过羊年这个"羊"字完全不同一样，美国洋节的年味也另有一番风味。首先，我们华人过年过的是农历春节。而"老美"过年过的也不是公立新年，其实，他们的过年就是过圣诞节，或者说是庆祝圣诞。

我们华人过年放鞭炮"驱鬼"，"老美"过圣诞节是彩灯装饰圣诞树庆圣诞。我们华人文化里面食文化最重要，红白喜事要吃，欢欢喜喜过大年当然更要讲究吃。所以，我们华人的年夜饭必须得有一条鱼，红烧还是清蒸倒无所谓。一条鱼上桌最重要，预示新的一年"富富有余（鱼）"。不仅如此，"四喜丸子"和"八宝饭"也不能少，图个吉利；蒸年糕或者炒年糕也是必须的，年年高，节节高！除夕夜我们华人包饺子"更岁交子"，过大年的老例千年不变。大寒小寒，吃饺子过年。

而"老美"的圣诞节家宴呢？举国上下主菜都是一个烤火鸡。实际上，"老美"家家户户的新年年夜饭主菜也还是烤火鸡、烤火腿，远没有我们华人年夜饭有如此之多的讲究，更没有我们"初一的饺子初二的面，初三的烙饼卷鸡蛋，初四的盒子王家转"，一直到正月十五都不重样的节日美食。所以，我们华人的食文化"里有年味，"老美"的没有。

我感觉，美国人过洋年过的不是圣诞除夕夜和新年除夕夜，而是在过整个节日季。即使从大年三十到正月十五半月有余，华人的过年文化与美国的节日季也无法相提并论。

节日季在中国应该说还没有完全形成。每年从 11 月份最后一个星期四的感恩节开始，一直到新年的钟声响过，是美国一年一度的"节日季"。

这期间，既有紧随感恩节其后的"黑色星期五"、"网购星期一"这样的购物狂欢节，也有接踵而至的犹太光明节、圣诞节和新年这西方几大节。像纽约、费城、洛杉矶和迪斯尼乐园这样的地方，感恩节彩车游行，圣诞节彩车游行和新年彩车游行，一场接着一场，载歌载舞，让白雪皑皑的冬季热热闹闹、喜气洋洋。

与中国年三十的春晚不同，美国是在新年钟声敲响时各城市都大放烟火迎新年，最知名的要数纽约的大苹果之夜了。一年一度的节日季，最能彰显美国传统文化的特色。

有人说，美国文化或者说是美国节日季文化就是球赛。这话我看起码说对了一半。其实，还没有进入节日季，美国人最喜欢看、最如醉如痴的美式橄榄球大赛就已打得热火朝天了。不但费城老鹰队等各地专业队赛季大赛一场接着一场，牵动全美国人神经的院校橄榄球队赛季大赛也打进了高潮。

一进入节日季，周末黄金时间打开电视，很多主要频道都是在直播橄榄球大赛。这季节，在费城你到处可见身穿老鹰队绿色球衣的球迷。他们的汽车上也贴着老鹰队的雄鹰标识，很多家门口都挂起了老鹰队队旗。其他城市也一样，只是球队不同。可以这样说，每个城市和地区的市民基本都是本地和本地院校球队的铁杆球迷，年复一年。

从这个角度看，其实美国是很弘扬正能量文化的国家，全民崇尚体育、热衷球赛正是美国文化的根基。节日季的赛季球赛就是弘扬这正能量文化的大好时机。每场橄榄球大赛等开始时都要清唱美国国歌，有时还有巨大的美国星条旗入场式，那场面其实很"讲政治"。球赛还没有开始，输赢还没有显示，但由万人体育场里面伴随着国歌和国旗产生的一种激情、一种不畏风雪严寒的斗志已经通过电视直播传遍了美国，这难道不是一种正能量文化吗？

若论年味的不同，美国的节日季过的实际上是年底。圣诞节和新年一过，节日季也就彻底过完了，公立新的一年又开始了。而我们华人过年过的是啥时令？我们过的是迎春的农历新年从立春开始。我们过的其实不是年底，而是公立每年年初的冬末。

所以，美国过洋年的人们感受到的，都是冰天雪地里身穿红衣的圣诞老人乘着由一群小鹿拉着的雪橇送圣诞礼物的文化场景。我们呢？过中国春节感受到的则是梅花开、水仙花开、冬去春来、三阳开泰的春的气息。时令不同，文化传统不同，在美国过节日季当然就无法感受到在中国过年的那份亲情、那通热闹和那个年味儿了。也许正是因为美国的节日季有过冬的意思，所以，体育比赛和球赛唱主角也是理所当然。

在美国，除了很多大学都有水平相当高的学生橄榄球和篮球队外，差不多每个主要城市都有自己的专业橄榄球队、NBA 篮球队、棒球队和冰球队等。人气最旺、最叫座的橄榄球队还包括美国陆军队和海军队。

每年到了节日季前的大赛季节那真是热闹空前，美国人聊天的话题也离不开橄榄球大赛，电视和报纸体育新闻每天也是各场大赛的分析和评论等等，人们乐此不彼。形成全民参与的球赛文化的一大好处就是城市的凝聚力和自豪感。比如，就我们熟悉的 NBA 篮球赛而言，整个洛杉矶市都是湖人队的球迷，整个休斯顿市则都是火箭队的球迷。尽管这两年打得不好，但我所在的费城地区当然也都是 76 人队的球迷。每当院校队联赛如火如荼之时，从旧金山到洛杉矶随处可见身穿加州大学金熊队黄色 T 恤衫的球迷。如果再加上洛杉矶湖人队球迷的黄色 T 恤，还真有点"满城都是黄金甲"的味道。

笔者个人感觉，每个城市的公民都是自己所在城市球队的铁杆球迷，这正好可以强化公民意识，增强那个城市市民的责任感和自豪感，凝聚力也油然而生。国内有文化部和国家体育总局这样的政府权力部门，却不能形成"有中国特色"的体育大赛文化，很值得思考。

我从小在天津长大，就算是天津足球队最牵挂人心，但有多少市民知道自己球队的队服颜色、队旗图案和比赛日程呢？北京人又有多少是身穿自己足球队队服骄傲的球迷呢？热爱自己的家乡首先表现在热爱自己家乡的球队上。如果什么时候，进入春节之前，足球、篮球和排球等大赛也能从大学校园踢进、打进各大城市的大型体育场馆，大陆央视和各地卫视的黄金段时间播放的都是中国自己球队高水平的球赛，不但城市的凝聚力和自豪感提高了，城市和大学的名气大振了，中国足球成为世界一流强队也会有希望了。

而且，如果我们过年的年味里能让体育大赛和大型球赛成为"主味儿"的话，谁还会在乎什么谁是今年春晚的导演、主持人，哪个小品上不上春晚呢？他山之石可以攻玉，美国节日季的过法，对于升华我们过年的年味也许有值得借鉴之处。

由于历史文化不同，我们华人过年的年味与"老美"过节日季很不同的过法比比皆是。记得我们小时候在天津过年，那时人们虽然没钱生活艰苦，但过年的年味真比现在有滋有味多了。一直到文革结束，我们家一直住在天津市河北区宙纬路5号院。那院子，那些老邻居，从每年过年之前我们就忙活的扫房，刷浆，买年货，蒸馒头，炸丸子，炒花生瓜子，买什锦糖果，去火车站接哥哥姐姐、大年三十换新衣服穿、放花炮。那喜悦、激情和一家人在家自己做年夜饭的热闹忙碌和欢快的过程，都是我至今难忘的年味。

远亲不如近邻，那时候与老邻居大妈、大婶、叔叔大爷等那份亲情，过年时你用我家炉子炸鱼，我借你家沙子炒花生的那份不分你我的邻居情，如今住在高楼大厦高高在上的新一代都没有感受过，自然也不会回味那时候我们过年那份年味的美。

最能感受到节日民俗的天津古文化街一角。

小时候我们过年，没钱买很多鞭炮烟花放，就买一小包红色的蜡烛晚上点着一个大灯笼玩，觉得真比让人眼花缭乱的节日灯会更好看，更好玩。为了省钱，那时还有一些手巧的家长自己给孩子们做灯笼玩，独具匠心，打灯笼过年喜庆又好玩。

　　说起灯会，美国节日季里很多城镇其实也办大型灯会，给冰天雪地的圣诞节和新年点燃一片灯光。我们华人在美国过节日季，除了圣诞节也聚餐，很少吃烤火鸡和观赏圣诞烟火外，感觉不到什么年味，无所事事。

　　前年春节前我回国出差，在苏州正好赶上金鸡湖畔举办的台湾灯会火爆开幕。那完全是另外一番景象。一到月光码头，就见夜幕中人头攒动，游人如织，音乐声喧天。灯会入口处专门搭建的大门红红火火，门梁上方正中是一个"福"字大红灯笼。汽车到此止步。

　　走入灯会大门，两边竖立着两排也是红灯柱组成的灯景墙，如迎宾大道欢迎来客。入场就是一番热烈景象，越往里走，灯就越大越热闹喜庆。金鸡湖水面上也荡漾着大型荷花灯，绿叶衬着粉红荷花，灯光也用大红、大粉、大绿，色彩极为抢眼。灯会还有凸显地方文化特色的大戏台，以沧浪亭和虎丘塔灯光布景，两位苏州美女在表演评弹，服装和灯光颜色也是红红绿绿。再往里面走，一股烤肉的香味扑面而来。

　　原来，灯会还辟有占地面积不小的地方特色小吃区，小贩们的叫卖声此起彼伏，烤羊肉串、烤鱼串、成都凉粉、天津包子、羊杂汤还有各式台湾小吃的摊位前，挤满了游客。烤炉的炭火冒着炊烟，成群结伙的年轻人一手拿着啤酒瓶一手拿着羊肉串，纵酒畅谈，场面怎"热闹"两字了得！

　　在这熙熙攘攘的嘈杂喧嚣中，在这大型灯光和强音响的震撼中，金鸡湖上空的星星变得黯淡无光，月光码头之上是否还有月色已无人在意。我们在灯会灿烂的灯光和轰鸣的音乐中，伴着烤羊肉串的孜然香味，尽情享受我们红火热闹的节日文化。

　　看着金鸡湖畔的大红灯笼和一家又一家的人群，我一边吃着这刚烤出来的羊肉串一边品味。这热热闹闹的灯会气氛和家家快乐上灯会的欢聚时刻，也许就是我们心中难忘的年味儿？

2010年5月8日，面向全球华人发行的《人民日报海外版》的《读者桥》版发表了我写的《乘机赴美的几点提示》（上）。2010年5月15日，该版又发表了我写的《乘机赴美的几点提示》（下）。以下是发表文章的全文：

乘机赴美的几点提示

谷世强　（寄自美国）

行李检查通知单

最近几年到美国出差、探亲和旅游的朋友可能有过这样的经历：从美国的目的地机场提取行李回家或者住进饭店，打开箱子后发现，里面多了一张印有美国国土安全部徽章的通知单。通知单上的红色标题赫然醒目：NOTICE OF BAGGAGE INSPECTION（行李检查通知单），其正面是英文，背面是西班牙文，内容大意是：为了保护你和其他乘客的安全，美国交通安全署（TSA）依法有权检查所有行李。有些行李要被开箱搜查，你的行李就在被开箱搜查之列。

对于上了锁的箱子，TSA的安检人员会因安检需要，强行破锁开箱检查，而对箱锁被破坏不负任何责任。

很多被开箱检查的旅客很纳闷：我的行李在北京或者上海或者美国境内的启程机场已经通过安检了，为什么箱子又被TSA的安检人员打开，并且放进这么一张通知单呢？

是的，不论你是因公还是因私前来美国，不管你在美国境内需要转几次飞机才能到达目的地，航班进入美国落地的第一站，人和行李都还要接受美国机场安检人员的再次检查。

比如，你从北京乘坐美国联合航空公司（以下简称美联航）航班直飞芝加哥，然后从芝加哥转机乘美联航航班继续飞往费城。当你抵达芝加哥机场后，要与同航班的所有乘客一起下机，接受美国机场移民局官员检查护照和签证后方能入境。入境后会看到大厅的电子屏幕上显示你所乘坐的航班应该在几号行李提取转盘处提取行李。提取行李出关时，绝大部分乘客的行李都会被顺利放行，但个别乘客会被要求到旁边打开行李接受安检人员检查。拖着行李出关后就算进入美国境内了，接着就是将托运行李放在转机处。机场工作人员会根据行李箱上的标签将托运行李转机，通常托运行李都会与你乘坐的转机航班一起抵达目的地机场。在芝加哥机场转机时，每一件刚入境的托运行李都会再次接受传送带上的 X 光检查。安检人员会根据 X 光检查显示决定哪个托运行李需要接受开箱检查。

美国机场禁止将肉类、水果等食品和海关禁止物品带入美国境内。行李箱里面带有白酒等液体、光盘、香烟、中药、金属、食物等都可能导致被美国机场安检人员开箱检查。

芝加哥奥黑尔国际机场一瞥。

有时乘客在入境机场顺利转机并平安抵达了目的地机场，可是在行李提取转盘前左等右等，眼看着其他同机乘客都拿走了托运行李，就是不见自己的行李出现，这很可能就是当你在芝加哥、纽约、旧金山或底特律等美国入境机场转机时，行李被安检人员从传送带上拿下来进行开箱检查耽误了时间。这样，你人是赶上了转机的航班，可是行李却没有能赶上。

当你在目的地机场发现行李没有能同机到达时也不用着急，一般真正丢失行李的可能性不大，通常在提取行李转盘不远处都有该航空公司的行李问题办公室，当你来到办公室，出示机票和机票上贴着的行李票时，工作人员就明白你要查询行李。他们查询后会告知你行李现在何处，估计 ×× 小时后会跟随后面的 ×× 航班到达。你也不用等，只要填个表格，给出你居住的饭店或者家庭地址、电话就可以放心地走了。通常转天航空公司会安排专人将行李给你送过去，一般行李都会完好无损，箱子里面的东西一般不但不会少一件，而且会多了这么一张"行李安全检查通知单"。

轻装简行为上策

除了托运行李在美国入境转机时要再次过美国机场的安检，人也一样。还以从北京到芝加哥转机飞往费城爲例，当你将托运行李交给转运处后，接下来就要乘坐机场小火车，前往你要转机的航站楼。下小火车，便随人流来到机场安全检查口。人和手提行李都要过安全检查，鞋要脱掉，手提电脑要拿出来过安检。

这时你如果提着美国机场列出的违禁物品，就要被没收或销毁。比如，你在北京首都国际机场出境时，在免税店里给家人或者朋友买了两瓶茅台酒，那麼，这两瓶酒过安检时，一定逃脱不了被没收、销毁的命运。如果你不服气或者出言不逊等，还可能因此惹上麻烦。

将携带的酒类物品放在托运的行李箱里是可以的，即使被开箱检查也不会被没收，但是如果破碎了要自己负责。

其实，美国大城市的中国城里或超市中，中国货真可谓应有尽有，从我家乡出产的天津麻花到"傻子"瓜子、白酒、料酒乃至各种日用品都有，价格也不算贵。爲了避免被机场安检开箱检查等，来美国出行的朋友（特别是来美国旅游的）还是尽量轻装简行爲好，需要时到美国后再购买。

查询航班有窍门

如果你在旅行时，没有随时随地发邮件和打电话的方便条件，如果你担心航班延误不能及时通知接机者□□其实有办法，你只需出国前将详细的全程航班信息发给你的亲人或朋友，并提醒他们注意在网上查询你的航班信息就行了。

比如，你从北京乘坐美联航的××航班到芝加哥并转机飞往其它城市。接机者可以登陆美联航网站，××航班从北京起飞前就有比较准确的预计航班起飞和抵达时间。飞机起飞后，网上通常会立即显示出航班确切的实际起飞时间和预计抵达芝加哥时间。只要输入转机航班的航班号，也可以立即查询到其预计起飞和到达的时间等。

如果你是乘坐中国国际航空公司的航班，从北京直飞纽约。接你的亲朋也可以很容易地从中国国航网站上，查询到飞机起飞、抵达时间等信息。

当然，给航空公司拨打免费电话也可以查询。

误了转机不要急

如果你乘坐的美联航航班因爲种种原因晚点了，等你到达美国某机场时，没能衔接上预定的转机航班。怎麽办呢？美联航的地面工作人员通常会很快帮助你免费衔接上后面的航班。如果需要在机场住一夜转乘次日的航班，美联航的地面工作人员在给你办完新的转机机票或者登记牌手续后，还会安排你在机场附近的饭店免费住宿，你取完行李后给饭店打个免费电话就行了。

一般给每个乘客提供一个单间，同时赠送一张价值 15 美元的餐券，你可以在机场或者机场附近的饭店吃饭时当 15 美元用。有的航空公司还提供免费电话卡，可以打若干美元价值的长途电话。

美国各大机场周围都有不少各个档次的宾馆饭店，从希尔顿、万豪、凯悦到假日宾馆、汽车旅馆等，干净、方便、实用。大部分宾馆饭店都有往返于机场的接人通勤车，供住宿的客人免费使用，从早晨五六点开始到午夜，每隔半小时一班。

总之，碰到因爲航班延误等情况，没有衔接上转机航班不要太着急。对于时间紧张的商务旅客，大家从不同的地方飞到同一个机场，索性在机场饭店召开会议，这在美国是很流行的；对于时间不紧张的旅客，就当作是在旅行过程中的一次免费体验吧。

2014年2月19日，美国《世界日报》的《生活》专版配发多幅彩照，用近一个整版发表了我写的《亲手种香椿树 入口分外香》一文：

亲手种香椿树 入口分外香

文：谷世强　　图：卢琳

正所谓种瓜得瓜，种豆得豆。夏天和秋天你家能否吃到自己亲手种植的、市场上买不到的新鲜蔬菜和享受丰收乐趣，就要看你春季在房前屋后的自家草坪上因地制宜适时种植点什么了。

很多来美多年的华人都时常怀念香椿炒鸡蛋、香椿拌豆腐和鲅鱼香椿馅饺子的美味。遗憾的是，在美国还真不知道哪里可以买到新鲜的嫩香椿芽，就是大城市费城的中国城也没有见过卖香椿的。

三年前的春季，馋香椿的我们在网上查询，在中文报纸上留意广告，居然发现在美国宾州不但有华人经营的农场，而且农场就有出售香椿树苗！华人农场卖的香椿树苗不算贵，已经被培育长成一米多高的一棵香椿树苗大约30美元，加上送货到家也就是40美元，比自己从种子开始费劲巴力种起要省时省力多了。赶紧打电话联系订购了一棵香椿树苗，果然没过几天农场就将我们订购的香椿树送到了我们在费城郊外的家。

农场广告所言不虚，树苗还真有一米多高，看着很健壮。我们赶紧在朝阳的后院草坪上挖个一尺深的树坑，从简易花盆里面将香椿树苗连根带土一起拔出，带着全部"原装"花盆土将树苗小心翼翼地放进树坑。树坑的大小要挖得比花盆直径大一点并且深一点。然后，将挖出来的土全部再培土回去并用脚踩实。从此，我家后院草坪上也有了一棵香椿树了！

香椿树不会长得太粗壮但也可以长得很高大，种植香椿占地并不多。 不论是在自家门前的草坪还是后院草地上种植香椿树，一定要在种植时就选好地方以免以后还要移树。首先，不要选在房子阴影处种植香椿，因为香椿树喜阳光。其次，最好选择在草坪边缘处种植，不影响剪草机剪草。比如，选择在与邻居家的草坪交界处，稍微靠近自家一点的地方。再次，到了香椿长叶长芽的4月底5月初，你需要采摘树头上的香椿嫩芽吃。而两三年后香椿树就会长得比较高了，你可能需要站在凳子上或者爬上小人字梯子上才能采摘顺手。但美国很多家庭的草坪都有坡度或者起伏。香椿树要尽量种植在比较平坦一点的草坪上，需要放凳子或者小人字梯子时才不容易摔倒。

在树坑里面种上香椿树苗后要立即先浇上两桶水，第一次要浇透了水。整个春夏季节和秋季，不下雨时我们十天半月左右浇水一次。别的动物有机肥料我家也没有，就每个月施一到两次从 Home Depot 或者 Wal-Mart 连锁店里面买来的"Miracle-Gro"牌子的植物营养肥料。我们的香椿树顺利成活了！

香椿树适应性很强，很好种。我觉得整个美国东海岸从波士顿到纽约、费城甚至中部的芝加哥和底特律地区，都应该适合种植香椿树。实际上我家也种过其他果树，不过很快都被小鹿糟蹋了。只有香椿树没这个问题，我们爱吃鲜嫩的香椿芽，好像鹿群并不感冒。而且，据说香椿树长大后还有驱虫作用呢。

香椿树可以生长得很旺盛，长高很快。但香椿树如果太高了采摘会很费劲。所以，除了刚买来树苗的头一年，以后每年秋季都要注意剪枝修剪。这样做，还可以在控制高度美化树形的同时增加香椿出树枝，从而多出新鲜嫩香椿芽，提高产量。新种的香椿树也不能采摘太勤了，会伤其元气。头茬香椿嫩芽采摘过了之后，最好再过两三个星期再开始采摘第二茬。如此类推。天气越热，香椿树生长越快。如果我们今年过度采摘的话，会影响明年香椿产量的。要有度，适可而止，恰到好处。

香椿树虽然说并不娇气，但美国东部冬天比较冷的地区还是要给新种植的香椿树御寒为好。如何御寒才能保障漫长的寒冬不会将我们心爱的小香椿树冻死呢？我们自从种植小香椿树后，第一年的 11 月下旬"感恩节"期间就用带气泡的塑料包装缠裹香椿树。从根部缠裹起，一般的带气泡塑料包装或者泡沫塑料包装本身都是一尺多宽，这个高度挺正好。缠裹上四层保暖应该可以了。然后用胶带纸从下往上粘结实了，给小香椿树就算是穿上了冬天御寒的棉衣了。

三年过去了，我们的小香椿树是越长越高越粗壮了。去年春夏季节，我们采摘过很多次新鲜香椿嫩芽，香椿炒鸡蛋，香椿鸡蛋饼，香椿拌豆腐，鱼肉香椿馅饺子，甚至就是虾油拌香椿当小咸菜吃了不少。味道一个字，香！

2012 年 4 月 6 日，美国《侨报》的《多彩生活》版头条配发我种天津黄瓜多幅配文彩照，用半个多版篇幅发表了我写的《春夏种黄瓜正逢时》一文：

春夏种天津黄瓜正逢时

文/谷世强　　摄影/卢琳

一年一度春暖花开、大地回春的季节又来到了。

我动手写此文时，看到阳光下的的温度计已经回升到华氏 70 度。这季节，阳光明媚，正是户外活动的最佳时光。而最好的户外活动之一就是伺候家里的草坪和"菜园子工程"了。

育苗：当心被偷吃

准备育苗、给只要一小块菜地松松土和搭上"黄瓜架"自己动手种黄瓜是最好不过了，这是我在费城郊外生活居住 10 多年的经验之谈。美国当地的食品超市里和"中国店"里从新鲜的大小西红柿、辣椒、芹菜、白菜、土豆乃至华人爱吃的苦瓜、香菜、萝卜、莲藕等等应有尽有，却唯独没有见过家乡的那种顶花戴刺、绿油油又香又脆的"天津黄瓜"。其实全中国吃现在吃的都是"天津黄瓜"。美国市场上卖的黄瓜一点口感和味道都没有，太水了，又贵又不好吃。而黄瓜很好种，又干净好看又会硕果累累结果很长一段时间。不信，到夏天来时，你来一碗北京炸酱面，再配一根新从后院菜地摘下来的顶花带刺的黄瓜，那脆那香，明年要让你别再种都难。

费城在美国东部，位于纽约和华盛顿之间。进入 4 月份，择好天气就可以用家里长方形或者圆形塑料花盆开始育种了。育种的花盆里面土要松要有点肥力。将挑选好的黄瓜种埋下一英寸深、间距二英寸即可。在花盆里面埋下种子后要立即浇一次水，要基本浇透。以后每隔几天用喷壶洒上一些水，保持土壤湿润。

4 月的美东，早晚气温还较低，所以还是在室内育种为好。白天阳光明媚时能搬到阳台上或房前屋后阳光多的地方晒晒则更有利于出苗和瓜苗苗壮成长。我种天津黄瓜的体会是，不论什么品种的黄瓜种子，都喜欢阳光、温度和水。所以，只要温度能经常保持在 77 华氏度左右，时常能晒到阳光并保持土壤湿润，有 3 周左右就会出苗了。温度越高，出苗越快。要是家里有温室或暖棚的就更好育苗了。

从天津来访的三嫂和侄女谷菲在我家后院喜摘天津黄瓜。

春季，美国东部遇冷空气突然降温时，会冻坏放在室外依然脆弱的黄瓜苗，要注意。郊外也要注意防范在室外瓜苗被松鼠、野兔甚至鹿等动物给偷吃了，有铁丝或塑料网等篱笆墙防护比较好，以免前功尽弃。

移植：竹竿搭架子

育苗种子埋下后一般三四周，黄瓜苗长出起码四片叶子、有四五英寸高时，找个太阳已下山的傍晚，选苗壮的黄瓜秧小心移植到已松好土的菜园里就行了。移植的方法也简单，将长好苗的花盆搬到菜园子傍边或者里面，用种花用的小铁铲挖个二英寸深的小坑，再小心地将花盆里面的一棵黄瓜秧连根带须起出，移植到小坑里，将挖出来的土填盖回去，并用手扶正瓜秧，压实土壤。

因为黄瓜很快成长起来时叶子可以大到像荷叶似的以吸收阳光和水分营养，所以，要给每一棵黄瓜秧留出足够的生长空间。移植到菜园的黄瓜秧之间的间距要达到十英寸为好。另外，要在每棵瓜秧旁边插一根一米来长的小木棍，等瓜秧开始吐丝往上爬时，长出来的藤丝可以首先顺着小木棍往上爬并有依靠。下木棍上系根细麻绳与上面的架子上的竹竿系上就好了。以后这棵黄瓜就会顺着这根绳子一直爬到黄瓜架顶上面。

通常先种十棵天津黄瓜就足够一个四口之家食用了，所以，首批移植时，最好留出一小块菜地，过一两个月再育苗再种。这样，等第一批种下的黄瓜秧到了青黄不接时，第二批种下的正值生长高峰期，总有源源不断的新鲜天津黄瓜开花结果。这里需要特别提醒的经验之谈是，移植瓜秧前一定要先给菜园子除草、松土。然后，要先用竹竿或木条等长竿搭好一个大约二米高的架子，有点像葡萄架似的以备以后黄瓜秧往上爬着长。架子搭好了、捆结实了几年下来都没问题。但一定要搭结实和捆绑结实了，能承重。架子搭好后要给种天津黄瓜的菜地围上一米高左右的塑料网或铁丝网篱笆墙，防止野兔等动物偷吃破坏。

请注意，十多棵天津黄瓜到了结果旺季时，挂果很多、叶子很大，遇到大风雨时可以很容易地将捆绑不结实的黄瓜架子拉倒。所以，在菜园子周围最好用六根竹竿搭架子，而且要尽量深入地下，这样才基础牢固。架子上面再像"井"字状系上两横、两竖四根竹竿，放细麻绳能让黄瓜藤往上爬就行。待黄瓜秧的主藤越长越高时，要让每一棵黄瓜藤能顺着瓜架子上系下来的细绳子往上长，或者是能顺竿往上爬。我的体会是，除了要浇水外，如果能每隔两周施点美国 Home Depot 和沃尔玛等连锁店都能买到的普通植物肥料如 Miracle-Gro 等，就更会茁壮成长硕果累累了。平常上班也不必管它，每周拔一次草、松松土就行了。要根据雨水情况经常浇水，菜地不能"干旱"。

收获：瓜农乐呵呵

当看到自己亲手种的黄瓜开花结果，挂满瓜架，家人和朋友们在美国也能享受这绿油油，又香又脆的黄瓜时，我这"瓜农"的心也醉了。

2008 年 8 月 19 日，面向全球华人发行的《人民日报海外版》的《华侨华人版》版头条发表了我写的《我在美国看奥运》一文：

我在美国看奥运

谷世强　（寄自美国费城）

美国的周五上午正是北京奥运会开幕式正在进行时。我在费城看不到实况转播，就在网上看评论报道。CNN 网上从北京现场发来的即时报道说，"中国以光彩照人的盛大烟火揭幕了人类历史上最壮观、最了不起的第 29 届奥运会。"与以往西方媒体报道中国时的写法和用词完全不同，网上看到的和电视、电台听到的关于北京奥运会开幕和北京奥运会的报道，大量使用了诸如光彩夺目、美轮美奂，和 FABULOUS(令人叹为观止的) 等赞美之辞。

作为美国 SCI 咨询公司副总裁，我日常打交道的都是些美国客户公司主管。我在周五发的联系邮件和与他们通电话时都十分兴奋地提醒他们北京奥运会已经隆重开幕啦，我还告诉他们，我都等不及、坐不住了。我们的许多客户也常去中国，许多人很喜爱中国和中华文化。这不，我们的老客户 ANDY MIKULA 先生一上班就传我一幅北京奥运会成功开幕的照片，跟着又在回复我一业务邮件时写道："我也在焦急地期待着今晚能看到这个'BIG'(盛大) 开幕式。我现在也很激动。"

周五下午我提前下班回家做好准备。我们早早就吃完了中餐晚饭，我也没忘喝杯酒庆祝。正好，我家一直订阅的《人民日报海外版》也到信箱了。头版头条是在"鸟巢"彩色照片上面套红刊登的"奥运开幕式轮廓初现"新闻，我仔细读一遍做好看转播的"思想准备"。7 点钟我太太就调好了 NBC 台，已经都是关于中国和奥运会的报道了。不到 7 点半，我泡好一杯前不久回中国出差带回来的新茶稳坐在电视机前。平时喜欢上网但很少看电视的儿子谷峥也坐在了电视机前。NBC 特别擅长现场转播大型体育活动的老牌名嘴正装上场。他们在转播过程中轮番赞美开幕式带给世界观众的中华灿烂历史文化的源远流长和开幕式在焰火配合下的壮丽场面。

当李宁点燃圣火，开幕式圆满结束时，现场转播镜头给了 NBC 的三位转播名嘴。这时他们早已因为汗流浃背而脱掉西装了。当另一位首次转播奥运会开幕式的名嘴问"老资格"考斯比对北京奥运会开幕式感觉如何时，他由衷地说，他从来没有见过更没能有机会转播过如此规模宏大、如此组织完美的开幕式。我听着心里高兴啊！

周六早晨我早早起床，7点半正在播送北京发来的节目：正在介绍北京小吃，讲松花蛋英文是 THOUSAND YEAR EGG(直译为"千年蛋")。镜头一会儿又照在干净的北京街道骑自行车并介绍中国从自行车王国到现在汽车多多的快速发展。一男一女两位 NBC 的广播员还自己蹬三轮车"胡同游"。上午 8 时是 ABC 台早间新闻，也是报道北京奥运会开幕式盛况。周五晚上，费城中国城也举办大型庆祝北京奥运会开幕式圆满成功的活动，费城市长那德先生亲自到会祝贺。

由于最近美国主流媒体的报道，许多从来没有去过中国的美国人现在也知道了"8"是中国文化的 LUCKY NUMBER(吉祥数字)。我们海外中国人在看奥运比赛时，更期待中国借奥运的东风，就像开幕式展示的和平鸽一样，以优美的姿态飞向吉祥的天空！

　　2012 年 12 月 18 日，美国《侨报》的《文学时代》版头条，用半个多版面配发照片发表了我写的《美国节日季话中国电视剧》一文：

美国节日季 话中国电视剧

(宾州) 谷世强

　　一年一度的 Holiday Season (节日季) 已到来，如今，节日气氛越来越浓烈了。这也是圣诞卡祝词常用"Season's Greetings"的由来。

　　我来美国十多年了，这里从圣诞卡贺词内容到节日季商品促销大战的游戏规则，从美国人感恩节、圣诞节晚宴家家团聚、户户吃烤火鸡宴的传统到其节日季的大众娱乐，真是没什么改变。美国人过节在家与亲人团聚看橄榄球、棒球和 NBA 篮球大赛，一直都是最重要的节日娱乐，当然，还有周末全家去电影院去看好莱坞新片。

　　而在美国的华人呢？我们的"中国胃"让我们对烤火鸡和苹果派之类的食物并不感冒，甚至一些老华人对万圣节、感恩节和圣诞节的来历一无所知，也难以对没完没了的美式橄榄球、棒球和好莱坞新片有兴趣。

　　也许是在美国生活时间久了和经常回中国出差的缘故，我发现在美国的很多华人看国产电视剧之多、耗时之长和感情之投入，远超过很多在中国的朋友。尤其是从中国大陆来美的 30 岁以上的华侨华人，特别是在节日季，更是如此。

　　平心而论，近些年来国产电视连续剧的确是别开生面，佳作频出。所以，我每次回中国出差回美之前，都乐意花点时间买上几部新出的、口碑好或演员阵容强的国产电视剧，但基本不买国产新电影碟了。说来也是，这些年看到的国产电影不是《无极》、《让子弹飞》之类看得我们丈二和尚摸不着头脑的"大片"，就是由名导演花费巨资打造出来的《三枪》等让人大倒胃口看不下去的胡编乱造。而好莱坞电影和肥皂剧虽然也不乏情节动人的好片子，但是由于语言和文化历史背景障碍，很多华人特别是上点年岁的华人根本看不进去，更别提娱乐了。从《围城》、《编辑部的故事》、《北京人在纽约》、《大宅门》、《黑洞》、《大染坊》、《乔家大院》、《暗算》、《亮剑》、《潜伏》，到《康熙王朝》、《雍正王朝》、《武则天》、《宰相刘罗锅》、《旗袍》、《悬崖》、

《甄嬛传》，这些不少华人都熟悉的电视剧虽然越拍越长，但也越拍越有戏。这就难怪让千里之外的海外华人也看上瘾了，动辄30集、40集、50集一部的国产电视剧，很多海外华人一点都不嫌长，看完《闯关东》就找《闯关东（二）》，看完老《亮剑》就托人在中国找新《亮剑》，看完《蜗居》就找《蜗居》续集，跟"入戏"了一般。

沏上一壶中国绿茶，一家人坐在一起一集又一集地欣赏老人也爱看的优秀国产电视剧，是不少华人在节日季的最爱。这也是文化使然。如果说汉字是中国保持统一的大功臣的话，那么今天的优秀国产电视剧难道不是联系万千海外华人与祖国同呼吸的纽带吗？

据我所知，上述有名的国产电视剧很多华人都看过，就连生动描写"两弹一星"伟业和中国第一批"海归"壮举的《五星红旗迎风飘扬》、描写开国创业之难的《戈壁母亲》、回首红军不怕远征难的《长征》、表现中国军队士兵生活的《士兵突击》、描写新中国诞生初期历史的《东方》以及《辛亥革命》等，也都没落下。

就电视艺术而论，电视剧《长征》其实拍得很有人情味、很有看点，特别是用《十送红军》作主题曲，画龙点睛，艺术效果绝佳。以解放军名将、"战神"王近山为原型的电视剧《从将军到士兵》应该算是一部视角新颖的军人剧，很有看头。

2017年3月，笔者在无锡梅园。

我们最近还看过一部由张丰毅主演的《雾都》。该剧写不但以国民党军队为主题，而且是以国民党的"杂牌军"川军一军长的私生活为主题，情节生动有戏，与其说是一部战争片，倒不如说是一部很有历史也很有人情味的感情剧。

改革开放了，不论是想回中国创业的"海归"，还是在美中之间飞来飞去辛勤架起贸易往来之桥的"海鸥"们，其实都很关心中国的发展与进步。于是，这些年拍的不少反腐倡廉电视剧如《红色康乃馨》、《大雪无痕》、《罪证》、《国家公诉》等在海外都很受欢迎，并常能引起共鸣与讨论。

此外，反映改革开放后下海和商战的电视剧有的也很好看。在海内外一片收藏热的今天，人人都想在古玩中"捡漏"发财，李幼斌主演的《雾里看花》就不失为一部好戏，很多华人都说爱看、长见识。我们现在有空就看的最新电视剧《青瓷》也很不错。这是我前不久回中国出差时带回来的，该剧鞭挞了商战中行贿受贿、道德沦丧的行为，感情冲突激烈，高潮迭起，很有看点。最近推出的国产商战电视剧中的矛盾冲突和看点往往都是欺诈、行贿、陷害和官商勾结之类，所以，如何让"诚信"成为中华文化的核心已然成为海内外商战电视剧观众共同关心的焦点。不过，即使是极力抨击"一切向钱看"的《青瓷》，里面也十分露骨地植入了"红牛"饮料和丰田汽车的广告。这也许是"身在桃园里，难免桃园事"的文化大环境的无奈吧。《浮沉》等都是近两年拍摄的此类电视剧，也从某种意义和角度反映了中国改革开放大潮的起伏。

不光是我，很多华人回美国都带着多部国产电视剧光盘，飞机场的书店里，光盘十分畅销。此外，美国的许多华人家里都装有中文电视"小耳朵"，或者通过电脑网络下载国产电视剧，与中国黄金时间热播的电视剧保持同步，甚至与在中国的家人电话聊天、谈论同时在看的电视连续剧。

从中央电视台国际频道到地方卫视频道，再到北美和港台频道，在美国能看到的中文电视节目真不少。很多北美华人家庭都安装的中文"麒麟电视"，就有近 50 个中国大陆电视频道、近 30 个港澳台地区频道，其中播放的五花八门的国产电视剧永远看不完。反过来说，也许正由于有这么多不断上映的优秀国产电视剧，才让中文电视频道在海外市场持续火爆。像前不久中国热播电视剧《蜗居》和《心术》等在北美也被热议过。不过，科罗拉多电影院在新片《蝙蝠侠：黑暗骑士崛起》首映式上发生突如其来的枪击案、导致多达数十人伤亡时，我正在中国出差。当时就有中国的朋友问我，会不会有华人伤亡？我说，可能性不大，因为除了出生在美国的"80 后"、"90 后"华裔青少年外，在美国的华侨华人去电影院看美国电影的少之又少，特别是去凑这个首映式热闹的更是少，大概都在家里看国产电视剧呢！

美国当然是好莱坞大片的故乡，很多社区图书馆都提供免费或者一美元租金的影碟，人们可以借回家看一星期，而且，美国文化崇尚体育，一年四季都有美式橄榄球、棒球、NBA、网球、冰球和高尔夫球等比赛和电视转播，精神文化产品不可谓不丰富。但是，即使是已经移民美国二三十年的"老中"们，最得意的"文化食品"还是在空闲时端杯现沏的热茶、在家看中国电视连续剧。特别是有父母来美国探亲的家庭，就更不能没有国产电视剧了。所以，如今就有了这样的有中国特色的文化现象：从美国等海外回中国探亲的"老中"们，很多人对国产电视剧那叫一个门儿清，却没看过几部好莱坞新片；而在网络世界和快节奏生活里打拼的中国年轻朋友，很多都不看这没完没了的国产电视剧，对好莱坞大片倒是情有独钟，没少贡献票房。也许"出国时间越久越爱国"这话，还能套用在这海内外被颠倒了的中国电视连续剧文化现象上。

节日季的放假休闲时光，正好可以验证华侨华人对国产电视剧的情有独钟，国产电视剧是海外华人休闲娱乐和化解乡愁的重要"精神食粮"，比烤火鸡好吃、好接受和好消化多了。

　　2014 年 3 月 29 日，面向全球华人发行的《人民日报海外版》"读者桥"版的《海外纪闻》发表了我写的《我看美国的医疗保险》一文：

我看美国的医疗保险

谷世强　（寄自美国）

　　在美国，如果没有医疗保险和牙医保险，生病后的诊疗费用相当昂贵，倘若得了大病，真能让人倾家荡产。美国的医疗保险与牙科保险是分开买的。福利好的美国公司、政府部门和大学等，给自己的雇员购买医疗和牙医保险。也有很多美国公司与雇员分担医疗和牙医保险费用。然而，一些小公司和小餐馆等，完全不负担雇员的医保费用，若想购买医疗保险只能自掏腰包。

　　拥有医疗和牙医保险的人，其配偶和尚未成年的子女也同时享受这份保险的所有保险责任。换句话说，一个家庭只要有一个人有医疗和牙医保险，全家人都不担心看病了的费用了。这也就理解了美国的"金融危机"为什么危害那么大，因为失业的人意味着同时失去了医疗和牙医保险，如果这期间病倒或者家人需要看病住院，就有医药费之忧了。

　　自费购买医疗保险，每个月要付 1000 多美元，如果没有按时支付月费，保险政策就会被吊销。这对于低收入或者失业的人来说，就成了沉重的负担。所以，去年奥巴马总统强行推进新医保政策，让数以百万计的低收入者及失业者，每月只花几百美元就可以买到医疗保险供全家使用，而收入较高者就要花更多的钱来购买。

　　保险公司采取"预防为主"的策略，为参保人定期体检、洗牙和负担部分健身俱乐部的会员费用。其目的很明确，就是要参保人的身体保持健康或者生病后早发现、早治疗，这会大大减少保险费的支出。

　　有医疗保险的人都有自己的"家庭医生"（Family Doctor）。对于大多数年轻、健康的参保人而言，一般是每年去看一次自己的家庭医生并做常规血液和尿液检查等。但如果做过手术或者有慢性病的人，家庭医生会要求每半年甚至每 3 个月检查一次，以确保早发现和及时治疗。需要治疗时，家庭医生会推荐、安排病人到更大的医院或专科诊所去诊治。

上述这些检查、诊治等费用，医疗保险基本上是全额负担，个人只需要支付 25 美元，有点像付国内"挂号费"的意思。但如果需要住院、手术或做核磁共振等昂贵的检查等时，个人需要分担一部分。

50 岁过后，即使自己感觉身体很健康，家庭医生也会在每年的例行体检时，建议并安排投保人做一次结肠镜的检查。去年 11 月，我被安排做结肠镜检。结果还真查出了两个息肉。小的那个，结肠镜检时就给"冷切"掉了，并做了病理检查，没问题。大的那个，则立即安排我到费城的宾夕法尼亚大学医院，做二次结肠镜检和"热切"无创伤手术。按照预约，我到宾夕法尼亚医院顺利做完了这个大约 2 小时的小手术，一切顺利，病理检查也无大问题。这样，医生建议我 3 年后再做一次结肠镜检。

术后不久，宾夕法尼亚大学医院将账单邮寄给我，不看不知道，一看吓一跳 —— 这个一共不到 2 小的结肠镜检和无创伤息肉切除术的总费用为 19461 美元！当然，根据我的医疗保险 (公司已经为我缴了近 20 年医疗保险的月费)，我个人只需要付给医院 75 美元。试想，这要是没有医疗保险的话，一般工薪收入的美国人花费近 2 万美元做手术还真是够受的，更何况这只是个小手术，如果做心脏搭桥或者开颅等大手术还不知道要贵出多少呢。

　　2014 年 4 月 4 日，美国《侨报》的《文学时代》版头条用半个多版面发表了我写的《走，观雪雁去！》一文：

走，观雪雁去！

（宾州）谷世强

　　雪雁，听这名字就象是听到"白雪公主"，美感油然而生。我们在费城郊外居住多年，却不曾知道我们所在的宾夕法尼亚州还有一个中溪湖（Middle Creek）野生动物保护区，更不知道这保护区其实就在距我家开车不到一小时路程的"荷兰村"附近！

　　每年开春时节，数以万计的北美雪雁（Snow Goose）迁徙途中都会来到中溪湖保护区一带并在这里休养生息两三周，再继续飞往阿拉斯加过夏天。

　　如此难得的近距离观赏雪雁的天赐良机，我们却因孤陋寡闻中一年年地错过了。多亏太太所在的"三一教会"华人朋友多，信息流通。这不，刚进入这个姗姗来迟的马年春季，太太教会朋友周景翠老师就发来"春天的消息"：成千上万只北美雪雁已经飞抵中溪湖野生动物保护区休息快两周了。更令人兴奋的是，跟雪雁一起"凑热闹"在中溪湖保护区的水面上迎春的还有很多漂亮的白天鹅呢！

　　3 月 22 日正好是个春光明媚的周六。机不可失，午饭刚过，报信的周老师夫妇，太太"查经班"的组长杨立女士夫妇开车来到我家。加上去年从天津来我家养老的我岳母，我们一行七人共乘一辆七座商务车，说笑中直奔中溪湖野生动物保护区而去。

　　美国东海岸的这个冬季特别漫长。进入了"阳春三月"后，费城一带还时不时地下雪呢。虽然已立春，但仍然感觉是春暖乍寒。不过，"春江水暖鸭先知"。雪雁和白天鹅最知道每年何时飞抵距离费城不远的宾州中溪湖保护区来迎晒太阳、吃嫩草。

　　我一直纳闷儿，我们借助 GPS 开车还经常开错路，这雪雁怎么就能一代又一代地从墨西哥到美国到加拿大地长途迁徙，不但节气时间掌握得好，而且飞行路线也准确无误呢？在我心目中，领头雁真比 GPS 可靠多了。这次去观雪雁我才知道，雪雁其实还有一个也很美的名子，"蓝雁"（Blue Goose）。

雪雁可以说是北美独有的雁类品种，起码就数量而言。我们常见的北美雪雁除了两翼尖处两点黑外，全身羽毛洁白漂亮。每年春秋两季大迁徙时，雪雁喜欢成群结队地飞行。当成千上万只雪雁腾空而起或是降落在水面时，那景色真象是漫天飞舞的雪花洁白一片。我想，也许"雪雁"就是因此而得名的。

2014年初春，我们与朋友一起去中溪湖观雪雁。

因为基因变化，北美雪雁也确有一部分是灰蓝色羽毛的，被人们称为"蓝雁"。雪雁漂亮，成千上万的雪雁群飞场面壮观，但却难得一见。雪雁从在北美的阿拉斯加出生那天起，就注定了虽然美丽但却要一生"移民"。

北美雪雁每年都要经历大约2500英里的长途迁徙，她们不但能飞得快、飞得远，也喜欢飞得高。每年春、秋两季大迁徙途中，北美雪雁通常在3000英尺高空成波浪队形跟随领头雁前行，人们从地面上甚至都看不到她们飞翔，是真正的"天高任鸟飞"。

小雪雁出生后不到50天就可以自己飞行找食吃了，但她们会在自己父母身边生活两三年后才独立。所以，跟人类一样，说家庭是北美雪雁"社会"的细胞，我看也恰如其分。

从我家开车出来顺着422号高速西行，还不到一个小时车程我们就顺利抵达了中溪湖野生动物保护区。这里的确适合鸟类休养生息。浮冰还没有完全融化的湖面十分平静宽阔，想必里面鱼虾也是不少。湖水周围是宾州土壤特别富饶的农田，每年这里大片生长的玉米庄稼正是雪雁等长途迁徙鸟类补充食物营养的理想禾场。

保护区的湖面和农场都有警示牌不准游客进入，雪雁等鸟类可以在这里免受任何打扰。有这么好、这么大的野生动物保护区，难怪每年北美雪雁和白天鹅等都喜欢飞来中溪湖保护区做客了。

中溪湖保护区在人性化方面也想得周到。湖边专门为观鸟游客搭建了一个很大的凉亭，可以遮风避雨也可以防日晒。凉亭中间的大木桌野餐、看书都方便。凉亭四周还装了很多木凳，老人小孩等可以坐下来观鸟。不远处也有临时厕所供游客和观鸟迷使用，绿色环保。

最令我们开眼界的是，没想到来这里看雪雁的华人真多，普通话、上海话、天津话等等不绝于耳。而且，来这里我才发现，手拿长枪短炮摄像机和肩扛三脚架的华人摄影迷和观鸟"虫子"真是不少，跟专业的似的。棒球或者美式橄榄球大概还差点，看来野外观鸟和摄影很适合我们华人移民。

从湖边望去，几处中溪湖水面上雪雁成片，她们或者是在互相窃窃私语，或是在懒洋洋地晒太阳。看来，她们真是来这里休息度假的，在水面上悠闲自得的雪雁们轻易不愿意起飞。急得我们手拿相机直说，要是有中国的鞭炮放一挂就好了。

我们在停车场附近的湖区等了几十分钟拍了不少照片，但却没有等到成千只的雪雁受老鹰惊吓集体腾空而起的壮观场面。不远处另外一湖面上成群的雪雁却一次次在鸟鸣声中升空盘旋，看得我们眼馋，但摄影却太远。于是，我们又开车去那边的湖区观雪雁。

排成人字形雁阵的雪雁在中溪湖上空飞翔。

说来也奇怪，待我们开车转到这个观赏点后，不但没有再赶上成片雪雁腾飞的壮观景象。也错过了原来停车场那个湖面雪雁的几次集体腾飞的壮观。请记住，观赏雪雁一定要有耐心。我们后来又回到了停车场附近的凉亭观赏点，还是这里的湖面雪雁更多些。太阳开始西下，一群群雪雁开始从水面上不断飞往不远处的小山包上晒太阳，着实让摄影迷们拍到了不少好照片。成队雪雁阳光下展翅飞翔那飘逸流畅的姿态和起伏有序的队形的确脱俗飘逸潇洒好看。雪雁飞翔时的快乐鸣叫声和我周围的"老中"、"老外"摄影迷们长枪短炮快门咔咔咔的响声在中溪湖边汇集成一曲十分有趣的春天圆舞曲，令人难忘。

中溪湖水面上和空中的北美雪雁世界。

北美雪雁生活很有规律。她们在飞抵宾州之前在墨西哥过冬。每年初春，她们会飞抵宾州中溪湖保护区一带休养生息两三周后再飞往遥远的阿拉斯加。雪雁在那里度过并不炎热的夏天，并繁殖后代生儿育女。秋季，在阿拉斯加寒冬到来之前，她们又带着已经可以跟父母一起展翅高飞的小雪雁一起铺天盖地飞回墨西哥过冬。所以，每年春季能在离家不远的中溪湖保护区沐浴着明媚的春光近距离观赏雪雁，真是天赐良机。我们相约，明年春天，我们也要提前准备好望远镜、长镜头和录像机，雪雁一到中溪湖我们就去观赏！

能近距离观赏到雪雁群从水面上起飞和降落的震撼景观固然幸运，但能够"贵在参与"成为爱护、保护和观赏动物一族，多到室外享受大自然的恩赐，多接近大自然和动物更为重要。

观雪雁时，我就感叹，如果爱护动物、喜欢动物和保护动物也能成为我们中华文化一部分的话，也许中国这些年盖起高楼大厦和工业开发区的很多地理位置适宜的土地应该变成野生动物保护区。如果我们这样做，也许今天困扰北京乃至全中国的严重雾霾和重污染问题就不会发生了。经济上去了，动物没有了，环保破坏了，健康和正常生活也会成问题了。

据统计，今年入春抵达中溪湖保护区的北美雪雁大约有6万只。前几年最多时曾经有过近15万只雪雁迁徙途中抵达中溪湖保护区，想必那场面会是更加壮观、震撼。试想，夕阳西下，湖对岸的山坡上被夕阳映红时，数万只雪雁在欢呼鸣叫声中飞抵湖区的时刻会是多么的壮观震撼、多么的令人终生难忘！

保护和喜爱动物就是保护和喜爱我们赖以生存的大自然。美国除了大峡谷和黄石公园等59个都很大的国家公园外，还有很多州立公园、野生动物保护区和动物鸟类观赏点等，都颁布有专门的法律法规，诸如个人不许随便喂养野生动物等。所以，在美国经常可以看到成群的野鸭子和水里的鸳鸯等，并不怕人，因为没有人去骚扰她们。就连我家后院常常光临的小鹿群也不是很惧怕我们，有法律保护呢。

在美国生活20年的一大感触就是，美国人真是喜爱体育、喜爱球赛、喜爱户外活动也喜爱动物。如果说汽车轮子上的美国文化就是球赛和户外活动文化也不为过。仅就电视和日常阅读刊物而言，除了美国有线电视最多的就是体育、球赛和户外活动频道外，就连我这个不是观鸟迷、动物迷也看过诸如《田野与河流》（Field & Stream），《狩猎》（Hunting），《猎人》（Haunter）和《户外生活》（Outdoor Life）等期刊。

在中溪湖保护区观雪雁的人群中，就见很多"老美"不但大人小孩兴师动众地全家出动观雪雁，而且很多人都抱着或者牵着宠物狗来看雪雁。很多宠物狗还真是特别漂亮喜人。

明年春天我们再来这里观雪雁时，希望还能看到与我们"合影"的漂亮的宠物狗，与我们一起观赏见证北美雪雁铺天盖地而来的美丽、壮观与震撼！

2014年2月10日，面向全球华人发行的《人民日报海外版》的《文化万象》专版头条配发四幅中美灯展照片发表了我写的《从盖瑟斯堡灯展到苏州灯会》一文：

从盖瑟斯堡灯展到苏州灯会

（美国）谷世强

马年春节来临，我们海外华人"每逢佳节倍思亲"的节日情结也越来越强烈，但我们绝大多数人因为工作等原因只能在海外过春节、闹元宵了。好在现在是信息时代，微信、微博等完全可以让我们身在海外但心与家人和同学、好友在一起。我的家乡天津放鞭炮的响声和各地元宵灯会上的"走马灯"，我们在海外通过手机和电脑都可以观赏到，一样可以享受中国节日文化的丰盛大餐。这不，从春节前开始，我已经在美国从网上看到上海豫园的马年灯会登场，百马奔腾；了解到武汉东湖的元宵灯会将从元宵节亮灯开幕，持续66天！搜索一下，自贡元宵灯会、厦门元宵灯会等，多了！海外也有灯会，不过，我们海外华人，通过亲身经历和见闻，也体会到，就是办节日灯会，由于东西方历史文化的不同，其韵味也完全是牛奶、小豆冰棍，两色两味儿的。

这里先说盖瑟斯堡灯展。日前，我和家人从费城开车3个小时，慕名到马里兰州的盖瑟斯堡游览冬季灯会。位于巴尔的摩与华盛顿之间的盖瑟斯堡，本是个名不见经传的恬静小城，因为至今已经连续17年在塞尼卡河州立公园举办冬季灯会，它正在成为美国东海岸地区圣诞节前后度假赏灯的好去处。体现东方文化的中国灯会多注重红红火火的热烈气氛，追求以红灯高照为主色调的效果和氛围，而体现西方文化的美国盖瑟斯堡冬季灯会，则力图展现圣诞前夜和新年之际的静谧、深邃、自然以及温馨祥和的气氛。盖瑟斯堡灯会不采用强光灯具，没有大型灯展造型，也没有现代化的探照灯和激光来营造强烈效果，而是大量采用蓝色、橘黄、白色和绿色等并不很明亮的冷光源造型，营造出宁静祥和的氛围。就连"第17届盖瑟斯堡冬季灯展"网站首页，也与我们国内灯会网站喜欢红彤彤、金灿灿的颜色背景不同，采用了蓝色图案背景，两边装饰以明亮闪烁的白色星光和不断飘落下来的洁白雪花，给人以轻柔、宁静之感。

　　盖瑟斯堡灯展外围也没有刻意创造灯火通明的景观。我们借助 GPS 开车到达夜幕下非常恬静的塞尼卡河州立公园，跟随其他游客的车辆到达灯展入口。不用下车，每辆车缴费 15 美元就放行，不论你车里面坐多少人，游客的汽车鱼贯而入，秩序井然。我们沿着公园里一条 3.5 英里长的蜿蜒道路慢慢前行，大家都静静地欣赏着道路两边的灯，最多的是各种动物形象，有狗熊与白兔滑冰、马拉雪橇、圣诞小鹿、企鹅行走，还有小猫钓鱼等，有些造型很具有想象力，也有些造型表现的是西方传统的圣诞、新年的童话故事。与国内灯会灯火通明和人声鼎沸的热闹场面不同，盖瑟斯堡灯展主办方要求游客进门时都要将自己汽车的前灯熄灭，以凸显冬季灯展圣诞降临、万籁俱寂、白雪皑皑的夜幕下神秘祥和的西方节日气氛。汽车排成长队缓缓前行，很多游客打开车窗拍照，但没有一辆车鸣笛，也没有人声喧哗，每个人都在用心欣赏着这差不多 6 公里长的灯展，心旷神怡。州立公园的夜空群星闪烁，月色皎洁，盖瑟斯堡灯会里车轮滚滚，却静悄悄的。

盖瑟斯堡灯会一瞥。

　　这和中国灯会的景象实在大不相同。我去年春节前回国出差，在苏州正好赶上金鸡湖畔举办的台湾灯会火爆开幕。那完全是另外一番景象。一到月光码头，就见夜幕中人头攒动，游人如织，音乐声喧天。灯会入口处专门搭建的大门红红火火，门梁上方正中是一个"福"字大红灯笼。汽车到此止步。走入灯会大门，两边竖立着两排也是红灯柱组成的灯景墙，如迎宾大道欢迎来客。入场就是一番热烈景象，越往里走，灯就越大越热闹喜庆。金鸡湖水面上也荡漾着大型荷花灯，绿叶衬着粉红荷花，灯光也用大红、大粉、大绿，色彩极为抢眼。灯会还有凸显地方文化特色的大戏台，以沧浪亭和虎丘塔灯光布景，两位苏州美女在表演评弹，服装和灯光颜色也是红红绿绿。再往里面走，一股烤肉的香味扑面而来。原来，灯会还辟有占地面积不小的地方特色小吃区，小贩们的叫卖声此起彼伏，烤羊肉串、烤鱼串、成都凉粉、天津包子、羊杂汤还有各式台湾小吃的摊位前，挤满了游客。烤炉的炭火冒着炊烟，成群结伙的年轻人一手拿着啤酒瓶一手拿着羊肉串，纵酒畅谈，场面怎"热闹"两字了得！在这熙熙攘攘的嘈杂喧嚣中，在这大型灯光和强音响的震撼中，金鸡湖上空的星星变得黯淡无光，月光码头之上是否还有月色已无人在意。我们在灯会灿烂的灯光和轰鸣的音乐中，伴着烤羊肉串的孜然香味，尽情享受我们红火热闹的节日文化。

2013年春节前，苏州金鸡湖灯会一角。

文化不同，入乡随俗。由此生发开来，其实中美节日文化还有许多不同。比如，美国一年一度的节日季是从每年11月最后一个星期四的"感恩节"开始，一直到新年的钟声响过。整个节日季里，占领美国人电视机屏幕的是一场接一场的球赛，造成整个社会崇尚体育、崇尚强者和崇拜冠军的风气，也拉动了酒吧、航空公司、饭店和相关行业的生意；而在我看来，看电视已然成为中国过节的重要文化元素，中央电视台春节联欢晚会的规模之大、准备过程之漫长复杂堪为世界之最，拍摄得越来越长的电视剧也"吃掉"了观众的不少时间；一进入节日季，美国人开车常听的电台和很多餐馆、商店都播放圣诞和新年节日乐曲，欢快悦耳，节日好心情油然而生，而我们似乎热衷于春晚等晚会，却没有搞出一套有中国节日特色的品牌曲目并使其成为传统；此外，突出现役美军军人是美国节日季电视文化的一大特点，各大电视台都突出报道从伊拉克或者阿富汗等前线回家过节的军人与亲属欢聚的场面，不能回家过节的美军士兵也通过录像向亲人致以节日问候，节日期间回家过节的军人也同样受到特别优待，比如优先登机等。比较借鉴美国等其他国家的节日文化，我们也可以以龙马精神不断升华中国的节日文化，弘扬正能量，让民众更舒心、更欢快。

2012 年 10 月 20 日，面向全球华人发行的《人民日报海外版》的第 03 版头条配发插图，用多半版篇幅发表了我写的《赴美旅行及购物 – 省事、省钱窍门儿多》一文：

赴美旅行及购物：省事、省钱窍门儿多

谷世强 （寄自美国）

购机票窍门儿 —— 多查询，早订票，避高峰，勤比较

今年暑期，从国内来美国旅游、探亲、求学以及出差的人，都赶上了中美航线的票价大涨，有的航班普通舱机票价格比平时翻了一番还要多。那么，以最低的价格买到最好机票的窍门在哪里呢？其实，不外乎是多查询，尽早订票，能因人、因事、因地制宜，尽量避开所需航线的"尖峰时段"，货比三家不吃亏。

一位朋友告诉我，他从国内旅行社购买了 8 月份从北京到纽约的往返机票，机票费折合成美元约 2600 美元一张，并且需要经过香港中转，比北京直飞纽约的航班费时费力不说，抵达纽约的时间段也没有直飞的好。而我 5 月下旬曾从美国费城飞往上海，6 月 12 日又从北京飞回费城。那时美联航经济舱票价只有 1000 多美元。如果是纽约、北京往返直飞当时更便宜一点。所以，争取避开暑期"尖峰时段"出行，仅往返机票费一项就可以节省许多。同时，到美国后还能避开暑期炎热天气和酒店饭店高价位等问题。

即使是来美国上学、出差或开会等出行时间没有多少变通余地的出境旅行，因为选择的航空公司不同、航线不同和购票时间早晚与地点不同，价格也常常相差悬殊。比如，我在山东威海的一位朋友告诉我，他的女儿来美国费城某大学求学，她通过费城"亚洲旅游"旅行社订票，选择了从威海机场乘坐韩航，并由韩航负责在韩国首尔的饭店免费住一夜，第二天直飞纽约，到纽约后又免费乘坐韩航中巴到费城中国城的走法。大件行李从威海直接上韩航后，一直到纽约才提取，非常方便，抵达纽约和费城的时间也很合适。

而朋友女儿的室友是从山东青岛来费城的大学报到的。她选择了常规的从北京乘坐美航在底特律入境并提取行李、出关和转机费城的走法。到了费城机场又自己花钱坐出租车到学校宿舍，仅机票费就比我威海朋友的女儿多花了近 1000 美元，还不算她父母开车从青岛送她到北京的往返车费、饭店费。你看，同一天到费城报到、同是来自山东的威海、青岛，但购票途径不同，选择的航班和路线不同，所花的费用和时间竟有如此大的差别。

还有一位朋友 7 月 10 日从费城飞北京，7 月 24 日再从北京返回费城。他在美国一家华人旅行社得到的航班报价是 2500 美元，而中国的旅行社报价则更高。于是，他登陆美国旅行网站（www.expedia.com），网上报价为 2038 美元，还包括了所有的税和附加费。所以，我朋友就用信用卡在网上订了票。这就是所谓的"货比三家不吃亏"。网上购票可以随便选择航班，不欠任何人情，同时还能享受积分奖励。

值得注意的是，即使是从同一个旅游网站上网购的同样时间和航班的机票，因为购票时间不同，价格变化也会很大。比如，前面提到 2038 美元的机票，两周后再买就涨到了 2486 美元。所以，越早动手就越有买到廉价票的机会。通常，一旦决定出国就应该立即着手查询机票，掌握机票价格和起飞、抵达时间等第一手信息。

另外，选择落地机场也是必要的。例如，同样票价从北京直飞纽约，中国国航将抵达肯尼迪机场，而美联航则抵达纽瓦克机场。如果到纽约后要马上去费城等地上学、出差，纽瓦克机场不但距离近而且中转方便。注意这些细节可以节省时间和费用。

购物窍门儿 —— 去郊外，多备卡，可网购

　　大凡来美国观光、探亲的，回国前总要买点礼物带回去。在美国，同样的一款名牌旅游鞋、太阳镜、手表、T恤衫、香水、皮鞋等，在不同的时间和不同的商店购买差价很大。通常大城市中心商店里的名牌商品价格都比较高，而且还要多付城市税(City Tax)。市中心地区的中高档百货公司，名牌商品种类全、挑选余地大、购买方便、价格适中。而郊外大的购物中心则常有因换季或节日促销等，有大量减价商品出售，从名牌箱包到名牌衣服、鞋帽等，一应俱全。如果有时间，可以去费城等大城市郊外的名牌商品直销专卖店 (Outlets)，通常价格很优惠，如果赶上特别打折促销时，就更能淘到物美价廉的了。

　　出境游或购物，身上最好携带两三张信用卡，以备刷卡机器故障 (有时这张卡不行，换一张卡就没问题) 或主卡出问题付不了款时，还有后备卡可用。

　　网络时代买机票、订饭店可以在网上搞定，在美国购物也可以在网上搞定。美国大连锁店，如 Best Buy（百思买）等都可以网购。如果想在百思买等网站购买电脑、数码相机及生活用品等，但赴美时间短、又要拜访亲友，来美国之前，可在国内登陆百思买等网站挑选并购买所需商品，然后填写美国亲友的邮寄地址。几个月前，我在浙江的朋友来美国出差前，就从美国某公司网站购买了打折促销的新颖儿童折叠车，邮寄到笔者在费城的公司。后来，他到费城开会时，顺便将网购的儿童车带回中国了。

　　网购可以随时随地进行，没有时间压力，还可以货比多家，常能买到物美价廉的心仪物品。当网购的电器、化妆品、西洋参等产品达到一定价格时，很多公司都免收邮递费。如果网购产品的公司地址与投送地址不在同一个州时，常常免收销售税，这对电脑和化妆品等价格不菲的商品来说，可以省去很多税。

选"自由行路线"窍门儿 —— 善用航班信息

　　航班信息也会帮助出境游客确定最佳旅行路线。例如，计划从北京去美国东西海岸分别游览 10 天，究竟先游哪一边，可根据机票的折扣情况来确定。首先应通过国内外旅行社或上网查询从北京出境、纽约入境、旧金山离境的机票报价和航班，再查询从旧金山入境、纽约离境回北京的机票报价和航班，比较后选订价廉的机票，同时美国东西两岸自由行路线也就确定了。在美国境内的机票或饭店等，也可以用同样的方法购买或预定。

费城郊外的 King of Prussia 大 Mall

2010年8月21日，面向全球华人发行的《人民日报海外版》的《读者桥》版发表了我写的《回国探亲访友如何挑选礼物》海外纪闻：

回中国探亲访友如何挑选礼物

（美国）谷世强

经常有朋友问我："回国给家人和亲朋带点什么好呢？"这个问题还真没有"标准答案"，只是我因为工作关系，每年都要多次回中国出差，对带什么礼品回国有些心得，希望能对有需要的读者有所启发。

如今国内不但大城市的商场里面商品丰富，应有尽有，就连中小城市商场里的货架上，都出现了许多"洋"品牌。回国要是带礼物给父母和兄弟姐妹的话，一些实用而且与国内差价较大的美国名牌商品可以考虑。通常在美国直销店（OUTLETS），专卖店和购物中心能以比国内低廉的价格买到原装名牌皮鞋、旅游鞋、名牌化妆品、名牌T恤衫、名牌牛仔裤、名牌衬衣和名牌女包等。如果能赶上美国商店逢年过节或者季节性大减价促削活动更好。

从BEST BUY（百思买）连锁电器店可以质量优价格实惠的原装数码相机、摄像机和手提电脑、随身听等电子产品。要是买手机得先搞清楚制式等国内是否能用。

如今，人们越来越注重健康和养生，带些美国原装保健品回国也是不错的选择。如美国品牌药厂出产的"深海鱼油"（Fish Oil）、"复合维生素"(Multivitamin)、"卵鳞脂"（Lecithin Concentrate）等都很受欢迎。美国威斯康辛州是西洋参的最佳产地，品质世界一流。纽约、费城和旧金山等地的中国城里可以买到西洋参，但要从品牌商店买正品货，防止受骗。美国产的巧克利、热巧克利粉、咖啡、腰果等也是送亲友的佳品。

美国也有很不错的土特产可以带给家人。美国新英格兰地区特产的枫树糖浆(Syrup)形似蜂蜜，有着红枫树的独特清香。小铁盒包装的枫树糖浆玲珑精致，适合送人。

美国西海岸的加利福尼亚州地区盛产优质加州葡萄，用其酿制的葡萄酒口味纯正香浓，可带回国送给亲朋好友。美国各地酒店都能买到质量上乘的加州红、白葡萄酒，价格便宜。机场规定，酒精类饮料不可随身携带，每位乘客最多可托运两瓶酒。回国后，和家人聚餐，一起尝尝美国加州葡萄酒也是很爽的事情。用加州无籽葡萄制成的 SUN-MAID 牌葡萄干（RAISINS）老少皆宜，价格划算，用红色纸盒包装，洋气、喜庆，也好携带，是地道美国土特产品，带给家人，一定很受欢迎。

另外，美国名牌手表外观设计新颖时尚，技术含量高，质量上乘，价格合理，送给亲朋，既大方又实用。

美国机场免税店卖的都是正宗名牌商品应该不容置疑。按理说免税的商品都应该便宜，其实不见得。因为进货渠道不同和"打折"措施不同，有时外面商店买的化妆品、巧克力和手表等常比免税店的便宜。但是如果想带名烟和名酒回国，在机场免税店买最划算。美国主要大机场的免税商店里，除了可以买到 XO 等名洋酒和名洋烟外，还可以买到价格实惠、绝对正品的"中华"、"熊猫"、"玉溪"等中国名烟，预留出半小时买免税商品应该绰绰有余。

当然，回国选购礼品还需要看要送的人喜欢什么。NBA 球队的篮球衫或 T 恤衫，印有 New York 字样的棒球帽是国内年轻人的最爱；近些年来，美国在中国春节到来前夕，都会发行美国版的生肖邮票，今年就发行了"虎年纪念邮票"，给喜欢集邮的亲朋送一份美国版的"虎票"，既有新意又很雅致。

2016 年 2 月 24 日，美国《侨报》的《文学时代》版头条配发彩照以半个多版篇幅发表了我写的《记费城 2.20 挺梁大游行》一文：

记费城2.20挺梁大游行

（宾州）谷世强

春节已过，元宵佳节来临。本来，这是全世界华人一年中喜庆新春的时刻，吃元宵，闹花灯，享受一家人团团圆圆的天伦之乐。但从小立志当警察为纽约做贡献的华人警官梁彼得家今年却无法过好这个本该喜庆的猴年春节。因为，梁警官的母亲眼睁睁地看着自己执勤公务中失误的儿子面临被重判 15 年牢狱之灾冤案却又无能为力。

枪击案多多的纽约警察执勤危险啊。梁彼得在执勤公务中由于神经高度紧张，又缺乏必要的培训，在夜晚恐惧昏暗的执勤现场触枪走火，鬼使神差地竟然误杀了在现场的一位非洲裔男子！这的确是个沉痛的悲剧。我们每个华人也都为这位被误伤后不幸死亡的非洲裔男子和他的家庭深表同情。但这毕竟是一起纽约乃至全美国警察多次发生过的失误悲剧，绝非故意。就这，纽约法庭竟然做出了要求给梁彼得"二级谋杀"的定罪。如果成立，梁彼得最高将面临 15 年的监禁。

一石激起千层浪。美国士兵在战场上误伤友军和无辜平民，美国警察执勤公务中误伤百姓的不幸失误哪一个被如此重判过？而且，去年，密苏里地区发生的弗格森黑人青年遭白人警察枪杀案和纽约白人警察锁喉致黑人小贩死亡案人们还都记忆犹新。当时，法庭依据法律和美国社会治安现状都做出了白人警察误杀无罪的判决。于是乎，非洲裔美国社区与美国政府特别是警察之间的激烈冲突连连发生。在此状况下，对华人警官梁彼得的明显执勤公务中发生的误伤命案却如此重判，不合情理更不合法理。这是明摆着拿华裔做替罪羊去帮助摆平美国社会问题的有政治倾向判决。

美华人社会被震惊了，最温和的华人一族也被激怒了！微信时代，新一代华人虽依然是美国社会的少数族裔，但已然不再是温顺的羔羊和好捏的软柿子了。于是乎，数万华人走上美国 40 多个城市示街头的"2.20 挺梁大游行"震撼发生了，它掀开了在美华人历史的新篇章。

一晃，我也来费城地区工作生活 20 多年了。小规模的华人上街示威游行我在电视新闻上都没有看过，当地"美国人"的抗议失业等示威游行也未曾见过这等走过费城市这么长路线，而且口号震天井然有序的。"2.20 挺梁游行"出人意料地达到近 5000 人参加的规模，用"大游行"这三个字形容绝对贴切，就是负责为游行开道和维持治安的费城警察大概也大开眼界了，配合服务得相当到位。四五千人的华人队伍从费城中国城牌楼出发，走向独立广场，走向费城市政府，那长长的黄皮肤黑头发的游行队伍宛如一条巨龙，让美国历史名城费城第一次清楚地听到了万千华人用英文愤怒呼唤出来的口号："要法律公正，不要政治审判！""不做替罪羔羊！""还司法公正给梁警官！"，其震撼影响定会从费城波及到纽约和全美国。

"2.20 挺梁大游行"前很多天，费城市区和郊区很多报名参加挺梁维权示威游行的华人热心者就主动建立起了微信群。通过微信，大家一呼百应。这些"2.20 游行"的最早组织者和倡议者依据美国法律和国情，建议出来很多很好的英文标语和游行口号，从申请游行得到批准到准备标语传单，很多华人组织者付出的辛劳和宝贵时间实在值得我们学习和点赞。火车跑得快，全靠车头带。海外华人在居住国能否依法享有自己的权益和社会地位，在很大程度上也要看能否产生真正能为华人伸张正义、谋福利的领头人和政治家。"2.20 挺梁大游行"本身在美国取得的空前成功和产生的空前影响说明，在美国的华人圈有热心肠和有能力的维权领头人。

因为微信通知说上午 10 点就要在费城中国城牌楼下面集会游行，怕人多不好开车停车，2 月 20 日那天，我早早就起床了。毕竟，平常从我家开车到费城中国城也要一个小时车程呢。怕游行途中上厕所不方便，早起后，我也不敢多喝果汁和牛奶就匆匆开车直奔费城市区了。

上午 10 点刚过，乘坐游行大巴、地铁公交和开车过来的华人很快就在费城中国城牌楼下面按照事先组织好的分区汇集起来了，人越来越多，人气越来越旺。有人给律师函签名，有人给捐款箱捐款，有人在发放标语牌和美国国旗，大有万众一心的气势。从 A 到 F，大费城地区华人一共分成了 6 个区域，每个区域的游行队伍都有领头组织者带领大家高喊维权口号，这阵势和这群情激昂的场面都是我在美国从来未曾见过的，令人振奋。

因为在费城的美国人知道纽约警官梁彼得案的人并不太多，所以，当我们浩浩荡荡的华人游行队伍在市中心街道高喊维权口号时，马路两边和汽车里面的"老美"们不明白发生了什么事。这些华人在抗议什么？费城"2.20 挺梁大游行"的组织者还真是下了功夫，不但标语口号都是英文的，而且还事先印刷了很多英文传单揭露梁彼得案不公正审判的来龙去脉，派人随游行队伍发放给马路两边的"老美"和其它路人游客。我就亲眼见一对白人夫妇，一人手里拿着一份传单，看得那叫一个仔细，而且还在互相探讨。很多非洲裔的警察和路人对游行队伍呼喊的正当维权口号也是报以微笑并纷纷录像拍照。

众志成城，团结就是力量。我们华人温良恭俭让，不喜欢示威抗争，"各人自扫门前雪，莫管他人瓦上霜"的传统文化根深蒂固。所以，就是靠近纽约的美国第五大城市费城，组织者起初预计能前来参加挺梁示威游行的华人也就是500人左右。但如今的华人真的不同了，华人手中的微信真的厉害了。很快，据说网上报名人数就迅速达到了2000人。不平则鸣，不公则抗。费城的华人愤怒了，费城的华人要为自己的同胞弟兄讨回司法公道了！

等到浩荡的游行队伍从中国城牌坊准时出发，口号声震天响地走向费城独立宫广场时，游行队伍人数已经增加到了近5000千人。费城的"老美"们也未曾见识过的如此长龙般的游行队伍，一个小时后，走到费城市政厅前门高呼维权口号时，一些"老美"也加入到示威游行队伍里面了。参加费城"2.20挺梁大游行"的华人也不全是我们"50后"、"60后"和"70后"，一些白发苍苍的老华侨和中小学生也前来参加助威了，大家一起呼喊一起为同胞伸张正义的场面，令人感动，也令人难忘。

除了凤凰卫视等华文主流媒体外，FOX, CBS和NBC等电视台，《费城问询报》以及费城新闻网等主流媒体都派来记者和电视采访车来了。这不，亲朋已将画面上也有我身穿红色防寒服高喊口号的凤凰卫视和NBC台电视新闻微信转发给我了。我在费城的侄女谷蕾和这次大游行的积极组办者之一的侄女婿龙烈生在游行活动中的画面也都上了FOX等电视台的新闻报道了。是的，我们是海外新一代亚裔，绝不是忍气吞声的哑裔！

微信真好啊！这不，不但我们在中国和在温哥华的家人关心支持我们参加费城"2.20挺梁大游行"，我们天津市新开小学同学圈、天津理工学院同学圈的老同学们乃至重庆朋友圈的管总等，都在微信上以不同形式支持我们在海外的维权示威游行。这次全美国40多个大小城市华人同时举行的挺梁维权示威游行，规模影响空前。以我们不再沉默，不愿做替罪羊和司法要公正愤怒呐喊声，写就了在美华人历史的新篇章。

"Stop Scapegoat！"（不做替罪羊！）和 " Justice For All！"（司法要对所有人平等公正！）等示威游行的口号声已然在我耳边回荡。特别是我们King of Prussia区游行队伍的两位手拿扩音器带领我们呼喊英文口号的女士，声音激扬响亮而且富有节奏感和感染力，着实吸引来了不少记者和路人拍照录像。

笔者举牌积极参加费城挺梁大游行。

　　游行中我也发现，其实我们华人圈里面有组织能力和影响号召力的热心领头人还真是蛮多的，他们不但很能干热心，而且也是蛮拼的。所以，不论这次大游行对纽约梁警官案子的判决能否产生积极影响，从维权和华人打破沉默站起来示威呐喊的角度看，我们已经取得了圆满成功。

2017 年 8 月 31 日，美国《侨报》的《文学时代》版配发彩照以近一个整版篇幅发表了我写的《震撼的南卡日全食之旅》一文：

震撼的南卡日全食之旅

（宾州）谷世强

从 8 月中旬起，已然走出三伏酷暑的美国，忽然间兴起一波"超级日全食"热。也不知道是巧合还是上天安排的必然，这次全世界只有美国本土才能够看到的日全食，的确是百年不遇。

2017 年 8 月 21 日这个星期一，注定是美国历史上非凡的一天。上天将日全食奇景不知道是福还是祸地将在这一天"恩赐"给美国大陆，就是相邻的北美大国加拿大也沾光不上。

这次的日全食带从美国西部的俄罗岗州到东海岸的南卡州，百年不遇地掠过美国本土 14 个州。越是临近 8 月 21 日，从美国各大主流媒体、华人的中文媒体和网站，越是将这次即将光临美国本土的日全食炒作得火热。这不，虽然不在日全食带上面，但费城的媒体却已经在讨论学校那一天是否应该停课，让师生看不到日全食看看日偏食也好了。

本来，我这人不太喜欢"赶潮流"，而且对日全食天象奇观也是一知半解，感兴趣，但还没有热到坐不住的地步。

太太喜欢摄影，对此百年不遇的日全食奇观更是热衷得不得了，大有看不到这次百年一遇的日全食将后悔一辈子的意思。

从当时的新闻报道看，在日全食带上的城市中，南卡州的哥伦比亚市是最靠近费城的了，距我家 8 百公里左右的车程。机不可失时不再来，我也干脆舍命陪君子，休假一周开车去南卡州观赏百年不遇的超级日全食去！

兵马未动粮草先行。我先上网预定去南卡州的饭店房间。吃住不好，也看不好日全食不是？谁曾想，全美国都已经日全食高烧不退的此时此刻，有幸成为"日全食带"上的南卡州的哥伦比亚市饭店价格已然水涨船高翻着跟头涨价比纽约的房价都贵了！飞往"日全食带"上主要城市的机票当然也跟着物以稀为贵了，谁让人们非得亲眼看上一眼这百年不遇的天象奇观呢！哥伦比亚市平时六七十美元一晚的饭店，日全食期间的价格已经翻倍涨到了三四百美元一间！

看来，这中国古代认为是不祥之兆的日全食，却让今日美国的商家们天上掉馅饼躺着就发了一笔小财！

我凭借出差旅游的经验，赶紧改变订房策略。周六就出发，第一夜不需要非得到南卡州不可。打开地图，先在我们驱车去南卡哥伦比亚市必经之路上的北卡州小镇订到了很不错的饭店，包早餐，还包免费停车和 WiFi。 这样，周六出行也不需要开车太长时间。周日 20 日的饭店我就订在了距离哥伦比亚市不远的北卡州 Monroe 市的假日宾馆。因为不在哥伦比亚市境内，饭店价格等依然理想，没有被宰。

我正在担心 21 日百万人涌入南卡哥伦比亚市争看日全食时会大堵车和停车难。太太网上查询，发现距离 Monroe 市的假日宾馆不远而且距离我们下一站南卡州 Congaree 国家公园又很近的小城 Sumter 市也是理想的观看日全食地点，也在日全食带上面。而我根据日全食后转天游览 Congaree 国家公园预定的饭店阴差阳错正好就在此小城 Sumter。而且，我们还查询到，Sumter 市府除了开辟很大的城市绿地公园供人们观赏日全食并提供免费停车外，据说在日全食前还会发放有钱也买不到的日全食墨镜呢！因为 Sumter 市不大，名不见经传，所以主流媒体很少提及，饭店不但没有涨价，交通也不会拥挤。

车轮滚滚。21 日早餐后我们驱车从北卡州往南卡 Sumter 市驶去，道路畅通无阻。当 GPS 给我们导航到 Sumter 市的绿地公园跟前时，汽车已然排成了长队，但秩序井然。人们都自觉地按照警察和义工的指挥，将自己的汽车停放到开放的草地上。

到了中午时分，巨大的绿地公园草地上已经停满了汽车，灿烂的阳光让人在日全食之前领受了南卡州阳光下的酷热。

树荫下，一家一户的美国人铺上地布毯子，还有不少折叠椅，搬来了里面有冰块的食品箱，看书的看书，聊天的聊天，都在静静地等候日全食奇观降临。

看看停车场上的汽车牌照，这里估计上万的游客观众不仅来自于南卡 Sumter 市当地，还有不少有如我们一样是从宾州、纽约州、新泽西州、马萨诸塞州，维吉尼亚州、马里兰州乃至弗罗里达州驱车赶来的游客。

"这个世界没有所谓的巧合，有的只是必然"这句话话，今天在这里将得到百年不遇日全食的应验。我终于明白，其实日全食也不是什么天象巧合，而是日月如梭、斗转星移的大自然的必然杰作。

在南卡州骄阳似火的 Sumter 市等这百年不遇的日全食时发现，其实美国人真的很有耐心。你看，树荫下，不但很多成年人都在捧着本厚厚的小说读书，很多中小学生们也是在看书，玩手机游戏和打牌的不多。有不少家长和义工在给孩子们讲解日全食发生的机理，让孩子们明白，其实日食是我们太阳系的一种天文现象，是月球运行至太阳和地球之间时发生的自然现象。除了日环食和日偏食外，最为罕见的就是今天我们马上就要在这里看到的日全食了。

能赶上这样好的大晴天在这样绝佳的位置观赏日全食是难得的福分，是有钱也难买的到的稀有的奢侈。我们要感恩苍天，感恩大自然恩赐给我们的壮观震撼美景，祈祷福祉降临。

美国的耐心和遵守秩序还体现在排队领取日全食观测墨镜的过程。我们上午10:30抵达Sumter市的绿地公园时，疏导汽车的警察就确认说工作人员会免费发放符合安全标准的日全食观测墨镜的。当时我心里还是将信将疑的。因为，自从8月中旬开始，随着日全食新闻在美国被越炒越热，人们忽然发现在哪里都难以买到日全食观测墨镜。我在费城郊外也跑了沃尔玛等连锁店和图书馆，一镜难求。后来，从电视新闻上看到费城动物园到了一批，5美元一副，每人限购两副，很快就被抢光了。据说，网上，一幅纸片做的日全食观测墨镜可以卖到几十美元的高价！

快11点的时候，工作人员告诉我，说绿地公园中间的小卖部门前会发放日全食观测墨镜。我赶紧顶着似火的南加州骄阳跑了过去。一顶遮阳帐篷下面，工作人员已经摆好了桌子，一叠几十个的日全食观测墨镜一箱箱已经被放在桌子后面了。几个工作人员就在这里聊天等待。

卢琳在仰望即将开始的日全食奇观。

闻讯赶来领取观测墨镜的人越来越多。很快，一条长龙的排队就在阳光下成型了。工作人员说，根据要求，午后12:30开始发放观测墨镜。我们排队在前面的还好，正好在遮阳帐篷下面。即使如此，即使有点阴凉，我还满头冒汗呢。我们就游说工作人员，说这么多老人和小孩也在排队，提前现在就发放不好吗？

不行！工作人员说，为了公平，必须要等到 12:30 才能发放，因为他们一直就是这样通知的。如果到 12:30 时都提前发放完了，一是失信于民，二是对后来的人不公平。

帐篷入口处两排象征着日全食的黑色和黄色气球在中午时分的骄阳照耀下，噼噼啪啪的给晒爆了不少。但排队的人们没有一个人吵闹和抱怨，就这样静静地欣赏着扩音器里广播的音乐和观看日全食介绍，这耐心和定力真让人敬佩。

快到 12:30 了，工作人员开始免费发放日全食观测墨镜，但排队者也是每人只能领取一副。家属如果怕热没有跟过来排队，对不起，您还得到长龙的队尾再排队一次才能再领取一副。如此，也没见有谁反对和吵闹的，大家都规规矩矩秩序井然地领取属于自己的那一副日全食观测墨镜，并对发放观测镜的工作人员说一声 Thank You!

百年不遇的日全食，成千上万的人来南卡罗莱纳州的日全食轴线城市观赏这天象奇观，整个 Sumter 市绿地公园就没有一个小贩兜售吃喝和旅游纪念品的，更没有高价兜售日全食观测墨镜的。

相反，很多当地义工不但帮助警察和政府工作人员疏导游客和摆放临时厕所和垃圾箱等，还有图书馆的义工摆上桌子免费发放小说等读物，让游客在等待中也有书可读，有事可做。很多摆上长枪短炮观测镜和专业摄像机的天文爱好者，主动邀请欢迎我们游客用他们的天文观测镜看日全食，主动给后到的游客出让自家富裕的日全食观测墨镜的也大有人在。

永远铭记住 2017 年 8 月 21 日这一天吧！拿到 Sumber 市府免费在现场派发的日全食观测墨镜不久，树荫下的人群中就听到有人激动地高呼 Eclipse! Eclipse!（日食了！日食了！）。我赶紧跑到前面阳光下的绿草坪上，戴上这专用的日全食观测墨镜，眼前先是漆黑一片，什么也看不见了。抬头仰望天空，看到的红里透着金黄色的圆圆的太阳真的不一样了！

明亮的太阳此时此刻好像是被天狗咬了一口，右侧的边缘已经呈全黑色，太阳被月亮给吃掉了一个边缘！这奇观，我还真是平生第一次看到。随着日食越来越大，草坪上戴着日全食观测墨镜仰望太阳的兴奋观众也是越来越多，人们早已经忘记了日全食开始时这里依然是骄阳似火，热度不减。

又过了大约十多分钟，我到处拍照回来再戴上观测墨镜仰望太阳时，惊奇地发现，太阳已经被天狗咬掉了一大口！此时处于日偏食的太阳，简直就跟苹果公司的 Logo，那个被咬了一口的大苹果一摸一样，只是太阳依然是那样的灿烂辉煌，金光四射，只是这被天狗咬了一口的太阳上面没有那一片小小的苹果树叶。我忽发奇想，如果我现在注册新产品商标的话，就叫日偏食牌，Logo 就用这个被天狗大咬了一口的太阳，比苹果牌更加光芒万丈一万倍，又如何呢？也许，这是我看日全食看出来的知识产权也说不定呢。

行文至此，我必须为南卡州的 Sumter 政府以人为本、普及科学的服务精神点个赞。 从提供城市巨大的绿地公园做停车场和观测点不收一分钱停车服务费，到免费发放大量的日全食观测墨镜和散场后的卫生以及草坪休整，统统免费！我仔细看看这轻如鸿毛的日全食观测墨镜，真好！别看是纸质的，做工精细。是从加州一光学产品公司定制的，左眼镜腿内面印刷着使用指南并有符合 ISO 标准符号。右眼镜腿里面印刷着警告，强调必须戴好日全食观测墨镜后才能仰望太阳，否则会造成眼伤，下面还印刷上了也符合 CE 标准标示。观测墨镜里面的中间横梁上黑体印刷着 SAFE FOR DIRECT SOLAR VIEWING（戴此观测镜可以安全地直视太阳）。 观测镜左眼镜腿外面印刷着 08-21-17 Total Eclipse (2017 年 8 月 21 日日全食)，右眼镜腿外面则印刷着 Sumter 市。 这真是一副免费、实用、安全可靠又很有收藏纪念意义的日全食观测墨镜啊！

从日食开始，大约过了一个小时左右，下午 2 点多的朗朗晴空忽然间黑了下来。这种大白天的周围变得越来越昏黑的感觉只有两个字能形容，那就是震撼！所有的大人小孩此时此刻都戴上了日全食观测镜目瞪口呆地仰望这穿上黑衣但周围依然是一圈光芒的太阳。十，九，八，七。。。有人已经在呼喊着倒计时，当全场观众数到了一的时候，哇，眼前的太阳真的是完完全全被日食了。周围是那样的昏暗，黑色的太阳周围依然强有力地喷薄出来的一圈光芒，让所有人震撼不已。人们在祷告。人们在欢呼。人们在感受着大自然的伟大、惊叹太阳的能量和我们人类的渺小。人们在这 2 分钟的日全食奇观中似乎得到了再生！

日全食就在我们眼前发生了。几分钟后，日偏食又开始了，天越来越亮了。这是多么神奇的几分钟啊！ 这是多么壮观难忘的几分钟啊！让我们知趣自己的渺小，敬畏大自然、敬畏宇宙吧！

　　2015 年 8 月 15 日，面向全球华人发行的《人民日报海外版》06 版配发威廉斯堡照片发表了我写的《"殖民地威廉斯堡"值得一游》一文：

"殖民地威廉斯堡"值得一游（海外纪闻）

谷世强　（寄自美国）

2015 年 08 月 15 日 04:15:10 来源：人民日报海外版

殖民地威廉斯堡一景

　　暑假期间，总有不少国内的家长带着孩子出国观光，体验异域风情和文化。在我看来，若想了解美国的历史文化，"殖民地威廉斯堡"很值得一游。

　　位于美国弗吉尼亚州东部的威廉斯堡，是美国著名的历史名城和旅游胜地，常年吸引大批游客。这里有一个美国无人不晓的历史名胜，叫做"殖民地威廉斯堡"。很多美国人认为，美国的"价值观"和法律体系与殖民地威廉斯堡有着千丝万缕的关系。

在华盛顿率领美军打败英军赢得"独立战争"胜利并在费城建都之前，威廉斯堡曾是大英帝国在北美重要的殖民地。从 1699 年到 1776 年，这里曾经是弗吉尼亚殖民地首府。而后，从 1776 年到 1780 年，这里更成为弗吉尼亚联邦首府。那时，"美国要独立"的革命火花在这里燃起，华盛顿和杰佛逊等杰出领导者也是在这里涌现出来的。

我们一到殖民地威廉斯堡，"殖民地"这个词就成了这里的"关键词"。这里最重要的景区都在一条名叫"殖民地大街"的大道两旁。一辆满载游客的大马车向我们走来，马车由两匹马拉着，车夫身着殖民地时代服装、戴着白手套，尽显百年前的特色，引来不少游客拍照。

笔者在议会门前与导游合影。

总督府的红砖小楼很有气派，最让我难忘的是楼内墙壁的装饰。一面墙壁上，几十把锃亮的长枪从上往下整齐地排列着，两边是上百把交叉摆设的闪亮军刀，威武震撼。另一扇门的装饰更是壮观，门上的大英帝国徽章上面，以扇面状倒插着 18 只当时的长手柄手枪，手枪扇面的两侧，上百把闪亮的军刀交叉摆开，真如两副银色的军刀对联一般，寒气逼人。总督府内很多地方不是用长短枪就是用军刀装饰，凸显出殖民地总督府的尚武精神。

在殖民地大道上游览，可见到不少再现殖民地时代的场景。殖民地法院门口设有木制的"断头台"；殖民地时代的打铁工厂里，工人正在从炭火中夹出铁器；大街上还有再现殖民地时代的精彩小话剧演出，吸引了很多游人驻足观看……

总督府墙壁和门上到处是刀枪装饰凸显威武。

参观了殖民地威廉斯堡的总督府、法院、老邮局、打铁工厂等，我对英国殖民者当年在这里的统治有了初步的了解。原来，早在 1632 年，英国殖民者就渡过大西洋来到威廉斯堡定居。最早的殖民地首府并不在威廉斯堡，而是在附近的詹姆斯镇，直到 1676 年一场叛乱把詹姆斯镇烧毁了，殖民地首府才迁到了这里。在这里，殖民地政府逐步建立起一整套包括选举、遗产分配等在内的法律和社会体系。也是在这里，殖民地政府于 1693 年创建威廉玛丽学院，该院不仅走出了包括华盛顿和杰佛逊在内的 5 位美国总统，而且产生了 14 位"独立宣言"签字人，对美国历史影响深远。

游览殖民地威廉斯堡要在访客中心买票。这里的票价可不便宜，"感恩节"等重要节假日当日有效的打折票也要 40 美元一张，多日有效的更贵一点。暑假期间如能买到打折票会便宜一些。原来，这个占地 70 公顷的原样修复、有数百座殖民地时期主要建筑的景区，当初是靠小洛克菲勒私人投资建立基金会修建完成的，并非政府拥有的博物馆，所以要靠门票等收入养活。

顺便提醒一下，由殖民地大道相连接的威廉斯堡、詹姆斯镇和约克镇三地，号称"弗吉尼亚州历史三角"，都对游客开放。

　　我在美国新冠病毒 COVID-19 疫情最严重的鼠年清明有感而发，写就了这篇《庚子年清明》清明文章，记住 2020 年这个非同寻常的清明时节。

庚子年清明

文／谷世强

　　从鼠年春节武汉、湖北封城震惊世界开始，这个庚子年就成了全世界的 COVID-19 倒霉年。这都到了 6 月最后一个周末了，已然确诊病例超过了 2 百万的美国，德克萨斯等州确诊病例又开始激增。美国联邦疾病防治中心 (CDC) 官员估计，全美感染新冠病毒人数被低估，迄今约有 2000 万人受感染，相当于全国 230 万名确诊呈报病例的 10 倍，约占全国 3.31 亿人口的 6%。清明节前成为全球疫情中心风口浪尖过清明的纽约，这次倒没有发生大的反弹激增，谢天谢地。不过，我不禁回想起这个难忘的庚子年清明。

　　3 月底 4 月初，纽约费城一带鲜花盛开。本该春意盎然的清明时节，雨纷纷依旧，但门外寂静的让人毛骨悚然。庚子年清明空气中弥漫着疫情严重的恐惧与诡异感。电视新闻连篇累牍都是纽约医院病床告急，纽约医护人员短缺告急、防护服、N95 口罩和呼吸机告急甚至殡仪馆和火化场告急的新闻。庚子年清明时节。每天看到的和听到的都是疫情失控，人们在 CostCo 排长队抢购冷冻食品，纽约时代广场门可罗雀，真是"清明时节雨纷纷，路上行人欲断魂"的感觉。空气中弥漫的是一种说不清的不祥气氛。

　　去年清明，我与在温哥华的五哥世安医生和弟弟世斌跟回国，与在京津的兄嫂家人一起到北京西山公墓给父母、姐姐和叔婶亲人扫墓祭拜，然后又一起到颐和园踏青，那是何等的亲情幸福，何等的其乐融融啊。庚子年清明，飞回北京已然成为了高不可攀的梦想了。

　　清明节扫墓一词在美国通常被翻译成 Tomb Sweeping。到了庚子年清明，感觉整个地球都被这看不见摸不着、传染性超强的新冠病毒给横扫了一遍，就是已然"清零"了的中国大陆省市也还在担惊害怕境外输出和境内反弹，保持社交距离戴口罩和勤洗手成为了新时尚。

　　诡异的庚子年清明，全球飞中国的航班取消大半和隔离措施，多少海外华人不能回故乡给父母亲人扫墓？居家"禁足"、在家办公，我看着窗外的绿树鲜花和电视新闻的疫情报道，没有了往年清明时节的乡愁和回家的兴奋，眼前竟是这篇毛诗《送瘟神》的惨景：

> 绿水青山枉自多，华佗无奈小虫何！
> 千村薜荔人遗矢，万户萧疏鬼唱歌。
> 坐地日行八万里，巡天遥看一千河。
> 牛郎欲问瘟神事，一样悲欢逐逝波。

　　庚子年清明诡异。海外华人哪一个还能有往年那种"梨花风起正清明，游子寻春半出城"的踏春雅兴？冥冥之中，一直对戴口罩不以为然的美国总统川普此时也不得不敦促美国人戴口罩防疫了，他本人却不喜欢戴口罩。

　　清明时节，与费城比邻的德拉瓦州，也开始不让包括我们宾州在内的外州牌照汽车进入了。东海岸纽约、新泽西和宾夕法尼亚各州州长都在反复呼吁提请居民千万、千万居家隔离不要外出了。

　　庚子年清明，我满脑子都是父母的养育之恩，姐姐的真爱亲情，亲人的音容笑貌。母亲刘宗文抚养我们姐弟七人成人，一生乐善好施，是一位最伟大的中国母亲。因为"渡荒"和"文革"，母亲 1971 年病逝时连一块墓碑都不能给她老人家立，我们每年清明时节都要到北京西山公墓给父母扫墓祭拜感恩。但这个 COVID-19 笼罩的诡异清明，我只能从海外望月思亲给父母、姐姐亲人跪拜祭扫了。

　　作为中国第一批获得"国务院津贴"的中医专家、天津市名老中医父亲谷济生，在 2009 年以 93 岁高寿驾鹤西去。我们唯一的亲姐姐谷世敏，天津中医学院科班出身的中医师，虽然在唐山躲过了 1976 年大地震一劫，但却在震后的重建工地上给工人诊病时被余震震倒的脚手架砸伤腰部，1988 年寒冬一月在天津英年早逝，年仅 47 岁！

　　也许是发音造成的联想，据说从广东人到港澳台，都忌讳 4 这个数字。4月 4 日，东海岸的纽约和费城春暖乍寒，美国的 COVID-19 确诊病例突破了 30万人大关，一天内就有 1224 名新冠肺炎患者不治身亡，让全美国的病亡人数达到了 8300 人之多的警戒线。这真有点象是一个万户萧疏鬼唱歌的清明！

　　清明节是个亲情的日子，人间自有真情在。4 月 5 日周日，是"复活节"前的大日子棕树节（Palm Sunday）。美国总统川普再次警告，如果美国人再不严格执行"禁足令"居家隔离，新冠肺炎死亡人数会像世界大战那样多。而电视新闻在报道的却是包括费城地区教会在内，很多教会的信众依然开车去教会做礼拜。为了保持"社交距离"，他们在教会门前的停车场不下汽车听站在轻卡上的牧师讲道并为尽快战胜新冠病毒虔诚祈祷。

新闻也在报道民众开车自发为医院捐献口罩和防护用品，自发献血和公司机构负责为医护人员赠送热饭热菜热咖啡的新闻。一位住在费城郊外的老太太过百岁生日，邻居们开着排成一长溜的汽车在老太太家门口放声歌唱"祝您生日快乐！"，很多邻居还将刚刚烤好的蛋糕、烤鸡等食品放在老太太的门前，场面十分感人。

我家的电视机顶盒可以收看CCTV央视和地方卫视节目。庚子年清明不同寻常。2020年4月4日上午10点，从首都北京到武汉到全中国，防空警报鸣响、汽车、火车和舰船鸣笛齐鸣，人们静立默哀3分钟，向在这次抗击新冠病毒疫情中逝世的同胞致哀。这180秒钟，是上下五千年中华民族历史上清明时节绝无仅有的180秒，也是中国抗疫新冠病毒初战告捷但是代价惨重的180秒！

让我们永远记住这个庚子年清明吧！此时此刻，全世界的COVID-19确诊病例已然超过了100万，死亡人数已然超过了6万5千人，比"9.11"更惨烈！就在我们华人扫墓祭祖踏青的清明节，就在这最讲究"天、地、人"和谐相处顺应天时地宜的清明节，纽约终于传来了好消息。

"今天的纽约，就是曾经的武汉"《纽约时报》这样报道纽约。呼吸机告急、口罩防护服告急、医护人员告急、时代广场只见几只乌鸦在LED广告牌闪烁中觅食的纽约，无疑是现在全球防疫的聚焦点。清明时节，纽约州州长科莫终于有好消息宣告世人了：今天4月5日纽约州新增病例594例，比4月4日的630例有所下降了！要知道，这是纽约州变成美国COVID-19疫情重灾区后的首次新增死亡人数下降，再悲哀这也是纽约的好消息！科莫州长今天还宣布，纽约州新增住院病例特别是进入ICU病房的重症新冠肺炎病例人数都有所下降，而纽约州的治愈出院人数开始大幅增加。这难道不是苍天显灵的清明节佳音吗？

面对来势凶猛的疫情和陷入危机中的纽约，州长科莫发出号召，希望有经验的医务工作者，包括退休的医生和医学院学生，能够志愿加入医疗紧急救助队伍。很快，全美总共有5.2万人医务工作者报名参加抗疫，其中既有医学院的学生，也有退休医生。纽约和全北美的医护以及这些志愿者，他们也是当之无愧的"逆行者"和白衣天使。清明时节，我们也深深的感恩美国这些舍己救人奋战在抗击COVID-19第一线的"老美"逆行者，为他们点赞！

除了这些可歌可泣的白衣天使和警察、消防队员以及万千志愿者奋不顾身英勇抗疫的动人故事外，清明时节的纽约也传出很多人间自有真情在的感人新闻。面对死亡威胁，本来可以依法禁足在家的许多纽约人主动站出来伸出援手。为了让远道而来的医护人员有个安全舒适又靠近医院的歇脚之处，豪华的纽约四季酒店选择继续开门营业，让医护人员免费入住。

疫情中的善举就是榜样的力量。四季酒店是纽约酒店中第一个提出愿意免费接待医务志愿者的，之后，陆续又有一批纽约酒店加入了免费接待的队伍。据美国酒店业协会统计，在他们发起的"Hotel for Hope"（酒店希望工程）活动中，全美国有超过 6500 家在各地医院附近的酒店提出愿意为战斗在抗击新冠病毒第一线的医护白衣天使们提供免费住宿。这正是，清明时节雨纷纷，人间真情泣鬼神！

在与新冠病毒这个人类头号敌人的生死搏斗中，像星巴克咖啡这样的大型连锁店免费向医护人员提供咖啡和食物饮料的爱心奉献新闻也不少。更有像 Crocs（卡骆驰）这样的名牌休闲鞋公司，向医护人员捐赠十万双鞋。昨天，阿里巴巴创始人马云等向纽约捐赠一千呼吸机抵达纽约肯尼迪机场的善举立即赢得纽约州长的赞扬与感谢。永远记住这个庚子年清明吧！

2018 年 2 月 26 日，美国《侨报》的《文学时代》版配发彩照在头条发表了我写的《情人节的枪声》一文：

情人节的枪声

（宾州）谷世强

2018 年 2 月 14 日是中国春节前的情人节。照例，美国家家户户的花瓶里都插上了情人节的鲜花，早晨上学前，子女们跟父母说句"我爱你"才告别，家长们期待着晚上一家人温馨的情人节晚餐。谁承想，世外桃源般安静、安全和美丽的佛罗里达州小镇帕克兰市，情人节下午发生的校园枪击案震惊了全美国。

下午 2 点刚过，持续了 6 分钟的枪声彻底打破了道格拉斯高中的宁静，校园再次成为枪击凶犯的屠场。此次枪击案共造成 17 人死亡，15 人受伤。这是佛罗里达州历史上最严重的校园枪击案。学生中还有一名为了救护同学拼死顶住教室门的华裔学生 Peter Wang，他的美国梦梦断在自己心爱的教室里面了！19 岁的凶犯是该校已被开除的问题学生。2018 年情人节的枪声让 2 月 14 日成为了帕克兰市永远的忌日。

美国人不用微信用短信。14 日的午饭后，一位母亲收到宝贝女儿的短信："妈妈，一会儿放学来接我好吗？"。母亲回复："好的，晚上还要带你和你同学去吃饭庆祝情人节呢！"半小时后，这位母亲被女儿再次发来的短信给吓懵了："妈妈，别来学校了！学校里进来枪手了，就在我们楼层！"。后来，学校戒严了，女儿无论如何也不回短信和电话了，母亲都要急疯了。

下午 4 点，女儿终于打来电话了："妈妈，我害怕，快来接我！这里好多尸体！"

如此令人恐惧的校园枪击案这几年在美国各地一次又一次地上演，美好的情人节竟然成了帕克兰市家家户户的噩梦。

惨剧发生两天后，特朗普总统和第一夫人也前来慰问了。可是，除了口头慰问外，特朗普对于"禁枪"却避而不谈。与近年来每次枪击大案发生后一样，更多的人知道美国禁枪无望就自己买枪护身，结果，美国枪店的生意更加红火了，真令人担忧啊！

我就纳闷了，特朗普总统上任伊始就能立即下达"禁穆令"，现在也在奋力争取要花巨资在美墨边境建高墙阻挡非法移民，怎么就不能禁枪呢？既然法律是人定的，难道就不能与时俱进改革？我忽然认为，蒋介石 1931 年提出的"攘外必先安内"的"国策"，也许适合今日美国的反恐和反枪击案现状，立法禁枪！

2012 年 12 月，夺去 20 位小学生生命的康涅狄格州桑迪胡克小学枪击案发生后，奥巴马总统曾经言之凿凿，誓言一定要竭尽全力，动员所有可以依靠的力量，推动更为严格的枪支管控立法。奥巴马下台了，白宫的誓言也随风飘去了。不过，奥巴马与特朗普不同，还是努力了要争取禁枪的，只是他这个总统也心有余而力不足就是了。

2015 年 10 月，26 岁的白人男子克里斯·莫瑟 (Chris Harper Mercer) 在俄勒冈州的一个社区学校大开杀戒，造成 10 人死亡，7 人受伤，前总统奥巴马在俄勒冈枪击案后同样在第一时间发表电视讲话。我还深刻记得他屡撞南墙后的无奈。他说："我希望和祈祷，在我的总统任期之内，不会再需要像今天这样对遇难者的家人表示哀悼。可是，根据我担任总统的经验，我没有办法保证这一点。"不能保障国民的安全却能确保国民的人权？这世界，有时真不可思议。

当费城"老鹰队"赢得了美国橄榄球大赛"超级碗"后，全城彻夜狂欢，媒体报道铺天盖地。而费城发生打死一两个警察和平民的枪击案发生时，费城本地电视台对此新闻的报道却没几秒钟时间。

面对赌城拉斯维加斯乡村音乐会枪击大案、这次情人节校园枪击案等多起死伤严重的枪击案，美国全国步枪协会（NRA）的捍卫者特朗普总统在 2 月 15 日召开的新闻发布会上依然声称，立法者真正要解决的问题是心理健康，而非枪支。哎，总统都如此，美国禁枪大概永远都是一个梦想。而美国社会有心理问题的人又如此之多，不知道下一次枪击案后大选时也曾接受美国步枪协会捐款的特朗普总统会讲些什么。

就是在美国人人可以合法购买和拥有枪支弹药的法律保护下，19 岁的枪手克鲁兹 2017 年 2 月从附近的枪店"合法"购买了 AR-15 半自动步枪和子弹。而美国烟酒枪械管理局迈阿密分局负责人 Peter Forcelli 却说，枪手克鲁兹于一年前是通过合法渠道购买了涉案步枪的。"合法"，但一个被学校开除的问题学生购买枪支弹药合理合法？有关安全部门难道对他就一点也不警惕防范？克鲁兹等最近的枪击案要犯都不是来自"问题国家"的非法移民，而是土生土长的美国公民。在现有法律保护下，他们有权合理又合法地购买和拥有枪支弹药真让人对"合法"二字越来越费解。

无数枪击案打死打伤了这么多无辜百姓特别是风华正茂的青少年，难道修改宪法禁枪就不合理合法？

再看看管理体系，枪械跟烟酒一样归"烟酒枪械管理局"管理，莫名其妙。毫无禁枪意识的 FBI 本来接到了问题青年克鲁兹身边人的举报，但却毫无作为让克鲁兹在情人节的光天化日之下轻易得手，禁枪不能，难道特朗普不能当众问责 FBI 负责人给美国人一个交代？

我们不要再以为只有像芝加哥、纽约、奥克兰、底特律和费城、巴尔的摩这样的少数族裔和失业人口高的城市危险。事实上，发生严重校园枪击案的佛州帕克兰市，人口不到 3 万，而且学区很不错。这里，白人人口占 84%，亚裔和非洲裔各占 6% 左右。枪手克鲁兹也是土生土长的白人，美国公民。

说也奇了怪了，美国社会似乎已将枪击案视为常态，麻木不仁了。每一场枪击案发生后都是照例总统安抚和媒体声讨，几天后就会被新的新闻取代。然后，人们既不会上街游行禁枪，也似乎不再提起这伤心事。回放一下最近几年的枪击大案清醒清醒吧！ 2017 年 10 月 1 日，拉斯维加斯乡村音乐会枪击案打死 58 人，打伤 515 人。2016 年 6 月 12 日，奥兰多同性恋俱乐部枪击案打死至少 49 人。2007 年 12 月 14 日，康州小学枪击案打死 20 名小学生和成人。2007年 4 月维吉尼亚理工学院枪击案打死 32 人。2017 年 11 月，得克萨斯州教会枪击案打死 26 人！这期间打死两三个、三五个人的枪击案那就太多了，我也记不清楚了。

也许是受好莱坞警匪大片影响，从拉斯维加斯乡村音乐会的白人枪手帕多克到这次情人节校园枪击案的枪手克鲁兹都十分"专业"。19 岁的克鲁兹对开除他的高中熟门熟路，首先触发学校的火警，当师生以为火警从教室跑到楼道里面时，克鲁兹开始向人群开枪射击，死伤惨重。然后，他又趁乱试图混进疏散的学生中逃离，受到学生指认才被警方及时抓获。就是这样的罪犯学生，买枪弹时背景调查却显示他"没毛病"！

美国的校园枪击凶杀案频发，不仅成为美国社会的心腹之患而且也危及华裔学生生命安全。在美国，你的确享有各种人权自由，但生命是否有保障越来越难说了。我们还记得发生在两年前那个 5 月 23 日夜晚的加州圣巴巴拉大学校园血腥枪击案吧？孤僻疯狂的美国 22 岁冷血杀手 Elliot Rodger 向同学开枪，瞬间夺走 6 名学生的青春生命，其中包括 3 名是华裔学生！人们声泪俱下痛心疾首地谴责几天后，枪店该怎么卖枪还怎么卖。而且，一周后，在我家附近举办的宾州橡树镇大型枪展不但照常举行，还"取得了圆满成功"！

　　枪击案后，美国国会则以拥护宪法《第二修正案》和美国宪法不容修改以及美国枪文化为由不作为。所以，禁枪无望，我们也只能祈福自保了！民众知道在美国禁枪那是猴年马月的事情，强烈呼吁政府对售枪加强管控。 就连佛州共和党大选的捐款金主房地产大亨霍夫曼也忍无可忍了，他说，除非他们都支持禁枪，否则我就不再签发捐助他们的支票了！虽然如此，美国禁枪依然是"路漫漫而修远兮"，我们只能期待了。

2012年8月20日，面向全球华人发行的《人民日报海外版》的《文化万象》专版头条配发六幅热播电视剧剧照，发表了我写的《"环球同此凉热"－在海外"同步"看中国电视剧》一文：

"环球同此凉热"
——在海外"同步"看中国电视剧

谷世强（美国）

也许是在美国生活时间久了和经常回国出差的缘故，我发现在美国的很多华人看国产电视剧之多、耗时之长和感情之投入，远超过在国内的朋友。特别是从中国大陆来美的30岁以上的华侨华人，更是如此。

国产剧佳作频出 吸引海外华人目光

可以说，近些年来国产电视连续剧别开生面，佳作频出。从《围城》、《编辑部的故事》、《北京人在纽约》、《大宅门》、《黑洞》、《大染坊》、《乔家大院》、《暗算》、《亮剑》、《潜伏》，到《康熙王朝》、《雍正王朝》、《武则天》、《宰相刘罗锅》、《旗袍》、《悬崖》、《后宫甄嬛传》，虽然越拍越长，但也越拍越有戏。这就难怪让大老远的海外华人也看上瘾了。动辄三十集、四十集、五十集一部的国产电视剧，很多海外华人一点都不嫌长，看完《闯关东》就找《闯关东》（二），看完老《亮剑》就托人在国内找新《亮剑》，看完《蜗居》就找《蜗居》续集，跟"入戏"了一般。

在美国的很多华人不但上述有名的国产电视剧都看过，就是生动描写"两弹一星"伟业和中国第一批"海归"壮举的《五星红旗迎风飘扬》、描写开国创业之难的《戈壁母亲》、回首红军不怕远征难的《长征》、表现中国军队士兵生活的《士兵突击》等，也都没落下。而且很多人表示，《长征》就是在美国人看来也很动人，用《十送红军》作主题曲，画龙点睛，艺术效果绝佳。

反腐、商战剧 引发广泛关注与共鸣

改革开放了，不论是想回国创业的"海归"，还是在中美之间飞来飞去辛勤架起贸易商务往来之桥的"海鸥"们，其实都很关心中国的发展与进步。于是，这些年拍的不少反腐倡廉电视剧如《红色康乃馨》、《大雪无痕》、《罪证》、《国家公诉》等都很受看，并常能在海外引起共鸣与讨论。

当然，反映改革开放后下海和商战的电视剧有的也很好看。在海内外一片人人想"捡漏"发财的古玩收藏热中，李幼斌主演的《雾里看花》就不失为一部好戏，很多华人都说爱看、长见识。我们现在在家里有空就看的最新电视连续剧《青瓷》也很不错。这是我前不久回国出差带回来的，该剧鞭挞了商战中的行贿受贿、道德沦丧，感情冲突激烈，高潮迭起，很有看点。最近推出的国产商战电视剧中的矛盾冲突和看点往往都是欺诈、行贿、陷害和官商勾结之类，所以，如何让"诚信"成为中华文化的核心已然成为海内外商战电视剧观众共同关心的焦点。不过，即使是极力抨击"一切向钱看"的《青瓷》，里面也十分露骨地在为"红牛"饮料和丰田汽车大作"暗广告"。这也许是"身在桃园里，难免桃园事"的文化大环境的无奈吧。

"小耳朵"、互联网 为国产剧"海外热"加温

笔者因为业务关系每年要多次往返于费城与北京之间，每次回美国都要带回几部最新的或者热播的国产电视剧。其实，很多从北京、上海来美国的华人都不忘带回来一部又一部的国产电视剧光盘，飞机场的书店里，DVD 光盘十分畅销。除了从国内带来大量 DVD 光盘，这里的许多华人家里都装有中文电视"小耳朵"，或者通过电脑网络下载国产电视剧，与国内黄金时间热播的电视剧保持同步并"环球同此凉热"已不成问题。从中央电视台国际频道到地方卫视频道再到北美和港台频道，在美国能看到的中文电视节目真不少。很多北美华人家庭都安装的中文"麒麟电视"，就有近 50 个中国大陆电视频道、近 30 个港澳台地区频道，其中播放的五花八门的国产电视剧永远看不完。反过来说，也许正由于有这么多不断上映的优秀国产电视剧，才让中文电视频道在海外市场持续火爆。

前不久，我正在国内出差期间，惊悉美国科罗拉多电影院在新片《蝙蝠侠：黑暗骑士崛起》首映式上发生多达数十人在突如其来的枪击案中伤亡的消息，当时就有国内的朋友问我，会不会有华人伤亡？我说，可能性不大，因为除了出生在美国的"80 后"、"90 后"华裔青少年外，在美国的华侨华人去电影

院看美国电影的少之又少，大概都在家里看国产电视剧呢！

美国当然是好莱坞大片的故乡，很多社区图书馆都提供免费或者一美元租金的影碟，人们可以借回家看一星期，而且，美国文化崇尚体育，一年四季都有美式橄榄球、棒球、NBA 篮球、网球、冰球和高尔夫球等比赛和电视转播，精神文化产品不可谓不丰富。但是，我发现即使是已经移民美国二三十年的"老中"们，最得意的"文化食品"，也不过就是周末或者平日下班后端杯现沏的热茶，在家看中国电视连续剧。特别是有父母来美国探亲的家庭，就更不能没有这家里老少三代都听得懂、看得明白并能同忧、同乐的国产电视剧了。所以，如今就有了这样的有中国特色的文化现象：从美国等海外回国探亲的"老中"们，很多人对国产电视剧那叫一个"门儿清"，却没看过几部美国好莱坞新片；而在网络世界和快节奏生活里打拼的国内年轻朋友，很多都不看这没完没了的国产电视剧，对美国好莱坞大片倒是情有独钟，没少贡献票房。也许"出国时间越久越爱国"这话，还能套用在这海内外被颠倒了的中国电视连续剧文化现象上。

Chapter 2

从"常春藤"到伯克利加大

2007年9月21日，面向全球华人发行的《人民日报海外版》的《华侨华人》版头条加以下编者按发表了我写的《儿子怎样进入"常春藤"》一文：

编者的话

"常春藤"是美国名校的符号，意味着通往成功之路，是无数华人移民子弟心中的梦想。本文的作者移居美国多年，他以一个父亲的视角，讲述了儿子如何顺利完成自己的"常春藤"之路的故事。

一个新移民该如何营建自己的理想，走好自己的人生路？文中满是父亲的骄傲和乐观，以及诚恳真挚的经验之谈，让人有所思索。

儿子怎样进入"常春藤"

谷世强 （寄自美国）

不做"苦行僧"

新学期开始了，我和太太从费城郊外的家里出发，送儿子谷峥回到位于纽约州的"常春藤"名校康乃尔大学开始新学年的学习。儿子是康乃尔大学电气与计算机工程系三年级学生。电气工程很不好念，需要很好的数学基本功，还需要一定的悟性。

作为新移民，谷峥10多年前上小学一年级时才与他母亲一起从天津移民到美国，那时他对英文一窍不通，到美国后也从没有上过一天私立学校或课外补习班，但他的"常春藤"之路并不崎岖。

在美国，"常春藤"名校是指哈佛、耶鲁等8所大学，它们共同的特点就是苛刻的入学条件，不仅仅要看学生的考试成绩，而且要考察学生的综合素质和创新能力。

在已经来美国10多年的我们这一代华人移民中，很多人的子女都到了上高中上大学的年龄，我们望子成龙之心特别重。很多华人家长言必称"常春藤"和SAT考试成绩如何如何，喜欢花钱安排子女上这个补习班那个补习班乃至专门的"常春藤"考试补习班，子女能否考入名校，已变成家长和子女的共同负担。

其实，作为谷峥的父亲，我还从来没有在学习方面给过儿子任何压力。而太太比较关注谷峥的学校表现、交什么样的朋友和学习成绩等。我们都认为家长的责任主要是鼓励孩子的自信心和上进心，支持孩子按照自己的兴趣做事，努力去掌握正确的学习方法。儿子在康乃尔的主科成绩一直保持 A 或 A+。课余，他也花不少时间参与学校网络管理，与同学比赛玩电子游戏，打网球，业余练习做乐队鼓手。其实，"常春藤" 之路对新移民来说不应该成为 "苦行僧" 之路，而应该是充分发挥创造性和积极性的健康快乐的成才之路。

生活自由多彩

儿子到美国后，就近上了费城市区一所免费的公立小学，同学多数是黑人，校长和老师也都是黑人，但他们对亚洲学生还是很友善的。刚开始，他上课听不懂，第一年的考试成绩比较糟糕。我经常鼓励他，英文好了，成绩一定会好起来，还鼓励他多跟美国小朋友玩，跟他们一起说英文。很快，儿子的口语就好起来了。小学三年级时，我们搬家到另一个学区，他的成绩单就开始变得出色。英文是第一关，过了这一关，华人子女的聪明才智就有发挥的条件了。

到了中学，儿子的英文已经流利得和美国同学一样。他曾多次在美国各种数学竞赛中得奖。2004 年暑假，他光荣地被选入宾夕法尼亚州州长学校学习IT 技术。更令人骄傲的是，谷峥在 2001 年初中毕业时荣获有美国总统布什和美国教育部长签名的 "总统杰出学业成就奖"。2005 年从 RADNOR 高中毕业时，他也以 GPA4.08 的总成绩荣获 "杰出学生奖"。

公益心、责任心和奉献精神对这一代新移民也是很重要的。从上初中起，儿子周末常常在红十字会献血站做义工，这不仅不会影响他的学业，还能让他亲身感受爱心，建立责任心，帮助他领悟人生价值。热心社会公益、积极参加文体和竞赛活动、勇于负责任也是美国 "常春藤" 大学录取学生时十分看重的。

凭着其中国人特有的聪明、勤奋和悟性，儿子在康奈尔大学一直是班上优秀的学生，与美国教授和同学的关系也很融洽。应该说，美国 "常春藤" 名校的确实力雄厚，学习和生活条件一流。像儿子这样的年轻人的确是幸运的新一代华人移民。

今年暑假，儿子每天开车去新泽西的美国开创公司技术部门实习。因为珍惜和喜爱这个检验自己能力的机会，他干得十分卖力也很出色。在他实习结束时，公司技术部负责人用书面形式高度评价了他的专业技能以及敬业勤奋、热心服务和团队合作的精神。除了愿意无条件推荐他今后可以胜任的工作外，还热忱欢迎他毕业后能选择到开创公司就业。

看着儿子一天天成长，我觉得放手让孩子按照其兴趣和特长发展，尽量多交朋友，融入当地社会，这些比关起门来死读书、一味追求"第一名"更加可取。作为家长，我为儿子能上"常春藤"而欣慰和自豪，但我觉得这条路要让子女按照自己的兴趣去走才好，只要能满足孩子自己的深造愿望，不管什么学校都是我们家长应该鼓励的。我希望新一代华人移民能够为自己所钟爱的梦想、理想和追求而努力，多多为社会做出贡献，这才是真正的"常春藤"之路。

上中学的谷峥暑假和我们一起在意大利罗马度假游。

中华"根"植心底

已经 20 岁的儿子，中文说得不错，但他只认识很少的汉字，也不会书写。我觉得，只有经常使用、有实际需要，学的中文才能记得住。让下一代亲身感受中国，让他们不忘自己的"根"有时比让他们背几个中文词汇更有意义。我们要求他在家说中文，一有时间和机会就让他回中国看看。

2001 年，当国内有关机构第一次在美国组织"寻根"夏令营时，我们让儿子自己从费城飞到北京加入夏令营，锻炼独立生活的能力。那次，夏令营组织他们与北京和上海的小朋友联欢交流，爬长城，看天坛、故宫，游苏杭，每天都吃中餐，中华民族博大精深的历史文化在潜移默化之中融入他们这些"小华人"的心里。儿子也渐渐认识到，他们这一代华人如果能在海外学习优秀、事业成功，也是给"中国人"这 3 个字增光。从此以后，儿子的暑假大都是回中国度过的。

　　也许是因为能常回中国看看，一直连着祖国的 "根"，也许是因为受父母影响，谷峥很看重自己的中文名字。在美国，人们称呼他 ZHENG GU。他很以美国人费劲地喊他 ZHENG 为荣。多年前批准他的美国 "绿卡" 时，我们说为大家称呼你方便也改个英文名字吧？他立即拒绝了。做研究也好，找工作也好，美国的一些最尖端科技领域和岗位是要有美国公民身份才行的。前不久，谷峥入籍时，我们再次询问他是否也取个 JOHN 之类发音接近 "峥" 的英文名，他再次拒绝了。和我们一样，儿子虽然来美国 10 多年并且已经入籍，但他并没有英文名字。

2015 年，上高中的谷峥暑假与父母回中国时旅游九寨沟。

2009 年 5 月 24 日, 我们在"藤校"康奈尔大学参加了儿子谷峥的本科学士学位毕业典礼。而后, 我写的《康奈尔大学毕业典礼记》随笔收录进我的第一本书《我的移民之路 – 儿子怎样进入"常春藤"》:

康乃尔大学毕业典礼记

谷世强

所谓"常春藤"盟校是指美国东北部包括哈佛、耶鲁、哥伦比亚、康乃尔、普林斯顿、宾西法尼亚大学和达特茅斯学院 8 所美国著名大学。

无疑, 这 8 所高校都是美国最顶尖、最优秀、最难考入而且学费也最贵的世界名校。但同样拔尖的美国名校、特别是理工科名校如麻省理工、伯克利加大、斯坦福、加州理工等则没有参加"常春藤"盟校行列。所以, 说美国"常春藤"盟校都是顶尖院校不假, 但美国还有许多出类拔萃的一流院校其实并非"常春藤"盟校。

不论是"常春藤"盟校也好, 其它院校也罢, 美国的大学大多是每年 5 月份毕业、即春季毕业并开始放漫长的暑假。也有一些学生选择 1 月份冬季毕业的。这样, 美国大学的学士、硕士和博士生最隆重的毕业典礼一都是在 5 月份了。毕业典礼是 5 月上旬、中旬还是下旬每所大学都不一样, 可以自行决定。

康乃尔大学除了安排在周六和周日两天的毕业典礼仪式活动外, 还为从美国各地和海外赶来与会的毕业生家长和亲友们准备了其它丰富多彩的活动, 让毕业典礼既有仪式感又有节日气氛。

每所"常春藤"大学的的校园都很漂亮, 各有特色。2009 年 5 月下旬, 正是座落于纽约州小城 ITHACA 市的康乃尔大学最漂亮和舒爽的季节, 也是康奈尔大学毕业典礼的隆重时刻。期间, 校方还为毕业生家长和亲朋们准备了校园观光、音乐会、手指湖美景泛舟、参观学校植物园和免费参观康乃尔大学博物馆等"藤校"范儿活动, 为毕业典礼增色不少。

儿子谷峥 4 年寒窗苦后, 马上就要从"藤校"康乃尔大学电子工程和计算机系本科毕业了! 我从中国出差赶回美国后, 5 月 22 日星期五就与太太卢琳兴致勃勃地从家里驱车来到了康乃尔大学参加儿子的"藤校"毕业典礼。

2009年5月，身穿学士袍的谷峥在康奈尔大学校园留影。

美国高校毕业典礼期间，通常校园内外酒店会一房难求。许多毕业生不但其父母和兄弟姐妹会从各地乘飞机或开汽车赶来庆祝和参加典礼，有的甚至爷爷、奶奶和七大姑、八大姨和好朋友等也赶来参加，热闹非凡。

从海外不远千里、万里专程赶来参加子女毕业典礼的也不少，世界各地都有。在毕业典礼上我们就看到了不少从香港、台湾、日本、韩国、印度和其他国家赶来参加子女毕业典礼的，说什么语言的都有。近年来，从中国大陆前来美国参加子女毕业典礼的父母一年比一年多。

美国每年5月份的毕业庆典活动商机无限。除了高校自己的食宿、礼品和纪念品、学士服、硕士服、博士服租赁等收入外，航空公司、宾馆饭店、租车公司以及鲜花礼品等行业也是收入颇丰。

康乃尔大学5月23日和24日两天的毕业庆典活动之前，毕业生外的其它学生都已放假回家了，腾空出很多在校园内的学生宿舍。虽然没有宾馆酒店讲究，学生宿舍的设施也算齐全，更有与毕业生临近的优势而且价格也好，很受毕业生家属欢迎。

参加毕业典礼的家属要想得到住学生宿舍楼的机会，要提早申请才行。我太太申请的早，我们有幸得到一个两张床位的学生宿舍房间，距离谷峥的宿舍很近，每人每天只要50美元，比住酒店便宜又方便。学校根据人数，提供毛巾、浴巾以及肥皂给房客，还管两顿早餐。

康乃尔大学的酒店管理专业世界一流。校园里面的康乃尔大学酒店本来就闻名遐迩，毕业典礼期间房价极高，但还是很难订到。仅安排毕业生亲属住宿一项，我估计毕业典礼期间康奈尔大学就收入不菲。

5月23日是个周六。早餐后，我们步行来到康乃尔大学的万人体育场，毕业典礼的名人演讲活动在这里开场。今年应邀前来演讲的是奥巴马总统竞选策划总经理。作为美国文化传统的一部分，每年各个大学的毕业典礼都要邀请政要名流、著名演员、诗人、名企业家和球星等演讲，励志并介绍他们的拼搏成功经历。

康乃尔大学校在万人体育场的毕业典礼隆重热烈，名人演讲声情并茂。美国是个很讲政治的国家，美国式"爱国主义教育"无所不在。除了重大球赛等以外，康乃尔大学万人体育场的毕业典礼也是以全体起立唱美国国歌开始。

2009年5月，"藤校"康奈尔大学毕业典礼在校体育场举行。

万人体育场的校级毕业典礼结束时已近中午，吃过午饭后我们又来到儿子谷峥就读的电子工程和计算机专业系大楼，礼堂里面已经落座了不少该系应届毕业生亲朋，电子工程系的毕业生学位认可仪式将在这里隆重举行。仪式开始后，包括儿子谷峥在内的应届本科毕业生们身穿黑色学士袍进入会场，掌声和欢呼声响彻一片。喜形于色的教授们也都穿上了代表自己在哪里获得博士学位的博士袍在主席台上就座，很有"藤校"为人师表的学者派儿。

令人惊喜的是，主持认证仪式的电子工程和计算机系的系主任是美籍华人TSUHAN CHEN教授，年富力强。会场内参加认证仪式的毕业生亲朋中，黑头发、黄皮肤的亚裔特别是华人真不少。

我看了看会场内人手一份的电子工程和计算机专业系2009年毕业生名单，本科生一共90人，其中亚裔学生占了四分之一左右，张王李赵的华人名字为最多，其次是韩国裔学生。想一想，这个5月份从美国毕业的华人博士、硕士和学士何止成千上万！

　　毕业生名单小册子让我眼前一亮的是，上面还赫然印着本届毕业生中 4 名获得不同奖励的学生名单，第一个就是笔者儿子 ZHENG GU （谷峥）。他获得了该系毕业生中唯一的一个威廉·爱因维特奖！其他三个获奖者也是华人学生。当系主任宣读谷峥和另外三个获奖学生的姓名和奖项时堂里掌声四起。作为父母的我们当然是心花怒放，倍感自豪与骄傲了。

毕业典礼后谷峥与电子工程系教授合影留念。

参加毕业典礼前，笔者与谷峥在康奈尔大学校园合影留念。

5月24日周日上午阳光灿烂，11点整，康奈尔大学全校应届毕业生的校级毕业典礼再次在万人体育场举行。我们在学生食堂吃过很丰盛的早餐后，先是给已穿戴好学士袍的儿子和他的同宿舍室友在校园里拍照过毕业合影照，然后我们夫妇就去体育场与会了。我们进入体育场时刚上午9点多钟，但主席台对面的看台上已经坐满了毕业生的亲朋。我们就选择在主席台一侧的看台上落座。

"藤校"的毕业典礼的确隆重热烈，主席台右侧是康乃尔大学学生交响乐团，左侧是水平很高的学生合唱团。体育场中间摆满了可供6千多名博士、硕士和学士毕业生以及教授们就坐的折叠椅。

随着一曲曲欢快雄壮的交响乐曲，10点刚过，毕业生们开始列队如场。首先入场的是身着红色博士袍的新科"常春藤"博士们，数量不是很多。然后是硕士和各个科系的学士毕业生入场，最后压阵的是康奈尔大学教授。

每当主持人宣布一个系的毕业生开始入场时，全场都会掌声雷动。特别是一些"老美"毕业生的亲朋更是又喊又吹口哨的，乐翻天了。当主持人宣布工程系本科学士毕业生入场时，我们也是拍红了手掌。这时，一架不知道是哪个学生家长租赁的广告飞机在体育场上空盘旋5圈，打着家长祝贺孩子毕业的大横幅，还真让我们开了眼界。美国人的夸张和亲情表现又是一路。

整个入场式持续了约一个小时才结束，真有点像奥运会入场式的意思。时针指向上午11点整，全场起立，唱美国国歌。康奈尔大学校长致词后，一个系接着一个系的校长授予毕业生博士、硕士和学士学位的仪式让闪光灯亮成了一片。康乃尔大学毕业典礼的盛况和庄严，不是我们这次亲身参加还真想象不到。

"长春藤"大学的毕业典礼也让大学收入颇丰。毕业典礼后学生要将租借的学士袍、硕士袍和博士袍归还给学校。归还地点是学校的书店。真会选地方！书店很大，卖书也卖各种礼品和印有康乃尔大学字样的衣物、棒球帽和各种纪念品。这当口正是学生和家长最想在离校前买点纪念品留念的时候，价格已不重要。大家那个买啊，凡印刷有康乃尔大学字样的画册、运动服装、名牌笔、咖啡杯、玩具等都热卖。

"藤校"康乃尔大学的毕业证书多金贵啊！所以，我们就看上了专门为毕业证书做的、印有康乃尔大学金字的镜框。也不清楚这镜框到底有什么特别，反正标价最便宜的也要135美元一个，还要加税，比市场上的普通镜框贵多了，买的人很多。儿子看上了一个有镀金校徽、下面印有康乃尔大学和电子工程系的镜框，200美元一个，还就剩下两个了。"常春藤"牌子比钱重要，我赶紧掏钱买下一个。里面镶着谷峥毕业证书的这个镜框就挂在我家客厅最显眼的地方，物有所值！

2014 年 9 月 7 日，美国《世界日报》在全北美发行的《世界周刊》配发太太拍摄的儿子谷峥在伯克利加大博士毕业典礼彩照，用一个整版篇幅发表了我投稿的《从藤校到伯克利加大》一文：

从藤校到伯克利加大

文 / 谷世强　　图 / 卢琳

5 月 18 日下午旧金山湾区阳光灿烂，伯克利加大工程院的硕士和博士毕业典礼正在该校的哈斯特溪畔露天剧场隆重举行。打开工程院第 145 期硕士、博士毕业生名录，寻找儿子谷峥的名字，一边听着 "Jiamin Bai, Yenhao Chen, Zheng Gu …"，扩音器里面广播出来毕业生名单中，华人名字真不少。

在美国，"常春藤" 名校是指哈佛、耶鲁、康奈尔等八所美国东部大学。当儿子从康大 "藤校" 毕业、决定转攻伯克利加大硕博士时，与我们曾有几次深谈，最终我们理解他的抱负，放心让他飞翔。

移民学子 生活丰富

1987 年 1 月在天津出生的谷峥，在天津上了几个月的小学一年级就与母亲卢琳一起到了美国，在费城上市区的公立小学一年级。

这所公立小学班上同学多数是非裔，校长和老师也都是非裔，但他们对谷峥等几个亚裔学生很友善。刚开始，谷峥上课什么也听不懂，老师在黑板上写的英文就更看不懂了。我们教他跟老师说的第一句英语就是 "I need to go to the restroom"（我要上厕所）。

学区给安排的课外英文补习班就几个外国学生，谷峥觉得很枯燥，去了两次就不想去了。英文不懂，第一年的考试成绩比较糟糕。我们鼓励他，没关系的，英文好了，成绩一定会好起来！我们还鼓励他多跟班上的同学玩，跟他们一起说英文，不要担心考试。很快，儿子的口语就迅速好起来了。

上小学一年级时，因为看不懂老师在黑板上写的英文，所以回家也没作业可做。这时，他妈妈就鼓励他让他每天将老师在黑板上写的照猫画虎地抄回来，以便回家后帮助他学习。就这样，到小学三年级时，谷峥的考试成绩就开始有进步。英文是第一关，过了这一关，华人子女的聪明才智就有条件发挥出来了。

谷峥读 Radnor 高中时荣获宾州数学竞赛大奖。

初中儿子英文已经十分流利。他开始请同学来家里玩电脑游戏，在互动中提高英文和融入当地文化。随着英文水平的提高和自信心不断增强，谷峥在数学课等方面开始表现天赋。初中和高中时，他曾多次在美国各种数学竞赛中得奖。2004 年暑假，由于数学等科目成绩优异，他被选入宾州州长科学学校 (Pennsylvania Governor's School for Science) 到费城的德克赛大学免费住校学习信息科技，让他第一次对美国的大学有所感受。

谷峥在 2001 年初中毕业时荣获有美国总统布什和美国教育部长签名的"总统杰出学业成就奖"。2005 年从 RADNOR 高中毕业时，他也以 GPA4.08 的总成绩荣获"杰出学生奖"。

参与公益 磨练个性

我们认为，公益心、责任心和奉献精神对新移民子女的健康成长也很重要。从上初中起，儿子周末常常在红十字会献血站做义工，这不影响他的学业，还能让他亲身感受爱心，建立责任心，帮助他领悟人生价值。

上中学时，谷峥业余时间学习弹钢琴进步很快，教他弹钢琴的退休美国教授很喜欢他，经常推荐他去给老年公寓的老人和教会等演奏钢琴。不论多忙，我们都鼓励他欣然接受并认真准备，在将音乐美带给听众中感受快乐和增强自信心。凭着华人特有的聪明、勤奋和悟性，儿子在康奈尔大学电子工程系一直是班上优秀的学生，四年康奈尔大学的本科生活不但将谷峥培养成了行业专才，而且造就了他努力学习奉献社会的情怀，他的求知欲望更强烈、学习方法也更科学了。

从康大毕业前一年的暑假，儿子找到了一个在新泽西州的实习机会。他每天早晨起床后开车一个多小时去实习的公司研发部实习"上班"，尽管没有报酬，两个月的实习期他从未迟到早退过也没有请过假，实习结束时，公司研发部负责人用书面形式高度评价了他的专业技能以及敬业勤奋、热心服务和团队合作的精神。除了愿意无条件推荐他今后可以胜任的工作外，还热忱欢迎他本科毕业后能选择到该新泽西州公司就业。

2014 年 5 月，博士毕业的谷峥在校门口留影

父母平等 尊重子女

谷峥从康大毕业时，作为父母家长，我们虽然都支持他继续深造攻读博士，但与他说话时也常会自觉不自觉地说起一些实用话题。如选择读研的大学和专业毕业后是否好找工作啦，是否会有高薪酬等等。这自然与我们的生活经历相关，总是喜欢从"饭碗"的角度考虑问题。

但儿子决心硕博连读拿下博士学位的出发点和动力却不同。他几次对我们说，老师都希望他们以后能为社会、为人类能多做一点贡献和奉献，也为母校增光。所以，他学得越高深、越尖端，以后对社会的贡献就可能会越大。你看，下一代其实常常比我们这些做家长的和"向钱看"的更有理想、更有抱负。

谷峥本科毕业时因为学业成绩优秀，离家很近的"藤校"宾夕法尼亚大学和已经很熟悉的康奈尔大学都很快录取接受他完成电子工程系的硕博连读，还提供奖学金。斯坦福大学也录取他前来读硕士研究生学位，按照我们家长这一代的思路，这"常春藤"名校提供奖学金，又离家不远，轻车熟路的接受宾大或者康奈尔大学的录取多好？不然去斯坦福大学拿个电子工程硕士学位然后找份儿"硅谷"等地的好工作不也很好？

偏不！谷峥同时收到了伯克利加大的录取通知，热情欢迎他前去硕博连读。他应邀飞了一趟旧金山去"考察"。加州阳光灿烂的环境和更加自由的学术风气以及伯克利加大的名誉吸引了他。他决定要迎接挑战到西部去，到离家很远的伯克利加大去硕博连读。

穿博士袍 业精于勤

5 月 18 日下午，伯克利加大工程院的第 145 期硕士和博士毕业典礼已经接近尾声。当谷峥走上主席台接受导师 Jeffery Bokor 教授在他的博士袍上佩戴上博士绶带时，我们做家长的心里乐开了花。

二十年弹指一挥间，谷峥已经从一个刚来美国时英文一句不会的小学生，一路走来不但获得了"藤校"康奈尔大学的本科学位，而且今天又如愿以偿地从伯克利加大博士毕业，的确不容易也不简单，是对我们家长和社会的最好回报。

2014 年 6 月 2 日美国《侨报》的《文学时代》版头条配发毕业典礼彩照，发表了我写的《伯克利加大毕业典礼记》一文：

伯克利加大毕业典礼记

（宾州）谷世强

"与世界接轨"这话我每次回国出差经常听到，乍一听似乎蛮有道理，细一想根本就对不上茬儿。如同中国的高铁，其实是完全可以让包括美国在内的很多国家提速接轨的。现在，从北京乘高铁到上海等地快得很，可是从纽约到华盛顿、从洛杉矶到旧金山，如果是乘火车的话，就只好"动慢"了。

其实，美国自己在很多地方互相也很不接轨。当东海岸的纽约华尔街将象征牛市的大铜牛视为神圣时，西海岸的加州不但州旗上面画的是加州棕熊，而且知名的伯克利加大篮球队就叫金熊队，被伯克利加大师生热爱有加。

在华尔街你最好不要说喜欢熊不喜欢牛。而在伯克利加大，如果你说不喜欢金熊，那你也会"被不喜欢"的。

5 月 18 日，我与太太在伯克利加大参加儿子谷峥从该校电子工程系博士毕业典礼。当日，也许还真是金熊带来的好运气，旧金山湾区一片阳光灿烂，万里无云。

典礼仪式上，当毕业生代表演讲成功之路、感谢伯克利加大培养教育时，全场的教授、毕业生和家属多次地跟着演讲人激情地振臂高呼"Go Bears! Go Bears!"（金熊加油！金熊必胜！）

在这里为金熊加油就是欢呼为伯克利加大加油，祝伯克利加大毕业生必胜。

很多人都说美国西海岸的加州就像一个独立国家，与美国其它州不一样，喜欢我行我素、标新立异，跟谁都不接轨。也许正因为如此，硅谷和美国工程类名校的前几名如伯克利加大，斯坦福和加州理工都在加州。

在崇尚自由、创新的加州，就连旧金山湾区的气候都很独特，冬天不冷、从来不下雪，夏天不热、"三伏天"也感觉不到酷暑。也许，这就是为什么我们华人的早期移民向往这块风水宝地、横跨太平洋的艰难险阻首先登录旧金山并在旧金山创业成功的原因之一。

2014年5月，谷峥与母亲卢琳在校园合影。

　　加州大学是美国最大的大学，有加大圣地亚哥分校、加大河溪分校和加大洛杉矶分校等，其中以加大伯克利分校最为有名，很多人直接称呼其为伯克利加大。根据权威的《美国新闻周刊》的最新评比结果，今年被评为美国最佳工程类院校前三甲的依然是麻省理工学院、斯坦福大学和伯克利加大。

　　其中，除了排名第一的"藤校"麻省理工学院是在东海岸的波士顿以外，被评为第二和第三名的斯坦福大学和伯克利加大都是在旧金山附近，都有很多华裔学子和华裔教授、科学家。加州的好天气和学术自由之风的确非常适宜科学研究与创新。今年被评为美国最佳理工科院校第四名的加州理工大学也是在加州。可见，美国加州名校林立，在理工科领域尤其独领风骚。难怪加州的硅谷能如此成功，至今仍然领导着世界IT领域新潮流，从"苹果"到"谷歌"吸引无数IT精英来这里大显身手竟折腰。

　　伯克利加大今年的毕业典礼安排在5月17日的周六和5月18日的周日。周六上午在伯克利加大的万人体育场举办的是盛大的全校毕业典礼，主要是本科毕业生的典礼。而18日周日举办的则是各个科系的硕士和博士生毕业典礼。参加两场典礼的亲友都需要凭票入场，每个毕业生每场最多只允许购买5张入场券给家人。令伯克利加大毕业生和亲属特别引以为豪的是，伯克利加大至今已经产生了22名诺贝尔奖得主。除了经济学奖得主外，主要都来自物理、化学等学科，足见伯克利加大在科研和工程领域的厉害。

　　谷峥作为伯克利加大电子工程系博士生，也在知名的劳伦斯伯克利国家实验室从事研究项目。

　　要说一句的是，有多达 13 名诺贝尔奖得主在劳伦斯国家实验室有科研项目，这里产生了多达 57 名美国国家科学院（NAS）院士。而且，劳伦斯国家实验室已经有 13 名科学家荣获了美国国家科学奖，还有 18 名工程师当选为美国工程院院士。伯克利加大工程院的水平、地位与实力由此也可见一斑。

谷峥在博士毕业典礼上与博导合影留念。

　　5 月 17 日这个周末，伯克利加大的校园里，我们看到了许多身穿学士袍、硕士袍还有博士袍的毕业生与家人合影留念。整个校园在灿烂的加州阳光下一片喜气洋洋。

　　最令我们印象深刻的是，有相当多的毕业生是跟家人说中文的华裔学子，加上他们前来参加庆典的亲友，我们听到的常常是熟悉的中文。除了普通话外，还有听不懂的广东话、闽南话以及似懂非懂的上海话和湖南话等等，很有意思。

　　我们华人有重视教育的好传统，美国的大学特别是加州的大学里面华人学子真是越来越多了，我看很好。就是儿子谷峥参加的纳米电子和纳米结构课题组里面，就有很几个亚裔，包括一位来自清华大学的学子。如果你有机会参观工程院的电子工程等科系大楼的话，墙上挂的该系教授和科学家照片介绍，很多一看就是我们华人。

　　18 日中午之前，我和太太先是陪同儿子谷峥拍照录像。在参加了工程院为毕业生和亲属举办的一个室外招待会并与谷峥的导师和同学合影留念后，为了占据好座位多拍几张毕业典礼的好照片，我和太太早早就凭票进入了工程院硕士和博士毕业典礼会场。

典礼安排在校园里可以容纳几千人的哈斯特溪畔露天剧场举行。这天下午，天上一丝云彩也没有，朗朗晴空。很多怕晒的亲属打着太阳伞或者戴着遮阳帽兴致勃勃地等待开幕时刻。学校安排的多位专业摄影师在不停地拍照，主席台正对面的看台上，两台专业电视摄影机在阳光下现场直播毕业典礼的过程。之后，身穿黑色硕士袍和博士袍的毕业生们在"电子工程"、"计算机科学"、"生物工程"、"化学工程"和"材料工程"等各科系的旗帜引领下步入会场入座，看台上的亲属们又是鼓掌又是吹口哨又是呼喊，全场一片欢腾。

下午 2 点正，全场起立合唱国歌，场面动人。也许是加大伯克利加大的传统校风所致吧，毕业典礼的主席台上还专门安排了一男一女两位专业哑语翻译现场全程服务，为工程院这次第 145 届毕业典礼增色不少，聋哑人不论在现场还是通过网络直播，都能分享这次隆重的毕业典礼的全部发言。

伯克利加大工程院的毕业典礼并没有请校长或者加州州长等"领导"致辞，除了请一位知名教授科学家简单做开场白致辞祝贺外，在热烈的掌声中首先应邀致辞的是一位黑人硕士毕业生。

他出生于非洲的博茨瓦纳，走过了从尼日利亚到美国到成功考入伯克利加大工程院研究生的艰难但一步步成功的移民求学之路，今天，他将成功地从伯克利加大的建筑与环境工程系硕士毕业。他为大家讲述了只要奋斗就会成功的道理。

我想，也许是因为伯克利加大的亚裔或者说华裔学生越来越多了，校方特别安排这位在工程院相对少数族裔的黑人成功毕业生致辞，加大校方可谓用心良苦。这就是美国政治，这也是加州文化。

不过，上午也是在这里举办的工程院学士毕业典礼上，两位被邀请上台发言的毕业生都是华裔。然后，院长又邀请了伯克利加大工程院出来的成功毕业生、SanDisk 公司创始人、总裁、CEO Mehrotra 先生代表嘉宾致辞。

有意思的是他也是移民，是来自印度的移民。当年他申请来美国读书时三次被拒绝签证。随后 1978 年从伯克利加大学士毕业，1980 年硕士毕业。从一名工程师成功成长为今天的 IT 领域大公司老板 SanDisk 公司如今拥有 4000 多名员工，非常成功。他由衷感谢了伯克利加大为他开启了通往成功之路的大门，让他掌握了技术的同时也掌握了坚持就是成功的钥匙。这也是伯克利加大的精神，敢为人先，敢于创新，敢于创业，善于成功。

当工程院长宣布毕业生上台接受硕士毕业证书和博士绶带加身仪式时，全场又是一片欢腾。首先登台领取毕业证书的是硕士毕业生，人真不少，起码有数百人，其中女生也不算少，真不简单。

　　最有意思的是，宣读硕士及博士名单过程中，华人的张王李赵等"百家姓"不绝于耳。尤其是在宣读像电子工程、计算机科学、生物工程和材料工程等华人擅长而且喜爱的专业时，华人的名字有时是一个挨着一个，真没有想到名校伯克利加大工程系的硕士和博士毕业生中会有这么多华人！很令人鼓舞与振奋。

2014 年 5 月，在伯克利加大研究生毕业典礼主席台上。

　　看着这些成功从美国名校工程院毕业的华人硕士和博士们，我想，他们中的很多博士也许会很快进入美国的大学当教授、科学家或者进入大企业，而这些学工程的硕士也会有很多步入美国、中国或者其它国家地区的技术公司施展才华，再过若干年，也许从这些在毕业典礼上听到的华人学子的名字里面就产生了新的诺贝尔奖得主，就诞生出了新的科技和企业界精英。正是因为万千华人学子在海内外的学有所成，我们华人毫无疑问地必将会在不远的将来成为世界科技创新发展的"弄潮儿"。

　　毕业典礼在"加州儿女"的歌声中圆满结束了，我们对未来、对华人的成功忽然变得更有信心了。我耳畔现在似乎还在回荡着毕业典礼的掌声。

　　让掌声响起来，为华裔的新一代走向成功而鼓掌！

2014 年 6 月 21 日，面向全球华人发行的《人民日报海外版》"读者桥"版配发太太卢琳拍摄的照片发表了我写的《劳伦斯国家实验室参观记》一文：

劳伦斯国家实验室参观记

谷世强 （寄自美国）

不久前，我和太太来伯克利加大参加儿子谷峥的毕业典礼，遂向劳伦斯伯克利国家实验室提出了参观申请，很快就获得批准。由于谷峥在伯克利加大攻读电气工程博士学位期间，有幸在这里从事研究工作，所以这次参观由谷峥负责接待。

著名的劳伦斯国家实验室隶属于美国能源部，由伯克利加大主管并承担非绝密级的科学研究。它始建于 1931 年，由 1939 年伯克利加大的诺贝尔物理学奖得主劳伦斯先生创建。如今，这里拥有 76 座科研大楼等建筑群，占地 183 英亩。

谷峥在劳伦斯实验室完成博士论文科研项目。

　　据介绍，劳伦斯伯克利国家实验室通常有 4000 多人。其中，科学家和研究人员 1000 多人，研究生等一千多人，另外还有 1500 人提供日常的技术和行政支持。这里每年还对外提供约 2000 人的客座研究机会，推进科技交流。

　　谷峥带领我们参观的实验大楼，正是他读博士时做课题研究的地方，所以，他用中文给我们讲解起来如数家珍，很有意思。实验大楼里面巨大的 X 光发生器和各种管道纵横连接的精密科研设备都是我从来没有见过的。我因为工作关系参观过的研究所和高科技公司也不少，但科研设备如此规模的还真是第一次见，带给我很多震撼和鼓舞。

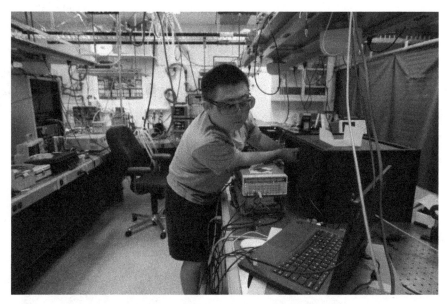

谷峥在电子工程系的实验室做研究项目。

　　劳伦斯国家实验室每年的科研经费高达近 10 亿美元，而每年该实验室为美国经济增长带来的效益接近 20 亿美元。目前，有 13 名诺贝尔奖得主的研究课题与劳伦斯国家实验室有关。实验室共有 57 名科学家是美国国家科学院（NAS）院士。而且，实验室已经有 13 名科学家荣获了美国国家科学奖。至今，共有 18 名实验室的工程师当选为美国工程院院士。可见，该实验室的确是人才辈出的地方。

　　我在参观中注意到，实验室里面很多大型科研设备外面都包有如同锡纸似的材料，亮晶晶的，有点象是星球大战电影里的场景。谷峥介绍说，这是设备的屏蔽。他还告诉我们，特大型 X 光设备可以帮助人类 "看到" 以前电子显微设备所 "看" 不到的分子乃至原子结构世界。

　　从劳伦斯国家实验室出来后，谷峥又带我们到电子与计算机工程系的实验室看了看，设备也很精良。儿子指着一个激光器说，仅购买这一套仪器就花了40多万美元。实验室楼道里面还有很多科普性的实物与图片介绍，其中一个是介绍人类如何将沙子变成单晶硅再变成芯片、集成电路的，科技与创新每天都在改变着我们这个世界。

从国内前来美国西海岸观光旅行的朋友，只要有机会最好多看看常规线路之外的地方，全面了解美国。距离旧金山很近的伯克利加大和劳伦斯国家实验室，就是很值得抽出一天时间前来参观的地方。从旧金山开车只需要半个小时左右就到伯克利加大了，十分方便。提交参观申请的程序并不复杂，可以直接登录劳伦斯国家实验室网站申请，但要提前申请，留足批准的时间才好。如果有亲朋在伯克利加大就读或者在劳伦斯实验室做研究的话，最好通过他们申请。获得批准后，整个参观是免费的。

来这里参观还会有意外收获：从伯克利加大的钟楼和从劳伦斯实验室的山坡上眺望旧金山，整个旧金山湾区和金门大桥尽收眼底，与在市里看到的旧金山景色大不一样。

2009 年，谷峥入学第一年陪同家人参观伯克利加大校园。

2015 年 10 月 15 日，美国《侨报》的《文学时代》版头条用半个版篇幅发表了我写的《屠呦呦与 NL 专属停车位》一文：

屠呦呦与NL专属停车位

(宾州) 谷世强

本来，知道《诗经 鹿鸣》的人已经少之又少。本来，中国女科学家屠呦呦与伯克利加大及其 NL 停车位和劳伦斯实验室也没有一毛钱关系。但是，宁波籍的中国首位诺贝尔医学奖获得者屠呦呦一夜之间让这与诺贝尔科学奖相关的一切都与中国关联起来了。全中国都在兴奋。微信朋友圈为这位没有博士学位，没有院士头衔、更没有留学经历的 "三无科学家" 打抱不平和评论爆了棚。当然，人们也才开始关注 40 年前在北京发明的青蒿素，并联想到屠研究员的名字 "呦呦"。

聪明人立即查实，屠女士的大名原来是出自中国古老《诗经》中的《鹿鸣》篇，学问大了。"呦呦鹿鸣，食野之苹"，"呦呦鹿鸣，食野之蒿"。真乃奇迹也。屠呦呦这一生不就是像吉祥的鹿一样，每天与苹啊、草啊、树啊、蒿啊的打交道，如同《本草纲目》，更如同 "神农尝百草"，竟然在茫茫草根树皮和花卉植物中，"呦呦鹿鸣，食野之蒿" 找到青蒿素，将战胜疟疾恶魔的福音带给了我们人类！

也许这的确是个偶然，但屠呦呦这名字起得，好像就是为了发明青蒿素！这不，中国首位获得诺贝尔科学大奖的科学家，不正是这位中国土生土长自己培养的屠呦呦女士吗？

屠呦呦帮助中国实现了诺贝尔科学奖 "零的突破"，也无意中掀起了一场 "中医西医谁高谁低" 和 "为什么屠呦呦没有被评选为'两院'院士" 的争论。当然，中国科学家未来会赢得多少诺贝尔科学奖的大胆预测高论也应运而生。

其实，屠呦呦就是屠呦呦，青蒿素就是治疟疾，中医药宝库的发掘和发展必须像发明青蒿素这样与现代医药科学相结合，靠国际公认的现代制药技术实现中医药现代化。我们应该以平常心态对待中国首次获得的诺贝尔科学奖，坚持中西医结合，让 "屠呦呦现象" 鼓舞万千年轻科学家奋发图强，以耐得住寂寞的顽强拼搏精神刻苦攻关科研，未来中国自然会产生更多屠呦呦这样的诺贝尔科学奖获得者，有一天成为诺贝尔科学奖大国。我在北京中医药大学当教授的大哥谷世喆今天在微信群里说得好，"我觉得莫言和屠呦呦得诺奖是和国家强大相关的。委员们的眼球在变"。我也有同感。

说屠呦呦是"三无科学家"也是偶然中的必然。首先，屠呦呦发明青蒿素的1971年正值文革动乱岁月，还能在"援越"重大科研项目保护伞下继续做研究已经谢天谢地了，那年头哪里还有获得硕士、博士学位的条件？

而后，作为被文革耽误了的一代人之一，屠呦呦没能出国留学也不稀奇。至于说"两院"院士头衔，其整个评选程序也许也不利于屠呦呦这样的科学家。在关系网、"官本位"和"一切向钱看"现状下，像屠呦呦这样默默做科研、说活耿直、不会拉关系也没有权势的一介研究员，没能当选上"两院"院士也不奇怪，毕竟还是博士生导师和中国中医科学院的首席科学家嘛！随着诺贝尔医学奖的桂冠加冕，相信以后的各种荣誉地位都会接踵而来的，老太太会应接不暇的。

其实，美国的诺贝尔科学奖获得者又有多少是在得奖前出名和当上院士的呢？想当年华裔科学家李政道和杨振宁获得博士学位后，没几年就获得了诺贝尔物理学奖，估计得奖时也并非什么院士。李远哲博士倒是获得了诺贝尔化学奖之后，放弃了美国国籍回台湾当科学院院长去了。而朱棣文博士也是获得了诺贝尔物理学奖出名后，才当了几年美国能源部长的，但前年也辞职了，科学家当官搞政治在美国也头痛。但有一点一样，李远哲博士是伯克利加大的化学博士，朱棣文博士是伯克利加大的物理学博士。可见，伯克利加大与诺贝尔奖挺有缘分。

伯克利加大校园一角。

　　伯克利加大又名加州大学伯克利分校。因为儿子谷峥当年从康奈尔大学本科毕业后进入伯克利加大读电子工程系硕博连读，我也多次到访伯克利加大。

　　自从1939年起到今天，伯克利加大共产生了72位诺贝尔奖得主，包括物理、化学、经济和文学领域。

　　被奥巴马总统选入华盛顿从政前，朱棣文博士任伯克利加大知名的劳伦斯国家实验室主任。除此之外，似乎伯克利加大也没有给该校产生的诺贝尔奖获得者特别的官衔，更不会像中国那样喜欢给名人戴上 "模范" 等头衔桂冠，分房子、奖汽车、发奖金等 "热闹" 更不会有。搞科研的还是继续搞科研。

　　记得一次儿子开车带我们参观伯克利加大校园，要找个停车位下车走走。我见前面有一处很好的校园停车位空着，而且又是周末，就建议儿子将汽车停在这里。儿子听后大笑说，绝对不可以在那里停车，要挨罚的！我问为何不可以？儿子反问我，"爸爸，你是诺贝尔奖得主吗？" 这是哪儿跟哪儿啊，停个汽车扯得上诺贝尔奖吗？

　　在伯克利加大还真扯得上！在附近别处停好车后，儿子带我们又回到了这个空荡荡的停车场，指着上面印着NL大字的蓝色牌子说，这 "NL" 的意思就是只有诺贝尔奖得主才有权在这几个车位停车。我一下子明白了为何没有人敢在此停了。这原来是伯克利加大给诺贝尔奖得主预备的专属停车场！你就是市长、州长也要靠边站，停车到别处去，再说你不是诺奖得主好意思在此停车吗？伯克利加大在给诺奖得主办实事、节省他们宝贵时间的同时，也给了他们并不夸张的荣誉。

　　那么，NL到底是怎么来的呢？NL是取自 Nobel Laureate（诺贝尔桂冠得主）两个英文词的第一个字母而成。

　　伯克利加大有这样一说，得诺贝尔奖难，但在伯克利加大校园里面找到个好停车位更难！

　　原来，即使你是诺贝儿奖得主，也是要先向校方提出申请并得到校方颁发的NL特许停车许可证后，方有权停车这里。这NL特许停车许可证既不是自动奖励给诺奖得主，也不是 "终身制"，要每年申请延续才行。否则，忘记办理新年度延续许可的诺奖得主汽车停在这里照样会被罚款。

　　看来，美国名校尊重知识尊重人才既有一套，也够牛够绝！这一套并不靠什么巨额奖金，也不搞升官发财，也不论你是 "三无" 还是 "三有"，只是给本校获得诺贝尔奖的杰出学者教授在校园中提供一份桂冠式的方便。

　　如同屠呦呦的青蒿素发明其实是源于越战期间，毛泽东、周恩来亲自启动代号523的军事科研项目，因为 "二战" 期间美国对于武器技术的需求，美国政府投资的国家实验室在知名大学科研实力的支持下，于20世纪30年代末、40年代初应运而生。

伯克利加大校园的诺奖得主 NL 专属停车场。

也许是一开始与原子能技术密切相关的缘故，至今很多美国国家实验室仍隶属于美国能源部管理。儿子在伯克利加大攻读电子工程博士学位时，也在劳伦斯伯克利国家实验室做研究，去年我们去参加儿子博士毕业典礼时，还真有幸参观了坐落在伯克利加大校园山坡上的劳伦斯伯克利国家实验室。在这里，没有人说该国家实验室的全称，而是亲昵地称其为"伯克利实验室"(Berkeley Lab)。

参观了劳伦斯国家实验室后，我朦胧中明白了为什么一所伯克利加大就能产生 72 位诺贝尔奖获得者。原来，这劳伦斯国家实验室并非如我想象中的一座科研大楼。整个劳伦斯国家实验室其实是由 76 座科研和配套楼群建筑构成，占地 183 英亩，规模宏大。包括前美国能源部部长朱棣文博士在内的 13 名诺奖得主都是从这里走出来的。劳伦斯实验室有 57 名科学家是美国国家科学院(NAS) 院士。至今，共有 18 名劳伦斯实验室的工程师当选为美国工程院院士。可见，劳伦斯伯克利国家实验室不但每年有近 10 亿美元的科研经费，而且实验室设备条件一流。所以，赢得诺贝尔科学奖也必须有雄厚的科研实力条件。

我清楚地记得，那天儿子轻车熟路开车带我们来到了劳伦斯国家实验室所在的山上。汽车刚开过门卫岗亭，我们就看见了以朱棣文博士姓氏命名的一小段"朱博士路" —— 从劳伦斯伯克利国家实验室走出来的诺奖得主都会享有这样的殊荣。

　　用诺奖得主的姓氏命名一段路，不但可以嘉奖这些诺奖得主，而且可以激励其它科研人员和伯克利加大师生为获得更多的诺贝尔奖而努力。

　　中国如果在北京，在屠呦呦的家乡宁波也命名一条路为"屠呦呦路"，不也是对这位杰出的中国"三无"女科学家的永久嘉奖和祝贺吗？屠呦呦不再需要更多的虚名，但中国需要屠呦呦之路和屠呦呦的科研精神激励万千科学家勇攀诺贝尔科学奖高峰，让中国早日成为诺贝尔科学奖大国！

2009 年 4 月 9 日，面向全球华人发行的《人民日报海外版》的《华侨华人》版头条配发照片以半个多版篇幅发表了我写的《说说我们家的"代沟"》一文：

说说我们家的"代沟"

谷世强（美国）

我们与子女不但年龄段不同，成长环境、条件和背景不同，而且海外华侨华人家庭还要面对国别文化环境变化对父母和子女的冲击和影响，出现华侨华人移民家庭特有的"代沟"现象也是很自然的。

有"代沟"是正常的

2003 年母亲节，上高中的谷峥送礼物给母亲卢琳。

试想，即使是最近 20 年移民海外的高学历"精英"一族，那"中国胃"

还是喜欢喝热水热茶、吃"正宗"口味腐乳甚至炸臭豆腐。而子女一代呢？他们小小年纪却早已适应国外生活环境，有些干脆就是出生和成长在海外。如我的儿子谷峥，虽然上小学一年级才从天津移民美国，但他也是大冬天非冰水、冰茶、冻牛奶不喝，最爱吃什么奶酪、比萨饼和炸薯条，iPhone 和 iPod 播放的都是我们这一代认为是"噪音"的美国流行歌曲音乐。虽然我们在家里尽量说中文，但他们同学间在网上、在电话里聊天、玩游戏全用美式英语。看来，如此大同小异的华侨华人家庭如果没有点"代沟"岂不是咄咄怪事？

有"代沟"不可怕，但"代沟"有深有浅、有宽有窄，并且有积极与消极对待之分，如果真是发展到了难以逾越的"天堑"程度，问题就严重了。子女与父母一代有些"代沟"其实也不是坏事，也常是下一代比父母一代更进步、思想更开放、更融入所在国文化的表现。所以，我们也要注意不能矫枉过正，不做因为要缩小"代沟"而做出我们家长自己停滞不前和影响子女正常进步的蠢事。

支持子女的自我选择

谷峥今年 5 月份就要从所谓"常春藤"名校美国康乃尔大学电气工程和计算机专业本科毕业了。作为父母、家长的我们和周围华人亲朋虽然都支持他继续深造拿硕士、读博士的决定，但与他说话时也常会自觉不自觉地说起一些话题，如选择读博士的大学和专业毕业后是否好找工作啦，是否会有高薪酬啦，等等。这自然与我们这一代甚至老一代生活经历和海外拼搏创业经历相关，总是喜欢从"饭碗"的角度考虑问题。

谷峥虽然年纪轻轻，但他要拿硕士、读博士的动力却有所不同。他几次对我们说，老师都希望他们以后能为社会、为人类能多做一点贡献和奉献，也为母校增光。所以，他学得越高深、越尖端，以后对社会的贡献就可能会越大。你看，这虽然是代沟，但这"代沟"显然是儿子的想法正确。正是因为他明白学习的目的，不仅是就为了获得一份所谓的"好"工作，多挣钱，而是为了更高的目标，所以，他的学习兴趣自然浓厚，成绩也就容易出色。这不，康乃尔大学电气工程和计算机专业已经正式录取他，希望他能留校继续攻读包含硕士的博士学位。

要是按照我们家长这一代的思路，这又是常春藤名校，又是全额奖学金，又离家不远，轻车熟路的接受录取多好。偏不！谷峥也同时收到了包括远在西海岸旧金山附近的加大伯克利分校等名校的录取通知。他应邀飞了一趟旧金山去考察，他又偏喜欢换换环境，想到更具挑战的、学术风气更自由的、离家也远多了的加大伯克利分校去攻读博士学位。因为伯克利的工程技术专业更优秀，伯克利培养了很多诺贝尔奖得主，也产生了像现任能源部长朱棣文这样的人才，更能学到最领先的"真本事"。

像这样的"代沟"，我看家长应该通过支持、鼓励来缩小才好，所谓海阔凭鱼跃、天高任鸟飞嘛。在学业方面，子女常常更懂得怎样选择才更正确。

2007 年，上中学的谷峥与父母一起去旅游。

要用心理解孩子的想法

与我们同龄、从北京移居美国的一位华人朋友，他们的独生女儿本来与父母很亲的。父母当然也视女儿为掌上明珠，和许多华人父母一样，事无巨细管得是无微不至啊。但也不知道为什么，从上高中起独生女儿就与父母越来越没有话好说了，甚至于根本就不与父母一起外出旅游度假了。"掌上明珠"回家除了吃饭、睡觉，与家长没话说，却常躲在自己房间里与同学打电话。父母大献殷勤无济于事，跟女儿发脾气就更是糟糕。父母干着急、自己生气却无计可施。

受学校环境、西方文化和同学圈子等影响，这种从中学开始与父母越来越没话说的"代沟"现象其实很常见。儿女十几岁了，上初中、上高中了，已经形成了自己的思想和价值观，而我们许多华人家长每天总是唠叨谁谁的孩子SAT 考满分啦，谁谁的孩子考上什么名牌大学啦，谁谁的孩子名牌大学毕业在投资公司挣很多钱啦，等等。这些都让子女感到有沉重的家庭压力并产生烦恼。这样，就会与家长越来越疏远，隔阂越来越大，家长的话越来越听不进去，最后甚至产生逆反心理。

在这方面，美国家庭就很不一样。只要子女知道努力，只要子女做他们喜欢做的工作，即使是在餐馆打工父母也很高兴，家长也很自豪。

　　在我们家，可能是与我这个当爸爸的总是强调工作忙，总是与儿子说话交流不够的原因，谷峥与我太太的话远比我多多了。他有什么想法通常都是找母亲说，而不是我。为什么？可能是母亲对儿子的心更用心理解，更支持、鼓励的原因吧。在我们家，我太太就常常很自豪、很得意地对我说，她与儿子没有 "代沟"。

和风细雨是一种好方式

　　前不久的一个假期，儿子放假在家。他在网上找到了他所喜欢的一个美国歌星的新歌，高兴地听了两遍后就告诉我们说，真好听，他要开车去商店买这个歌星的新歌光盘。我说，你下载下来或者干脆就自己刻一光盘不就完了嘛，歌星新出的光盘动辄就要十几美元一张呢。儿子立即反驳道，如果所有喜欢这个歌星歌曲的人都不去买他的光盘，都从网上或者什么地方下载或者翻录的话，那这歌星不就穷了、不就再也不出新歌儿了吗？那不是害他吗？他没钱了，出不了、唱不了新歌儿了，那我还能再看到他、听到他的歌儿吗？

　　儿子这一代虽然还不完全懂得华人家长在海外挣钱的辛苦，但他们更懂得尊重知识产权和版权。他能以诚实、正确的方式尊重自己喜爱的歌星和人才，我们做家长的在这方面不但要理解和支持子女的正确态度，也要虚心向他们学习。

2018 年笔者与谷峥在多伦多 CN 电视塔上。

"代沟"这东西，要懂得互相学习、互相弥补才有可能得到缩小。家长如果总是带着一套"传统观念"一味说教，总是我们华人家庭认可的"万般皆下品，唯有读书高"、总是觉得今天让子女学这明天学那、越忙越好是为着孩子好的话，"代沟"就会越来越大。每当我看到儿子使用餐巾纸比较浪费时，我就爱说"我们小时候根本就没有见过餐巾纸"云云，儿子总会回我一句"别跟我说你小时候"。得，歇菜！太太则会和风细雨地说他这样做为什么不对，因为非洲还有很多儿童吃不饱肚子，我们节约一点，他们的生活可能就会好一点，这也是为社会做贡献等等，儿子常常就听进去了。所以，说教不行，训斥更不行，还是努力理解他们，循循善诱为好。

让子女常回中国看看

我们这一代华人父母与子女的"代沟"，也常与生长在海外的子女不会或者不熟悉中文、对祖籍国的认识有限有关。

许多家长和中文学校虽然在孩子身上工夫下得不小，但因为学习兴趣和周围环境的影响，常常事倍功半。学习中文固然很重要，学习中文也有利于减少华人家庭的"代沟"，但家长也要根据子女的具体情况和兴趣因势利导，强求不得。即使是高居美国能源部长高位的美籍华人科学家朱棣文和商务部长骆家辉这样的华裔，他们的汉语水平也都不行，但却事业有成，已经在为提高华人形象和地位做着大贡献。

2009 年暑假，谷峥回国度假游时在家乡天津与姥姥、姥爷合影。

为了培养儿子的"中国情结"，自他上初中后，我们一有机会和条件就安排他回中国过暑假或者寒假。每次除了要在天津老家探亲访友与家人住上一段时间外，他还跑遍了北京、上海、湖南、山东、江浙、云南乃至福建、海南的三亚和四川的九寨沟等等。回中国多了，中华情结也就自然而然形成了。他虽然在美国读书，但却很喜欢吃川菜，不怕水煮鱼和担担面的辣。他喜欢中餐当然也是容易与父母交流和减少"代沟"的重要一项。我以为，胃相似，情必相通。儿子在家里或者与家人都是说中文。尽管他的中文读和写都不行，但很喜欢他的中文名字，至今拒绝改名字。所以，他到美国后名字的拼写从来没有改变过，他的美国护照上也是 ZHENGGU，即谷峥的拼音名。是的，美国主流社会是否认同我们，其实不在我们是否有"洋"名字，而是社会贡献，姚明在美国能大名鼎鼎就是例子。

我们海外华人的下一代已经每天生活在高科技和新思维的社会环境中，我们要承认"代沟"，正视"代沟"，但不惧怕和回避"代沟"。尽早关注和真正理解子女的所思、所想以及他们的问题和要求，通过积极的、鼓励性的交流沟通以及创造条件和环境让他们能常回中国看看等，会有助于缩小"代沟"，也让中华文化在这个过程中得到弘扬和光大。

2012 年暑假，谷峥与大学好友 Chris 游览北京天坛公园。

2010 年 2 月 27 日，面向全球华人发行的《人民日报海外版》的《读者桥》版配发儿子陪同笔者和家人参观伯克利加大照片，发表了我写的《伯克利加大的 NL 专属停车场》一文：

伯克利加大的NL专属停车场

谷世强 （寄自美国）

伯克利加大又名加州大学伯克利分校，位于旧金山郊外。这所大学之所以能成为大名鼎鼎的世界名校，得益于实实在在的"软实力"和多年积累的"硬实力"。但就获得诺贝尔奖来说，从 1939 年起至今，伯克利加大一共产生了 21 位诺贝尔奖得主，物理、化学、经济和文学领域都有，今日还健在的就有 8 位之多。现任美国政府能源部部长的朱棣文博士就是从这所大学走出来的华裔诺贝尔奖获得者。

因为儿子在伯克利加大读博，前不久我们乘他的车来到该校校园，看到前面有一处很好的停车场空着，就建议儿子将汽车停在那里。儿子听后大笑着说，绝对不可以在那儿停车，要挨罚的！我问问什么？儿子反问我："爸爸，你是诺贝尔奖得主吗？"。这是哪儿跟哪儿啊，停个汽车扯得上诺贝尔奖吗？

这回还真扯得上！儿子停好车后，带我们回到那个空荡荡的停车场旁，指着印有"NL"大字的蓝色牌子说，这里是伯克利加大给诺贝尔奖得主预备的专属停车场！"NL"取自 Nobel Laureate（诺贝尔桂冠得主）两个词的第一个字母。

NL 停车场有规定，诺贝儿奖得主需先向校方提出申请并得到校方颁发的"NL 特许停车许"后，方有权在这里停车。这个特许停车证不是"终身制"，到期需申请延续。如果忘记办理延续手续，诺贝尔奖奖得主的汽车停进来照样会被罚款。

我一下子明白这么好的停车位为什么空着了，这意味着即便是市长、州长的车子也不可以在此停留。

看来美国名校尊重知识、尊重人才真有一套！我不由地赞叹。这"一套"靠的并不是什么巨额奖金，也不是封官加爵，而是给获得诺贝尔奖的杰出学者一个切实的停车方便！其实，这不仅仅是一个特殊的在停车位，也是给诺贝尔奖得主的一种殊荣。同时，还能给伯克利加大的师生以无声的鞭策和激励。

伯克利加大先后成就出的 21 位诺贝尔奖得主中，华裔占了两位，也就是说占了差不多 10% 了！我自豪地想。

在伯克利加大参观的时候，我看到不论是在幽雅的主图书馆，还是在儿子就读的电子工程系大楼，亚裔学生的面孔比比皆是，有很多是华侨或者华裔学生。试想，他们之中也许会产生有权使用 NL 专属停车的新一代华裔诺贝尔奖得主呢。

笔者在劳伦斯实验室楼前留影，背景是伯克利加大校园。

2013年8月17日，面向全球华人发行的《人民日报海外版》的《读者桥》专版头条配发多幅太太卢琳拍摄的照片，用多半版篇幅发表了我写的《以美国费城为例，现身说法 – 出国留学 从"住"开始》一文：

出国留学 从"住"开始

谷世强／文　　卢琳／图 （寄自美国）

每年8月底、9月初，是中国和世界各地前来美国留学的海外学子集中报到的时间段。无论就读的是美国"常春藤"名校，还是名气一般的院校，绝大多数留学生抵达美国，所面临的第一个挑战就是住宿问题。那么，如何选择自己的落脚点？租房子有哪些讲究？在哪里入住最安全、最方便也相对经济实惠呢？

近几年，因为帮助国内亲朋的子女来美国留学，又有培养儿子谷峥从本科到硕博连读的亲历，我对美国大学的学生住宿"行情"也就有了一些了解。

新生如何"安居"？

也许是出于安全、方便的考虑，美国很多大学都要求本科生入学第一年必须入住学校的学生宿舍。因此，对新留学生来讲，出国前在互联网上就可以落实好自己的"安居工程"。

通常，每所美国大学的网站都有专门的"学生宿舍"网页。你只要在"谷歌"等搜索引擎上，用英文输入你将要就读的院校名称（加上"逗号"），然后再输入关键词"housing"（住房）或者"dormitories"（宿舍），你就可以轻松找到该院校的学生宿舍网页了。

比如，谷峥本科就读的"藤校"康乃尔大学，其"Living@Cornell"（生活在康乃尔大学）网页上，与学生住宿相关的内容非常详尽，既有所有宿舍楼介绍，也有如何申请租赁学生宿舍、各档次房间的价格标准、何时可以开始入住、如何取消宿舍租赁合同、违规罚款多少等信息，在网上办理宿舍申请非常简单方便。此外，该网页上还有详细的相关联系人电邮地址和电话等，有问题可以随时发邮件询问。

　　有些中国家长在孩子出国前大包大揽，像为孩子申请学生宿舍这样的事也"亲力亲为"，其实这样很不利于孩子日后的独立生活，还可能导致他（她）到美国后不知所措，无法像别人一样很快适应新的生活环境。家长应相信子女的能力，放手让他们自主地申请和落实留学宿舍等事宜，使他们从准备留学那一刻起，就树立起独立意识，为早日融入美国社会生活做准备

毕业后，谷峥在康奈大学读本科的两位室友至今依然是他最好的朋友。

大学宿舍条件怎样？

　　笔者所在的费城，有两所大学每年都会录取不少中国留学生。一所是著名"藤校"宾夕法尼亚大学（University of Pennsylvania），另外一所是德雷塞尔大学（Drexel University）。这两所大学也都要求本科新生第一年必须入住学校的学生宿舍。前年，我朋友的女儿被德雷塞尔大学录取，我在帮助她搬入学生宿舍和办理入学手续的过程中，看到这里的住宿条件很不错。

　　德雷塞尔大学的学生宿舍就在校园里面，距离教学楼、图书馆和健身房等都不远。朋友女儿选择入住的是两人间宿舍，室友是一位刚从山东来的女留学生。双人间宿舍大约 10 平方米，里面有两个衣柜、两张单人床、两个带小书架和台灯的书桌及两把椅子。学生宿舍的床架子通常都比较高，床下面可以放

箱子等不少东西。洗澡间和卫生间在楼道里面，几个寝室共享。宿舍楼下有 24 小时值班门卫，没有本宿舍楼身份证的学生和没有经过登记的访客都不能进入，还是很安全的。有的宿舍楼下没有门卫，但大门带有门禁，持有宿舍身份证的人员才能打开。

康乃尔大学在纽约州风景秀丽的小城伊萨卡市。该校宿舍较多，谷峥在此读本科时，4 年都可以住在学校的宿舍里。他住过 2 人间和 3 人间，我很喜欢那个 3 人间小单元：一进门是个带沙发的小客厅，里面是 3 间卧室，除了单人床外，还有一个带小书架的书桌，够学生用了。楼道里面有共享的卫生间和洗澡间。康乃尔大学占地面积很大而且道路起伏，因此校园里开通了公共汽车，学生坐车往返十分方便。

每所美国大学的学生宿舍楼都大同小异，一般设有单间、双人间和三、四人共享的小单元，价格不同，学生可根据自己的条件和需要来选择。一般而言，早申请者有挑选余地，获得满意宿舍的机会要大一些。

学校周边有何房源？

美国很多大学的学生宿舍数量有限，通常只提供给大学一年级新生，所以，第一学年结束后就要将宿舍腾出来，去外面租房子住。

在大学校园周围租到住房通常并不难，因为新生很快会熟悉周围的环境，在放暑假前，大多都可以租到校园附近的出租房。寻找出租房也可以上网搜索，你只要敲入 "Off-Campus Housing"（校园外住房），逗号，然后再敲入你所在的大学名称，就会查出很多出租房信息。

住校园外面的出租房一般会比住学生宿舍便宜一些，加之出租房内都有厨房，自己可以做做饭或煮杯咖啡什么的，比学生宿舍更有家的感觉。费城的德雷塞尔大学和宾夕法尼亚大学周围，有大量的专门供学生租用的民房，也有比较高档的高层公寓楼供学生选择。距离校园越近，出租房价格越高，也越抢手，要尽早开始物色、落实为好。

一些比较高档的公寓住房听起来租金不菲，但如果是三五个要好的同学一起租住，分摊下来也还划算。学生们看重的是这些公寓楼的安全条件比普通出租房更好些，通常有保安和门卫。

二年级的留学生在外租房住，最好是与自己熟悉、要好的同学合租。笔者的侄女在伯克利加大读本科二年级，她和其他 3 位同学在校外合租了一套出租房，大家共享客厅、厨房、冰箱和卫生间。4 个卧房有大有小，如何公平付房租？学生们有她们的好办法：按照住房面积分摊租金。每个人都很满意，大家相处得很好。

值得注意的是，校园外面的出租房和出租公寓很多都不带家具。这不要紧，在大学周围都有二手家具店，学生需要的单人床、书桌和椅子等一应俱全，价格便宜，而且送货上门。从网上订购新家具，也可以送货上门，只是价格贵。

2018 年，笔者亲戚张尧在费城 Drexel 大学医学院附近看房。

选民房、签约注重哪些细节？

在校外租民房要格外小心。对于广告或者别人介绍的房源不要轻信，最好找个周末和有经验的同学一起亲自去看看：街道、小区是否安全、清静？房子质量如何？距离学校、车站或食品店有多远？附近的房源和价格水平如何？里面现在住些什么人？现在的房客对房东的口碑评价可好？房间里的墙壁、地毯、家具和水暖设施等是否有问题？可否无线上网？总之，最好多看几家，货比三家不吃亏。

选中房源后，一定要仔细审阅租房合同，弄明白了再签约：合同期多长？押金是否在退房时全额退还？在什么情况下房东可以扣押金？订金如何付？每月的水电费由谁负责？房子出问题时给谁打电话维修？这些问题都搞清楚了，再签租赁合同不迟。几个要好的同学一起租房时，更是要大家都同意了才能签约。一旦签字了，就依法生效了。

住进民房应注意什么？

租民房居住，一定要尽量与房东搞好关系。平时要自觉保持厨房、公共浴室和客厅的卫生环境。有垃圾要装在塑料袋里，及时扔到外面的垃圾箱。尽量不要在出租房里大声喧哗，或者从外面请很多人来搞 Party 什么的。美国房子大都是木质结构，特别容易失火。所以，做完饭立即关好煤气或者电炉。房东如果认为你是遵守规矩的好房客，明年需要续租时就会很顺利，租价也会好商量些。

美国"常春藤"名校康奈尔大学校园一瞥。

2008年2月26日，面向全球华人发行的《人民日报海外版》的《华侨华人》版头条发表了我写的《文化留根 人人可为》一文：

文化留根 人人可为

谷世强 （寄自美国费城）

在海外环境中，我们新老侨胞如何既融入所在国的文化环境，又保留和延续中华文化根基？这是一个做起来很难的大题目，也是一件功在长远的大事，每个人都"匹夫有责"。

去年圣诞节时，趁正在康奈尔大学读书的儿子谷峥放寒假，我们决定吃水饺迎接新年。我和太太卢琳在家里自己和面、拌馅、擀皮包饺子。我们问儿子会不会包，他说会。在学校同学会也有过包饺子活动。但他立即说，我们买饺子皮包饺子，我们没有"擀子"。什么'擀子'？我和太太都乐了。原来儿子脑子里面的餐具、厨具都是铲子、勺子、刀子、叉子什么的，这擀饺子皮的工具自然应是"擀子"啦。我们赶紧纠正说，那叫擀面杖。但如果我们再讲"擀面杖吹火——一窍不通"这句歇后语，他就听不懂了。他们这一代连蜂窝煤炉子都没有印象的小美籍华人会嘲笑说，吃饱撑的你吹火干什么？

我儿子是上小学一年级时从天津移民来美国的，现在英文相当流利，中文一般的也能说，但中华文化的根底已与我们这一代不一样了。在我们这样很典型的新华人家庭，像我儿子这样的新生代可能爱吃中国的包子、饺子并且也了解上海小笼包与天津包子的不同，知道锅贴与水煮饺子烹饪方法的区别，但让他们去学会擀饺子皮就难了。当然，这些细节对新生代不强调也罢。

很小就移民国外或出生在海外的新生代，都知道自己起码皮肤长相与周围的白人和黑人都不同的，这也是他们还能够延续中华文化之根的先天优势。然后就需要家长、学校和社会提供环境条件了。

对于新生代，不论他们出生在什么地方，也不论他们自己理解与否，华人家庭环境其实从小就在他们心中植入了中华文化之根。比如说，我儿子谷峥移民美国后更加看重自己的中文名字。他名字的拼音自然是 GU ZHENG。在美国，人们称呼他 ZHENG GU 或者 ZHENG，他很高兴。多年前批准他的"绿卡"时，我们说国内许多年轻人都有英文名字了，你也改个英文名字吧？他不同意。后来我们再次询问他是否也取个 JOHN 之类发音接近"峥"的英文名，他再次拒绝了。中国化的姓名本身也是文化之根的保留和延续。

2005 年暑假，谷峥在天津爷爷家与谷浩、谷菲、谷芮在一起。

我们海外华侨华人，如果每个人都自觉去做一座桥和一扇窗，在弘扬中华文化的同时善于吸取所在国文化的精华，那么我们的日常言行可能都是在留住和弘扬中华文化。我们每天工作兢兢业业，不卑不亢谦虚友善，给人留下"中国人很努力很友善很聪明"的好印象是弘扬中华文化；我们入乡随俗，夏天把自家房前屋后的草坪每周都剪得整齐好看，周围邻里觉得华人很文明讲公益，也是在潜移默化中弘扬中华文化；我们在海外观光度假住饭店、吃饭、打的、理发等等按照当地习惯给足小费，表示我们一样很尊重他人的服务，也是在光大中华文化。

在沟通中西文化交流、减少和消除中西文化冲突和误解方面，我们海外华人需要以老带新的、长久的具体行动。你做一座桥，我开一扇窗，你周末业余时间去讲中文课，我春节宴客做一桌色、香、味俱全的中国餐，你写介绍中国文化发展的书刊，我办大型招商或中国经济发展研讨会等等，都是在留住和弘扬中华文化。我们有条件就常回中国"回家看看"，也积极引导同事、朋友、邻居中的"老外"了解中国，去中国看看。如果能让新生代子女多回中国走走看看，利用暑假等回中国学中文和教英文，会更有利于留住我们中华文化的"根"，并在海外弘扬、延伸中华文化。

2015年11月1日，美国《世界日报》在全北美发行的《世界周刊》配发彩照，刊登了我投稿的《移民变了 川菜火了》一文。

移民变了 川菜火了

文、图／谷世强

据统计，在去年留学美国的88.6万多名国际学生中，来自中国的有27.4万多人，占总数的31%。而位居第二的印度，虽然他们是讲英文的民主国家，人口也达到了12亿，但留美学生只有10.2万多人，比中国留学生人数少一半还多。

留学生增加 粤菜不能满足

因为儿子博士毕业，去年参加伯克利加大工程院的博士、硕士毕业典礼，在宣读毕业生名单中，中国的张、王、李、赵等不绝于耳，真有点在听中国《百家姓》的感觉。去附近看了看，一些距离大城市很远的州立大学周围，中餐馆忽然多起来。

就笔者所知，近几年来美国大学留学、或者来美国高中就读的中国大陆留学生，大多都有移民自中国大陆的亲戚朋友接应照顾。从联系录取学校，到刚来美国暂住，到帮助办理入学手续和租房子等等，新一代移民的影子晃来晃去。而且，这些已经移民并且事业有成、安居乐业的新一代移民，也无意间成了很多中国小留学生下定决心要来美国留学的榜样和动力。而这两年大量涌入美国的中国小留学生，又是下一代移民的基数。其实，美国华人移民数量和结构已经发生了巨大变化，今非昔比。如今，来自于北京、上海、天津和江浙等沿海省市的小留学生数量大大多于来自"华侨之乡"的广东与福建。

以前，美国的中餐馆都说广东话，都是卖粤菜、食客吃广东早茶。为什么？因为100多年前中国最早期来美的移民主要来自于广东，后来是福建。自从邓小平上台，中国从1977年开始往美国公派留学生，中国大陆移民数量随之也逐年增加。这些新移民与早期老广移民不同，他们大多学历较高，工作稳定，会说普通话，"中国胃"的口味也完全不同。

"哪里有海，哪里就有中餐馆"时代主要说的是，为了谋生，华人在海外开的并非正宗的粤菜馆。但新一代移民和这两年蜂拥而至的大陆小留学生们的"中国胃"可不是周末去吃吃广东早茶、吃几个虾饺和喝碗皮蛋瘦肉粥就能满足的。所以，这两年在美国不少大城市川菜馆火了。

北方移民多 麻辣味道走红

十年前，在诺大的费城中国城里，几乎就没有一家真正的川菜馆，仅有"真川味"味道还凑合，但后来也易主了。而这两年，仅我们家附近的郊外就陆续新开张了店堂很大的"蜀苑"和"品味"等川菜馆，厨师均来自四川，均有新派水煮鱼，均号称正宗，都挺火。费城中国城这两年新张的"巴山蜀水"、"老四川"、"成都小吃"以及羊肉泡馍风味的"西安小吃"等，多了去了！

大约六、七年前，我们在费城郊外发现一家叫做"新川粤"的中餐馆，进去一吃，方知这里以川菜为主。点了水煮肉等几个川菜一吃，味道很正宗，很过瘾，就连平时并不吃辣的儿子也喜欢吃这里的水煮鱼和水煮肉，有点回到中国的感觉。我们去的次数多了，就认识了"新川粤"偶尔出来抽烟的大厨张师父。一聊天才知道，张师傅是重庆一家大饭店的大厨，怪不得他做的水煮鱼和重庆凉面等都特别正宗好吃。后来，我们发现菜的口味又变了。一问才知，原来张师傅已经被纽约新开张的川菜馆给挖走了。虽然不知道张师傅移民身份如何，但就凭他那一手正宗川菜绝活，在如今川菜越来越火的美国，绝对是"人才难得"。好的川菜大厨，如今都火。

最近三四年，移民结构已经发生了大变化，再加上小留学生和"来美旅游热"，喜欢吃川菜过瘾的人越来越多，与时俱进的"新川粤"看准了这一变化，于是在费城市中心又陆续开了两家，都以川菜为主。特别是开在费城市场大街"技术港"大楼一楼的"汉唐"餐馆，每次去都座无虚席。这气派的"技术港"大楼就如同国内的公司"孵化器"，楼上是一家家研究生命科学和生物医药的高科技公司。这所坐落在著名的费城大学城科学中心里面，周围是"藤校"宾夕法尼亚大学和德克赛大学（Drexel），很多研究人员，教授特别是学生，都是这些年从中国来的，无不喜欢能让人过把中国菜瘾、麻辣留香的川菜。所以，现在"汉唐"在费城大学城很火。

就是最近两年，我家附近先后也开了两家很不错的川菜馆。其中一家餐厅内部布置得很雅致，书法字画讲究，餐馆名字也不俗，叫做"品味"。我们就近多次去过"品味"，去品那里的川菜，因为厨师来自四川，还算正宗。有意思的是，这家"品味"川菜馆的老板却是来自台湾的移民。看来他也看出来了，如今在费城郊外好地段投资开川菜馆远比卖台湾小吃和牛肉面叫座。而且，"品味"距离费城郊外著名的普鲁士王购物中心 (King of Prussia Mall) 非常近，方便住在费城市里的华人和留学生来"品味"过川菜瘾时，顺道可以到普鲁士王逛商场。

费城中国城已经开了多家川菜馆。

笔者与朋友在费城郊外蜀苑川菜馆庆祝60岁生日吃川菜。

川菜馆增加 走遍全美各地

川菜火了，不仅很多"老美"也喜欢吃够刺激的川菜，如今的选择也多了。一年多前，又一家名叫"蜀苑"的川菜馆在费城郊外开业，距离我家更近了。"蜀苑"这饭馆的中文名称自然有点川味，而且菜谱上还特别宣称"新派川菜"(Modern Szechuan Cuisine)。在英文名称上也是动了脑筋，没有直译，怕"老美"记不住。饭馆门上的"蜀苑"两个汉字名称旁边是英文 BAMBOO (竹子)。"老美"们记不住"蜀苑"但记得住竹子。估计老板的思路是，想到竹子就会想到熊猫，想到熊猫就该想到四川，想到四川还不来这里吃新派川菜？新移民在美国开饭馆、给饭馆起名称，都与早先从广东、福建来的老一代移民很不同。

川菜不但在东海岸的费城、纽约火，在广东移民最早登陆的旧金山地区也挺火。儿子在西海岸的伯克利加大读博士时，我们也常去加州。奥克兰市中国城的"辣妹子"餐馆曾经是我们的最爱。后来，我们发现距离儿子住所不远处也开了一家也叫"老四川"的川菜馆。一去吃，味道更是正宗，还有儿子特别喜欢喝的中国酸梅汤，更有太太喜欢吃的川味木盆莲藕。

如今，你的"中国胃"想在旧金山、洛杉矶乃至"赌城"拉斯维加斯吃顿水煮鱼和麻辣腰花等正宗川菜，也一样的易如反掌。从纽约曼哈顿的"蜀留香""大四川菜馆"到纽约法拉盛新中国城的"陈麻婆""膳坊"和"川霸王"等，美国的川菜馆在东西两岸真是越开越多，越来越火！

2015 年 6 月 23 日，美国《侨报》的《文学时代》版配发题头彩照，以近一个整版篇幅发表了我写的《游天涯之国智利》游记。读万卷书，行万里路：

游天涯之国智利

（宾州）谷世强

打开世界地图，你会发现，智利如同长条带子一样被镶嵌在南美大陆的最南端。因为整个大陆与南极洲隔海相望，智利人喜欢称自己的国家为 "天涯之国"。今年新年前后，我们一家从南到北在智利旅游了一次后发现，我们印象中的 "铜矿王国" 智利，旅游资源同样丰富。

智利南疆，百内国家公园大美无双

如果说加拿大落基山脉班夫国家公园雪山冰川美景是北美之最的话，智利南疆百内国家公园 (Torres del Paine National Park) 的真正原生态雪山、冰川、湖水、瀑布、森林构成的立体动人画面，则更加震撼人心，更有大自然鬼斧神工、上天完美杰作的大美之感。

我们乘早班飞机离开智利首都圣地亚哥，飞越连绵起伏的群山，3 小时后抵达智利南端的 Punta Arenas 机场。从机场乘坐长途大巴继续南行，直奔百内国家公园而去。

沿途，牧场一个接着一个，都是只见雪山下的牛群、羊群、马群懒散地享受着阳光和丰盛的嫩草，却见不到人。

大约两小时后，长途大巴进了一个人口不多的镇子 Puerto Natales，终点站到了。旅行社的车接我们入住镇上的 Saltos del Paine 酒店，就在湖边。湖水那边就是白雪皑皑的雪山，湖面宽阔，湖水如镜，景色真美极了！湖边游人稀少，只有一群当地小孩在湖边公共自行车 "冲浪" 场里晒自行车技巧。

这里被遗弃的狗很多，有的也很大，但都很友善。湖面上海鸟飞来飞去，下午的阳光灿烂和煦。这湖畔雪山美景已然如歌如画，恍如置身世外桃源一般。

旅游业可能是小镇的唯一产业。除了一座教堂和一个小超市外，主街上就都是饭店、旅行社、银行、租车行和酒吧了。

我们住的酒店虽不算大，但有免费早餐和免费 WiFi, 干净舒适。早上 8 点，我们乘坐旅行社安排的旅游大巴和来自世界各地的满车游客去游览百内国家公园。我发现，这辆新旅游大巴还是中国出产的"金龙牌"，质量不错。

以雪山、瀑布、冰川、河流、森林、动物和蓝色湖泊美景闻名于世的百那国家公园，位于智利南部巴塔哥尼亚高原省。由于这里对欧美、亚洲、非洲和大洋洲的游客来说都不容易到达，虽然这里风景如画但游人却并不多，满眼原生态美。

旅游车一路风景动人，首先抵达知名的"米洛顿洞穴"。真想不到，雪山脚下的这个洞穴如此巨大，轻松容纳千人绝无问题。在这个人际罕到的洞穴里面，还保留着 1.2 万年前早期人类活动痕迹，包括有石片工具。

参观完"米洛顿洞穴"，我们继续往国家公园深处前进。越走，雪山脚下的的景色越美，越原生态。

眼前的 Nordenskjold 湖，Pehoe 湖以及其它没有记住名称的湖泊一个比一个漂亮。湖水中映出的雪山倒影在周围树林衬托下真美呆了。照相机镜头往前一拉，水流湍急的灰河又进入了眼帘。 原生态的百内国家公园里面，雪山下野花芬芳，水草丰盛，树上野果累累。在这里， 我们时而看见驼马出没，也有幸在野外看到了穿山甲和狼。

百内国家公园的雪山景色特别美、特别震撼的原因在于，雪山脚下还有奔流而下的瀑布和美玉一般的湖水。动中有静，雪白碧绿。难怪美国《国家地理杂志》将百内国家公园评为地球上最美的地方之一，真名不虚传。

很多欧美游客慕名前来百内国家公园游览，主要是来看这里的原生态冰川的。也许你乘游轮到过阿拉斯加，从大游轮上近距离欣赏过阿拉斯加海上冰川美景。在百内国家公园，我们乘坐游轮迎着前面的雪山去看知名的塞拉诺冰川(Serrano Glaciers)。还没到冰川，沿途的景色和湖那边云雾缭绕的雪山景色就已经美的可以了。

经过大约一个多小时的航行，游轮停靠在冰川脚下的码头。下船后我们冒着蒙蒙细雨，顺着湖边弯曲而上的山路，急匆匆地走向塞拉诺冰川。

湖水里面浮冰很多，每一块浮冰造型都天然很美。大约 20 分钟，我们边走边拍照地到了这巨大冰川脚下，与从大游轮上了望冰川的感觉完全不同。在这里，你就置身于这万年塞拉诺冰川跟前，你的手可以触摸到万年冰川原始美的肌肤，大自然的美让人心醉。

百内国家公园所在地区水草丰盛，牛羊牧场特别多，是吃烤羊肉的好地方。果不其然，我们的的游轮离开冰川后航行 20 分钟抵达另一码头，是一家厅堂特大的烤肉食堂。我们每 6 人一桌，要一杯红酒或者其它饮料后，用松木刚烤好的烤羊肉就上桌了，香气扑鼻。正好，我们桌的两个"老印"是素食主义者，只吃菜不吃肉。所以，尽管我们放开肚子大快朵颐品尝这雪山冰川脚下烤羊腿的美味，最后还是剩下了一些实在是吃不下了。

2014 年寒假，谷峥与我们一起在智利复活节岛上度假游。

首都圣地亚哥，智利的"心脏"

全世界不知道有多少个"圣地亚哥"，但智利首都圣地亚哥最为知名。位于智利本土中心的这座南美名城，对于欧美和巴西、阿根廷游客很具吸引力。我们从迈阿密转机夜航 8 个小时正点抵达圣地亚哥机场。到了智利，满耳朵听到的都是语速很快的西班牙语。入境处官员能说点英文，检验护照通关倒还算不慢。

圣地亚哥的高速公路和城市道路建设不错，市区除了地铁以外，满眼都是大公共汽车和计程车。只是，高速公路和市区道路的路牌以及商店、饭馆名牌等统统都只有西班牙文。就是厕所，也只有西班牙文标示。此外，这里的旅馆和机场等的电源插座只能插进两个并列圆柱型的插座。好在我们到智利度假游前，从超市买了一个国际转换插座，在这里每天给手机和电脑充电派上了用场。

人口 1700 万的智利共和国，有 700 万人住在首都圣地亚哥。所以，智利不算大，但首都城市规模却不小。圣地亚哥虽然没有像北京故宫和巴黎艾佛尔铁塔这样闻名世界的大名胜古迹，但整个城市西班牙语历史文化底蕴很是丰富，具有不一样的南美国家特色。一月是智利的夏季，天黑得特别晚但亮的特别早，让圣地亚哥更像一座名副其实的"不夜城"，餐馆和酒吧林立，生意红火。

因为铜矿等矿产资源特别丰富，再加上渔业、林业和越来越火的旅游业收入以及稳定的政体，智利人的生活水准在南美算是高的。

每天特别是周末，从下午开始一直到凌晨，我们饭店附近的酒吧和餐馆总是满座。人们喜欢坐在饭馆外面阳伞下面喝酒吃饭聊天，好像说西班牙语的南美人有的是时间。有趣的是，这里很多女士就餐时都穿戴讲究，而且喜欢抽烟。

圣地亚哥街上很少能看到警察，感觉治安不错。就是晚上十一二点在外面吃饭购物也没碰到过情况，坐计程车和公交都很方便可靠。在这座聚集了全国人口近三分之一的南美大都市，我们没有碰到过流浪者。

智利吃饭和物价不算便宜。我们游圣地亚哥时的银行兑换率，大约是一美元兑换590智利比索。从方便店买一瓶矿泉水要800比索，普通餐馆点菜吃顿饭，一个人平均一万比索。

我们在圣地亚哥市中心步行街游览时，上公共厕所要先在一个窗口交钱买票，一个人450比索。我和儿子两人去的，方便一次花了900比索，还给收据，似乎比欧洲一些城市上厕所还贵。

可能是因为西班牙语国家华人生存发展难的原因，诺大的圣地亚哥却很少能看到中餐馆，更没见过中国城和中国店。我们在市中心看到一家广东人开的中餐馆，赶紧进去吃了一餐。菜单只有西班牙语的，好在女服务员刚从广东来，会说普通话。中餐馆能点的菜很少，鱼虾没有，豆腐也没有。我们只好每人要点牛肉加菜炒面等，味道无法恭维但量不小。中餐价格比吃西餐便宜，吃顿炒面，每人花费不到一万比索。

与美国不同，圣地亚哥大多数的餐馆圣诞节照常营业。我们抵达后的当天傍晚，就去了圣地亚哥著名的海鲜市场 Mercado Central 去品尝当地海鲜，毕竟智利的海岸线很长嘛。

走进市场，只见人头攒动，十分热闹。这里不但有卖新鲜海鱼和鲜贝等的摊位，里面更有很多家海鲜饭馆，据说都很有名。二楼上面也有好多家海鲜餐馆，都是座无虚席。这里的智利"King Crab"（帝王蟹）比阿拉斯加出产的长腿"帝王蟹"似乎小一点，不是光吃蟹腿，而是将蒸熟后全身红彤彤的整个螃蟹端上桌面，看着特别鲜美。总体讲，海鲜市场饭馆的价格水平还好，我们三个人吃了一餐，连同酒水50美元。智利的小费一般都直接加收餐费的10%。

有趣的是，圣地亚哥书店和音像制品点不少。每天傍晚，我们饭店附近的旅游街道上摆地摊卖东西的里面总有几个摊是卖二手书的，文化氛围很浓。

你如果在市区的公园或者主要街道散步，总会碰到有乐手在弹奏演唱，很多过路人都会给放下点钱表示欣赏。我们还在市区一繁忙路口见过一女士身着艳丽裙子，红灯一亮她就翩翩起舞，男同伴在旁击手鼓敲节奏，热情奔放。然后，在绿灯放行前走到开窗给钱的车前收钱，也算是有特色的自食其力。

智利北疆"月亮谷"名胜

我们乘早班飞机从智利南端的 Punta Arenas 机场起飞，在圣地亚哥转机，下午1时就顺利抵达智利北部的 Calama 市机场了。

旅游车经过一段山路行驶，将我们送到了"月亮谷"景区的旅游村饭店入住。村里如同用"干打垒"土坯盖成的饭店一家挨着一家，家家客满。我们入住的饭店院子里面有个小游泳池，一池清水驱散着这里的热浪。院子里的仙人球植物长的比人还高。这里的"干打垒"饭店房间里面很舒适干净，有小冰箱和空调，但是没有电视机。新年期间是旅游旺季，一房难求。

与智利南部相似，这里的太阳下山也很晚。沙漠地区，这季节几乎天天是艳阳高照，根本不需要天气预报。避开中午的烈日，下午4时30分，大巴车又带上我们游客直奔"月亮谷"国家公园而去。

"月亮谷"公园以沙漠，盐碱滩和站在一望无际的悬崖峭壁上观赏日落景色闻名。据说，这里的地貌景观酷似月球。入夜，当如水的月光洒落在辽阔的"月亮谷"时，因为地面是白色的盐碱滩还有各种形状的沙丘、沙漠、山谷，真正是月光如水的感觉，令人痴迷。

在智利北疆这沙漠和盐碱滩地区观赏火烈鸟也令人难忘。野生动物保护区盐湖上那火烈鸟一眼望去，白色的身体高傲优雅。展开翅膀飞翔时，上面火红，下边黑色的翅膀如火焰燃烧，血红雪白，漂亮非凡。这些火烈鸟旁若无人地低头在盐湖里面捉小虾吃的姿态，如动画似油画，美不可言。

在这块辽阔的火烈鸟保护基地，自由自在地生活着有6种火烈鸟。导游告诉我们，正是因为火烈鸟从小就主食盐湖里面的小虾，而盐湖矿产资源丰富，使火烈鸟白色的羽翼上长出了上面红色、下面黑色的羽毛，出落成红与黑相衬的"白雪公主"，引颈展翅飞翔时更是姿态优美动人，引无数游客阳光下手举相机啪啪啪拍照不停，给这辽阔无垠的沙漠盐湖和盐滩之地增添一道美丽动人的风景线。

游览智利南部"月亮谷"景区，不仅能欣赏到极度干燥的沙漠地区山体丘陵美，更能站在高高的悬崖上眺望无垠沙漠美景，和欣赏这里寂静的、壮观无比的鲜红的日落过程。

距离"月亮谷"不远的地方，还能享受到这里高山之上一条名为 Puritama Hot Springs 的温泉河。高高山顶之上，朗朗晴空蓝天之下，我们在这温泉河一阶一阶的温泉池里游温泉泳、泡温泉时，从上一个台阶流下来的温泉"瀑布"如倾盆大雨般落在头上、身上，那感觉实在是爽！

抬头放眼望去，远去的山峰更陡、更高，的确是难得的沙漠地区山顶温泉，不一样的体验，不一样的享受。

2014 年寒假，谷峥与我们一起在智利北疆月亮谷度假游。

Chapter 3

父母恩情家天津

2015 年 4 月 2 日，清明节前夕的美国《侨报》《文学时代》版头条配发文革期间我们的"全家福"黑白照片，用半个多版面发表了我写的《母亲，我们永远的思念！》纪念文章。天津广播电台著名主播孙阳女士配乐朗诵了这篇文章，情深意切，播出后感动了许多听众：

母亲，我们永远的思念！

(宾州) 谷世强

春季到来的第一天，费城一带下的这场雪转眼就融化了。毕竟，清明节就要到了。

不知怎的，这几天，我看着已泛绿的柳枝和树梢吐露的嫩芽，眼前总是浮现出已经驾鹤西去的亲人。万籁俱寂的夜晚，仰望初春被上玄月照耀的星空，我思念姐姐，我思念父亲，我更思念我们秀外慧中却英年早逝的慈母！

20 世纪 40 年代，母亲与姐姐和大哥在老家玉田县城。

　　母亲 1971 年病逝时正是"文革"期间，我们连一块墓碑都不能给她老人家立，只有每年清明时节的凄风苦雨作陪。作为中国第一批获得国务院津贴的中医专家和天津市第一医院中医科创始人的父亲，在 2009 年以 93 岁高寿去世前，我们终于为他老人家出版了一本家谱，也是为了怀念母亲和姐姐。

　　这本家谱由我在天津的二哥负责主编，硬皮精装，封面烫金书写：《玉田谷济生家族》。这本珍贵的家谱里面除了收录了我们和下一代大量的彩色家庭照片外，更是将我们能找得到的父母亲的老照片汇总印刷了，还有我们深情追思回忆父母的纪念文章。

　　写这篇清明思母的怀念文章时，我一遍又一遍地翻开这本《家谱》，一遍又一遍地仔细端详母亲留在这个世界上不多的几张黑白照片，常常感觉母亲仿佛就在我身边，很多小时候跟母亲在一起的事情好像就发生在昨天。

　　瞧，这一张 1940 年代母亲在老家玉田县家里、坐在地上抱着我大哥、笑眯眯地看着也是坐在地上的姐姐的黑白照片，母亲那笑容多灿烂啊，母亲那时多年轻漂亮啊！

　　《家谱》有一张黑白老照片对我特别珍贵。那是 1962 年的夏天，也许是周末，总是在医院忙工作的父亲居然抽空与母亲一起，带着我和现在都在温哥华的我五哥和我七弟在天津宁园里面的照相馆合影留念。那时，我们都穿戴得体，父母亲风华正茂，整张照片都洋溢着幸福二字。就是今天，看着照片上身穿黑色背带裤、白衬衣的五岁时候的我站在母亲身边的神气样，都能感觉到当时我们享受母爱的幸福！

50 年代初，父母亲与姐姐、大哥、二哥和三哥在天津合影。

　　1971年11月18日，是文革动乱中林彪已死、百姓日子稍微好过一点的一天。就在这寒风刺骨的日子，身患肝硬化腹水的母亲因病不治，带着对父亲和对我们无限的牵挂，走了！

　　此时的母亲，才刚刚50岁，本应该是开始享受子孙满堂美好生活的时候啊！那一年，我才刚满14岁，小学尚未毕业。弟弟世斌那时才刚刚12岁就顿失母爱！

　　每当我读到《家谱》里大哥谷世喆教授写的这一段回忆就百感交集。大哥饱含深情地再现母亲弥留之际的感人一幕：母亲看看爸爸抚摸着她的手无力地说，家刚好过一点，我却要走了！你们好好过吧！母亲又用尽自己最后的力气对父亲说："要爱我的孩子啊！"母亲，这就是伟大的母亲！母爱，这就是世界上最无私、最永恒的大爱！

1955年，父母亲在天津与姐姐和哥哥们合影。

　　母亲的乐善好施和助人为乐是出了名的。即使是文革动乱、我家最困难的时候，邻居大婶、大娘开口找我家借钱时，母亲总是能拿出20元（人民币，下同）绝对不给10元。小时候，我家人口多，自己吃饭都成问题。我记得只要有乞丐要饭要到门口，母亲就是自己不吃也要给要饭的一块馒头、一杯热水。我至今还记得那个走街串巷给人磨剪子、磨菜刀的老头儿，他总是称我母亲为"活菩萨"。因为母亲总是可怜他孤苦伶仃，自己吃不饱也送给他吃的，给他热水喝。

　　我家所在的宙纬路5号院住着五六户人家。那时，公用的水电表常会让邻居们为水电费多点少点产生矛盾。凡是因故收不齐水电费时，母亲总是以"吃亏是福"的处世哲学包揽下来。老邻居们提起母亲没有不挑大拇指的。所以，周围邻居家里闹矛盾打架等，请母亲出面一劝，常常最管用。

苍天不公啊！这么好的母亲年仅50岁就走了！母亲没工作，也不关心政治，但政治还是没有放过母亲。1957年我出生那年，中国开始"反右斗争"。弟弟出生后，中国更是陷入三年自然灾害的"度荒"没饭吃岁月。为了父亲和我们能多吃上几口，母亲"度荒"期间，有时就喝一碗酱油加热水的"酱油汤"充饥。"度荒"后温饱的日子还没过上多久呢，文革又爆发了。这次，父亲也被当成"反动学术权威"挨整了，有一段时间甚至工资也给冻结了一部分。母亲整天惦记着父亲担心着孩子，如履薄冰，度日如年。

文革期间，姐姐从天津中医学院毕业被分配到了河北省乐亭县医院"接受再教育"去了。大哥从北京中医学院毕业跟我大嫂一起被分配到遥远的青海省门源县医院"扎根边疆"去了。二哥从北京大学物理系毕业，还算"照顾"，分配到天津市郊一个搅拌机厂劳动锻炼去了。三哥这个高中还没毕业的"老三届"又被"上山下乡"到黑龙江建设兵团战天斗地去了。

大约1963年，父母亲与姐姐、哥哥、弟弟和我在天津全家福。

母亲要承受的家庭重担实在是太沉重了。母亲要惦记的儿女都走得太远了。母亲已经染病的身体被文革给耽误医治了。母亲的肝硬化腹水其实已越来越严重了。终于，母亲的精神和身体被压垮了，她病倒了！

那时，我们虽然还小，每次邮递员给宙纬路5号送来姐姐和哥哥们的来信时，母亲的脸上总会又泛起久违的微笑。每年中秋节前，母亲会为在外地的姐姐哥哥精心挑选月饼和邮寄月饼的木盒。月饼被包装好放入木盒里面后，还要在上面放上一封饱含父母深情和惦念的家信。母亲让我们帮她把三合板的盒盖用小钉子仔细钉好。然后，书法好的父亲会用毛笔在盒盖上写上姐姐和哥哥的地址。此时，母亲通常会给我一点钱，让我到附近的中山路邮局将月饼给姐姐哥哥寄去。正所谓儿行千里母担忧、慈母悠悠寸草心啊！

支撑我们这么一个大家庭，母亲很会勤俭持家。文革时代物资匮乏，买什么都要凭票证或者是写粮本、副食本。冬天大白菜下来时没有菜心的被母亲捡出来积酸菜。掉下来的菜帮，母亲洗洗干净给我们蒸包子。实心好菜省着炒菜时派用场。最后留下的白菜心，晚上给爸爸加一个糖醋菜心下酒。一点不浪费，而且物尽其用到了极致。

母亲教子有方。如果说我姐姐和大哥、五哥学中医、学西医成为医学专家是受名中医父亲影响的话，我三哥后来搞音乐成为作曲家，那真是受了母亲的影响。三哥小时候家里日子还好过，母亲忙家务之余不但喜欢看报也喜欢哼小曲、唱歌谣。

"文革"期间，母亲在院子里留下了这张黑白照片。

那时候，母亲心情好的时候多。日久天长，三哥竟然喜欢上音乐了。后来"上山下乡"到了黑龙江建设兵团，他竟然搞起了文艺创作还小有名气。再后来，三哥真的考上了天津音乐学院作曲系，现在还是中国音乐家协会会员呢。

　　文革期间，我初中毕业进工厂学徒，恢复高考的第二年，我这个初中生终于考上了天津的大学，不也是因为母亲期待目光的鞭策么？20年前，我只身来到费城打拼时，身上只有几百美元和一只旅行箱。每天想着母亲那殷切期望的目光，我很快在美国站稳了脚跟。如今，我已经成为美国SCI国际市场咨询公司副总裁和股东之一。

　　我们在海外思念父母、亲人，都很喜欢听阎维文唱的《母亲》。这首歌真的是代表了我们的心："你入学的新书包，有人给你拿。你雨中的花折伞，有人给你打。你爱吃的那三鲜陷儿，有人她给你包。你委屈的泪花，有人给你擦。啊，这个人就是娘啊，这个人就是妈！这个人给了我生命，给我一个家。啊，不管你走多远，无论你在干啥，到什么时候也离不开咱的妈！"

　　我已经机票在手，不久会回中国，与在中国的兄嫂等亲人一起去北京西山公墓给我们亲爱的父母和姐姐扫墓、鞠躬、致敬！

1970年春节前，父母与我们姐弟在天津全家福合影。

2017 年 8 月 7 日，美国《侨报》的《文学时代》版配发父亲彩照以近一个整版篇幅发表了我写的《从家父处方话文化自信》一文：

从家父处方话文化自信

（宾州）谷世强

我的父亲谷济生 2009 年驾鹤西去。他生前是天津市知名老中医、肝病专家。

1932 年，名医施今墨先生在北京创办了中国北方的第一所正规中医药大学华北国医学院，父亲有幸成为华北国医学院施今墨先生门下的弟子。4 年后，父亲完成了学业，于 1936 年毕业，开始了他悬壶济世的一生。

我印象中的"严父"，可谓一生专注于治病救人一件事，没有其他娱乐嗜好。除了看报纸，他手不释卷的就永远只有医药书刊。要说琴棋书画爱好，他就只爱书法艺术。

毫不夸张地说，家父不但医术精湛，医德高尚，其手书的每一张药方和病历也都是书法艺术杰作，一丝不苟又美不胜收。当年"天津市肝病研究所"等牌匾也是家父的墨宝。

那时，亲朋家有喜事，逢年过节邻里们有请求，父亲都会在百忙中欣然命笔，给题写喜字和对联等，来者不拒。

笔者到了美国后，书房墙壁上至今依然高悬着家父题赠勉励我们的横幅"自强不息"。每每仰望这四个苍劲有力的大字，都感受到了父爱如山，父亲挥毫泼墨的场景历历在目。

横幅后面是"济生"两字落款，落款下面是爸爸亲自加盖的、至今鲜红的"谷济生印"。其实，父亲直到年近九旬时手写出来的中医药方的书法和文字布局结构之优美，真的就像给我题赠的书法横幅一样。这是对中华文化的自信，这是对中国文字的大爱，这是一生练就的真功夫。

前不久，由中国中医科学院院长、中国工程院院士张伯礼教授主编的硬皮精装本《津沽中医名家学术要略》出版发行。书中从第 106 页至第 122 页，用了整整 16 页篇幅全面介绍了家父谷济生辨证施治中医思想、临床经验和典型医案。书中也收录了家父很多经典处方以传后人。

可惜的是，书中发表的处方无法再现家父手写处方的字体书法美了。难怪，一些不是家父弟子，不是中医，也不是家父患者的收藏爱好者也喜欢收藏家父手写的中医处方。

父亲谷济生一生悬壶济世、医者仁心。

回想起来，父亲的中医处方文字如行云流水，看着就舒坦，博大精深的艺术通过手写的处方跃然纸上，让患者更有信心，让药房赞叹不已，也让中华国粹得以弘扬。

互联网时代无奇不有。听说有人在网上出售家父谷济生的手写中医处方。我在感到惊讶的同时，想想家父中医处方学术价值和书法特色，也就见怪不怪了。虽然，这是公然侵犯家父的知识产权，但我们作为家人又能如何呢？换个角度想，有人欣赏并热衷于收集家父散落于民间的中医处方手迹并上网出售，一方面说明家父谷济生的中医处方确实值得收藏，另一方面不也是一件让中医名家处方和书法艺术能流传于世的好事吗？反正家父在世时也是淡薄功利，一生只管治病救人。在"一切向钱看"风气盛行之时，家父却将自己多年临床实践研发出来的"慢肝宁"处方无偿赠与一国营药厂，为万千慢性肝炎患者送去福音。

从北京中医学院毕业后被分配到青海行医的大哥谷世喆曾经从青海买了珍贵的麝香孝敬父亲，但家父后来却将这珍贵的麝香无偿送给了急需而又经济拮据的患者，其高尚医德可见一斑。

有意思的是，我上网搜索关键词"谷济生，处方，中医"竟然发现一篇

2016 年发表在北京国学网上署名王大鸣的文章《看了"天书"处方，应该发愁的是谁》。我不认识这位王先生，但他似乎是位非常熟悉家父的收藏家或者医生。

他写到："天津有一位享受政府特殊津贴的老中医谷济生先生，是施今墨先生的正式学生，一生临池不辍，行书药方一如其人，高雅脱俗，帅气漂亮。"

"当今，像施今墨、谷济生这一代的老儒医已经不复在世了，现在的一些中医（当然也包括某些老中医），从书写的药方就可以看出他们的基本文化素养并不高，记几个药方子、治个头疼脑热没有问题，但是别指望着在传统医学中有什么大的作为。因为一个宁可把自己丑陋的脸面向人展示也不去整容的人，哪里还谈得上悬壶济世的责任心。不管别人怎么样，这种修养的大夫我是不信服，自然也不愿意把命交到他的手里。"我以为，这位王大鸣先生说的极是。

面对天书一样的中医处方，如王大鸣先生所言，发愁的首先应该是负责给病人抓药的药剂师。其实，更应该发愁的是患者和我们这个变得浮躁不堪的社会。信息时代，从医护到患者，似乎都成了每天离不开电脑手机的"低头一族"。天书般令人生畏的中医处方毕竟还是手写了出来，大概毕竟起码署名的医生本人应该还是能辨认出来的。

问题在于，现在是越来越多的中国人，如果没有手机或者电脑键盘敲打拼音帮助，连很多日常中文字都只会说不会写了！写出来的话也是错字连篇。长此以往，靠着汉语和汉字维系统一几千年的中华文明，会在会说会打字但不会写的炎黄子孙中发生断崖并丧失文化自信的！

王大鸣先生说的好：在以前，一个学中医的人，如果立志要当一位名名中医，那么从立志的那天起，就要开始练习书法，因为过去的人们认为，字写得不好，说明学问不到；学问不到，怎么敢让你治病！开出的药方子就是大夫的一张脸，字写得七荤八素的，谁敢拿命在这儿跟你开玩笑！以前北京的四大名医施今墨、萧龙友、孔伯华、汪逢春，他们的书法决不逊于当时的书法家，开出的处方几乎都被人们当做墨宝收藏，这样的中医人们尊之为"儒医"。

网上拍卖的谷济生手书处方，严格说来，其实很多不能被算作是家父的亲笔。为什么这样说呢？那是因为过去的"蓝垫纸"年代，家父开药方从来都是一式三份的。家父一生没有用过电脑，手机也只是会接听我们打来的问候电话而已。所以，家父一生没有用电脑写过和打印过一张谷济生医生处方。中医开处方都是医生望闻问切后，根据自己的诊断辨证施治当即手写开出处方的。1949 年后，父亲加入了天津市第一医院并创建了天津市最早的中医科后，给病人开处方都是一式三份。一份给看病的患者去抓药，处方也会被留在抓药的中药房；一份留给医院存档，收入病人病历；还有一份应该就是父亲或者是父亲的徒弟保存。

在没有电脑，中医开处方也不打印的年代，如何能得到一式三份的处方呢？

用复写纸。那时，是文具店就卖用手一摸弄一手蓝色的复写纸，亦称蓝垫纸。记得小时候看父亲给病人开药方时，都是拿出红色的中医处方笺，然后在第一张下面和第二张下面各垫上一张蓝垫纸后手写处方，一气呵成，并在右下角"中医师"处签上谷济生三个字对处方负责。

父亲来美国探亲时赠送给 Tim 博士和 Sandi 夫妇的手书横幅
至今高悬在 Tim 家客厅墙上。

父亲手写的处方不但字体优美，而且不论是只有三五味药的方子还是有十几味药的方子，都书写布局合理美观。复写的两份副本也是清清楚楚，很接近原件。所以，现在流传在外并在网上出售的家父处方，相信有很多其实是蓝垫纸下面的复写件。

当然，从研究家父辨证施治和用药学术思想以及书法鉴赏角度看，这些 copy 件与原件有着同样的收藏价值。

文革结束后的八九十年代，家父给慕名前来求医的患者开处方时仍然是用圆珠笔手写处方，仍然是用蓝色复写纸"一式三份"，处方的字体和结构布局仍然是那样的一丝不苟。

如今，大概还卖复写纸的文具店已经难找了，知道蓝垫纸是什么的"80 后"，"90 后"更是不多了。93 岁高龄辞世的家父谷济生，一生用掉过多少蓝垫纸和复写了多少张救死扶伤的中医处方，也许是个天文数字。

1984 年，我平生第一次出国买机票，才知道发达国家早就不用什么蓝垫纸了。原来，那时的美国不仅机票都早已经用无碳复写纸打印联程票了，需要一式几份的联邦快递和 UPS 的快递单据等也已然用上了无碳复写纸了。与我们沿用多年的"蓝垫纸"是借助压力间接地使染色物质转移而取得一式几份的复印效果不同，无碳复写纸是利用压敏作用和电子供予性的无色染料与电子接受性的酸性显色材料之间的化学发色原理直接在纸上呈色。不用一层又一层地铺垫上"蓝垫纸"，照样可以得到一式几份的副本，当时觉得真是太高科技了！就是今天，美国联邦快递公司 FedEx 的国际快递单一式六份，用的仍然是看不见"垫纸"的无碳复写纸单据。

在美国，我们去诊所看医生体检等，美国医生都是随手用在诊室的电脑上一敲打，就写出了病历，开出了验血单子同时也开出了如青霉素口服一日三次，去痛片疼痛时服一片等西药处方。

医生除了马上可以将处方打印出来给患者本人去买药外，也可以直接通过电脑将处方电邮或者传真给患者家附近的药店，等我们到了药店时处方药已经装好了，付费取走即可。

这现代科技方便是方便，但再也不会有家父谷济生手写处方的因人而异的辨证施治中医理念，也失去了优美书法的可收藏价值了。比如毛泽东诗词《长征》，尽管读其文字也能感受到其气势，但看其手书，更能体会到气势的恢弘和诗词意境。

作为炎黄子孙，我想，不论今后科技发展到何等水平，当医生也好，做老师也罢，做公务员、工程师、律师和会计师也一样，都应该做到不靠电脑和手机辅助也会写汉字，而且，最好能写出汉字的书法和中华文化的自信美来。

汉字是世界上唯一沿用至今的表意文字，其篆、隶、草、行、楷五种书法表现形式是历经甲骨文、金文、小篆、隶书、草书、行书、新隶书和楷书这八个重要的汉字衍化发展阶段造就的，这里体现着我们中华文化的大智慧。所以，我要向积极收集并在网上出售家父谷济生中医处方的素不相识者道一声谢，因为客观上你们也为弘扬我们国粹的中医和汉字文化做了贡献。

　　2007年7月4日是美国"独立日"国庆节。面向全球华人发行的《人民日报海外版》头版头条最突出位置发表了我写的《我们三兄弟的转型之路》一文，迅即被网络媒体广泛转载：

我们三兄弟的转型之路

谷世强　（美国）

　　看了人民日报海外版关于海外华人经济转型升级的报道，深有同感。本人现在美国费城地区从业，是贵报多年的忠实读者。我认为，海外华人经济转型升级的讨论，事关长远，很有意义，也很有针对性。我结合我们兄弟三人在北美求学、创业、转型的经历，也来谈点体会，希望能抛砖引玉，把这个讨论引向深入。

　　俗话说："男怕入错行，女怕嫁错郎"。我从家乡天津移民美国费城，已经十多年了。我认为，新一代海外华人的经济转型之路，其实也是华人在海外扬长避短的"转行"之路。过去，我们在好莱坞电影里面看到的华人"经典镜头"是什么呢？不是做中餐馆的男人，就是洗衣服干家政的妇女。一句话：非主流、低收入。

　　现在不同了，新一代华人已经在西方国家许多当地人也梦寐以求的高端行业扮演着越来越光彩夺目的角色。其实，正是因为知识结构变了，新一代华人成为科学家、教授、医生、企业家、银行家乃至政界人士的越来越多了，华人在海外的影响力、地位和形象也得到了提升。

　　我在我们谷家排行老六，从1992年起加入总部在费城的美国SCI国际市场咨询公司，一晃十多年了。我五哥谷世安和我七弟谷世斌先后在上世纪80年代末到加拿大求学工作。我们兄弟三人在加拿大和美国同样都没有任何"海外关系"，都要在这远离家乡亲人的大洋彼岸白手起家。

　　我五哥谷世安现在是温哥华的执照医师，拥有自己的诊所。我见过不少学医的人从国内来北美，但能成功成为执照医师的寥寥无几。一个字，难！我五哥先是应加拿大马尼托巴大学卫生科学中心的邀请任副研究员，凭着我们华人刻苦钻研的精神，在国际英文核心期刊上先后发表研究论文20余篇。刚到加拿大时英文很差的他，通过努力又考入ＵＢＣ大学攻读了博士学位，之后过五关斩六将，经过无数次考试，最终堂而皇之地成为加拿大执照医生。其转型之路的艰难，生动地体现了新一代华人敢在海外出人头地的精神。想当年，他刚到加拿大时，怀中只有100美元；在UBC读书时，花500加元买的一辆旧汽车，除了喇叭不响，其他地方都响。

2007年7月4日，《人民日报海外版》头版头条。

美国的咨询行业发达，人才济济，竞争激烈。十多年前，我刚刚加入SCI公司时，这家在费城市中心市场大街拥有漂亮办公条件的咨询公司，北美、南美、欧洲、日本业务都做，就是没有中国业务，他们也不了解中国和中国市场正在快速崛起的巨大商机。对我这个"外来户"来说，这既是一个"槛"，也是一个极好的转型机会。

我凭着对中国发展的信心和理解，凭着熟悉中国国情、文化、语言，凭着巨大的乡情动力，主动请缨负责中国市场业务开发，推动SCI公司向中国业务转型。那时的SCI连一个中国市场客户都没有，难啊。好不容易开发出的一个有实力的美国潜在客户公司，一听说 SCI 不是专门做中国市场的咨询公司，就动摇甚至打退堂鼓。

2002 夏天，五哥谷世安医生（中间站立者）和
七弟谷世斌（左一）从温哥华、笔者从费城一起回天津看望父母。

经过不懈努力，我与公司的同事们合作，终于得到第一个客户公司。随着业务越做越精、越做越专，客户越来越多，甚至柯达等大公司也与我们合作了，中国业务开始成为 SCI 的主营业务。

扬我华人之长，避我华人之短。在 SCI 公司向中国业务转型的过程中，我也一步步升为公司副总裁。两年前，SCI 脆连名字也改成现在的 Sino-Consulting（SCI）中国市场咨询公司了。

七弟谷世斌在我们家排行最小，在天津时是人人疼爱的"老儿子"。十多年前，他偕爱人杨薇薇到了加拿大温尼泊市，开始了"洋插队"生活。初到异国他乡求学创业，那叫艰难！我七弟就是靠着一股一定要为华人争光的劲头，边打工边上学，两年完成了 4 年的课程。这期间，为了生存，七弟贷款在温尼泊市开了一家名为"天津餐馆"的中餐馆。其实我们谷家人都不知道这个弟弟还会做菜呢！功夫不负有心人。1991 年，谷世斌加入加拿大最大的基金公司当投资顾问。从 2000 年开始，他在加拿大第一大银行 BMO（Bank of Montreal）工作，从财务经理、业务发展经理到高级按揭经理，获得了该银行最高奖 BEST OF BEST 奖。但奋斗的脚步没有停，他现在正在边工作边进修加拿大课 EMBA 程，为了向更高端经济转型，像愚公一样"每天挖山不止"。

我们三兄弟的转型经历，或许带有一些个人奋斗的色彩，但这不也正是千千万万海外华人奋斗和转型的一个缩影吗？

2014 年 11 月 16 日，周日版美国《世界日报》的《世界周刊》配发多幅大学毕业前照片，用一个半版面发表了我写的《大陆恢复高考那一年》回忆文章：

大陆恢复高考那一年

文、图 / 谷世强

前不久，大陆央视播放电视连续剧《历史转折中的邓小平》。作为在中国亲历过"邓时代"的我，也很想看《邓小平》。因此，我每天下班回家后和都看，一直看到第 48 集邓小平南巡肯定深圳特区的"大结局"。没有想到的是，电视剧《邓小平》又让我想起了中国恢复高考的那一年。

重启高考 邓大贡献

《邓小平》从历史的高度还原当年中国全面恢复高考的坎坷历程，再现邓小平的高瞻远瞩和雷厉风行，同时也以典型事例表现当年我们报考大学的艰难。让经受十年文革动乱的中国迅速恢复高考，无疑是"邓大人"对今日中国之发达的一大贡献。

我于 1975 年从天津十中初中毕业。毕业时毛还没有去世，文革还在继续。所以，我上初中这三年尽管赶上了好老师，但在那"知识越多越反动"年代没学到多少有用的知识。初中毕业，我被留在国营天津锻压机床厂大件车间当学徒工，学开大车床，那时我刚好 18 岁。

学徒工要早、中、晚"三班倒"，加上"夜班补助"加班费一个月挣二十几元工资。挣钱不多，工作劳累，业余时间还要自学《机械制图》和《公差与配合》等基本知识，以便能看懂加工图纸和操作车床。很快，我在师傅指导下会开车床，车刀也算是会磨能用，但就是上初中学的那点"数理化"及英文，也基本都没有了。

文革后期，中国大学生是"工农兵学员"，上大学不靠"高考"靠"单位和领导推荐"。在单位指标的前提下，只有他们认为"表现好"或"后门硬"的才有机会跨进大学的门槛。也是为了这个"一线希望"，我们这些学徒工每天都努力工作"表现"，争取能被推荐上大学。当年，读了高中或者是上了技校的就是"基础知识"最好的。

恢复高考 振奋人心

"四人帮"倒台后不久，邓小平又重新回到北京政坛。忽然间《天津日报》和北京大报在 1977 年的 10 月透露中国要全面恢复高考的消息。一石激起千重浪，这消息对我们这一代人的震撼程度可想而知。对于我们来讲，这消息真如同是在重度雾霾环境中忽然见到蓝天、白云和太阳。

从公布恢复高考到当年冬季高考，就剩几个月时间了。那真是时不我待，报名参加高考的我们忽然间觉得时间过得太快，一夜间明白了什么叫书到用时方恨少。我真恨自己这两年学徒期间没找几本高中的数理化读读。恨也没用，赶紧找来能找到的中学数理化课本，甭管他理解还是不理解，硬着头皮开始读，背公式，背定义定理，做运算。

那时，我真恨不得一夜之间能把中学数理化公式、定理、定义和英文单词镶嵌到大脑里去。我这个"初中生"学徒工每天面对着明明看不懂的数理化和语法等，却偏要弄懂要考大学的心情，不是当年的"过来人"还真难懂得。

我 1975 年初中毕业后进工厂，既没上过技校也没见识过车床，穿上蓝色工作服后拜了师傅成了学徒工，对车、钳、铣、刨、磨等机械车间这套是一窍不通。那大件车间的机床开动起来山响，每一个大油缸或者是大活塞锻件对我来说都是天文数字的昂贵，出了废品和事故是要吃不了兜着走的。那时，中国是每周六天工作制，逢年过节还经常要"大干快上"加班，能看书的时间真是不多。说也怪了，我所在的天津锻压机床厂生产任务总是饱满得很，"天锻"牌液压机供不应求。

努力自学 恶补课程

从听说全面恢复高考的那天起，除了每天按点去上班外，我就把心思全都用到补习高中数理化知识上了，那真叫一个恶补。英文一是实在不懂也没人没书教我，二是也实在没时间顾不上这么多。可笑的是，第一次参加高考考英文时，我似乎只认识和会念的英文就两句。一句是"Long life Chairman Mao！"（毛主席万岁！）；另一句是"How are you?"（你好）。当年，全中国的考生英文大都在毛主席万岁这个水平上，好一点的就考上外语学院了，跟现在国内的小学生比不了。

我为什么一心要参加高考，其实我自己也说不清楚。除了父亲是天津市的名中医和哥哥姐姐"文革"前都考上大学的家庭熏陶影响外，"邓大人"上台后宣传陈景润摘取"哥德巴赫猜想"数学皇冠上的明珠、让"臭老九"又香了起来之风，对我影响更大。现在回想起来，自己都觉得当时真有点初生牛犊不怕虎。

我报名参加了1977年"文革"后恢复的第一次全国高考，但终于因为我的初中毕业底子太差，数理化分数不够高而落榜。但是，这次参加高考的经验却给了我更大的信心。我还要再考，因为虽然我的数理化分数不高，但文科分数还凑合。我知道，只要我能啃下高中数理化这块硬骨头，我还是有希望考上大学的。

自学理科 问题很多

自学数理化与有老师讲解和有实验室演示完全不同，而且那时教科书和复习资料也奇缺。我自学"自由落体"定律时，怎么也想不通为什么物体下落的加速度与物体重量无关。没有物理演示，简单问题也不简单。记得恶补数理化时，满脑子都快成了当时中国最畅销书《十万个为什么》。

第一次全国高考在即，但全中国570万考生却都没有高考复习资料可以参考。在考高前一两个月，《数理化丛书》才问世。因为天津是大城市，我们很快就搞到这套《数理化丛书》，就拼命学了起来。这本简易的《数理化丛书》，当年印刷发行7390万册。今天中国最畅销的小说，印数也未能达到这个数字。

1983年夏，大学毕业时与老师合影留念。

后来我得知，全国 570 万名考生参加"第一次高考"，最后只有 30 万人被录取，比现在考"常春藤"还难。所以，我这个没上过高中的"学徒工"没有考上不丢人。有这种精神垫底，我毫不气馁，很快就又开始高考补习，专攻数理化。我明白数理化这"硬科学"只靠自己硬啃不行，于是就"走后门"报名参加了父亲医院附近的"天津市第一工人文化宫高考补习班"。这个补习班一周补习三个晚上的数理化，请来的都是天津市有名的高中老师讲课，讲得明白，题也猜得准。

考上大学 感谢小平

1978 年夏季，我第二次参加高考，终于考上天津理工学院，圆了我的大学梦。这一次全中国有 610 万考生参加了这第二次高考，最后只有 40 万考生被录取，我就觉得自己能考上天津理工学院也算是很幸运了。

48 集的电视剧《邓小平》我从头到尾看完了。在看《邓小平》这些天里，我的思绪想到在天津理工学院上学时的一幕幕，想到老师和同学。我大学毕业后，进入天津市科委所属的国际科技外事部门工作。十年前，我从美国回国，和老同学们在天津友谊宾馆给大学老师过八十大寿。前年，我从美国回国出差，在天津与老同学们一起庆祝大学毕业三十年。

现在，通过微信群，我们这些在海内外的大学同学又都联系在一起，常常回忆上大学的日子。我感觉自己又年轻了了，好像又回到中国改革开放发生巨变的年代。如果中国当年没有"邓大人"决策恢复的高考，我们这一代人生轨迹都会不同，中国发展也会与今天不同。我们这些"过来人"怀念邓小平，感激邓小平。

2019 年 10 月，笔者与大学老同学在母校新址教学楼前留影。

2013年6月17日，美国《侨报》的《文学时代》版头条配发我家1969年全家福黑白照片，端午节后用半个多版面发表了我写的《乡情依旧梦依稀》一文：

乡情依旧梦依稀

（宾州）　谷世强

"端午节"已过去了，但是，节日带给我们海外华人那份乡情回忆，比吃粽子的感觉更美更甜更亲。

1957年天津出生的我，除了没有赶上中国的计划生育，在家排行老六外，其它的政治大动荡都"有幸"赶上了。

来美国一晃也20年了，说也奇怪，美国的复活节、圣诞节等节日我们也过、假也照休，但能说明白这些节日文化内涵的却不多。像万圣节之类的洋节，很多华人干脆不过；感恩之类的大节我们也过，但吃饺子宴的华人家庭比在家烤火鸡的华人家庭多不少。为什么呢？乡情、乡愁和文化传统使然。像中国最近都放假的清明节、五一劳动节和端午节等倒是常能引发我们海外华人的乡情。

这个周末，我上午没事用Skype给我在北京中医药大学当教授的"名老中医"的大哥谷世喆家里打电话，北京与我们虽然时差正好12小时，但如今信息时代沟通起来真方便。大哥告诉我说，他今天刚去给我们也在北京的老姑和老姑夫送去北京老字号稻香村的粽子。

哦，我一看中国日历，的确是咱们华人的端午节到了。可惜，美国不过端午节等，我们还得照常上班。放下电话，我望着窗外的一片葱绿，脑海里浮现出我小时候在天津家里包粽子、煮粽子和吃粽子的情景，我想起母亲那慈祥的面容和她那双做什么饭都好吃的巧手，还想起爸爸忙碌了一天从医院下班回家品尝我们包的粽子说好吃的难忘瞬间，就这样，我的思绪一下子从费城飘回到小时候所住的天津。

那时，我们常称端午节为粽子节。粽子节前，虽然也常有亲朋好友给家里送来各式粽子，但我们最喜欢的是母亲用芦苇叶包的粽子。母亲喜欢包红枣、红豆沙馅的糯米粽。红豆沙馅还是母亲自己做的：红小豆、红糖和桂花，母亲从铁锅里面炒出来的豆馅又甜又香，好吃极了。小学没毕业时，我就跟着母亲学会了包粽子。

如今回忆起小时候和后来在中国度过的每一幕难忘时光，都会陷入沉思，那些与父母、姐姐、兄弟、至亲、老邻居和老同学在一起的经历，彷佛就发生在昨天。即使是那时在天津冬天冒着严寒跟母亲去买大白菜、春节去排队买"要本、要票"的鱼肉和夏天扇着大芭蕉扇在院子里和在马路上乘凉的艰难岁月时光，现在回忆起来，仍感觉温馨，只因里面有父母亲人在。也许，这正是血浓于水，亲情、乡情超越时光的体现。也对"每逢佳节倍思亲"这句话有了更为深刻的体会。

出生在那个"火红"年代的我，文革开始时才9岁，正在天津新开小学读书。1976年，文革结束时，我已是19岁，正在天津锻压机床厂当学徒工人。母亲因病和"度荒"、文革的折腾英年早逝时，我小学还没有毕业。在那个物质匮乏、经历伤痛的年代，仍有很多美好难忘的快乐时光。

那时，我家所在的河北区宙纬路马路也不算窄，但很少能见到汽车。放学后，我们常与家门口的小朋友用两块砖头当球门踢橡皮足球，也很过瘾开心。有时候，我们也一起玩捉迷藏。那时，我们都住平房大杂院，宙纬路上还有三戒里等胡同四通八达，玩起捉迷藏来，院子门后面、胡同里面到处都有藏身之地，好玩极了。

1985年，笔者与卢琳游天津蓟州盘山。

我们小时候根本没见过游泳馆就，我从上小学五六年级起就常和哥哥、弟弟、小学同学骑车到天津海河和新开河里去游泳，唯一的安全保障就是一个打足了气的篮球。就这样，我们也都在河里和水上公园的湖里等学会了游泳。

那时候，乒乓球是"国球"，庄则栋、李富荣等名将的大名至今都还熟记在我们的脑海里面。不刮风时，我们就在院子外面用两个木凳搭上铺板，铺板中间再摆上一排砖当"网子"，小伙伴们就挥拍比赛打乒乓球，谁打输了谁下台，又热闹又好玩。弟弟世斌后来竟然打到了专业队的水平，在正规乒乓球台前挥拍比赛扣球也很厉害。

虽然，我们那时候根本就没有什么补品和巧克力，但也许是学习考试压力比现在小很多的缘故，身体素质不错，我的小学和初中同学几乎没有戴眼镜的，至今我也不戴近视眼镜。如今，我看到很多从中国来美国的留学生，小小年纪戴个大近视眼镜。而且，他们在重重考试压力下过早地丧失了青少年的青春活力，除了电脑游戏似乎就是考试与"关系"，在高楼大厦的楼群里再没有了我们当年捉迷藏的欢乐和友情。

说起我们这一代，就数理化知识与电脑、英文而言，我们绝对无法与今天的同龄青少年相比。即便如此，文革后的早期留学生，身无分文，又要打工挣学费又要补习英文又要攻读学位，不是也出了一大批能吃苦耐劳的一流人才吗？回忆往事有时也觉得好笑，在那"政治挂帅"的年代，我们这一代连当年在天津学会的打扑克牌玩法都是什么"大跃进"、"争上游"和"斗地主"，政治烙印之鲜明程度可见一斑。

1991年笔者与父母家人在天津。

虽然文革摧毁了我们这一代按步就班上初中、上高中和上大学的"白专道路"梦，但大约是1973年，我在天津十中上初中时，大概是因为邓小平的"整顿"教育，竟然也赶上了学校作文大赛。我写的一篇题目为《煤黑心红意志坚》的作文竟荣获了作文大赛头等奖。除了奖状、大红塑料皮笔记本和钢笔奖品外，学校还奖励我一本高玉宝写的小说。从此，我就自鸣得意，一直以为自己作文还不错，至今还喜欢舞文弄墨。

我上中学时，文革已到后期，虽然新华书店里面买不到什么文学书看，图书馆对外开放的书刊更是少得可怜，但同学之间喜欢看书的就互通有无，今天私下传阅《红楼梦》，明天又传阅《苦菜花》，后天就传阅《青春之歌》，还有《牛虻》等，大家看得很快却又很认真。有的同学为赶时间传阅，甚至将当时的这些禁书，外面套上"毛着"红塑料皮在课堂上也低头看，生怕被老师发现和没收了。越是这样，好像越能看进去。如今的网络和考试年代的同龄人，有谁还有时间看名著、看什么长篇小说呢？

1994 年 9 月，笔者与父母在纽约世贸大厦顶层合影留念。

那时候，我们虽没有今天的学习条件，但也渴望学习、渴望知识。现在，我还常想起小时候跟我"发小"李耕一起按照一本大概叫做《来复式半导体收音机》的畅销书，自己攒半导体收音机的往事。我们用好不容易攒下的 5 元、10 元人民币甚至几毛钱买电阻、电容、变压器、晶体管、电位器、印刷线路板还有喇叭、耳机、磁棒和线圈什么的，似懂非懂地看着书用电烙铁往线路板上焊接电子元件，插上耳机调试来调试去，竟然收听到广播声音了！虽然那音质真是不怎么样，但那份高兴劲现在还真难找。

上初中时，我与同学去天津宁园和水上公园春游照相，用 135 黑白胶卷拍照片，胶卷很贵，每拍一张都很认真，很有感觉。但冲洗胶卷、放大照片对我们来说太贵了，我们那时都没钱。怎么办？我们就自己用木箱制作曝光箱，后来，又有能人自己制作放大机。然后，我们就自己去买便宜相纸，买显影剂和定影剂，找朋友借上光机，晚上趁夜色在我家洗照片，放大照片，然后还借来裁纸刀和裁花边刀将一张张自己洗、自己放大的黑白照片裁减好，给家人和同学朋友看。那份满足感、那份成就感是如今拿着数码相机的人们绝对找不到的。

说起老照片，我就想起爸爸的写字台，上面是一块很大的玻璃板，有写字台 2/3 那样大。玻璃板下面摆放的都是我家人的照片，基本都是黑白的。后来，慢慢有了真正的彩色照片。

印象中，我们的全家福大约拍摄于 1969 年。那时我 12 岁，爸妈虽然年龄大了但仍显得很精神。我们全家人都穿着深蓝色和黑色的中山装，我和弟弟也都没有红领巾，但全家人每人左胸前都戴着毛主席的像章，真实纪录下了当时的历史。这张被哥哥放大、冲洗了很多张的"全家福"我们都很喜欢。在海外，真不知道它带给了我们多少家人团聚，父母恩情的美好回忆。

乡情依旧梦依稀，我们在海外回忆和梦到最多的也许是小时候在家过年的情景。那时候，春节期间的天津真是冷极了。海河上面是厚厚的冰，不少人砸个冰窟窿出来坐在旁边冒着严寒钓鱼。那时，最高兴的是在天津中医学院上大学的姐姐放寒假回家和我们一起过年，她总会给我们带好吃的。

春节前一些天，我们会高高兴兴地骑车去天津北站接大哥和二哥回家过年。那时，大哥在北京中医学院读书，二哥在北京大学读书，回天津家里过年都是坐火车。春节前，我们全家人会齐动手扫房、擦玻璃，做卫生迎新年。差不多每隔一年，我们家会给房子刷浆。我们骑自行车买来大白、火碱和染衣服用的颜料等，然后倒在洗衣服的大盆加水搅和成颜色适度的浆，再往里面倒上新熬出来的面糊以便挂浆。然后，我们几个男孩就脚踩凳子在哥哥指导下用排笔开始刷浆，哥哥们负责刷最高和最不好刷浆的房顶，大家热热闹闹一干就是一天，隔天还要收拾房子擦洗，然后看着虽然不大但却焕然一新的家，感觉真是暖融融的。

那时的年夜饭都是在家里自己做，没听说过谁家下饭馆吃年夜饭的。反正那时文革也没有高中和大学可上，所以，我们也没有考试压力，家务活就都学会做了。春节前，我特别热衷于给家里采购鱼肉、米面、花生、瓜子和什锦糖果等，每天都很忙。然后，自己蒸过年吃的白馒头、自己炒花生和葵花籽，自己炖肉、炸丸子、做酸菜、做鱼，甚至于自己将已褪色的裤子再用天津"抵羊牌"藏蓝色染成新颜色过年穿。所以，当改革开放后我们这一代人到了美国以后，很多人自己做饭之类的活儿一点问题都没有，适应异国文化和困难反而更快。

端午节已过去了，但是，节日带给我们海外华人那份乡情回忆，比吃粽子的感觉更美更甜更亲。

　　2015 年 7 月 23 日，美国《侨报》的《文学时代》版配发太太在天津抱着快满一周岁的儿子谷峥彩照以近一个整版篇幅发表了我写的《那些没有空调的夏天》一文：

那些没有空调的夏天

（宾州）谷世强

　　震惊中外的林彪"9.13 事件"发生那年（1971 年），我刚好 14 岁，在天津市新开小学上六年级。虽然快要毕业了，但仍然是个小学生。印象中，那时的夏天比现在要热很多，室外热，室内更热！

　　直到 1976 年"四人帮"倒台"文革"结束时，诺大的天津市不但家里装有空调的几乎就没有，连有电风扇的家庭也凤毛麟角，更不用说什么冰箱和彩电了。

　　一个字，穷！当时中国"三大直辖市"之一的天津夏天都没有空调，中小城市和农村更是可想而知了。

　　家父谷济生是天津市的名老中医、第一医院中医科主任、当时的"高知"，家里除了有一台算是当时"奢侈品"的老式电风扇和一台电子管收音机外，就没有任何其它电器了。那时的夏天，芭蕉扇不离手还时常大汗淋漓。因为太热也没有空调和电扇，晚上能睡个好觉不容易！

　　如今，人们在家里、汽车里、商场里和办公楼里，如果没有空调，就好似不能生活。想想小时候那些年，直到我大学毕业结婚时家里都没有空调，也过来了。怎么过的呢？回想起来，有些故事还真有点苦中有乐、热中带爽的成分。

　　记得上小学时，"文革"期间放暑假没有作业，就在家门口和小朋友疯玩。在离家不远的二马路口，有一家叫做"津沽橡胶厂"的国营工厂，做支援越南的军用雨衣等。工厂"三班倒"，夏天雨季更是特别忙。工人的"消夏"福利是可以免费喝到"清凉饮料"。这清凉饮料是白开水里面放糖和水果精，再用冰块冰镇而成。对我们小孩子来说，真比今天喝冰镇可乐和果汁好喝百倍。我们白天玩耍的一大乐趣，就是将门卫设法给引开，其他人趁机提着水壶跑进去灌上"清凉饮料"就跑出来。那冰凉的"清凉饮料"回家倒上一杯跟家人分享，就是现在还感觉回味无穷。

每天上午，一辆大马车会拉一车大冰块到橡胶厂门前。搬冰过程中的碎冰块是我们最好的"战利品"。当时干这事儿乐此不疲，感觉到的不是暑热，只有抢到冰块的凉爽和"成就感"。那时候，别说空调和冰箱了，就是食品店用冰块冰镇的"山海关汽水"也没钱买。

1986年初春，与父母姐姐和大姨等在天津家门口合影。

直到1976年"唐山大地震"后，我家那一带被震坏的平房拆迁盖楼房，我的童年、少年乃至青年都是在天津市河北区宙纬路5号院度过的。

那院子里一共住着五户人家。一进院门的第一户就是我家。右手两间青砖大瓦房是正房，爸爸下班后也常在这正房给来访的亲朋号脉诊病开药方。对面还有两间小一点的砖房和一个简易的小厨房，也储存煤球和劈柴等。

从我1957年出生后住在这里到搬迁，这些房间从没有过空调。

"文革"动乱前，院里的邻居们处得都很好。因为家家户户都没有空调，夏天晚饭就都在院子里放张小桌子吃饭。入夜，我们扇着芭蕉扇聊天，偶尔切个西瓜解暑，也其乐融融。

"文革"期间老邻居"二大爷"因为"出身不好"被红卫兵抄家并遣送回原籍了。"二大爷"的房子就让红卫兵分配给了一个附近街道上靠理发为生姓秋的"贫农"。

这"老秋"是典型的城市无赖，生了大鬼、二鬼和"哭闺女"等五六个孩子，每天大人闹小孩子哭的，把我们好生生的和睦居民院给折腾得乌烟瘴气，鸡犬不宁。

当时"老秋"自认为是我们 5 号院里唯一"出身好"的，白天晚上的折腾。本来当时夏天就热的就够呛了，他竟然在家门口垒了一个农村烧柴火做饭的大灶，用捡来的柳条筐的烧火做饭，烟熏火燎。那时候还经常停电，连家里的收音机都听不了，就听他家的"哭闺女"没完没了地哭，真烦透了，也是"文革"乱象中难忘的一幕。

"唐山大地震"也波及到了天津。我们那一片平房是天津市最早被规划重建的，再加上"文革"结束，"老秋"一家终于搬到别处去了，夏天也过的清凉安静一点了。

70 年代初叶，美国的工业已经高度发达，高速公路和家庭汽车已经十分普及。可那时，我们在天津，家门口的马路上一天也难见到一辆小轿车驶过，当时只有"大官"才有轿车或者吉普车坐，连中型工厂的厂长、医院院长等都得骑自行车上下班。

1987 年夏天，卢琳与出生 5 个多月的谷峥在天津家里。

1987 年 5 月，父亲和大哥来我家与出生五个月的谷峥合影。

说那时的北京、天津是"自行车王国"一点不错。好处是，我们可以在家门口的马路上踢足球、玩骑自行车和捉迷藏，不用担心汽车，的确很安全。所以，我们这一代虽然小时候营养不良，夏天也没有空调，但似乎身体锻炼得还都不错，老同学里至今戴近视眼镜的都少。

夏日炎炎，越热、越是快要下雨，外面飞的蜻蜓和老蠹（音同"赫"）就特别多。而且，身体黄色、比蜻蜓小的老蠹喜欢在通风的十字路口聚集飞翔，周围的树上也会有很多。我们就尽情地在马路上用草帽、用上衣扑打老蠹和蜻蜓，尽管满头大汗，但每抓住一只老蠹就特别开心。如果运气好，能抓着一只漂亮的蜻蜓回家玩，就更喜出望外了。

我们那时还用松香等在煤球炉子上面熬"粘子"，其实就是一种简易不凝固的胶。然后，把"粘子"抹在接成很高的苇子杆顶端去粘树上歇息的蜻蜓和老蠹。几个小伙伴，有眼尖的负责寻找树上蜻蜓、有负责稳稳地举着芦苇杆准确无误粘蜻蜓的、有负责将粘到的蜻蜓轻轻夹在手指缝之间的，一玩就是几个小时，觉得比玩什么玩具都好玩。现在想想，那还真是很不错的户外运动嘞！

到 1972 年我上初中时，天津市的家家户户仍然没有空调，仍然连电扇也没有。一到晚上，即使没有停电，院子里面开电灯的也很少。一是为省电，二是开灯更热，而且会招引蚊子飞进来。那时都住平房，每家门口都有一个竹帘子，一掀帘子进出门。亮灯的话，蚊子趋光也跟进去了。

那时，每周不是一三五就是二四六的停电。夏天还要经常"献电"，蜡烛和简易煤油灯是家家户户的必备。反正那时也没有电脑、电视和冰箱、空调等电器，停电是"常态"，什么也不影响。

所以，晚饭后，我们都拿个板凳到门口大街的路灯下聊天、看书报、看下象棋的，要不就打扑克牌玩。那时住房都紧张，很多市民都是"一间房子半间炕"，两三代人挤着住在一起的大有人在。很多老人夏天在外面"乘凉"一坐就是大半夜。那时的夏天，照明路灯好的天津主要干线便道上，常常是坐满了乘凉的人。有人每晚都在路灯下打牌下棋到深夜 —— 家里没有空调闷热得受不了。

不久前我回国出差，在天津海信广场里面看到有卖哈根达斯冰激凌的。上前一问，一个冰激凌要人民币几十元（人民币，下同）！海信广场是高档商场，专卖名牌商品。里面冬暖夏凉，但买冰激凌吃的顾客依然不少。想起我们小时候在天津过夏天，大概最大的享受莫过于热的满头大汗时能买一只冰棍吃。

诺大的天津市，那时卖冰激凌的食品店真少见。大约要二角钱一份的奶油冰激凌，那时对于我们来说实在是太贵了。就是我家附近"大天津食品店"卖的一角钱一份的刨冰，一夏天我也吃不上几次。

那时，都是老太太推个油漆成白色的小车走街串巷卖冰棍。牛奶的和小豆的比较高级，要5分钱一只。水果味的最受欢迎，只要三分钱一只。那年月，如果要是每天下学时能有钱买得起一只牛奶或者小豆冰棍的同学，在我们眼中那就是"富二代"。就是3分钱一只的水果冰棍，有时我和弟弟两个人才买得起一只吃。弟弟吃完上一半，我吃下一半。记得我们吃冰棍最痛快的，要数傍晚变天要下大雨时，老太太的冰棍卖不出去了，就"冰棍贱卖了！冰棍贱卖了！"的吆喝处理，这时，也许一角钱能买4只小豆冰棍吃个痛快呢！

1975年，我初中毕业进了天津锻压机床厂大件车间当"学徒工"，跟师父学开大车床。学徒期间月薪还不到20元。最难忘的是，那时我家在天津还在住平房，白天院子里面总是不得安静。那时一周工作六天，还要"三班倒"。上早班和中班还好，轮到上夜班那一周最难过。一个刚满18岁的初中毕业生，没有受过任何技术培训就去当工厂学徒工已然强我所难，晚上还要上夜班就更难熬了。

那时的夏天总是很热，树上的知了叫个不停，邻居家买的蝈蝈叫得更烦人，白天睡好觉太难了。夜班晚上10点上班，早晨6点下班。上到凌晨4点左右时，人困得真是睁不开眼，很容易出工伤、出机床事故。好在国营大厂的师父们不错，照顾我们这些徒工，后半夜经常是师父抽烟喝茶盯着车床干活，让我们打个盹。

那时候的车间里面更没有空调了，热的不行。反正大件车间除了开天车的以外没有女工，很多师父就是光膀子上班干活。车间天车上的大横幅标语也很醒目：吃大苦，出大汗，大干夏季100天！

来美国后，因为工作需要我经常要往返中美之间出差，但我时差感觉从来不大。细想想，也许这就是当年盛夏上夜班练出来的。冬练三九，夏练三伏嘛！

1977年恢复"高考"时，我在天津锻压机床厂学徒还没有出师。那时，虽然"四人帮"已经垮台，但让"文革"折腾得已经千疮百孔的中国仍然穷，空调和电话离寻常百姓家依然遥远。

"文革"剥夺了我们"50后"一代常规受教育的机会，恢复"高考"机不可失。因为没有上过高中，全凭几个月的突击自学，我参加的第一次高考因数理化分数不够，榜上无名。

第二次高考是在1977年夏季，白天要正常上班，晚上要一周三次去高考补习班听课。时不我待，我那时已经没有什么热不热的感觉了，就是觉得每天时间和睡眠不足。用挥汗如雨这个词来形容高考前拼命补习的日日夜夜一点也不过分。没有空调，就一手扇扇子，一手写笔记，在台灯下苦读。困了、热了就喝浓茶。

那年月，白天就是有点睡觉时间其实也睡不好。放下书刚入睡，常常就被"冰棍败火！买奶油、小豆冰棍啦"的叫卖声惊醒。再入睡，又被"收破烂啦！有废报纸、废瓶子的卖啦！"吆喝声吵醒。午饭前后，卖豆腐的推车又过来了，喊着"凭粮票买豆腐啦！快点拿盆儿来买豆腐啦！"。

就这样，在1978年夏季那个中国人还都没有空调的盛夏，我这个初中毕业的学徒工，第二次参加高考时终于考上了天津理工学院，改变了我一生的命运。想想这一次全中国有610万考生参加的高考，最后只有40万考生被录取，我记忆中留下的只有幸运和感谢，不记得当年没有空调的暑热了。

　　2015 年 11 月 30 日，美国《侨报》的《文学时代》版头条以半个多整版篇幅并配发天津市当年的粮票、油票和工业券等照片发表了我写的《难忘的票证岁月》一文：

难忘的票证岁月

（宾州）谷世强

　　如今每次回国出差，最大的感觉就是商场琳琅满目，宾馆饭店宴席多多，市场上的东西实在是太多太丰富了，应有尽有。怎么卖出去、怎么不浪费成了头痛问题。如果跟现在的孩子们讲当年几斤粮票、几两油票和几尺布票在中国的金贵程度，他们很难理解。

　　其实，金贵这两个字都难以承载当年票证对中国人生活的极端重要性。特别是在上世纪 60 年代初的"渡荒"困难时期，几斤粮票和几个馒头真能救人一命。

　　改革开放 30 多年来，中国发生的巨变真是沧海桑田。1957 年 9 月出生于天津市的我，一出生就赶上了大陆越来越紧张的票证年代。如果我当年不是幸运地出生在"三大直辖市"之一的天津市，能否躲过"渡荒"这一劫，都是一个大问号。

粮本粮票是家家户户的"命根子"

　　作为从天津市长大的"50 后"，我深知粮本和粮票当时金贵得不得了。那年月，"城镇户口"的我们，从小粮本上就有严格的粮食定量。"三大直辖市"的北京、上海和天津的粮食等，定量最高供应也最好。至今这三大城市的户口还很金贵。粮本是城镇居民家庭的"命根子"，国营粮店是人们能买到粮食的唯一渠道。那时"割资本主义尾巴"，没有自由市场。如果你是一名中小学教师，每月粮食定量 28 市斤的话，想多买一斤粮也不行。如果你从粮本定量中取出粗粮票或者面票，从粮店买玉米面或者白面的定量就会相应减掉，非常严格。家里取一点粮票，主要是为了应急和买豆腐、切面、饼干糕点之用。

　　文革期间母亲病逝后，我上初中的三年就担负起了家里柴米油盐酱醋茶的采购，还给父亲和家人做饭。母亲的英年早逝，在很大程度上是三年"渡荒"

经常忍饥挨饿严重营养不良造成的。那时，家里就父亲一人在医院里面当医生上班，兄弟姐妹多，我家亲朋更多，粮食定量远远不够。当然，很多低收入的市民，特别是没有什么收入的农民家庭的情况就更糟糕了。吃不饱饭就是当时整个中国的常态，连搞"两弹一星"的科学家都吃不饱。

记得有几年春节，天津市民凭粮本定量可以买到每人一斤富强粉和一斤稻米，这在当时就已经是很满足了。看着我从粮店凭粮本买回家的富强粉和稻米，想着大年三十全家人可以用富强粉包一顿饺子吃，偶尔能给每天辛劳的爸爸蒸一碗稻米饭吃，心里可是乐开了花。那年月，甭说是富强粉馒头和稻米饭，就是全麦面馒头和籼米饭、高粱米饭也不能敞开肚皮吃。而改革开放以后的现在，精米白面早已不稀罕了，减肥和预防糖尿病成为最大问题，多花钱吃粗粮、吃野菜已然成为最大时尚了。

其实，文革开始之前，中国就已经供应紧张，开始实行粮票、肉票和布票等票证制度了。记得小时候大小商店墙上都挂着，或者用红油漆印刷"发展经济，保障供给"。可见当时供给的困难。在天津，那时就是买一斤饼干也必须有钱，还得有粮票才行。所以，小时候感觉那饼干和糕点好吃得不得了，不是年节根本吃不到。过中秋节，我和弟弟如果能有一块白果月饼吃，绝对舍不得一次吃完，会慢慢品味，就着窝头或者馒头吃。如今，饭馆里食物浪费严重的问题一直解决不了。但在我记忆中的票证岁月，绝对没有"吃不了"的事情，只有吃不饱。那时，如果家里饭后刷碗的能吃到熬粥的糊锅底，都愿意刷碗。糊锅底也解饱、解馋不是？

天津地方粮票和全国粮票。

我的童年是伴随 10 年文革度过的，几乎从来没有进过饭馆，更没有进过大饭店吃饭。能偶尔去家门口的豆浆铺喝碗天津豆腐脑，再来 2 分钱的豆浆，一整天胃里都舒坦。如果能在离我家不远的馄饨铺用粮票买个烧饼，再买一碗馄饨吃早点，那就是当时我们最高级的"下馆子"享受了。票证岁月的一个好处是，人们吃嘛嘛香，绝不会浪费一点粮食。

油票、肉票和副食本也至关重要

票证岁月，越是粮食定量不够吃，人们的胃口越大。为什么？因为肚子里面一点油水也没有。那时，所有能入口解饱的副食品都要严格凭副食本和凭票供应，农业户口的农民连这个"待遇"也享受不到，他们就更没有油水，日子过的更艰难了。每天炒菜得用点油吧？每月定量的油票跟粮票一样的金贵，城镇居民每人每月就一张油票，过期作废。这油票只能买豆油、菜籽油和偶尔才有供货的花生油。想吃点香油？就是天津这样的直辖市居民，也要等到每年春节月份，没准儿每户可能会凭票或者凭副食本供应一点香油过年。

更要命的是，买猪肉也要凭肉票。那时候吃顿红烧肉或肉馅的包子、饺子真跟过年过一样，绝对没人挑肥拣瘦，越肥越香。如今生活好了，很多人怕"三高"，不轻易吃肉，更不吃肥肉。这在票证岁月简直无法理解。

想吃牛羊肉？那就更难了。"清真回民牛羊肉店"只向当地的回民凭本限量供应牛羊肉。我们是汉族，捞不到吃。文革期间，我记得只有几年过春节凭副食本可以买点牛羊肉过年包饺子。所以，那时过周末改善生活，我会拿上肉票和一个大碗去中山路的肉铺买5角钱的肥猪肉，再到旁边的副食品店打一角钱的咸面酱，回家放点葱花做炸酱面吃，那个肥美好吃的感觉如今再也没有了。

除此之外，每月买白糖要糖票，买鸡蛋要蛋票。逢年过节才供应的冻鱼等凭副食本限量限时供应。商店一来货，我们就赶紧带着副食本去排长队抢购，否则就买不到。想买点天津人爱吃的豆腐、豆腐干和面筋等"粮食制品"，副食本不供应，必须得有粮票才行。现在的小孩子真幸福，一出生没有母乳就喝国内外名牌的婴儿配方奶粉，还讲究一段、二段、三段。票证岁月，就是在天津这样大城市的老弱病残和孕妇、婴儿，也难保证每天能有鲜牛奶供应，奶粉也要票证。而且，很多老弱病残也喝不起牛奶。我们这些"50后"，不但听都没有听说过什么婴儿配方奶粉，就是普通牛奶和奶粉，小时候也没得喝。有米汤、豆浆和煮烂的稀粥等喝饱肚子就不错了，也长大成人了。

除了粮食等严格定量供应以外，那时几乎家家户户都穷。我们小时候没有钱，口袋里面能有几分钱能买一只冰棍吃就喜出望外。就是在天津这样的大都市，每年也只有在春节时每家每户才供应一斤带皮的花生和半斤葵花籽。记得我那时小学还没有毕业，春节前寒风呼啸，我穿上棉袄、棉裤和棉鞋，一大早儿就起床去"大天津"食品店门口排队，买春节凭本供应的花生和葵花籽。好不容易买回家后，晚上煤球炉子不忙时还要将花生和葵花籽跟洗干净的沙子一起炒熟了过年吃。于是，这些排队抢购和炒花生等的生活本领我们"50后"从小就都学会了。就是在美国，我们这些来自中国的"50后"不会做饭和做家务的都少。穷人的孩子早当家嘛。

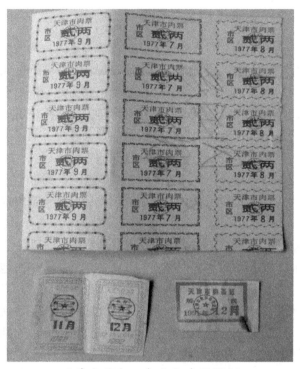

天津市猪肉、食油和鸡蛋票。

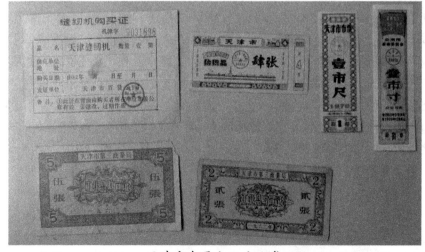

天津市布票和工业品券

1994 年 6 月，我们陪同父母观光纽约华尔街。

布、棉花票和煤、煤气本照样金贵

当时家里"副食本"的金贵程度堪比粮本。因为，除了买麻酱、白糖、碱面、肥皂、火柴和灯泡等要写副食本，甚至买煤油用来点煤油炉和煤油灯也要凭副食本限量供应。文革岁月我们"一分钱掰成两半花"。不但发面蒸馒头用碱面，洗衣服也用碱面。因为肥皂也贵，只有大城市早晨洗脸才用"香皂"，洗衣服等只会用很便宜的肥皂。农村就更缺少供应了，好在写副食本与凭票供应不同，还没那么严格。所以，老家河北省唐山市玉田县的亲戚来天津时，都会用我家的副食本买些碱面、肥皂和火柴等带回乡下去，

而当时盛行的"走后门"，不过是跟副食品店的售货员拉近关系。关系好的话，你买二斤碱面时，她也许只在本上给你写一斤，能多买一点而已。所以，那年月最让人羡慕的"好工作"就包括售货员，毕竟近水楼台先得月。

那时按人口和年龄等发给的布票和棉花票也少得可怜。记得过春节时，如果家里能有布票给我买一条新的"涤卡"上衣或者裤子过年，别提多高兴了。我家兄弟姐妹多，布票紧张又缺钱。小时候过年时，母亲经常是将哥哥们穿过的衣服用藏蓝或者黑色染料染一染给我和弟弟穿。那时还没有防寒服，都是母亲安排给全家人做棉衣、棉被，所以棉花票也特别金贵。街上经常有弹棉花的小贩过来，因为家家户户都舍不得将旧棉花扔掉，弹一弹，和新棉花混合起来做棉被也很暖和。

夏天煤球炉子主要是做饭烧水，但到了冬天，这"煤本"就更加金贵了。当时，

买煤球、蜂窝煤、煤块以及生炉子用的劈柴都凭煤本定量供应。我家四间房子，春节时姐姐和哥哥等都从外地回家过年，做饭和取暖都离不开炉子。为了过冬，我们常常很早就开始尽量节约用煤，尽量多储藏一点过冬的煤和劈柴。只要离家不远的煤店进货了质量好又干燥的劈柴和蜂窝煤时，我都会立即拿着煤本到煤店去买。记得那时煤店管写本的老张也常找父亲看病。我家炉子多，煤和劈柴都不够用。每次我到煤店都等老张在时才去写本买煤买劈柴，可以多买一些回家，冬天家人能少受一点罪。那时的冬天冷的不行，穿棉鞋去上学等都冻脚。票证岁月生活艰难，为了生存和生活，似乎每个人都学会了"走后门"。

　　大约就在文革结束前不久，因为父亲是"高知"，我家在院子里率先有了一个煤气灶，终于可以用煤气（天然气）做饭了。所以，家里又多了一个当时令人羡慕的煤气本。凭着这煤气本，我一个月可以用自行车托着一个很大的煤气罐去煤气站换两次煤气。在自行车后座上面挂一个 S 型钢丝钩，将煤气罐往钩上一挂，我就骑上自行车晃悠悠、慢悠悠地去煤气站换煤气去了。煤气管道进入天津市居民区是上世纪 80 年代后期的事情了。其实，到了 1984 年我大学毕业已经结婚的时候，买自行车、缝纫机、手表、彩电和洗衣机等仍然要票证，计划经济依然主宰着中国人的生活。记得我结婚前买的一套简单家具，还是凭弟弟给搞来的一张家具票，从天津一家国营家具厂买的。

　　"四人帮"倒台后，改革开放让票证在上世纪 80 年代彻底寿终正寝了。想想票证年代的艰难岁月，更能体会改革开放政策的的伟大，更能为今日中国不但自身已经实现了物质供应极大丰富，更让"中国制造"销遍世界而自豪。当然，票证岁月我们虽然度日如年，但也有人人节约、人人不浪费的优点，这些应该继承。节约和不浪费本身就是节能环保。那时，买酱油、醋要自己带瓶子去打，买面酱和麻酱要自己带碗和麻酱票去买，买肉、菜和鸡蛋要自己带篮子，就是买米面也要自己带面口袋去买才行，不知节省了多少"白色污染"的塑料袋。

2019 年 1 月 31 日，美国《侨报》的《文学时代》版大篇幅配发年画插图发表了我写的《年味儿》一文：

年味儿

（宾州）谷世强

小年过了，大年还远吗？我在从北京返回美国的航班上想，这个年味儿到底应该是个啥味儿呢？

我从小在中国最讲究民俗的天津长大，相信年味儿有没有、浓不浓对于能否过好大年至关重要。

2010 年，天津古文化街过年民俗一瞥。

啥是年味儿呢？ 春节之前如果你到天津古文化街走一圈，立马就能感受到浓浓的年味儿。天津杨柳青的年画无人不晓。为啥？春节前挂上杨柳青的年画，就跟帖上了春联、剪纸和吊钱一样，年味儿一下子就有了。从明朝就有的天津杨柳青年画采用木板套印、彩笔填绘，不但色彩鲜艳且题材大多都是《连年有余》《五谷丰登》和《万象更新》等百姓喜欢的喜庆吉祥题材，土味儿中特别接中国民俗地气，最能凸显年味儿。我家里至今还挂着一幅从家乡天津带回来的杨柳青的《鱼童乐》，一年四季都挂着，让家里天天都有家乡的年味儿！

当然，在古文化街可看到和买到的年货多了。从天津泥人张的节日彩绘泥人到果仁张怪味果仁，从春联、剪纸、吊钱到过年吃的糖瓜，从造型各异的各种灯笼到猪年大吉的各种小金猪摆设和工艺品，应有尽有。现在高铁这么方便，外地的朋友年前来天津感受感受啥是年味儿，游海河两岸美景时也看看大光明桥下破冰游泳的天津老少爷们和坐在海河冰上垂钓的主儿，是很有意思的民俗文化之旅。当然，到天津卫吃海鲜最有"中国胃"的年味儿。

天津人讲究吃是有名的。 对于鱼虾蟹，天津人更是情有独钟。老天津人有句俗话说得好，借钱吃海货，不算不会过。现在想想，这话还真有点市场经济思维。反正海货是越吃越少越贵，就是借钱吃海货别错过了节令也不吃亏。天津人过年，年夜饭有没有什么年糕和八宝饭之类的不要紧，但必须得有鱼。最好是一上桌就色香味看着就喜庆的松鼠桂鱼或者糖醋鲤鱼。其它整条鱼上桌的红烧黄花鱼和清蒸鲑鱼、平鱼和多宝鱼等也行，图个谐音连年有余的吉利和整条鱼的圆圆满满。

天津人爱吃带鱼，但年夜饭的主菜不用带鱼，因为带鱼要被切成一段一段的才能做，不能连头带尾整条鱼上桌，没有年味儿需要的圆满。不过，干炸带鱼和五香熏带鱼可作为年夜饭里的配菜或者下酒菜。

我是"50后"，文革末期正是我在天津初中毕业进工厂学徒期间。母亲英年早逝，家父作为医院的科主任专家挨整，我从小就将买菜做饭这一套家务扛在了肩头。那时，每年春节前后，寒风凛冽，穿棉鞋棉裤都冷。连自行车都没有的我，为了这年味儿，春节前总是特别忙，不停地往离家不很远的"黄二"副食品店和中山路上的"大天津"等处跑。节前，天津户口的每家每户凭副食本可以买几斤过节的鱼、花生、瓜子、鸡蛋甚至有的年份还有羊肉。凭票要买香油和麻酱。凭粮本要买节日才供应几斤的富强粉和稻米。家家户户都要买，排队的人能少吗？特别是买鱼，就是写本也不见得能买得上。副食店鱼一进货，我通常是第二天一大早儿就起床去排队，还帮助"发号"和维持秩序，确保能买上过年的鱼。花生和瓜子等也是一样。鱼买回家后还要解冻收拾和油炸好准备年夜饭用。那时没有冰箱，很多食品都要提前炸好、炖好才能存放好。瓜子和花生也要在节前用洗净的沙子在铁锅里面炒熟了过年待客用。那时过年，家家户户都要买上几斤糖果给前来拜年的亲友吃，牛奶糖就是讲究的，巧克力根本就没有。

　　文革期间或者说是 1976 年唐山大地震震后重建前，天津人基本都住平房。每隔一两年，我们就要和哥哥一起给平房刷浆。冰天雪地的，在大铝盆中搅拌大白的活儿都要在室外干，搬动家具到擦玻璃收拾屋子，一折腾就是两三天。爸爸是天津市的名老中医，书法艺术也了得。春节前，新扫过或者刷浆过的家里，都要贴上爸爸亲笔手书的春联，蓬荜生辉特有年味儿。街坊邻居也常请爸爸给他们写两幅春联，爸爸都会来者不拒。那时，生活虽然艰苦，迎新春这个过程时时刻刻都带着年味儿，感觉这过年真好！

　　扫房、刷浆、擦地和擦玻璃这些节前必须干的活儿忙活完了之后，跟着就是洗衣服、洗床单和洗被子，那叫一个洗衣难啊！那时，住平房的天津人，都是一个甚至两个大杂院共享一个水管子。冬天室外多冷啊，水龙头常常被冻住了不出水。街坊邻居们要用热水、热毛巾甚至烧红的熨斗携手将冰融化了，才能开始打水。那水，冰一样凉。

1997 年，父亲在天津过 80 大寿。

　　我们家当时住在河北区宙纬路 5 号，打水要到旁边的 7 号院才有。那时，洗衣机我连见都没有见过。我十几岁会用大木盆后来升级为重量轻一点的大铝盆洗衣服，然后，我将洗好的衣服挂在院子里先冻硬，再收到室内晾干。洗一次衣服要打好几桶水，不但手冻红了，还累的腰酸腿痛，一折腾就是一天。当时不但打水不易，洗衣服也不易，热水要一壶一壶地烧，就是每次洗完一次的水还要端到院子外面倒进下水池，现在的年轻一代实在无法想象出我们"50 后"为了过年也是为了生活所历练过的"冬练三九"。

　　年前除了要大洗衣服，有时我还要染衣服呢。那时，过年能有新衣服穿别提多高兴了。可是，买新衣服不但要花钱而且还得用布票，奢侈啊！哥哥、姐姐穿小了的衣服我们也会接着穿。为了过年，我们就买来袋装的青色或者藏蓝色染料，用大搪瓷盆将染料煮开融化好后染裤子甚至上衣，想着色均匀不染花了也是个技术活儿，不实战练习还真不行。衣服还要一遍遍漂洗干净，穿上才会显得跟新衣服似的。这个旧衣服染色翻新的过程虽然有点苦涩，却也是我小时候对于年味儿的一部分回忆。不过年，我们是不会染旧衣服的。

每逢春节前，我远在河北省乐亭县、青海、黑龙江和北京的姐姐、哥哥都要回家过年。那时，中国不但没有高铁也没有高速公路，百姓更没有私家车，就是天津这样的大都市也难见到计程车，交通极端不方便。就算有钱买到了火车票，去火车站和乘坐拥挤不堪又慢悠悠的绿皮火车到天津也是一个相当漫长的路程。我和弟弟乘坐 1 路公交去天津北站接哥哥姐姐回家过年，那也是至今难忘的、特别兴奋美好的过程。后来，上初中了，学会骑自行车了，我就骑车到北站接哥哥姐姐，骑自行车去接还能用后座驮行李。买张站台票在车站等待亲人平安抵达、接家人回家，那感觉也是令人难忘的年味儿，是亲情和亲人欢聚团圆的喜庆年味儿。

刚打倒"四人帮"后那几年，天津过春节的年味儿达到了高潮。那时，还住在平房大杂院的天津人节前忙活坏了，鸡鸭鱼肉都能买到了，甚至于啤酒和对虾市场上也有卖了。院子里和左邻右舍的张大妈、李大爷、他二哥和杨伯伯等忙乎的年味儿爆了棚。

大约 1975 年春节，我们在天津的家人在宁园合影。

　　那时，天津人冬天取暖做饭还都靠蜂窝煤炉子，有煤气灶的凤毛麟角。节前，院子里不是张家杀鸡就是李家宰鱼、蒸馒头、炸丸子、冻豆腐、做肉皮冻，家家户户似乎都在煎炒烹炸，年味儿全弥漫在这煎炒烹炸的喜气洋洋之中了，感觉这过年咋这么美好呢？那时候还没有推出春晚，绝大多数家庭也还没有电视机呢。年三十的饺子吃过了，从初一早晨开始，天津的男女老少都提着点心盒子先去给至亲长辈拜年，然后再给领导、同事、老师和亲戚拜年。那时拜年，不论是北风呼啸还是冰天雪地，都是骑自行车、顶多是乘公交车拜年，坐小车拜年的非富即贵，坐计程车拜年的就没有见过，坐不起。我到今天还怀念当时我们一群发小老同学欢声笑语骑车给老师拜年的情景呢，那年味儿的感觉真好！

　　现如今，人们先从电话拜年再到电邮拜年再到微信朋友圈拜年，没有了过去登门拜年的这个过程，年味儿随之也就淡了。

　　如今，就是在天津这样的老城市，也很少能看到大杂院了，人们都入住公寓楼房高高在上了。没了大杂院，没了街坊邻居每天的抬头不见低头见，有了洋房、汽车、电脑和手机，那种其乐融融忙完这个过程就忙那个过程的红红火火、热热闹闹的年味儿却渐行渐远了，家家户户都躲进小楼成一统了，有些一栋楼的邻居相互根本不认识了，那种远亲不如近邻、互帮互动的年味儿也不见了。现在吃鱼也不用排队去买了，想吃饺子，楼下百饺园啥馅的都有，随时都能吃了，人们特别是如今的青少年却没有吃嘛嘛香的胃口了，年夜饭既没有了期盼的过程，也没有吃一口美一天的感觉了。

2006 年春节，笔者与亲友在天津聚餐合影。

还好，这几年我见大陆不仅大抓绿色环保，"绿水青山就是金山银山"，中华传统文化和中国节的民俗也得到了弘扬。

1月份我回国出差，1月22日从北京返回费城前不仅赶上了好天气，看见了北京湛蓝的天空，还正巧赶上我入住饭点附近的北京农展馆在举办"老北京年货大集"。这年货大集，还真有年味儿！除了全国各地各式各样好吃的年货和土特产外，还有海鲜和地道的粮食白酒以及30年、40年的绍兴黄酒，琳琅满目应有尽有。家乡天津的大麻花、山东煎饼和北京驴打滚还有油茶面也都有卖。我近水楼台先得月进去了两次，除了优质松茸等好带的年货，我还特意买了精美喜庆的猪年大吉剪纸。

带回美国后，我将这两只小花猪捧出"福"字来的苹果造型剪纸往墙上一贴，家里马上就有了红彤彤、平安吉祥喜庆的中国年味儿了！

有人说，中国这些年年味儿有些淡化了，但中国传统节日春节在海外影响力却越来越大。美国除了一些州市已经将中国春节那一天确定为学校可以放假的节日外，华人喜欢去的旅游热点如拉斯维加斯更是张灯结彩年味儿有余了。这不，回美后我到费城郊外COSTCO连锁超市购物，惊喜看见台湾喜福楼牌年糕正在热卖。红色宫灯造型礼盒上金字印着"年年糕升"和英文 Lunar New Year Cakes（中国年糕），特有中国年味儿。不仅我们华人爱买年糕过年，一些"老美"顾客也跟着凑热闹购买。

1月29日，上海爱乐乐团将携手费城交响乐团在费城举办首届中国新年音乐会，一票难求，说明中美贸易战打得再热闹也抵挡不住中国年味儿的巨大魅力和影响力。

费城中国城每年大年初一的舞龙舞狮鼓乐齐鸣迎新春活动很有名气，春节前中国城的年味儿也是一天更比一天浓郁。微信群和朋友圈让海外华人人在海外也早早感受到了这乡情也乡愁的年味儿。这不，我们"费城天津友好姊妹城市"群里的金魁明先生说，从1月底到2月下旬，他迎新春聚会都排满了，聚餐但少不了演唱。金先生是有20年历史的费城京剧社的首席京胡，他的京胡演奏技艺真是炉火纯青。群里的作家朋友胡曼荻告诉我们，她们河南同乡会在费城一带的老乡元宵节在中国城饭店的迎新春聚餐活动已有三四十人报名参加了。

话说年味儿，我家装的SUNTV机顶盒可以清晰地收看央视和各地卫视节目，节前从春运新闻报道到"我要上春晚"演出节目还有各地的灯会和年货大集报道，让我家已然年味儿十足了。我们也准备年三十和大陆的亲朋好友一起同步看春晚、包饺子、朋友圈拜年，让这浓浓的年味儿在海内外火起来！

　　2015 年 11 月 4 日，美国《侨报》的《文学时代》版头条配发我家 1969 年父母与我们三兄弟的黑白合影照片用几乎一个整版发表了我写的《海军衫的回忆》一文：

海军衫的回忆

（宾州）谷世强

　　周末在家端详父母的老照片，一张已经泛黄的黑白照片一下子引发了我的思绪万千。那是一张母亲在文革动乱中去世前留下的仅有的几张黑白照片之一。在这张照片中，父母与我们三个最小的儿子在离家不远的天津宁园合影，照片中的父母都留下了那年月他们实在少有的微笑。

　　我喜爱这张慈母刘宗文在 1971 年病逝前两年和总是忙碌的爸爸与我们哥仁的这张珍贵合影。在父母的七个子女中，照片中的孩子是我们谷家排行最小的五、六、七三兄弟。其中父母身边最大的是我的五哥世安，最小的那个是我的七弟世斌。他们现在都在温哥华。照片中身穿海军衫并且背着当年流行的军挎包的是我，那时小学还没有毕业。就是这件海军衫，把我的思绪带回到了文革岁月中那些疯狂极左的往事。

　　那是一个"全国山河一片红"的疯狂年代，那是一个"不爱红妆爱武装"的年代，那是一个谁谈论和追求美谁就是资产阶级分子的年代。除了红旗，红卫兵袖章和满大街的"大字报"以外，不论男女，每个人都千篇一律身穿深蓝色或者灰色制服，放眼望去其实根本分不清男女。

　　彼时，最"革命"、最时髦的年轻人都喜欢穿绿军装，戴绿军帽，背绿色军挎包，再手持一本红色塑料皮的毛《语录》。那时，不要说我们小学毕业班里没有，就是上了初中班上也没有一个女生敢留长发，烫发和穿裙子的。夏天还好，白衬衣可以说是当时最有"色彩"的衣物了，但我们对白衬衣的审美也开始疲劳了。

　　也许是受当时的电影《海鹰》的启迪影响，也许是海军衫既是军装"一族"，又很有点"洋味"很抢眼球，当天津和各地商店里面开始有卖海军衫时，我们这些男孩子很快就都"赶时髦"，以有件海军衫穿在身上为美。

1969年夏，父母亲与世安哥、世斌弟和身穿海军衫的我合影。

当时不懂得讲究牌子，没有名牌海军衫，但"文革"期间也不懂什么知识产权，所以也不存在"山寨版"。那时，你在哪个店买的海军衫款式都一样，价格也差不多。在当时，海军衫对我们来说太新颖时髦、太有款、有色彩、有"范儿"了。

虽然那时家里都没钱，但我还是也买了一件海军衫。照片上我身穿的那件海军衫，就是我当时最喜欢的"时装"。这不，一年也难得有机会跟父母到宁园去拍一次照，我特意穿上了这件平时不舍得穿的海军衫，再背上当时流行的军挎包，感觉很酷。照片中留下的这件海军衫，真的也是文革年代我们生活中的一个缩影，让我至今难忘。

海军衫的流行与文革后街上流行红裙子一样，是人们爱美之心在什么时候都难以泯灭的典型表现。

在如今满眼都是各种颜色、款式、花色甚至中英文符号的 T 恤衫和无数种争奇斗艳的长裙、短裙和裤裙时代，新一代很难理解海军衫和红裙子为什么能一夜之间走红全中国。他们难以想象，文革年代的夏天，我们在天津这样的大直辖市，也只买到全中国都一样的"老头衫"或者"跨栏背心"，基本都是白色的。有的还在背心上用红印章印有"一等品"和"二等品"字样，现在看来真是令人啼笑皆非。很多贫困家庭和农村的孩子，就连这种现在看来毫无任何美感的白背心也买不起，穿不上。如果要说改革开放30年来取得的巨大成功表现在哪里，其实，从我们当年中小学生流行的海军衫到今天学生们身穿的各种名牌T恤衫就可以看得出来，这是一个质的飞越。

1972年，笔者（右一）与小学同学李耕和肖放毕业合影。

文革年代"全中国学解放军"。那时，就是偶尔还接见外宾的总理周恩来也从不穿西装。毛泽东接见红卫兵的典型照片就是"伟大领袖"和他的"亲密战友"，还有周总理等都身穿一模一样的草绿色军装，都没有肩章，都只有两个红领章。于是乎，绿军装、绿军帽和冬天穿的草绿色军大衣就成了当年我们这一代"50后"追求的"时髦"服装了。

那时，自己觉得自己最革命、最不可一世的红卫兵"小将"都设法给自己弄一条军皮带系在绿军装外面，神气活现。如果能搞来一身"四个口袋"的军官服装，就更跟穿上皮尔卡丹大名牌似的到处招摇过市了。就是照片中我背着的军挎包，背在肩上当时可能就跟今天时髦女士背个LV包似的得意。整个中国当时都跟中了邪似，穿得火药味越浓，就越显得"革命"。

那时，再爱美的女生也不许留长发，更不许烫发。牛仔裤等在当时都是闻所未闻的国外"封资修"的"坏东西"。有学生爱美穿上"瘦腿裤"上学也不行。学校严令，学生不许穿瘦腿裤，男生更不许留"大背头"。为此，记得当时在天津的中学，除了红卫兵外，还有一个什么执勤排，都穿着军装上衣扎着"武装带"皮带，每天上学时检查我们学生是否违规了，见到穿瘦腿裤的学生就剪你的裤腿！

在那个老师、同学和街上所有人都身穿裤裆肥大的蓝制服、绿军装和灰裤子的年代，"瘦腿裤"也能受到爱美的中学生追捧也是自然。而多少能表现出鲜明蓝白色彩变化的海军衫立即受到我们一代的热捧，也反映出文革年代年轻人的无奈。

我们上中小学赶上的文革时期，所有好听的音乐都被批判为靡靡之音，所有的故事片几乎都被打成了"大毒草"。打开收音机，不是在播放《红灯记》中《都有一颗洪亮的心》就是在播放《提篮小卖》等"样板戏"，没完没了。结果，就是到今天，我虽然不懂京剧，但也能张口就唱出"我家的表叔，数不清，没有大事，不登门。。。"和"提篮小卖拾煤渣，担水劈柴全靠她。里里外外一把手，穷人的孩子早当家"等《红灯记》唱段，甚至，有时也晕晕乎乎地觉得我也是那个"里里外外一把手"、能早当家的"穷人的孩子"，甚至有时还有点阿Q胜利感的飘飘然。

"文革"期间，我们与父母和大哥嫂在"红卫"照相馆合影。

我现在还能哼出的国粹京剧当然还有《智取威虎山》的"打虎上山"和《沙家浜》的"智斗"等。特别是"智斗"那场戏，让全中国似乎都喜欢阿庆嫂了。

我至今还记得胡传魁胡司令的开场唱词"想当初，老子的队伍才开张，拢共才有十几个人，七八条枪。遇皇军追得我，晕头转向，多亏了阿庆嫂她叫我水缸里面把身藏"。那时，不仅电子管收音机播的全是"样板戏"，电影院上演的还是这"八个样板戏"。就算其中很多唱段我认为的确很好听，但也架不住没完没了，实在烦透了。

最近，我回中国出差，与在天津从事音乐工作的三哥嫂一起在天津大剧院一起欣赏了中央芭蕾舞团演出的芭蕾舞剧《红色娘子军》。那天下午，大雨滂沱，很多道路汽车都开不过去，打的很难。但没有想到到的是，天津观众热情无比。虽然票价不菲，但大剧院里观众座无虚席，整个演出期间经常爆雷动的掌声。热情的天津观众为剧情鼓掌，为演员精湛的舞姿鼓掌，为乐队和乐队指挥鼓掌，那台上台下互动的气氛，我在美国好久未看到和感受到了。

大约 1970 年，父母亲与四婶、老姑和四姑在天津家门口留影。

可见，虽然《红色娘子军》也是样板戏之一，但今天的观众从舞蹈美和音乐美的角度去观看，与当年文革期间从政治角度去审视美的感觉完全不同。《红色娘子军》的确跳得很美，音乐很好听，而且的确给西方的芭蕾舞比较完美地注入了东方的"中国特色"。剧中演员的军装现在看看还真有点新鲜感。其它哪台芭蕾舞剧穿军装、端大枪？新鲜就是美。

文革时的电影院除了上演样板戏外，故事片不是《地道战》就是《地雷战》。外国电影也只有苏联的《列宁在十月》和《列宁在1918》。在那没有色彩，没有爱情戏，更没有帅哥、美女明星的年代，人们的精神文化生活完全如戈壁沙漠一般。哎，也不知道是怎么裁剪的，革命电影《列宁在1918》中，竟然有一段讴歌爱情与和平的芭蕾舞剧《天鹅湖》。那身穿芭蕾舞裙的美丽小天鹅与身着紧身芭蕾舞服的英俊王子立即吸引了全中国观众的眼球，好看，太好看了！这一小段《天鹅湖》芭蕾舞，犹如荒漠中的一眼甘泉，滋润了亿万人的心灵。据说，有人看过十几遍《列宁在1918》，就为看这一段。加上学校组织看电影和自己买票看，实话实说，我也看过三遍《列宁在1918》。那时，在天津的电影院，只要这段《天鹅湖》芭蕾舞一演完，就有观众起身，从黑暗的电影院里走人了。那时的中国，除了红旗和样板戏，就看不见色彩，更没有美，《天鹅湖》在不经意间满足了文革期间中国人对美还剩下的一丁点追求与渴望。

文革期间的我们，十多岁，却没有一点娱乐。还不要说邓丽君的歌曲都是严禁的靡靡之音，就是电影《红灯照》和《冰山上的来客》等好听的插曲也不行，不是反动，就是毒草。每天，几乎所有的大会小会，都是以播放《东方红》开始，然后，在高喊了一大堆打倒这个、打倒那个和"将无产阶级文化大革命进行到底"的口号后，播放《大海航行靠舵手》乐曲结束。好像中国就剩下这两个歌曲是"革命"的似的。

大约是在我小学毕业的1972年，长春电影制片厂为了"中朝友谊"翻译了北朝鲜电影《摘苹果的时候》。那时外国电影都是禁片或者是"内部参考片"，北朝鲜电影也有吸引力。 这部电影不但一下子在中国走红了，而且特色明显的电影插曲也风靡了全中国。毕竟，与《东方红》比，这北朝鲜的电影插曲还真有不少欢快的音符很新鲜、很好听。

说来也好笑，在文革年代，中国最远、最铁的盟友竟然是欧洲贫困的阿尔巴尼亚！文革期间中国人多困苦啊，但中国支援这个"海内存知己，天涯若比邻"的欧洲社会主义"明灯"却很大方，除了大笔的金援外，还有大批的化肥和拖拉机等，为了革命友谊，不惜血本。换来什么了？大概就是从同样穷的叮当响的阿尔巴尼亚换来了两部阿尔巴尼亚电影被译成中文放映。记得其中一部叫做《宁死不屈》的电影主题曲，一下子地在当时音乐歌曲极端匮乏的神州大地火了起来。我们在上学的路上唱，我们在学校唱，我们在下学的路上也唱这支名为《赶快上山吧，勇士们》的阿尔巴尼亚电影歌曲：赶快上山吧，勇士们，我们在春天加入游击队，敌人的末日即将来临，我们祖国应获得自由解放。。。

到了 70 年代末期，折腾中国 10 年之久的文革狂热终于寿终正寝了。外国小说，香港电影，邓丽君歌曲乃至日本、美国和欧洲电影开始进入市场巨大的中国市场。最有意思和最难以忘怀的是印度电影《流浪者》给那时的我们带来的震撼与快乐。电影中中男主角拉兹的精彩表演，不但让我们这些看够了样板戏那一个个表情呆板表演的文革一代如醉如痴，那浪漫的电影主题曲《拉兹之歌》更是让无数中国年轻人跟着了魔似的争相传唱：到处流浪哈。。。，到处流浪哈。。命运伴我奔远方。到处流浪哈。。。，到处流浪哈。。。，我没约会也没有人等我前往，到处流浪。。。"。有段时间，我骑上自行车去上学，去买菜，都是边骑车边哼哼：到处流浪哈。。。

再后来，日本电影《追捕》上映了，从高仓健扮演的检察官杜丘的硬汉形象，到中野良子扮演的真优美那迷人的微笑，到横路敬二的绝妙演技，让我们这一代人至今都忘不了这部日本电影和叫做《追捕》的相声。特别是那首《杜丘之歌》主题曲，一直让我哼哼到美国，哼哼到现在：来啊来！来呀来呀。。。

后来又在中国被唱火了的日本电影《人证》插曲《草帽歌》，常常让我的脑海里面浮现出在宁园我身穿海军衫与慈父慈母合影的照片。"妈妈，你可曾记得，你送我那草帽，很久以前我失落了那草帽，它飘向浓雾的峡谷。。。。"

2004 年 1 月 14 日，面向全球华人发行的《人民日报海外版》头版发表了我写的《看照片 忆团圆》一文：

看照片 忆团圆

谷世强（寄自美国费城）

猴年将临，我在大洋彼岸的美国，看着和父母家人团圆在家乡天津过马年春节的照片写此忆团圆文字时，那深深的亲情和浓浓的乡情油然而生。难忘这幸福时刻啊！来美国工作生活一晃十多年了，世界许多名城也都去过了，可在天津咱家里与父母兄嫂年三十晚上边看春节晚会电视节目，边聊家常，边擀皮亲手包三鲜馅水饺的那份团圆之乐，那份在海外时间久了感受更深的亲情，咱家那诱人的饺子香味，用我们家乡天津话说就是：没治了！（太好了，Great！）

2019 年 4 月，给亲人扫墓后我们家人在颐和园踏青合影。

　　我手头有张照片，是马年除夕夜在天津家里和已经 80 多岁但身体挺好的老爸还有母亲、兄嫂等家人吃过咱家包的饺子后的合影。这是笔者来美国近 10 年后第一次回天津老家过年。这期间我虽然得益于在美国 SCI 咨询公司主持亚洲业务关系经常回国出差并顺便回家看看，但与父母、家人过除夕包饺子这情这景就不同了。每每看着这些与家人过年的普通家庭照片，我脑海中常显现的两个字就是：团圆。如今国内生活好了，喜事多了，照片上已经 80 多岁、济世行医一辈子的老爸身体你看多好！

　　手头还有张照片是马年夏天在我父母家饭桌前照的。挨着母亲的是笔者在加拿大一家银行当业务经理的弟弟谷世斌。在父母之间的是笔者在加拿大温哥华拥有自己诊所的哥哥谷世安。我的这两位兄弟已经移居加拿大十几年了。弟弟是我们家的"老儿子"，父母家人最惦念。在父亲身边的自然就是专程从美国费城回去团圆的笔者了。这是我哥哥和弟弟出国深造到加拿大后，我们在北美的三兄弟第一次相聚团圆在天津的父母家。我们都是应天津市侨办邀请回家乡参加"世界天津人联谊会"的。

　　父母和家乡的亲友见到我们兄弟三人从北美一起回家那份高兴劲就甭提了！我们远在北美多年的海外赤子兄弟团聚在父母身边的那份天伦之乐，团圆之美的感觉太令人难忘了。天津日报和电台当时也都对我们家这难得的"历史时刻"做了采访报道。我们衷心赞美家乡的变化和祖国的繁荣富强。对了，我们回家乡开会的兄弟三人还一起访问了已经与世界接轨的天津开发区、天津港保税区和繁忙的天津港。猴年就要到了，听说家乡天津海河两岸正在大拆迁，大建设，下次回家，家乡一定会更发达、更美丽！

　　2019 年 3 月 14 日，美国《侨报》的《文学时代》版发表了我从美国观看电视剧《老中医》后有感而发写就的《点赞老中医》一文：

点赞老中医

（宾州）　谷世强

　　早春二月，CCTV 央视一套黄金时段正在播放的电视连续剧《老中医》已经从大陆开始热到了北美。

　　我在温哥华的五哥是西医，平日真是百忙。今天，他特意发微信说《老中医》影响大了，他也要抽空追剧。

　　《老中医》的男二号演员冯远征参加了中国两会。他在温哥华的学生转发了冯远征的微信，介绍了中国国家主席习近平 3 月 4 日看望参加全国政协第十三次会议文艺和社科界政协委员时的一幕："谈到传统文化，政协主席汪洋指着我对习近平主席说：'最近在看他演的《老中医》'。习近平主席对我说：'我知道，可惜，我没有时间看。你爱人（梁丹妮）也在这部戏里有演出'。我说：'是的'。这是我万万没想到的。主席这么忙，还如此关心一部电视剧的播出，还能说出这部剧是我和我爱人一起出演，真的令人感动。"

　　有意思的是，我家从《老中医》开播起，也形成了一股不大不小的追剧热。我虽远在美国，但家里装有 SUNTV 机顶盒，早餐时间正好是中国国内黄金时段，与在国内的家人同步追剧一点不耽误。弟弟世斌在西海岸的温哥华时差更大，但也照样能追剧《老中医》。我太太则不喜欢受大陆央视黄金时段限制，每天上网从 YouTube 上追剧《老中医》。YouTube 上还能看到央视一套采访陈宝国等剧组主要人员的《据说很好看》节目和《老中医》的先导预告片等。我在美国和加拿大的亲朋和同学通过央视直播和 YouTube 追剧《老中医》的也很多。看来，《老中医》已经成功地热出了中国，也正在热遍春暖乍寒的北美华人市场。

　　为什么我们海内外家人都喜欢追剧《老中医》呢？因为父亲谷济生就是天津的名老中医。名如其人，2009 年 2 月，父亲以 93 岁高龄从天津驾鹤西去，他一生悬壶济世，是天津市最早一批享有国务院津贴的名老中医，也是知名的中医肝病专家。而且，我们唯一的英年早逝的亲姐姐谷世敏是天津中医学院科

班出身又深得父亲亲传的老中医。我大哥谷世喆教授则是北京中医药大学科班
出身的现任北京市名老中医，我大嫂张兆同教授跟我大哥是北京中医药大学的
同班同学，当然也是科班出身老中医了。

肝病专家、天津市名老中医父亲谷济生。

有意思的是，我们在海外不仅能看到大哥谷世喆多次在北京电视台《养生
堂》开讲的中医养生保健讲座，而且还能在 YouTube 上看到大哥谷世喆教授针
灸取穴方法和他临床治疗的视频。所以，我们海内外家人争相追剧《老中医》
也就不足为奇了。

我们家人特别喜爱看《老中医》另外一个原因就是，明星陈宝国给老中医
翁泉海演活了，的确很像中医。他诊病望闻问切的动作神态和说话语速口吻特
别是他的形象，跟我们心目中的老中医、父亲谷济生实在是太相像了！这不，
在温哥华的弟弟世斌接着我大哥和在天津的二哥讨论《老中医》的话题在我家
微信群里说"正在温哥华跟踪观看，陈宝国戴眼镜的样子让我想起咱爸五六十
岁时候的形象"。我二哥谷世宁是北大物理系毕业的，没有学医，他接着就回
复弟弟说"我昨天还和你二嫂说同样的话呢！"。

　　我记忆中的父亲高度近视，个子高、头发白，很有主任医师范儿。父亲一生没有其它嗜好，就是给患者看病和阅读医书杂志并翻阅报纸新闻。每天即使是午休，也是睡前阅读我家订阅的中医和西医期刊杂志，手不释卷。他高度近视但开出的每一个中医处方都如同书法杰作，工整规矩没有一点含糊差错，每一份有父亲签名的处方，都被书法和中医爱好者收藏。10 年前，家父去世后，网上竟然有人拍卖和收藏父亲的手书处方，不知道是谁人从哪里收集到的。天津市第一医院肝病研究所的牌匾就是父亲的书法手迹。

　　1976 年唐山大地震殃及天津，我家当时住平房，父亲卧室的内吊顶给震坏了，石膏碎片散落在床上、地上。地震时，我们陪着父亲慌乱中跑到院子外面的马路中央，没拿父亲每天睡觉时放在枕边的近视眼镜。没有近视镜，父亲真是啥也看不清楚。所以，那时 19 岁的我身体灵活反应快，趁着没有余震返回家里到父亲床前拿到他的近视镜就立即跑了出来。有了他的高度近视镜，父亲在地震棚里和医院诊室又忙着给病患们诊病开处方了。越是遇到大地震这样的自然灾害，病患越多，父亲就越是从早到晚的忙。

1994 年 6 月，笔者全家陪同父母在纽约世贸大厦观光。

《老中医》中不是有翁泉海舍命自费到矿上为穷苦矿工治霍乱一场戏吗？现实生活中，响应国家号召关掉已然成名并且收入丰厚的私人诊所，到天津市第一医院建立中医科的的父亲，在 1958 年就赶上了医院附近的天津东货场内化学品仓库大火，很多工人中毒昏迷不醒，西医一时也没有现成的特效药可用。面对中毒患者的生死存亡，父亲精心诊治，凭借其精湛的医术和医者担当大胆用药"活羊热血"解毒，最终让中毒的工人患者起死回生并且痊愈。当时的《天津日报》发表长篇通讯报道了父亲救死扶伤妙手回春的医德和医术，在天津又一次弘扬了中医药学。

父亲妙手回春的病例很多，但他一生做人谦虚低调。记得那是 1980 年前后，太太跟我认识谈恋爱不久，她的同事穆师傅的儿子患有当时让天津和北京多家大医院束手无策的严重肝病。当穆师傅得知我太太跟中医肝病专家谷济生有我这一层关系后就"走后门"找到父亲给他的儿子诊病。父亲确诊后告诉穆师傅，他儿子的肝病不是不治之症，有治！果然，穆师傅的儿子服了几付父亲辨证施治的汤药后病情大有好转。大约半年后，穆师傅的儿子肝功能恢复正常了，孩子甚至可以在学校跟同学一起踢足球了，穆师傅的儿子得救了！从此，每年春节前，回民穆师傅都会精选一块上好的羊肉来我家看望父亲致谢，年年不断。我和太太结婚时家具还凭票供应呢，穆师傅亲手给我们做了特实用的玻璃门书柜，也是感谢父亲救他儿子一命之恩。父亲行医治学精益求精一丝不苟。现在，我的书房墙壁上还悬挂着父亲当年赠送给我的书法横幅：自强不息！

电视剧《老中医》翁泉海的故事发生在南方的大上海。1917 年出生的老中医父亲谷济生一生基本上都是在北方大都市天津悬壶济世直到病逝。1932 年，他考入北京四大名医之一的施今墨先生创办的华北国医学院，经过 4 年寒窗苦和施今墨先生的亲传，1936 年父亲以优异成绩从华北国医学院毕业后立即返回家乡担任河北省玉田县医院院长。与《老中医》翁泉海在家乡孟河开诊所，然后又在那战争动荡的年代举家搬迁到附近的大上海行医闯天下一样，在家乡玉田县行医名声鹊起的父亲，也在那战争动荡的年代不得不带着母亲和我姐姐、大哥和二哥辗转来到天津行医治病闯天下。不同的是，父亲是中国第一代华北国医学院科班出身中医师，深受施今墨先生中西结合思想影响，1956 年就放弃自己在天津已然小有名气而且收入颇丰的私人诊所，响应国家需要受聘到天津市第一医院并创办了该院的中医科。从此，父亲的一生都奉献给了天津市第一医院，培养出很多名如今天津市的名老中医。

今天追剧央视一套《老中医》第 17 集，看到以翁泉海为代表的上海老中医在国民政府"废止旧中医案"中拍案而起去南京顽强抗争捍卫中医中药这场大戏。其实，网上搜索关键词施今墨先生的话，近代史中 1929 年在汪精卫的国民政府提出《取缔中医案》后，立即从北京挺身而出组织华北中医请愿团并联合各省中医到南京政府请愿抗争的北方中医请愿团组织者正是名老中医施今墨先生。1954 年 4 月，施今墨先生当面向周总理提议，中国要建立中医科学研究院、中医医院和中医学院，形成振兴中医的完整体系。他还向周总理建言，要开展中西医结合事业，提高中医地位。

1932 年施今墨先生在北京创办的华北国医学院就一改中国自古都是通过师承家传带徒方式培养中医的传统，遍请中西医名师来校授课，既系统教授中医的望闻问切和伤寒金匮以及辨证施治，也系统学习药物学、西医学、解剖学、病理学甚至法医学，为中国培养出一大批中医高级人才。

施今墨先生和父亲那一代开明老中医深知中西医各有各的局限性又各有千秋，必须走中西医结合之路才能振兴中医药学的道理。我在观看《老中医》时也想到屠呦呦借助中医指路实现中国诺贝尔科学奖"零的突破"。没有屠呦呦深刻领悟中医《肘后备急方》中 "青蒿一握，以水二升渍，绞取汁，尽服之" 这古老中医验方，就没有这诺贝尔奖的科学发明灵感。

当古老中医药验方触发的灵感与在北大医学院受过正规药物化学教育训练后又改学中医的屠呦呦发生碰撞时，就火花四溅了。

屠呦呦和她的科研团队在中医验方启迪下采用现代科研手段对黄花蒿进行乙醚萃取和钝化，人类的福音、疟疾病害的克星青蒿素终于诞生了！"呦呦鹿鸣，食野之蒿"，中国荣获的第一个诺贝尔科学奖，就是这样神奇地与东晋时代的老中医验方有如此的不解之缘！屠呦呦说 "青蒿素的发现是中国传统医学给人类的一份礼物"。

其实，屠呦呦也算得上是一位老中医了。她大学毕业后不久就又接受了两年中医培训，一生都在中国中医科学院工作，是中国中医科学院的首席科学家。

长江后浪推前浪。近日，我大哥谷世喆教授在北京市科学技术奖励大会上荣获了科技二等奖。

从民国时期《老中医》翁泉海、施今墨先生到父亲谷济生到今天我大哥谷世喆教授这新时代的名老中医，都在自强不息地丰富着伟大的中医药宝库。经过一代代老中医的不懈努力，走向科学现代化的国粹中医冲出亚洲、走向世界造福于人类健康福祉的明天还远吗？

我们追剧《老中医》，缅怀九泉之下的父亲和姐姐，我们点赞老中医们的救死扶伤医者仁心！

2015 年 11 月 11 日，美国《侨报》的《文学时代》版头条配发我家
1969 年"全家福"黑白照片发表了我写的《读手稿 忆姐姐》一文：

读手稿 忆姐姐

(宾州) 谷世强

金秋十月，小区草坪上的枫树红了。依然温暖的深秋艳阳，把枫叶照得血
红。外甥女从家乡天津发来微信，报告在天津家中找到了姐姐生前写在一叠白
纸上的《红楼梦中的医药学》手稿。

我在满地落红的秋色里散步，脑海里映现的却是姐姐的音容笑貌和微信收
到的手稿照片。

笔者唯一的亲姐姐中医谷世敏医生。

从手稿的第一页《序言》看，姐姐应该是在 1983 年 4 月动笔写的这篇长文。姐姐是天津中医学院毕业的出色中医师，她笔下的《红楼梦中的医药学》自然很有专业水准，读起来却又很优美，很长中医养生知识。姐姐的文章将《红楼梦》巨著中涉及的中国医学和药膳养生等内容梳理个遍，《序言》的最后一句话是："我们就先从 33 回贾宝玉受贾政毒打的章节开始吧。"

我唯一的亲姐姐谷世敏英年早逝，离开我们一晃已经 28 年了。姐姐不但继承父业，以优异成绩从天津中医学院毕业成为出色中医师，而且博览群书，是文笔优美的才女。只是，姐姐那一代人不幸赶上了疯狂的文革年代。大学毕业，硬是被当年的政治狂潮给分配到了条件艰苦的河北省乐亭县下面的新寨小医院当医生，"接受贫下中农再教育"。还好，因为姐夫在唐山市的 255 医院当医生，姐姐后来才以"军属"身份调到了了条件好些的唐山商业医院当中医师。

虽然上天保佑，姐姐一家在 1976 年唐山大地震中毫发未损，但姐姐却在震后连医生也必须参加的重建劳动中，被倒落的建材砸中腰部，腰椎受伤严重。说来，这也是中国当年"极左"政治给知识分子带来的伤害。

感恩节的脚步已经临近了，圣诞节和新年也不远了。美国的节日季其实就是感恩的季节。感谢父母养育之恩，感谢家人的亲情无限。我一件件回忆着姐姐对我们的恩典，不由得想到了唐朝大诗人王维那首让人落泪的绝句："独在异乡为异客，每逢佳节倍思亲。遥知兄弟登高处，遍插茱萸少一人。"是啊，美国的感恩节、圣诞节和中国的春节都要来临了，姐姐却已驾鹤西去与我们天上人间了！我们在异国他乡的海外游子，节日里能奉献给亲人的感恩就是"每逢佳节倍思亲"！

2010 年清明，外甥女姚颖和姚颐教授为母亲扫墓祭奠。

凝视着姐姐手稿的照片，谁能相信这是一位经过了唐山大地震惊吓，随后又在重建劳动中被砸坏了腰椎的弱女子的作品呢？我们十分清楚，厚厚稿纸上的每一个娟秀的钢笔字，都是姐姐在与死亡和病痛做斗争的中华知识女性顽强毅力和旺盛生命力的真实记录。

我收到的部分手稿照片的最后一幅，是姐姐长文的第十六节《黛玉的气质、精神与寿命》。姐姐虽然也漂亮、也争强好胜、也富有个性、也对中国文学情有独钟，但她比黛玉更受过高等教育，精神更顽强、更有毅力，而且是职业中医师。虽然如此，姐姐还是跟黛玉一样，也终究没有能走出这红颜薄命的怪圈，英年早逝。

大约 1982 年，姐姐与笔者表姐世静和世馨合影于天津。

姐姐写的《红楼梦中的医药学》，应该是于 1984 年在中国一本科普杂志上连载发表的。那时，还没有时兴电脑，姐姐受伤的身体也无法骑车去图书馆查找资料。就在那夏天还没有空调，冬天也还没有集中供暖的年月，走路都困难的姐姐凭借她头脑中丰富的中医药学识、历史知识和她对《红楼梦》的融会贯通，一气呵成硬是写完了《红楼梦中的医药学》这篇不是论文胜似论文的大块文章。

不论是对"红学"研究，还是对中医药学宝库乃至药膳养生，我看姐姐写的《红楼梦中的医药学》，今天依然很有参考价值。可惜，经过这些年的无数次搬家，已经找不到当年发表姐姐文章的杂志了。不过，姐姐女儿找到的手稿不是更加弥足珍贵吗？

我真的不喜欢"英年早逝"这个词，但它用在我姐姐身上的确是再贴切不过了。1984年，姐姐在天津还能上班，而且还能发表《红楼梦中的医药学》。但是，到了1987年底，姐姐旧病复发又因为体质太弱导致肾衰竭。1988年1月28日，天津的冬天照例寒风凛冽。这一天，姐姐最终没有躲过人生的这一劫，病逝在天津一家医院的手术台上。生活的磨难和严重的腰部受伤伤了姐姐的元气，姐姐在肾透析中长眠了。

此时的姐姐年仅47岁！才刚47岁啊！姐姐是父母养育的七个子女中的老大，是我家绝对的大姐大。姐姐比我唯一的七弟世斌年长18岁。由于母亲走的早，对于世斌和我两个最小的弟弟，姐姐的疼爱最多，姐姐因病撒手人寰后，我们对"血浓于水"这句中华文化名言感受得最深。

记得当时，我父亲是天津市第一医院的中医科主任。1976年唐山大地震对天津的建筑破坏也不小。姐姐被砸伤腰后很快被转入父亲所在的天津市第一医院治疗。那时，病房没有空调，连电风扇也没有。姐姐腰部被严重砸伤翻身困难，再加上当时医院夏天的住院条件环境很容易感染褥疮，我们六个亲弟弟和家人每天一下班就到病房看望姐姐，给姐姐揉背，擦背、揉腿，擦腿，揉手脚和洗脸洗脚，跟姐姐说那永远也说不完的家常话和外面发生的新鲜事。家人的爱也在帮助姐姐战胜着病魔，姐姐一天天地好起来，并能出院回家锻炼康复了。

然而，虽然姐姐的《红楼梦中的医药学》写的深刻漂亮，但她最终还是因为腰椎损伤引发了要命的肾衰竭，经医院抢救失败，跟随了林黛玉的脚步过早地离开了她深爱的家人，到天堂与母亲会面，继续她喜爱的《红楼梦的医药学》写作研究了。

2010 年 4 月 1 日，美国《侨报》的《文学时代》版在清明节前发表了我写的《祭父母》一文：

祭父母

（宾州）谷世强

自从去年 2 月起，我每次回中国出差，都要带上一张白色名片：北京市海淀区西山公墓管理处。这里是每年清明时节我回中国时要前来扫墓之地。生我养我的父母在走完他们的人生之路后，合葬在这山清水秀松柏常青的地方，入土为安了。

我的父亲是天津市第一医院中医科主任医师，高级知识分子，我的母亲则因乐善好施，在邻里间颇为有名。

大约 1970 年，父母亲与姐姐一家和我们在天津合影。
父亲膝上抱着的是姐姐的大女儿姚颖。

我还记得，小时候有个在我家一带走街串巷磨剪子磨菜刀的老头，每次到我们院门口都要将我家的剪刀磨得特别快。原来，母亲无意间听说这个靠串街磨剪刀为生的老人家乡闹灾，家人在忍饥挨饿时，马上拿出一袋粮食送给这根本就不认识的磨刀老人。从此，每次他来磨剪刀时，母亲除了尽量多付钱外，总是请他喝热水、吃馒头什么的。后来，这磨刀人见到母亲就称"救命恩人"，并为我们免费磨刀。

可惜啊，这么好的母亲，1971年冬天，年仅50岁就病逝了。我移居到美国工作生活10多年，小时候跟母亲上街买菜，天冷时母亲为我们添棉衣、做棉被、吃母亲做的饭菜时的情景，至今历历在目。

美国时间2009年2月15日，温哥华的弟弟打来电话告诉我，父亲在天津住院医治3年多后，不幸于北京时间2009年2月16日凌晨去世，享年93岁。爸爸走的时候，既安静，也安详。

虽然我们早已有所准备，但爸爸去世的消息传来后，我的心仍然"嘎噔"一下。爸爸真的走了！悲痛中转念一想，爸爸从此再也不要受没完没了地静脉输液、下胃管、输氧气等医疗之苦，再也没有了人间的一切烦恼与忧伤，是没有什么遗憾地去天上，与在那里等他的母亲和我英年早逝的姐姐团聚去了！

2009年清明，我们到北京西山公墓为父母和姐姐亲人扫墓。

1958年，天津东货场发生了严重的火灾事故，化学药品仓库失火，许多工人中毒病倒。因为东货场靠近第一医院，所以大部分病号送到第一医院抢救。而特效解毒药一时找不到，情势十分危急。这种情况下，父亲提出以"活羊热血"为中毒者解毒，从死亡线上解救了不少工人。为此，在《天津日报》发表的长篇通讯中，特别介绍了这件事，使父亲誉满津城。

由于父亲为人谦和、善良、富于同情心，不但医术高明而且对病人一视同仁，对许多职工也是平易近人、有求必应，所以在医院中人缘很好。

光阴似箭。一晃虎年的清明节又到来了。这些天我虽然人在美国，但脑子里总是想着北京的西山公墓。

爸爸、妈妈和姐姐在那里团聚了，他们一切可好？爸妈和姐姐，你们可否感觉到我们在中国大陆、在大洋彼岸的美国和加拿大思念着你们、缅怀着你们、祝福着你们？窗外春风荡漾，浮现在眼前的是一幕幕父母爱我们、姐姐疼我们和抚育我们的音容笑貌。往事如烟，春风化雨。

爸妈、姐姐，愿你们九泉之下安息。

2017 年 5 月 4 日，美国《侨报》的《文学时代》版以半个版的篇幅发表了我写的《北美雪雁归 微信赛诗来》一文：

北美雪雁归 微信赛诗来

（宾州） 谷世强

今年早春二月，宾州中溪湖（Middle Creek）野生动物保护区中旬就迎来了首批近 7 万只北美雪雁。湖面蓝天白云下，万雁齐鸣白羽遮日的震撼景象那叫一个美！

前两年，北美雪雁都是 3 月中旬左右才会从遥远的墨西哥北飞阿拉斯加过夏产卵途中落脚费城远郊的中溪湖保护区的。首批这 7 万只雪雁一到，寂静的中溪湖立马就呈现了"洞庭一夜无穷雁，不待天明尽北飞"的壮观。

喜欢摄影的太太卢琳精心拍摄了几张雪雁照，我们通过微信将雪雁人字雁阵和从湖面上欢快鸣叫着展翅飞向落日余晖的照片和录像发给了在中国、美国、加拿大等地的亲朋好友。没想到的是，竟然引发了我家中、美、加三国多地的赛诗会。

首先拉开我家这次微信赛诗会帷幕的竟是侄女婿龙烈生先生，他是学数学和软件出身，现在费城一家公司做软件工程师。他倡议，既然大家对卢琳拍摄的北美雪雁照片如此的啧啧称赞，为何不写诗咏雁抒发情怀呢？绝句或者顺口溜都好。龙烈生首先以刘禹锡的唐诗"晴空一鹤排云上，便引诗情到碧空"引发大家诗兴。不过，刘禹锡当年咏的是《秋词》，我们如今是在海内外新春咏雪雁。

我家可谓中医世家。先父谷济生在世时是天津市的名老中医，肝病专家，我们做子女的起码医古文还是受点熏陶的。群里看到自己的女婿从美国挂出了赛诗挑战牌，我在北京的大哥谷世喆当仁不让一马当先，立即就在群里写了一句"雁阵行行上青天，讨得蟠桃馈人间"。在中医药大学当教授的大哥也是北京市名老中医。大哥写诗作赋的笔力大概一般，但他率先写诗参加，也是抛砖引玉。

初春的宾州中溪湖上北美雪雁飞。

群里在天津的表弟谷世文在我家"世"字这一代年龄最小。没想到，在天津企业当干部的他不但对京剧有研究，舞文弄墨时也不甘示弱。他跟在我大哥后面写的这一首还真有点意思。虽然世文自嘲这是首凑趣的赞美雪雁顺口溜，但读起来朗朗上口意境高远：

展翅一跃冲九霄，尽将毛羽画妖娆。

织女牛郎何处会？不信鹊桥信雁桥。

侄女婿龙烈生立即发表评论说，"不信鹊桥信雁桥"句有点跟刘禹锡的唐诗反意而为的韵味，妙！赛诗的架势摆上了，书香门第，谁都不能示弱。

北美雪雁竟然在我家群里引发了对中国诗词文化的热情，也算是微信时代新气象了。

世文表弟又起哄说我平常喜欢爬格子，太太喜欢摄影，何不一起制作一集《动物世界》。真是高抬我了，我哪里有写动物的知识和笔力呢！我也跟着随手回了几句：

动物花草都挺好，就是六哥写不了。

雪雁引颈夕阳飞，天鹅展翅冲九霄！

在我家兄弟中，我排行老六，是世文他们的六哥。中溪湖保护区环境特别好，不仅每年开春儿吸引十几万只北美雪雁来此歇息，也吸引来越来越多的白天鹅和少数黑天鹅呢。天鹅从湖面上引颈腾飞的英姿也是美极了！

我在天津的三哥谷世乐是中国民乐作曲家，诗词歌赋方面的修养自然比我们强很多。退休前，三哥在天津人民广播电台音乐台主持的《每周一歌》节目在天津很有名气。这不，三哥也不甘落后，也在群里赛诗一首：

漫天飞来是雁阵，春回候鸟欲还家。

群鸳晚霞相映衬，夕阳辉照美如画。

还真是应了士别三日，当刮目相看这句老话了。在天津时，我们都不知道平日里并不怎么舞文弄墨的弟弟世斌会写诗作赋。感谢微信，现在温哥华的弟弟世斌的咏雁小诗乡愁情深，很让我们眼前一亮：

天高海阔雪雁云，二月春雨暖纷纷。

远飞鸿雁歌一曲，乡愁亲情贵如金！

雪雁照片激发起我家微信群赛诗，还吸引了下一代积极参与。我发现，微信群赛诗还真是弘扬中华文化的好形式，比当年《红楼梦》的林黛玉行酒令更有意思。

夕阳西下，北美雪雁飞回宾州中溪湖过夜。

微信群赛诗不但永远实时而且不分国界地域，随时随地都能在群里诗兴大发，没有报刊给发表也能与群里的亲们分享嘛。

当年的李白杜甫们要是有微信平台，以诗会友还不定得写出多少唐诗宋词佳句来呢！

雪雁为题赛诗来，父亲开场子登台。在北京当律师的谷家长孙、大哥世喆的儿子谷岳也在群里晒诗一首：

湖水澄澈天气朗，阵阵雁鸟穿云霄。

十只百只千万只，自由翱翔意气高。

怎么样？新一代的文采不输父辈啊！在家里，我们都管"小字辈"的谷岳律师叫小虎，因为他属虎。我儿子谷峥也属虎，小一轮。拿了美国名校的学位在硅谷当高级工程师不假，但谷峥写中文就不行了，中文写诗作赋那就更是强人所难了。所以啊，微信群里赛赛诗什么的，对海内外的下一代继承中国文化也是大有益处。

要说我们谷家两代人中，真正是从南开大学中文系研究生毕业，现在在天津的电视台当记者的侄女谷菲最专业。也是大忙人的谷菲在群里给我们秀了她的随手拈来：

碧空如洗羽似帆，落霞铄金云水间。

不恋南国栖暖树，雁携春归绿意然。

好诗！我们必须为谷家下一代喜爱中国文学点赞！

其实，我们兄弟中最爱没事写诗作赋的当属我二哥谷世宁。二哥是北大物理系毕业，现已退休在天津。

别看他是学物理的，文学和外语水平了得！附和上面我五哥的调侃，二哥谷世宁随手发来一首凑趣：

雪雁共与落霞飞，澄湖映照夕阳晖。

何须艳美神仙境，怎比人间景色美。

川普过客不足论，美中风光万古垂。

喜欢摄影但平时并不写诗作赋的太太卢琳也有感而发，为我们的咏雁赛诗献诗一首：

腾空茫茫雪，落湖点点帆。

春风度归雁，夕阳道晚安。

这雪雁腾飞时如鹅毛飞雪、降落湖面时如点点白帆的景象，非身临其境观雪雁体会不到。

2016 年 3 月初，我们再次到中溪湖观雪雁。

中国古诗词中咏秋雁的名句不少，几多凄凉。如今我们微信群里新春咏雁，一片生机勃勃，乡愁也在其中了。孟浩然的"春眠不觉晓，处处闻啼鸟"倒是与中溪湖的北美雪雁景色相合。

只是，万千雪雁腾空而起时的那一片雁鸣声声，真如同百万雄师高呼万岁声般震撼！

行文至此，我还在纳闷，每年从阿拉斯加到墨西哥再到宾州中溪湖然后再飞回阿拉斯加，这数千英里的长途迁徙，北美雪雁一代代是靠什么准确导航的呢？而且时令又是这样准？靠地磁还是基因？日月还是星辰？今天我在群里又发了以下感叹：

宾州雪过风和煦，中溪水暖雁先知。

千里飞行墨国来，万里导航路线识！

2018 年 9 月 15 日，《人民日报海外版》配发我回国时在天津海河边拍的彩照发表了我写的《谁不说俺家乡好》一文：

谁不说俺家乡好

谷世强 （寄自美国）

天津是我生于斯、长于斯的故乡。

1976 年，受唐山大地震波及的天津，被震坏的"大杂院"老旧平房随处可见，应急搭建的临建棚挤满了海河两岸。我家两间砖瓦房的屋顶也被震塌了，一家人为此忙乱了好一阵子。当时我的亲朋中没有住楼房的，也没有自家的洗手间和电话。为了做饭和取暖，家家户户烧煤球或蜂窝煤炉子，再加上工厂的烟灰，真是刮风漫天土，下雨满街泥。那时的天津，没有一点国际大都市的样子。

都说天津人说话真哏儿，天津人知足长乐，但那时候流传在天津的民谣却是苦涩的："汽车没有自行车快，临时窝棚到处盖，自来水可以腌咸菜！"。这就是 40 年前的"天津三大怪"。

昔日"三大怪" 今日"俱往矣"

1978 年，也就是中国改革开放的第一年、恢复高考的第二年，初中毕业后在天津锻压机床厂当了 3 年学徒工的我，考上了天津理工学院，从此改变了我的人生轨迹。那一年，我 21 岁。

我还记得自己考上大学了，给喜欢喝茶的父亲沏了杯好茶，但父亲说茶水是咸味儿的！当时天津人煮的白粥、喝的豆浆都是咸味的。

改革开放后的天津，发生了翻天覆地的变化。到我上大学时，天津已经着手解决"三大怪"问题。著名的"引滦入津"工程让天津人喝上了甜水；京津塘高速公路、立交桥的兴建，大大改善了天津的交通状况；煤气灶取代了煤球炉，人民生活品质得以改善。再有，天津古文化街和天津食品一条街工程在全国领了风气之先。作为沿海开放城市，天津市经济技术开发区"泰达"已经开始招商引资，滨海区也开始大变样，成为天津发展的新动力。

2018 年 5 月，笔者摄于家乡天津海河边。

女大十八变 越变越好看

"女大十八变，越变越好看"。这话真好像说的是改革开放后的家乡天津。不仅仅是我们海外华人听闻天津巨变的喜讯而惊叹，就是在天津本地的亲朋和同学，也无不为海河两岸这几年的旧貌换新颜而惊喜。这几年，我回国出差到天津，眼见着高楼大厦越来越多，新建的立交桥、道路、轻轨、地铁和文化广场等越来越立体化、现代化，港口、机场、大学、研究中心以及半个小时就到北京的高铁，更让天津的投资环境越来越有吸引力了。

2015 年，我曾经在美国《侨报》上发表了《"洋味儿"的天津五大道》一文，惊叹天津的老街道、小洋楼变了模样，意大利风情街、津湾广场等成为了市中心海河岸边漂亮新景观。如今，如果问中国哪里的建筑最有"洋味儿"，我一定会说，非天津五大道莫属。这两年我每次回天津，都能看到很多海内外游客来天津逛五大道，品味中国近代发展史，乘船畅游海河夜景，漫步意大利风情街和古文化街，去滨海区看航母主题公园和海洋世界。

昔日"老大难" 今变"天津眼"

改革开放 40 年，家乡天津不但成为中国北方最发达的港口工业重镇，还越来越美，成了特色旅游城市。

壶中日月长多少，闲步天津看往来。我每次回到家乡天津都喜欢到海河边走走，站在大光明桥上欣赏海河两岸新景观。入夜，乘游轮畅游海河夜景，两岸欧陆风光建筑灯景迷人。赤峰桥、大光明桥、解放桥、北安桥、金钢桥和永乐大桥等"八桥十景"，美轮美奂。

　　我小时候就是在摩天轮所在的河北区长大的。那时，海河两岸不但没有景点，而且脏乱差是"老大难"问题。如今，永乐大桥上的摩天轮被誉为"天津之眼"，的确漂亮。这座"天津之眼"建在大桥上，可以说是个创举，最高点距离地面有35层楼那么高。坐在摩天轮上极目远眺，海河水变清澈了，周围老"三条石"等低矮破旧的"大杂院"不见了，档次很高的高层公寓民居连成一片了。以前最牛的天津站建筑，如今跟周围的大厦相比，也已经是"小巫见大巫"了。摩天轮在缓缓旋转，电影《红日》插曲"谁不说俺家乡好"在耳畔荡漾。

冬天的天津大光明桥。

昔日盐碱地　今日成热土

　　说起天津巨变，首推应是滨海区。直到上世纪80年代初，原来叫做塘沽、汉沽和大港的那一带，除了盐碱地、碱厂、化工厂和港口外，几乎啥也没有。我大学毕业时，国家级天津经济技术开发区开始在盐碱地上兴建。后来，天津港保税区和中新天津生态城等又相继建成，成为海内外高新技术和大公司的投资热土。32年前，邓小平参观完天津经济技术开发区后欣然题词：开发区大有希望！

　　2014年，全北美发行的《世界周刊》发表了我写的《家乡天津美不美》

并配发多幅彩色照片。前几年，我回天津参加"侨会"，到滨海区参观"大飞机""大火箭"和"天河"超级计算机项目，对家乡滨海区的高速发展振奋不已。有高铁、轻轨和高速公路连接的滨海区如今也成为了旅游热点，这里的航母主题公园、豪华邮轮母港码头、极地海洋世界和自贸区等都成为了天津特色的旅游新秀。

　　说到家乡的建设，每一个人都不应是旁观者，我亦是如此。多年来，我不断在美国介绍、推荐天津的投资环境，从中牵线搭桥，促成多家美国客户公司在天津投资设厂或与天津公司合作，为家乡的腾飞尽了微薄之力，这让我感到特别欣慰。

　　展望明天，家乡天津定会更美、更强、更好！

2018 年，笔者在哏儿都天津听相声，真哏儿！

Chapter 4

难忘故乡那些事儿

2020 年 2 月 6 日，美国《侨报》的《文学时代》版发表了我写的《一本不同寻常的挂历》一文：

一本不同寻常的中国挂历

（宾州）谷世强

从中国出差刚回到费城，我就风风火火地到邮局将一本 2020 年中国挂历邮寄给了在纽约的王慧英老同学。费城到纽约的距离跟从天津到北京差不多，普通邮寄一本印刷品挂历 6 美元。还好，两天后老同学王慧英就微信确认挂历收到了，并再次感谢发小马魏华也惦记着我们在海外的老同学。

为何我要万里迢迢从家乡天津带回美国两本普通中国挂历？又为什么我和王慧英老同学都要感谢知名书法刻瓷艺术家马魏华先生呢？

原来，马魏华与我和王慧英 50 多年前都是天津市新开小学的同窗老同学。对于在海外的我们这些老同学而言，这本马魏华汉字书法艺术挂历就更显得不同寻常了。

这本挂历甲骨文汉字封面照古香古色别具一格。翻开挂历，从 2020 年 1 月到 12 月的每一页，都是天津知名书法、刻瓷艺术家马魏华先生的书法杰作。不同寻常的是，每个月的书法佳作都是以千年汉字衍化发展节点朝代的经典书法临碑写就，笔酣墨饱书法功底一目了眼，彰显出汉字书法艺术的千年衍化发展与大美。

魏华曾在同学群里发我们彩照，这本名为"临写篇"的汉字书法艺术挂历还有一本姐妹"刻瓷篇"2020 年中国挂历。"刻瓷篇"封面也是魏华手书的汉字两个书法大字，但从 2020 年 1 月到 12 月，每一页收录的都是马魏华汉字刻瓷艺术作品，从甲骨文到历代汉字书法，艺术镌刻在中国的彩色大瓷盘上真美不胜收，视觉审美感觉真"China"。

回美后，在家里抽空打开这本从中国带回来的 2020 年挂历欣赏，每一页都是魏华临碑的书法杰作。 与其它书法作品不同，这本挂历除了书法艺术美之外，特别展现了汉字衍化发展历史。1 月份是魏华临碑的殷商甲骨文书法，2 月份是西周汉字书法，3 月份是春秋汉字书法，4 月份是战国汉字书法，5 月份是秦朝汉字书法，6月份是西汉汉字书法，7月份是东汉汉字书法，8月份是魏晋汉字书法，9月份是北朝汉字书法，10月份是南朝汉字书法，11月份是隋朝汉字书法，12月份是唐朝楷书汉字书法。

2016年夏，笔者与魏华在天津金街参观马魏华刻瓷艺术作品展。

从1月份的殷商甲骨文大字不识一个但能感受到魏华临碑方块字的美感，到12月份的唐朝汉字虽然繁体但能认识大半并能欣赏出楷书的端庄秀美，一路领略了汉字衍化发展和书法艺术之美。

12月份这一页我看得最明白，是马魏华临碑的唐代四大书法家之一欧阳询欧体楷书。一笔一画规范工整真功夫，让我这书法外行也能隐约感受到欧体楷书的隽美险绝，所谓唐代欧体楷书于平正中见险绝的书法大美境界让魏华临碑再现的完美。

其实，尽管1月份的商朝甲骨文吾辈不认识，但马魏华临写的三千多年前的甲骨文汉字已然具备了用笔、结字和章法这书法三大要素，汉字书法美跃然纸上。甲骨文通常是镌刻在龟甲或者兽骨上面的。马魏华临写的甲骨文将自由奔放的甲骨文刀刻锋芒和汉字的笔意美表现得淋漓尽致，笔锋如刀，甲骨风韵，带给我们难得一见的汉字书法艺术享受。

以我对书法艺术一知半解和对汉字衍化历史不甚了了的审美观，其实我更喜欢马魏华汉字刻瓷艺术作品挂历。这本 2020 年"刻瓷篇"挂历封面也是魏华手书的"汉字"两个大字，下面是魏华精雕细刻的甲骨文艺术瓷盘，封底以"中华传统文化收藏挂历 – 2020"压轴，端庄大气。这封面木托上面的瓷盘，将 3 千多年前的甲骨文汉字原汁原味地临碑镌刻在淄博烧制的彩色大瓷盘之上，真是无比的 China 了！

书法篆刻已然成名，马魏华为何自找苦吃搞汉字书法刻瓷呢？十几年前，魏华在甲骨文专家的朋友家无意看到殷商武丁时期在甲骨上铭刻的汉字时，心灵深处产生共鸣和震撼。他决心将汉字衍化和书法艺术镌刻上最代表 China 的瓷盘上去！不知道刻碎了多少个瓷盘，不知道跑了多少趟瓷都淄博，不知道多少个不眠之夜，在家人的鼎力支持下倾其所有，魏华用了 12 年时间终于完成了 158 幅精美的汉字衍化发展刻瓷艺术作品，一经展出立即产生轰动，成为汉字书法艺术界的一枝奇葩。

魏华为什么一定要完成 158 幅汉字衍化刻瓷艺术作品呢？原来，这 1 代表汉字是世界上唯一的表意文字；5 代表汉字衍化主要有篆、隶、草、行、楷五种表现形式；8 代表汉字历经甲骨文、金文、小篆、隶书、草书、行书、新隶书和楷书共八个衍化发展阶段。魏华在弘扬汉字历史文化方面的孜孜不倦和用心良苦可见一斑。

魏华在天津曾经赠送给我一套《马魏华刻瓷艺术系列作品集》，九州出版社全铜版纸彩印的，我带回了美国，凡看过的亲朋无不啧啧称赞。每当我翻阅这本发小老同学的刻瓷艺术作品集时，这 158 幅表现中华汉字衍化与发展的精美刻瓷作品都会让我一边赞叹魏华的业精于勤，一边感叹汉字衍化发展的大智慧和中华文化的源远流长。

做为魏华的发小老同学，我这里还要多写两句的是，这本 2020 年"刻瓷篇"挂历，做为汉字"临写篇"的姊妹篇，从 1 月份殷商文字刻瓷艺术佳作到 12 月份的唐朝文字刻瓷精品，每个月的汉字刻瓷都与书法"临写篇"同朝同代相互对应但临碑汉字书法不同，魏华以他精湛的汉字书法和刻瓷艺术功底，将中国书法刻瓷艺术美以汉字衍化发展形式成就了这姊妹篇的两本 2020 年中国挂历，很值得点赞更值得收藏。

我们同是 50 后，同是天津新开小学的同窗老同学，为什么唯独马魏华能成为知名书法刻瓷艺术家和汉字衍化研究专家？天道酬勤。魏华真的算不上是我们小学班上聪明过人的同学，但他从小就立志要"颂汉字之大德，为汉字而立命"的梦想追求和几十年如一日的刻苦执着，我们谁都比不了。魏华在海内外弘扬中华历史文化的不懈努力，也取得了不小的成功。

我去年 10 月份到家乡天津，正好赶上了南开大学百年校庆。一年多前，美国俄勒冈州州务卿理查德森来访天津时，专程到南开大学参观了《马魏华汉字衍化书法刻瓷艺术作品展》。这是因为马魏华先生曾经应邀到俄勒冈州著名的波特兰州立大学演讲中国书法艺术和汉字衍化并办展取得巨大成功结下的国际缘。为了在美国弘扬中华文化，马魏华出资在该大学设立了"马魏华汉字奖学金"并支持孔子学院，与理查德森先生早已经是老朋友了。

我在天津还高兴的得知，"马魏华汉字书法艺术展"在雄安新区郑州汉字历史艺术馆长开展了而且要长期展出。魏华这次在雄安展出的 250 多幅魏华弘扬汉字历史文化的书法艺术作品中，《汉字衍化与书法发展 —— 临写作品手卷》临写了从甲骨文到唐楷的汉字衍化书法碑帖 2 百多幅，系列展现了书法艺术与汉字衍化发展的历史变迁。

三年前，也是秋季回中国出差到天津，与魏华等发小老同学聚会津门。席间，魏华赠送给在座的每一位发小《中华人》杂志一册。这本 2016 年 8 月出版发行的《中华人》特刊，专辑介绍了马魏华的书法和刻瓷艺术杰作，特别是他几十年如一日弘扬汉字衍化历史文化的执着进取，160 页厚，全部彩印，封面就是表情刚毅睿智的马魏华工作照。特刊题目十分醒目: 为汉字熔魂铸魄 —— 马魏华汉字衍化系列艺术作品。

笔者儿子谷峥属虎，这是挂在我家客厅魏华题赠的一笔虎。

真是好事成双。2016 年 8 月 13 日，《中国书画报》用了两个整版的彩色版面刊登发表了马魏华的汉字刻瓷、书法和印章篆刻杰作，还配发了魏华在海外弘扬汉字书法艺术获奖照片，真让我们感到特别骄傲。近年来，马魏华在海内外参展办展，赢得了"法兰西共和国荣誉奖章"、拉玛特兰市"荣誉市民勋章"和"走向世界的中国十大书画大家"等多项殊荣。2012 年，中国邮政为马魏华作品出版发行的《汉字衍化与发展——刻瓷艺术系列邮票集》也被美国俄勒冈州立图书馆等收藏。

2016 年 7 月，我们发小老同学在天津滨江道商业街著名的全聚德烤鸭店聚会。组织者李耕老同学选择这里聚会，是因为"马魏华汉字衍化与发展"大型展览正在滨江道步行街上展出。魏华陪同我们这些发小老同学仔细观看欣赏每一个精心制作的展牌，也引来不少观众驻足倾听，给家乡天津的商业街带来一条弘扬中国汉字书法文化的风景线。

新的一年到来，我看着案头这本魏华老同学手书的汉字书法临写篇 2020 年中国挂历，喜从心生，决定现在就将这本弘扬中国历史文化的挂历挂上客厅墙壁上。

2017 年 1 月 14 日，面向全球华人发行的《人民日报海外版》》"读者桥"
专版配发两幅彩色插图发表了我写的《故乡何处是 忘了除非醉》一文：

故乡何处是 忘了除非醉

谷世强 （寄自美国）

宋代诗人李清照的诗句"故乡何处是，忘了除非醉。"这其实也代表了很
多海外华人的心声。自从我 1992 年加入总部在费城的美国 SCI 国际市场咨询
公司以来，通过各种渠道了解来自中国的资讯便是我每天必做的功课。从费城
市中心到远郊，虽然我搬家多次，但 20 年来我家一直订阅《人民日报海外版》。

我刚加入美国 SCI 公司负责中国市场业务时，台式电脑才刚开始在美国流
行，互联网上关于中国改革开放的权威报道很少，大多数是带有偏见的报道。
那时，我订阅的《人民日报海外版》几乎是每天带给我权威资讯的唯一渠道。
我那时经常兴奋地将有关中国最新吸引外资的政策法规和各地招商引资的信息
迅速翻译出来，针对不同项目和客户需要发给美国客户公司。后来，我们很多
客户公司在深圳、广州、上海和天津等沿海开放城市，投资设厂建立起了合资
和独资企业，《人民日报海外版》的权威资讯当然对我们的中国市场商务咨询
业务起到了积极推动作用。

后来，公司订阅了英文版的中国报纸，又有了英文的中国发展权威资讯了。
那时候，可以说中文版的《人民日报海外版》和英文版中国报纸是我在美国及
时了解中国权威资讯的主要渠道。而美国主流媒体如《华尔街日报》《亚洲华
尔街日报》《商业周刊》《纽约时报》和 CNN 有线电视网上，越来越多有关
中国发展和改革开放的报道与评论，也从侧面帮助我印证来自北京的一手权威
资讯。

我有爱看报刊的习惯。北美的中国城不论大小都有中文报纸，大多是放在
华人商店和餐馆里，或者免费自取或者花钱买。免费拿的都是当地华府资讯的
周报，靠大量刊登中餐馆等广告生存。在北美发行量最大的《世界日报》和《侨
报》都是大型日报，资讯多但必须花钱买，60 美分一份。《世界日报》台湾味
道浓些，但中国大陆资讯越来越多。美国《侨报》面向全北美的华侨华人，中

国资讯多而且比较客观准确。每次到费城中国城，我都喜欢买《侨报》和《世界日报》阅读。

2016 年，笔者回中国出差时在北京重游北海公园。

前些年网上中国资讯缺乏时，我也常到附近的社区图书馆翻阅美国《华尔街日报》《商务周刊》和《纽约时报》等，重点浏览这些所谓美国主流媒体上有关中国的各种资讯。随着中国改革开放的成功，美国主流媒体和门户网站上关于中国的新闻和报道可谓爆炸性增长。

如今信息时代了，互联网上啥都有。但我仍然订阅《人民日报海外版》，仍然喜欢手持一杯清茶翻阅它时的那份很解乡愁的感觉。

网上确实很方便，只要上"百度"或者"谷歌"搜索，从查询某一家中国公司到了解某个政策法规，一搜就有。我已经很久没有摸过书桌上的《新英汉辞典》《英汉技术词典》和《汉英词典》等工具书了。网上在线词典等工具有的是，想看电视剧也有"优酷"等网站。

现在，我每天经常在电脑前浏览的中国资讯平台有中文和英文的人民网、英文版的中国报纸网站，还是来自北京的中国发展和政策法规资讯最权威。此外，如果有时间，我也偶尔打开中国的一些大门户网站，看看上面都有什么新闻。

我人在美国，工作和兴趣也驱使我关注相关的欧美主流媒体，包括英国BBC 网站的 China 新闻页面、路透社网站的 China 新闻页面、雅虎新闻网、美国商业周刊和亚洲华尔街日报等。当然 CNN 有线电视网我有空时也看。中国已然跃居世界第二大经济体了，欧美主流媒体也都竞相开通了中文网站。我常在网上看的还有《纽约时报中文网》《华尔街日报》中文网和英国BBC的中文网，都可以免费上网浏览，关于中国方方面面的资讯不少。

海外华人如今不用"微信"的几乎没有，每天早晨一起床，来自家人群、大学同学群、小学同学群和朋友圈的各种资讯，多得看不过来。群里老同学每天准时发送的"3分钟新闻，一览天津事"，让我每天连家乡天津气温几度、汽车是单号还是双号限号都一清二楚。当然，家乡信息如此快捷，刚到美国时杜甫笔下的那种"烽火连三月，家书抵万金"的思盼心境也被"网没"了。唐诗《渡汉江》中那种"岭外音书断，经冬复立春。近乡情更怯，不敢问来人"的诗情画意，如今在海外赤子群中也难再觅了。

前不久，我的"发小"老同学李耕兄来美国旅游，送给我一个华为技术公司出产的"荣耀盒子"。真是神了，将这个方块形状的白色盒子连接到我家电视后，不但每天随时都可以收看央视的各个频道，包括家乡天津台在内的卫视台也能实时收看了。从此，我又多了一条从央视看中国资讯的渠道，CCTV1的"朝闻天下"，我正好晚饭时间收看。

2019年5月，笔者与家人聚会在北京。

2014 年 12 月 30 日，美国《侨报》的《文学时代》版头用半个多版面发表了我写的《从十年签证话说"中国十年"》一文：

从十年签证话说"中国十年"

（宾州） 谷世强

由于工作关系，这些年，我每年都要回中国出差几次，在当"空中飞人"中目睹了中国发生的巨变。

11 月中旬，我的上一个中国签证到期了。正好，趁中美最近达成互签 10 年商旅签证协议的热乎劲，我立即申办了新签证，在签证申请表上填写上了要求获得 10 年商务签证。这样，从现在起到 2024 年 12 月，我随时都可以进出中国主要口岸不需要费时、费力、费钱每年都得申办回中国签证一次了。看着护照上的 10 年期 M 签证，我在想，如果 2024 年我用这签证回中国出差的话，那时的中国、那时的家乡天津会变成啥样呢？

俗话说"十年磨一戏"。老话说"十年寒窗苦"。现在，我们常说"十年文革浩劫"。总之，即使是在有几千年历史文化的中国，十年也是人们眼中一个不算短的时间段。

唐朝诗人贾岛写过一首著名的《剑客》诗："十年磨一剑，霜刃未曾试。今日把示君，谁为不平事？"。这首唐诗告诉我们，要磨出一把真正锋利无比的好宝剑，非得下十年硬功夫不可。而且，一朝宝剑磨成在手，就要派上用场，就要为平天下不平之事"亮剑"。想想也是这个理。正是经历过十年文革运动和"上山下乡"的磨练，在北京官场逐步"修成正果"的习近平和王岐山等"老知青们"，一朝权在手，不是马上"亮剑"了吗？不是很快就将"老虎屁股摸不得"的薄熙来、徐才厚和有"常委"之尊的周永康等"老虎"都送进了"秦城监狱"了吗？

"十年磨一戏"这话有道理。"改革开放"以来的每一个十年，中国发生了怎样震惊世界的巨变呢？

1976 - 1986：“文革”后的第一个十年

文革十年,中国的大学停办了整整十年！当时,诺大的中国在“打倒刘、邓、陶”、“停课闹革命”、“砸烂公检法”、“文攻武卫”、“横扫一切牛鬼蛇神”和“批林批孔”等没完没了的疯狂政治运动中,千疮百孔地步入了难忘的 1976 年。

这一年,周恩来去世,朱德去世和由因着纪念周恩来在天安门广场爆发的“四五运动”让中国在风雨中飘摇。7 月 28 日,当时还在天津的我亲身感受到了那场凌晨时分突然爆发的大地震,后来才知道,震中在唐山,史称“山大地震”,瞬间将距离北京和天津不远的唐山市夷为平地,死伤惨重。

而 1976 年 3 月 8 日那场降落在中国吉林地区的罕见陨石雨,似乎已经预示着中国更大“政治地震”的来临。果不其然,毛泽东于 9 月 9 日去世,让“以阶级斗争为纲”的中国顿失“四海翻腾云水怒”的折腾动力。感谢华国锋和叶帅,10 月 6 日就果断地将倒行逆施的“四人帮”抓进了“秦城监狱”。感谢邓小平,又很快让中国从十年文革的阴影中解放出来,走上了一条改革开放的道路。从此,每一个十年都成为了中国发生震惊世界巨变的十年。

我至今难忘,文革后的第一个十年间,恢复高考,重新提倡“尊重知识,尊重人才”,让“以阶级斗争为纲”的“斗争路线”寿终正寝,市场经济终于进入中国。

虽然中国长达 40 年之久的“票证时代”到1990 年才彻底消失,到 1986 年时,中国就已经告别了吃饭靠“粮票”,穿衣靠“布票”,吃油靠“油票”、烧煤和买肉、糖、蛋以及肥皂、碱面、火柴等靠“副食本”的“粮票时代”,经济开始搞活。

记得当时要买“北京牌”、“长城牌”电视机、“飞鸽牌”、“永久牌”自行车以及“上海牌”和“海鸥牌”手表以及缝纫机和结婚需要的大衣柜家具等紧俏商品时,还需要有单位发给职工的“电视机票”、“自行车票”和“手表票”等。

大街上人们穿的衣服也开始颜色亮丽点了,年轻人也开始戴从香港进来的墨镜了,电影院也能看到日本电影《追捕》、《望乡》和反映越战的美国电影《第一滴血》等外国片子了。甚至,到 1986 年在天津的宴席上偶尔能喝到当时很贵的可口可乐了。最有趣的是,那时从美国考察回中国的人眉飞色舞地告诉亲友,美国的“热狗”根本就与狗肉无关,就是一条面包里面夹上一根香肠而已。

邓小平的“改革开放”政策虽然让中国很快结束了买吃穿用的商品都要“凭票”的“粮票时代”,但“外汇券”来了。那时,越来越多的外国人来中国经商旅游，老华侨回国探亲投资热潮也开始了，中国的出国考察团等也多起来了。中国急需吸引海外技术设备，外汇紧缺。于是乎，中国在 1980 年代开始发行外汇兑换券。那时，北京、上海和广州等大城市都有一个国营的"友谊商店"，主要是为外国人、华侨和手里有外汇券的出国人员服务的。

用外汇券，在友谊商店里面可以以很低的"平价"买到当时市面上非常紧俏的彩电、冰箱、日本相机、录音机、柯达或者富士牌彩色胶卷以及进口手表等"名牌货"。所以，外国人和华侨到中国不是将美元等外汇直接换成人民币，而是换成表面价值等同于人民币的"外汇券"。换句话说，外汇券不是钱，但是比人民币这钱更值钱、更好使。那时，换"外汇券"的黑市在北京、上海和广州等大城市都很猖獗。计程车司机最喜欢拉"老外"，因为他们会付"外汇券"。面值 10 元的"外汇券"当时就能买到 20 元人民币都可能买不到的紧俏商品。

即使是到了 1986 年，就是从天津市这样的大城市，打个国际长途电话到美国不但十分昂贵而且困难重重，打到欧洲和小一点的国家就更难了，拨不通。

2006 年春，笔者与客户在无锡大佛前留影。

最早在我家乡天津市大举投资的美商里面就有摩托罗拉公司。当时，摩托罗拉出产的 BP 传呼机可以说风靡了全中国。随后，被老百姓戏称为"大哥大"和"大砖头"的第一代手机，又立即成为当时大款和权贵们身份的象征。

即使是到了 1986 年，在美国的留学生和访问学者等，与在中国的家人通讯基本只能靠写信。那时，中国还有专门的国际航空信封呢。

我 1986 年在费城进修学习，那时，每次从邮箱里拿到家里的来信和照片都很激动，真有一种至今难忘的"家书值万金"的感觉，与现在的电邮和微信感觉完全不同。1986 年，天津才刚刚兴起家庭申请安装有线电话，绝大多数老百姓家里都还没有电话。

1987 – 1997："中国龙"腾飞的十年

我来费城进修结束前的 1987 年 1 月 7 日，接到了期待已久的一份国际电传（Telex）。电传是由我当时工作单位天津市对外科技交流中心发来的。当时，只有大城市的邮局和外事机构才有电传机，传真机还没有进入中国。电传机接收到的是四位数一组的电码，还得用电码本翻译出来，比传真和电邮麻烦多了。当时新华书店就卖明码电码本。申办签证时还要在姓名下面注上电码，以免同音不同字。

我立即翻着电码本翻译出的这份电文是："卢琳（我太太名字）今晨今晨四点生一男孩，重六点一斤母子平安"。

至今，我太太还为儿子收藏着这份珍贵的电传。可以说，即使是到了 1987 年，中国沿海大城市的国际通讯也还处在发电传、打国际长途和空邮信件水平上。通讯如此，那时私人汽车在天津这样的沿海大城市也还是凤毛麟角，"万元户"就更是稀有动物了。

"改革开放"政策让中国以惊人速度发生巨变，变化之快真有点让人目不暇接。当日历翻到了 1997 年，中国以十分强大的国力顺利从英国人手里收回香港。而且，当 1997 年夏季亚洲金融危机风暴突然袭来之际，正是中国大陆的雄厚资本帮助香港成功抵御住了国际金融炒家的冲击，帮助香港成功战胜了金融风暴，人民币在亚洲金融危机中成为几乎是唯一不贬值坚挺货币。

此时，公元 1997 年，"改革开放"的第二个十年，成功收回了香港和战胜亚洲金融危机的中国光环和影响力已经开始盖过了"亚洲四小龙"，成为了亚太地区的新巨龙，也已然成为了全世界最大的新兴市场。

还记得香港回归时，美国各大主流媒体都作了大量的报道，惊呼"东亚睡狮醒了"！香港的回归和"一国两制"的新政，从某种意义上说，又反过来加快了中国大陆的发展进步。

1997 年，笔者在美国费城工作生活。那时，与中国通讯虽然已经方便多了，但中国有电脑和能上网发邮件公司和个人还是少数。1997 年，中国互联网用户还只有 62 万，跟如今至少 5 个亿的中国互联网用户不能同日而语。

那时，马云才刚开始接触互联网，还没有创建阿里巴巴，基本上还是一个口袋里面连人民币都不多的"穷人"呢！

　　1997 年，很多改革开放开始后来到美国的留学生已拿到博士或硕士学位，有的已找到了较理想的工作。这些受过良好高等教育的新一代移民与老一代移民完全不同，他们中的很多人都很快成为美国的"三师"，工程师、医师和律师等，进入"中产阶级"。

　　这些当年家里拿不出一点美元资助的留学生们，靠餐馆打工等完成学业，特别能吃苦，特别能拼搏，特别能在职场出人头地。

　　到了 1997 年左右，我在费城的很多新移民朋友不但有了稳定工作，而且买了丰田和本田等牌子的新汽车了。甚至，有的已开始在比较好的学区借房贷买房子了。此时，周末给在中国的家人打个长途电话问安等已经是习以为常的事情了。

2017 年，笔者与客户公司总裁 Ken 等洽谈合作项目。

1998 – 2008：高速公路成网，高铁开工

　　常去亚洲出差的美国客户公司以前常抱怨中国火车太挤、汽车太慢、就连安庆和秦皇岛这样的城市虽有机场但小的可怜，几乎没有可以方便衔接的航班。

　　但是，当"中国龙"驶进了"改革开放"的第三个十年期间，全世界公认中国的高速公路网络、机场和港口设施建设等早已经将亚洲另一个人口大国印度甩在了后边。

　　像上海浦东、苏州工业园和天津泰达经济技术开发区等"国家级"园区不但聚集了大批国际闻名的大公司，而且园区规划建设和发展水平也堪称世界一流。

　　国力不断增强的中国从 2004 年开始兴建高铁。很多年前，我曾在法国乘坐过高铁，从巴黎到里昂，一路感受到的是速度和舒适度的震撼。

　　2008 年 8 月 1 日，赶在北京奥运开幕之前，我的家乡天津与北京之间的高铁开通了！我很快就从天津东站乘坐了一次，真是又快又舒服。从天津站发车，半个小时就抵达了北京南站，我手里的《天津日报》还没有看完呢！而且，普通舱只要大约相当于 10 美元一张票，头等舱也不过 13 美元左右，真是物美价廉，方便快捷。

　　说到 2008 年，中国的"改革开放"又走过了第三个十年。记得以前我们在天津工作时并不懂得什么"风水"。但"改革开放"好像也把香港等地的风水和黄历什么的也引进来了。你看，北京奥运会就定在了 2008 年 8 月 8 日上午 8 点北京开幕，一路发！

　　不管怎么说，2008 年北京奥运会也是奥运史上最为壮观辉煌的奥运会。虽然今天仍然有人批评北京奥运会的巨额投资和不惜血本的豪华场面，但即使是"作秀"也得有能"作秀"的经济实力不是？此时的北京真就有这个实力。

　　为奥运会兴建的北京国际机场 T3 航站，到今天也仍然是亚洲最大、最现代化的航站楼。而知名的"鸟巢"和"水立方"等奥运场馆和国家艺术中心等设施更是国力的体现。

　　2008 北京奥运会，中国以赢得 51 面金牌的金牌第一和美国以赢得 110 面奖牌的奖牌数第一拉开了中美两个"第一"的大国博弈新格局。此时，外汇储备雄厚的中国，其实已经静悄悄地成为了美国国债的最大债权国之一了。

2012 年，笔者在天津参观"空客"大飞机项目。

2009 – 2019：高铁和微信时代的中国

看着我护照上这截止到 2024 年 12 月才到期的 10 年商务 M 签证，我开始浮想联翩。到了 2024 年，中国会是什么样子呢？以前回国出差，经常听到的一个时髦词汇是"与国际接轨"。实际上，当人类历史步入 2014 年时，"国际"其实也已经在设法与中国接轨了。

前不久，中国设计制造的地铁列车就赢得了美国名城波士顿的大合同，驶进了美国高端城市地铁市场。已经闻名世界的中国"和谐号"高铁技术也正在大举进军国际市场，锋芒毕露。如今，中国已经是超过了美国的世界头号汽车市场，互联网用户绝对世界第一。

说来难以令人置信，这智能手机上市才几年啊，中国版的 WeChat（微信）海内外用户已经超过 5 亿，比美国总人口还多呢！ 2014 年，中国不但已经进入了"高铁时代"，同时也进入了"微信时代"。

最近看到报道说，中国人的"出境游"2014 年已经突破了一亿人次大关，已然成为全世界最为令人瞩目的"出境游"大国了。想想 30 年前，我第一次从北京飞纽约，首都机场的国际航班候机大厅真是门可罗雀。那时，中国人出国除了公派的考察团就是公派的留学生和访问学者。因私出国，不但那机票费等对中国人来说是"天文数字"，就是有美国大学录取通知书但没有名校奖学金的话，肯定会被美国使馆以"移民倾向"为由拒签、再拒签的。那时，只有中国民航有北京到纽约直航航班。

随着中国改革开放的成功，美联航、达美航空公司和美洲航空公司等都开辟了直航中国的航线，而中国的东方航空以及海南航空公司等也加入了中美直航这个油水丰厚的大市场。最近，中国南航也宣布了开通广州到旧金山的直飞航线。如今，美国给中国商人和游客签发 10 年签证，也说明中国真的强大起来了。富裕起来了的中国旅客，开始受到应有的重视和欢迎。

到 2024 年，希望中国一年四季天空都是 APEC 蓝，官员乘坐的都是中国产"红旗牌"轿车，神州被绿树环抱，北京到莫斯科高铁已开通。那时，不但希望亚洲首富在中国，也希望科学诺贝尔奖得主开始从中国产生！

2013年9月23日，美国《侨报》的《文学时代》版头条用半个多版面配发照片发表了我写的《天津话，真哏儿！》一文：

天津话，真哏儿！

（宾州）谷世强

虽然我来美国一晃也20多年了，在国内外每说中文必说"普通话"，但不论是在费城"中国城"的理发馆边理发边聊天还是回国出差，经常有人很快就问我："你是天津人？"我反问："你怎么知道我是天津人？"对方会说："你的普通话里面带着天津味儿"。

是的，上海人说普通话带着海味儿，天津人说普通话带着津味儿，北京人说普通话也带着京片子味儿。用天津话问就是，嘛是天津味儿？

天津人说话喜欢说的这个"嘛"字就是典型的天津味儿。记得几年前，春节晚会上，黄宏等上演了喜剧小品，黄宏的大锤砸通了墙，墙那边的邻居便走进来，那位说着天津话的演员一上场就说"干嘛呢，干嘛呢，干嘛呢！你们干嘛呢"，立即引起哄堂大笑。为什么有这效果？因为地道的天津话听起来连我们天津人都觉得"真哏儿"（真逗，真有乐，真好玩儿的意思）。

如果说天津的"狗不理"包子和"十八街"大麻花真好吃的话，那真正老天津卫人说起天津话来，句句都带着直率、豪爽气、真哏儿。不过，包括我本人在内，越来越多土生土长的天津人日常其实都说普通话，有的甚至不会说天津话。因为说普通话似乎更能表示出受过良好教育、斯斯文文的意思。但老天津人认为说普通话"娘娘腔"、没劲儿。有时，你与老邻居或老同事等说普通话，难免会有人说你是"老和尚放屁——经（京）味儿的"，端架子拿着个劲。因为普通话对于天津人来说很像北京话。

从马三立、冯巩到郭德纲等都是从天津卫走出来的知名相声演员，语言艺术各有一套。其实，知名演员陈道明也是土生土长的天津人，其语言和表演艺术倾倒万千观众。用天津话再问：这是为嘛呢？

为嘛？这大概就是因为天津话的独树一帜、表达情景丰富多彩而且特别精辟，一张口就能"逗你玩"！

在天津谦祥益听真哏儿的天津相声。

　　记得小时候，文革刚结束不久，家境稍好的家庭已开始有买天津712厂出产的"北京牌"电视机的了。虽然那时候根本没有多少节目，但有电视的邻居就显得特别牛。有一次，我听见邻居李伯伯下班后对李婶说，"咱家也买一台北京牌电视看看吧，还省了买电影票的钱呢"结果，正在院子里面煤球炉子上炒菜的李婶用很纯正的天津话大声说："好幺眼儿地你吃撑的？就你上班挣的那两个眼珠子还想买电视？我看你一天到晚地尽跟这没影子的事熬鳔，没事就出这败家的幺蛾子。等你下个月关钱（编者注：发工资）了，去给我买双新鞋去！还"北京牌"电视呢，就听你的半导体就乎吧，省得你闲着没事犯红眼病整天五脊六兽的"。

　　你看，天津人李婶说李伯挣钱少是用"你挣的那两个眼珠子"来表达，非常形象准确。"两个"肯定是不多；"眼珠子"更显得每一块钱都金贵。天津人说"好幺眼的"就是说你闲得没事、无中生有和没事找事的意思。老天津人日常也喜欢说"熬鳔"，有认准了死理没完没了的意思。"出幺蛾子"也是天津话常说的，就是出馊主意和不靠谱的歪主意的意思。"红眼病"在天津话里面是嫉妒羡慕别人的意思，而五脊六兽是不知所措、坐不住难受的意思。所以，天津人用地道天津话日常对起话来还真有点说相声的味道，我听着感觉特别哏儿。

　　我们上中学时，有女生比较外向，大大咧咧，满嘴地道天津话，同学们就用天津话称呼她"扯子"。对于说话办事比较鲁莽、经常顶撞别人的，天津人称其为"楞子"。所以，你到天津去办事，也许就会有朋友叮嘱你，别招惹某某，这小子是个楞子。

我中学毕业后在天津锻压机床厂当过学徒工，一些老师傅说过的地道天津话和说天津话时的表情，我今天想起来都乐。班组会上刘师傅喜欢用他那地道天津话这样开始他的发言："说句膀大力的，张师傅今天完成的这根轴那是没治了"。

原来，天津人说"膀大力的"就是"说实在的"意思。"没治了"就是太好、太没挑、太完美了的意思。

天津是沿海城市，河流也很丰富。所以，天津人特别喜欢吃鱼虾蟹。天津话不但很有北方人直率热情的特点，有时也很有哲理。

在我还上小学、文革还没有结束时，我就跟院子里的大娘学了一句天津俗话叫做"借钱吃海货，不算不会过"。意思是说，再穷的人，就是找人借钱买鱼虾蟹吃，也不算不会过日子。看来真正的天津人太喜欢海鲜了，当年，连市场上偶尔才有的咸带鱼在天津都是抢手货。后来，改革开放了，我大学毕业后在天津市科委从事国际业务了，更感觉到"借钱吃海货，不算不会过"这句天津俗话说得其实很有市场经济思想。

以前，中国"既无内债又无外债"，穷得叮当响，改革开放大举吸引外资，内债外债都不少了，中国也富起来了，身体也吃好了。所以，请记住这句天津俗话：借钱吃海货，不算不会过。关键是看你心目中的"海货"是什么。如果你按照此天津话的理念举债投资正确盈利的话，天津人会说：你发大发啦！你太趁钱啦！

我会说天津话吗？也会，也不会。陈道明到天津秀两三句的天津话，其实也是半了哥机（编者注：不纯正，不地道的）。我虽然是天津土生土长的，但我家籍贯毕竟不是天津，父母都不会说天津话。学校里面都说普通话，跟邻居小孩玩时才跟着说说天津话。所以，对于外人来讲，我的普通话带有"天津味儿"。但与真正的"老天津"相比，我说的天津话就是半了哥机的，够呛。

老天津说"这个"为"介个"。我中学毕业刚到工厂当学徒车工时，首先学怎么磨车刀。一开始摸不着门道，磨出来的车刀不好用不靠谱。师傅看着我磨的车刀会说："介是嘛玩意？是车刀还是你们家的菜刀？"车间里面新安装调试完的大型50车床一开动轰隆隆地响真有劲，就听旁观的师傅们用天津话说："介家伙，真盖了帽儿了！"天津人说"介家伙"就是表示惊叹赞美的意思。为了强调惊叹，有时天津人还要加上俩字：好么！比如："好么，这家伙，那大飞机砰地一声就落地了！"

不光是我们在工厂车间里面喊师傅，天津人在大街上问个路什么的开口也是说：师傅，去你们王府井大街怎么走？当你热情地给问路的天津人讲明白了怎么走才对时，通常，真正的老天津人不说"谢谢您"，而说："受累了，您！"

天津文化广场新景一瞥。

我日常虽然说普通话，但每次回家乡天津，都喜欢在餐馆等地听人说天津话，来劲。对于我而言，天津话就有点象是喝普通高度"二锅头"—— 热情、直率、奔放！

费城中国城的广东人和福州人多，我听福州人说福州话真是一句都不懂，嗓音调门特高，跟吵架似的，有点儿像喝高度伏特加一样有劲，但喝不出门道。走遍中国，还是在苏州听苏州女孩用吴侬软语说普通话温柔受听，有点像喝高档葡萄酒一样，度数不高，但味道绵甜。

也许跟天津话直率有关，天津人是有名的热情好客，好交朋友，知足常乐也好热闹。

小时候我常听邻居甲问邻居乙："您了又出去干嘛去？""嗨，没事儿，出去惹惹、惹惹"。"小心点，别惹惹大了，惹祸进派所儿！"

天津人说"惹惹"就是没事去找点事掺和掺和。掺和事、乱说话、说大话，就免不了没把门的最后惹出祸端来。

天津话"派所儿"就是公安局派出所的意思。天津人如果说你"够洋气"就是说你穿戴打扮够时尚。天津人要是说你"老坦儿"，那可不是赞美你，是说你像乡巴佬；天津人要是说谁富有，会说某某某他们家真趁钱。

天津人早点小吃少不了煎饼果子、锅巴菜。其实，天津话的果子就是油条。天津杨柳青年画最经典的就是一个大胖小子抱大鲤鱼的画面或者是鲤鱼跳龙门，表示富富有余（鱼）。天津人管自己最爱吃的红烧鱼叫做"闹（一声）鱼"。

请客吃饭只要有鱼，用天津话讲这就齐活儿啦！

如今，生活水平大大提高了，正规教育普及了，就是现在土生土长的天津小孩因为从小在幼儿园就说普通话，很多年轻家长在家也是说普通话，会说纯正天津话的是越来越少了。所以，想吃天津"狗不理"包子和"十八街大麻花"解馋的和想听听纯正天津话过把瘾的、寻开心的，应该趁早去天津看看。

这几年，我家乡天津的确发生了巨大变化，滨海新区火了，海河两岸漂亮了，滨江道步行街更热闹好看了，从天津古文化街码头登船赏海河夜景，"八桥十景"加上天津特有的"洋楼"和两岸灯景、流水设计以及海河上新建的"天眼"等美景，伴随着铿锵有力的地道天津话，那真叫太哏儿了！

2015 年 5 月 13 日，美国《侨报》的《文学时代》版头条以半个多版篇幅并配发题头照片发表了我写的《"洋味儿"的天津五大道》一文：

"洋味儿"的天津五大道

（宾州） 谷世强

如果您问中国哪里的建筑最有洋味儿，那我认为，非我家乡天津的五大道莫属。

上海洋房虽然不少，但四分五落不集中，没有形成特色建筑群规模。厦门鼓浪屿上洋房虽然多处，但看不出西方欧陆风情建筑风格特色。青岛"洋人别墅"在海滨山坡上时隐时现，都是当年洋人海滨度假的小洋房而已。别看天津话地方特色突出，绝对没有一丁点的洋味儿，但市中心的五大道绝对的洋味儿十足。其西方建筑气派、规模和特色绝对不亚于上海当年的"十里洋场"。

有机会再到天津，请您一定坐上旅游观光马车，好好围绕五大道走一圈，体会一下其中的洋味儿，品味一下当年这里的历史风情，欣赏一下只有在天津才能看到的五大道欧陆风情建筑风格。

历史上，中国对外开放和北洋水师等都与天津息息相关。天津卫一直被看作是北京的门户。很多大清朝和民国政要名人都曾经在天津落户过，还有美国的胡佛总统。

天津是我的家乡，市区五大道的成片洋房从小就给我留下深刻印象。 近年来，经过系统的规划和翻修，从主要在和平和河西区的五大道，到整条街都是西方老银行式建筑和利顺德饭店的解放北路，已然成为旅游热点地区了，真是很好看。

天津五大道是指重庆道、马场道、成都道、睦南道和大理道几条相邻街道。可别小看了这几条街道，它们可是承载着中国近代史的重要一页。

这里曾经是租界区，以英租界为主也最早。1949 年前，天津市的这几条最重要街道，连街名都是有洋味儿的。重庆道原名剑桥道，成都道原名伦敦道，睦南道原名香港道，等等。可见，当年英国殖民者在中国的天津也一样地呼风唤雨。

从民园体育场，您可以乘坐挺洋味儿的旅游马车，在五大道且行且看且拍照地跑马一圈。这马车游会让您感觉大饱眼福，有点欧洲游又有天津特色的意思。游罢五大道，感觉称天津为"万国建筑博物馆"的确名不虚传。

就在这几条洋味儿十足的街道两边，历史给天津留下了数百座英式、法式、俄式、德式、西班牙式和意式小洋楼，互相争奇斗艳，各领建筑艺术风骚，而且很多小洋楼都无声记载着旧居主人当年在中国历史上的悲喜剧。

走遍中国，未见一个城市有天津五大道这样集中和保护良好的成片小洋楼。而每一所小洋楼基本上都是名人故居，其建筑外表和历史意义，真的是非其它中国城市能相提并论的。

我小时候在天津，只是知道市中心"小白楼"一带外国式样建筑的小洋楼多。那里有知名的西餐饭店"起士林"，也有看歌剧和听钢琴演奏的音乐厅。但由于"文革"，五大道已破落，失去了往日的光彩。

这几年，天津海河两岸变得越来越漂亮，越来越让人不认识了。其中，最大的变迁我看就是将五大道翻修成了原来的老样子，让这些在中国独一无二的数百座欧陆风情小洋楼如出水芙蓉般露出了她们的本来面目。

如今，五大道的很多欧陆风情名人故居都被作为"重点文物保护单位"挂牌保护起来了，已然成为了海内外游客了解中国近代史和欧式建筑的露天博物馆了。

德式建筑天津政协俱乐部。

依我看，五大道比维吉尼亚州知名的殖民地威廉斯堡好看和可看多了。就是喝海河水长大的我们，现在每次回家乡天津也都喜欢到五大道走走，到海河对面的意大利风情街喝杯咖啡，然后再到五大道旁边的"小白楼"酒吧街喝杯啤酒，感受历史变迁。

五大道很多小洋楼门前都有历史保护建筑铭牌，在这些小洋楼里面住过的皇亲国戚，历史名人特别是北洋军阀等多了去了。曾经当选美国第 31 届总统的胡佛先生也曾经在马场道居住过。知名的南开大学和南开中学创始人张伯苓先生故居就在大理道，是一座典型的英式小洋楼。马场道上还有北洋总统徐世昌和他女儿的旧居。张自忠先生的旧居坐落在成都道上。旁边睦南道上不但有"东陵大盗"大军阀孙殿英的旧居，更有知名爱国将领高树勋旧居。附近从庆王府到民国知名外交家顾维钧先生等名人旧居一座挨着一座，真有点令人目不暇接的感觉。到天津五大道走一圈，胜读一本中国近代史。

1911 年辛亥革命后，从 20 年代兴起的天津租借地因为距离北京近，又是中国北方最重要的工商和港口城市，自然就成了皇亲国戚、北洋政府政要和商贾名人的理想避风港。

于是乎，上世纪二三十年代，一方面神州大地风雨飘摇民不聊生，中国成了西方列强眼中的病夫和肥肉。另一方面，大清朝的遗老遗少和腰缠万贯的达官贵人，在天津五大道一带的租借地里面大兴土木，盖起了欧洲建筑风格的小洋楼，多达二千多所！一时间，整个五大道一带的建筑真可谓"全盘西化"了。

漫步在五大道，仔细品味这些二三十年代的西式建筑"作品"时，即有似曾相识的感觉，也有某种不一样的发现。原来，当时中国动荡的政治和社会环境，让人人都吉凶难卜、寻求自保。即使是大权在握的北洋军阀和政要等也不例外。所以，一方面，他们寻求安逸生活要在天津租借地里盖"小洋楼"，另一方面，他们又想尽力保持低调不过分张扬。于是乎，建筑师们就得按照这种心理做改良，让小洋楼尽量不要高大。欧美建筑本来比较开放，不喜欢围墙。但五大道的小洋楼，家家户户不但都有围墙，而且围墙都不用当不住外人视线的栏杆，而是普遍采用了比较中国式的砖墙。而这里民园大楼的围墙更是采用了匠心独到的方孔式砖墙，里面看外面清清楚楚，外面人往里面看却看不到什么。历史，只有这样品味，才能品出味道。

五大道游不但能看到很有特色的"疙瘩楼"，还能看到这几年名声鹊起的"瓷房子"呢。这"瓷房子"可不简单。仅房子外贴就用掉了数亿片的古瓷片。用图案、大小和颜色各异的古瓷瓶和瓷盘包裹起来的瓷房子好看而且耐看。建瓷房子用掉的瓷狮子、瓷猫和瓷鸟也数以百计，别具一格。

当然，从原汁原保护五大道建筑风格味角度看，将五大道的的洋房故居改造成"瓷房子"似乎不合适。在美国的殖民地威廉斯堡和费城的历史文化街道，做这种破坏原来建筑风格的改建是绝对行不通的。希望天津五大道能尽力做到保持原汁原味，只有这样，才有启迪后人的历史文化意义。

天津洋味儿十足的欧陆风情建筑其实远不止这五大道。附近"小白楼"一带的德式建筑，乃至海河对面河北区界内的意大利风情区周围的意式建筑群，在中国都是不多见的。中国第一座正规宾馆饭店"利顺德"和天津最早的西餐馆"起士林"，都坐落在小白楼街区。这里的天津市政协俱乐部现在是一家不错的四星级酒店。

天津五大道上的"瓷房子"门前。

　　100 多年前，这座德租界建筑曾经是德国侨民俱乐部，典型的德式建筑。不远处，海河边上的利顺德大饭店始建于 1863 年。那时，中国还是清朝同治年间呢。饭店的英文名字起得很有洋味儿：Astor Hotel。历史上，在利顺德大饭店下榻过的名人多了。包括有孙中山、李鸿章、袁世凯、美国总统胡佛、喜剧大师卓别林、京剧大师梅兰芳、末代皇帝溥仪与婉容、蔡锷与小凤仙以及张学良和赵四小姐等等。1957 年，　也就是笔者出生那年，周恩来总理来天津时也曾经在利顺德大饭店接见过当时的波兰首相。

　　毫不夸张地讲，来天津旅游在利顺德大饭店住上两晚本身就是难得的中国近代史游体验。顺便说一句，其实利顺德大饭店的房价并不高，携程网就可以预定。饭店有海河游的码头，晚饭后从这里乘船畅游海河夜景十分爽意。在上海乘船游黄浦江其实只是从水上看看外滩灯光夜景而已。在广州乘船游珠江夜景也是主要看看两岸高楼大厦灯光夜景而已。在天津乘船畅游海河夜景，还真有点在巴黎乘船游塞纳河夜景的味道，两岸欧陆风光建筑特色明显。

　　游船会不时经过一座又一座洋味儿十足的赤峰桥、大光明桥、解放桥、北安桥、金钢桥和永乐桥上已然成为天津标志的巨大的桥上摩天轮。灯光绮旎，美轮美奂。

　　这"八桥十景"和五大道的洋味儿欧陆建筑群，让天津越来越焕发出旅游城市魅力。

2016 年 11 月 11 日，美国《侨报》的《文学时代》版头条以半个多整版篇幅发表了我写的《三十七载同学情 五洲四海人生梦》一文：

三十七载同学情 五洲四海人生梦

（宾州） 谷世强

今年 9 月最后一个星期天，是一个我们已期待和策划很久的星期天，也注定是我们人生旅途中最难忘的一个星期天。那天，在家乡天津水上公园东门前，我们举行了一次同学聚会。还记得那天早上的阳光特别明媚，风和日丽，秋高气爽，好像是上天为我们这些多年未见的老同学们聚会特别准备好的礼物。

我们都是在"打倒四人帮"后恢复高考的第二年考入天津理工学院的。我们科技英语专业的老大哥和老大姐与最小学妹、学弟相差十几岁。我们每个人考进大学前的背景都不一样。很多人都没有上过高中，来自于工厂、农村和各行各业。我们是中国改革开放后最早培养出来的科技英语专才，很多人在海外打拼。我们同窗四年，但却一直亲如兄弟姐妹。我们是骄傲的 1979 级，37 年斗转星移，但我们的同学情谊却愈久弥坚。如今，我们 79 级科英的老同学要在家乡天津欢聚一堂！

与今天的天津理工大学面向全中国招生不同，我们这些老同学基本都是来自于天津市。所以，天津至今仍然是我们这一群在海内外的老同学的共同家乡。今天，除了在天津和上海等地的老同学能来的都来了以外，我们这些在海外的老同学也归心似箭地从澳大利亚、加拿大、美国、新西兰和欧洲等世界各地飞回来了。因为工作或者家里事情走不开，我们科英群里还有好几位在北美、瑞典、澳大利亚和巴拿马等地的老同学这次遗憾地没有能回来参加盛会呢。不过，她们也通过微信与我们一起分享到了聚会的照片、录像和欢乐。

我们大学毕业 33 年后能成功聚首家乡天津，一是同学情情真意切，二是微信群连接五洲四海。当然，光有同学情，光有微信平台，没有热心的组织者也无济于事。好在我们 79 级能干的老班长梁慧和热心的组织者吕然和徐虹同学等，让同学情和聚会梦梦想成真了。她们真是无私地奉献了大量的时间精力，驱车考察选择聚会地点，策划具体聚会时间和活动以及准备餐饮娱乐等，我要在这里给她们点赞感谢。

与我们毕业 20 周年时在天津友谊宾馆小聚并为恩师沈桓教授庆祝 80 寿辰和毕业 30 周年时到天津外围的蓟州山区农家院聚会不同，这次，我们借助了微信群的四通八达，将很多真是大学毕业后 30 多年未曾谋面的海外老同学也呼召回来了，看这凝聚力！

2016 年 9 月，大学老同学聚会前合影留念。

另一个不同就是这次我们的五洲四海同学大聚会选在天津水上公园东门外的一家"轰趴馆"从早到晚进行的。

啥是"轰趴馆"？以前我们也不知道。原来，轰趴是 Home Party 的中文音译，就是专门搞家庭派对和同学聚会的地方，集聚会、餐饮、卡拉 OK、麻将和台球等于一厅还有酒吧和服务员，烧烤也可以，想怎么热闹就怎么热闹，适合同学聚会大家可劲儿造！

因为时差和过度兴奋，我早早就起床了，迎着家乡天津初秋的朝阳，8 点多就提前到达水上公园东门了。好久未得空逛过这儿时特别喜爱的天津最大公园了。

一进门，湖边就是一处"花好月圆"花坛景观，造型漂亮抢眼。往左看，宽阔的湖面上荷花处处；往右看，湖边长廊正有老人拉着京胡唱京剧，嗓子真好。往前稍微走走，但见起码有二三百人在教练的指挥和音乐伴奏下翩翩广场舞。舞者大多是中年妇女，身穿白色绸裤和粉红色上衣，手拿舞扇，动作整齐潇洒，煞是好看！

这校友会还没有开始呢，家乡水上公园里面这一幕就已经让我心旷神怡了。真是谁不说俺家乡好，谁不盼望同学家乡再相会呢？

还没到 9 点呢，一个又一个熟悉的身影迎着阳光走了过来，"曹大哥""老大姐""老班长"，在老同学们的呼唤雀跃中镜头记录下这拥抱、握手、叙旧、言欢的时刻。 是啊，多少个斗转星移，多少次隔海祝福，30 多年过去了，我们今朝再聚首！

话说我们 79 级科英专业的"老大哥"曹振宗在澳大利亚的悉尼打拼多年，如今已经荣誉退休了。为了这次同学聚会，曹大哥专程从悉尼回中国，聚会后转天还要从北京飞回悉尼。也是从澳大利亚墨尔本专程赶回来的"群主"张志珍同学，从加拿大温哥华专程赶回来的尧晓丽和刘跃升同学，聚会前一天晚上才从欧洲出差赶回来的"老班长"梁慧同学，专程从上海飞回来的饭店老总陈洁同学，当然还有从家乡天津在美国的姐妹城市费城飞来的我本人，为这次同学聚会增添了天南地北的味道。早已准备好了从新西兰赶来的鲍国忠同学却临时因故未能赶到天津，只好抱憾等待下一次聚会了。

2016 年大学同学聚会笔者与来自海内外的老同学合影留念。

有意思的是，听说我们 79 级科英专业的微信群亲情热闹，也是 79 级的科技日语专业的"水上村"教授，不但主动加入了我们科英的微信群，他那天也特意穿上西装参加我们的相聚盛会，还忙前忙后的帮我们运送酒水，也是一段佳话。

恰同学少年，风华正茂；书生意气，挥斥方遒。我们 9 月下旬天津大聚会进入倒计时的那些天，微信群里热闹非凡。

忆往昔盼聚会的我们，将很多久违了大学年代黑白老照片又找了出来，扫描、微信。

30 多年前的我们，真的是与中国"改革开放"同步的"恢复高考"幸运上大学一族，理想和梦想满满。

这些聚会前汇集的老照片，又将我们这些 79 级老同学当年刻苦学习、骑车旅游、展会实习和毕业答辩等一幕幕的美好时光重新映入眼帘。回忆大学期间的美好时光，难道不是人生旅途中最美好和甜蜜的一章吗？

上午 10 点来钟，我们在欢声笑语中来到水上公园门外的轰趴馆，聚会这才算是正式开始了。落座酒水在手后，还是按照我们上大学时的"官本位"，"老班长"梁慧同学身穿粉红色 T 恤衫给我们开场白。此时，讲台背后的大屏幕上开始播放吕然同学用新老照片编辑成的音乐相册。当片头打出我们这次聚会的横幅时迎来一片赞叹。这很奇葩的横幅是：融 ed 三十七载同学情，铸 ing 五湖四海人生梦：天津理工科英 79 级 2016 年再聚首！

不愧是科技英语专业的老同学啊，同学聚会也没忘了秀英文。在融字后面加上了英文字母 ed，表示过去式。我们 79 级到今天，不是 37 年弹指一挥间已经过去了吗？在铸字后面加上了英文字母 ing，表示现在进行时。

是的，展望未来，我们这些"50 后""60 后"还要在海内外再创辉煌进行时，实现我们的人生梦呢！

2016 年大学同学聚会开始前老同学们在水上公园合影留念。

尽管如今有了微信群的帮助，组织跨国同学聚会到如此水平谈何容易？从选择具体聚会时间，早早通知海外同学安排好休假时间和预定机票，到落实聚会地点，吃喝和活动安排，几位热心的组织者包括老班长梁慧、出力最多的学弟吕然和忙前忙后的学妹徐虹同学等功不可没！

大家按照"老班长"要求轮番发言时，大桌面上已经摆满了家乡天津的和海外带来的美食和巧克力。为了让远道而来的老同学们尝鲜，吕然同学专门驱车钓来活鱼。热心的李润爽同学厨艺了得，为聚会亲手烹制了一大份"李氏熏鱼"，被我们一扫而光，大快朵颐。朝鲜族学妹黄姬同学特别为聚会腌制了一大玻璃罐的朝鲜泡菜，红白相间，爽口无比，全让我们给下酒吃了。旁边的饭馆给我们烤制的羊肉串也很鲜美够味儿。

在一轮又一轮的祝酒声中，白酒、红酒和啤酒还有一瓶谁带来的威士忌都没少喝，酒逢知己千杯少嘛！那份其乐融融，不在场，还真难用文字畅快淋漓地书写到位。三个字，同学情！

此时，卡拉OK也开唱了。在老同学起哄架秧子下，五音不全的我也敞开嗓子与同学合唱了一曲《常回家看看》。不唱不聚不知道，分别从加拿大温哥华和多伦多地区回来的两位美女同学尧晓丽和边越，歌喉实在了得，中英文歌曲唱了一首又一首。在天津的老同学王智美教授没想到卡拉OK也是一流！

2016年大学同学聚会上，边越同学领唱卡拉OK。

不知不觉中夜幕已经降临，热热乎乎的涮羊肉上桌晚餐开始。真是酒逢知己千杯少，大家又是就着涮羊肉一片祝酒声。

此时，老大姐沈履意给我们展示了她退休后的画作，山水花鸟很有意境。

几个喜欢打麻将的老同学在麻将桌前摆起了长城，边聊边打，还越打越上瘾了。

　　大约到了晚上 9 点多了，我们一起登台，在卡拉 OK 音乐伴奏下合唱一曲《难忘今宵》，给意犹未尽的这次同学聚会打上了一个圆满的句号。

　　更令人感动的是，折腾了一整天的聚会结束不久，黄姬同学就率先连夜赶制出来了精彩的音乐相册，里面还不忘过去地插入了不少大学年代的黑白老照片，难忘 37 载同学情。

　　音乐相册那首优美动情的乐曲至今还经常在我们耳畔荡漾：你曾对我说，相逢是首歌。眼睛是春天的海，青春是绿色的河 。。。。

老同学们在 2016 大学同学聚会上举杯祝愿。

　　2014 年 1 月 29 日，美国《侨报》的《文学时代》版配发聚会彩照发表了我写的《春节、同学聚会杂谈》一文：

春节、同学聚会杂谈

（宾州）谷世强

　　来美国 20 年了，我能赶上在中国过春节的机会不过四五次。

　　对于海外华人来说，春节无疑是最"每逢佳节倍思亲"的节日。我最近常回忆起小时候在家乡天津过春节的快乐时光。

　　那时，我并不知道我们为什么要过年，也不知道中国的年是怎么来的。过了很多个年后，我才从网上知道，原来"年"是我们古代传说中的怪兽。这怪兽每年一到除夕夜就来吃人，但最害怕红红火火、噼噼啪啪。所以，人们一到除夕夜就在门外贴上大红纸写的春联，挂上大红灯笼并且燃放炮竹烟花，全家人在一起热热闹闹地过"年"，这年就顺利过去了。

2008 年小学同学在天津聚会合影留念。

如今，我们不信鬼神了，但无论我们是在中国还是在海外过年，都会挂上火红的"中国结"，穿上红装，亮起彩灯，放一放环保的电子鞭炮录音，龙马精神过大年！

时间定格在 1975 年。那一年，我从天津十中初中毕业。虽然我们那一代人小学和初中赶上了文革，但庆幸地是，上小学时，我们的班主任后来成为天津市特级教师的陈光辉老师，初中时的班主任杨庆祜老师中文水平极高，教书育人有方。在那批判"学而优则仕"的年代，陈老师注重启发式教学；杨老师趁邓小平整顿"回潮"环境改善，还组织我们积极参加全年级的征文大赛，我还获得了一等奖！

初中一毕业，18 岁的我就被分配到了天津锻压机床厂当学徒工。可别小看了这头一年月薪才 17 元人民币、3 年后"出师"一级工才月薪 38 元的学徒工，那在当时可是国营企业"铁饭碗"好工作，就跟现在考上公务员似的令人羡慕。

上班了，挣钱了，那年春节拜年可是忙坏了我们这些 "75 届"的人。按照天津市的民俗，大年初一、初二要首先给最亲近的亲朋拜年。我就初一上午出发，与小学同学先去恩师陈老师家拜年，再给其他老师拜年。初二上午，我又与初中同学一起去班主任老师家拜年。

我们骑着自行车，顶着寒风，那真是一路的欢声笑语啊，一点也不觉得累。一直到我们上了大学，1970 年代后期，每年春节，我都是与小学和初中同学一起自行车轮滚滚地拜年、过年的，乐此不疲。

那时，我们没有汽车、手机，没钱请老师吃饭，但我们从心底里面感激爱戴我们的老师，那种带着爱给老师拜年的感觉真好。

有人说，在我们华人的"关系网"里面，除了家人，只有同学、战友和老同事最亲近。我回国出差第一次赶上在家乡天津过春节，与小学的同学"发小"好好聚了一次。

记得那是在"发小"李耕同学家里，与同为小学同窗而且健谈的马魏华一起请来了陈光辉老师。那时还不兴过年下饭馆，我们师生一起就在李耕同学家吃饭，相谈甚欢。后来，我又多次回中国，我们小学老同学在家乡天津也聚会了多次。

改革开放后，我们的生活条件都好起来了，后来的同学聚会都是"入乡随俗"在饭店里面举行的了。

前年 5 月，我又回天津出差。我们 30 多个学生将已 80 岁高龄的陈老师与师母一起接到市里一家不错的星级饭店，为他们的健康长寿敬酒祝福，我们一起回忆"过去的时光"，那份其乐融融和感恩之心令我现在仍然难忘。而如今已是中国知名书法艺术家的老同学马魏华先生还专门用心为恩师书写了一幅"松龄鹤寿"横幅，算是代表了我们所有陈老师学生的心。以前，我对中国元代大戏曲家关汉卿的名言"一日为师，终身为父"只是知道而已。此时此刻，我忽然感悟到这名言一定是关汉卿有感而发的，真的很有道理。

说来也有意思，我每次回中国参加的聚会，不是与小学同学就是跟大学同学一起。我们当年的初中同学大都失去联系了。这难道是因为初中时间短？我在海外的其他朋友也有与我一样的疑惑。

记得 2004 年的初春，我回中国出差，一个周日，我们天津理工学院毕业的大学同学 30 多人在天津友谊宾馆聚会。宴会单间墙上还挂着一个巨大的红布横幅。上面的黄色大字写着：大学毕业 20 年暨同贺沈桓教授 80 大寿聚会！

在同学们的喝彩声中，沈桓教授当年给我们授课时的精神头又来了，他站起来即席朗诵诗歌一首，其中一段是：

人生七十古来稀，而今八十不稀奇。

问余那得轻如许，只缘终生有桃李。

师生情谊可见一斑。

那一次，我们大学的老班长梁慧还给我们沈老师的头上带了一顶黄色的儿童过生日时才戴的"寿星帽"，80 高寿的老师和学生们在一起时，一下子真的返老还童了。

2004 年，80 大寿的沈桓教授在师生聚会上诗朗诵。

2012 年金秋十月的一个周六，一大早，我们大学同学 30 多人就都提着包汇集到了天津理工大学在市区的老校址。大家看着教室、校园触景生情，互相问候，谈笑之间在老校址拍摄了很多照片。好像是要将我们的大学时光用相机永远地定格。

之后，我们乘旅游大巴一起在欢声笑语中直奔天津市的"后花园"蓟县盘山风景区而去。蓟县其实距离北京也不算远。当年乾隆皇帝曾经 32 次巡幸盘山并留下"早知有盘山，何必下江南"的赞叹。

我们一路谈笑风生地抵达了盘山风景区里的九山顶旅游度假区，入住已经全包了的四层小楼农家院，景色果然不错。

农家院旅游接待很有经验，午饭是用农村烧柴火的大锅做的，那小炖肉、红烧鱼、焖米饭、贴饽饽、小鸡炖蘑菇，用我们天津话说就是：倍儿香！老同学每个人都即兴发言，每桌都摆满了啤酒白酒，老同学之间互相敬酒祝福，好一份热闹！

一开始，是我从给在天津的大学老班长梁惠和老同学吕然发了邮件，提醒我们大学毕业快 30 年了。很快，老班长和老同学就通过电邮、电话地联络我们在国内外的老同学，确定下了聚会的具体日子。这不，我们在美国、加拿大、澳大利亚、新西兰等地的老同学们也来了！我们住在农家院，吃着农家饭，晚上不睡觉的同学聚在一起侃大山、打扑克，第二天早晨吃完农家早饭后一起去爬山，我们忽然间都远离了每天的忙忙碌碌，忽然又都变得年轻了！

马年将至，愿我在国内外的家人和老师同学朋友，都能春风得意马蹄疾，马年我们再相会！

2005年7月11日，面向全球华人发行的《人民日报海外版》的02版《综合新闻》版发表了我写的《海外版"带"我回家乡》一文：

海外版"带"我回家乡

谷世强

我的家乡天津与美国历史名城费城是姐妹城市。费城位于美国东海岸的纽约和华盛顿之间。光阴似箭。我从天津来美并加入总部在费城的美国 SCI 咨询公司已经 10 年有余。我从为 SCI 公司开拓中国和日本以外亚洲市场的项目经理做起，到今天成为 SCI 公司副总裁和股东之一。10 多年来我虽然人在美国工作，在美国生活，但我从未间断订阅的《人民日报海外版》，海外版大大拉近了我与家乡的距离，即忠诚地每天带给我们家乡的消息，也把浓浓的乡情送到我们心里。晚饭后，我最喜欢的事儿就是沏一杯中国绿茶，从头版起阅读新到的海外版。这不，今天是 5 月 25 日，我的桌子上已有了昨天 5 月 24 日的海外版了。头版"我与海外版"专栏里路甬祥先生的文章《桥梁和纽带》，启发我也提笔写就此文。

可能是在美国咨询公司从事与中国市场投资相关咨询业务的关系，也可能是越是远离家乡，根植在心中的那份中国情结越发沉重的缘故，海外版上报道的国家大事和各地发展变化的新闻，我读得十分认真。报纸上有关两岸关系、经济、名人、体育、健康、海外学人、旅游的有关报道与各个专版，我也读得津津有味，常常受益菲浅。从国内战胜 SARS 到北京备战奥运，从连战大陆行到我家乡天津的"狗不理"老字号被同为家乡天津的同仁堂收购，海外版还真是帮助我们这些海外赤子们 —— 秀才不出门，便知家乡事。

我喜欢订阅海外版还有一个原因，在美国咨询公司工作，白天上班节奏紧张：英文开会、英文电话、英文处理邮件、报告等等，回家看着海外版的简体方块字，特别赏心悦目。这不，2 月底 3 月初回国出差时没能买到今年新茶，好朋友前不久就专门送我两盒今年的碧螺春。品着新鲜佳茗，回忆着我与海外版结缘的历史，还真有回到家乡的之感。

　　我与海外版结缘，是在 1986 年我持 J1 签证在美国费城大学城科学中心作为美方邀请的访问学者时开始的。那时，按合同我要在费城进修工作 9 个月。当时一般人还没有电脑，更没有互联网，中国绝大部分人家里还没有电话，而我幸运地有了定期寄给我的海外版。那时信息交流远不如现在，我是第一次远离家人，自己一个人在美国 9 个月。虽然海外版常常是迟到的，但她给我带来的来自家乡的慰藉真是太大了。我 1987 年结束进修访问回到天津单位后，就对海外版特别关注。近几年我也在海外版上不断发表了一些文章，国内的亲朋好友、老同学老同事甚至客户公司人员看过后都很高兴。我在海外版上发表的文章有《中国企业变了》、《回家过年》等等，反应了我们海外华人的心声。

　　来自海河之滨，就职和创业于美国的国际市场咨询公司，奋斗于开拓中国市场业务新天地，我这 10 年多的海外经历让人颇生感慨。如果你有兴趣登陆美国 SCI 咨询公司的网址 www.s-c-i.com 的话，你会看到，除少量日本、西欧和南美市场咨询业务外，今天的 SCI 公司的绝大多数项目都是围绕"中国"这两个字。而且，我们的不少美国客户公司或在中国投资兴建了合资或独资企业，或建立了办事处，或从中国采购，等等。其实我向美国客户公司介绍中国现状、中国发展前景、中国政策法规和各地特色等，许多都是我日常阅读海外版的收获。

　　我每年都要多次带美国客户公司负责人到中国考察访问洽谈合作项目，而每次我在饭店前台和国内飞机上只要见到海外版都要首选阅读，因为海外版办得越来越轻松愉快，越来越好看了。我在与一些客户公司老板们开会、出差时，美国人常开玩笑说，如今应该说是"条条大道通中国"才对。对我们这些身居海外思念家乡的华人而言，《人民日报海外版》确实是连接我们与祖国之间的大道与桥梁。

2020 年，笔者与费城市长 Michael Nutter 先生合影。

2016 年 12 月 10 日，面向全球华人发行的《人民日报海外版》》"读者桥"专版发表了我写的《大学同学的跨国聚会》一文：

大学同学的跨国聚会（读者来信）

谷世强（寄自美国）

不久前的一个星期天，我们七九级的天津理工学院同窗，进行了一次大聚会。恢复高考第二年考上大学的我们，毕业已经 33 年了，毕业后大家各自奔赴工作岗位，也有不少同学后来选择去国外工作、生活。所以，为赴这次精心策划的聚会，同学从澳大利亚、加拿大、美国、新西兰、瑞典、巴拿马等国赶来天津，还真有点"国际盛会"的味道。

2016 年，庆祝大学毕业 37 周年老同学聚会津门。

这之中包括我们七九级科技英语专业的"老大哥"曹振宗，他在澳大利亚的悉尼打拼多年，为了这次聚会专程从悉尼回国，聚会后又要赶回悉尼。还有从澳大利亚墨尔本专程赶回来的"群主"张志珍同学、从加拿大温哥华专程赶回来的尧晓丽和刘跃升同学、聚会前一天晚上才从欧洲出差赶回来的"老班长"

梁慧同学，当然还有从美国费城飞来的我本人。遗憾的是，早已准备好从新西兰赶来的鲍国忠同学却临时因故来不了了，只好等待下一次聚会。

大聚会进入倒计时那些天，我们七九级科技英语专业的微信群里热闹非凡。忆往昔、盼聚会的我们，将很多大学年代的黑白老照片找了出来，用微信互相传递。有意思的是，听说我们的微信群热闹，七九级科技日语专业的"水上村"教授，也主动要求加入我们的微信群。

聚会地点选定在天津水上公园东门外的一家轰趴馆（轰趴〔Home Party〕是派对、聚会之意）。上午9时，一个又一个熟悉的身影迎着阳光走了过来。"曹大哥""老大姐""老班长"——同学们欢呼着拥抱、握手、相认、问候，心潮澎湃。是啊，多少个斗转星移，多少次隔海祝福，今朝终于再次聚首了！

墙壁上的大屏幕，滚动播放着用同学们的新老照片编辑成的音乐相册，开头是精心制作的横幅："融 ed 三十七载同学情，铸 ing 五湖四海人生梦！"同学们看了兴奋不已，纷纷笑道：不愧是英语专业的老同学啊，聚会也没忘了秀英文。上句加上了"ed"，用过去式表示昨天已经过去；下句加上了"ing"，用现在进行时表示我们辛勤耕耘的人生梦想仍在继续。

落座后，"老班长"梁慧同学给大家做了开场白，之后，海内外同学轮番发言，乡情、同学情溢于言表，人生抱负、青春梦想从头道来，每个同学的人生旅程都是一曲难得的动人乐章。是啊，30 多年前走出大学校门的我们，正赶上国家"改革开放"的浪潮初起，我们当时展翅欲飞，真可谓是理想、梦想和抱负满满的一代啊。

叙旧后，大家把酒言欢，激情献歌，那份其乐融融，真难用文字书写到位。临结束时，我们一起登台，在卡拉 OK 音乐伴奏下，合唱了一曲《难忘今宵》，给意犹未尽的这次同学聚会打上了一个圆满的句号。

母校新址的天津理工大学图书馆楼前。

　　2016 年 5 月 28 日，面向全球华人发行的《人民日报海外版》06 版头条配发重庆立交桥和天津海河两张照片大篇幅发表了我写的《渝津恢弘桥影 唤起无限乡愁》一文：

渝津恢宏桥影　唤起无限乡愁

谷世强 文 / 图　（寄自美国）

重庆：名副其实的"桥都"

　　最近出差两到山城重庆，我忽然发现昨日的"雾都"，如今已冠以"桥都"的桂冠，发展变化真快。以前，既不是经济特区也不是沿海城市的重庆，印象中就是一座人口众多的西南重镇。重庆火锅最为出名。如今，重庆不但已成为中国新兴的金融中心和产业中心，作为"一带一路"建设长江经济带战略连接点，发展潜力巨大。

　　坐在行进的汽车里，看到长江和嘉陵江宽阔的水面上，矗立起一座座新桥，遂生出"重庆桥真多"的感慨。入夜，华灯初上，重庆更是"山水环城绕，彩桥跨两江"，真是景色如画、壮丽无比。

　　上网一查，方得知重庆今天拥有各类桥梁达 4500 多座，早在 2005 年，就被茅以升桥梁委员会认定为中国的"桥都"。如果再算上古桥和立交桥，重庆是名副其实的"万桥之都"了！这其中，重庆长江大桥、万州长江大桥、朝天门长江大桥、巫山长江大桥和菜园坝长江大桥都是"世界之最"级别的超大型桥；悦来嘉陵江大桥等建在嘉陵江上的大桥，也一座接着一座相继建成投入使用。

　　除了跨越长江和嘉陵江的大桥，重庆又跑汽车又跑轻轨的立交桥也与其他城市不同。立交桥将山城串联起来，车辆一会儿上山、一会儿过江、一会儿又在繁华市区的马路上驶过，真是让我开了眼了。

　　如果不是重庆朋友指点，真想不到轻轨列车还能从居民楼里穿行而过。从嘉陵江边往山坡望去，一辆轻轨列车正从楼间驶出，这一瞬间，我被震撼了。如此高度动感立体化的城市交通景观，真非山城重庆莫属，相信走遍世界也不会看到重庆这"穿楼轻轨"的景观！

　　据介绍，这是重庆轻轨 2 号线的李子坝站，穿行的楼房是与站点同时设计、同时修建的。轻轨有 6 根托举柱子，在托举柱子与楼房建筑之间有 20 厘米的安全距离，所以两者看似合在一起，其实互不干扰，轻轨的运营不会带来楼房的震动，也不会影响周边居民的正常生活作息。

2015 年，笔者出差重庆与老朋友管总在嘉陵江边合影。

重庆洪崖洞迷人夜景。

在人们眼中，"穿楼轻轨"成了一道重庆独有的震撼风景。其实，这也足以看出重庆人在面对复杂地形、面对高难度所显现出来的智慧和力量。

入夜，华灯初上。重庆用现代灯光技术将市区无数大桥和街道打扮得五彩缤纷，如同飞越长江和嘉陵江的梦幻彩虹，让峰回路转的山城灯景与两江的水中倒影和往来游轮交相辉映，真是夜景如画，让人叹为观止。

在嘉陵江畔漫步，除了能欣赏到美轮美奂的山城夜景，还能看到渔船餐厅里、江边茶座上，一对对情侣在品茶聊天，一桌桌退休老人在喝茶打麻将，让人感受到一股巴渝文化韵味和浪漫情怀，江边的空气里，似乎也弥漫着安逸与祥和的气息。

天津：海河串起"一桥一景"

就桥景美和夜景美而言，我的家乡天津也有不少可圈可点之处，真不是王婆卖瓜。新中国成立后，特别是近些年，天津市的桥梁建设发展很快，如果把海河以及流经天津的运河、子牙河、大清河上的桥梁加在一起的话，总共有100多座，这在全国大城市中是屈指可数的。特别的海河上的桥，一桥一景，赏心悦目，若是夜晚乘船来一趟"海河游"，更是美哉悠哉，妙不可言。

2015年，笔者在天津海河边留影。

用"女大十八变，越变越好看"来形容海河的变化最是恰当。记得"文革"

期间，上初中的我经常与同学和兄长结伴在海河里游泳。大学毕业工作后每天又要骑车顺着海河去上班，河岸未加修饰，甚至有的地方脏兮兮的，到了夜晚黑乎乎一片，啥景也看不到。那时，没人认为天津也是一座旅游资源十分丰富的城市。

如今您再到天津去看看，海河两岸一座座翻新的小洋楼和现代化高楼大厦相映成辉，水面上游轮穿梭，河岸边游客如织，甚至还有外地游客将今日的海河夜景游与巴黎塞纳河之游相 PK。

说到海河的巨变，不得不提到 2003 年天津实施的海河两岸综合开发改造工程，围绕海河建成集观光旅游、购物餐饮、休闲娱乐为一体的综合性经济板块。

在实施综合开发的过程中，天津市特别注重对海河桥梁的建设和改造。三岔河口到外环线的上游段原有桥梁 12 座，平均间距 1.6 公里。按照海河综合开发总体规划，在上游段新增加 16 座桥梁及越河隧道，平均间距减少到 0.68 公里，以保证海河两岸之间交通的密切联系。

如今顺着海河一眼望去，永乐桥、金钢桥、狮子林桥、进步桥、解放桥、北安桥、大光明桥、赤峰桥、金汇桥、直沽桥等一座接着一座，造型各异，贯穿天津市区。我小时候走的那座晃晃悠悠的浮桥早已经不见踪影，取而代之的是永乐大桥，而且桥上有一个巨大的摩天轮，据说是世界上唯一一个建在大桥上的摩天轮，白天、晚上都是天津一景。

把桥梁作为旅游景点来设计，形成海河上的"一桥一景"，同时也造就了天津与中国其他大城市不一样的城市风貌。

2016 年 4 月 14 日，美国《侨报》的《文学时代》以近一个整版篇幅配发彩照发表了我写的《承德旧貌换新颜》回忆对比文章：

承德旧貌换新颜

（宾州）谷世强

最近回中国出差，又从家乡天津带回两盒"小宝栗子"。现如今，天津人去吃"狗不理"包子和买"十八街"麻花的少了，爱吃天津新一绝"小宝栗子"的是越来越多了。

与很多外地和其它品牌的糖炒栗子不同，"小宝栗子"出锅后那叫一个漂亮，色泽当然是栗子皮色的亮丽，不但易于剥皮而且颗颗栗香纯正，那回味无穷的香甜松软口感真是绝了。每年五月初就用完库存断货了，然后要等到深秋时节才有新栗上市。所以，回国出差到天津，只要是赶上了有"小宝栗子"卖，我定会排队买两盒带回美国。这质量口味一绝的"小宝栗子"，北美的中国城也没有。

写承德怎么提起家乡天津的"小宝栗子"了呢？靠近承德的河北遵化一带出产的栗子质量味道最佳。正是因为有了这遵化栗子，才让好吃和会吃的天津卫能够炒出这色香味一绝的"小宝栗子"。去年 6 月，承德一公司派车接我从北京去看他们在承德县的新工厂，我又得以旧地重游了承德。汽车在高速公路驶往承德途中经过遵化，看到满山坡硕果累累的栗子树，我的思绪又从天津"小宝栗子"想到了我曾经旅游过的承德。

那是中国改革开放之初的 1985 年，婚后不久的我们决定到承德"避暑山庄"旅游几天。那时候，旅游和度假对于中国人来说还是新鲜词汇。诺大的天津城大概也找不到拥有私家汽车的，有轿车的单位都够点规模和级别，长途汽车慢死人了。那时，不要说从北京到承德根本就没有什么高速公路，就是中国最早的全封闭京津塘高速公路也只是刚刚在建而已。我们先从天津北站乘绿皮火车到北京。然后，再从北京乘火车去承德。那时，真觉得承德好远。想想当年大清朝的皇帝爷和后妃们以及随行官员乘马车、坐轿子从北京到承德避一趟暑也真够不容易的。

　　1985 年的承德市啥样呢？来承德周围农村插队的知青们编的这个顺口溜就是这个城市的写照："一条马路一座楼，一个警察一个猴儿"。就是说，改革开放前的承德承德市只有一条大马路、一座楼房。马路上面也没什么汽车，一个交通警执勤足够了。倒是也有个动物园，里面只有一只猴子而已。的确，1985 年那次旅游，我们在承德玩了好几天，只是感觉山区挺美、"避暑山庄"够气派和空气特别新鲜，承德市啥模样一丁点印象都没有留下。

　　这次 30 年后再去承德，虽然是出差，但承德给我留下了挺深的印象。入夏的北京虽然没了雾霾，但空气并不新鲜。迎着早上尚不灼热的朝阳，我们驱车直奔承德而去，北京市区渐行渐远。很快，汽车在宽阔平坦的高速公路上驶入了河北省界。车，越来越少；山，越来越多。我们的汽车越是接近承德，公路两边的群山越显得郁郁葱葱，景色真是不错。记得 1985 年那次，从硬座火车车窗看山区，荒山秃岭不少，穷兮兮的山区模样。

　　过了遵化，欣赏着座座青山上种满了的栗子树和果树，眼前就看到了一条大河。司机告诉我说，这就是滦河，承德县到了。滦河！记得 70 年代天津的自来水咸得在中国都出了名。正是"引滦入津"工程让滦河的好水到了天津，我们才终于喝上了不咸的"甜水"。所以，我对滦河特有好感。一共两小时多一点，我们就从北京顺利抵达了承德县，如今的高速公路真好真快！这承德县距离承德市很近，如同近郊一般。在满眼已然都是新楼房的承德县城一下车，顿感这里山区的空气就是比天津、北京清新很多，赶紧深呼吸了几口。

2014 年 6 月，笔者与承德公司朴总（右三）等吃农家饭。

　　真没有想到，安排我在承德县城入住的君安凯莱大酒店建筑很有气派，跟大城市的星级饭店绝对有一比。饭店门前的小广场上有一个很大的金牛，后面就是滦河，河后面就是青山。一眼望去，心旷神怡。软件服务水平如何呢？更没有想到，这县城里面新开的饭店也能照收收美国等海外发行的信用卡。当然啦，县城饭店虽然软硬件都好，风景秀丽，空气清新但价格却比大城市的饭店便宜多了。

　　可别小看这承德县城，那可是乾隆、雍正等清朝皇帝到过的地方。这里出产的烧锅酒如今也够得上名牌了，叫做"板城烧锅酒"。原来，这里的上板城和下板城都在承德县。据说，当年乾隆皇帝来承德避暑，带着宠臣纪晓岚微服私访到了板城。在下板城的一家名叫庆元亨的酒馆门前，酒香扑鼻。乾隆与纪晓岚迎着酒香就走进了庆元亨。喝了几杯酒馆自酿的烧锅酒后感觉大好。乾隆觉得此酒不但好喝而且回味无穷。于是，借着酒劲诗兴大发的乾隆皇帝口出上联"金木水火土"，让纪晓岚对出下联。纪晓岚是谁啊？大才子啊。他也借着这当地烧锅酒的酒劲巧妙对出下联"板城烧锅酒"。这纪晓岚也是燕赵大地出来的才子，对于承德一定有研究。

　　您想啊，板城这地方出的烧锅不是应该名叫"板城烧锅酒"吗？最绝的是，"板城烧锅酒"这五个字的偏旁正好包罗了乾隆皇帝上联的"金木水火土"。美酒加绝对，乾隆皇帝就乘兴挥毫御笔将此对联写下，赐予了庆元亨酒馆。从此，"板城烧锅酒"名声大振。所以说，到承德不可以不看避暑山庄，更不可以不喝这金木水火土五行俱全的板城烧锅酒，品味那乾隆皇帝喜欢的入口绵、甜、爽、净，香气和让人回味无穷的口感。在北京，我也曾看到过该该酒的广告，广告词也有点纪晓岚的意思："板城烧锅酒，可以喝一点"。

　　我到达承德县的当晚，看完工厂后我们来到当地村子里的农家院吃正宗农家饭。这"朝梁子农家饭庄"是一个典型的河北农家院。院里正厅门上挂着八个大红灯笼迎客，喜庆吉祥。我们围绕着屋里的大圆桌子落座后，酒菜说话间就上来了，喝的正是当地出产的板城烧锅酒。往桌面上摆的都是饭店里见不到的菜肴：新摘的黄瓜青菜蘸酱吃，当天自己做的"大豆腐"，当天早上现杀的猪炖出来的红烧肉，当天滦河捕到的新鲜河鱼做的大汤红烧鱼，那一盘油炸小河虾味道更是鲜美。主食除了农家院自家包的饺子外，那用新鲜玉米面贴的上面金黄、下面很脆的农家贴饼子越吃越香。酒也不贵，菜也不贵，就是好喝好吃得令人难忘！随着当地旅游业和农副业的发展，如今承德县的建筑和生活我看真是很不错了。

　　书归正传，话说承德市区旧地重游。考察完工厂后转天正好周六。在去天津之前，老朋友朴总特意安排我到承德市区看看这里的新变化。从承德县城开车十几分钟就进了承德市。如今的承德市，早已经不是"一条马路一座楼，一个警察一个猴儿"了，映入眼帘的是一座座高楼大厦，马路上不但小车很多，从北京和天津等地开来的旅游大巴也不少。如今的承德人口已经 300 多万，繁华程度就是乾隆皇帝再来的话恐怕连北都找不到了，过马路更不会过了！四通八达的高速公路让承德成为夏季来旅游和避暑的圣地。等高铁建成通车后，用不了一小时从北京就到承德了，发展前景十分看好。

熟悉中国历史的都知道，承德避暑山庄是清代皇帝避暑和处理政务的场所，有点像毛和邓时代的北戴河，是清朝的"夏宫"。规模宏大的承德避暑山庄始建于 1703 年，历经清康熙、雍正、乾隆三朝，耗时 89 年建成。这次重游承德我才知道，原来所谓的"中国四大名园"，就是北京颐和园、苏州拙政园、留园和承德避暑山庄。可见承德避暑山庄非同一般。如今交通如此便利快捷，回国探亲观光，承德避暑山庄应该看一看，这里的"板城烧锅酒"也可以喝一点。关于大清朝的影视剧，哪个没有木兰围场？ 1860 年英法联军打入北京城，惊慌失措的咸丰皇帝直接就从圆明园逃往承德避暑山庄。抗日剧和《少帅》里面的热河战役，说的也是承德。所以，到承德避暑旅游其实也是对中国历史文化的亲身体验。

承德"小布达拉宫"普宁寺建筑。

这次旧地重游，因为有了汽车，一天就能实现承德揽胜。除了清朝皇家的避暑山庄外，周围群星拱月般建成的承德"外八庙"最吸引游客。虽然与今日中国"反恐"和"维稳"所面临的挑战不同，当时大清朝为了团结蒙古、新疆、西藏等地区的少数民族，利用宗教笼络人心，由皇上亲自恩准投入大量人力物力在承德兴建的外八庙建筑的确十分宏伟。可见，清朝皇帝深明得人心者得天下的大义，治国方略也是很讲究政治的，并非只靠铁蹄弓箭。因为时间有限，我只参观了外八庙中著名的普宁寺和"小布达拉宫"。

将汽车停在了普宁寺门前的收费停车场后，我们买门票进入普宁寺参观。刚走进普宁寺，就见眼前香火烟雾缭绕，很多香客手举着点燃的高香面向正殿，在香炉前虔诚地顶礼膜拜，口中念念有词。寺里面有很多卖香的摊位，寺庙外面更有很多兜售卖香的，普宁寺给我留下了香火旺盛宗教与商业气息皆浓的印象。

再往里面和拾级往上走，普宁寺皇家寺庙气派就显露出来了。这普宁寺，占地5.78万平方米，由普宁寺和普佑寺组成，取普天之下安宁、保佑天下众生之意。我们拾级登上了寺顶，虽然正在维修，但普宁寺内供奉的金漆木雕佛像千手千眼观世音菩萨，至今仍然是世界上最大的木雕佛像，令人叹为观止。普宁寺当年是模仿西藏名寺庙所建，可以说是内地最具藏族寺庙特色的建筑群，里面至今驻有喇嘛。参观普宁寺，给我留下深刻印象的是该寺近40米高的大乘阁，宏伟壮观，建筑艺术和视觉美感都十分了得。与西方的教堂不同，在普宁寺的出口处有很多小卖店，卖各种佛教物品如佛像、佛珠、玉坠和纸扇等，很多游客在这里选购佛教和工艺品等图个吉利。

不是每个人此生此世都能有幸到西藏去看看。西藏依然太遥远了，还有高原缺氧问题。而外八庙的小布达拉宫可以说是内地最为接近拉萨布达拉宫的建筑，非常值得一游。其实，小布达拉宫只是人们的俗称，这座寺庙的真正大名是普陀宗乘之庙，是承德外八庙中规模最为宏大的建筑群。正是因为全庙建筑风格和气势都完全模仿了拉萨的布达拉宫，所以人们就干脆称其为"小布达拉宫"。久而久之，能随口说出普陀宗乘之庙正名的反而少了。

虽然承德是清朝皇帝避暑的地方，但6月中旬我们参观小布达拉宫那天正赶上艳阳高照，我们顺着楼梯登上小布达拉宫的金顶时也是满头大汗、气喘吁吁的。这里早晚凉快。我不知道拉萨的布达拉宫规模多大，反正这小布达拉宫占地25.79万平方米，建筑形式汉藏结合，依山就势，层层升高，在当时肯定够得上是名副其实的中国高层建筑了。虽然盛夏时节登上小布达拉宫的顶层还真冒汗，但一旦登顶立刻会有一种俯看天下一览众山小的感觉。站在小布达拉宫很有宗教气势的大红台上远望，视野十分开阔，远处的棒槌山等景色一览无遗。与其它国内寺庙不同，小布达拉宫门口有一对很大的石头雕刻的大象，据说是象征吉祥和佛教大乘派的法力无边。

与1985年那一次旅游承德留下的只是荒凉和灰色的记忆不同，这次旧地重游，不但承德市的建筑规模和城市发展之快给我留下深刻印象，小布达拉宫一进门那红、黄、黑、白、绿五座喇嘛塔组成的五塔门，西藏寺庙特色浓郁，真的是令人难忘。

　　在承德外八庙中，建筑规模最为宏伟的莫过于小布达拉宫了。而小布达拉宫最为登峰造极之作莫过于建在顶层的万法归一殿了。

　　那天也是正好赶上了上午阳光明媚，当我们顺着小布达拉宫里面的楼梯拾级而上终于到达顶部的大红台时，哇，眼前的万法归一殿的金顶真是金光闪闪，耀眼夺目。这金顶是用镏金的鱼鳞铜瓦片层层覆盖而成，比真的金鲤鱼还美丽。

　　我们站在金顶前面的琉璃瓦红墙前面，一边仔细欣赏这别具一格的中国建筑之美，一边惊叹当年中国建筑设计师和能工巧匠的传世之作。白古燕赵出英雄。其实整个河北省和北京、天津都属燕赵之地，距离承德都不算远。希望朋友再回国探亲度假游时，去看看今日承德美景名胜，品品当地出产的板城烧锅酒，论论大清朝和燕赵英雄，岂不美哉？

2014 年 6 月，笔者在普宁寺万法归一殿金顶前留影。

011年8月12日，美国《侨报》的《文学时代》版头条配发插图，用半个整版篇幅发表了我写的《我的同学马魏华》一文：

我的同学马魏华

（宾州）谷世强

说来也巧，全世界首次以中国艺术家命名的汉字奖学金竟然在美国的波特兰，而这位从天津来的艺术家竟是我40多年前在天津的小学同学！

我在网上搜寻孔子学院时，不经意间被美国波特兰州立大学孔子学院网站上面的一条要闻给吸引住了："知名书法家马魏华应邀访问俄州，举办系列艺术作品展，所得款将捐赠给波特兰州大孔院设立"马魏华汉字奖学金"。

这是我那40年前在天津新开小学的老同窗、天津书法家马魏华吗？魏华真来美国办展讲学了？

早上一到办公室，我赶紧找出了回国同学聚会时留下的马魏华手机号码，用网上的SKYPE打"国际长途"。电话很快接通了，对方的声音一听就是老同学马魏华，他说的天津话那叫乡音纯正。魏华说他还没有起床呢！原来他还真是在西海岸俄罗冈州名城波特兰市呢！我们此时虽然同在美国，但波特兰与我所在的东海岸费城时差3个小时。他告我很快6月底他就要完成讲学办展回天津去了。

听魏华介绍，作为2011俄勒冈/中国国际投资、教育、旅游研讨会的重要活动内容之一，波特兰州立大学孔子学院特别邀请他前来办展并讲授中国文字和文化。

魏华举办书法艺术作品展不但吸引了当地华人，而且看展的"老美"也是络绎不绝。首批32幅书法作品于6月1日至6月30日在南俄州Ashland市的Illahe画廊展出，其余的40余幅马魏华书法作品在波特兰展出。

听到看到老同学不远万里前来美国讲授汉字的演化与发展，通过其书法篆刻展示和弘扬我中华文化之博大精深，一股对家乡老同学的钦佩、赞赏之情从心底油然而生。

我的老同学马魏华不简单也不容易。我们一起在天津上小学时正赶上风起云涌动荡不安的"文革"年代，魏华的父亲也受到了冲击。那时候多艰难啊，他硬是凭着一股对中华文化、书法和历史的大爱苦学苦练不止，几十年如一日，拜师求教不缀。记得那时没钱又洛阳纸贵，魏华就在沙盘上、废纸上写了又写。

他倾心钻研瓷盘雕刻和木刻艺术，不但所有的收入都用于买材料了，而且白天上班晚上和业余时间全部用在了钻研雕刻艺术上了。

工夫不负有心人，成功的背后一定有"坚持就是胜利"。马魏华出名了。他不但在天津出了名，在中国有了名气，在日本和韩国有了"粉丝"，在欧美也赢得盛誉。

前几年到法国巴黎和里尔举办个人书法展，魏华还为天津捧回了法国艺术家协会颁发的特别艺术奖以及"法兰西共和国荣誉奖章"等。

不仅如此，魏华还被法国"法中文化交流协会"特聘为"特别艺术顾问"。说起来，连我这远在美国的老同学都觉得脸上有光。

马魏华的成功一在他的刻苦和执着，二在他的艺术家天赋与悟性。如今在展会上看到的马魏华书法作品表现了自商、周时期起中国历史上不同阶段汉字的演变及特点，展示了汉字从金文、甲骨文、篆书、到楷体的发展演化过程，同时也反映出了马魏华善于"古为今用"，将他对汉字历史演化的理解和造诣成功表现在他笔下的书法艺术作品上面。

我家里的艺术品展示柜里还珍藏着老同学多年前为我在瓷盘上雕刻的奔马和最近书写的字幅呢。有历史文化功底在胸就是不一样，魏华的的书法篆刻作品好看，耐看！就是我这书法艺术世界的"门外汉"似乎也能从中看出些门道来。

魏华对我说，在海外的华人华侨更应该从推广汉字入手弘扬中华文化。他说，其实汉字不仅仅具有其语言交流的实用价值和美感的艺术属性，在他眼中，汉字蕴涵着中华文化的大智慧。如果你仔细研究会发现，汉字的构成非常有哲理性，对人生有重要的指导意义。比如"和谐"，"禾"是谷物粮食，"言"字旁有说的意思。如果能让百姓都能吃饱了，能畅所欲言了，能不和谐吗？

弘扬我中华文化，我们都要学习我的老同学马魏华。他不畏艰难，走出国门去欧洲来美国办展览、讲中文。他对弘扬中华文化一片赤子真情，尽心尽力支持海外孔子学院事业。

马魏华的书法艺术无疑已经达到很高的境界，在海外也大受欢迎。魏华用书法、篆刻、刻木、刻竹、刻瓷五种方式表现中国汉字艺术和他的汉字文化历史演讲好评如潮。

虽然如此，今天的马魏华仍然谦虚谨慎，从来不耍大牌。最令我们钦佩的是，魏华虽然多次赴海外办展个人花销和贡献巨大，但为了在海外弘扬他心中最爱的中华文化，他还慷慨解囊将他的 80 余幅书法精品以及多次授课应得的讲课费全部捐赠给波特兰州立大学孔子学院，并成立"马魏华汉字奖学金"，以奖励、资助波州大热爱中华文化学习汉语的优秀学生。同时也让当地更多的华人和美国人能有机会前来学中文和欣赏了解中国文化的博大精深。

我在费城及其郊外的很多华人亲朋周末都送子女到中文学校学中文。每个周六的上午和下午，全北美不知道有多少个中文学校和孔子学院里面传出的都是中文的朗朗读书声。

现在当地美国人学中文和会中文的真是越来越多了。我的朋友 ERIC 是美国人，就因为他其它条件不错，还会讲很不错的中文，被美国公司聘为在苏州公司的总经理而且一干就是好几年。

我的侄女谷芮在加拿大出生并长大，不但中文学得好还会唱不少中文歌。去年，她在重庆举办的"汉语桥"大赛中取得了个人第一的好成绩。

我中华文字在海外传扬，我中华文化在海外光大。

如果说当年白求恩大夫不远万里来到中国是伟大的国际主义精神的话，那今天马魏华先生不远千里万里到欧洲、来美国宣讲中国国粹文化，展示书法篆刻艺术精华并带头捐助孔子学院则体现了十分崇高的爱国主义情怀。

7月初，我带客户回国出差时在天津又见到了老同学马魏华。谈话中我发现，他比以前更成熟睿智多了，对中华文化和如何在海内外弘扬我中华文化有了更深刻精辟的见解和高论。

马魏华告我，在不久的将来，他还会应邀去与我中华文化"一衣带水"的日本讲学、办展并进行高层次文化交流。

我祝福老同学马魏华。我祝福源远流长博大精深的中华文化万古常青！

2013年12月18日，美国《世界日报》的《生活》专版头条配发4幅彩照，用半个版发表了我写的《天津黄瓜 美东丰收》一文：

天津黄瓜　美东丰收

文、图: 谷世强

美国东海岸的费城与天津市是姐妹友好城市。这两个城市四季分明的气候还真相似。天津是笔者土生土长的家乡。费城是笔者移民美国后工作生活了20年的地方。现在笔者的家就在费城郊外，房前屋后有一块不小的草坪。后院的草坪阳光日晒时间长而且从房前的马路上一点也看不到，就有了一块在美国种中国菜的小菜园子。种瓜得瓜。春天种下天津黄瓜，夏天和初秋就可以尽情享用这顶花带刺、口感嫩脆的天津黄瓜了。

黄瓜园开花结果了。

春季育苗：

东北部地区4月中下旬和整个5、6月都可以育苗。早育早长早拉秧。所以，如果家里菜园子比较大一点的话，也可以间隔一个月育苗一批，这样就可以拉长黄瓜丰收的时间段。

择好天气就可以用家里长方形或者圆形塑料花盆开始育种了。育种的花盆里面土要松要有点肥力。将挑选好的黄瓜种以约二英寸间距放好在花盆的土壤上面，然后再在上面撒开倒上约一英寸厚的园艺土就行了。在花盆里面埋下种子后要立即浇一次水，水要基本浇透。视天气情况，以后每隔几天用喷壶洒上一些水，保持土壤湿润和将育苗的花盆放在有阳光和温暖的地方不久就会出苗的。5、6月份育苗的话，完全室外育苗没有问题。

搭架子：

种子埋下后过三、四周时间，黄瓜苗会长出起码四片叶子而且有三四英寸高时，找个太阳已下山的傍晚，将黄瓜秧苗小心连根带土挖出来，移植到已松好土、挖好小坑的菜园里就行了。因为黄瓜很快成长起来时，叶子可以大到像荷叶似的以吸收阳光和水分营养，所以，要给每一棵黄瓜秧留出足够的生长空间。移植到菜园的黄瓜秧之间的间距要达到十英寸为好。秧苗移植到菜园子里面之后要立即给菜园子浇一遍水，让土壤保持水分以利于秧苗柱状成长。

当秧苗在菜园子里面生长两周左右开始往上"吐丝"时，要在每棵开始"吐丝"瓜秧旁边插一根一米来长的小木棍，等瓜秧开始吐丝往上盘旋生长时应该顺着小木棍往上爬并使瓜秧有了依靠。家居产品连锁店Home Depot等都卖一米长的竹竿，正好用在这里。每棵秧苗都需要一棵竹竿木棍以便黄瓜秧往上爬。在小木棍或者竹竿上系根细麻绳与上面的架子上的横梁竹竿系上就好了。以后这棵黄瓜就会顺着这根绳子一直爬到黄瓜架顶上面。

十多棵天津黄瓜到了结果旺季时，挂果很多、叶子很大，遇到大风雨时可以很容易地将捆绑不结实的黄瓜架子拉倒。所以，在菜园子周围最好用六根竹竿搭架子，而且要尽量深入地下，这样才基础牢固。架子搭好了、捆结实了几年下来都没问题。但一定要搭结实和捆绑结实了，能承重。因为丝瓜跟黄瓜一样，也是先育苗后顺杆儿爬往上长的蔬菜，我于是还在"黄瓜园"里面种植了几棵泰国丝瓜，也丰收了不少呢。

坐享成果

黄瓜爱水，盛夏里要记得天天浇水。除此外，每周拔一次草、松松土，如果能每隔两周施点美国 Home Depot 和沃尔玛等连锁店都能买到的普通植物肥料，就更会茁壮成长硕果累累了。

在美国超市里面，一棵"亚洲"黄瓜要一美元多。今年夏秋季节，我家的小菜园子先后接了几百棵黄瓜，自己吃了不少，还送一些给亲朋，皆大欢喜。

夏季，每天下班看到自己亲手种的黄瓜结果，挂满瓜架，想到家人和朋友们在美国每天也能享受这绿油油、又香又脆的黄瓜时，我这"瓜农"的心也醉了。明年春天我还要育苗种植，享受这份在美国丰收家乡黄瓜的幸福。

2016 年 1 月 3 日，美国《世界日报》在全北美发行的《世界周刊》配发彩照，刊登了我投稿的《北京成雾都 何时能宜居》一文。

北京已然成 "雾都"

文、图／谷世强

随着人们明白 PM2.5 为何物和啥叫雾霾以后，一入冬就经常被雾霾弄得昏天黑地的北京，又成了名副其实的 "雾都"。2013 年 PM2.5 和雾霾成为北京最火的关键词。当年 1 月，北京只有五天不是雾霾天。不要说天安门上看不见太阳，北京还流传一个歌谣："情侣逛街走，必须手牵手；撞上一棵树，被迫暂松手；过树不见人，情人被牵走！"

解决雾霾 要靠西北冷风

随着 2015 年 11 月中旬集中供暖开始，京津冀地区的严重雾霾一场接着一场，似乎比往年更严重。12 月 7 日，北京市空气重污染应急指挥部首次拉响了红色警报，汽车限行、工地停工乃至中小学和幼儿园停课。

2008 年 7 月底，摄于北京故宫博物院后门。

　　那三天里，我手机微信收到的不是关于北京雾霾的段子，就是混天黑日中的建筑物乃至大妈跳广场舞的照片。一位在天津的老同学，发来的一幅招贴画被我们广为转发。招贴画上面是一个在黄土地上奔跑报信的道人和这样的三行大字：乡亲们，好消息！再坚持一下，据说风已经到了张家口了！

　　我 11 月 19 日从北京返回美国那天就遭遇雾霾。和以往一样，我是从家乡天津乘车去北京机场，通常走高速两个小时就能到北京首都机场。我们下午一点开车离开天津，越靠近北京能见度就越低。我们的汽车刚进北京就赶上了雾霾天造成的交通混乱，堵车严重。结果花了三个半小时才开到了首都机场。

　　我要搭乘的航班雾霾中按时登机，我们挺高兴。当乘客全部登机后，左等右等就是不见关机舱门。过了好一会儿，乘务长才抱歉地通知大家说，由于北京市区雾霾严重交通堵塞，机长和驾驶员乘坐的汽车开了近两小时还没到机场，请大家耐心等待。又过了半小时，只见机长和驾驶员匆匆登机。这班本应在下午 6 点 25 分正点起飞的美联航航班，硬是晚点一个多小时才得以安全起飞，离开了外面伸手不见五指的北京。

　　雾霾警报的第三天，浩荡的北风真的光临北京、天津地区了，这一轮严重雾霾终于被风吹散，北京又见到阳光和蓝天。如今，即使是在冰天雪地的寒冬，西北风也大受北京人欢迎。正如这个段子所表达的：风，是北京的抹布。西伯利亚，是北京的清洁工。让西伯利亚的西北风快些到来吧！

北京遇雾霾 被迫改行程

　　2013 年春节前，我回中国出差正赶上北京、天津连续多天的重度雾霾。即使在大白天，饭店对面的高楼大厦竟看不清楚，空气不再新鲜，甚至呼吸都费劲。

　　本来，我已经买好飞上海出差的机票，但北京和天津那天上午的国内航班几乎全都因为雾霾能见度太差给取消。去上海和苏州拜访客户是去中国出差前就安排好的，不按时去会耽误业务的。情急之中，我改乘高铁去上海，"谐和号"高铁穿霾破雾一路高速驶过河北、山东和江苏大地，快到南京雾霾才基本消失。雾霾改变人们的出行模式。

　　我们美国一客户公司总裁吉姆总不忘记说起他的北京"雾霾"历险记。前年冬季，吉姆从波士顿飞去北京出差。按原定日程，抵达北京后要乘前来接机的汽车，走高速公路去秦皇岛看工厂。但因整个北京、天津和河北省全都笼罩在重度雾霾之中，去秦皇岛的计划被迫取消，吉姆先生不得不住进了北京的饭店。

　　去中国之前，肺部曾经做过手术的吉姆还专门买了 3M 牌口罩和一个防毒面具带到了北京。但他发现，北京的雾霾比他想象的严重得多，戴上口罩依然感觉恐惧和气短。戴防毒面具上街又怕人觉得自己太过份。于是，吉姆一到饭店就立即多花一千多美元改签了机票，转天上午便告别北京飞往香港。这位"老美"客户往返飞行了40多小时，却什么差事也没有办成，最后无功而返。

行政手段 实现大阅兵

除了期盼西伯利亚的北风以外，北京擅长的行政手段对雾霾也不是不管用。2015年9月3日北京"大阅兵"时，战斗机群飞过天安门广场时那天空是湛蓝的。当时我正在天津出差，天津那天的天气也是特别好，蓝天白云。但是，"大阅兵"刚结束，雾霾天空"常态灰"马上就把昙花一现的"阅兵蓝"给赶走了，北京又成雾都。

这是为啥？ 因为在大阅兵一个多星期前，北京和周边六省份的数以万计的化工厂、燃煤电厂、钢铁厂、水泥厂和电镀厂等"污染源"工厂统统被责令停产或减产，而且建设工地停工，喷水消尘。那期间，外地车辆没有特别通行证进不了北京，而不但私家车不能上路，就是公车也限行，工厂单位放假一周。"大阅兵"倒是让北京人带薪休假玩了一星期。

同样的"奇迹"在2014年底在北京举行的APEC国际会议期间也发生过，让APEC会议得以在难得的蓝天白云下举行，给足了北京面子，史称"APEC蓝"。会议之前，除了上述的限产限行等行政手段外，据说火化场都不准火化尸体。有北京人调侃说，要想让北京不成雾都而且蓝天白云成常态，那就得每周都要开大型国际会议，没事儿就大阅兵。

这不，网上又登出了北京刚刚发布的雾霾红色预警，从2015年12月19日到22日，北京再次启动空气重污染红色预警措施，真成"雾都"了。北京要想成为宜居城市，真正摘掉"雾都"帽子，看来还需要长期不懈的努力才行。

　　2010 年 10 月 6 日，美国《侨报》的《文学时代》版头条配发照片，用近一个整版篇幅发表了我写的《"江南第一楼" – 雕花楼》游记：

"江南第一楼" —— 雕花楼"

（宾州）谷世强

　　相信很多人看过电视连续剧《三国演义》并对其中东吴小国的物产丰富和人才济济印象深刻：周瑜、鲁肃、吕蒙、陆逊还有秀外慧中的大乔和小乔，东吴真可谓人杰地灵。据说，历史上的东吴正是如今经济发达的江苏苏州到南京一带。

　　很多到过苏州的朋友可能都是围着"拙政园"、"虎丘"、"寒山寺"和"金鸡湖"畔景点转悠，并没有到过湖光山色的苏州东山，更不知道这东山镇上有座大名鼎鼎的"江南第一楼" —— 东山"雕花楼"。

　　我前段时间去中国出差，抽空去了东山景区和雕花楼一游。如今我回美国这么久了，却仍忘不了那烟雨茫茫中一望无际的太湖美景和雕梁画栋、建筑结构精巧并充分体现楼主之富和姑苏文化艺术之精深的东山雕花楼。

　　西方富豪的豪宅往往突出的只是"财富"，而苏州东山雕花楼虽然在建筑设计上已中西合壁，但尽显富贵中体现的却是我中华文化历史的博大精深。"雕花楼"，怎一个"好"字了得！

雕花楼"其实原名"春在楼"

　　苏州东山雕花楼当然重点是它的"雕"字。走近它会发现它无处不雕、无雕不精、所有的雕梁画栋都有深厚的历史文化典故支撑。二楼的客厅墙中央高悬着一块木匾，其上的"春在楼"三个字苍劲有力。原来，雕花楼的原名"春在楼"，只是因为雕花楼已名声在外，人们倒把它的原名淡忘了。据介绍，"春在楼"典出清代苏州诗人俞樾殿试名句"花落春仍在"。但也有说是取自名联"向阳门第春长在，积德人家庆有余"意境的。

　　据介绍，雕花楼始建于 1922 年。当时东山人氏金锡之和金植之兄弟在上海经营棉纱生意发了财，他们为孝敬母亲和"落叶归根"，就请江南名师给设计了这坐雕花楼。据记载，整个雕花楼庄园建造动用了250多名能工巧匠，花了3年时间才建成。当时的造价是17万银元，折合黄金3741两，投资巨大。

我们中华文化讲究衣锦还乡、落叶归根。从山西"银号"发家的"乔家大院"，到湖南韶山的"滴水洞"，到此苏州东山雕花楼无不情系故乡。

再看西方，不论是费城郊外本来是杜邦先生的"老宅子"的长木公园，还是美国西海岸太平洋沿岸知名的贺氏古堡，还是几年前笔者在德国度假到过的根据巴伐利亚国王路德维希二世梦想最终建成的漂亮非凡的"新天鹅堡"，都没有"落叶归根"建在自己的家乡，而是梦幻于"人间天堂"奇景之中。我们中华文化中"故乡"和"根"的色彩很浓，血浓于水。

依笔者在美国生活工作十多年的感受，虽然美国号称移民国家，但像我们华侨华人这样心系故乡的似乎没有。所以，美国几乎所有大城市中都有"中国城"，"中国城"都有彰显中华文化的牌楼，并且是当地最具特色的旅游景点之一。我在欣赏"春在楼"书法之美时忽然想到了费城中国城的牌楼。它是天津市政府赠送给姐妹城市的，金碧辉煌很有气派。

据说，盖此雕花楼时，"防盗"的办法可谓精明老道。通常人们认为主人不会将珠宝古玩、金银财富藏在外人常来的客厅，但楼主竟然在这"春在楼"木匾后面开有暗道出口，储藏家中最值钱之物。当年强盗几次来抢劫雕花楼都没能发现暗道机关，无功而返。

雕花楼不但门楼宏大有气派，整体布局错落有致，集砖雕、石雕、木雕、金雕、铸雕和彩绘、泥塑等艺术之大乘，的确是难得一见的江南名宅。如今，雕花楼已是中国重点文物重点保护单位了。

"雕花楼"文化"学问"不少

雕花楼坐西朝东，围墙很高，占地面积5000多平方米，有主门楼、前楼、后楼和花园等，一眼望去真是一座有点神秘感的大庄园。

还没跟随导游小姐进入雕花楼大门，我们就体验到了苏州的文化积淀和"学问"。导游小姐问我们，地面上用彩石铺了一个大花瓶，里面插着3支戟，是什么意思？我们面面相觑不知道。原来是取"平升三级"之意。再看大门对面的照墙，上有砖雕"鸿禧"二字，比喻出门见喜。两扇漆黑大门上的青铜雕饰拉手称为金雕，由菊花瓣、如意和6枚古钱币形组成，喻意伸手有钱。你看，还没有走进雕花楼呢，什么升官、发财和开门见喜就都有了。

一进雕花楼大门，我就看到"聿修阙德"四个大字雕于中坊门楼中央上方。记得导游介绍说是修行和积德行善的意思。中国富人最讲究门面，这个门面真太讲究了。

这高高的门楼上不但将清代书法家的"聿修阙德"四个大字和落款雕刻得传神，更奇的是在四个大字上下左右那门楼的小小空间里面竟然并然有序地雕满了古代美丽传说故事，画面栩栩如生。

其上方是王母娘娘的蟠桃盛会八仙庆寿场面，取长寿之意。在此砖雕之下、"聿修阙德"四个大字之上是一雕了十只梅花鹿的横幅雕，取十全十美之中又有"禄"的意思。"聿修阙德"四个大字左右各有一个如镜框般的"兜肚雕"。一个雕刻了古代舜尧禅让的故事，以寓德。另一个雕刻了文王访贤的故事，以寓贤。紧挨着大木门之上的下坊横幅雕刻的是唐朝大将郭子仪做寿时他的七个儿子和八个女婿一共十五男前来贺寿的热闹场面，取楼主多子多福、子孙满堂之意。不过，也可见1922年兴建此楼时，即使是文化发达的江南苏州，男尊女卑、重男轻女观念仍然较唐朝没大变化，传统文化真是根深蒂固。门楼的顶梁更是典型的江南顶脊，加上顶梁上面的雕刻，十分漂亮。

导游小姐让我们仔细看顶梁正中央，问那里雕的是什么？我们没有这么深厚的文化底韵，自然都猜错了。其实，那乍一看有点像花盆的雕刻是"聚宝盆"。而门楣上方又刻了双喜字。这样，小小一个门楼竟然雕出了"福、禄、寿、喜、财"这许多中国富豪自古以来最向往和崇拜的五个意境。

拍完照片，我们正要转身跨入雕花楼，导游小姐立即拦下了我们。我问，为什么？她笑而不答，却让我们看门槛上雕的蝙蝠锁眼和门窗上面的精美雕刻，并娓娓动听地给我们讲述起每个雕刻的美丽故事传说。要踩踏着门槛上的蝙蝠走进雕花楼才"脚踏有福"。我一边跟着导游小姐的脚步"脚踏有福"地进入雕花楼，一边心里好笑。

在欧美受《圣经》和教会影响，很多人相信并喜欢事事祷告，吃饭前祷告上帝赐与食物，有问题祈祷上帝保佑。口头禅是"My God！"。而我们中华文化除了烧香拜佛的以外，似乎更喜欢手摸、脚踩为实。什么摸牛头发财啦，摸佛脚走运啦等等。现在又轮到我"脚踏有福"了。我们的口头禅也是"恭喜发财"，春节拜年也"恭喜发财"。可见东西方文化定位很不一样。

"脚踏有福"门槛的两扇门也都精雕细刻有古代故事传奇，门不算大但很不一般。我手扶这雕刻精美的门框先拍张照片，心想，扶这门框照像估计福份也小不了。

话说走进雕花楼后感觉还真不一样。雕花楼主厅号称"凤凰厅"，厅内雕刻有172只一共86对凤凰，据说苏州当地发音，"八六"谐音"百乐"。我一听就乐了，要是说"八路"呢？要是在华南广东可能就要改成168对凤凰，以谐音"一路发"了。

欣赏着这雕刻得栩栩如生的凤凰，我也不知怎的，忽然想起小学学过的课文"叶公好龙"，眼前的凤凰有点龙飞凤舞的感觉。心想，要是这86对凤凰都活了，还不得把楼主吃穷了、吓傻了呀！

我们在雕花楼里面边走边看，满眼全是雕刻，从"桃园三结义"、"三顾茅庐"等《三国演义》故事到大厅延廊雕刻有春兰、夏荷、秋菊、冬梅的20个雕花花蓝，每个都形象逼真，惟妙惟肖。

我们到楼上卧室，参观主人和公子、小姐的睡床，那更是精雕细刻很有讲究。大少爷的书房不但是玻璃窗而且用的还是高价从欧洲进口来的现在只能在教堂里面才见得到的那种彩绘玻璃，洋派，讲究。小姐的绣房也很有故事，很体现江南姑苏文化。

藏而不露的雕花楼，外看二层实为三层，到了楼上你才能真正体验到这个外表上乍一看是两层的小楼其实还有三楼。设计上叫做明二楼，暗三楼。主人富有但又刻意尽量不对外显富过度，以免引火烧身。即使你站在楼外都看不出这实际上是座三层楼房。

这也许是中华文化讲究的藏而不露、韬光养晦。不像美国的"赫氏古堡"、德国的"新天鹅堡"那样高高在上，没有围墙，远远地就让人看到和感受到它们的高贵、漂亮与豪华。

我们顺着狭窄隐蔽的楼梯来到三楼顶层。三楼顶层现在已是一个馆藏还算比较丰富的小展览馆，展出了许多楼主拥有的珍贵文物字画等。

据导游小姐介绍，文革期间雕花楼之所以能幸免于难没有被毁掉，原来是"造反派"将此楼当成了"抄家"物资的存放地，等于被当作仓库用了。因祸得福，因为其对"造反派"存东西有用，所以得以没有被毁。真是万幸啊！更有意思的是，展室内的有些展品、文物也不清楚是不是雕花楼楼主的宝藏，因为文革抄家物资后来有些一直没有人前来认领，成了"无主"文物，自然也就落到了雕花楼名下，成了今天雕花楼的馆藏展品。这也许是因祸得福吧。

如今雕花楼已得到高度保护和修善，展室照片也显示从朱德、陈云、贺龙等大陆老一辈革命家到胡耀邦、荣毅仁、华国锋、江泽民、朱熔基，李鹏和温家宝等很多名人政要都曾专程到此一游，有些还留下赞美之词的墨宝。

走出雕花楼，眼前是一派典型江南园林风光。院内的亭台楼阁，假山盆景，小桥荷塘，美如苏州园林。从三楼下来就可眺望东山景色的"观山亭"，其对联也很不错："青山无奈露真容，绿水有意藏幽姿"。苏州东山雕花楼真不愧为"江南第一楼"，远道从欧美海外去游苏州的朋友，有时间去东山镇雕花楼一游并顺便欣赏东山太湖景色、在美丽的湖滨餐厅尝尝太湖湖鲜和苏州本邦菜，很有些"上有天堂，下有苏杭"的感觉。

苏州，不仅园林艺术美、人美，周围盛产的"大闸蟹"和太湖"三白"美，东山镇的雕花楼作为"江南第一楼"更美。

Chapter 5

美国游记

　　2016 年 2 月 21 日，美国《世界日报》在全北美发行的《世界周刊》配发多幅彩照用了三个整版发表了我投稿的《教皇来了 费城火了》一文。费城是我家乡天津的姐妹友好城市，值得一游。

教皇来了 费城火了

文／图：谷世强

　　2015 年 9 月 26 日是美国费城的"大日子"——当今教皇方济格（Pope Francis）到访费城。教皇不但为"2015 年世界家庭大会"演讲，也到访费城的天主教堂、教会学校甚至监狱，在费城住了两夜并从费城返回梵蒂冈。

　　教皇为"世界家庭大会"所做的演讲祷告，是在费城艺术博物馆前的本富兰克林大道搭台露天举办的，现场人山人海。在费城交响乐团演奏和圣歌演唱的烘托下，那场面真盛况空前而且很虔诚神圣。当然，教皇的来访和这震撼的场面也让费城着实"火"了几天。

　　我在费城地区工作生活 20 多年了，没见过费城在美国乃至整个西方媒体中被如此大张旗鼓报道，更没有见过如此空前绝后的严厉安保措施。为了确保教皇来访费城平安无事，仅安保费就花了 4800 万美元！任何人在教皇访问费城这两天想进入费城市中心区，都必须经过严格的安检。包括德克赛大学等费城市区的大中小学停课，费城市区的很多公司员工都被放假，就连买这几天的地铁和公交车票也被限制数量，市区的医院交通都被封了。

　　还差一周教皇才到费城，美国国土安全局和特勤局局长就都亲临费城检查指导安保措施，真让我们开眼了。正是因为教皇来访，很多人才得知费城是美国地位特殊的历史名城。Philadelphia（费城）的希腊语原意是"兄弟之爱之城"的意思，怪不得费城市中心最代表费城的街头塑像，是那个巨大的、红色的 LOVE 塑像！

独立广场 历史名城

　　如果你询问美国人，他们心目中最重要的历史名城是哪个城市？相信绝大多数美国人会说是费城。为什么？因为费城是名副其实的美国诞生地。几乎所有的美国东部旅游团都会到访正好位于纽约与华盛顿之间的费城，而且绝大多数华人旅游团到费城都会直奔费城市区的独立广场。

　　费城独立广场里面安保措施最为严密的，当属"自由钟"，因为她是美国独立和建国历史的象征。自由钟后面的欧式红砖楼房就是美国历史上大名鼎鼎的"独立宫"。这独立宫建筑塔尖是乳白色、门窗是乳白色，塔上还镶嵌着一座时钟，古朴好看，塔顶就是当年悬挂自由钟之处。1776 年 7 月 4 日著名的《独立宣言》在这里通过，后来，7 月 4 日就成为了美国的国庆日"独立日"。

　　《独立宣言》的首页宣告："人生而平等"、"人人拥有生命、自由和追求幸福的权利"。说《独立宣言》奠定了美国的立国之本、政治体制和价值观一点不为过。所以，到费城来旅游，独立宫和自由钟都是了解美国历史所必看的，而且都是免费对外开放参观。国家宪法中心博物馆和费城造币厂也在独立广场这里，很受游客欢迎。

2010 年底，笔者与费城市长 Michael Nutter 和
Nancy 女士在费城市长办公室合影。

博物馆 馆藏水准高

　　我心目中费城最为辉煌的建筑，莫过于费城艺术博物馆，那是俯瞰费城市中心建筑全貌的最佳位置。从这里望去，插满世界各国国旗的本富兰克林大道、圣保罗圣殿大教堂和市政厅尽收眼底。从这里还能看到艺术博物馆前面那一组 100 多年前由美国著名雕塑家西莫宁完成的铸铜雕塑群。

9月27日是华人传统的中秋佳节，露天会场的费城艺术博物馆前的本富兰克林大道两边，早已再次聚满了盼望亲眼看到教皇的民众，"平民教皇"方济格很受美国百姓欢迎。电视直播背景画面的费城艺术博物馆建筑富丽堂皇。只有200多年历史的美国，博物馆很多，全美国据说有1万多座博物馆。而拥有横跨2000年、22万7000千件艺术瑰宝馆藏的费城艺术博物馆，在美国也是一流的艺术圣殿，常年展出的世界各国艺术珍品，很多都是别处难得一见。

我特别喜欢费城艺术博物馆建筑的气势非凡，这座面积达1万7000平方米的古希腊神庙式建筑有200年历史，和美国历史一样长。这座艺术圣殿不但是全美收藏法国印象派作品最多的博物馆，而且中国、印度、日本和亚洲其它国家历代艺术珍品收藏也是相当丰富，非常值得一看。

我每次陪同来访的亲朋到访费城艺术博物馆，都会兴致勃勃地仔细欣赏中国馆展出的中国文物瑰宝，有北齐雕像、汉代陶俑、造型各异的唐三彩、南北朝兵俑、隋朝酒具、宋代木佛雕头像、元朝瓷枕、明朝做工精细的黄花梨木椅子、难得一见的景泰蓝清朝宫廷带轮子的宠物狗笼子。。。，也有历代名家书画，很多在国内的博物馆也是罕见的珍品。尤其是那两个如掌上明珠般吸引观众的清朝大水晶球，晶莹剔透，美轮美奂，给我留下深刻印象。中国馆的屋顶本身就是用北京智化寺大殿穹顶木制藻井实物吊顶而成，藻井中央是栩栩如生的"九龙"浮雕，令观众叹为观止。

2009年，笔者与从天津来访的三哥嫂在费城艺术博物馆前合影。

费城是美国顶尖的文化艺术名城，大街上可以随处看到很多精美的艺术雕塑，各类大学也很多。"常春藤"名校宾夕法尼亚大学其实距离费城艺术博物馆很近，宾大的华顿商学院在亚洲可谓大名鼎鼎。其实，宾大的考古与人类学博物馆里面展出的中国文物收藏也十分可观。该馆不但收藏有汉、魏、隋、唐时代的石刻精品，而且拥有唐昭陵六骏中的飒露紫和拳毛騧，其他四骏现藏于陕西西安碑林博物馆，可见该大学中国文物馆藏水平之高。

　　漫步在宾大校园主街，即能欣赏到"藤校"风格各异的老建筑，也能看到不少雕塑，包括富兰克林坐在椅子上看报纸的著名雕塑。名气也不小的 Drexel 大学和大学城科学中心 UCSC 都是宾大的邻居，值得一看。

2010 年，笔者外甥女在费城艺术博物馆前留影。

中国城 牌楼好气派

　　费城市中心的中国城也是观光名胜，从这里乘大巴去纽约和华盛顿也很方便。特别是中国城的牌楼，金碧辉煌，是我家乡天津市政府为与费城结成姐妹友好城市赠送的，很有点北京紫禁城华表的皇家气派。与纽约和旧金山的中国城比较，费城中国城不是很大，但比华盛顿等城市的中国城也不小。

　　20 多年前我刚来费城时，中国城的餐馆主要都是广东人开的粤菜馆，吃早茶没问题，当然还有福建人开的福州小吃等。如今，随着新移民和很多从大陆各地来的高科技人才进入宾大和费城的制药、化工和电子等行业，中国城的"口味"也变了。现在在费城中国城观光，肚子饿了想吃粤菜有粤菜，想吃川菜有川菜，天津和上海风味的也有，兰州拉面和西安羊肉泡馍也都有。当然，费城中国城外的美国餐馆卖的"费城起司牛肉堡"（Philadelphia Cheese Steak），也是费城最有名的美食，的确不错。

尽管我们住在费城郊外，每个月我都还会去费城中国城理发、吃中餐和买我们华人做红烧肉必须的五花肉、鲜鱼、活虾、腐乳、酱油醋以及只有这里才有的苦瓜、山药、莲藕等中国菜。很多台湾水果和大榴莲等中国城都有卖，可惜我们北方人不大会吃。真不夸口，我们做中餐需要的所有佐料这里应有尽有。如果论各种品牌的腐乳、酱菜、镇江醋和山西醋、上海醋等，以及各种料酒、辣酱、腊肠、豆腐和面条，中国城商店里卖的，绝对比大陆和港台很多商店里卖的品项多，价格也不贵，就是北京臭豆腐和四川豆豉这里也能买到正宗的。东海岸盛产的美国蓝蟹，中国城的商店天天都有卖，这里买一打活的美国蓝蟹才十美元左右，真是太鲜美、太便宜了！

费城中国城主街一瞥

长木公园 不可错过

美国还有比费城郊外的长木公园 (Longwood Gardens) 更美的植物园吗？我可以肯定地告诉你，没有！凡是有幸游览过费城郊外这座世界一流的大植物园的都会说，长木公园就是一个字：美！我陪同父母家人和朋友多次到访过长木公园。季节不同，长木公园的春兰、秋菊和一年四季永远有盛开鲜花和奇芭异果的巨大温室花房，每次都让我们流连忘返，不忍离去。因为长木公园曾经是著名工业慈善家老杜邦先生家庭的私人花园，人们至今仍然喜欢称长木公园为"杜邦花园"，也正因为这个历史，长木公园也有"美国最美的私家花园"之称。

　　游览长木公园不但是赏心悦目，美的享受，其实也是了解美国历史和价值观的重要场所。早在 1906 年，美国当时著名的工业慈善家皮埃尔·杜邦 (Pierre du Pont) 先生将这片地买下，收集各种特色树木，保护这里的植物和生态环境。1937 年，杜邦先生在这里创办了占地 425 公顷的植物园。1954 年，杜邦先生去世后，公园面向公众开放，很快成为享誉世界的最美植物园。

　　如今的长木公园，拥有 20 个各具特色的室外花园，如漂亮非常的意大利水园、大型音乐喷泉、露天剧场和占地 1.6 公顷的巨大玻璃温室花房等组成。能欣赏热带雨林的奇花异果、干旱沙漠地区的巨大仙人掌科植物、颜色各异的美丽兰花和牡丹等成百上千的名花，这里还有一流园艺师们精心打造的各种花坛和吊挂，色彩斑斓，美不胜收。

　　可惜长木公园距离市中心大约一小时车程，大多数华人美东旅游团都到不了。如果是自驾游，请千万不要错过了游览长木公园的机会。

　　夏季，特别是节假日，长木公园温室花房前面的音乐喷泉随着音乐喷放出色彩斑斓的水上芭蕾，那真是花香沁心脾，美景人难忘。要是再能赶上节日烟火，那就更是美上加美了。巨大的音乐喷水池正在进行彻改造，建成后定将表演出更加令人震撼的音乐喷泉。在长木公园，你可以欣赏到意大利水园、法国园艺和美国花卉艺术的集大乘之作，还可以在音乐喷泉中感受"杜邦花园"的美国历史进程和美国文化。漫步在长木公园，享受美的感受吧！

2014 年 12 月 2 日，美国《侨报》的《文学时代》版头条配发彩照发表了我写的《美哉！优胜美地国家公园》游记：

美哉！优胜美地国家公园

（宾州）谷世强

幅员辽阔的美国加州有很多国家公园和州立公园，但不论是对"老美"还是华人而言，优胜美地国家公园（Yosemite National Park）无疑是最有名和最具吸引力的。

节假日，这里游客如织，公园里面的酒店也是一房难求。前段时间，我们一家三口从伯克利加大那里出发，不紧不慢地开了 4 个多小时就到了优胜美地国家公园附近的酒店了。虽然已过了"独立日"，但房间仍然紧俏，房价也居高不下。所以，太太就在公园外不远处预定了一家很不错的酒店。对于自驾车游的我们而言，住在公园里面还是外面差别也不大。而且，与很多美国国家公园一样，门票是每辆车 20 美元，管一周时间，随便出入。

优胜美地以山明水秀和从天而降的瀑布美景闻名于世，奔流的溪水和并不很大但清澈见底而且似蓝非蓝、似绿非绿的湖水特别美丽。中国的九寨沟以水美闻名，优胜美地除了瀑布和从雪山融化下来的河水、湖水也很美以外，其山形之美真堪称大美。

优胜美地的山上大多没有多少树木，但其或波澜壮阔、或峭壁通天、或瀑布从山顶飞流直下的各种山形，美不胜收。与中国的黄山、庐山和张家界的山完全不同，优胜美地的山对我来说就是一块块、一片片美丽无比而又巍峨壮观的"大石头"。

我们华人喜欢形容思想顽固的人是"花岗石脑袋"。在优胜美地，你随处可见世界上最大的花岗石，包括世界最高的花岗石石柱。位于加州中部的优胜美地国家公园和大峡谷和死亡谷一样，也是一个巨大无比的山谷公园，是攀登"石头山"的理想之地。这个由剧烈地壳运动形成的巨石林立的山谷，一直保持着十分完好的原生态，每年吸引 400 多万游客前来旅游度假或者攀登岩石山峰。

2014 年 7 月，我们一家三口到优胜美地国家公园度假游。

我们很多人都熟悉并且看过东部美加边境的尼亚加拉大瀑布那水的震撼。但是，北美最大最高的瀑布其实是这里的优胜美地瀑布，远远望去，从高高的山顶飞流而下一泻千里，如同从天而降一样，美不胜收。所以，这里还有很多个野外帐篷露营区，让喜欢大自然的游客在这里可以大饱眼福，凌晨赏日出，白天赏瀑布，晚上赏日落石头山，子夜赏漫天的星斗和好像伸手可及的明月。当然，夜里优胜美地国家公园的野生动物叫声也更让游客有天人合一回归大自然的美感。

2014 年 7 月，谷峥在加州优胜美地国家公园留影。

　　占地 74.8 万公顷的优胜美地山美、水美、美得游客舍不得离去，但真正震撼我的，却是公园南端的那片马里波萨红杉林 (Maripose Grove)。优胜美地发现了 3 处红杉林，其中马里波萨红杉林有 500 多棵红杉巨树，有的红杉巨树树龄已被科学家证明长达 3000 多岁，是世界上已知最长寿的物种之一。

　　更让人震撼的是，不论是林中已倒地的红杉，还是这 500 多棵仍在茁壮成长的红杉，棵棵都高大笔直，有的"身高"甚至超过 60 米，堪称世界最高巨人物种。

　　因为冬季下雪路滑，春夏季节是游览优胜美地公家公园的旺季。很多游客来这里旅游度假时都会花起码半天时间来游览马里波萨红杉林。公园有免费大巴从小车停车场将游客送到红杉林。夏日炎炎，林中飞虫不少，还是在门口买票乘坐敞篷旅游车观赏红杉林最好。成人游客每位票价是 26.5 美元，学生 19 美元，5 岁以下儿童免费。旅游车每半小时发一班车，在林中开车游览一小时时间。上车时，游客会拿到一个耳机导游器，介绍所经过的每一处景点以及这片红杉林的故事。可惜，导游器现在只有英文、法文、德文、西班牙文和日文语音导游，还没有翻译成中文的，但也正好是旅游学习英文的好机会。

　　敞篷旅游车方便拍照，还会在红杉林里面最有名的景点处让游客下车观赏、拍照和喝水等，挺方便。我们就在那棵有名的"灰色巨人"(Grizzly Giant) 红杉巨树前下车仔细游览拍照。"灰色巨人"的树龄估计为 1800 岁。虽然这棵知名的红杉树并非是这里最年长的，但它确实最高最大，地面以上"身高"近 64 米。最奇妙的是，这棵巨树下面被山火烧出一个大洞。导游器介绍，其实，这个树洞比你眼睛能看到的要大得多，一辆七人轿车完全可以从这个大树洞穿过去。别看它被烧出一个洞，今天依然枝繁叶茂地耸立于这片红杉林中俯瞰世界。

　　在红杉林里，人们随处可见很多还在生长和已倒下的红杉树都有被大火燃烧过的痕迹，好像刚经历过战争或是大火洗礼过似的。

　　原来，大自然的山火是红杉林生存所必需的。人为的消防扑灭山火不但对红杉林没有好处，反而阻碍红杉林的生长。研究发现，红杉树非常"抗火"，山火烧尽了林中其它树木，正好帮助红杉树消除了与它们争地、争水和争阳光的"竞争对手"。而且，山火也帮助红杉树的种子在野火中破壳而出，在合适的松软土壤里生根、发芽直至长成参天巨树。它们是世界上真正不怕火烧的物种，浴火红杉成巨树。

　　最能体现大自然造物主神奇伟大的是，红杉不但特别能"抗火"，还有特别"不中用"的自身保护功能，让人类懒得去砍伐红杉巨树。它看上去高大无比，是绝好的栋梁之材，但早期的伐木工发现，这巨树树质很脆，倒地易折断，当房梁当不了，做家具也做不成，没有商业价值。正是这天生的"缺点"，让这片红杉巨树林没有毁于人类砍伐的锯斧之下，实乃"祸兮福所倚，福兮祸所伏"

是也。

　　参天红杉树告诉我们，这世界上其实没有什么绝对的优点，也没有绝对的缺点，坏事可以变好事，好事也可以变坏事。加州红杉在这里可以生长到3000岁，这本身就在给我们人类无声讲述着很多哲理和智慧。

　　如果说优胜美地的这片奇妙红杉林彰显了"野火烧不尽，春风吹又生"的自然法则，那它也印证了"病树前头万木春"这诗句。

　　马里波萨红杉长寿的秘诀是什么呢？科学家研究发现，秘密是这物种除了有"抗火"特质外，机体里面还有一种"抗病虫害"的特殊体液。从倒地的红杉树可以看到，其树根很浅，而且没有盘根错节，容易被大风吹倒。但是，从未有一棵倒地的红杉树是因为病虫害而枯萎死去的。导游器里面幽默调侃地介绍，科学家和植物学家正在研究红杉巨树体液的特殊化学成分结构，期望有朝一日人类也能发现其中的奥秘，开发出与红杉体液相似的长生不老药，让人类一圆长生不老之梦。

　　听到这里我心想：乖乖，如果科学家真成功了，人类从此真长生不老了，还别说都活到3000岁，就是都活到300岁，那计划生育就不仅仅是国策了，一定得成为联合国颁发的全球"球策"才行了。

　　无独有偶。也是在加州，距离旧金山不远的红杉林国家公园(Redwood National Park)里面的海岸红杉是优胜美地国家公园红杉树的近亲。而海岸红杉长得更高，是红杉树中最高的，也是我们这个地球上长得最高的物种。为什么这两种不同的红杉巨树都生长在加州呢？这奥秘，科学家还没研究明白。

　　在红杉林里，我们既能感到大自然和造物主的奇妙，也能感到时间可以改变一切。

　　眼前就见到有一对如连体婴般的红杉树体，下面看是一棵树，但往上看却长成两棵笔直的巨树，像一对相濡以沫的夫妇相敬如宾地厮守在一起，携手默默地俯瞰这个世界的千年巨变。

　　也有的红杉，从下面看是两棵树干粗壮无比的巨树，但往上看时，树头部分似乎长到一起了，象是一对恋人拥抱在一起。

　　在一棵已经倒地百年的红杉巨树前，很多游客都在其特别巨大的根部照相留影，笔直躺在地上的树干身躯是那样的长，真不愧是"巨人"身材红杉巨树。

　　优胜美地国家公园的确很大，可玩的地方真多，最好能在这里住上起码三四天，以充分感受上天鬼斧神工创造的大美之地。这里既是爬山运动爱好者的理想之地，也是家庭旅游、亲近大自然的绝好度假胜地。

　　优胜美地正好位于旧金山和洛杉矶之间，去加州旅游的朋友千万不要错过了优胜美地，更不要错过了跟这里的千岁红杉树零距离合个影的难得机会！

2011 年 10 月 29 日，面向全球华人发行的《人民日报海外版》的《读者桥》版头条配发多幅插图，用多半版篇幅发表了我写的《为您指路 – 如何在美国机场顺利通关》一文：

为您指路——如何在美国机场顺利通关

谷世强 （寄自美国）

我前不久回中国出差时注意到，不论是从北京直飞芝加哥，还是直飞华盛顿的航班都是满员，其中不乏去美国读书的年轻人，赴美出差、旅游者以及往来于中美之间的华侨华人。由此，我想将自己积累的一些通关、旅行经验与大家分享，希望能帮到有这方面需求的人。

入境通道要走对

入境美国时，如果你在机场走错路，很可能就会赶不上转机或发生不必要的麻烦。

2019 年 11 月，笔者在芝加哥市中心留影。

　　举一个最显见的例子。当你乘坐国际航班从中国抵达华盛顿杜勒斯国际机场时，你面临的是一条紫色通道和一条黄色通道。如果你因为没有经验或者急着要赶航班"随大流儿"走的话，很容易在这里犯错误：此次旅行的终点站是华盛顿的乘客，应该走黄色通道通关和取行李；此次旅行的终点站不是华盛顿而是要从华盛顿继续转机飞往其它城市的乘客，则必须走紫色通道通关，然后取行李并将托运行李交给转运行李员转往你的旅行终点机场。假如你从华盛顿下了飞机要转飞费城，但你忙乱中"随大流儿"走了黄色通道，过移民局办理入境手续后，麻烦就来了：行李转盘前总等不到你的行李出现。因为你的行李已经被发到紫色通道的转机旅客行李转盘上去了，在完全不同的大厅。如果发生了类似问题，你应该立即联络行李转盘附近的该航空公司行李处人员，他们会扫描你的行李票查询你的行李在哪里，如果是在转机行李转盘处，他们会立即联络那边将你的行李迅速用专车送过来交给你。然后，你要从这里去安检口过安检到达你要转机的登机口。可见，提前熟悉你要抵达的机场很重要，对于不懂英文的旅客更为重要。如果时间紧迫，更不能盲目乱闯，要注意机场指示，询问有经验的华人旅客或穿制服的机场工作人员。只有不出差错才能"快"，否则欲速则不达。

转机莫忘转托行李

　　不管你的最终目的地是哪里，航班进入美国落地的第一站都要办理入境并提取托运行李。程序是通过移民局入境审查后入关，然后到该航班的行李转盘前提取你的托运行李。如果你需要转机，注意将行李继续托运，这里的行李员在扫描了你的行李票后，会将行李放到传送带上再过一次安检，然后送到你要转机的航班上。如果你没有将托运行李在这里转交，就要一路提着大行李过安检、去登机口，很吃力不说，还会因行李过大在登机时遇到麻烦。

　　许多美国国际机场都很大，转托完行李后，要在大厅的电子显示屏幕上，查看你要转机的航班在哪个航站楼。例如，你从北京乘坐美联航直飞到了芝加哥要继续转机飞费城。从行李转运处出门上楼梯，需乘坐机场小火车去你要转机的航站楼。所以，查清楚航班在几号航站楼的哪个登机门很重要，否则要跑很多冤枉路。在有疑虑和不清楚时，要拿着你的登机牌向机场工作人员寻求帮助。

快速通关有捷径

　　像芝加哥国际机场这样的繁忙出入境口岸，排半小时的长队等待办理入境手续是很平常的事。有捷径否？有。对于持美国护照或绿卡并常要出国旅行的华人同胞来说，不妨在你下次出国前登陆美国政府官方网站（www.globalentry.gov），申请注册登记 GlobalEntry（全球行入境卡）。网上完成登记后，通常美国移民局会约申请人携带本人护照等到当地机场的移民局办理指纹录取等手续，然后会在你的美国护照上打印上 GlobalEntry 标记。从此以后，不论你是从中国还是其它国家回到美国，都不需要在入境处排长队等待了，在飞机上也不再需要填写海关申报表了。你入境时会有专门的 GlobalEntry 入境通道引导你到一排专用电子计算机前，你只要根据屏幕上的提示扫描护照、验指纹、确认几个诸如航班号是否正确等简单问题后，计算机就会打印出一张入关单给你，通常只要两三分钟就可以在这里顺利完成入境美国。

在机场周边入住

有些从旧金山、芝加哥、底特律或纽约等国际机场入境美国的人，会转机飞往一些中小城市。因为冬天大雪、夏天雷雨、机械故障及空中管制等原因，航班晚点或被取消的事常有发生。如果是因为航空公司方面机械故障等原因造成的晚点或取消航班，航空公司会免费向乘客提供机场周边的饭店住宿。美国各大机场周围都有从希尔顿、万豪、凯悦等高档宾馆到超 8 等比较廉价的饭店供选用。它们的特点是有机场和饭店之间的免费通勤班车，可以来回接送住店客人。

高档一点的机场周边饭店还有航班显示屏幕，方便客人按时转机，跟在机场里面感觉一样。一些商务旅客为了节省时间，约好从不同的地方飞到同一个机场，然后在机场周边饭店开会。

从国内来美国出差和旅游的华人朋友其实也可充分利用机场周边饭店的便利。比如，你今天要在纽约、费城等大城市旅游观光购物，转天上午要乘飞机飞往别处或者回国，你应考虑入住机场周边饭店。这是因为纽约、费城等大城市市区的饭店动辄就得二三百美元一间标准间，去机场的出租车不但很贵而且赶上交通堵塞也是常事儿。机场附近饭店不但要便宜很多，而且赶飞机有保障。

顺便提醒一下，美国宾馆、饭店的房间里找不到拖鞋，卫生间里也找不到牙刷、牙膏、梳子和刮胡刀。你可以联系饭店前台，通常他们会将简易的牙刷和牙膏给你送过来，但不提供拖鞋。因此，需要入住美国饭店的旅客最好带上洗漱用具，不喜欢在饭店里光脚走路的要自带一双适合饭店用的软拖鞋。

　　2011 年 10 月号的《非凡旅行家》期刊用了 7 个整版版面、插发多幅彩照和旅游温馨提示，图文并茂地发表了我写的《绝密！美国希腊岛工程》游记：

绝密！美国"希腊岛工程"

图、文／（美国）谷世强

　　写此稿子时，我的电脑旁边放着一个最近去美国西弗吉尼亚州度假游带回家的大信封。信封上用大红色赫然印着这样的英文"DECLASSIFIED – Top Secret"（已经解密 – 绝密）。信封里面是一共装有六张有关美国曾经绝密了 30 多年的"希腊岛工程"的解密照片明信片。这是我们参观了"希腊岛工程"后导游发给每一个游客的纪念品。前不久，我们一家三口到著名的美国西弗吉尼亚州内的绿蔷薇温泉度假村酒店 (The Greenbrier America's Resort) 度假游览了几天。

　　上午 10 点从费城郊外家里开车出发，由 GPS 指引沿着高速公路往西南方向疾驶。虽然冬季还没有过去，但沿途美国东海岸绿色植被密集覆盖的景色依然十分宜人。山峦起伏，一处处养牛场和农庄在蓝天白云下似油画般令人心旷神怡。下午 4 点就顺利抵达了绿蔷薇温泉度假村酒店。

"绿蔷薇"，常开不败

　　在阿勒格尼山脉绿树环抱之中的绿蔷薇温泉度假村酒店的白色主体建筑和正门前的巨大圣诞树等装饰十分气派。该饭店的名气不仅在于她优越的地理位置，更在于她的辉煌历史。酒店于 1778 年对外开业，艾森豪威尔总统等很多美国政要名流都到过和住过该饭店，这对只有二百多年历史的美国来说意义自然非同小可。饭店拥有近 700 间客房和 96 座独立别墅而且价格不菲，但每逢"圣诞节"、新年和周末等仍然一房难求。

　　走进饭店，从帮助入住登记、行李员送行李入房到吃饭购物，这里的服务细致周到。设施特别齐全：室外游泳场、高尔夫球场、室外射击场、大赌场、电影院和温泉水疗美容减肥院；酒店内的活动包括越野驾车、骑马和钓鱼、打猎等应有尽有，在美国算是少见的大规模度假村式酒店。这里还常举办高水平拳击比赛、舞会和演出等，名声在外。

2011 年初，卢琳和谷峥在绿蔷薇温泉度假酒店前留影。

绝密深藏 30 年

书归正传，说说我们此行参观到的是美、苏"冷战"时期秘密兴建、在饭店地下埋藏了 30 多年美国绝密"希腊岛工程"(Project Greek Island) 地下防核堡垒 (The Bunker) 国会设施。在 1992 年 5 月 31 日被美国《华盛顿邮报杂志》头条独家曝光之前，深藏在饭店地下 30 多年连当地美国百姓都对此一无所知。在美国这样的所谓"新闻自由"的国家能掩人耳目以度假饭店扩建装修为幌子成功建造如此浩大的地下防核工程本身就不简单，建成后又能成功地对内对外保密 30 多年更是个奇迹。

据导游给我们介绍，除议长外就是当时的美国国会议员本人也都不知道这个代号为"希腊岛工程"项目的具体情况和位置，只晓得政府已经为他们秘密建成了一个可靠的地下堡垒而且交通方便，真可谓绝密又绝密。

到 1995 年 7 月，政府有关机构完成了从地下堡垒全部撤出重要仪器设施和文件等工作，这个已经被基本撤空的巨大的地下堡垒就转给了地面上的绿蔷薇温泉度假酒店管理和拥有了。现在，30 美元一人，住在度假村饭店的客人和游客每天都可以跟随导游乘坐饭店大厅普通电梯直接进入这个曾经"绝密"今天仍然神秘的巨大地下防核设施。特别是参观前饭店反复告诫，整个参观过程不许使用手机更不准拍照和录像更增添了这项旅游观光活动的神秘感和刺激性。

2011 年初，笔者和卢琳在绿蔷薇温泉度假村酒店后花园留影。

兵不厌诈，"高压危险"有玄机

我们一家三口也买票参观了"希腊岛工程"，要不是导游带领和介绍，我们还真看不出来，原来已经住了两天的饭店下面还隐藏着如此天大的秘密。乘一个不起眼的大电梯下行，出电梯是饭店的"展示大厅"看不出什么异样，大门融入其中，墙壁壁纸的颜色和花纹同整个大厅都一样。但导游打开大厅的一面假墙，映入我们眼帘的竟然是一座活动的、巨大而沉重的防核大门！更想不到的是，进入大门以后会是这样一个巨大的、可以容纳整个美国参、众两院议员和工作人员的地下防核堡垒。

堡垒的建筑和装修标准都不低，地下堡垒从通讯到医院到大餐厅和发电、供水和垃圾处理等设施一应俱全，能想到的都做到了。饭店外面也有两个入口可以直接开车抵达并进入"希腊岛工程"。饭店外面伪装得很好的防核大门让不知情人就根本看不出什么名堂，墙上钉有"高压危险"的醒目的巨大警告牌将过路人吓走的同时暗示内部人员这里便是大门入口。谁敢擅自移动这么吓人而且这样有权威性的"高压危险"警告牌呵！看来法制森严的"超级大国"的警告牌其实也是有真有假，虚虚实实"兵不厌诈"。

这样，我们了解到整个地下堡垒工程一共有三个入口，可谓"狡兔三窟"。每个入口都有 25 吨重但开启和关闭都方便可靠的防核大门，能抵挡 15 英里距离内爆炸的核武器及其冲击波和辐射。其中一个入口直通饭店附近的机场、火车站和高速公路，一旦战争爆发，华盛顿的议员和重要工作人员们只需要几个小时就可以迅速被转移到"希腊岛工程"的地下堡垒里面安全指导工作。

惊艳高科技

由艾森豪威尔总统亲自批准上马的这个美国政府战时外迁工程于 1958 年打着饭店扩建的幌子开工，于 1961 年完工，工程浩大却保密得滴水不漏。一组政府雇员以饭店无线电修理室的名义负责管理和维护此地下堡垒 30 多年连当地人都没有看出破绽。在被媒体解密前的 30 多年时间里，地下堡垒里面的所有通讯、发电、供水、垃圾处理等设施一直处于正常工作状态，随时可以启用。就连为每一位议员专门准备的药品、衣物和书籍等也是随时不断地得到更新，更不要说食物了。

从规模上看，地堡国会不但可以将所有国会议员和他们的工作人员在战争爆发时立即转入地堡继续正常运作，而且储备了足够在地下生活数月需要的药品、食品、衣物和其它生活必须品，甚至于游戏和书籍都储存好了。医院病床和牙科设备一应俱全。这里连垃圾焚烧炉都是按一千多人规模设计安装的。一共上下两层的地下堡垒可使用面积共有 11 万 2 千 5 百 44 平方英尺，分 44 个区，建有 153 个房间，设计理念和工程质量一流。这座位于山区密林深处山脚地下 720 英尺的地下"希腊岛工程"，就是有轰炸机飞临也难以找到目标。即使找到目标，核攻击也奈何不了这个巨大而坚固的地下堡垒。即使真被与世隔绝，地堡也完全可以供应里面的人生存 60 天没有问题。

地堡装有空气过滤系统，可制造 72 小时的新鲜空气，而且还有上面的饭店设施接应。

跟随导游参观地下堡垒了解到，根据美国政府的计划，若爆发核战争，国会全部 535 名参众两院议员及其助手共约 1000 人，将被立即转移到地堡里，在在这个上面有大饭店掩护的"地下国会"里面生活及维持政府正常运作。

由于工作中我们公司代理多家美国发电设备公司的中国市场业务，所以在参观地下堡垒过程中我对其发电设施特别有兴趣。我们看到的地下发电设施被安装在一个单独的区域，很像一个小发电厂。这个地下"小发电厂"一共分三层。此套设施供一千多人在地下呆 60 天不出来都行。

"冷战"时期结束了，深藏在饭店地下的"希腊岛工程"如今也对外解密了，其价值何在？导游告诉我们，除了对外开放赚点参观门票收入外，地下堡垒已经又找到了新的用武之地和生财之道。地下堡垒开了一家新公司，专门提供在地下堡垒里面为客户提供安全可靠的重要机密材料和文件的储藏空间和电子计算机设备，生意虽然刚刚开始但已经十分红火。"冷战"产物在今天的市场经济环境中又"热"起来了！

2014 年 2 月 27 日，美国《侨报》的《文学时代》版头条配发彩照发表了我写的《盐湖城之旅》游记：

盐湖城之旅

(宾州) 谷世强

一提起美国西部的盐湖城（Salt Lake City），人们就会联想到广阔的盐湖和摩门教的传奇故事。前年 5 月，趁正在伯克利加大读博的儿子谷峥实验室有一周假日，我们一家三口游黄石公园归途中拜访了慕名已久的盐湖城。

顺便说一句，我们是从旧金山附近的 Emerryville 镇火车站乘火车去盐湖城的，也算过了一把美国西部火车游的瘾。到盐湖城下了火车当然就立即租车自驾游了。我们华人知道盐湖城的不少。一是因为盐湖城是美国犹他州首府，二是这里是西部滑雪胜地，曾经举办过 2002 年冬季奥运会。当然，更多人听说过盐湖城是因为这里也是摩门教的大本营。这就好象一提梵蒂冈就想到天主教一样，人们一提盐湖城就会联想到摩门教。

2011 年 5 月，卢琳在盐湖城摩门教圣殿教堂前留影。

你也许还记得，美国总统大选时，奥巴马差一点就败给实力雄厚的竞选对手罗姆尼。罗姆尼先生何许人也？他其实是来自盐湖城的摩门教的忠实信徒，也是知名企业家、政治家和前麻省的州长。他也曾是盐湖城冬奥会组委会主席。其实，美国前驻华大使洪博培也是摩门教徒，五星级的万豪酒店也是由摩门教徒创建的。可见，摩门教确实藏龙卧虎。难怪人口不到19万人的盐湖城如此出名，整个大盐湖城地区总人口也只有100万人多一点。

盐湖城的确名不虚传，确有很大的盐湖。1847年，摩门教首领杨百翰带领一批摩门教徒被迫从美国东部艰难的西迁求生途中发现了这块可以落脚生存的宝地。当时，美国西部这块荒凉的"宝地"就坐落在大盐湖旁边，盐湖城因此得名。幸存下来的摩门教徒们视此为上帝恩典，艰苦拓荒在这里重建家园。

很快，铁路建设让盐湖城成为美国西部大开发的"十字路口"而迅速兴旺发达起来。起初，盐湖城基本上都是摩门教徒家庭。时过境迁，随着美国政治经济发展和外来移民等，盐湖城如今其实只有近一半的人口是摩门教教徒。到了盐湖城，我们来到了壮观漂亮的摩门教圣殿，也参观了这里雄伟的摩门教总部和会议中心大厦，才明白，称盐湖城为摩门教大本营真乃名不虚传。

原来，摩门教的全称其实是耶稣基督后期圣徒教会，和西方国家普遍信仰的基督教和天主教一样也是崇拜耶稣基督和信仰《圣经》的。不同的是，除了《圣经》之外，他们还信奉自己的《摩门经》。这也就是很多传统基督徒不承认摩门教其实也是信奉耶稣基督教一支的原因。

与常见的基督教和天主教不同，我们在盐湖城拜访拍照的摩门大教堂在这里并不被称为教堂，而是被称为"圣殿"。到了盐湖城，参观了圣殿广场我才明白，其实一些书刊上说的盐湖城圣殿（Salt Lake Temple）也正是我们口头常说的盐湖城摩门大教堂。不管它叫什么，这建筑的确是非常地雄伟、壮观。它是全世界130多个摩门教"圣殿"教堂中规模最大、最为知名也最为辉煌的。至今，也只有经过允许的摩门教徒才能进入圣殿，我们游客只能从外面观看和拍照。所以，摩门教对于我而言仍然是高深莫测的。

不但"圣殿"雄伟，外面盛开的鲜花和圣殿后院的以前从未见过的树木也非常有宗教气息，美丽而又神秘。据说，教堂只对被允许的摩门教徒开放，礼拜天也一样。

圣殿广场建有南北两个很大的访客中心，每天对外免费开放。我就没有见过这么大的访客接待中心，楼上还有一个很大的《圣经》和摩门教故事壁画展览，很多游客都在那尊白色的耶稣基督雕像前摄影留念。在这里，两人一组手持《圣经》的摩门教徒会不断过来热情地与我们和其它游客打招呼。这些都是来自世界各地的摩门教徒义工，其中还有一人也是华人，用中文问我们从哪里来。如果你愿意或者有需要，他们会免费为你做导游。当然，目的可能是为了传教。

尽管如此，这些热情的摩门教徒志愿者的"敬业精神"和主动积极传教意识还是给我们留下颇深印象。

"圣殿"马路对面就是非常出名的摩门教会议中心。我看其建筑规模之宏伟真可以与纽约联合国大厦会议中心媲美，但周围景色更胜一筹。会议中心主席台上巨大的管风琴十分抢眼。每年两次的全球摩门教大会就在这里举行。

有意思的是，我们一家刚步入会议中心大厅，立即就有一位慈眉善目、胸前佩戴"义工"标志的白人老太太迎上前来欢迎我们。她简单介绍完自己和会议中心后就当起了我们的"导游"，以非常标准的英文介绍会议中心建筑，介绍相关历史，介绍墙壁上历届摩门教会长的大幅油画，介绍每年年会的人数和盛况，当然也介绍她自己，的确与众不同。在热情的免费导游过程中她当然也不忘随时传播介绍摩门教，努力让游客对摩门教和圣殿留下美好印象。

说到会议中心和它那巨大的管风琴，就不能不顺便说说摩门教会的唱诗班（Mormon Tabernacle Choir）。这个唱诗班可不简，非常有名。唱诗班虽然隶属于摩门教，但却完全独立运作，有点象是一个专门的演出团体。唱诗班的360名成员全部是摩门教会的志愿者。别看是没有报酬的义工性质工作，想加入也并非易事。首先，成员必须是25岁以上的摩门教徒，并同意在唱诗班服务20年后或者年满60岁时就要"退休"让位。这个唱诗班是1847年8月摩门教徒西迁在盐湖城安家仅一个月后就成立的，对教徒坚定信心和鼓舞士气发挥了不可替代的作用。随着唱诗班规模逐渐扩大，名声也越来越大。除了摩门教会活动离不开唱诗班外，就是里根、尼克松和小布什的总统就职典礼上也曾经邀请唱诗班演唱，其影响和受欢迎程度可见一斑。

谷峥和卢琳在品尝盐湖城大盐滩的咸味。

《圣经》中多次提到盐，并说基督徒"你们是世上的盐"。看来上帝也喜欢盐的洁白、调味、医治和防腐特性。也许冥冥中这就是为什么西迁途中虔诚的摩门教徒会找到盐湖城并在这里重建家园的。

盐湖城是真有盐湖还是跟"狮城"似的就是个名字？我们从在盐湖城市里的饭店驱车出发，顺着80号高速公路往西疾驶两小时，就来到了一望无际的、被称为地球上最古怪神奇之地的博纳维尔大盐滩（Bonneville Salt Flats）。放眼望去，眼前是一望无际的大盐滩，真有点白雪皑皑的景象。

大盐滩地面天然地坚硬平坦，让人感觉是上帝送给地球的盐取之不尽用之不竭。我们兴奋地俯身从大盐滩上随手搬起巨大的盐块儿摄影留念。这里成为旅游景点并非只是因为盐多。这一望无际平坦无垠的大盐滩也是世界上唯一的极速汽车赛的场地。至今，博纳维尔极速汽车大赛已经举办60届了。很多汽车、卡车和摩托车的最高车速都是在这片天然的盐滩大赛场实现的。每年的8月和9月份，你可以到盐湖城的博纳维尔大盐滩来看极速汽车大赛，过一把在大盐滩上欣赏极限速度的瘾，保证刺激。

盐湖城距离黄石公园很近。我们从黄石公园回来游览盐湖城那天正好是个5月末的周二，不是圣殿礼拜的日子，相对来说人比较少。那天，阳光灿烂，雪山下的盐湖城景色宜人，汽车特别好开。盐湖城摩门教的圣殿广场占地10英亩，说它是世界上最大的摩门教圣殿真名不虚传，十分值得一游。

除了圣殿广场，盐湖城表现摩门教历史故事的景点不少。其中，我们驱车前往游览的"就是这个地方"主题名胜园雕塑群也很好看。这里是推着手推车、赶着大马车的早期摩门教徒从美国东部战胜千辛万苦长途跋涉抵达盐湖城的第一个落脚点。他们的先知杨百翰看准了这个上帝赐给他们的宝地，说，"就是这个地方"。从此，从美国东部迁徙而来的第一批摩门教徒就在盐湖城安营扎寨定居下来了。

主题公园里仍然可以看到当年的大篷车、水井和简易住房，记载着西迁的艰辛和上帝的带领。雪山环抱下的主题公园里雕塑群很有特点，大自然与宗教艺术美浑然一体，是来盐湖城的游客一定要来看看的好景点。到了盐湖城，你就到了有圣殿也有盐的宝地了！

　　2015 年 1 月 11 日，周日版美国《世界日报》的《生活周报》专版头条配发多幅配文彩照、用半个多版发表了我写的《俄亥俄克利夫兰 – 摇滚之都》游记：

俄亥俄克利夫兰 – 摇滚之都

文、图：谷世强

　　大多数人都知道美国的汽车城是底特律，赌城是拉斯维加斯。美国的"摇滚之都"又在哪里呢？说到美国人痴迷的摇滚，你可能会立即想到纽约、洛杉矶、旧金山和芝加哥等时髦名城，但它们还真都没有这个桂冠。美国的"摇滚之城"正是伊利湖畔的克利夫兰 (Cleveland)。

　　1984 年兴建的摇滚名人堂博物馆（Rock and Roll Hall of Fame and Museum）落户在克利夫兰，也因为早在 50 年代初，克利夫兰的广播电台就率先开始播放后来被人们称之为"摇滚乐"的这类音乐，再加上克利夫兰全市人的签名力争，"摇滚之都"这顶桂冠还真是落到了克利夫兰市头上。

美籍华人建筑设计大师贝聿铭先生设计的摇滚名人堂博物馆。

　　克利夫兰人对摇滚名人堂博物馆引以为豪，博物馆没有建在市中心，而是在距离市中心也不远的伊利湖畔。这座 1984 年兴建的博物馆建筑是由美籍华人著名建筑师贝聿铭先生设计的佳作，是克利夫兰地标建筑性建筑之一。

　　据说，为了设计好摇滚名人堂博物馆，贝聿铭先生当年可是没有少看摇滚乐演出。他听明白也看明白了摇滚的能量，让他设计的这个摇滚名人堂博物馆成为摇滚乐能量的建筑艺术和声。白天看摇滚名人堂博物馆，整个建筑象是伊利湖畔蓄势待发的一条巨大的白色帆船。晚上看，则象是镶嵌在伊利湖里的一颗璀璨的金字塔型大钻石，能量永恒。

笔者在名人堂付费拍摄的摇滚杂志"封面照"。

　　走进摇滚名人堂，从一楼大厅往二楼望去，首先映入眼帘的是一个悬挂在半空中的一只巨大的"热狗"模型，十分逼真搞笑。购票时摄影师给我拍了两张手持吉他的照片，看上去还真有点像"名人堂"的摇滚歌手。摇滚名人堂博物馆除了感恩节和圣诞节以外，每周七天开放。从外面看还以为这博物馆不大，在博物馆里面才能感到建筑设计的独具匠心，展出和各种活动面积其实都很大。介绍说仅室内展厅建筑面积就有 5 万 5000 多平方英尺，随着每年评选的新名人被选入展出，名人堂博物馆的展出内容也是在逐年扩大。

我还真是从来没有这样零距离地接触过摇滚乐，更没有见过这么多的摇滚巨星，从猫王到 60 年代风靡西方的英国甲壳虫四人摇滚乐队，再到滚石乐队，U2 乐队和迈克杰克逊等用过的吉他、西洋鼓和他们当年穿过的各种演出服饰，以及老唱片和巨幅演出广告等这里都有展出。

在一个长长的展台前，除了用文字和照片等详细介绍入选的摇滚名人外，每个名人前面还都有一个高保真耳机，游客可以随意点播这个摇滚名人演唱过的摇滚乐。很多游客都在猫王等他们爱戴的摇滚巨星的巨幅画像前和关于他们的吉他等展品前摄影留念。

在还没有数码音像视频技术的 50，60 和 70 年代，无线电广播让摇滚乐传遍了千家万户，广播电台也成就了大批的摇滚歌手。如同现代数码技术无情地让柯达和富士的彩色胶卷行业与用胶卷的照相机一起走进坟墓一样，二层展区有一个十多分钟的录像片展详细介绍了现代视频技术当年是如何让靠广播电台成名的摇滚明星一夜间没了市场，丢了饭碗。在这里我深深感触到，文化离不开技术的传播手段，而新技术又常常让文化望而生畏，并毫不留情改变了文化发展的轨迹。

摇滚名人堂博物馆的三层、四层和五层还有诸如摇滚名人每年是如何选举出来的以及不断更换的特别专项展出活动等。一年一度的美国摇滚名人堂博物馆入选人评选活动始于 1 9 8 6 年，目的在于永久表彰那些对摇滚乐发展产生过重大影响的艺术家。要想能够入选摇滚名人堂可是不容易，除了其他条件外，入选人被提名的时间必须距离该乐手首张专辑发行 25 年以上才行。此外，这个乐手或者摇滚乐队要确实公认为推动摇滚乐发展做出了杰出贡献。入选者由摇滚名人堂基金会提名委员会组织的业内人士投票产生，非常具有权威性。

摇滚名人堂博物馆一进门前厅装饰。

2013 年 5 月 1 日，美国《侨报》的《文学时代》版头条以近一个整版篇幅配发照片，发表了我写的《穿越死亡谷》游记：

穿越死亡谷

（宾州）谷世强

据说，美国死亡谷是世界五大危险奇景之一；其地貌景观千变万化但夏天能把人热死、干死；它不但是美国最大的国家公园也是最"野"和最"险"的旅游探险胜地。

我们听过很多关于死亡谷的故事传说，但到美国这么多年了却从来没有涉足过死亡谷。夏天，这里是世界最热之地。所以，据说冬季才是游览死亡谷国家公园的黄金季节。于是，去年冬天，我、太太、和儿子就按照太太的计划，从加州奥克兰市机场的 Hertz 租车公司租了一辆四轮驱动的"福特"牌 SUV 越野车，带足了水甚至带上了应急的口哨和 LED 手电，后备箱里还带了一塑料桶汽油，我们一路往东开车直奔死亡谷国家公园而去。

笔者与儿子谷峥在死亡谷公园沙漠合影。

　　我们口头常说的加州死亡谷国家公园其实是位于加州与内华达州相毗连的群山之中，主要部分是在加州东部境内。为什么这个当年也曾是美国西部牛仔做金矿梦的地方，不起个"大黄金谷"之类的好名字却叫死亡谷呢？这里还有一个至今广为流传的故事呢。

　　据说，1849 年，一队移民经长途跋涉后幸存的少数生还者，在这个荒芜的土地上与极端恶劣的环境和死亡搏斗了 80 天而终于获救。成功穿越山谷的少数人在离开此地时伤心地说了句"Goodbye Death Valley"（再见吧，死亡之谷）。没想到，Death Valley（死亡谷）便由此得名而且越来越出名。

　　1994 年 10 月 31 日，美国政府将这里正式定名为死亡谷国家公园（Death Valley National Park）并对外开放，这里曾经热闹过一时的挖金和采矿业依法全被停业关闭了。在开通了 190 号高速公路、建设起加油站、宾馆饭店以及游客服务中心等设施时，死亡谷很多原始野味得以原汁原味地保存至今，死亡谷真是太大太大了！我们这次在死亡谷不但看到很多美国游客，而且遇到了从荷兰、德国、法国、俄罗斯和韩国、日本来的游客，在饭店和景点碰到的说汉语的华人游客就更多了。圣诞、新年假期的死亡谷，真火！

　　从地图上看，从旧金山往东开车去死亡谷并不很远，还可以顺路游览风景独好的优胜美地国家公园。问题是冬季横穿优胜美地国家公园的高速公路因为冰雪危险关闭。我们开车绕行穿过冰天雪地的 US-50 号和 US-395 号高速公路本身就蛮惊险刺激。弯曲的山路雪道和我们以前从未体验过的"白毛风"，让我们先来了一次进入死亡谷之前的山路小心驾车演习。

　　死亡谷太大了，没有门，也没有人卖门票。原来，游览死亡谷国家公园还是应该买门票的。或是看到自动售票机时自觉买票，或是到公园里面拜访游客服务中心时买门票并将"门票"贴在自己汽车前窗上。门票按车计算，20 美元一辆车，一周之内随便进出。

话说死亡谷之"奇"

　　美国大多数国家公园都很大，都可以自驾车在里面游览。与我们到访过的大峡谷和黄石公园等知名国家公园不同，死亡谷太大了。英文简介说死亡谷面积为 340 万英亩。换个说法就是长 225 公里（天津到北京才 110 公里）、宽从 6 至 26 公里不等，面积相当于两个半东部的德拉瓦州大。死亡谷绝大部分都在加州境内，但山谷也伸出一个小三角"入侵"了荒凉的内华达州。所以，死亡谷其实距离赌城拉斯维加斯最近。

　　如今，科学观测已经证明，死亡谷其实是世界最热之地。夏天时，这里是真正的"火焰山"，曾有过连续六个多星期气温持续超过 40°C 的纪录，极限温度可达 56.7°C，热！

死亡谷本来就干旱少雨，有个名为"恶水"（Badwater）的湖还咸得吓人。我们看到标牌，恶水这里的地势低于海平面 282 英尺，是西半球最低点。

别看死亡谷这地方不适合人类居住生活，但这高山峡谷、荒凉之地却是野生动物的天堂，有包括雄鹰在内 300 多种鸟类和包括响尾蛇在内 20 多种蛇类以及蜥蜴和野驴等。

我们在死亡谷国家公园里面的饭店住了四夜，也没有将所有重要景观景点跑完看完。在这里，竟有叫为"艺术家调色板"（Artist's Palette）的山景。可能是山体矿物质的理化作用吧，山体五颜六色，更随着上午下午和阳光光线照耀角度的不同，像艺术家的调色板一样变化万千，真奇了！开车在死亡谷里面奔驰，这里也还有一条知名的"艺术家之路"（Artist's Drive），山景似霓虹灯般变化夺目，好像是上天专门为艺术家的灵感打造的。

从公园的高速路下来，开了 20 多英里的石子土路，我们到了"跑道干湖"（Racetrack Paya）景点。至今令人惊奇不解的是，这里的石块可以逐块在干湖地面上自己移动形成轨迹，因此被称为跑道干湖。科学家仍然在观察研究这个令人称奇但又费解的自然现象之谜。

停下车，放眼望去，山前金黄干裂、彷佛平静湖面的辽阔平原中央凸起一座巨石小岛，让人感觉是到了海滨。就在这片奇景不远处的山上，一个巨大无比的陨石坑大得吓人，从不同的角度看下去，景色和颜色都是那样的庄重、壮观无比。

在死亡谷里面开车驰骋，很有千姿百态的新奇感觉。这里有像玉米一样成片的耐干旱西部植物，但与仙人掌之类又很不一样。这里有顽强地长在岩石缝隙上面的巨大仙人球，浑身是刺，生命力极强。死亡谷里面又套着很多山体、峡谷、盐湖和颜色形态各异的岩石、岩层。穿行其间就象是地质学家，又象是考古学家，也象是旅行家，很新鲜很神奇的感觉。

死亡谷里面还有一片像小撒哈拉似的沙漠，在阳光照耀下金光闪闪，前面居然还有两棵就象是天然树雕似的干枯的老树，引来不少游客留影。沙漠、枯树加上似乎不远处的雪山背景，这照片景色，奇了。

在死亡谷我们所住饭店的旁边，就是一个规模不小的国家公园游客服务中心。里面展出了死亡谷的地形景点沙盘和公园里面的野生动物等。我记下了这里墙上写的一个名人的一句名言："How could rocks and sand and silence makes us afraid and yet be so wonderful?"。意思是说，死亡谷的这些沙石及寂静让我们敬畏但又如此这般的奇妙。

死亡之谷的巨石、沙漠、怪山、奇树都是大自然献给人类最壮观震撼的奇观。大自然的美才是真美。

2012 年底，卢琳和谷峰在死亡谷国家公园一览众山小。

无限风光在险峰

死亡谷的很多名胜奇观景点，不是在崎岖山路之巅，就是在石子路转来转去的半山腰处。来死亡谷旅游的基本上都是自驾车游一族，而且很多都开 SUV 越野车或者吉普车。

我们提前预定入住的 Furnace Creek Ranch 度假村饭店位于死亡谷国家公园的中央位置。四夜五天，我们从西到东、从南到北，汽车在公园里面纵横行驶了起码上千公里，到访了不少知名景点，感觉"无限风光在险峰"这话还真靠谱。

记不清多少次了，我们顺着弯曲狭窄的崎岖山路往上开，在很多地段想掉头也不行，路太狭窄了，下面就是深渊，只能咬牙小心往上开，一直到山顶的小停车场才能掉头。还记得我们登上死亡谷知名的 Aguereberry Point 峰就是这样的。

这是一条要开很长一段时间才能登上顶峰的石子山路，路边也没有护栏或者树木保护，也许对于常开山路、险路的熟手没什么，而我可是手心真出汗了。现在都有点后怕，要是傍晚时分汽车在山路上抛锚或没有油了，这里手机又没有信号，那就只好等着碰到其它游客的车带信儿给公园的警察前来救援了。险是有点险，但刺激值得。几乎每个开车不容易到的景点都有这样的特色，那开阔豪迈的景色和原始野味只有在死亡谷的山顶才能心旷神怡地体会到。"会当临绝顶，一览众山小"，那视野、那感觉、那风光景色，真好。

记得当时我们在 Aguereberry Point 峰顶端，周围一个人都没有，我们就面向远处的山谷高声尽情地大声呼唤！我们围绕着山巅的四面八方好一通拍照，心胸豁然开朗。无比的灿烂的晨光洒满山谷，蓝天白云离我们近极了，我们感觉彷佛是登上了珠穆朗玛峰！我要大声地赞叹：山路崎岖死亡谷，无限风光在险峰。

笔者全家在死亡谷国家公园欣赏夕阳无限好。

死亡谷国家公园的斯考特古堡别墅建筑一角。

死亡谷深处的豪华古堡别墅

我们很多华人，都或是自驾车或是随华人美国西部游旅游团，到过从洛杉矶去旧金山途中俯瞰太平洋奢华漂亮非凡的赫氏古堡。那太平洋之滨高高山顶上宫殿般的欧式建筑和设计独特的室内外游游泳池，那从世界各地搜罗来的价值连城的古董艺术珍品，那令人流连忘返的欧式花园，那可以望穿太平洋的高高在上的古堡位置，令每一位到访过赫氏古堡的游客叹为观止。

但要说在这加州东部干旱少雨、夏季世界最热的死亡谷也有一座豪华古堡别墅，真让人将信将疑。如果你没有亲眼看过死亡谷知名的 Scotty's Castle（斯考特古堡），你绝对无法想象会有富豪在 1920 年代投资两三百万美元在这荒无人烟的死亡谷里面建起这样一座古堡。

圣诞节早上，我们冒险到访 Aguereberry Point 峰后，顺石子路下山，觉得车好开多了。中途在公园 Stovepipe Wells（烟筒井）的饭馆午餐，并在这里的加油站将车再次加满油后，我们先是顺路看了地理地质地貌景观非常奇特的 Mosaic Canyon（马赛克峡谷）。这峡谷，走进去以后真有点越走越深邃莫测、走不到头的感觉。两侧的山体这一段有如黄玉石般光滑好看，下一段又象是树木的纹理，再下一段又好像是四面埋伏的古战场，拐个弯又感觉象是海滨巨浪冲刷的岩石。整个马赛克峡谷竟然有两英里多长，夏天在阳光和高温下是很难走过去的。游罢马赛克峡谷，我们又开车直奔知名的斯考特古堡别墅。

斯考特古堡别墅前面有一片漂亮的棕榈树和高大的热带耐干旱植物。古堡保护良好，黄墙红瓦屋顶，十分漂亮！这座据说是西班牙建筑风格的古堡背后，可以看到不远的山顶上雪白的积雪，景色的确奇特。周围要是再有条河、有座湖、有个小瀑布什么的就更好看了，但可惜死亡谷最缺的就是水。

斯考特古堡别墅前有一处大停车场，可见当年这里也曾经有辉煌，现如今慕名前来参观的人也不少。停车场傍边有一挺大的室内售票处和游客服务中心，里面也有古堡别墅的介绍。古堡外面的配房里面陈列着五辆 1920 年代的老汽车，默默地向游客们证明着古堡主人当年的富有。

下午 4 点整，一位身穿黄色呢子大衣、头戴二三十年代礼帽的白人女讲解员带着游客进古堡参观。这位年轻的女解说员也许做这项工作很久了，对古堡历史故事非常熟悉，讲解时，她手舞足蹈如同演员一般，十分幽默动人。或许因为死亡谷夏天太热，古堡里面采光非常不足，给人一种阴乎乎的感觉。不过，它本身就是一个传奇故事。

女讲解员眉飞色舞地说，这座建于 1920 年代的古堡主要投资人是芝加哥的大富翁强森先生，但为何以"斯考特"闻名于世呢？她介绍了富豪强森以及强森的最好朋友、冒险家斯考特。这个能言善辩的考特凭借发现死亡谷藏金矿到处游说集资，竟打动了他的好友富豪强森。女讲解员也讲了奇热干旱的死亡谷鬼使神差地让疾病缠身的富豪强森感觉到身体越来越健康，真是奇迹。不过，直到最后，强森在死亡谷也没有看到斯考特吹嘘的金矿，但身体越来越好的强森还是不断投钱给斯考特，最后竟将这座西班牙建筑风格的大古堡干脆命名为"斯考特古堡别墅"。

古堡的主人强森有康乃尔大学教育背景，精通工程技术。所以，从古堡厨房的冰箱到古堡会客厅的电子钢琴，也都见证着 1920 年代死亡谷演绎着的人类文明最早期、最先进和最有独创精神的电子技术。

想想吧，1920 年代这里的大冰箱已经在冷藏食品了。更奇的是，在会客厅，女讲解员给电子钢琴装上一盘当年强森自己编写的音乐程序，我们立即看到，随着优美音乐的起伏，客厅的百叶窗帘不断地开合、让室外的景色时隐时现，就是在今天的信息时代看来也是够神奇的。

古堡的外面是一座巨大的但没有完工的室外游泳池，这也是古堡主人设计的。这座建于死亡谷的游泳池水泥工程已都完成，但是随着当年美国的股市崩盘和古堡主人强森个人财富的蒸发，这座大概是死亡谷里面唯一的游泳池从来没能蓄水游泳就寿终正寝了。历史有时就是这样与穷人开玩笑、更与富豪过不去。

参观斯考特古堡别墅的门票价格是成人 15 美元一人。如果你还想参观古堡的地下室工程，还要另外买票。虽然斯考特古堡别墅的离奇故事和坐落于死亡谷深处的地理位置令人难以置信，但我个人还是比较喜欢看加州西海岸眺望太平洋的赫氏古堡，看着痛快淋漓。

我们在死亡谷里面游览了五天。最后按照日程在 2013 年新年到来之前，挥手告别了这自然景色奇特的死亡谷，越野车往东开出了没有大门的死亡谷国家公园，直奔内华达境内的赌城拉斯维加斯。想想我们是从西面进入死亡谷国家公园的，我完全可以自豪地宣称，我们安全胜利地穿越了"死亡谷"！

2014 年 10 月 19 日，全北美发行的美国《世界日报》周日《生活周报》
版配发三幅彩照用近一个整版发表了我写的《纽约哈德逊河枫景如画》游记：

纽约哈德逊河枫景如画

文：谷世强　图：卢琳

　　到过纽约很多次，说实话，以前还真是没有特别留意过哈德逊河。前不久，
从费城郊外开车出发，趁着纽约州赏枫季节，一路北上畅游了纽约州哈德逊河
沿途层林尽染漫山红遍秋日风光。

　　宽阔的哈德逊河自北向南不但流经美国第一大都市纽约而且也流过纽约州
首府奥尔巴尼市，全长 507 公里，是纽约州最最著名的大河。如果你打开一张
纽约市地图的话，可以清楚地看到流经曼哈顿的哈德逊河之宽阔，而且河道一
直往北的哈德逊河也形成了纽约与新泽西州的分界线。而自由女神像就在纽约
自由岛的哈德逊河南端入海口处。

2013 年 10 月，在哈德逊河赏秋时笔者借鱼拍照。

　　我们在哈德逊河西岸小镇 Newburth 的一家旅店入住。这里游人不多，不但非常幽静而且夕阳西下的河景荡漾着泛红色的美。沿着河岸既有停船码头、免费停车场，河边座椅也有多家河景餐馆。我们在河边赏景拍照时也看到了三五个退休者在码头上垂钓，其中一人钓到了一条很大的鱼。他们告诉我，哈德逊河里面见到这样的大鱼毫不稀奇。我祝贺了他们并"借鱼拍照"，不知道的还以为我也能钓到这样大的鱼呢！

西点军校附近的哈德逊河两岸层林尽染。

　　欣赏着哈德逊河畔红色的、亮黄色的、紫色的和常青树叶的五颜六色，我想，每年如果能有时间在这漫山红遍的深秋季节，在这阳光下静静的哈德逊河边赏秋垂钓几天，何其美哉！当然，要是能用我们家乡天津的红烧鱼做法烹制哈德逊河钓到的大鱼想必会更加鲜美。

　　转天早晨，我们又开车北上，来到了俯瞰河畔红叶视野辽阔的哈德逊河步行桥赏秋。脚下的这座纽约州波基普西步行桥 (Poughkeepsie Bridge in Walkway Over the Hudson State Historic Park) 那可是当今世界最长的步行桥，可以在此尽情欣赏哈德逊河一年四季的美景。

　　从步行桥上俯瞰岸边山上那已经层林尽染的茂密山林，一下子感觉视野太开阔了，色彩太斑斓了，呼吸太痛快了！步行桥不但是观赏哈德逊河及其两岸风光的好去处，而且很有历史。

　　此桥始建于 1889 年 1 月，是为了让美国东海岸最早的铁路跨过宽阔的哈德逊河，使"天堑变通途"而建的双轨铁路大桥。但伴随着美国航空和公路运输体系的高速发展，铁路运输也就辉煌不再了。1974 年 5 月波基普西大桥停止了其铁路桥功能。2008 年它被改建成为步行桥并于 2009 年开始免费向公众开放，成了纽约州一处供人们休闲观光的新景观。步行桥桥长 2060 米，桥面宽 11 米，距离水面高度 49 米。

我在步行桥中间还看到了给遛狗的游客准备的宠物饮水站 (Pet Watering Station)，想的很周到。从桥上往下看，沿着哈德逊河一边仍然在跑拉货的列车，河那边则是火车客车车站。所以，从纽约市乘火车也可以直接坐到步行桥站下车，然后上桥就可以将河两岸层林尽染漫山红遍的美景与宽阔的哈德逊河一起尽收眼底了。

欣赏完步行桥并拍照了很多哈德逊河红叶美景后，我们又来到了附近的河边公园，在这里晒太阳看大桥和欣赏游艇飕飕而过的大河风光。从这里的码头买票登船，我们乘坐小游轮在哈德逊河上泛舟两小时，尽情地从河面上欣赏了两岸山上的红叶，以及沿岸特别的建筑。从游轮上下来后我们赶往不很远处的熊山 (Bear Mountain State Park)，看红叶季节著名的熊山日落美景。

很幸运，在日落之前我们的汽车开到了熊山山顶停车场。此时，原来的乌云随风而去了，鲜红的太阳从云层里面露出了笑脸，所有的人都端起照相机和摄像机拍摄落日的辉煌。红彤彤日落时刻就好像是在摄影棚里面的景观，巨大的落日仿佛就在眼前，而又随着游客们的赞美声中一跳一跳地落到熊山背后去了。熊山秋季的落日余晖时光不长，太阳落山后天很快就开始黑下来了。

距离纽约市 100 英里远的哈里曼州立公园 (Harriman State Park) 也是我们赏红叶之旅的"重头戏"。哈里曼州立公园里面的主要道路"七湖路" (Seven Lakes Drive) 表达了该公园的湖景特色。这个州立公园真是不小，而且也是免费对游客开放。我们抵达时看到很多脚穿登山鞋的游客来这里锻炼身体长途竞走。哈里曼州立公园里面大大小小的湖泊被深秋季节的红枫树和五颜六色其它树木所环抱，阳光下红枫树在静静湖面上映出的倒影真是美轮美奂。游客在这有山有水景色之中为大自然的鬼斧神工而陶醉。我们在公园里面驱车看了一个又一个的美丽红叶湖景，拍到了不少秋游好照片。

游览了哈里曼州立公园之后我们才明白，原来此州立公园比很多美国国家公园都要大，公园面积有 4 万 1618 英亩。而且，该公园不是有七个湖，其实园中一共有 31 个大大小小的湖泊。该公园还有穿行于湖泊之间的四十几条有标记的林中步行小径，总长度超过 200 英里，供游客休闲散步赏景。

公园里面另外还有 57 条共计 100 多英里长没有标示牌的山路幽径，对于喜欢冒险和刺激的游客很有挑战性的吸引力。

2015年4月5日，周日版美国《世界日报》的《生活周报》专版配发太太卢琳拍摄的四幅彩照，用近一个整版发表了我写的《乐游维州威廉斯堡 看不到压迫的殖民地》一文：

乐游维州威廉斯堡　看不到压迫的殖民地

文：谷世强　　图：卢琳

说来也有意思，包括笔者所在的宾夕法尼亚州在内，美国有十多个州都有威廉斯堡 (Williamsburg)，但只有维吉尼亚州的威廉斯堡最为著名，地位非同寻常。维吉尼亚州的威廉斯堡还有一个美国无人不晓的旅游地名，叫做殖民地威廉斯堡。

导游在殖民地威廉斯堡的枪械弹药库给游客讲美国历史。

独立英才 在此孕育

很多美国人认为，美国的自由、平等价值观和法律框架与殖民地威廉斯堡有着千丝万缕的关系。在华盛顿率领美军打败英军赢得"独立战争"胜利并在费城建都之前，从 1699 到 1776 年，威廉斯堡曾经是维吉尼亚殖民地首府。而后，从殖民地时期的 1776 到 1780 年，威廉斯堡更成为维吉尼亚联邦首府。那时的美国版图还很小，人口也不多，维吉尼亚是当时美国绝对的政治文化中心，与波士顿和费城三足鼎立。

这座历史名城还因在此的威廉玛丽学院而著名该学院与哈佛大学前后创建，都是美国最历史悠久的大学。1693 年，殖民地政府根据英王的御批选址中央种植园创建了威廉玛丽学院，让这里首先有了高等学府。这所学院不仅走出了包括华盛顿和杰佛逊在内的 5 位美国总统，而且产生了 14 位"独立宣言"签字人，对美国历史影响深远。

殖民地威廉斯堡法庭旧址前的断头台吸引很多游客拍照。

殖民主题 身临其境

到了威廉斯堡，"殖民地"这个词就变成了这里的关键词。旅游简介和导游常用殖民地威廉斯堡 (Colonial Williamsburg) 的缩写"C. W. "做介绍。

这里最重要的旅游景区都在一条名叫"殖民地大街"的大道两边。商店里面卖的，大多是殖民地时期的士兵三角帽、单筒望远镜、酒壶以及印有威廉斯堡大字的 T 恤衫等。参观殖民地威廉斯堡的票价不便宜，打完折后成人票价也要 40 美元。

原来，这个占地 70 公顷、原样修复有数百座殖民地时期主要建筑的历史名胜，当初是靠小洛克菲勒私人投资建立基金会修建完成的，并非政府拥有的博物馆，所以票价不菲。访客中心规模很大。里面也是除了售票处外也有介绍短片放映厅，纪念品商店和餐厅。有意思的是，店面很大的餐厅里，服务员都身穿殖民地时期的服装服务客人，有点身临其境感觉。

凭票我们从访客中心上了旅游大巴，直奔不远处的殖民地威廉斯堡第一个参观点总督府而去。大巴很快将我们一车游客送到了总督府门口小广场。一辆两匹马拉着的客运马车向我们方向走来，车夫身着殖民地时代服装戴着白手套引来不少游客拍照。

总督府的红砖小楼很有气派。走进总督府，最让我难以忘怀的是墙壁的装饰。一面墙壁是几十把锃亮的长枪从上往下整齐排下来，两边是上百把交叉状摆设的闪亮军刀，威武震撼。转脸再看一扇门的装饰更是震撼，门上面的大英帝国徽章上面以扇面状倒插着 18 只当时的长手柄手枪，这手枪扇面的两侧，是交叉摆开的上百把闪亮的军刀，真如两军对阵一般，寒气逼人。

畅游历史 老幼兼宜

在殖民地威廉斯堡的殖民地大道上闲逛游览，街头再现殖民地时代的精彩小话剧吸引了我们与很多游人驻足观看。两个演员一台戏，演的卖力也很精彩。在路边商店门口，三个披着红色披肩的女演员和两个身穿殖民地时代服装的男乐手在尽情演唱，满脸的喜气洋洋。就连殖民地法院门口的木制"断头台"，也成了小孩子们将自己脑袋伸进去让家长拍照的游乐"道具"。对面再现殖民地时期的打铁工厂里面，从炭火里面夹出铁钉捶打的女工，一点也看不出是被殖民者压迫的劳工，工作环境蛮可以。

整个殖民地威廉斯堡各个参观景点，更多的是反映出当年英国殖民者是如何在这里逐步建立起了一整套包括分遗产以及参加选举在内的法律和社会体系，没见到任何殖民者如何压迫当地奴隶的展览，也没有见到多少百姓反抗殖民者压迫造反的展出内容。

我们在殖民地威廉斯堡里面参观了总督府、法院、打铁工厂、老邮局和老房子等，对美国建国前的殖民地时代多少有了一点概念。

原来，早在 1632 年英国殖民者就渡过大西洋来到这里定居，很快在威廉斯堡开发建立了中央种植园。当时最早的殖民地首府实际上是坐落在詹姆斯镇。直到 1676 年一场叛乱烧毁了詹姆斯镇，殖民地首府机关才迁到了附近的中央种植园所在的威廉斯堡。

整个殖民地威廉斯堡的主要建筑景点都在一条大道两边，这条长约英里的殖民地大道正好适合一整天的家庭旅游。我们看到很多美国家庭穿戴整齐在威廉斯堡街上漫步，颇有点前来缅怀过去的意思。

2019年12月29日，周日版美国《世界日报》的《生活周报》配发多幅彩照，整版篇幅发表了我写的《费城长木公园 美国园艺最高峰》游记：

费城长木公园 美国园艺最高峰

文、图 / 谷世强

历史名城费城一年四季吸引不少海内外游客，但很多游客，特别是华人旅游团，主要是看看费城著名的独立宫、自由钟、造币厂和中国城，到费城艺术博物馆、佩恩码头公园（Penn's Landing）还有常春藤学校宾夕法尼亚大学的就少很多。而我觉得费城最美、最值得一游的，却是长木公园（Longwood Gardens）。

坐落于费城西郊的长木公园，应该是美国最大的植物园之一。因为它起初是美国知名工业慈善家皮埃尔·杜邦（Pierre du Pont）的私家花园，所以也常被称为"杜邦花园"。

长木公园的美不是一年两年造就的。早在1937年，杜邦就在这里创办了占地425公顷的植物园。1954年，杜邦去世前，将他精心设计的植物园捐献给了社会。如今，这座占地1077英亩、代表美国园艺最高水准的大型私营植物园，早已经根深叶茂、享誉四海了。

橙园温室

除了历史悠长、规模宏大之外，长木公园拥有20多个室外花园，和一个名为"橙园"（Orangery）的3英亩温室，鲜花四季盛开，奇花异树和欧式风情喷泉花园更是美轮美奂。

橙园温室始建于1919年，最初是为了培植柑橘品种而建。跟我一起游过橙园的亲朋好友，都喜欢坐在橙园一进门的流水池景前，摄影留念。

橙园的确是个大花房也是一个大花坊，由金合欢通道园、山茶花园、凤梨科瀑布园、东翼花房、兰花走廊、儿童游乐园、热带雨林园和沙漠植物园等构成，还有独具东方园艺特色的盆景园。

我的父母当年来费城探亲，特别喜爱长木公园，更喜欢看橙园的热带雨林园和沙漠花园，奇花异草、热带咖啡树，美不胜收。

1994 年夏季，笔者父母游长木公园与我们在橙园温室合影。

室外花园

其实，长木公园的室外花园景观，更显出现代大型一流植物园底蕴。长木公园 20 几个室外花园各有名字，包括有大小湖花园、荷塘莲池水生植物园、玫瑰园、紫藤花园、百花园，意大利风情花园、钟楼瀑布花园、郁金香花园、橡树和针叶树园、芍药花园、草甸园、长青植物墙花园、畅想花园、新花品种栽培展示园、鸟房花园、儿童角花园和大型音乐喷泉、露天剧场等。

当然，老杜邦故居是游客最喜欢拜访的名胜之一，里面还有不少中国瓷器呢。

荷塘莲池

记得当年父母游长木公园，意犹未尽地走出橙园后，马上又被外面的荷塘莲池吸引住了。父亲酷爱荷花，但从未见过西洋植物园这等各色大睡莲、大小荷花叶与各色荷花构建成的荷塘莲池水生植物花园。有的荷塘莲池中正在盛开的荷花多，有的塘里含苞待放的多。很有点东西方文化交融美的感觉。

眼前一朵朵巨大的睡莲品种不尽相同，有直径一米多，大如一叶叶绿色圆舟状的，感觉上面乘坐一个大胖小子都可以似的。也有脸盆大小的小朵睡莲，颜色与大睡莲不同，里面和外面都有褶，十分抢眼。大睡莲垂直向上的周边有的呈紫红色，有的呈粉色，也有的还是绿色。

我父亲最喜欢荷塘中央的几叶睡莲，直径不大，却像平放在水面上的花环，藕合色的周边动人，只见一只翅膀在阳光下金灿灿的蜻蜓，飞落在一支莲蓬旁边的荷花之上，正是"小荷才露尖尖角，早有蜻蜓立上头"意境。

2018 年 7 月，卢琳与毛英、杨立和周景翠在荷塘莲池园合影。

郁金香园

如果有幸春天到长木公园一游，春日阳光下的室外郁金香园展，可谓如火如荼、令人惊艳。

难怪连唐代大诗人李白，都会有"兰陵美酒郁金香"的惊艳，难怪郁金香能成为荷兰人的国花，更难怪春日长木公园的郁金香园游人如织。

单朵的郁金香也许并不出众，成片成片开成花海的郁金香园红如火、白如雪，宛如一方姹紫嫣红的调色板，美丽动人之极。其实，不仅仅是欧美人偏爱郁金香，我们华人郁金香粉丝也许更多更痴。华人自古最爱也是一株一茎一花亭亭玉立的荷花，所以我们也称郁金香为洋荷花、旱荷花。

到访长木公园，可谓大费城、甚至更远地区很多家庭的生活亮点，长木公园年票会员和义工都很多。春夏秋季的喷泉花园音乐会、演唱会和焰火晚会，和植物园的奇花异树一样绚丽多彩，冬季的雪景和圣诞、新年植物园不一样的节日气氛，更具魅力。

除夕表演

今年的迎新年除夕夜，长木公园的室内演唱会从下午 2 点就开始，每小时一场。室外花园音乐会从下午 5 点开始一直到晚上 9 点结束，圣诞树、彩灯和音乐喷泉让植物园的除夕夜如童话世界般的美。我认为，游费城，最最不可错过的就是到最美的长木公园一游！

费城长木公园的音乐喷泉白天和夜景都赏心悦目。

2014 年 2 月 2 日，美国《世界日报》的周日《生活周报》版头条配发三幅彩照发表了我写的《费城艺术博物馆 珍品无数 大饱眼福》参观记：

费城艺术博物馆 珍品无数大饱眼福

文：谷世强　　图：卢琳

　　从纽约去华盛顿的旅游团通常中途都会游览一下美国历史名城费城。可惜的是，这些旅游团都是走马观花，看看让费城戴上美国历史名城桂冠的"自由钟"和"独立宫"后，就匆匆赶赴下一站华盛顿了。其实，根据笔者在费城生活工作已经 20 年的感受，费城艺术博物馆才是最值得一游的历史文化圣殿。

2017 年夏，笔者在费城艺术博物馆前留影。

　　费城艺术博物馆的建筑十分恢宏，其居高临下和规模巨大俯瞰整个费城的气势和景观在美国一流博物馆中也是独一无二的。从博物馆后门漂亮的凉亭往下望去，下面是一年四季奔腾不息的德拉瓦河和法尔蒙特公园。正门前的将军横刀立马包金雕塑，在阳光下真是金光四射，拍出照片特别抢眼。面积达 1.7 万平方米的费城艺术博物馆的古希腊神庙式建筑已有 200 多年历史，几乎是与美国的历史一样长。

博物馆楼上楼下共有约 20 个展厅，收藏有来自欧洲、亚洲、拉美和美国本土 22 万 7000 余件历史文物和艺术珍品。其中很多文物和艺术品都是难得一见的珍品，也包括罕见的中国文物。据说费城艺术博物馆是全美国收藏法国印象派作品最多的博物馆，馆内开放的欧洲文物艺术品涵盖了从中世纪到现代的整个历史时期。特别是各种制作非常精美的欧洲古代人盔甲和战马盔甲以及各种宝剑和兵器，真是琳琅满目叹为观止。喜爱观赏和研究古代欧洲兵器盔甲的人在这里可大饱眼福，费城艺术博物馆的欧洲古代盔甲兵器馆藏数量之多在美国各大博物馆中排名第二。

该馆收藏的来自亚洲的东方历史文物和艺术珍品也非常多，特别是一些珍贵的中国历史文物非常值得一看。

亚洲展馆中也有日本茶道和印度庙宇等原汁原味历史文物。当你走进位于博物馆二楼的中国馆时，其陈设好像让观众走进了中国文化的悠久历史。中国馆高高屋顶上面的那个巨大的、来自北京智化寺的大殿穹顶木制藻井实物，在西方博物馆中应该是独一无二的历史文物珍品。藻井中央是栩栩如生的"九龙"浮雕，常常令很多走到这里的游客驻足仰望，惊叹中国古代历史文物的博大精深和美轮美奂。有趣的是，穹顶下面摆设的中国历史文物中，还有一个很大的带轮子的景泰蓝包金狗笼子相当好看，是清朝宫廷宠物狗的狗笼子，难得一见。

2010 年夏，笔者在费城艺术博物馆后门雕塑前留影。

费城艺术博物馆虽然馆藏丰富展厅很多但十分人性化。差不多每个展厅中央都有宽大舒适的长方凳，让游客休息时也可面向四壁，尽情欣赏巨幅油画等藏品，这对老年人尤其重要。展厅外面提供了沙发和椅子以及饮水器，让参观博物馆真正成为艺术享受和休闲，而不是疲于奔命。对于喜欢现代艺术的年轻人，费城艺术博物馆是收藏美国现代艺术品最丰富的美国著名艺术博物馆。朋友，有时间来费城一游时到费城艺术博物馆一饱眼福，享受一次难忘的历史文化大餐吧！

2017 年 2 月 5 日，周日版美国《世界日报》的《世界周刊》配发多幅太太卢琳摄影的彩照，用两个整版篇幅发表了我写的《不用电也没有车：宾州阿米什人村》游记：

不用电也没有车：宾州桃源阿米什人村

文/谷世强　　图/卢琳

很多人都知道费城是美国历史名城，不但是美国联邦宪法的诞生地，宾夕法尼亚大学也是美国第一台电子计算机诞生之地。可是，就在距离费城开车不过一个多小时的郊外兰卡斯特县，却有一个阿米什人村至今过着不用电，更不用电脑手机，也不用汽车的原始生活。正是因为他们对所谓现代美国主流社会生活说"No"，说了一代又一代，宾州阿米什人村如今已然成为费城周边的著名历史文化名胜村庄了。

宾州阿米什人村规模不小，现有人口 3.5 万人，都是 18 世纪初德国移民的后裔，信仰基督教洗礼派。不久前，因为离我家也不远，我们再次陪同朋友驱车到阿米什人村观光游览。按照网站上的地址，我们第一站就到了阿米什人村访客中心，访客中心门外的免费停车场上停满了从宾州、新泽西州、纽约州、维吉尼亚州、马里兰州乃至加拿大开来的汽车，足见其名气与魅力都不小。

坚持传统：视科技为腐蚀剂

这个名为阿米什人村的访客中心，其实就是一个旅游纪念品商店，即有阿米什妇女手工编织的毯子，也有印刷精美的阿米什人村画册，关键是可以在这里买票参观阿米什人村庄展览。

看展之前，并非阿米什人的白人女导游先在一间家庭礼拜堂里做介绍，主要是讲阿米什人的来历、风俗、宗教和他们的衣食住行，很有意思。在如今枪支泛滥、同性恋到处合法和科技高度发达的美国，这里竟然生活着这样一族与美国现代生活文化格格不入的阿米什人，令人在难以置信中觉得真不可思议。

当很多国家以引进美国科技文化为"与国际接轨"目标，很多外来移民以融入美国式生活为"融入美国主流社会"时，生活在距离费城和纽约都很近的阿米什人为何至今对现代美国的几乎一切都能说"不"、依然能保持住自己独特的宗教文化传统和生活习惯呢？阿米什人村至今连简单的服装和饮食习惯都能保持住原汁原味不变，值得深思。

在兰卡斯特县的阿米什人村生活居住的阿米什人多达 3.5 万人，在北美也是最为集中的。他们多少年来在美国依然信守《圣经》中的阿米什教义，一代又一代地过着男耕女织的简单原始生活，视电力、电视和电脑等现代科技为让人贪图安逸享受的腐蚀剂，坚决抵制。他们人在美国宾州，却过着宗教气息浓厚的完全另类生活。

我问导游，难道这么多年这里的阿米什男孩、女孩就没有发生过与外族裔男女相爱的？她肯定地说，没有。仔细一想这也许是真的，阿米什人从来不直接与其它族裔接触，不上美国的公立、私立学校，不轻易上美国的医院，甚至连游客都不会直接接触，哪里有一见钟情或者私奔的机会？

为了解决阿米什人近亲结婚造成的遗传疾病问题，宾州阿米什人村的阿米什人可以与远在加拿大的阿米什人通婚，但绝对不能与其它族裔通婚。

有的中文媒体上说的宾州阿米什人的"荷兰村"其实是翻译错误。美国人称这里的阿米什人为 Dutch 其实与"荷兰人"无关，美国口语中的 Dutch 在这里是"德国人"的意思。不仅仅是宾州阿米什人是早期德国移民，从这一带到费城也是早期德国移民最喜欢落脚地方，至今仍然有德国城这个地名，只是阿米什人的宗教文化与其它德国早期移民太不相同了。

老派机器：不用电力用烧汽

阿米什人村的农田和牧场打理得真是很有欧洲色彩，如油画般漂亮。他们居住的房子也都不小，房前屋后种瓜种豆。阿米什人的家里不用微波炉、电烤炉和电视等家电，但也有看着老派设计的冰箱、打碎机乃至洗衣机，不用电，都是"烧汽"的。

当然，如农具维修焊接等其实偶尔也得用电：洗完的衣服都是自然晾干，不用烘干机。宾州的冬天跟北京、天津差不多，也是挺冷的，我们看到的阿米什人家中用的金属取暖炉也是燃气的，中间还有一个大概是气压表，比当年我们在中国时用的蜂窝煤炉子可是先进好用多了。

在美国任何一个旅游景点看到阿米什人都能立即辨认出来，阿米什男人外出一律身穿黑色西装白衬衣，头戴有点像中国草帽式样和颜色的礼帽但有一圈黑色缎带，也戴黑色礼帽，有点像犹太人。而且，男人不穿西裤，穿吊带长裤。因为他们的教义不允许在腰间系皮带。

　　阿米什男女外出大多都穿黑色皮鞋。如果你看到的阿米什男人胡须剃得很干净，那说明他还是单身。结了婚的阿米什男人必须留鬓须，但又不准在嘴唇上面留须。有人考证说，这是延续了 16 世纪欧洲军队的习俗。

　　阿米什女人跟很多费城大街上看到的需要减肥的美国妇女不同，身材都很不错，小巧玲珑，这也许得益于阿米什人简单天然的饮食和勤劳。她们外出都要穿单一颜色的传统长裙，外面套上一层白纱裙，并且戴在下颚系带的"阿米什帽"，很是大方美观。

2021 年 5 月，依然不用电的阿米什人在春耕。

宾州阿米什人农庄很有欧洲情调。

崇尚简单生活方式的阿米什女人也不允许戴首饰，认为电器和首饰都是引诱人堕落的撒旦。据介绍，女人结婚那天穿的长裙，会被一直保存到她去世时再穿上入土为安，既节省又维护婚姻的神圣。因为阿米什人恋爱结婚早，崇尚家庭生活，家家户户似乎都有六、七个孩子，没有什么计划生育。

都说阿米什人属于基督教洗礼派的后裔，人人可以说都是从小就受洗了的基督徒，但他们的信仰又与欧美的基督徒主流很不同，尽管都是信仰同一本《圣经》。费城很多小镇都能看到不少的基督教和天主教教堂，但在阿米什人村观光时，你却看不到他们的教堂，也拍不到阿米什教堂做礼拜的照片。

享有专法：村人不用上高中

原来，与其它基督教徒不同，阿米什人不去教堂做礼拜学《圣经》，而是轮流在阿米什人的家里聚会做礼拜，每两周一次。200 人左右就近形成一个轮流在家中做礼拜的小教区，那么，大约人口 3 万 5000 人的宾州阿米什人村应该会有很多组织严密的小教区，形成他们封闭而独特的阿米什人社会，家家户户以宗教为纽带相依为命，互帮互助，在美国世代繁衍生息。

有意思的是，美国这个法治国家对少数族裔和文化也常有"网开一面"的立法。比如说，美国有全民义务教育法，每个人都有在公立学校享受义务教育一直到高中毕业的权利，包括非法移民子女；而所有美国家庭也都有为全民义务教育而缴税的义务。但宾州阿米什人村认为小孩子接受八年的阿米什人学堂教育就足够了，多了无益。所以，美国为此还专门立法，让阿米什人可以依法不受全民义务教育法规的约束，不用上高中，念大学的更是基本没有。

我在参观阿米什人村的教室时一直在想，为什么阿米什人要规定本族裔的子女上学就上到八年级，大约相当于初中毕业呢？而且，阿米什人的学堂只教授德语、英语、算数和《圣经》。一想，这个学历正好适合阿米什人留在村庄务农、做木匠，供维修使用农具和家教需要。再多学，再学其它学科，都可能会导致年轻一代的阿米什人走上离经叛道之路，不再安心遵守阿米什人教义当好阿米什人的村民。

但宾州阿米什人村真的会在美国永远这样与世隔绝地生存下去吗？我就曾看到两个阿米什女孩外出时，脚穿耐克牌旅游鞋，手里也拿有傻瓜相机。某些生活方式上与时俱进的变化，也许某一天会发生质变。

这里的村民 17 岁成人受洗时，他们可以选择是正式成为阿米什人村的一员，还是离开阿米什人外出自谋生路，但基本都选择受洗留下。因为这里是他们的家，他们的教，他们的生活、爱情和希望。外面的世界再精彩刺激，但不属于与世隔绝的宾州阿米什人。

2013 年 5 月 12 日，周日版美国《世界日报》的《生活周报》专版配发彩照发表了我写的《华府间谍博物馆 欢迎探秘》一文：

华府间谍博物馆　欢迎探秘

文 / 图：谷世强

华盛顿很多国家级博物馆都免费开放，但私人拥有的国际间谍博物馆（International Spy Museum）却要花 20 美元买一张门票。不过，"间谍"听起来就新奇刺激，而该馆又与联调局 FBI 大厦相邻，因而吸引不少游客。

间谍博物馆的门票印很吓人：正面红底白字醒目地印着 SPY（间谍）一词，下面画着一个头戴黑色礼帽、身着黑色风衣的动感特工，背面写着 THANK YOU FOR SPYING ON US（感谢你前来侦探我们）。国际间谍博物馆于 2002 年 7 月开馆，在美国独一无二，并从英国、加拿大、以色列、德国等国汇集了五花八门的间谍展品。

国际间谍博物馆建筑物并不十分起眼，但馆藏丰富，布展也很讲究。展览从声像介绍什么是间谍基础知识开始，一步步将游客带入隐秘的谍报世界。第一展区名曰"间谍学校"，展出间谍武器、窃听装置、间谍照相机、特种汽车和间谍通讯手段等间谍工具。

第二展区名为"历史中的秘密历史"，展出一战、二战和冷战时期不为人知的谍报战历史真相。原来，早在一战爆发前，德国人就用信鸽微型照相机拍摄敌方阵地。这里还可以看到克格勃女特工用的致命口红武器、大衣纽扣相机、打火机和鞋跟发报机等。

展览还揭秘这样一个案例，1970 年代的冷战时期，美国曾成功在莫斯科郊外森林的一棵大树安装当时最先进的太阳能窃听和信号发送机。该机当时将截获的苏联空军基地通讯信号不断转发给美国卫星，再传给美国情报机构分析。有趣的是，隐藏在森林树木里面的美国间谍通讯装置最后还是被克格勃给发现了。

第三展区的主题是"间谍就在我们身边"，在这里可以看到二战时期德国法西斯和前苏联间谍圈在平民百姓中展开的谍报博弈，柏林成为间谍城，如今华盛顿可能是全世界间谍活动最最活跃的城市，没准参观博物馆还能遇到间谍呢。

第四展区"间谍战"展示冷战时期的谍报战，第五展区"21世纪"试图通过展品实物和声像技术，揭示后冷战时代，反击恐怖主义和网络攻击所进行的现代谍报战。

在介绍间谍历史的展区，在一个四方玻璃展柜里展出了中国古代伟大军事家孙子的画像及"孙子兵法"竹简一卷。英文的"知己知彼，百战不殆"名言吸引许多观众驻足。

华盛顿国际间谍博物馆门面像一家影院。

2012年6月30日，面向全球华人发行的《人民日报海外版》的《读者桥》版头条配发多幅照片、用多半版篇幅发表了我写的《值得一游的美国博物馆》游记：

值得一游的美国博物馆

谷世强 （寄自美国）

随着中国人生活水平的不断提高，来美国旅游、探亲或求学的越来越多了。无论来干什么，都少不了要到美国各地走走看看，然而据我所知，很多人都是跟着旅行社或者在子女生活的城市走马观花地看个皮毛。若想来个"深度游"，参观博物馆必不可少。您知道吗，只有200多年历史的美国，林林总总地拥有各类博物馆1万多座，一些著名博物馆其规模之大、馆藏之丰富是在其它国家难得一见的。比如，参观纽约的大都会艺术博物馆、美国自然历史博物馆，华盛顿的宇航博物馆、国家艺术博物馆、自然历史博物馆，波士顿科学博物馆，费城艺术博物馆，芝加哥科学与工业博物馆和旧金山亚洲艺术博物馆等，都会给您的美国之旅带来心灵震撼和艺术享受。

纽约的博物馆

我认为，到过纽约却与世界十大博物馆之一的纽约大都会艺术博物馆失之交臂，就像到过北京却没参观故宫一样的遗憾。纽约博物馆很多，我建议您起码拿出两天时间去观赏位于曼哈顿市中心的两座著名博物馆：先到第五大道82街的纽约大都会艺术博物馆(The Metropolitan Museum of Art)一揽天下艺术珍品。第二天再到79街上有100多年历史的美国自然历史博物馆(American Museum of Natural History)欣赏自然世界瑰宝奇观。

在大都会艺术博物馆，您不但可以看到几乎所有欧洲大师的油画和艺术品、美国油画、世界各地的艺术珍品，而且可以欣赏到各个朝代的中华艺术瑰宝。每次面对如此大量的中华瑰宝，我都会震撼不已，流连忘返。被称为中国早期绘画三大名作之一的五代董源所绘《溪岸图》，还有6米高、约10米宽的元代巨幅《药师经变》壁画实物就在这里展出。

　　要注意，大都会艺术博物馆每周一闭馆，周五和周六开放到晚上 9 时才关馆。

2009 年笔者陪同三哥嫂参观纽约大都会博物馆。

　　喜爱自然和带小孩子去纽约的游客，可到拥有 40 多个展厅、馆藏 3600 余万件的美国自然历史博物馆去看看。这里包含天文、矿物、人类、古生物和现代生物 5 大类别，从巨大的恐龙骨架到 31 吨重的世界最大陨石以及各种动物、昆虫化石，这里应有尽有，让人眼界大开。都过去好几年了，我至今还清楚地记得矿物馆中展出的硕大无比、美轮美奂的 563 克拉天然蓝宝石"印度之星"，真美啊！

　　博物馆剧场全景超大屏幕上演的动物生态世界画面逼真，色彩和音响极佳，让您在美的享受中学到许多知识。

费城艺术博物馆

　　费城是美国第一个首都，历史文化底蕴丰富。欣赏市容没有比费城艺术博物馆门前的小广场更好的地方了。而且，只有在这里才能拍摄到以费城迎宾大道、大喷泉、市政厅和市中心主要建筑为背景的费城游留影。

　　费城最值得游客仔细欣赏的，就要数建筑宏伟、馆藏丰富的费城艺术博物馆 (Philadelphia Museum of Art) 了。该馆有 20 个展厅，是全美国收藏法国印象派作品最多的博物馆。巨幅的欧洲油画，精美的艺术雕塑，难得一见的欧洲古代骑士作战盔甲和兵器，年代久远的东方文物和很难看懂的现代美国艺术应有尽有。特别是该馆收集的东方艺术文物珍品让人叹为观止，包括中国古寺穹顶、北齐雕像、汉代陶俑、造型各异的唐三彩、历朝书法名画以及印度神庙、日本茶道用具等，真可谓琳琅满目，丰富多彩。尤其是中国馆里那两颗明珠般大水晶球比篮球还大，晶莹剔透、美轮美奂，给我留下了极其深刻的印象。

华盛顿的博物馆

从费城开车沿 95 号高速公路南行 3 个多小时，就到美国首都华盛顿了。与其它城市不同，华盛顿的许多著名博物馆是每天免费对外开放的。

我觉得国家航空航天博物馆 (National Air and Space Museum) 属于必看之列。很多华人也称其为"宇航馆"。美国是航空航天大国，在其它国家很难看到如此规模和水平的航空航天博物馆，除了各种飞机、卫星、火箭和导弹等实物及逼真模型外，馆内还有专门的"二战"时期空战和宇宙星空知识展馆，很多展品小孩子还可以亲自动手"感觉"，真可谓寓教于乐且老少咸宜。

出了"宇航馆"，马路对面就是著名的华盛顿国家美术馆 (National Gallery of Art)，这是一座绝对的世界级艺术圣殿，与"宇航馆"一样，也是每天免费对外开放。馆内的 4 万多件藏品大多是欧洲和美国的艺术珍品，从达芬奇到伦勃朗等欧洲绘画大师的真品，到美国名画家的传世之作和欧洲雕塑等，比比皆是。

如果您有时间的话，华盛顿还有几家著名博物馆也很值得一看，包括美国历史博物馆和国家邮政博物馆等，也是免费开放。

不过，华盛顿也不是所有博物馆都免费参观。名气不小的华盛顿国际间谍博物馆 (International Spy Museum) 就须凭票入内，门票是成人 19.5 美元。但好奇心驱使，仍然挡不住这里每天游客如云。该馆位于美国联邦调查局旁边，展出 6000 余件从美国、英国和加拿大等国搜集来的间谍物品，无奇不有，不看不知道，一看吓一跳。

旧金山的博物馆、美术馆

很多中国游客是从旧金山入境美国，或从旧金山直飞北京或上海回国的。到美国西海岸名城旧金山，游客都会到金门大桥前留个影。其实，由著名美籍华裔建筑师贝聿铭先生设计的旧金山美术馆 (California Palace of the Legion of Honor) 就坐落在大桥不远处的海湾边上，这里展出 1.7 万多件都是 20 世纪的珍贵艺术作品。

旧金山因为与亚洲只相隔一个太平洋，所以这里的中国城很大，聚集很多华人和其它亚裔。位于旧金山市政府旁边的亚洲艺术博物馆 (Asian Art Museum) 不可不看。今年我和太太前去参观，对那里的中国瓷器、玉器和青铜器等留下深刻印象。该馆收藏有纵贯上下 6000 年的 1.8 万多件亚洲艺术文物珍品，其中的中国文物最为令人瞩目：包括中国最早的佛像，4000 多年前的中国瓷器，约 3000 年前的青铜器和约 6000 年前的玉器等。此外，印度、日本、朝鲜、越南、印尼和柬埔寨等亚洲国家的文物珍品也不少，可谓是古老东方文化艺术的圣殿。该馆号称是世界上收藏中国玉器最丰富的博物馆，现任馆长是美籍华人许杰先生。

顺便说一下，如果您去考察哈佛、耶鲁、康乃尔、宾大或斯坦福大学等世界名校，也别忽略了这些名校的艺术博物馆，其馆藏也相当丰富。

馆藏文物十分丰富的芝加哥艺术博物馆门前一角。

2016 年 8 月 30 日，美国《侨报》的《文学时代》版头条以几乎整版篇幅配发彩照发表了我写的《感受 Valley Forge 国家公园》一文：

感受Valley Forge 国家公园

（宾州） 谷世强

又到秋高气爽时。 当年，汉武帝刘彻在《秋风辞》中抒怀的秋景是"秋风起兮白云飞，草木黄落兮雁南归。"有诗人浪漫情结的毛泽东眼中的长沙秋景则是"看万山红遍，层林尽染，漫江碧透，百舸争流。"秋风是带有乡愁的。秋天是有成熟韵味的。秋季是浪漫多情的。秋色更是五彩斑斓的。

Valley Forge 国家历史公园的凯旋门很有历史意义。

美国 Valley Forge 国家公园距离我家开车只有十多分钟车程，说它是家门口的国家公园也不为过。春夏秋冬，我也不记得多少次我周末到公园散步锻炼过了，更记不清多少次带亲朋到此一游了。虽然一年四季的 Valley Forge 国家公园都很美，但满地落叶和枫树红了季节的 Valley Forge 国家公园，美呆了。

公园中最著名的标志性景点可以说非凯旋门莫属了。前年秋季，七弟世斌夫妇从温哥华来我家度假，我们兄弟两人坐在凯旋门前满是落叶的草坪上拍的那张照片真可谓秋色无限。脚下的落叶，远处的山坡，眼前开阔的草地，让我们这张凯旋门前哥俩好的合影特有韵味。

建在高处的这座凯旋门被周围的绿色的山谷环抱，前后视野辽阔，与在巴黎等城市里看到的凯旋门感觉很是不同。Valley Forge 国家公园之所以与美国其他国家公园地位不同，就是因为该园不但颜值不错而且历史功绩了得！这凯旋门上的英文题词说的明白：为纪念从 1777 年 12 月 19 日至 1778 年 6 月 19 日在这里战斗过的大陆军将士而建。

从 1777 年的严冬开始，华盛顿将军率领的美国大陆军，在这块费城郊外易守难攻的高地，历经冰天雪地和缺吃少穿，写就了抗击英国占领军的一段可歌可泣的美国革命和建国史诗。

秋天，Valley Forge 国家公园大片草地和树木颜色的变幻，那种只有收获季节才会有的大美，充分证明"萧瑟秋风今又是"的情景其实并非秋天的标配。秋风落叶不假，但吹散暑热的秋风也会将谷地的大片野草吹成金黄，与周围青松相映成辉。运气好的话，赶上鹿群悠然走过也是常事。Valley Forge 国家公园一带鹿很多。周末，也常能看到有母亲带着孩子在草地里放风筝的和用飞碟逗狗的，油画般祥和。

美国有 58 个国家公园，西部多，东部少。像知名的黄石公园、大峡谷、优胜美地国家公园和死亡谷等，都是在美国西部。这些著名的美国国家公园都非常大，可以开着汽车在公园里面吃住玩几天几夜没问题。美国东部特别知名的国家公园似乎不多，但 Valley Forge 国家公园因着其特殊的历史地位，全美几乎家喻户晓。如果美国也有类似中国的"红色旅游"亲历美利坚建国史的话，那 Valley Forge 国家公园会比井冈山还火。

读者可能会问，Valley Forge 国家公园的中文名称是啥？这问题还真不好回答。与大峡谷、黄石公园和优胜美地等国家公园不同，尽管就在我家附近，但我至今没见过 Valley Forge 国家公园的中文名称。虽然也有华人旅行社将 Valley Forge 国家公园译为"福吉谷国家公园"的，但认同度不高。因为 Forge 一词的意思是锻造，用中文吉祥字音译为"福吉"一点也不传神。硅谷能叫响，福吉谷就不行，可见中文翻译地名很有学问。将 Valley Forge 翻译成"锻造谷国家公园"行吗？因为费城郊外这一带锻造业早已失传，此翻译名称也无人认同。所以，干脆就叫 Valley Forge 国家公园好，网上查询也容易。

　　与游览大峡谷等西部知名的国家公园不同，Valley Forge 国家公园绝对是免费的，汽车随便进出。公园距离据说是美国最大的购物中心 King of Prussia Mall（普鲁士王购物中心）很近，开车只有十多分钟，周围高速公路四通八达。普鲁士王购物中心里面可以说是所有的名牌专卖店应有尽有，游览完 Valley Forge 国家公园后再去就近逛 mall，可以说是从美国历史名胜游一下子跨越到现代名牌购物时尚，有穿越时空的感觉。

　　就在从 Valley Forge 国家公园到普鲁士王购物中心的十几分钟车程中间，还有一家紧靠 Valley Forge 国家公园的大赌场饭店诱惑你呢！从外地前来游览 Valley Forge 国家公园，选择入住这家公园门外的赌场饭店晚上感受一下美国的赌场文化其实也不错，起码可以看看热闹了解美国的一个方面嘛。

2014 年 10 月，笔者和世斌弟在 Valley Forge 公园合影

　　Valley Forge 国家公园里面的路况很好，特别适合自驾游。汽车有汽车的柏油马路，散步、跑步和骑车、骑马者也有专门的林荫路，十分安全方便。从访客中心出来后，沿着旅游行车路标往前开车，第一站就是一处当年华盛顿的士兵们冬季宿营用周围的松树搭建的小木屋，12 个士兵上下铺一个木屋，稍不小心就碰头。

　　1777 年的严冬冰天雪地真叫一个冷啊！当时缺吃少穿的美国大陆军士兵

在这里被冻饿而死和受不了严冬开小差者无数。华盛顿将军当时也是每天都在面对着到底还能坚持多久的严峻考验。华盛顿的伟大也在于他和他的将士们挺过了这里的冰天雪地，休整训练后的大陆军终于杀出了谷地，打败了英军，赢得了美国独立战争的胜利。为此，Valley Forge 这地方后来就被美国政府依法辟为国家历史公园了。然后，这里就有了前述的为纪念美国大陆军将士们而兴建的凯旋门了。所以，要想了解美国历史，不可不看 Valley Forge 国家公园。

Valley Forge 国家公园距离费城大约 20 英里，从费城顺着 76 号高速公路过来也就半个小时车程，交通方便。春天，公园里面满眼的绿草和野花引来不少漂亮的蝴蝶展翅，一派生机勃勃。夏天，公园里面的草木茂盛，树林中有大片的阴凉引来很多人周末在此消夏野餐。冬天，大雪过后的 Valley Forge 国家公园银装素裹视野辽阔真是美不胜收。因为没有山道，雪后公园里面开车慢行观光摄影也是非常的令人赏心悦目。每次大雪之后，都有很多小孩子在距离凯旋门不远处的山坡上坐在塑料板做的"雪橇"玩具上往下滑雪，下面是大片的草地，哇，真是美极了！家长们在山坡上拍照助威，这是多好的冬季运动啊！孩子们和游客身穿的红色、黄色、紫色和蓝绿色等五光十色的防寒服让 Valley Forge 国家公园的雪景更有动感、更加妖娆。

当然，秋季是我眼中 Valley Forge 国家公园最为成熟美、最有韵味和最有色彩的的季节了。深秋时节在公园里面散步，那种天苍苍，野茫茫，远处枫树叶变黄、变红的景色迷人的很。

2020 年 11 月，谷峥在 Valley Forge 国家历史公园留影。

在只有 200 多年历史的美国，人们对于历史名胜厚爱有加。二百多年前美国第一部联邦宪法诞生地费城"独立宫"上面有个钟楼，钟楼上面那个已经开裂了的"自由钟"不但是费城最知名的"名胜古迹"而且也是美国的国宝。现在费城市中心独立广场上的这座"自由钟"被安放在有特殊安保设备的玻璃房中，外面还昼夜有安保执勤守护，每天都吸引大量游客前来参观，了解美国的历史和宪政。Valley Forge 国家公园里面经常有身穿当年美国大陆军军服的义工主动热情地给游客讲解当年的历史，讲解华盛顿将军，讲解公园内这些士兵们宿营的小木屋的来历并回答问题。

对于我们华人游客来说，这不但是学习了解美国历史的好机会而且还可以联系你的口语呢。有的国内来的亲朋就喜欢提诸如当年华盛顿将军的大陆军是如何在如此艰难困苦的条件下招募新兵的？ 是如何留住他们并且如何训练这些新兵的？义工们都会非常认真详细地回答你的问题，很有意思。赶上美国国庆"独立日"等，游客还能看到许多老兵戎装在身敲着当年的鼓、端着当年的长枪在公园里面再现当年大陆军的队形呢。公园里面很多山坡高处都能看到当年大陆军的火炮，但 Valley Forge 国家公园从来没有真正成为过美国大陆军与英军厮杀的战场。

与大峡谷和黄石公园等不同，Valley Forge 国家公园里面并没有饭店设施，饭店、餐馆和普鲁士王购物中心都在公园外面。游览 Valley Forge 国家公园有一天时间应该够了，时间紧张的话半天时间也行。反正里面可以开车，停车也特别方便，带上点矿泉水和三明治等在公园里面野餐，坐下来仔细欣赏周围景色真让人心旷神怡。

2 月雪后的费城 Valley Forge 国家历史公园美景。

　　公园里面除了有一知名的教堂以外，还能看到许多座大陆军的将军铜像，都很威风凛凛。顺着路标，汽车开到一火车站跟前，就到了当年华盛顿将军的指挥部所在地。那是一座美国东部地区典型的石头建筑小楼。1777 年的寒冬，后来成为美国总统的华盛顿将军就是在这里度过的。华盛顿的司令部当然也是 Valley Forge 国家公园的灵魂所在，慕名前来瞻仰的游客总是很多。

　　华盛顿将军的住所也是大陆军的司令部十分简朴，每天都对游客开放参观，还有讲解员，也是免费的。我多次看到美国游客看着当年华盛顿将军办公的桌椅和睡觉的小床以及地图等其它遗物肃然起敬。在"司令部"外面的草坪上矗立着华盛顿将军不戴帽子的铜像，在周围满树红叶的红枫树环抱下，手扶战刀，凝视远方，十分传神。笔者弟弟夫妇前年来访时，我们在华盛顿塑像前的红枫树下可是没少拍照。

　　书归正传。Valley Forge 国家公园在美国所有国家公园中名气很大的主因并非公园的景色，而是其独特的历史地位。你如果想知道 1777 年华盛顿将军是如何率领美国大陆军抗击英军入侵宾州腹地的；从军事和政治需要出发，华盛顿将军又是为何选择 Valley Forge 这块开阔的谷地安营扎寨的，最终英军又是如何在附近的费城溃败的，请来 Valley Forge 国家公园一游吧！

2015 年 5 月 24 日，周日版美国《世界日报》的《生活周报》头条配发多幅彩照、用半个多版发表了我写的《宾州中溪湖观万雁齐飞》：

宾州中溪湖观万雁齐飞

文：谷世强　　图：卢琳

说宾夕法尼亚州的中溪湖（Middle Creek）野生动物保护区是北美雪雁（Snow Goose）的最爱，绝不为过。每年初春，都会有十几万只北美雪雁长途迁徙中飞抵这里栖息。今年 3 月 13 日，首批 7 万 5000 北美雪雁和少量白天鹅飞抵中溪湖。3 月 16 日，更有 10 万多只北美雪雁和近 2000 只白天鹅也飞抵这里。初春的宾州依然寒气逼人，中溪湖面上的一圈结冰还没有融化但湖心已经春水荡漾。羽翼洁白漂亮的北美雪雁再次没有爽约，如期而至中溪湖。那场面，铺天盖地的雪雁从天而降，壮观得不得了！难怪当地报纸形容，当数万只北美雪雁从湖面上起飞时，你感觉好像整个湖面被升腾起来了！

2014 年 3 月，笔者岳母和卢琳的好友来宾州中溪湖观雪燕。

从墨西哥往北长途迁徙途中，北美雪雁每年清明前后都会飞抵中溪湖保护区。她们在这里修养栖息两三周，再继续飞往阿拉斯加过夏天，并在那里生儿育女繁殖后代。北美雪雁之美的确名不虚传。上天不但赐给她们一身雪一样洁白漂亮的羽毛，而且展翅飞翔时纯黑色的短羽清晰可见，纯黑纯白，结队成片在蓝天下飞翔时翩翩起舞，美轮美奂。很多观鸟和摄影爱好者都在中溪湖拍到过成千上万只北美雪雁引颈高飞的照片，那是中溪湖天穹下的一幅美丽壮观的报春画卷！

北美雪雁长途迁徙途中选择宾州中溪湖落脚栖息绝非偶然。这里 4000 英亩的湖面和 6 万 2000 英亩的农田是大批候鸟休养生息的理想之地。湖水周围是土壤特别富饶的农田，庄稼收割后的落粒等正好成为雪雁补充营养的禾场。中溪湖保护区的湖面和农田都有警示牌，不准游客进入。自从宾州政府投入巨资在 70 年代将这里成功辟为野生动物保护区后，聪明的北美雪雁就将她们的迁徙飞行路线往北偏移，正好在中溪湖落脚栖息。

从一开始只有几千只北美雪雁选择在中溪湖落脚栖息，到 1995 年，中溪湖就迎来了 5 万只北美雪雁飞抵这里。而到了 1977 年，这个数字就上升到了十几万只水平。而白天鹅也看到了中溪湖是块迁徙途中歇脚的好地方，每年也有越来越多的美丽白天鹅也是在初春时节来到中溪湖与北美雪雁在湖面上"会师"，在春天的蓝天和夕阳下共舞。看来，"栽下梧桐树，引得凤凰来"这话说得真好。宾州有如此完美的中溪湖野生动物保护区，漂亮的北美雪雁能不千里飞行来相会吗？

2017 年 2 月下旬，成千上万的北美雪雁飞抵宾州中溪湖栖息。

　　野生动物保护区在人性化方面也想得周到，尽力方便观鸟爱好者、摄影者和游客。湖边专门为观鸟游客搭建了一个很大的凉亭，可以遮风避雨也可以防日晒。凉亭中间的大木桌野餐、看书都方便。凉亭四周还装了很多木凳，老人小孩可以坐下来观鸟。不远处也有临时厕所供游客和观鸟迷使用，绿色环保。在这里的访客中心不但可以拿地图资料，还可以看宾州野生动物展览和购买纪念品。围绕着宽阔的中溪湖有十来处停车场，方便游客从不同角度观赏北美雪雁等鸟类和湖景，还有可以室外野餐的地方。

　　前来中溪湖观雪雁的人真不少。观鸟人中还有许多手拿"长枪短炮"摄像机和肩扛三脚架的摄影迷，算是专业观鸟人。夕阳西下，一群群雪雁开始从水面上不断飞往不远处的小山包上晒太阳，让摄影迷们拍到了她们成群齐飞的好照片。阳光下展翼的雪雁铺天盖地，那飘逸流畅的姿态，引亢高歌的雁叫声声，真看得我们如醉如痴。

Chapter 6

神州揽胜

2019 年 6 月 2 日，美国《侨报》的《文学时代》头条配发故宫彩照，用半个多版面发表了我写的《重游故宫》游记：

重游故宫

（宾州）谷世强

当我漫步在铺有木栈道的紫禁城城墙之上，俯瞰北京故宫金色琉璃瓦建筑群在阳光下金碧辉煌，护城河那边的北海白塔和景山万春亭近在眼前时，原来可望不可及的故宫角楼就在身旁，恍惚间我真有点不敢相信自己的双眼了。那感觉，太美太壮观了！

4 月 12 日，北京的这个春天的周五风和日丽。来美国后一晃多年没有再进过故宫了，每次到北京不是赶上周一故宫闭馆就是出差没时间。感谢故宫的提前网上购票，我 11 日下午到北京，12 日早上就妥妥地凭预约票号和护照进故宫了。因为需要中国手机验证码和手机支付，回中国前，我让在天津的外甥女帮我预购了故宫门票，包括珍宝馆和钟表馆。如今，北京故宫城墙也免费开放了，海内外游客都可以登上紫禁城城墙放眼北京城了。

记得在天津工作时我多次到访过故宫，对故宫的三大殿和御花园印象深刻。那时候的故宫不但城墙不对外开放，珍宝馆等展出的故宫馆藏珍品也十分有限，游客主要是顺着轴线往前走看看故宫建筑群而已。

这次旧地重游故宫大不一样。我不但从天安门经午门步入故宫沿着中轴线仔细游览和拍照了故宫建筑，欣赏了以前从未对外开放展出的故宫稀世珍宝和钟表字画等，还走上了紫禁城城墙看北京。为了方便不同游客的需要并帮助错峰，故宫博物院如今还推出了 2 小时、半天和一天游路线，很人性化。

虽然也有沈阳故宫、南京故宫和台北故宫等，但这些"故宫"跟号称紫禁城的北京故宫建筑群相比，都太小巫见大巫了。即使是跟法国凡尔赛宫、英国白金汉宫、俄罗斯克里姆林宫和美国白宫相比，故宫建筑群也是傲视群雄，被公认为世界五大宫之首。重游北京故宫，感觉名不虚传。

有道是一入侯门深似海。有 600 多年历史的明清两代皇宫紫禁城得有多深？也许，海外华人爱看的宫廷剧《延禧攻略》和《如懿传》等反而可以演明白。

我由南向北在故宫中轴线上往里走啊走、看啊看的，过了午门、太和门和三大殿，也过了干清宫和九龙壁，更看了不少的汉白玉雕刻以及两侧的东西六宫，最后又登上了故宫城墙并看过角楼后，从东华门走出故宫的。这北京故宫实在是太大了。

应该说，过了午门才算步入紫禁城了。第一道太和门金碧辉煌的琉璃瓦建筑乍一看象是大宫殿。太和门前的一对特别威武的大铜狮子我格外喜欢。如同男左女右，这对铸铜狮子是左雌右雄。左边的母狮前爪抓逗一只小狮，威武凶悍中不乏母性仁慈。右边的雄狮右前爪下面是一只大绣球，虎视眈眈中象征统天下。两只铜狮坐卧在精美的铸铜台面之上，下面是汉白玉白色基座，雕龙刻凤，威仪无比。这应该是我见过的最大和最具神威的铜狮子了，神态和造型令人难忘。原来，这太和门是紫禁城内最大的宫门，明朝永乐十八年建成时始称朝天门，到了清朝顺治二年才改称太和门。

拍完照，过了太和门，眼前的大宫殿就是太和殿了。太和殿前的青砖铺地小广场及其两边的建筑群的确皇家气派。我和游客们从太和殿中轴两侧的汉白玉台阶拾级而上来到殿前。我们只能从门外观看太和殿里面。从太和殿的别称金銮殿就可想象其气派到了何等程度。中国"东方三大殿"中为首的就是故宫太和殿，号称中华第一殿。其他两个是曲阜孔庙大成殿和泰山岱庙天柱殿。

站在故宫城墙上看角楼、望景山。

孔庙的大成殿我一年多前在曲阜看过，气势和建筑规模水准都比这太和殿差出两条街。毕竟，"圣人"与皇上的至高无上和穷奢极侈还是比不了的。

太和殿建筑色彩鲜明金碧辉煌。宫殿屋顶的金色琉璃瓦、殿内至高无上的金銮宝座和前面包金柱子龙飞凤舞、屋顶鬼斧神工的藻井和轩辕镜都体现着皇权的高高在上。

太和殿红墙绿瓦的中国宫殿建筑艺术大美如果是红花的话，洁白的汉白玉月台、石雕和护栏台阶就是绿叶，色彩搭配皇家气派十足，代表了中国宫殿建筑登峰造极的艺术水准。据介绍，太和殿汉白玉月台栏杆下面精雕细刻出来的大龙头不仅是为了皇权装饰，下雨天还有千龙吐水奇观和排水功能呢。每天，数码相机和手机拍摄的太和殿美景不知道让全世界多少人叹为观止，梦想有一天也能来北京一睹故宫紫禁城大美。

北京故宫的云龙石雕有栩栩如生通天之感。

与很多游客一样，我也特别欣赏太和殿月台上面的日晷、铜龟、铜鹤和铜鼎，它们不仅是皇权象征的摆设，而且件件精美绝伦。太和殿建筑瓦屋顶上面的镇瓦兽和骑凤仙人等永久琉璃瓦饰物比天安门城楼还多，很有典故讲究。太和殿内的皇帝宝座和雕龙画凤自不必说了，就是铺地的金砖也是当年苏州一带用上等好土特别烧制的，今天依然漆黑油亮。

我看太和殿也是一处爱国主义教育的好地方。从我拍摄的照片看，太和殿两边的消防用鎏金大铜缸内外鎏金全都被刮没有了，剩下的只有永不消逝的刀刀刮痕和腐朽软弱晚清政府的耻辱。这些在紫禁城里面无声哭诉百年的大铜缸和刀痕，正是1900年八国联军打入北京故宫后联军士兵用刺刀刮下鎏金时留下的罪证。

顺着中轴线往前参观，太和殿前面就是中和殿、保和殿、干清宫和养心殿还有御花园了。故宫建筑群真是规模宏大，金碧辉煌。参观故宫建筑时，几乎每个大殿的中轴线上都有有如石地毯般的刻云雕龙的巨石顺着台阶铺向上面的大殿。两边的汉白玉护栏就如同两列礼兵，历经风雨数百年华美如故。这其中最大的一块云龙石雕在保和殿的后面。巨石上面雕刻着很多龙在云间飞翔，还雕刻有大海和山峰，立体感十足。

这块200多吨重的巨石在清朝没有运输机械条件下是如何被从北京房山运进故宫里面的呢？据说是靠寒冬时一路泼水冻冰拖进故宫的，民间高人多啊！

我很幸运，这次重游故宫赶上了紫禁城城墙和角楼向游客开放了。我走完了中轴线后又乘兴登城墙，不能错过这天赐良机。蓝天白云下，我生平第一次从城墙上面俯瞰红墙内故宫建筑群，屋顶的黄色琉璃瓦成片，真是丹墙一院壮巍峨，故宫太大了！以前，每从故宫后门护城河外面仰望城墙上的角楼就感觉美轮美奂。这次顺着城墙走向角楼并不断拍照，第一次零距离看到了九梁十八柱的故宫角楼太十全十美了。

从城墙上面往下看这10米多高的紫禁城城墙和52米宽的护城河，感觉故宫无比雄伟。从城墙上面往外看，北海的白塔和景山公园的亭台楼阁的确象是故宫后花园。而且，只有在城墙上面俯瞰，大半个紫禁城才能映入眼帘，才能惊叹原来故宫的琉璃瓦不仅仅是金黄色的，绿色的琉璃瓦装饰也很多，所谓红墙绿瓦是也。即使是在明清时代，又有几个皇亲和大臣能有幸登上故宫城墙走走呢？

据介绍，毛泽东于1954年5月4天内3次登上故宫城墙，轻装简行从城墙上面看故宫并参观在午门城楼上举办的"基本建设出土文物展览"。所以，不论你选择走哪一条路线游故宫，千万不要错过了登上城墙从上往下一睹紫禁城风采的机会！

有人说台湾故宫藏品比北京故宫珍品还多还好，以至于台湾故宫的所谓"镇馆之宝"翠玉白菜和东坡肉形石成了游客必看和必拍照的国宝了。其实，当年国民党溃败时，只是匆匆忙忙将故宫内很少一部分能够放进箱子的文物装箱了，这其中又只有一部分被运到了台北，主要是陶瓷、字画、玉器、皇帝起居注册孤本，御批玉玺和诸如翠玉白菜和东坡肉形石等。

不要说北京故宫建筑群是全世界唯一的紫禁城了，故宫馆藏文物珍宝也有180万件之多，称得上"镇馆之宝"级别的稀世珍宝至少得有15万件之多，非台北故宫等所能比，《清明上河图》只是其中之一。这次重游故宫，我还误打误撞走进了石鼓馆。原来，我们中华文化里面还有石鼓文和石馒头这样的"镇国之宝"呢。

故宫珍宝馆展出的乾隆年金盖玉碗。

我一年前在台北游览过台北故宫。台北故宫虽然是典型中国大屋顶宫殿式建筑风格，小广场前面也有个牌楼，跟北京紫禁城建筑群的魂魄和气势没法比，更比不了历史。台北故宫展出的故宫珍品不少，布展和电子讲解也不错，但与北京故宫相比就不是一个数量级的博物院。

台北故宫唯一的优势就是一直在台湾弘扬着中华历史文化，其很多珍贵展品都是台湾是中国领土一部分的铁证。

每次打开我电脑中珍藏的我参观钟表馆和珍宝馆时拍摄的照片，都会为故宫的这些稀世珍宝精美绝伦叹为观止。相信钟表馆中展出的一百多座精美豪华的中外钟表如今都是绝品了，堪称此钟只有故宫有。以前，谁人见过集中在一处展出的英国、法国、瑞士和意大利的顶级机械发条钟表？人物、动物、花鸟和建筑等极尽豪华精美绝伦，除了还能报时出优美乐曲，更有按时花开、鸟鸣、水流和蝶舞等动作，设计和制作肯定都是西洋钟表的登峰造极之作。此外，钟表馆还展出了清朝时期广州和苏州给紫禁城制作进贡的中国钟表，珠光宝气，造型亭台楼阁，代表了百年前中国钟表艺术设计制作的最高水平，文物价值极高。

北京故宫 180 万件之多的馆藏文物中，被评为一级藏品的就有近万件，举世无双。而且，故宫珍藏的皇家历代文物涵盖了陶瓷、绘画、青铜器、玉石、金银、珠宝、珐琅、织绣、玉玺、牙雕、首饰、漆器、家具、文房四宝、宗教和生活器具，包罗万象，而且大多是外面难得一见的皇家珍品和孤品。布置一新的珍宝馆和钟表馆让我大饱眼福。游北京故宫，拿出两个小时时间看珍宝馆和钟表馆是非常值得的。

如今，布展一新的珍宝馆和钟表馆跟以前大不一样。在现代展馆灯光映照下，本来就是稀世珍宝的展品更加美轮美奂。镶嵌有精美红蓝绿色宝石和白色、藕荷色珠宝的精美金如意，乾隆年晶莹剔透的托白玉碗及其镶嵌着一圈绿宝石的金盖，金光闪闪又镶满宝石的金佛龛，清代鬼斧神工制作成功的银累丝提梁壶，珠光宝气美不胜收的凤冠和朝冠，白金镶嵌红宝石的精美戒指，清朝年间的玛瑙口碗和耳杯，用金银翡翠玉石珊瑚做成的一盆盆金银珠宝花卉有的还结满了翡翠紫葡萄和碧玉绿叶，还有的配有金制钟表，争奇斗艳，一盆更比一盆美。珍宝馆展出的 440 多件稀世珍品，可谓件件珍品，美不胜收，令人叹为观止。

故宫新貌除了可以网上购票和城墙开放参观等外，非常醒目人性化的导游路线指引特别是很多地方都安装了座椅长凳方便游客歇脚休息等都值得点赞。

海外华人回中国旅游观光，首选旅游名胜在哪里？我的回答建议是，北京故宫紫禁城！

2014年6月15日，周日版美国《世界日报》的《世界周刊》配发八幅彩照、用三个整版发表了我写的《家乡天津美不美》一文：

家乡天津美不美

文／谷世强　　图／卢琳

回国出差，再在天津吃一次味道绝佳的天津豆腐脑、锅巴菜和煎饼果子之后乘车去北京机场飞回美国，一路心里胃里都舒坦。各地早点都有豆腐脑和煎饼果子，正宗天津的的确味道不一样。

老北站停业 天津发展提速

刚听说有着111年历史的天津北站从4月1日起客运业务彻底停业了，又触动了我的天津情结。也是，天津已有天津站、西站和南站三个比较现代化的高铁车站了，老北站也该到站歇歇了。我经常回国出差，感觉最近这几年天津的变化也跟高铁一样，提速了。

在我的记忆里，小时候的天津几乎就是天津北站和北站后面的天津宁园。我家距离北站和宁园只有汽车两站地。暑假我和弟弟去北京，春节前姐姐、哥哥从外地回家过年都是从北站上下车。那时我心目中的北站很大，往来的绿皮火车很美。

天津北站的确见过大世面：它是见证过孙中山先生三次到天津和著名的清代五大臣出洋考察团的火车站。我们小时候也经常到北站后面的宁园玩。也是民国时期开发建成的宁园里面有假山，湖水中央还有湖心亭可以租船自己划船过去，里面很有点民国历史的宝塔和亭台楼榭就是今天也值得一游。

以前，直辖市天津是中国北方最大的工业城市，旅游资源自然与北京等比不了。那时，除了宁园以外，天津最大的可玩公园只有"天津水上公园"莫属了。我小时候，"文革"期间，不要说偌大的天津没有一家有私家汽车的，就是计程车和"大官"才能乘坐的小轿车都难得一见。那时马路上要是过一辆"上海"牌、"伏尔加"牌乃至"红旗"牌轿车时，我们都会眼睛一亮仔细盯着看的。

天津北站旁边的宁园。

从我家所在的河北区骑车到水上公园要一个多小时。上中学时，每年"清明节"我们到水上公园后门的"烈士陵园"去扫墓。扫墓活动一结束，我们就去水上公园里面玩。那时，我们也没有见过大海更没有看过太湖、西湖，就觉得水上公园的湖面烟波浩渺实在是太宽阔了。

那时候流行的"海鸥"牌 120 照相机，一卷胶卷只能拍照 12 张照片。同学们大家凑钱买胶卷，在水上公园还真是留下了不少张记载我们在"十年浩劫"年代的青春岁月黑白照片呢，珍贵。就是今天回味起来，构成公园美景的三湖五岛和石拱桥、眺远亭等景观与南方园林很不同，很有北方园林韵味，我看仍然不失为到天津旅游欣赏北方园林的好去处。

海河"八桥十景" 桥上摩天轮

其实就是到了"文革"已经结束多年的 80 年代，除了"古文化街"以外，我能推荐的天津旅游景点仍不外乎宁园和水上公园以及去"劝业场"购物了。剩下就是郊外的蓟县盘山和清东陵景点了。弯弯曲曲的天津"母亲河"海河养育出的天津人特别喜欢吃鱼，但不像北京人那样从小就能辨别东西南北。

我上初中时就常与哥哥和同学在海河里面游泳。我们经常去游泳的"狮子林桥"旁边就是著名的望海楼教堂。建于 1773 年的望海楼是天津第一个天主教堂，建筑至今仍在，名气仍然不小。在我的记忆中，除了发生在 1870 年的著名的"火烧望海楼"事件之外，望海楼就是一座大门紧闭的神秘洋教堂。 如今，已经成为天津市重点历史风貌建筑的"望海楼"天主教堂对外开放，成为喜欢中国近代史、文化和宗教的朋友难得的好去处。"望海楼"望不到海，但海河的确就在眼前。

与我小时候游泳的海河全然不同，今天的海河两岸一座座翻新的小洋楼和新派高楼大厦以及古建筑相映成辉，有一种与中国其它大城市都不一样的有天津特色的洋味儿，很值得游览品味。

顺着海河一眼望去，金钢桥，解放桥、北安桥、大光明桥、赤峰桥等一座接着一座，造型各异。永乐桥上巨大的摩天轮据说是世界上唯一建在大桥上面的摩天轮。入夜，迎着河上的清风乘游船夜游津城，华灯齐放下的"八桥十景"加上两岸天津特有的小洋楼等美景，你可以尽情领略天津与中国其它大城市都不一样的历史风貌。

2019 年 4 月，笔者与三哥嫂和世斌弟夫妇在天津海河边合影。

"五大道"万国建筑博览馆

历史上中国的对外开放和洋务与天津息息相关，而且天津卫一直被看作是北京的门户。所以，就是上海也找不到与天津"五大道"可比的成片的洋街、洋楼。

现在，已然成为天津重要旅游景区的"五大道"其实是指重庆道、马场道、成都道、睦南道和大理道几条相邻街道。可别小看了这几条街道，它们可是承载着中国近代史的重要一页。

从天津民园你可以乘坐旅游马车在五大道且走且行且拍照地跑马一圈。你会发现，人们称天津是"万国建筑博物馆"真名不虚传。就在这几条"洋味儿"十足的街道两边，历史给天津留下了数百座英式、法式、俄式、德式、西班牙式和意式"小洋楼"，互相争奇斗艳，各领建筑艺术风骚，而且很多小洋楼都无声记载着无数历史事件与人物。

走遍中国，未见一个城市有天津"五大道"这样集中和保护良好的成片小洋楼，品味其中的历史酸甜苦辣你会对中国的过去，今天和未来有一番新的感受。

很多"小洋楼"门前都有历史保护建筑铭牌，在这些小洋楼里面住过的皇亲国戚，历史名人特别是北洋军阀等多了去了。曾经当选美国第 31 届总统的胡佛先生也曾经在马场道居住过。而著名的南开大学和南开中学创始人张伯苓先生故居就在大理道，是一座典型的英式小洋楼。

"五大道"游不但会让你看到很有特色的"疙瘩楼"外，而且可以仔细欣赏这几年名声鹊起的"瓷房子"。这"瓷房子"可不简单，仅房子外贴就用掉了数亿片的古瓷片。用图案、大小和颜色各异的古瓷瓶和瓷盘"外包"起来的瓷房子好看而且耐看。建瓷房子用掉的瓷狮子、瓷猫和瓷鸟也数以百计。所以说，想了解中国近代史和天津的发展变化，这天津"五大道"您不能不去看看。去游"五大道"，这瓷房子的别具一格您更是不能不进去仔细观赏品味。品味中您会觉得，在这洋味的"五大道"观赏到处是古瓷的"瓷房子"，其实比看美国的大古堡和欧洲的大教堂更有味道。

小白楼 意租界 独特洋味儿

除了"五大道"，像天津市中心的小白楼和河北区的"意大利风情区"都有着独特的"洋味"历史和风貌，很值得游览品味。而且，小白楼和"意大利风情区"都在海河岸边，都是欣赏海河两岸风光的好地方。

中国第一座正规宾馆饭店"利顺德"和天津最早的西餐饭馆"起士林"都坐落在小白楼。距离利顺德饭店不远处的滨江万丽酒店旁边就是一条酒吧街，人气很不错。附近的天津市政协俱乐部现在已是一家不错的四星级酒店。一百多年前，这座德租界建筑曾经是德国侨民俱乐部，典型的德式建筑。笔者在美国的公司合伙人、美国 SCI 国际市场咨询公司总裁 Tim Weckesser 博士到天津出差时很喜欢入住利顺德大饭店，因为 Weckesser 博士对中国近代史颇有研究。利顺德大饭店始建于 1863 年，那时中国还是清朝同治年间呢。饭店的英文名字起得也很"英文"：Astor Hotel。当时这里是英租界的主干道。

历史上在利顺德大饭店下榻过的名人多了，包括有孙中山、李鸿章、袁世凯、美国总统胡佛、喜剧大师卓别林、京剧大师梅兰芳、末代皇帝溥仪与婉容、蔡锷与小凤仙以及张学良和赵四小姐等等。1957 年，也就是笔者出生那年，周恩来总理来天津也曾经在利顺德大饭店接见过当时的波兰首相。毫不夸张地讲，来天津旅游，在利顺德大饭店住上两晚本身就是难得的中国近代史游体验。顺便说一句，其实利顺德大饭店的房价并不高，携程网就可以预定。饭店有海河游的码头，晚饭后从这里乘船畅游海河夜景十分爽意。

距离利顺德大饭店不远、海河对岸河北区老"意租界"内的"意大利风情区"已然成为天津"洋味儿新景观"。

3 月初我在天津出差，一晚有时间自己外出走走，就慕名来到了名气越来越大的"意大利风情区"。北方的 3 月初，春暖咋寒。一进风情区首先映入眼帘的是一家里面人气挺旺的星巴克咖啡店。我就进去要了一杯热咖啡喝。一看，满咖啡店全是年轻人，有生气，小资氛围。漫步在风情区里面还真有点"小意大利"的感觉，所有建筑都是意大利风格。除了咖啡店外，风情区里面有"意大利人餐厅"和"威尼斯酒吧"等多家西餐厅和欧式酒吧以及啤酒坊等弥漫着欧洲酒文化。

风情区里面的特色工艺品、礼品小店一家挨着一家的很有意思。要是到了夏天的夜晚，意大利风情区就更加热闹时尚了。从北京到哈尔滨，北方还真找不出一个城市有可以跟天津意大利风情区比美的西洋历史文化风情区，海河之滨的这一大片意式建筑群的确很有特色。

夏日来临，白天逛完"五大道"或古文化街或天津新近建成的文化中心，或从"劝业场"一带购物后，傍晚到"意大利风情街"的啤酒坊喝杯德国黑啤、吃点特色中西餐，然后去附近码头乘船夜游海河，饱览两岸建筑风光，用天津话讲：这吃喝玩乐都有，咱就齐活儿啦！

美食 相声 新区 老城换新颜

天津是沿海城市，河流也很丰富，海河被天津人视为"母亲河"。海河海河，这又是海又是河的注定了天津人海鲜河鲜通吃的文化。

中国北方的大城市我可以说跑遍了，没有比天津人更爱吃鱼虾蟹和更会做鱼虾蟹的了。在我还上小学、文革还没有结束时，我就跟院子里的大娘学了一句天津俗话叫做"借钱吃海货，不算不会过"。意思是说，再穷的人，就是找人借钱买鱼虾蟹吃，也不算不会过日子。看来真正的天津人太喜欢海鲜了，当年，连市场上偶尔才有的咸带鱼在天津都是抢手货。

后来，改革开放了，我大学毕业后在天津市科委从事国际业务了，更感觉到"借钱吃海货，不算不会过"这句天津俗话说得其实很有市场经济思想。

天津的饭馆不但饭菜做得好、海鲜更拿手，价格也很有优势。所以，就有北京人结婚到天津来摆宴席的，好吃又划算。乘坐高铁，现在半小时就能从北京南站抵达天津站，太方便快捷了。除了海鲜、河鲜以外，天津的"狗不理"包子，"十八街"大麻花和"耳朵眼"炸糕等都早已经是名扬海内外了。其实，就是"北京烤鸭"，也有很多人说天津"全聚德"等名店烤得更好吃。若要说哪里的早点小吃最地道，我看没有其他城市的早点豆腐脑、打鸡蛋摊的煎饼果子和喷香的油酥烧饼能比得上天津的了。像其它城市都没有听说过的天津早点小吃锅巴菜和面茶等，撒上鲜芝麻酱后那特别的美味儿，您只有去天津才能享受得到。

前些天在北京的一外企主管朋友 Leo 发邮件告我，他刚从我家乡天津出差回来，与我们 SCI 公司的业务代表一起在天津茶馆去听了一次相声，说是"好久没有笑得那么前仰后合了！"。的确，像国内著名的相声演员郭德纲、于谦、冯巩、师胜杰和马志明等都是出自天津，更不要说老相声大师马三立老先生了。很多有名的茶馆、人民公园、文化宫等每天晚上都有相声演出可看也是天津游的一大特色。要上一壶茶，坐在茶馆里面欣赏天津相声，那也是来天津旅游的一大乐事。笑一笑十年少嘛！

这几年，天津滨海新区发展特别"火"。这里有中国的"大飞机"和"大火箭"项目组装厂，有超高速计算机研发中心，也有摩托罗拉和丰田等很多外企大公司等。去看天津滨海新区的话，别忘了这里还有一个天津滨海航母主题公园呢。这"航母"主题公园在中国可能还真是独一无二，是以"基辅"号航母这一独特旅游资源为主体，集航母观光、武备展示、主题演出、会务会展、拓展训练、国防教育、娱乐休闲、影视拍摄八大板块为一体的大型军事主题公园，有时间去看看也很不错。

中国第一个豪华游轮母港码头也建设在滨海新区的海边，码头很有气派，比我到过的佛罗里达州和西雅图的豪华游轮码头规模都不小，设施也很现代化，就是邮轮游路线和航班次数还不够多。

我的家乡天津现在还真成了一座越来越有特色和吸引力的旅游城市了。

2018年3月11日，周日版美国《世界日报》的《世界周刊》配发多幅彩照，发表了我写的《东方圣城曲阜：三孔巡礼》游记：

东方圣城曲阜：三孔巡礼

文、图 / 谷世强

据《犹太圣经》：上帝给世界十分美，九分给了耶路撒冷。尽管如今也有人说上帝给了世界十分愁，九分都在耶路撒冷，冲突战祸不断，但无论如何，耶路撒冷无疑是西方世界公认的圣城。美国川普总统宣布美国承认耶路撒冷是以色列的首都，并且决定将美国大使馆迁往耶路撒冷更是让西方圣城耶路撒冷名声大振。殊不知，耶路撒冷是犹太教、基督教和伊斯兰教这三大亚伯拉罕宗教的相同圣地。

其实，中国齐鲁大地上的"小城市"曲阜早就享有"东方圣城"的美誉。而且，曲阜也不是仅仅诞生了孔子，这里也还是孟子、颜子和鲁班的故乡。大概是因为以前去曲阜的交通不很方便，孔孟之道也不是宗教，许多人都没有去过这座属于中国的"东方圣城"。进出曲阜三孔的"曲阜明故城"城楼十分雄伟，已然成为世界文化遗产中的世界三大圣城之一。

有人说，中国孔圣人创立的儒家学派是哲学，也有的说儒学其实也是宗教，称之为儒教。"废黜百家，独尊儒术"历代王朝又将孔子捧上了圣人的神坛。如此，孔圣人的家乡山东曲阜自然而然就成了中国乃至东方的圣城。

以前，即使是从天津、北京去曲阜，交通也不是很方便。纵横成网的中国高铁改变了中国的出行文化。每天都在频繁往返的京沪高铁，中间都要途径曲阜。而曲阜东站是一座很大的高铁车站，现在乘坐高铁去曲阜旅游，那真是分分钟的事，方便极了！如今，从天津乘坐早班高铁到曲阜，游完三孔后当晚乘坐高铁返回天津吃晚饭很从容。

去年9月中旬，结束了在苏州的出差，准备从北京返回美国前的周末空闲，我就乘坐高铁来到了心仪已久的曲阜，在东方圣城拜访了著名的孔庙、孔府和孔林这中国儒学圣地的"三孔"，感觉不虚此行。

晨钟暮鼓

所谓"三孔"，就是曲阜的孔庙、孔府和孔林。我是乘高铁从苏州经停南京和徐州后抵达曲阜东站的，入住非常值得推荐的东方花园儒家酒店，就在市中心。我 Check-in 时听热情的饭店前台服务员介绍说，每天晚上 5 点钟孔庙外面广场上有暮鼓关城门仪式表演，饭店距离孔庙不远。

这饭店真不小，有点迷宫的意思，但房间非常舒适干净。我放下行装，免费上网收发完邮件，就赶紧上街往孔庙方向走。出门一路都是小商店，很多都在卖曲阜特产山东煎饼和孔府家酒等。走路不到 20 分钟，就走到了孔庙广场，眼前那高高厚实的孔庙城墙让我立即感觉到它在中国历史上的非同小可。鲁国关城门仪式表演正点开始，仪式中孔庙城墙鼓楼传出的声声暮鼓真是庄严震撼，将我们游客的思绪伴随着夜幕降临带回到中国历史长河的过去。此时，垂柳成行的护城河景色真美，暮鼓仪式中播放的孔子赞歌真的十分悠扬动听。此时我也决定，明天早晨一定早点儿起床，过来观赏据说更加壮观的晨钟仪式，然后开始游三孔！

名不见经传的山东曲阜能成为东方圣城，是因为孔孟之道的儒学礼教不仅影响了中国千百年，而且对日本、韩国、越南到东南亚诸国都影响至今。你说孔子或者孔丘"老外"不懂，因为孔子或者孔丘的英文名都是 Confucius，是孔夫子的音译。可见，历史上海内外对于孔子的尊崇。中华文化历经几千年苦难而不衰，除了汉字等历史文化原因外，孔孟之道当然影响匪浅。

孔庙城门前每天的晨钟暮鼓表演很受游客欢迎。

游"三孔"从哪里开始好？我看首先应该看孔庙。每天早晨 8 点整，在孔庙广场举办的晨钟开城仪式比傍晚的暮鼓关城仪式更加隆重壮观。看完仪式，买张"三孔"游览通票 150 元人民币，走入孔庙城门。

先访孔庙

我觉得半天多时间游览完孔庙、孔府和孔林时间并不紧张。当然，我的确看得不是十分仔细，游孔林也是跟大多数游客一样乘坐游览电瓶车择重点走走看看的。我一个人闲逛没请导游，但游"三孔"时周围男女导游的妙语高论也时常不绝于耳。圣城曲阜"三孔"的旅游管理搞的很好，有证的导游都是明码实价，不赶时间的话最好还是请个导游能了解更多关于孔子的历史故事。

孔庙真够气派。首先，孔庙城墙堪比南京、西安的真城墙。厚厚的孔庙城墙正门上书四个红色大字：万仞宫墙。这可是乾隆皇帝御笔亲题啊。这城门也非同小可，名曰仰圣门。曲阜虽然是小城市，但孔庙的城墙之雄伟高大坚固，真可以与如今只能在西安和南京这样的古都才能见到的城墙和城楼相比美了。而且，有如北京的故宫紫禁城，孔庙高大坚固的城墙外面还有一道真正的护城河保护呢。

步入孔庙，迎面首先看到的是一座高大石牌坊。牌坊横眉正中上书四个红色大字，金声玉振。据旁边正在给游客讲解的导游说，这四个字源自孟子对孔子的高度评价：集大成者，金声而玉振之也。

中国四大文庙之最

游孔庙多少有点逛故宫的感觉。南京夫子庙虽然也很大，但给人的感觉不是庙，倒象是秦淮河畔伸展的步行街。孔庙的确是座庙，是"阙里至圣庙"，规模是中国四大文庙中最大。我走马看花地大致看了一遍，也花了二个多小时时间呢。

我在孔庙中漫步，感觉百年柏树特别多，凸显孔庙的非凡历史。从金、元、明朝到清朝乃至民国，孔庙被历朝历代不停地扩建，占地 14 万平米，九进的庙宇庭院里光历代碑刻就有 1000 多块。孔庙里面很多巨大的石碑都是由石乌龟驮在身上。后来才明白，这貌似乌龟的动物不叫乌龟，叫霸下，相传是龙的儿子，可以负重。孔庙里面的古建筑多了，这大成殿据说是东方三大殿之一，连四周的角楼都是仿北京故宫建的。

在大成殿外，看到不少善男信女买高香，然后手举点燃的高香无比虔诚地跪下来，面向大成殿顶礼膜拜。拜完之后，每个善男信女还都不忘给身后的红色"登科进宝"箱里面投入100、200元人民币，大概是企盼孔圣人显灵吧。还别说，在孔庙一个大殿外面，我还真是看到了所谓的龙柏了。古柏树身上真如有条盘龙一般，是天然长成的。

2017年9月，笔者在孔庙金声玉振石牌楼前留影。

孔庙里面参天古柏不少，这是一棵已经倒下的古柏。

再逛孔府

从孔庙游逛出来，走不远就到孔府了。拥有2000多年历史，占地240亩的孔府应该是中国最有历史的大宅门了。孔府收集保存的30多万件书画等文物藏品，是研究孔子儒学最为珍贵的文物。孔府里还有民国时期蒋介石赠送的美国沙发。孔府虽然还是没有北京故宫大，但却比美国白宫不知道大多少倍呢！

从孔庙到出来，在走向孔府的路上有许多卖工艺品和旅游纪念品的地摊。这里不但可以买到各种关于孔子的书画，而且，卖毛的"红宝书"语录和像章等纪念品的也很多，是很有意思的历史现象。回顾历史，中国的统治者大概没有一个像毛一样厌恶孔孟之道公开"批林批孔"的了，但这些地摊上不卖其它尊孔的帝王将相纪念品或者书画，唯独卖毛的"红宝书"和像章纪念品，说不清楚是什么历史现象。地摊中卖"手工刻字"和山石印章的不少，凸显圣城曲阜的文化底蕴。

号称天下第一府

位于孔庙东侧的孔府大宅门有房屋建筑 463 间，占地 240 亩，据说我们现在游孔府时看到的基本都是明清两代建筑。与故宫的建筑风格不同，孔府更像一个大家族的大宅门。朱门大院的孔府与其它大宅门最大的不同，是门上蓝色衬底的两个镀金大字：圣府。再往前，又见朱红色衬底的写有四个镀金大字的朱门：圣人之门。

孔府的房子虽多而且雕梁画栋，长廊曲径有点迷宫感觉，但与皇家的故宫感觉还是很不同。孔府的房子都是青砖瓦房，包括孔府的戏台和花园，都给人以贵族富豪庄园的感觉，如今号称"天下第一府"。游完了孔府我才了解，孔府是明代建筑，属于九进庭院、三路布局的豪门府第，很值得一游。孔府内至今保存良好的明清衣冠文物等也是十分珍贵。我在孔府也遇到了两批海外华人旅游团，日本旅游团也喜欢到东方圣城曲阜游"三孔"。

后游孔林

从孔府出来，我乘坐全天都可以穿梭于曲阜主要名胜间的旅游公交车去看孔林。记住，从孔府或者孔庙去看孔林走路太远了，还是乘坐旅游汽车往返好。还没进入孔林，首先要走过上书"万古长春"四个红色大字的石牌坊。然后，沿着一条笔直的石铺大道走到孔林门口。

孔林的入口也是牌楼，上书的三个金色大字"至圣林"。据旁边的导游说，孔圣人的墓之所以不称之为孔陵，是因为只有皇帝的墓地才能称为皇陵。这样，孔子墓地就用发音接近"陵"的"林"字屈尊，名曰孔林了。我在孔林总觉得这冥冥之中万事都有关联。"文革"中毛批林时又要批孔，"批林批孔"这不正好就是批孔林吗？

孔林比孔庙和孔府都大很多，"文革"中并未被大规模毁坏。多亏我进入孔林后买了电瓶观光车票乘车游览，否则，走路看孔林真够呛。历时 2000 年形成的今日孔林，占地面积有 200 多万平方米，有孔氏坟墓 10 万余座。即使是与国内最有名的碑林相比，孔林里面的石碑文物也绝对一流。从金朝到民国的历代墓碑这里竟有 4000 多块。

4000 墓碑 10 万树

最令人赞叹的是，孔林简直就是山东最大的植物园，里面历代种植的各种珍奇树木 10 万多株，有 200 年以上树龄的古柏等珍奇树木就有近万株。2000 年不断栽种的奇花异草据说也有 130 多种。

最有意思的是，诺大的孔林，你绝对看不到一只乌鸦会在林中飞，更不会看到一条蛇，有点神迹的意思。虽然民间有"三千乌鸦兵救孔子"的传说，但科学研究发现，正是孔林里面很多异树散发出来的特别气味乌鸦不喜欢，所以孔林里面没有乌鸦。因为孔林里面奇花异草和中草药多，再加上游客多，所以，蛇也不来了。

圣城曲阜特产煎饼又薄又酥又脆又香，绝对不要错过。就连当地人也很喜欢的颜记石磨煎饼坊，就在孔林门外的林道路上。我在这里吃上了又酥又脆现摊的煎饼，让摊煎饼的大娘给打上两个鸡蛋，摊好的煎饼卷上新炸的曲阜徽子，再加点山东大葱抹上酱，趁热一口咬下去，那份香酥脆好吃的不得了。觉得这应该就是孔圣人推崇的"食不厌精，脍不厌细"了！

巧遇汉语和诗词才子

曲阜城市不大，我入住的东方儒家花园酒店游"三孔"和逛市区都十分方便。这家儒雅的曲阜饭店早餐特别适合我们的"中国胃"，有现炸的果子和入口酥脆的山东徽子，有刚出锅的山东煎饼，有煎蛋汤面和各种山东蒸食，从山东包子到山东新鲜大脆枣应有尽有。我最喜欢小米粥就山东咸鸭蛋。这里每天早餐供应的咸鸭蛋个个冒红油，蛋黄更是红油多的又沙又香，在美国的中国城买不到这样冒红油的咸鸭蛋。

最有意思的是，我第一天在饭店早餐就碰到了央视名人彭敏。谁是彭敏？这两年凡是看过央视董卿等主持的中国成语大赛决赛和中国诗词大赛总决赛的，应该都对两赛的冠亚军彭敏印象深刻。他汉语造诣了得，才思敏捷，妙语连珠，真是太有才了！

这位从湖南寒门走出来的文学青年偶像，个子不高，衣着依然十分朴素，他走进餐厅时我一眼就认出了这位国内的青年才俊。我走上前去跟这位只在电视里面见过面的彭敏说，我很喜欢你的妙语连珠，希望能合个影。他立即笑容满面地与我合影了好几张照片，我立即发给家人和同学了。

彭敏多才多艺，但堂堂大龄男的他，比赛中的口头禅却是"老娘拼了"！原来这彭敏作为名人是应邀前来参加曲阜的一个什么纪念孔子的研讨会的，看来孔孟之道和他们的学问还真后继有人！

2018年5月13日，周日版美国《世界日报》的《世界周刊》配发多幅彩照，发表了我写的《奉化溪口 蒋氏家乡巡礼》游记：

奉化溪口 蒋氏家乡巡礼

文、图/谷世强

也许是历史原因，到访过南京总统府、台北士林官邸和中正纪念堂的华人远远多于到过蒋介石先生故乡奉化溪口。我在狗年春节前夕，沾高铁已然通到了奉化的光，从苏州启程经过上海很快就到了浙江奉化。

一部中国近代史，无论谁写，蒋介石都是一位叱咤风云的历史人物，蒋经国先生至今也是台湾口碑最佳的总统。褒也罢，贬也罢，从大陆到台湾，蒋介石一生都在中国政治的风口浪尖上，一生都是毛泽东的难兄难弟，一生都魂牵梦萦朝思暮想他的故乡奉化溪口。

先游雪窦山拜雪窦寺

最近，我在台北拜访蒋介石的士林官邸，官邸中展出多幅蒋夫人宋美龄的中国画作，其中一幅上面有蒋介石亲笔题画十分罕见。工作人员毕恭毕敬地介绍说，蒋夫人画的就是蒋介石家乡溪口雪窦山风光。可见，即使是在蜗居台湾的日子里，蒋介石念念不忘的就是奉化溪口，就是家乡的剡溪，就是蒋氏宗祠，就是蒋母墓道，就是雪窦山的风光无限和雪窦寺的蒋家佛缘。

从奉化车站下了高铁打上计程车后，我才明白，敢情这奉化是奉化，溪口是溪口，距离真不近呢。在溪口的饭店住下，发现溪口虽然借着蒋介石的大名已然成为旅游热点，但街上计程车还不多，灯红酒绿也未见。在溪口，最方便的交通工具就是公共汽车。一元钱车票到游客集散中心，想去哪里去哪里，比自驾游更方便。

溪口不大，旅游饭店大多距离蒋氏故居很近，距离雪窦山和雪窦寺也不远。因为游雪窦山和雪窦寺需要的时间远比游蒋氏故居长，建议第一天早餐后先游雪窦山，下山后再拜访雪窦寺。第二天上午游蒋氏故居，时间从容。要根据天气情况决定是否先游雪窦山，毕竟游山玩水晴天最好。当然，中午前就到了溪口的话，下午先就近游蒋氏故居为好。

2018 年的 2 月初，整个中国都冰天雪地，宁波属地溪口也未觉暖和。按照饭店服务员推荐，从门口乘坐公车，一会儿功夫就到了"集散中心"终点站下车，沿途也顺便看了溪口镇。车站前面就是上雪窦山的汽车收费站，牌楼式建筑很气派。上书三个镀金大字：雪窦山。下面还有 "中国佛教五大名山"八个字，也是字字镀金。下面更是悬挂着四个大红灯笼衬托，青山环抱，气度不凡。

我以为这就是上雪窦山的正门呢，走过去一问，游雪窦山或者拜雪窦寺的游客要到旁边停车场"雪窦山游人中心"买票。这游人中心还真很大，我在美国也没见过这等规模的访客中心。"溪口欢迎您！"，大屋顶的游人中心屋檐下是欢迎横幅，横幅下面是一尊巨大的迎客的弥勒佛树雕，这也是我见过的最大也是最栩栩如生的树雕了。走进大厅，过了特色小镇游的咨询处，一长溜的售票窗口，跟火车站售票处有得比。我到第一个窗口买票，说是只卖拜雪窦寺香客的票。第二个窗口告我只卖游雪窦山的票。总之，我最后是在大概第五个窗口买的游雪窦寺、雪窦山和蒋氏故居通票，价格合理。

现在游览雪窦山和雪窦寺都要乘坐旅游大巴上山，自驾游不好使。我买完票后正好赶上早 9 点的上山大巴车。车上人不多，都有座位。一问，原来春节前是游客和香客最少的淡季。春节一过，光是上山去雪窦寺烧香拜佛祈福的就很多人，踏青游雪窦山风光的就更多了。阿弥陀佛，看来我又幸运了。

大肚弥勒佛金光闪闪

通过慈佛国牌坊走进雪窦寺才发现，蓝天白云下的雪窦寺好大。往前走就见眼前的大慈摩尼之殿屋脊镀金房檐下挂着一溜大红灯笼，很有中国大殿气派。侧面的建筑就是著名的雪窦寺弥勒道场，再往前走，阳光下那尊巨大的露天弥勒佛金身像金光闪闪映入眼帘。雪窦寺的这尊弥勒佛，是用 500 多吨锡青铜铸造的，工艺精湛。我从下面仰望上去，但见这高高在上的弥勒佛坐北朝南，慈眉善目，祖露着能容天下难容之事的胸腹，真让人顿生佛临天下的感觉。

顺着台阶拾级而上，到了很高的最上面看介绍才知道，这大肚弥勒佛是布袋和尚的转世化身。弥勒佛左手握着的布袋提起来的是责任，放下去的是烦恼。右手握着的佛珠代表乾坤世界尽在掌握之中，能预知人间凶吉万事。这尊大佛铸造得栩栩如生，比无锡大佛和香港大佛看上去更有佛缘亲近感和灵性。

据说蒋介石与雪窦寺渊源深远。蒋母一生信佛，常带着童年蒋介石到雪窦寺敬香拜佛。儿时的蒋介石十分喜爱在雪窦寺周围玩耍，1927 年第一次下野后在雪窦寺住了 11 天抽签求佛、反省人生、请方丈卜算未来。1949 年 4 月，蒋介石离开大陆退守台湾前，更是带着蒋经国等到雪窦寺焚香礼拜求佛保佑。

没想到，蒋介石喜欢的雪窦寺现在也挣点小钱。顶层的大厅里面还有一个售票处，想再上一层楼与大肚弥勒佛零距离抱佛脚的必须买票才行。我这人一生都喜欢临时抱佛脚，欣然购票。顺着内部楼梯走到了弥勒佛身边，看见巨大的佛脚就抱，也不知道聪明一点了没有。站在巨佛面前，我这 1 米 78 的身高，其实只有弥勒佛三个脚趾头高。售票处立一块牌子，上书：恭抱佛脚，再上一层！

出了雪窦寺凭通票乘坐大巴去游雪窦山，重点是蒋介石情有独钟的三隐潭。雪窦山是国家首批 AAAAA 级景区，山水秀丽还有飞瀑名刹。蒋介石赞叹家乡雪窦山为"四明第一山"。在三隐潭的一处瀑布前面的巨石上刻写着落款中正的题诗："雪山名胜跨东南，不到三潭不见奇"，足见蒋介石对家乡三隐潭奇景的由衷喜爱。

雪窦寺的大肚弥勒佛蓝天下金光闪闪俯瞰天下。

三隐潭瀑布飞流直下

凭票进入三隐潭，果然是不到三潭不见奇，瀑布青潭小桥流水真仙境一般。最没有想到的是，这早春 2 月江南的雪窦山瀑布周围居然挂满了冰柱。站在小桥上，前面瀑布飞流直下，一旁却是挂在山岩上的冰凌倒挂和片片残雪，阳光照耀下让下面一潭碧水倒影生辉。瀑布溅起的水雾在阳光下又形成了一道色彩鲜艳的漂亮彩虹，美不胜收。

5A 级雪窦山风景区有 55 平方公里之大，我只是重点游了三隐潭。一亿多年前火山爆发形成的雪窦山独特风景，鬼斧神工，是典型的丹霞地貌风光。三隐潭的瀑布美景与我在南北美看过的很不同，是很有中国特色的危崖峭壁幽谷飞瀑，又有青潭小桥亭台点缀，难得美景。

除画面极美的隐潭飞瀑、双瀑布、聚财瀑布和特别难得一见的冰挂瀑布、残雪瀑布和彩虹瀑布美景外，千丈岩瀑布从天而降飞流直下 3000 尺更是一奇。游罢三隐潭美景，乘坐缆车下山，然后再乘坐有轨小火车才能回到雪窦寺附近。

妙高台蒋介石之最爱

就在距离距离千丈岩瀑布几百米远处的景色绝佳处，就是著名的妙高台。雪窦山上这妙高台与蒋介石关系非同寻常。据说，蒋介石 8 岁时，"始上雪窦山，见妙高峰爱之"。就是说，蒋介石从小就特别喜爱雪窦山此处奇景。后来，大权在握的蒋介石在此处修建别墅，并亲笔题写了"妙高台"三个大字。

就是说，距离千丈岩瀑布不远的妙高台才是蒋介石和宋美龄回家乡溪口的住所。1949 年 1 月下旬，第三次被迫下野的蒋介石就是在妙高台上遥控指挥国民党军队迎战共军，力图挽回败局。所以，妙高台上除了蒋介石和宋美龄的卧室和客厅外，还有作战室。

蒋介石亲笔题写的妙高台三个大字牌匾。

妙高台不但山水景色一绝，距离溪口镇蒋家很近，而且十分安全隐蔽，是蒋介石最为喜爱的家乡福地。1949 年 5 月，蒋介石退守台湾离前最后一次回到家乡溪口，再次登上妙高台。面对这里的风光依旧但大势已去，据说蒋氏当时神采黯然，无可奈何。妙高台展出的蒋介石和宋美龄卧室、客厅乃至作战室等，很值得一游，回味历史的昨天。

我在溪口的第二天上午，走出饭店，搭公车到武岭广场站下车拜访了蒋氏故居。丰镐房、文昌阁、小洋房等名胜相距都不远，风水都是一样的好。特别是当年蒋介石出生在二楼楼上的玉泰盐铺，窗前就是河水清澈见底剡溪，河水不深但水面辽阔，后面就是雪窦山和雪窦寺，地杰人灵，文化底蕴深厚，风水出色，难怪能诞生出蒋介石这样叱咤风云一生的大人物。

蒋介石故居风水奇好

蒋氏故居有着名的蒋母墓道供人拜访，故居里面介绍蒋母也很多，几乎不提蒋父。参观蒋氏故居了解到，1939 年 12 月 12 日，日本飞机轰炸溪口蒋家时，将蒋经国先生之母毛福林不幸炸死在丰镐房后门处。此处，现在还矗立着蒋经国先生悲愤交加手书的"以血洗血"石碑。

蒋介石的乡土观念很深，而且铭记蒋母教诲，成名后在家乡创办武岭学校并亲任校长。蒋介石还在家乡创办了武岭医院和武岭公园。当年除了日本人占领溪口让蒋介石有家难回以外，他几乎年年回溪口。蒋介石身边的嫡系和亲信，很多也是奉化人，身边的机要侍从，就是到了台湾用的也是他奉化的乡党。

参观溪口蒋氏故居，深感老对手蒋介石在毛泽东内心深处的地位。1949 年 4 月 25 日，蒋介石和蒋经国依依不舍地告别了故乡溪口远赴台湾后不久的 5 月初，毛泽东亲自电令华东野战军的粟裕和谭震林"在占领奉化时，要告诫部队，不要破坏蒋介石的住宅、祠堂及其他建筑物"。可见，毛泽东对于保护老对手蒋介石家乡建筑的关心程度堪比解放军占领北京时，他对北京故宫等古建筑保护的关心程度。所以，虽然"文革"期间遭到一点破坏，但蒋氏故居和蒋母墓道等都至今保存和维护良好。

参观蒋氏故居，还能看到很多如蒋介石当年给儿子蒋经国和蒋纬国的亲笔训词等文物。除了丰镐房、文昌阁和蒋氏祠堂等蒋家故居外，就在剡溪河边的这条漂亮大街上，对外开放参观的还有私塾"勤耕堂"和溪口博物馆也很有看头。我在参观私塾"勤耕堂"时很欣赏一幅对联："您若安静，便是素养"。

就在蒋介石出生地的玉泰盐铺对面的剡溪边，我忽然看到很多在冰冷溪水里面洗衣服的妇女，一下子就想到了西施浣纱的画面。顺着台阶跑到下面仔细一看，都是脚穿长筒胶鞋的老大娘和中年妇女在洗衣洗床单，一个浣纱美女也没看到不说，倒是让我看到肥皂水洗衣污染剡溪一河清水问题。真希望当地政府能阻止村民镇民到剡溪河边洗衣服和洗青菜污染蒋家门前的风水。

蒋家故居那条街上除了剡溪土菜馆很多，手工烤溪口千层饼的店铺也多，很多还打着蒋家旗号。据说，蒋介石特别喜欢吃家乡的千层饼。我也买了一些尝尝，味道不错。

在蒋氏故居文昌阁的大桥对面，还有一处要另外买票看的民国大杂院。我也买票进去看了。跟民国时期天津、北京的大杂院毫无相同之处，也许应该改名叫做民国大杂烩。里面倒是搞了不少孙中山、蒋介石乃至毛泽东的塑像，美式吉普、摩托车和当年的枪支弹药、国共两党抗日名将照片，还有什么民国四大美女和民国四大家族介绍等等，不一而足。最新鲜的是，搜罗来的文物展品中，还有民国时期天津市政府警察局签发的"妓女请领许可执照申请书"原件，上面还有妓女本人照片和担保人的签字盖章保证书，足见民国大杂院展品之杂乱，倒是也开眼界。

从雪窦山、雪窦寺到蒋氏故居，浙江奉化溪口蒋介石家乡游感觉真的是不虚此行。高铁已通到奉化，宁波机场也是近在迟尺，特别是鲁迅故里绍兴距离奉化很近。从奉化溪口游归途，顺道游游绍兴，品品鲁迅笔下的茴香豆喝口绍兴黄酒，想蒋介石既纵横驰骋波澜壮阔，又败走台湾望洋兴叹无可奈何的一生，回味无穷。

　　2015 年 10 月 18 日，周日版美国《世界日报》的《世界周刊》配发八幅彩照、用三个半版面发表了我写的《苏州园林 - 怎一个雕字了得！》长篇苏州游记：

苏州园林 — 怎一个雕字了得！

文、图 / 谷世强

　　"上有天堂，下有苏杭"主要赞美的是苏州园林。毕竟，中国"四大名园"：拙政园、颐和园、避暑山庄和留园，有两个都在苏州。但我以为，郊外太湖之滨东山镇的"雕花楼"与苏州工业园区的金鸡湖美景别有洞天，也很值得品味。要知道，"江南第一楼"和"江南独一楼"美誉说的都是这东山雕花楼；而从"月光码头"到李公堤高档吃喝玩乐商业一条街的金鸡湖畔景区，则是近十年来随着苏州工业园的成功才名声鹊起，是绝对的苏州新貌。

雕花楼 无处不雕 无雕不精

　　有一次我到苏州出差，路过东山镇景区，眼前的太湖烟波浩渺一眼望不到边，感觉很美。而慕名参观镇上大名鼎鼎的东山雕花楼更给我留下难忘印象。用雕梁画栋、中西合璧、建筑文化艺术的博大精深这些词藻描绘东山雕花楼，一点也不为过，怎一个"雕"字了得！苏州这地方的确人杰地灵，历史文化底蕴丰厚，雕花楼名副其实。

　　与西方豪宅用花园喷泉和油画雕塑凸显富贵不同，东山雕花楼以匠心独到的中国雕刻艺术，凸显富贵与文化底蕴丰厚。我们从走进雕花楼大院开始，映入眼帘的真是无处不雕、无雕不精，所有的雕梁画栋都有历史典故。

　　二楼客厅墙中央高悬的"春在楼"匾额三个字苍劲有力，画龙点睛。原来，这座豪宅刚盖好时起名就叫"春在楼"。只是，这座豪宅的雕刻实在是太多太美了，"雕花楼"这名声就不胫而走了。以至于后来没人知道"春在楼"了，"雕花楼"倒是成名了。

　　雕花楼始建于 1922 年。当时东山人氏金锡之和金植之兄弟在上海经营棉纱生意发了大财。为孝敬母亲和"落叶归根"，就请江南名师设计了这座雕花楼。

整个雕花楼庄园建造动用了 250 多名能工巧匠，花了 3 年时间才建成。当时造价是 17 万银元，折合黄金 3741 两，这"江南第一楼"的身价的确不菲。

仅"防盗"一项，雕花楼就与当时中国其它豪宅设计不同，非常有智慧。通常人们认为珠宝古玩、金银细软等绝对不会藏在最不保密的客厅里面。但楼主却在客厅"春在楼"匾额后面开有暗道出口，储藏家中最值钱之物。太湖强盗当年三次抢劫雕花楼，都没有发现这个暗道机关。

我们一踏入雕花楼正门，其别致气派就让人眼睛一亮。门楼的布局设计匠心独到，尽显历史文化底蕴的雕刻错落有致，抢眼也养眼。

就一个正门门楼之上，竟然将中国建筑艺术的砖雕、石雕、木雕、金雕、铸雕和彩绘、泥塑等全都用上了，难怪也享有"江南独一楼"美誉，绝对独一无二。

雕花楼坐西朝东，围墙很高，占地面积 5000 多平方米。有主门楼、前楼、后楼和花园等，是绝对的江南豪宅。最为宝贵的是，雕花楼的建成和躲过文革浩劫，将当年中国高超的建筑艺术和建筑雕刻绝技完美地保留下来了，功德无量。

地面上用彩石铺就的一个大花瓶，花瓶里面插着三枝戟。经导游介绍才明白这是进门"平（瓶）升三级（戟）"之意。我们走进雕花楼，宅院大门对面照墙上有砖雕"鸿禧"二字，寓意出门见喜。两扇漆黑大门有工艺讲究的青铜雕饰，把手称为金雕，由菊花瓣、如意和六枚古钱币形组成，寓意伸手有钱。

苏州东山雕花楼精雕细刻的门楼凸显一个"雕"字。

你看！还没有走进雕花楼，什么升官、发财和开门见喜雕饰就都有了。

正要转身跨入雕花楼，导游小姐拦下了我们。我问，"为什么？"她笑而不答，却让我们看门槛上雕的蝙蝠锁眼和门窗上面的精美雕刻。

原来，我们还要踩踏着门槛上的蝙蝠走进雕花楼才能"脚踏有福"。脚下有讲究，两扇门更是精雕细刻有古代故事传奇。

走进雕花楼，楼上楼下的精雕细刻更让我们大饱眼福。主厅号称"凤凰厅"，厅内雕刻有 86 对凤凰。据说，苏州当地发音，"八六"谐音"百乐"。

我们在雕花楼里面走马观花，满眼全是雕刻。从"桃园三结义"、"三顾茅庐"等《三国演义》故事，到大厅延廊雕刻的春兰、夏荷、秋菊和冬梅 20 个雕花花蓝，个个惟妙惟肖。

跟西方人的别墅洋房一样，雕花楼主人的卧房也都在楼上。我们上楼参观主人和公子、小姐卧房。卧房里面的睡床，那更是精雕细刻的艺术珍品。

有意思的是，大少爷的书房玻璃窗完全洋派，装的是高价从欧洲进口的彩绘玻璃，现在只能在教堂里面才能见到。而小姐的绣房则不同，很讲究江南姑苏文化传统，培养的是大家闺秀。

藏而不露的雕花楼，外看二层实为三层。建筑设计上叫做明二楼，暗三楼。主人富有，但在当时中国动荡的大环境下也要尽量不炫富，以免引火烧身。

欣赏雕花楼丰富的收藏时了解到，文革浩劫中雕花楼之所以能幸免于难，没有被毁掉，是因为"造反派"当时将此楼当成了"抄家"物资的存放地，所以没有被"破四旧"给毁掉。

更有意思的是，这里的有些展品也不清楚是不是雕花楼楼主的收藏，反正当时"造反派"把抄家来的一些文物存放在这里，后来无人认领的自然也就落到了雕花楼名下，成了今天雕花楼的馆藏展品。

走出雕花楼，眼前是一派典型江南园林风光。院内的亭台楼阁，假山盆景，小桥荷塘，是典型苏州园林设计。

从三楼下来就是可眺望东山景色的"观山亭"了，其对联也不错："青山无奈露真容，绿水有意藏幽姿"。再到苏州旅游，不要错过了到东山雕花楼一游！

金鸡湖畔 感受姑苏文化风情

如今不论是从天津还是从上海乘高铁到苏州，都可以直接坐到苏州工业园站下车。而整个苏州工业园其实就在金鸡湖畔，距离市中心也并不远，很多美国投资公司在苏州工业园区很成功。

如今到苏州，不能不游金鸡湖畔。因为，在这里你即能感受姑苏文化风情，目睹高科技工业园的现代风采，又没有拙政园等名胜的游客如织。

　　白天，你在月光码头沿着金鸡湖散步观赏，可以看到很多拍婚纱照的新人。放眼望去，金鸡湖烟波浩渺，著名的苏州摩天轮就在水面那边。

　　入夜，金鸡湖畔的餐馆、酒吧和天天有演出的艺术中心生意红火。特别是那家就在"月光码头"靠湖边的酒吧，总是坐满了年轻人，喝酒聊天谈生意，观赏湖中的彩色灯光倒影，很是休闲浪漫。

　　金鸡湖畔的李公堤则是旅游中欣赏美味佳肴和地方文化的好去处。这里即有江苏菜系名店"得月楼"也有意大利餐厅"西红柿主义"。酒吧一条街里更有"乱世佳人"等各色酒吧。有人说，李公堤是金鸡湖畔的苏州现代水天堂，有点道理。

　　我前两年春节前回国出差，周末在苏州正好赶上金鸡湖畔"月光码头"举办灯会。一到月光码头，就见夜幕中灯会入口处专门搭建的大门红红火火，门梁上方正中是一个"福"字大红灯笼。走入灯会大门，两边竖立着两排也是红灯柱组成的灯景墙，如迎宾大道欢迎来客。越往里走，灯就越大越热闹喜庆。

　　金鸡湖水面上也荡漾着大型荷花灯，绿叶衬着粉红荷花，灯光也用大红、大粉、大绿，色彩极为抢眼。

　　灯会还有凸显地方文化特色的大戏台，有沧浪亭和虎丘塔灯光布景，还有两位苏州美女在表演评弹，服装和灯光颜色也是红红绿绿。

　　此时此刻的金鸡湖畔，春节气息浓郁，灯景照亮了月光码头，照亮了金鸡湖畔，真的很美。

2017 年 11 月，笔者在苏州李公堤金鸡湖畔留影。

2020年5月24日，周日版美国《世界日报》的《世界周刊》配发多幅彩照，发表了我写的《秀色广西：阳朔、漓江 奇景如画》游记：

秀色广西：阳朔、漓江 奇景如画

文、图 / 谷世强

席卷全球的新冠肺炎（COVID-19）疫情，让旅游业受到重创。三月下旬，山水风光甲天下的桂林旅游业传来"涅槃"重启的好消息，阳朔的酒店和民宿还用"买一送一"等优惠活动吸引游客。

在美国依然在家办公的我，不禁回想起2019年10月的从"十里画廊"阳朔和逆水行舟漓江的难忘旅游。我在深圳出差后，周末乘高铁直奔阳朔而去。"桂林山水甲天下，阳朔山水甲桂林"。十多年前，我们回中国度假游曾到过桂林和阳朔，但记忆已然模糊。

以前，乘飞机出差旅游，对所经过的地形地貌甚至省市常是视而不见毫无概念。乘坐高铁畅游中国的大好河山颇有点徐霞客行走四方的意思，地理知识和概念看着窗外美景就都学会了。从深圳到阳朔，我终于明白了大清朝的"两广总督"是何等的封疆大吏，广东、广西原来就是高铁穿山越岭，经广州、过贺州、到阳朔的一路绿水青山，风光无限。广东境内处处有芭蕉树和绿油油的农田，广西境内的喀斯特地貌与色彩分明的水田旱地与行走其间的耕牛一起组成如诗画卷，三个小时赏心悦目，还没有看过瘾呢，阳朔站就到了！

乘坐高铁进入广西境内时我才知道原来"两广"从明朝开始也被称为"两粤"。广东和广西的"广"字源于何处呢？原来，这个"广"字源于先秦时期两粤的广信。广信之东叫广东，广信之西自然就是广西了。古人以"读万卷书，行万里路"长学问见识很有道理。但是，只有像徐霞客和李白那样在地面和水面上行才是最好的旅行。中国大陆的"八横八纵"高铁网络，不仅改变了中国人的日常生活，更改变了人们在中国的出行方式与旅游文化。

十里画廊 美景酒店民舍多

高铁阳朔站下车后，我便前往位于阳朔"十里画廊"中一家很值得推荐的民舍酒店"遇源景舍"。开车的司机是当地人，很健谈，一路不停给我介绍去哪里漂流最刺激，知名的梯田美景在哪里。汽车就要进入十里画廊时，司机指着前面山水美景中的一处乍看像工厂的建筑群说，这里就是阳朔最有品味、已然闻名遐迩的阿丽拉阳朔糖舍酒店。原来这就是阳朔上世纪老糖厂旧址改造成功的糖舍酒店。据说糖舍酒店不但地处漓江边喀斯特地貌的山水美景之中，还是中国获得最多国际奖项的酒店。我的大学老同学陈洁，退休后受聘于糖舍酒店当高管。

我这次游阳朔因为是临时决定，就在携程网选定了一家景区酒店，没有去打扰工作繁忙的老同学。下次再游阳朔，一定去入住体验一下旅客称之为"宇宙般美景"的阿丽拉阳朔糖舍精品酒店。这家环山绕水漓江风光无限的糖舍酒店隶属于总部在芝加哥的凯悦集团，服务也是一流。

在"十里画廊"遇龙河畔的中高档酒店很多。我这次入住的遇源景舍不但就在十里画廊之中，而且紧靠 5A 级遇龙河漂流景区。这民舍酒店后院简直就是一个喀斯特地貌大花园，有山、有水、有荷花、更有遇龙河。别看遇源景舍是一家私营酒店，室外游泳池不大，却有奇峰环抱；绿地草坪上荷花池不小，粉红色的荷花有的含苞待放，有的正在阳光下盛开；飞来飞去的阳朔紫色蜻蜓让荷塘秋色浪漫动人。池旁边还有儿童乐园、情侣秋千、品茶看书座椅，天堂美景与世外桃源想必也不过如此而已。

民舍酒店老板热情，建议我继续往后院深处走走。我打开后院草坪那边的护栏门来到遇龙河边，民舍散养的成群鸡鸭叽叽喳喳的欢迎我，遇龙河的景色真不亚于桂林阳朔的名胜美。因为是从民舍酒店后院赏景，没有其它游人，只有眼前天生丽质的素装美景，美！第二天早饭前，我又来到民舍后院活动，发现眼前的青山离我这样近！有一峰独立的，也有双峰比高的，更有峰峦叠起的，在朝阳下各显风骚。晚上一轮圆月挂在峰峦之上，月光洒在民舍酒店后院的草坪上，那份静谧，那份喀斯特地貌美景真是秀色可餐。

遇龙河漂流 小竹筏画中走

游阳朔、逛十里画廊，怎么玩最爽？ 10 月中旬的阳朔，午后的阳光洒在身上依然是北方夏日的感觉。我边看边走了一刻钟，就到了一座桥头。从桥上放眼望去，眼前青山翠绿，桥下遇龙河上竹筏点点漂流而来，典型的喀斯特地貌山水如画，好一派宋代诗人翁卷七言绝句《野望》描绘的场景意境：

一天秋色冷晴湾，无数峰峦远近见。

闲上山来看野水，忽于水底见青山。

是啊，"山不在高，有仙则名；水不在深，有龙则灵"。阳朔遇龙河清澈柔美，但水不深、无波浪。遇龙河漂流区两岸喀斯特地貌山峰不高也不险，却连绵不断，秀丽无比。有古榕江美誉的遇龙河在这山峦间流淌，不宽的河面荡漾着小家碧玉的美感，竹筏漂流其上似仙境般，美不胜收。更迷人的是，水中不但随处可见青山倒影，傍晚时分更有秋高气爽的夕阳红，遇龙河里的白云倒影如恋人般与绿水青山相映成辉。

用当地竹子捆绑做成的竹筏上大多都是坐着两个游客，后面有一头戴黄色大斗笠，身穿红色或橙黄色救生衣的船工往水里撑着长长的竹竿让竹筏漂流前进，一艘接着一艘，百舸争流般不断抵达遇龙河桥下的码头，那诗情画意真是赏心悦目。

我在遇龙河乘坐竹筏漂流时，看着眼前的喀斯特地貌奇景和竹筏点点，耳畔不禁荡漾起电影《闪闪的红星》主题曲。"小小竹排江中游，巍巍青山两岸走"，这是一幅何等动人心魄的画卷长轴啊！只是，眼前的诗情画意动态美让我将歌词改唱成了"小小竹筏画中走，绿水青山阳朔游"！

阳朔十里画廊的遇龙河漂流美景动人。

景区巴士 轻松游览各景点

十里画廊里面不允许计程车行驶，边走边赏景虽然好，但有的景点和码头走路去有点远。很多年轻游客都喜欢租电动车骑行观光，租自行车漫游十里画廊的也不少，也安全些。我认为最安全也最适合中老年游客的是乘坐景区大巴车游览，车票全天有效。因为是景区垄断性经营，大巴车票只能去终点站购买，但饭店通常都可以接送。我入住的遇源景舍有每天两次在十里画廊免费接送客人的服务。

景区大巴车在沿途的遇龙河漂流景区、图腾古道、蝴蝶泉、大榕树、聚龙潭和知名的月亮山等景点都有车站，挺方便。这些所谓知名景区景点大多收费，门票也不便宜。我以为，在十里画廊里面多多漫步赏景和漂流，远比慕名去到人挤人的大榕树等值得，很多景点的民俗风情表演也大同小异。而月亮山风景区其实美在意境，远观方能赏其灵秀，真买票进去了，大汗淋漓爬了半天看到的月亮山反倒平庸。

以前阳朔并没有"十里画廊"一说。1987 年，前总统卡特夫妇继尼克松夫妇和老布什夫妇后到中国游览阳朔美景。卡特听说乘坐汽车前呼后拥根本欣赏不好阳朔的大美。于是，任性的总统就临时改为骑自行车观光。因此，卡特夫妇骑车游览过的这 5 公里阳朔名胜景区就被当地人称之为"卡特风景道"。再后来，这条"卡特风景道"就戴上了"十里画廊"的桂冠名扬天下了。十里画廊的确风景如画美不胜收。除了月亮山和蝴蝶泉等，景区内还有海豚出水、尼姑下山、金猫出洞、骆驼过江、美女梳妆和古榕美景等。

西街夜生活　看戏吃美食

有魅力的名胜必须有文化传承。什么是旅游文化？我以为，当地美食、民俗风情、名人故里、古迹宗教和博物馆以及艺术演出等都是重要的旅游文化元素。阳朔除了桂林米粉和啤酒鱼等美食和千年古榕树之外，十里画廊景区内张艺谋导演的实景演出《印象刘三姐》早已闻名遐迩。10 年前我们来阳朔时就看过《印象刘三姐》，感觉挺震撼，这次我又慕名而来再看一遍却感觉缺少新意，有点失落。据说，阳朔十里画廊景区每晚都演出的舞台剧《桂林千古情》更具魅力，更值得一看。

有着一千多年历史的西街，石板铺路，全街建筑古香古色，是比丽江酒吧街更加有名的"洋人街"，越夜越热闹，餐饮、酒吧、土特产和表演等一应俱全。我第一次品尝啤酒鱼就在西街生意红火的啤酒鱼餐馆。西街里面还有庙街美食广场，外面更有大西街购物广场，灯红酒绿，热闹非凡。

西街一家旅游纪念品商店的店名用我家乡天津话说那是"真哏儿"。这家店名曰"老板娘卖 8 元"（人民币，下同），门口赫然悬挂一块牌子，上面 4 行金黄色大字写着"本店承诺：全场 8 元：除了老板不卖，剩下的都 8 元，老板娘也 8 元！"

阳朔到桂林 逆流慢游漓江

"无数桂林山，不尽漓江水"，"桂林山水甲天下，绝妙漓江秋泛图"。可见历代文人墨客都赞美漓江之美妙。大多数人游漓江都是从桂林顺流直下到阳朔游漓江的，有点"两岸猿声啼不住，轻舟已过万重山"式的走马观花，很多漓江美景一闪而过，不过瘾。漓江"江作青罗带，山如碧玉簪"的绝世奇观要细细品味才有味道。

我乘坐高铁先游"十里画廊"的最大好处就是可以逆流而上，从阳朔往桂林方向慢游漓江风光。从阳朔到杨堤码头区区几十公里的漓江水路，上午10点开船，下午3点才到杨堤码头。我给这游轮起名叫做"逆行者号"。从桂林方向顺流而下驶往阳朔的游轮一艘接一艘。我乘坐的"逆行者号"按照漓江航行调度规矩，时常要让开主航道让顺流而下的游轮顺利驶过。这样，我们本来就行驶缓慢的"逆行者号"便有了更多让游客仔细欣赏漓江美景的机会。

当"逆行者号"在一处峰峦叠嶂的漓江美景前停船让路时，船不知不觉已到兴坪。船上导游广播说，前面的山水美景就是20元人民币的黄布倒影图案时，船上一片欢腾。我们纷纷登上了二层和三层甲板，中外游客莫不抓住机会又是拍照、又是录像又是发微信分享，这的确是绝世美景！其实，九马画山等漓江奇景也在兴坪境内。有诗人风骨的叶剑英元帅就曾给兴坪段漓江美景留下赞美诗篇：

春风漓水客舟轻，夹岸奇峰列送迎。

马跃华山人睇镜，果然佳胜在兴坪。

兴坪这段漓江奇景不但被评为世界自然遗产，而且也是国家5A级旅游名胜。导游告诉我们，这段漓江风光是世界上规模最大、风景最美的岩溶山水游览区，是漓江游的精华所在。

行船到前面一处乍看好象是面巨幅峭壁阻隔的漓江转弯处时，我们再次停船让路。此时，导游让我们仔细看眼前这面峭壁，越看越像中国水墨画。有游客惊呼，"这是九马画山"！我再仔细一看，也看出漓江之上的奔马图案了，有昂首嘶鸣的，也有扬蹄飞奔的，真是奇了！历代许多名人在此惊艳题诗不说，当地一首民谣最能体现这九马画山奇景之妙："看马郎，看马郎，问你神马几多双？看出七匹中榜眼，看出九匹状元郎"！更绝的是，就在这幅九马画山巨型峭壁的山脚上，还留有明代的摩崖石刻"画山"两个大字。

也许是桂林象鼻山和独秀峰等几处名胜难比阳朔风光迷人，也许这条逆水行舟的游客很多都到过桂林，游轮抵达杨堤码头后，大多数游客又从码头搭乘旅游大巴车回阳朔吃晚饭去了。大巴车从杨堤码头返回阳朔西街只有一小时车程。我从杨堤码头下船后在桂林住了一夜就直飞天津了。

2019 年 10 月，笔者乘坐游轮畅游漓江。

2019 年 10 月，笔者在桂林市象鼻山前留影。

　　2015 年 12 月 30 日，美国《侨报》的《文学时代》版头条配发彩照以半个版篇幅发表了我写的《"桥都"重庆夜景美》一文：

"桥都" 重庆夜景美

(宾州) 谷世强

　　前不久，我回中国出差又到了重庆，坐在朋友的汽车里欣赏着嘉陵江畔满眼的大桥和建筑装饰灯景，感觉眼前的重庆真乃是山水环城绕，彩桥跨两江，夜景美如画。与其说重庆是雾都，倒不如说是"桥都"更靠谱、更与时俱进。

2015 年 8 月，笔者在重庆嘉陵江船餐厅上留影。

　　"蜀道难，难于上青天"，那是过去。今天，山城重庆已经拥有大小桥梁一万多座，超过任何海内外大都市。这其中，重庆长江大桥、朝天门长江大桥、巫山长江大桥和菜园坝长江大桥等超大型长江大桥都在跨度和公轨两用现代功能方面成为"世界之最"。欣赏着重庆夜景中一座座彩虹般美丽的大桥，我感觉山城重庆不仅是当之无愧的"桥都"，更是一座现代建桥博物馆，两江上面新建的一座座大桥如同彩链将山城夜景照耀装点得美轮美奂。

　　如果不是按照重庆朋友所指从嘉陵江边往山坡上望去，真想不到轻轨列车还能高速驶出隧道后一下子又穿过眼前的居民大楼，沿着嘉陵江驶向远方。这一瞬间，我被震撼了。如此高度动感立体化的城市交通景观真是非山城重庆莫属。入夜，在霓虹灯和聚光灯照耀下，这景观让人叹为观止。

　　我不久前为客户一新项目，拜访朋友在重庆市区购物中心一层开设的"宝妈时光"店时，就见前面繁忙的马路上方有车身漂亮的轻轨从高架轻盈而过。重庆大，重庆人多，重庆山多水多，大桥和轻轨横贯期间的山城交通立体动感实在是太强烈了。当然，重庆这些年开通的隧道也是特别多。

　　北京和上海这些年的确没少修建立交桥。但是，北京和上海建的这些立交桥下面没有滚滚江水，周围也没山体环绕，白天看还挺壮观，夜景时就远不如山城重庆。重庆用现代灯光技术将无数大桥打扮得漂亮，如同飞越长江和贯通嘉陵江的梦幻彩虹，使山城的夜景无人能比。特别是山上建筑群和灯景彩桥的水中倒影与江面上的渔船餐厅和往来游轮的灯火交相辉映，真是美不胜收。

　　世界名城旧金山大桥并不多，但金门大桥就代表旧金山。要让全中国乃至全世界知道山城重庆才是名副其实的"桥都"，突出宣传介绍重庆最美的"桥都"美景照片，让其成为重庆名片，很有必要。而最能让人过目不忘和震撼的山城"名片照"，我感觉就是"桥都"灿烂的夜景照。就如同一看到金门大桥就想到旧金山和一看到悉尼歌剧院就想到悉尼一样，人们如果一看到长江或者嘉陵江上既雄伟壮观又别具山城特色的夜景照片就立即想到重庆，"桥都"的美名就会传扬出去，重庆的的魅力和吸引力就能大大增强。

　　如果说中国有哪个城市的道路交通有点像旧金山，我看非重庆莫属。只是，有些旧金山马路的起伏坡度大的吓人，等红灯时要拼命踩闸才不至于下滑，好在旧金山基本不下雪。山城重庆的马路也是上下起伏，走起路来感觉跟旧金山相似。但山城重庆的人和车却比旧金山多得太多了。重庆人口3000多万，旧金山城市人口只有80多万。旧金山市湾区宽阔的水面为城市增色不少，连金门大桥的闻名也是靠湾区山水美景的衬托。同样，贯穿重庆市区的滚滚长江和嘉陵江被青山环抱、被一座座世界级的跨江巨桥装点，夜景要比旧金山璀璨辉煌多了。这些年，重庆在长江和嘉陵江上新建的跨江大桥有20座之多，的确使山城"装点此关山，今朝更好看"。

　　说起大城市的夜景香港名气不小，"上海之夜"也赢得了东方明珠的美誉。但是，香港维多利亚湾的夜景，水面缺少大桥的装点感觉"中空"。而站在上海外滩赏黄浦江两岸特别是浦东的夜景，却看不到彩灯桥景，感觉少点什么。就是乘坐游轮从水上观赏夜景，因为没有如此众多的山景、水景特别是桥景烘托陪衬，我感觉香港和上海的夜景跟今天的"重庆之夜"相比，还真是有点稍逊风骚了。而且，你在嘉陵江边和长江两岸散步、喝茶或者坐在江上渔船餐厅吃饭，到处都可以欣赏到山城美轮美奂的夜景，浪漫中弥漫着巴渝文化韵味，感觉很不一样。灯火辉煌的喜来登酒店脚下，南滨路嘉陵江边有一溜茶馆，不远处江面上的高档渔船餐厅张灯结彩，河对岸解放碑周围高楼林立，嘉陵江上彩灯装点的游轮汽笛声声。这夜色，风情万种，美如画卷。

　　说起重庆，"品重庆火锅，观山城夜景，看重庆美女"这话挺流行。山城夜景美自然与重庆市区三面临江并且倚山而建的独特城市风貌有关，更是得益于这些年重庆以两江大桥建设为特色的城市建设大发展。至于重庆美女是否比别的城市多我不知道，但解放碑周围的商业街漂亮女孩的确不少。起码，重庆女孩身材普遍都很好，需要减肥的似乎不多。这可能要感谢山城人走路多，上上下下的运动量大，再加上吃辣椒多和空气湿润成就了好身材。别看重庆并非发达沿海港口城市，但年轻女子穿衣讲究，蛮洋气的。于是乎，就有了到山城"看重庆美女"一说。

2015 年 8 月，越夜越热闹的解放碑商圈步行街。

　　重庆火锅如今火遍了中国。入夜，当山城处处的重庆火锅店牌匾霓虹灯亮起来了时，你会发现这里重庆火锅店真多，空气中有时都弥漫着红油火锅的辣味。不过，千万不要以为到重庆只能品重庆火锅的麻辣。拥有长江和嘉陵江两大江河的山城重庆，其实还是品尝江鲜的好地方呢。尽管我与当地朋友一起多次品过正宗重庆火锅，在上面一层辣椒的红汤里面涮鳝鱼、涮鸭肠、涮肉片、涮一切可以涮的鱼虾肉和菜，麻辣烫的过瘾，但在江上渔船餐厅赏夜景、品江鲜美味的感觉令人难忘。

　　几个月前回中国出差，在重庆打拼多年的成功"浙商"朋友管总，安排我与重庆一公司老总见面谈一合作项目。晚上，管总做东，在南滨路嘉陵江上著名的"鑫缘渔港"为我接风并顺便宴请朋友。这"鑫缘渔港"渔船餐馆很大，上面一共建有五层楼，是嘉陵江上夜景之一。"鑫缘渔港"的红色霓虹灯招牌在宽阔的嘉陵江面上特别醒目。这家渔船饭店楼上四层应该都是单间餐厅，特色当然都是嘉陵江和长江捕捞上来的新鲜江鱼，十分鲜美。在甲板上朋友管总跟服务员点菜，全部是江鱼。我就在旁边仔细欣赏一个个大玻璃缸里面游来游去的各色江鱼。旁边有七八个师傅忙碌着在案板上将顾客点的活鱼宰杀处理干净，然后拿到后厨烹饪。甲板外面嘉陵江水滔滔，岸边山坡上喜来登饭店等高层建筑已然华灯齐放，那场景，绝对"江鲜"特色得可以。

　　也是在嘉陵江边另外一处渔港，江边上也是很多渔船餐厅。我与重庆的也是"浙商"朋友蒋总等去品江鲜并谈合作项目时，停车场早已停满了汽车。原来，这里不但是当地人到渔船餐厅品江鲜甚至白天打麻将的好地方，而且烤羊腿大排档是一家挨着一家。也许是这里的江鲜和烤羊腿物美价廉，也许是这里的嘉陵江畔夜景绚丽如画，反正是家家餐厅和大排档都挺火，年轻人还边吃烤羊腿喝啤酒边拿着麦克风唱卡拉 OK，场面热闹极了。

　　我也曾与当地朋友在重庆市区街头餐馆吃特色重庆"纸袋烤鱼"。新鲜的江鱼一大条放在特别的纸袋里面放在每个食客前面的电烤锅上，浇上饭馆秘制的蒜香调料煎烤。再来一瓶重庆当地啤酒，花钱不多，十分鲜美。11月中旬中国开始集中供暖供热，从京津冀到沈阳、哈尔滨等地重雾霾报道不断，但山城重庆这里风和日丽没雾也没霾，只有夜景骄人。

　　欣赏着山城彩桥点缀的美丽夜景，我感觉"桥都"这桂冠才最适合山城重庆！

夜色中的重庆江上火锅店。

2019 年 7 月 28 日，周日版美国《世界日报》的《世界周刊》配发多幅彩照，发表了我写的《浙江安吉：竹海茶园杜鹃红》游记：

浙江安吉　竹海茶园杜鹃红

文、图 / 谷世强

今年 4 月，我到大陆出差时，应朋友浙江安吉路得坦摩汽车部件公司总裁陈必君先生之邀，再次拜访了陈总花园般生态环境工厂，在安吉的民舍也住了两夜，得以深度游览体验了"绿水青山就是金山银山"的浙江安吉。今日绿水青山的安吉太美了，留给我的印象就两个字：震撼！

生态工厂 名花异树满园香

2018 年 5 月 21 日，我带一美国汽车部件公司三位经理走访了多家台湾和中国大陆企业，选择合格供货商。位于浙北安吉县的路得坦摩汽车部件公司不仅技术产品一流，其青山翠竹环抱的环境、花园一般的厂区，令我们一行耳目一新。我们如果早来一个多月，还能看到厂区里面的油菜花开呢。

知道安吉白茶的多，但旅游观光过安吉美景的少。位于长三角腹地的安吉，天目山环抱，翠竹成林，享有"中国竹海"美誉。别看安吉不大，我们入住的安吉万豪酒店门外就是碧绿的高尔夫球场还有小桥流水，周围杜鹃花开，放眼可见竹海茶园，鸟语花香。

面对"老美"们的啧啧称赞，公司老总陈必君先生自豪地告诉我们，2005 年，习近平在安吉调研时，首次提出"绿水青山就是金山银山"的生态发展理念。如今，安吉的农业是生态农业，工业是生态工业，旅游是生态旅游业，路得坦摩汽车部件公司也荣获有最高级别的环保认证。

既然陈总再次热情邀请了，4 月中旬上海拜访客户后，我就搭高铁到杭州然后转乘坐汽车，很快就到了安吉的路得坦摩汽车部件公司。公司气派的办公大楼前面的电子屏幕，打出了"欢迎美国 SCI 国际市场咨询公司总裁谷世强先生来访"的字幕，门前粉红色的杜鹃花正在怒放，特别是办公楼门前新添置一大一小、外面烧有清明上河图案的青花瓷荷花缸，放养着引进品种的名贵荷花，显得更加雅致，更有点植物园感觉了。

陈总等陪同我在厂区漫步，随处可见陈总亲自规划栽培的名花异树。在一棵树下，草地上正在盛开的一片鲜花衬托着的木牌，引起我的兴趣。木牌上写着："原本山川，极命草木 - 路得坦摩心灵花园"，下面两行小字更有意思："种桃种李种春风，养花养草养心灵。"这其实也是陈总这样的浙商企业家的情怀，不忘我们都是来自山川大地的原本，广种大自然赐予人类的名花异草奇树，一花一草一木植被安吉的生态产业。

漫步厂区，花香扑鼻，鲜花丛中满目葱绿。陈总如数家珍般给我介绍着北美海棠、名贵中国观赏竹、中药黄芪树、杜鹃、山茱萸、苦丁茶树和散发着清香的好多海外引种树种名花。4月中旬这季节，厂区内盛开的杜鹃花最为花团锦簇灿烂夺目，让路得坦摩这个生产汽车减震器的民营企业焕发出一种生机勃勃的艳丽美。

我们不经意漫步走到了工厂后院门前。职工宿舍楼、食堂和一个室外篮球场在后院，外来访客罕至。没想到，这厂区后院也是一样的绿草如茵，名贵观赏竹、名贵树种和名处处，两棵香椿树疯长高了，看来也不采摘。后院里面还有一块并非太湖石的观赏石，环境宜人雅致。陈总一边给我介绍他花了心血引种到工厂的各种名花奇树，一边随手摘下几颗青梅让我们品尝。我第一次在安吉的工厂里面品味了从树上摘下的青梅滋味。在路得坦摩汽车部件公司厂区漫步，感觉就象是在安吉观光一个生态产业植物园似的。

2018 年 5 月，笔者与客户拜访安吉一汽车部件公司时与
陈总（中间）等在办公楼顶合影。

朝花夕舍 一尝道地农家菜

在美国，著名旅游景点附近一定宾馆饭店林立。这次我应陈总之邀深度游安吉，特别要求不住万豪酒店这样的外资豪华宾馆，希望帮助安排在安吉的农家院住两晚，零距离感受安吉的乡村。

原来，已然成为旅游观光、夏日避暑和考察热点的安吉，农家院早已升级换代成民舍民宿了。这民舍民宿比我概念中的北方农家院可是上档次多了，当然价格也要贵一点。我入住的民舍在当地小有名气，名曰"朝花夕舍"。老板娘将成语朝花夕拾改了一个字，这个舍字就是安吉有代表性民舍的意思了。

要知道，安吉在不久前的 80 年代还是浙江省的 20 个贫困县之一，污染严重。跟中国很多急于"脱贫致富"的县市一样，这里也曾不顾环保生态乱发展。拉丝厂、筷子厂、造纸厂并炸山开矿搞石材建材业，什么赚钱干什么，粉尘和水质污染严重，当地乡民在室外晾晒笋干据说都难。那时，满目疮痍的安吉旅游业归零了，生态破坏了。

如今，我看到的的确是绿水青山、鲜花盛开的新安吉。越来越闻名的美丽乡村，和这里的竹海茶园杜鹃红带动了旅游观光业，生态民舍民宿业应运而生。现在，自驾游来安吉漂流泛舟、品尝鲜笋、观赏与竹海和水库相映成辉的映山红杜鹃园，以及来安吉避暑度假的，成倍增加，海外游客也不少。

我入住的朝花夕舍挺有特色，门框和院门都是竹子的。走进民舍，满眼的绿树、翠竹和盛开的杜鹃花还有老板娘漂亮的花狗，大有安吉农家的感觉。

女老板娘吴雪芬勤快能干，人很热情。白天她要到附近的公司上班，早晚和节假日帮助打理民舍。她身体硬朗的父母早晨也来民舍帮忙，绿水青山中抓住机遇勤劳致富。因为她的朝花夕舍办得好，如今这位曾经是安吉普通乡民的女老板，微信朋友圈的访客朋友遍布海内外，其中也有我了。

清晨，我尚未起床，老板娘就开车去市场采购新鲜蔬菜和鱼肉了，晚上她还要为宾客们掌勺呢。除了入住的，慕名来朝花夕舍品尝特色农家菜的也越来越多，名人也有。就在我入住朝花夕舍前两天，浙江省委书记夫妇还微服私访来这里品尝农家菜呢。

我抵达安吉的当晚，陈总就是在朝花夕舍招待我的。老板娘亲手炖的土鸡，鲜竹笋炒野芹菜，油炸小河虾，韭菜盒子和鲜鱼，道道菜都是农家做法的确好吃。特别是老板娘最拿手的豆腐圆子，松软鲜美有弹性，味道堪比福州鱼丸。我们当晚喝的也是当地用竹子绿叶挤榨出来的易拉罐装竹叶汁，清凉爽口。

浙江安吉朝花夕舍民舍酒店门口。

特色楼房 家家户户办民宿

　　旅游资源丰富的浙江，是大陆民舍民宿产业起步最早的大省，而安吉的民舍民宿又是其中最具特色也特有品位的。我在安吉看到，乡村很多农民家的二三层小楼都办起了民舍，房间和庭院设计更加讲究的在建民舍也不少。朝花夕舍办的早而且客房够档次够品位，突出竹韵特色，农家做法的地方美食又讲究色香味俱全，女老板又特别热情好客，所以远近闻名，生意越来越红火。朝花夕舍的几家邻居也都在修建或者装修自家的新民舍，竞争带动了产业发展。

　　与北方的农家院不同，这里民舍很上档次。我在朝花夕舍的房间不但装饰讲究，舒适的大床、浴缸浴室和上网速度都跟高档星级饭店有一比。沐浴液、香波和护发乳以及毛巾、拖鞋等也是参照国内高档饭店供给摆放。只是，晚餐丰盛，早餐我感觉挺好但也有住客觉得相比星级饭店过于简单。住民舍就是住乡民家，我倒是喜欢乡民吃什么早餐我就吃什么。高档星级饭店的早餐很多过于复杂奢侈，当然也不环保。

　　我最喜欢起床后从我房间的阳台上放眼望去，远处竹山竹海，眼前的庭院鸟语花香，池中鲜红的金鱼游来游去，一派南国绿水青山景象。

　　等我下楼到院子里面拍照吃早点时，老板娘六十多岁的母亲已经从后院竹林挖回来好多棵竹笋了，新鲜极了。我在朝花夕舍吃的第一顿早餐，就是用这新鲜竹笋给我做的一大碗鲜笋肉丝面，好吃！

美丽乡村 门牌成另类风景

路得坦摩公司陈总特意安排公司销售经理 Joyce 开车带我看安吉的乡村。家住杭州、喜欢摄影的 Joyce 说我的运气特别好，自带小太阳，在安吉的两天都是天清气朗。我回来一看照片还真是的，除了安吉的竹海茫茫尽朝晖，就是安吉的满目青山夕照明。

汽车从朝花夕舍开出去不远，就到了也是隶属于横山坞村的苣莲青野乡。不看不知道，一看吓一跳。安吉的这个苣莲青野乡，真是我见过的最美丽乡村了。乡里的柏油路面非常干净，乡民的住房都是一个一个的独立院落，大多都是二三层的白色调小洋楼，屋顶装有太阳能光板的很多，小楼房带车库的也多。我想，即使是欧美发达国家的富裕农民，到此一游的话，也会赞叹中国的美丽乡村。

浙江安吉的名片石碑上镌刻的"绿水青山就是金山银山"。

我们在苣莲青野乡里面溜达拍照，看到好几家乡民拿出自家院里里的一栋二三层小楼房开办民舍，客房看上去都很够档次，生意似乎也都是越来越红火。我刚给一家名曰"原味苣莲生态餐厅"别致的竹竿外装饰小楼拍完照，不远处草地上又见一块大石头上面赫然刻着"苣莲青野民宿"几个被油漆成了绿色的大字，十分醒目。环顾四周，都是一个更比另一个漂亮的乡民小楼房，不远处的山坡上不是茶园就是竹林，真是美丽乡村原生态的美。

很快我们又驱车来到了也是隶属于安吉灵峰街道的蔓塘里自然村，这里也是浙江省的一处美丽乡村示范村。与苜莲青野乡一样，这里的乡民也是都住上了独立院落的二三层小楼房，环境似乎更漂亮。我看到村里街道墙上的导游介绍说，蔓塘里有农家 112 户，村民 400 人，主要产业是白茶和黄花梨。当然，现在又有了民舍和农家乐餐饮。

除了蔓塘里村村民家家户户的小洋楼住房，和这里的绿水青山茶园美，给我留下深刻印象外，每户村民门口的门牌更让我长了见识。统一的扇面形状门牌上，除了门牌号外，还有该户人家被村里评为几星级美丽家庭等信息，大多都是五星级。门牌上面还用金色字样印有"我们的家规家训"。眼前 67 号院的家规家训是："尊老敬贤，扶危济困。严以待己，宽以待人"。

如果户主是党员的，旁边还有一个同样颜色的红旗形状标牌，上面印有党员户主的姓名和他的"党员先锋微承诺"。下面是该户主被评定的"党员先锋星级"。我走入的几家民舍女主人都自豪地介绍说，村里真的是夜不闭户，文明和谐安全得很。

蔓塘里村的村民小洋楼，屋顶安装有太阳能光板的更多，村里街道干净的一个纸片我都没有看到，垃圾听说都是严格分类收集处理的。在村里的听月楼戏台旁边有个三思堂，与听月楼一样都是江南风格老建筑。三思堂旁边一处老宅的墙上有一"潘氏古宅简介"，说此处是清代浙北民居。抗战时期，这里曾经是新四军王必成将军驻地和伙房，所以后人也称这里为新四军食堂。

安吉最有名的"美丽乡村"应该是余村。我们到余村时午后的阳光还真热。但见这里的停车场停了好几辆旅游大巴车，我们遇到了头戴同样颜色式样和打着同样遮阳伞的旅游和政府官员考察团好几个。余村够火！

竹海茫茫青山环抱的余村的确挺美也够富有。到处可见村民们居住的漂亮小楼房，到处鲜花盛开。

余村如今最著名的就是那个"两山公园"。游客们纷纷在公园水塘中的一块巨石前面拍照留影。巨石上面雕刻着两行油漆成鲜红色的大字："绿水青山就是金山银山"。

据说，2005 年 8 月 15 日，时任浙江省委书记的习近平就是在这里提出的"两山发展理念"。有意思的是，安吉的这块"两山"理念纪念碑高出水面 8.15 米，重 88 吨，都有政治讲究。安吉如今的确是满目的绿水青山了，乡民真富起来了，近 200 个各具特色的美丽乡村已然成为旅游热点了。

杜鹃花海 一片斑斓映碧波

唐诗中咏杜鹃花的很多，因为杜鹃花形特别好看，颜色姹紫嫣红，春天开的漫山遍野，有映山红、照山红和山石榴等美名美誉。穿过安吉满山的竹海和茶园，Joyce 顺着安吉的山路借助 GPS 导航又带我来到安吉老石坎水库附近的村庄。

4 月中旬，这里的杜鹃园早已经在清澈的水库前面开成了花海，红杜鹃、粉杜鹃、白杜鹃还有黄色的杜鹃争奇斗艳，满眼山花烂漫。最让人美不胜收的是，这安吉映山红杜鹃园不但规模壮观与水库的碧波荡漾相映成辉，更有花海背后的山坡上是翠绿色的竹海大背景，在阳光下红绿相间，几棵青松点缀其间，油画一样的画面，美呆了！

我们是在夕阳西下前车开进这个游人不多但却美艳绝伦的杜鹃园的，人不虚此行了。安吉老石坎水库报福村的这片超美竹海杜鹃园目前还真是藏在深山人未知，所以才能山花烂漫美的不行却游人不多，我们得以尽情赏花、赏水和赏竹海拍照。报福村如今有福了，真是国色天香的美丽乡村，早晚会成为旅游热点的。

游罢杜鹃园，我意犹未尽地告别报福村的杜鹃园要返回朝花夕舍时，脑海里面忽然想到了唐代大诗人白居易的名诗《大林寺桃花》：

人间四月芳菲尽，山寺桃花始盛开。

长恨春归无觅处，不知转入此中来。

人间四月芳菲尽，安吉杜鹃映山红。我确信，此时此刻我眼前的满目竹海青山和如此美艳绝伦的杜鹃花海，一定比白居易当年惊艳的山寺桃花壮观美丽多了。

2019 年 4 月，浙江安吉映山红杜鹃园美景如画。

　　2019 年 8 月 29 日，美国《侨报》大篇幅配发彩照，发表了我投稿的《海上丝绸之路起点的浔埔女》游记：

海上丝绸之路起点的浔埔女

（宾州）　谷世强

　　1988 年，中国第一部"少儿不宜"的电影《寡妇村》让福建惠安女闻名天下。从此，我才知道福建泉州，也才知在那遥远的泉州惠安县有命运坎坷、特别能吃苦耐劳而又美丽贤惠的惠安女。那时，我们"50 后"心目中的"诗与远方"也许就是泉州惠安女。

　　《寡妇村》展现给我们闽南渔村奇特的婚俗和别样风情的惠安女，惠安女的美丽服饰与吃苦耐劳精神也在我们心中留下别样美好的烙印。从干家务到赤脚下海打鱼，从种田修路到雕石织网，还要裁衣做饭、孝敬公婆、生儿育女，惠安女太勤劳能干又贤惠美好了。我一直有个心愿，有机会一定到福建泉州感受闽南文化，看看中国最能吃苦耐劳的惠安女。

　　今年 4 月，我到中国出差，周末，我就从浙江湖州乘高铁，一路绿水青山地到了泉州。泉州给我的感觉的确与我曾经到过的福州、厦门不同，似乎更具闽南文化特色。我入住的华侨大厦在市中心，每天早餐最少不了的是面线糊。出了饭店后门就是文庙，那里的茶馆天天有闽南特色的南音表演，跟苏州评弹似的悦耳，但就是听不懂。

　　中国很多靠海的地方，宗教都很发达，如舟山群岛有"佛国"美誉的普陀山，如靠近泉州的台湾，按人口比例算，佛堂、寺庙、教堂密度世界第一。过去，渔民出海打鱼的确太危险了，遇上台风等于九死一生。他们虔诚地信奉自己的神明，祈祷不止，也许就是当时渔民和亲属能得到的最大保佑了。

　　我在泉州虽然只住了两夜，在饭店周围就看了文庙，拜了开元寺，路过了天主教和穆斯林教教堂，也去了道教名山清源山。在清源山老君岩前有一座巨大的老子石像，石像前面的碑石上面刻着这样几个书法大字特别有意思：老子天下第一。有"世界宗教博物馆"之称的泉州佛教、道教、基督教、天主教、伊斯兰教、犹太教、印度教和摩尼教都有，我在开元寺看到香火真的很旺，很多寺庙前都有不少卖香火的摊贩。

到泉州第二天早餐后，我到饭店前台询问去看惠安女的交通路线。不料，热情健谈的前台经理对我说，除交通不大方便外，就是到了惠安县恐怕也寻不到我心目中的惠安女了。他说，惠安女只是福建浔埔女、湄州女和惠安女三大渔女之一。浔埔女所在的浔埔渔村近在咫尺，坐计程车去很快就到，公交车也有。经理还特别告诉我说，中国如今没有任何一个地方的女人能跟浔埔女比，她们太能吃苦耐劳了。他还神秘兮兮的笑着说，浔埔女头戴鲜花美的很，穿衣也很艳丽，至今还保持着母系社会的走婚习俗呢。于是乎，我在饭店门口坐上计程车，20 分钟就到了浔埔社区办公楼前。

我听说过福建泉州是古代海上丝绸之路的起点。那时，大旅行家马可波罗称泉州为"世界第一大港"。因为唐代泉州建城时遍种刺桐花而被海外称为刺桐港，它因此也就闻名于海上丝绸之路国家。只可惜建于唐代，兴于宋元的泉州港，明清时代衰败了。古代陆地丝绸之路靠骆驼、骡马运输的中国丝绸和瓷器等物品到了泉州就改用效率更高的海运运往海外各国了。从泉州湾启程的中国商船返航时又从海外运回来香料、药材、工艺品和宝石等，让海上丝绸之路在宋元时代达到了鼎盛，也让泉州沿海前沿的浔埔渔村很早就受到了海上丝绸之路国家风俗文化的熏陶影响。

2019 年 4 月，笔者在道教名山清源山老君岩老子石像前留影。

　　浔埔渔村之前也名曰蟳埔，蟳字就是海蟹的意思，如今一般都写成简体的浔埔了。三层楼高的浔埔办公楼上就写着"蟳埔社区综合服务站"，旁边的派出所就用浔字了，叫做"浔埔社区警务室"。

　　走进浔埔渔村，多是三层小楼建筑，也有红瓦平房，海边渔村那种浓郁的海味儿扑鼻而来。过了浔埔社区综合服务大楼和一所小学校，就到了挂着很多大红灯笼的主街，这街虽然并不宽敞但很热闹，街道两边的店铺也都悬挂着小点的红灯笼和红纸对联，祈祷出入平安。街口矗立着一块巨石，上面雕刻着"蟳埔"两个中国红的汉字，很抢眼球。

浔埔女穿戴鲜艳干活儿也头戴鲜花。

　　浔埔渔村真有母系社会特色。就在"鲟埔"石刻旁边，我看到一辆卖猪肉的三轮车。有意思的是，一边叫卖、一边手持利刃割肉的是位中年妇女，周围买肉的更都是头戴鲜花、头饰衣着艳丽的鲟埔女。前面路边卖鱼虾蟹和卖蔬菜水果的摊贩都是动作麻利的鲟埔女，个个都身穿颜色艳丽的浔埔女衣服，底色有红有粉有绿有黄，花色图案也不一样。最抢眼的是，每个卖货和买货的浔埔女都是这样的穿戴，一丝不苟。难道浔埔男人都打鱼去了？眼见这里勤快干活劳作的全是头戴花饰的浔埔女。

　　令人称奇的是，一些看上去得有七八十岁的老年浔埔女也不闲着，她们也是头上戴着似乎更多更鲜艳的鲜花头饰，衣服花色也更艳丽。这些老年浔埔女坐在小板凳上也不看游客，一刻不停地在剥生蚝肉也有剥蟹肉的，一个赛一个的能干。

有意思的是，我在浔埔渔村走街串巷，在茶馆和祠堂看到几桌打麻将和玩纸牌的都是中年男人。这些男人抽着烟、喝着茶，玩着牌，悠哉悠哉的舒服劲儿与忙绿不停、吃苦耐劳的浔埔女反差太大，就跟不是同一个地方的人似的。一想也是，有从早到晚每天不停劳作的浔埔女在家里家外一把手，浔埔男人如果不出海打鱼的话，也许除了打牌休闲就无所事事了。这难道就是母系社会文化的怪现象？

浔埔女的婚俗家庭观在汉族的确少见。天津、北京等大城市头婚有上午婚礼的也有下午婚礼的习俗，但浔埔女却保持着午夜出嫁的婚俗。而且，午夜婚礼后的凌晨时分，新娘子就必须回娘家。更与众不同的是，在婚礼过后的14天时间，娘家人天一黑就到新娘子的夫家喊人，新娘子闻声就得回娘家过夜。这就是浔埔渔村婚俗中有名的"十四喊"。过了这婚后14天，新婚燕尔的浔埔女才能自己到夫家过夜但不在夫家吃饭，一直要等到生下第一个孩子才能真正在夫家落户当主妇。这独特的婚俗文化真让我是百思不得其解。

在返回泉州时，计程车司机告诉我，真正的浔埔女其实比我在渔村看到的更加能吃苦耐劳。司机说，浔埔渔村的社会文化就是这样代代相传，女孩子从小就什么都要干而且什么都能干。婚后的妇女就是家里的顶梁柱。她们每天凌晨就起床，穿戴好浔埔女人绝对不马虎的服饰和花簪头饰后，不是挑着刚出海的鱼虾蟹和牡蛎到街上或到泉州市区的鱼市上卖海鲜，就是戴上斗笠出海去挖牡蛎、贝类。卖完海鲜和挖回来牡蛎的浔埔女都会赶回家洗菜烧饭。午睡休息一会儿后，这些浔埔女就会接着忙家务和织网耕地，跟上了发条似的从早到晚忙不停。所以，浔埔女不但爱美，而且个个都特别特的能吃苦更能干。

大约上午10点钟，我站在海边的浔埔码头看海。只见一条木船载着十几个全都戴着斗笠的中年浔埔女返港。船一靠岸，这些浔埔女就忙着将船上一袋袋采挖回来的牡蛎扔到岸边水中。接着，她们又都站在岸边水里拿起沉甸甸一袋袋的牡蛎在水中摇晃涮洗干净后再扔到岸边的台阶上面。

此时，我忽然发现每个下船的浔埔女都从船上拿起不长的竹扁担，每人挑上两袋子牡蛎顺着台阶上岸、过马路，进了浔埔渔村。这浔埔女实在是太能吃苦太能干了！

大概是怕海上挖牡蛎风吹日晒太厉害吧，每个上岸的浔埔女都是斗笠上套着一块彩色大纱巾罩着她们的脸。

我在回程的计程车里跟司机聊天才知道，原来，这浔埔女人头上每天必戴的鲜花头饰不是从家门口摘两朵随便插在头上那么简单。浔埔女头上戴的鲜花当地称为簪花围，插在头簪中间的那根筷子都是象牙的，鲜花也很有讲究。虽然浔埔女的头饰价格不便宜，但勤俭耐劳的浔埔女这个钱却很舍得花，因为这是浔埔女的特色标志。

穿上浔埔女鲜艳特色服装并头戴美丽的花簪围头饰的浔埔女名声在外。浔埔女不但勤劳能干而且善良诚信童叟无欺，她们叫卖的海鲜最受欢迎也卖的最快。司机师傅告诉我，浔埔女的头饰据说还能辟邪呢。反正，浔埔女相信头戴茉莉花能驱鬼，头戴菊花能健康长寿。

在浔埔渔村，我还发现了很多独具特色的房子，它们的外墙不是用砖石砌成的，而是用灰白色的牡蛎壳砌成，砌成的图案别有特色。原来，这就是浔埔渔村独有的牡蛎壳房子。当地人将牡蛎壳建筑称之为蚵壳厝。

渔村地少人多，家家户户的小楼小院在弯曲的小巷子里拐弯抹角儿有点像北京的胡同。

据联合国官员介绍，欧洲的挪威和荷兰沿海也有这种用牡蛎壳建成的蚵壳厝。

在我看来，浔埔女的艳丽特色服装、花簪围头饰与这牡蛎壳房屋建筑都是"海上丝绸之路"起点的佐证。据查，浔埔女的花簪围头饰是阿拉伯风俗。古代从浔埔港启航走海上丝绸之路将中国瓷器和丝绸等运往海外的货船返航时没有重物压舱会重心不稳，怎么办？浔埔船工看中了海外质地坚硬的牡蛎壳，用牡蛎壳压舱干净又方便。回到浔埔后，他们就参照海外见闻，用这压舱回来的牡蛎壳盖起房子，好看又结实。浔埔渔村至今还有"千年砖，万年蚵壳"之说。

在浔埔渔村海华路这条谧静的小巷子里面，我看到了好多家用牡蛎壳砌墙盖成的大瓦房。海华路829号这家的门牌号下面还有一个木牌，上面写着"浔埔女头饰"，里面也卖浔埔女的花簪围头饰。

浔埔女的特色服装头饰和浔埔渔村的特色蚵壳厝，既见证了这里不但是古代海上丝绸之路的起点，也成就了泉州浔埔渔村的特色民俗文化。

2021 年 5 月 2 日，周日版美国《世界日报》的《世界周刊》配发多幅彩照，发表了我写的《鲁迅故里绍兴 水乡胜景》游记：

鲁迅故里绍兴　水乡胜景

文 / 图：谷世强

在北美华人中，到过有"东方威尼斯"美誉的江南水乡绍兴者，真没有在中国店买过绍兴黄酒的人多；读过鲁迅小说和杂文的没知道阿 Q、孔乙己和祥林嫂的多。而了解宋代大诗人陆游与爱妻唐琬悲剧爱情故事，和他们不朽的《钗头凤》诗篇也是诞生在鲁迅故里绍兴的，更少之又少。绍兴，江南水乡美，雕花黄酒柔，是一座有着 6500 年古吴越文化底蕴的名城，我乘坐高铁来了。

抵绍兴 先吃茴香豆开胃

从入住的市中心饭店走出不远，就见矗立在马路上的秋瑾烈士纪念碑，秋瑾故居也不远。再前面一点，又见马路上高悬的蔡元培故居景区指引牌。拐入旁边一条街道，不经意竟走到周恩来祖居。绍兴这地方，真是人杰地灵，名人荟萃。

走出在市中心的饭店，乘坐计程车起步价很快就到了鲁迅故里。午饭时间，我想着鲁迅笔下的茴香豆和绍兴黄酒，就走进了以绍兴菜出名的"寻宝记"，餐馆外面有好几个头戴绍兴乌毡帽拉洋车的在等客，足见生意比旁边的几家饭馆火。"寻宝记"的服务的确不错，女服务员推荐的清蒸鱼和茴香豆味美，一壶黄酒烫的够热，价格实惠。到了绍兴吃的这头一顿绍兴午餐很符合我的"中国胃"，舒坦。

酒足饭饱，我步入鲁迅故里追寻先生的足迹。这里其实是一条步行街，鲁迅故居等是沿街的名胜。作为绍兴最引以为豪的名胜，鲁迅故里近年被大规模修缮过。街头的鲁迅壁画和名著雕塑如孔乙己先生等也不少。黑色是鲁迅故居的主色调，几乎见不到一丝一毫中国最喜欢的"中国红"；故居大门是漆黑的，外墙颜色也是黑的。

　　后院名曰"百草园"的花园不大，却因着鲁迅的一篇《从百草园到三味书屋》而名扬四海。其实，知道百草园的游客比了解鲁迅故居的还多。从鲁迅故居闲庭信步到三味书屋，主色调依然是黑色，不仅三味书屋黑暗暗的似乎没有一点采光，故里街头的咸亨酒店牌匾也是黑色调的。

　　附近的"老绍兴臭豆腐"牌匾上的字虽然是金色的，但牌匾却是漆黑的。我重温《从百草园到三味书屋》才明白，鲁迅先生其实早就给这里定调了："出门向东，不上半里，走过一道石桥，便是我的先生的家了。从一扇黑油的竹门进去，第三间是书房。中间挂着一块匾额'三味书屋'。可见，当年三味书屋老先生家的竹门也是漆黑的。

　　想着民国时代的鲁迅，我又走进了很具规模的绍兴鲁迅纪念馆。走进展馆，首先映入眼帘的便是坐在藤椅上、神情严肃的铸铜鲁迅塑像。与其它鲁迅塑像香烟不离手不同，这尊鲁迅先生手中即没有香烟也没有书和笔。他身着长衫坐在椅子上凝视着远方，有点于无声处听惊雷的感觉。铸铜雕塑的背景墙上，两行鲁迅手书的镀金诗句画龙点睛："横眉冷对千夫指，俯首甘为孺子牛。"也许，这就是当年毛泽东所需要和欣赏的"鲁迅精神"。

　　走出鲁迅纪念馆，在看了一处花雕酒生产过程的展室后，我不知不觉走到故里出口。此处有一座孔乙己的铜铸雕像，背景墙上写的是鲁迅手书的"多乎哉？不多也！"名句，看着让人忍俊不禁。鲁迅笔下的小人物从孔乙己到阿Q到祥林嫂，在中国可是有大名气和大"政治作用"的。

2019 年 1 月，笔者在绍兴鲁迅故里留影。

这个出口的小码头还有乌篷船可以乘坐。乌篷船是绍兴特有的文化，如同威尼斯水城的冈多拉游船般有名。此处还有一面吸睛的墙壁，墙上有鲁迅先生手持香烟的肖像和当年故里街道模样的画作，上面书写着"鲁迅故里"四个大字。墙的前面是一组铸铜雕塑，很多游客都选择在此与鲁迅"合影留念"。

游沈园 思陆游唐琬悲恋

出鲁迅故里，过了马路就是沈园。我认为，沈园能够被评为国家5A级景区，主要是因为陆游与唐琬的爱情悲剧。从苏州到扬州，中国的几大名园都是清代建成保留至今的；宋代建成并完好保存至今的沈园，可谓江南罕见的骨董级园林了。

拥有800多年历史的沈园本是南宋时期绍兴一富商的私家花园，比扬州瘦西湖那些清代才建起的盐商的私家花园要早出几百年。沈园是绍兴保存至今的唯一的宋代园林，历史价值很高，起初占地70多亩，规模比现在的沈园大很多。

进入沈园观光，园内也是江南园林特有的亭台楼阁和小桥流水太湖石，更有孤鹤亭、半壁亭、问梅槛和琴台等不少景观，我感觉整个园林的建筑美感似乎不比苏州和扬州名园。当然，如同这里的广告词"千年爱情，不老沈园"所说，沈园的魅力在于从宋代传颂至今的大诗人陆游和唐琬的不朽爱情故事，特别是那两首催人泪下的《钗头凤》词，更为沈园增色许多。

我行走在沈园的小桥流水亭台楼阁，耳边回荡的却是陆游的《钗头凤》中那"错，错，错"和"莫，莫，莫"的叹息不止。陆游母亲棒打鸳鸯让有情人天各一方，七年后陆游与唐琬这一对才子佳人又在沈园邂逅，只能给世人留下这《钗头凤》诗词，没有破镜重圆。

据记载，陆游后来又多次到访过沈园，每次游沈园他都会回忆与唐琬的深情。陆游在84岁去世前一年还旧地重游，并留下《春游》诗篇，寄托他对发妻唐琬的一世思念。

柯岩"天工大佛"夺目

第二天，我的旅游重点是水乡风情。我冒着蒙蒙细雨到达柯岩景区，重点是看鉴湖的烟波浩淼景色。俗话说鉴湖八百里，可见其水域十分宽阔。

走进景区公园，就见湖水中矗立着一块高耸巨石，里面被镂空雕刻出一尊佛像，面部表情十分细腻，就连石佛的发型和手指都雕刻得惟妙惟肖；佛的下身与巨石融为一体，凸显古吴越文化自然和谐与高超的石雕技艺。

游览柯岩景区才了解到，此石佛名曰"天工大佛"，从隋代开始动工雕刻，如同愚公移山，经过几代绍兴石匠的锲而不舍，直到初唐才雕出大石佛，历经整整三代人的努力。此天工大佛有 20.8 米高，两耳可以通人，是浙江四大石佛之一。可以想象，在古代没有任何升降机等机械设备条件下，在湖水中完成这样一件巨型石雕是何等的难能可贵。

鉴湖水中回音壁旁的天工大佛石雕佛像。

与水乡绍兴一样，这柯岩景区也很有历史，从 1800 年前的汉代起就是小有名气的景区。如今，因着鲁迅名著而建成的鲁镇，柯岩景区实际上是包括了柯岩、鉴湖、香林和鲁镇四大景点的统称，总面积大约有 6.87 平方公里。

绍兴柯岩景区里面历代石雕很有特色，这是苏杭和扬州景色所不及的。从三国时代开始，这里的开山采石造就了很多石壁和石雕景观，更有很多古吴越文化遗留下来的摩崖石刻。上面提到的"天工大佛"就是景区内石雕石刻文化的精髓。其它代表性景点名胜还有云骨、七星岩、蚕花洞和鉴湖的五步桥，以及南洋泛舟等"柯岩八景"。一年四季柯岩景区的景色各有千秋。

逛鲁镇 化名著为现实

在码头凭门票，我又和几个游客一起乘坐机动船到了鉴湖那一头的鲁镇。在鲁镇码头下船的地方正好就是一座石桥旁边的奎文阁。

登上奎文阁俯瞰鲁镇，阁楼上展出的著名牌匾也很值得一看。绍兴有达官贵人和富豪名士多，御赐等有历史价值的牌匾自然也多。很多牌匾的木板已经裂了，但金字匾额书法木刻一个更比一个好看。

其实，柯岩景区里本来并没有什么鲁镇。只是鲁迅在著名小说《孔乙己》中虚构了一个"鲁镇的酒店的格局，是和别处不同的"故事。鲁迅后来在他的《社戏》，《风波》和《祝福》等名著中也提到过鲁镇，其实那不过是鲁迅对家乡东浦、樊江、东关和安桥头等水乡小镇的印象缩影而已。已成为文坛巨匠的鲁迅说有鲁镇，那就必须得有。当地政府投资1亿多人民币（约1532万美元）兴建了这座鲁镇，其实也是将鲁迅小说中的鲁镇实体化和商品化了。

不过，逛过鲁镇，我觉得在柯岩景区鉴湖之滨建成的鲁镇确有画龙点睛之妙，选址不错，很有水乡特色。游客在品味鲁迅名著和欣赏水乡景色的同时，也有个吃绍兴饭喝黄酒、听社戏和购买绍兴特产的地方，也圆了鲁迅先生的鲁镇梦。

鲁镇更少不了咸亨酒店等餐馆，和专卖地道绍兴酒和特产的酒肆小店，那里也能碰到绍兴黄酒挑夫铸铜雕塑等等，再加上水乡特有的小桥流水亭台阁楼，真是比鲁迅笔下的鲁镇更具有旅游观光特色了。

绍兴柯岩景区里面的鲁镇水乡风光。

2019 年 4 月 7 日，周日版美国《世界日报》的《世界周刊》配发多幅彩照，发表了我写的《舟山群岛 拜佛仙啖海鲜》游记：

舟山群岛　拜佛仙啖海鲜

文、图/谷世强

不知道从何时开始的，舟山群岛在我脑海里面一直是个谜一样的地方，海天佛国岛景海鲜，阳光、海湾、仙山还有海滩，但交通不便，似乎可望而不可及。这些年因为工作出差关系，浙江的杭州和宁波我到过多次，也许也是因为时间关系和缺乏了解，直到今年 1 月中旬，我才圆了这舟山群岛游之梦。

舟山跨海大桥正式通车之前，舟山群岛似乎是远离大陆的世外桃源。"一桥飞架南北，天堑变通途"。如今从宁波开车，不到 2 小时车程就可以轻松抵达舟山本岛的沈家门站了。我趁春节前淡季，在宁波出差后就买了张车票来到舟山沈家门渔港。

我一不自驾二不参加旅游团，不到三天时间将沈家门渔港、普陀山和朱家尖岛游自由行游了个遍，舟山海鲜也品尝了，可谓初游舟山群岛花费不多却十分圆满。除了从宁波、杭州乃至上海现在可以跨海大桥到舟山旅游外，建在朱家尖岛上的舟山机场现在也与上海、北京、广州和福州等地通航了。

沈家门渔港

世界上三大天然渔港之一，就是舟山本岛的沈家门渔港。从宁波启程的大巴车，到舟山的第一站就是沈家门站。从沈家门码头乘船去普陀山、桃花岛和嵊山等岛屿也很方便。我从宁波乘坐大巴车初游舟山群岛，落脚点就选在了沈家门。从我入住的天丰楼酒店，走路 10 分钟就到海边渔港了，正好赶上夕阳下渔舟唱晚渔船返港的场景，很有点新鲜感。

沈家门不大，但沈家门渔港却历史悠久而且名声在外，渔港马路对面，除了饭店就是海鲜大排档。沈家门渔港是长江、钱塘江和甬江这三大江的入海口，集舟山群岛丰收渔船之大成，盛产各种鱼虾蟹和贝类，当地百姓生活在这不缺吃穿的鱼米之乡，似乎特有满足感。出租车司机喜欢对我说，"我们舟山的海鲜好吃吧？"

　　尽管沈家门不大，除了渔港似乎可观光的景点也没什么特别的，但在这里交通便利，作为自由行落脚点很适宜。随着旅游业的繁荣，渔港附近的海鲜大排档虽然鲜活的鱼虾蟹贝看着喜人，但价格并不便宜，就是尝个鲜。舟山群岛海域黄鱼、带鱼、扇贝和膏蟹都盛产，但舟山餐馆做鱼口味有点偏咸。其实，鲜活海鲜清淡做法最能保持鲜美。我入住的天丰楼酒店旁边就是"外婆家"海鲜饭馆，似乎是连锁店，感觉服务和海鲜价格都还不错。与我家乡天津和美国卖的都是冷冻带鱼，只能红烧或者干炸带鱼吃不同，舟山群岛出产刚出水的新鲜的带鱼，特别适合做原汁原味的清蒸带鱼。

　　沈家门渔港给我留下最深印象的，是鲜红的夕阳下渔舟唱晚的美景。渔港对面山上的灯塔在夕阳下也显得特别有特色。说舟山群岛岛屿众多还真是名不虚传。我顺着渔港岸往前面大桥方向溜达出没多远，就见一大型地下通道，乍一看我还以为是地铁站呢。地道比北京长安街的过街地下通道更深，还有电动扶梯，一问才知道是从渔港水下走到对面鲁家峙的人行通道。我饶有兴趣地走了一遍，从对面的鲁家峙方向看渔港对面的沈家门渔港很有意思。这也是我第一次走过水下人行通道，算是初游舟山的额外收获吧！

2019 年 1 月中旬，笔者在舟山本岛沈家门渔港留影。

普陀山

有人说，中国四大佛教名山尤以普陀山为最美。我估计，这是因为普陀山其实是个岛屿，特有海上有仙山苍茫云海间那种非凡的仙境之美。在交通不便的过去，能乘船登上这一方海天佛国净土不容易，所以人们更加向往这世外桃源普陀仙境。

普陀山上的海天佛国摩崖石刻一瞥。

到了舟山的第二天早饭后，饭店的汽车免费送我到沈家门码头。排队凭护照我很快买好了去普陀山的快艇船票，又排队登船，不到 20 分钟就在普陀山码头靠岸了。下了快艇我才明白，原来这普陀山码头大厅也是游览普陀山的入口售票处。

很多乘客大概是经常来普陀山烧香拜佛的香客，进了普陀山都手提着一包包的香轻车熟路往右行上山往他们要去烧香拜佛的寺庙而去。我纯粹是来观光的，就一个人左行往普济寺方向山上走去。在普陀山入口处很醒目的地方，首先看到的是江泽民的镀了金的题词"海天佛国"，篆刻在一块巨石上面。

每年春节前都是普陀山的旅游淡季，据说节后这里会热潮涌动。除了普济禅寺、法雨寺和著名的佛顶山上的慧济禅寺之外，我在普陀山还观光了观音古洞、神话奇迹道场、炼丹洞、梅福禅院、圆通禅林、海天佛国巨石、磐陀石、西天金刚宝石和南海观音等许多禅寺和佛国奇景，再加上从普陀山眺望舟山群岛海天一色美景，感觉自己真是在海天佛国"观自在菩萨"自由行了，善哉、美哉!

跟旅游其它名山大川相比，我感觉一天时间游遍普陀山不但时间从容不迫而且并不辛苦。普陀山本来就不大山也不算太高，游客和香客还可以乘坐黄色的旅游中巴从一个主要景点寺庙到另一个主要景点寺庙，上下佛顶山也有很平稳的索道缆车可乘，车费和缆车票费用不高。

南海观音

虽然1月份是一年中最淡季，但普济禅寺、法雨寺、慧济禅寺乃至一些小一点的寺庙香火也够旺盛，游客和香客也不少，我还碰到了两三批集体进香拜佛献花的。普陀山不算门票等收入，每天接受的捐款奉献和香火钱想必是个非常大的数字。游过法雨寺和佛顶山后，我在普陀山最后一站游到了南海观音，不虚此行。

我一年多前在距离普陀山不远的蒋介石家乡奉化溪口游过雪窦山，也拜过雪窦寺，那雪窦寺的大肚弥勒佛铜像金光闪闪给我留下深刻印象。无锡大佛和香港大佛我也看过，都和雪窦寺的大肚弥勒佛铜像有异曲同工之妙。南海观音像则完全不同。除了她是观音娘娘不是佛之外，这座南海观音铜像坐落在普陀山岛的大海之滨，更有海天佛国的不同。

南海观音铜像下面是祭拜小广场，再下面是入口牌楼，牌楼下面就是南海和岛屿，的确大有观音娘娘保佑南海的神圣感。前来南海观音上香祭拜的人也特别多，尤以妇女最多，香雾缭绕，海天一色，仙境一般。1997年根据当时普陀山方丈释妙善观音菩萨显圣托梦建成的这尊南海观音，高33米，重达79余吨，是目前世界上最大的观音铜像，游普陀山断不可错过了到南海观音一游一拜，风光无限，据说灵验的很。

普陀山与沈家门之间的海上交通非常方便。游罢普陀山，在距离普陀山码头很近的餐馆吃饱肚子，到码头买张快艇船票半小时后就回到沈家门了。

朱家尖

在舟山群岛的所有著名景区岛屿中，朱家尖距离本岛最近，一桥相连，风景有海上雁荡之美誉。从沈家门可以乘坐公共汽车到著名的朱家尖，我自饭店搭计程车到朱家尖的南沙海滨公园，全价也不过60人民币。时间还早，我买了门票进去，金色的沙滩上我大概是第一个游客。春节前的淡季，朱家尖当地渔民开的农家乐饭店和海鲜大排档大多都关门了，马路上不但人很少，连计程车也少见，要是自驾游此时来这里玩交通顺畅，到处都有停车位。

令我喜出望外的并非南沙海滨浴场灿烂阳光下海天一色的海景，而是沙滩上一座座保持良好的大型沙雕。 真是得来全不费功夫。原来我还真不知道舟山国际沙雕节就在这里，而且是如此的专业高水平。都一月中旬了，沙滩上这些沙雕居然还能保持得如此完美，可见舟山群岛气候宜人。这沙雕群，可以说座座独具匠心、座座精美绝伦，完全可以和此时此刻正在北国哈尔滨炫耀的冰雕和雪雕相比美。蓝天，阳光，沙滩，大海与沙雕相映成辉，美极了！

从 1999 年开始，每年 8 月或者 9 月，朱家尖的南沙海滨浴场都要举办舟山国际沙雕节。每年的舟山国际沙雕节主题都不同，从《世界奇观》到《至爱永恒》，从《丝绸之路》到《走向海洋》，从《奥运史话》到《沙雕迪斯尼》，年年新颖，年年杰作频出。

乌石砾滩

我从南沙海滨浴场公园出来后，根据公车司机推荐，在距离著名的乌石踩滩海滨公园不远处的佛学院下车，一边拍照，一边溜达着往公园走去。佛学院崭新的建筑挺有气派，马路两边别墅式洋房很多，似乎都是最近这些年新建的。买票走进乌石踩滩公园，发现这里的游客虽然比南沙多点，但也是门可罗雀。

朱家尖岛南沙海滨浴场公园的沙雕之一。

中国的北戴河、秦皇岛、青岛、大连和三亚海滨我都到过，从美国到加勒比海到南美的很多海滨我也去过，沙滩大同小异不是黄沙就是白沙滩，细腻美感程度不同而已。这乌石踩滩却是海滨石滩，而且是清一色的乌石石滩。

在乌石砾滩，脚下都是乌黑发亮如鹅卵石般圆润的乌石。据介绍，这乌石历史久远，是1亿年前燕山运动时期大自然的杰作。漳州湾大浪淘沙冲浪海底落石，而被海浪打磨得如此光洁的颗颗乌石就年复一年的被冲浪到了这里，逐渐形成了这奇特的乌石踩滩。我懒洋洋地躺在这乌石踩滩上晒太阳，帮助一对当地的新人拍照，眼前是二十多艘停泊在前面不远处的渔船，景色可以说是完全不一样的美。而且，凭门票游客还可以从乌石踩滩免费上渔船到海里游一游，拍拍照，真挺好玩的。

从沈家门登上频繁发车的大巴我要按时返回宁波。浏览忘返和乐不思蜀两句成语最能表达我离开舟山群岛时的心情。这次来也匆匆，去也匆匆，算是圆了我的舟山群岛游之梦，帮我揭开了舟山群岛的神秘面纱。

我一定会再来舟山群岛旧地重游的。那时，我不但会在风景如画的朱家尖岛住上两三夜深度游，游海泳、晒日光浴并且跟渔民出海钓鱼，更会乘船到距离本岛较远的衢山岛、嵊泗列岛、海上蓬莱岱山、东海观音山乃至金庸笔下的桃花岛上住一住游一游顺便将舟山群岛海鲜品尝个遍！

除了海景、佛国、海滨沙滩和海鲜诱人之外，星罗棋布的舟山群岛还是理想的候鸟栖息地和重要的迁徙驿站呢。像黑鹳和斑嘴鹈鹕这样稀少的国家级保护动物也是选择相对安全的舟山群岛栖息，其它要靠这里的小鱼小虾营养繁殖的各种鸟类繁多，是观鸟和摄影爱好者的理想去处。漂亮罕见的鸟儿雄鹰在海滨山间翱翔，那是多美妙的画面啊！

朱家尖岛上的乌石踩滩公园一角。

2018 年 1 月 4 日，美国《侨报》的《文学时代》版头条以半个版面篇幅发表了我写的《苏州有个李公堤》一文：

苏州有个李公堤

（宾州）谷世强

　　中国四大名园中，苏州的拙政园和留园就占了一半。由于我的不少美国客户公司十分青睐苏州靠近上海的工业园区 SIP，这几年，回国出差我也没少去苏州。

　　我到访过拙政园、狮子林、留园、网师园和虎丘、寒山寺。。。游过周庄和同里古镇，但苏州工业园区金鸡湖畔的李公堤却去得较少。1.4 公里长的李公堤是苏州金鸡湖唯一一条大堤，既有历史故事又有苏州完全不一样的美景。尤其是从李公堤到月光码头到摩天轮的金鸡湖畔夜景，美极了。

2013 年 2 月，苏州金鸡湖畔迎春灯会一瞥。

苏州的大堤为啥姓李不姓苏呢？这是因为清朝光绪年间，这里的知县名曰李超琼。当时，水势浩渺的金鸡湖不是什么苏州美景，其汹涌的波涛既能要了当地渔民的命，也常常水淹苏州城。这位李知县官不算大但真敢作为，耗资1.45万两白银建成这座1.4公里长堤，为名城苏州立下大功。为了纪念这位李知县，此堤便有了李公堤大名。如今的的李公堤景区里面，还保留有李公堤碑纪念这位清朝能臣呢。

到过天堂苏州，但却不知道李公堤，则可谓对苏州的审美印象不完整，起码没有与时俱进。几年前的一个雨夜，美国客户到苏州工业园区设立公司招聘主管，朋友开车带我们就近去李公堤晚餐，夜雨朦胧中李公堤一期餐馆周围给我留下了碧波浩荡的印象。

不同于其它大湖，李公堤里面的桥姿态各异，特别适合散步旅游休闲，比如如意桥、朝凤桥、望荷桥、七彩桥和胜龙桥等，一座更比另一座浪漫好看，千姿百态古韵今风，比苏州城里的小桥流水景致更具有大家闺秀般的江南大美。

很多游过留园、逛过拙政园、上过虎丘和拜过寒山寺的朋友，对苏州的印象常是亭台楼阁，小桥流水，荷塘月色中锦鲤成群结队，要不就是观前街的熙熙攘攘以及平江路和山塘老街的小桥、小水、小家碧玉。而有幸游过周庄和同里古镇的游客，对苏州的江南水乡印象也难见大诗人白居易笔下的景观，比如《正月三日闲行》中的"绿浪东西南北水，红栏三百九十桥。以及《登阊门闲望》中的"处处楼前飘管吹，家家门外泊舟航"。

其实，我在拙政园、山塘街和同里古镇都未曾有过"绿浪东西南北水，红栏三百九十桥"的感受，直到邂逅了金鸡湖畔的李公堤才找到了这大美姑苏的感觉。

前不久，回中国出差要在苏州工业园区与美国客户公司亚洲市场主管Alan先生会面并看独资企业，我从上海乘坐高铁到了苏州就直接打的住进了李公堤三期入口处的瑞贝庭酒店。这次，我要好好欣赏体验李公堤的美。

虽然李公堤内的酒店比不上工业园区商务酒店豪华，但位置好，价位好，服务其实也很好。前厅不很大，但前台上点燃着蜡烛，预备着清茶，让人一进门就感到温馨舒适。不大的前厅却有一个电视书吧，等车等人的可以坐在书吧的沙发看电视休息。当然，饭店也有免费WiFi。饭店门外餐馆、咖啡吧、酒吧、美术馆、博物馆应有尽有，评弹声声的茶馆更是曲径通幽湖景浪漫。马路对面就是星美国际影城，没事看大片都方便。

从酒店三楼房间的窗子望出去，脚下就是小桥流水，桥边堤岸上盛开的鲜花叫不出名字，但粉色和白色相间的朵朵鲜花在茂盛的绿叶衬托下分外妖娆。再往远处望，一处处红顶子的洋房有点欧洲风情。不必登高，从三楼的房间极目远眺，越过这些并不高大的红顶洋房和金鸡湖水，映入眼帘的除了蓝天白云就是苏州工业园那几座著名的现代化高楼，尤其是那座新落成的拱门状写字楼，深蓝色的玻璃外墙格外醒目。视野里面，只有这些景致却看不到人群和车流，那份谧静祥和的古韵今风和碧波荡漾美，你在苏州别处欣赏不到。

11月中旬的李公堤，依然柳翠花香，不冷不热。我放下行李，上网收发了几个邮件后，趁着太阳还没有下山，说走就走下楼开逛李公堤！因为酒店在李公堤三期建设的入口处，一出门，马路对面就有免费游览李公堤的敞篷"小火车"。我没有乘坐，而是自己一人闲庭信步地往里面瞎走闲逛。观光品味李公堤，乘坐游览车真不行，必须腿腿地闲庭信步游才能品出味道来。李公堤三期里面博物馆多，会所多，形态各异的雕塑也不少，别有一番不一样的文化品味。

我很少进酒吧茶馆，但对于地方美食情有独钟。而且，我心目中的好旅游景点，既要美景伴美食，又要清净休闲有历史文化底蕴。苏州李公堤就很符合这个标准。散落在金鸡湖畔李公堤一期的得月楼等几家苏州本帮菜餐厅周围的金鸡湖景观美，桥美，垂柳、绿竹和桥边的雕塑都栩栩如生的美。

从酒店出来往李公堤一期走去，途中，出门就见中国基金博物馆，巴塞当代艺术馆还有姚建屏刺绣艺术馆和就在门外的艺术空间等，苏式小桥流水之间的欧式典雅建筑。花开处处，绿竹依然滴翠，游人却门可罗雀，悠哉闲哉，心旷神怡。不知不觉走进了李公堤一期，不经意间就到了各家餐厅、咖啡厅和茶馆后面的湖畔，浩渺的湖水让人感觉心胸开朗，呼吸在氧吧里面一般。站在这里，感觉李公堤不是一条人工大堤，而是一处水榭楼台的小岛，美酒佳肴，咖啡香茗都在岛上。

李公堤的苏州本帮菜馆属阳澄湖大闸蟹鲜美。

　　不论你是站在一期的湖边、桥上赏景，还是在李公堤游船码头前留影，周围360度看都是景。走到此时，逛到此处，有点累了，我这"中国胃"也在呼唤了。这里，有阳澄湖大闸蟹和以苏州本帮菜出名的餐馆多了，我就近步入了门前挂着两只红灯笼的苏城家宴餐馆晚餐。一问，这里的大闸蟹一百多元元（人民币，下同）一只，公蟹比母蟹贵10元，我就要了一只母蟹吃。有蟹没有酒没劲。吃蟹喝啤酒据说不对。热情的服务员推荐我喝当地物美价廉的"塔牌红运"黄酒，红色瓷瓶也十分喜庆。我喜欢江南黄酒，便要了一瓶，服务员给我加热后上来。此时，蒸好的大闸蟹和一屉苏州小笼包上来了，就着这地方黄酒的柔和品尝苏州闸蟹的鲜美，李公堤还给我留下了舌尖上的苏州美好印象呢！

　　我感觉，李公堤是越夜越美丽。白天在李公堤漫步或者乘船游，碧波荡漾的金鸡湖景的确适合拍照。阳光明媚时，宽阔的湖面但见碎银一片；细雨蒙蒙中，泛起道道涟漪的湖水对面，高楼大厦时隐时现，著名的摩天轮感觉就在眼前。夜幕降临李公堤后，李公堤桥上桥下的灯景自然浪漫迷人，而湖那边高层建筑和摩天轮的灯火珊阑处，更有一种莫名的距离美。华灯初放，食客们的汽车开始渐多，咖啡厅和茶馆飘出来的轻柔乐曲赞叹这人间仙境，这份江南美，又让我在揽胜中想起白居易的名句"绿浪东西南北水，红栏三百九十桥。"李公堤的夜，真美。

　　住在李公堤、游在李公堤美，吃在李公堤更美。就在我品蟹的苏城家宴餐馆周围就有得月楼和老东吴食府等著名苏州本帮菜馆，家家大红灯笼高高挂食客如云。从李公堤一期到三期，日餐、韩餐、印度餐、烤鱼烤肉、重庆火锅乃至俏江南、必胜客甚至每晚8点都有朝鲜服务员演唱的大同江歌舞餐厅应有尽有，西餐酒吧当然更有。

　　如果你对留园、拙政园和同里古镇的退思园等小巧玲珑的苏州园林已经看够，住在李公堤的饭店两夜，不用花钱花时间打的跑，就可以从早到晚地欣赏苏州金鸡湖畔更有气势的李公堤景观。白天，可以从李公堤游船码头登船去桃花岛观光，沿途饱览姑苏水城的"古韵今风"。入夜，打的从李公堤到金鸡湖畔著名的月光码头也就是起步价，分分钟就到了。金鸡湖畔月光码头周围的夜景美，与李公堤的夜景美，就象是金鸡湖畔的一对儿孪生姐妹，一样的秀色可餐，不一样的美。

　　我认为，如今游苏州，到李公堤吃饭游逛和到李公堤附近的月光码头赏金鸡湖迷人夜景都是必须的。在月光码头散步，月色皎洁，湖水辽阔，周围的苏州文化艺术中心和湖畔建筑景观色彩斑斓与月光码头的绚丽灯景交相辉映，加上金鸡湖畔景区在中国少见的人少静谧，真让我每次到此都流连忘返，美不胜收。

　　上有天堂，下有苏杭。在我心中，李公堤乃至金鸡湖畔的月光码头正是"美丽中国"这幅油画中一颗冉冉升起的明星。

2018年11月11日，周日版美国《世界日报》的《世界周刊》配发多幅彩照，用两个整版发表了我写的《烟花11月 扬州醉秋菊》游记，也算是为扬州在海外扬名贡献了：

烟花11月 扬州醉秋菊

文/图: 谷世强

似乎中国最美的地方都是州。除了自古享有天堂美誉的苏州和杭州，唐代大诗人李白的一句"故人西辞黄鹤楼，烟花三月下扬州"，更让扬州给世人一种烟花柳絮浪漫美的感觉。

虽然并非"烟花三月下扬州"，但却圆了我的扬州梦。去年11月的扬州不冷不热，瘦西湖青竹滴翠垂柳飘逸，特别是这扬州盛开的菊花，真是美醉了。

扬州市中心的东关古城楼很有气派。

东关老街四大春

11 月的扬州秋高气爽。我预定的美居酒店属法式风格，正好就在著名的东关古城楼旁边。晚上入住饭店后感觉饥肠辘辘，逛街去找美食！穿过东关城门就走进了东关老街。原来这是扬州古运河旁边最有历史的一条老街，也因此街头依然人头攒动，一家又一家的扬州美味飘香。怪不得这淮扬菜名扬四海，扬州真是一座美食伴美景的好地方。

家人在微信里告诉我，扬州"四大春"的美食不可错过。隔天早晨，我跟饭店前台打听，老字号"锦春"就在东关城楼旁边，折合 2 美元，能吃四大春的特色早餐还管茶，扬州美食真是物美价廉。

吴道台府出名流

走出了锦春，本想直接游瘦西湖，看马路对面就是古运河，赶紧过去到运河边走走。没走多远，就见一处门口大红灯笼高高挂，过去一看，通往门口的一长串红灯笼上全都写着"吴道台宅第"。真是得来全不费工夫，随便瞎逛竟然就来到了这江南三大名宅之一的吴道台宅第。

还没到开门时间，我跟看门大爷聊了两句后，他就让我进去看看拍照了。走进吴道台宅第，看得出来是花了巨资近年修复重建的，但江南名宅古韵犹存。

这"99 间半"的道台府现在已然成为扬州名胜之一。道台府建筑雕梁画栋，且颇有书香门第的气息，当然也有一方道台官邸的威严。宅内展出众多"吴门四杰"老照片等文物，很值得一看。

秋韵菊花瘦西湖

游瘦西湖当然是游扬州的首要。买票走入瘦西湖公园，秋色盎然。湖面看上去虽没有杭州西湖浩淼宽阔，但却应了当今越瘦越美的时尚，景点比杭州西湖更加集中。就是乘船游时，岸边园林景色也容易就近欣赏。

我没有乘船，仅围着瘦西湖转悠赏景。步入徐园等景区，也是江南风情的亭台楼阁和石桥景观。

11 月的瘦西湖，没想到一盆盆、一片片，一朵朵姹紫嫣红的菊花会有这样多，争奇斗艳煞，美不胜收。亭台楼阁太湖石与瘦西湖菊花满庭芳，在秋日的阳光下相映成辉，此情此景非深秋时节的扬州瘦西湖莫属，游客争相在盛开的菊花前留影。

　　深秋时节到扬州瘦西湖赏菊，太美了！除了熙春台门前两侧的菊花台上百花盛开外，我从来没有见过的菊花盆景，和装饰熙春台的孔雀开屏形状的菊花，鲜艳漂亮之极。我最喜欢的菊花盆景，是盛开着上百朵黄色的小菊花，气质高雅又独领风骚。这里还有很多盆菊花干脆就垂落下来，菊花一直开放到瘦西湖水里，那真是难得的一景。

　　我这次在瘦西湖看到的二十四桥和五桥亭等景观与苏杭山水一样很有江南风情。而24景之一的白塔远远望去的确很像北京北海公园的白塔，但在扬州瘦西湖又平添了江南美景的韵味。从垂柳滴翠的湖畔放眼望去，白塔与五桥亭一线，游船在湖中荡漾，亭台有菊花装点，宛如一幅油画。

扬州瘦西湖畔菊花盛开。

竹字一半是个园

　　除了瘦西湖，个园也是必游的扬州名胜。门前有"中国四大名园之一"的个园名字有趣。原来，清朝嘉庆年间大富豪两淮盐总黄至筠所建的花园私宅，突出主人喜爱的竹韵，取竹字一半得名个园。我网上查询，似乎比较公认的中国四大名园是北京颐和园、承德避暑山庄和苏州的拙政园、留园。但一盐商私邸就能与这四大名园相比美，足见个园非同寻常。

　　买票走进个园，果然各色竹子营造出的竹林就在眼前。园中的抱山楼、清漪亭、住秋阁、宜雨轩和觅句廊建筑优美，奇石翠竹和罕见植物处处。但个园最为令人称奇的是其独具特色以春、夏、秋、冬命名的假山，意境深远，将江南建筑与园林艺术发挥到了极致，号称四季园。用笋石、湖石，宣石和黄石叠搭配，以不同花草树木构建成的四季园匠心独具真的很美。

鉴真和尚大明寺

在扬州只有周末两天时间。周日下午，去了瘦西湖附近的大明寺。这扬州大明寺非同小可，始建于 1500 年前的南宋大明年间，故名大明寺。"文革"期间多少寺庙被毁，但大明寺受周恩来总理特别关照，对外关闭躲过一劫。大明寺"文革"期间不但没有受到任何毁坏，还在 1973 年建成了鉴真纪念堂。1979 年，大明寺完成了全面维修，重新对外开放。

傍山依水的扬州大明寺风水真好也很大。大明寺文物古迹很多，其中包括御碑亭里面乾隆皇帝御碑三块。这里既能看到中国建筑大师梁思成先生的设计杰作，也能欣赏到近代郭沫若先生题写的"唐鉴真大和尚纪念碑"书法。游大明寺才知道，不仅鉴真大和尚与扬州大明寺渊源深远，星云大师、净因法师和能勤和尚等都与大明寺有不解之缘，是中国著名的古刹名寺。

大雄宝殿前的香炉看上去象是一个铸铜的大鼎，香烟缭绕，香火很旺。大明寺里面的牌楼殿堂和钟楼等可拜访的佛教建筑不少，但我唯独特别喜欢塔高九层、俯瞰瘦西湖的栖灵塔，应是中国佛教建筑的经典杰作。栖灵塔前一块巨石上写有镀金的巨大"佛"字，游客纷纷在此留影以求佛缘。

扬州真是一个值得一游再游的城市，烟花秋菊，好吃的，好玩的，有机会时，我会烟花三月再下扬州的！

2015 年 8 月 13 日，美国《侨报》的《文学时代》版头条配两幅彩照用几乎一个整版发表了我写的《最美高铁与中美旅行差异谈》一文：

最美高铁与中美旅行差异谈

（宾州）谷世强

虽然高铁已然成为中国新名片，我近两年回中国出差也多次乘坐过高铁。但是，当我最近从网上看到"中国最美高铁正式运营"这一新闻标题时，还是不免有点小激动。

啥路线，这样美？网上仔细一查，原来是 7 月 1 日已经正式开通、号称中国最美高铁路线的合肥至福州高铁。一看地图，这条高铁线果然是将我们在美国一直向往的美景给"串糖葫芦"了：高铁离开合肥后，经过巢湖、黄山、婺源、三清山、武夷山一路南下抵达福州，站站名胜，沿线更有看不完的名城和迷人乡镇风光，真美！

也许是我们久居海外的缘故，一旦展开了对家乡名胜想象的翅膀，眼前就美景如画。我想象，阳春三月，全家人回中国探亲度假游。据说，曹操鸡、包公鱼和御笔鳝丝等徽菜，合肥饭馆最拿手。所以，应该先在合肥好好品尝一下"八大菜系"的徽菜，先吃美了我们的"中国胃"再说。然后，我们应该是从合肥的高铁车站乘坐漂亮的"和谐号"，带着春色一路南下。

在巢湖住上一夜，品巢湖湖鲜，赏巢湖落日红霞。而在下一站黄山站，好好欣赏欣赏这"五岳归来不看山，黄山归来不看岳"的天下第一山美景，与"迎客松"合个影，把黄山奇松、怪石、云海和温泉"四绝"体验个够。

3 月的婺源应该正是我们梦想中"江岭梯田上，漫山遍野油菜花盛开"的时节，下车住上两晚，好好在这黄色的油菜花海中美一把！很多人都说江西境内的三清山"三峰峻拔，如三清列坐其巅"景色特别美，必须登山一游。

而高铁下一站的武夷山已到福建境内，看武夷山美景，赏丹霞地貌，喝武夷山大红袍那是必须的！最后一站福州也很不错，游福州鼓山，访名人故里，逛三坊七巷，吃福州小吃，美！

相比之下，中美两国在高速公路自驾游和坐飞机在大中城市间东跑西颠的差距越来越小，但美国高速公路服务区和高速沿线都有含免费停车场的宾馆饭店设施，比较好。当然，下了飞机租车自驾的网络体系和方便程度美国依然遥遥领先。

但是在中国，不但飞机场、连火车站班次抵达等广播都是用中、英文双语，而且高速公路、城市马路乃至地铁车站的路牌也都标有英文，在"与国际接轨"方面并不亚于美国体系。特别是高铁，美国目前还没有，"接轨"也只好与中国接轨了。目前，乘坐美国仍然慢腾腾的内燃机车不但比乘坐大巴和租车自驾昂贵很多，而且不少中小城市和诸如黄石公园、大峡谷等多数知名国家公园等名胜都不通火车。

前两年中国"高铁"热，列车不断提速时，我还很怀疑高铁计划能否成功，也担心过高铁的运营安全。前中国铁道部长刘志军受贿渎职被判"死缓"案和"高铁一姐"丁书苗行贿被判刑 20 年案，特别是这个大字不识几个的"高铁一姐"靠高铁发家的传奇故事，更让人在啼笑皆非间不免怀疑高铁的安全可靠性。所以，虽然家乡天津到北京的高铁开通得最早，但我一直都没敢"冒险"乘坐过。后来因为雾霾航班取消，我不得不改乘高铁赶赴上海开会，才亲身体会到了高铁不但在雾霾中依然安全正点，而且相当舒适可靠。

以前，人们从天津去苏州出差，只能是先飞到上海，然后再转乘汽车去苏州。进出机场租车费昂贵不说，过安检、等航班更是费时费事。如今乘坐高铁从天津启程，到达苏州北站只需要 4 小时 40 分钟，而且很准时。至于价格，很舒服的"二等座"只要 400 多元人民币就可以了。这次 5 月份回中国出差，我从沈阳到秦皇岛，从秦皇岛到天津，从北京到苏州和从无锡回到天津都是乘坐高铁，这些路线比乘坐飞机又快捷又正点。说实话，我真的开始喜欢上中国高铁了，那流线型白色车身的"和谐号"，高速行驶在原野上矫健飘逸的流线型很有美感。

如今出差或者回中国旅游探亲，从苏州、杭州等地去上海办事，从天津去北京拜访客户，乘坐高铁与坐地铁一样方便。就是从我家乡天津乘坐高铁去山东曲阜看孔庙，不到两小时就到了，舒舒服服当天去、当天回一点问题都没有，比乘飞机快捷，还经济划算。说来难以置信，从苏州到上海的"二等座"票价才 35 元人民币左右，"一等座"票价也不过才 60 元人民币左右，10 个美金！

尽管美国的客运火车舒服程度还不错，但因为缺少竞争机制，多年来不但没有开通什么新线路，车速也没有加快，事故倒是不少。

远的不说，就在我上次回中国出差期间，我家所在的费城，一列从纽约开往华盛顿的 Amtrak 客车在正常天气下发生出轨翻车事故，造成 8 名乘客死亡、近 200 名乘客受伤的惨剧。这点路程 Amtrak 的客车需要行车 3 个多小时不说，票价动辄就要 100 多美元，高峰时间段的"头等座"票价更高达 300 多美元！

按照中国高铁速度，从费城到华盛顿不到一个小时就应该到了。每次我在中国国内乘坐高铁时都会想到，要是美国东海岸从波士顿到华盛顿一线，西海岸从洛杉矶到旧金山一线能开通高铁的话，得给沿线美国人节省多少时间，给大气减少多少污染？

撇开高铁不提，文化习惯不同，美国人外出旅游时的确也有很多值得借鉴之处。现在来美国度假游和游学的越来越多了，但来美前就做足了功课，在途中也研读美国旅游和人文历史书籍的华人多乎哉？不多也。在美国机场或是飞往北京的途中、在王府井大街上，都能看见美国游客手捧厚厚的英文版《中国旅游手册》认真阅读，并对着地图仔细查看。很多外国游客虽然第一次到中国，但抵达之前已从书或网上，了解了不少旅游目的地的历史文化知识，实属有备而来。他们聊起故宫、长城和兵马俑，年份和朝代等历史知识常比我们还门儿清。旅途中手不释卷这一点，"老美"的确有我们学习借鉴之处。出境旅游时，多了解研究旅游国的知识，即能游出门道，又能不花冤枉钱，避免除了留影什么也不知道。

此外，因为语言和不熟悉当地情况，很多华人出游习惯于跟旅行团跑。美国东西海岸都有很多5日游、8日游的华人旅游团，虽然经济实惠但都是乘坐大巴，每天车轮滚滚，早出晚归疲于奔命，经常是"上车睡觉，下车拍照，一问啥也不知道"。

在北京、西安和桂林等地，我们也经常能看到单独或者成团的美国游客一边对照着手里的旅游手册，一边游览名胜古迹。对于故宫等景点的英文介绍他们也看得仔细，一天可能就看一个历史名胜，但却真正看明白了，欣赏透彻了，对那段中国历史也搞清楚了，这才叫不虚此行。

我们华人游客到过纽约的不少，但又有多少人仔细欣赏过馆藏极其丰富的大都会博物馆？又有多少人到访过距纽约不到一小时车程的西点军校和哈德逊河要塞呢？到访过华盛顿的游客中，又有多少仔细考察观光过附近的美国历史名城"殖民地威廉斯堡"呢？

其实，只有了解美国历史，才能让我们的美国度假游更有深度，名胜景点等才能品出些名堂来。所以，与其十天八天马不停蹄地在美国东西海岸跑很多城市，不如借鉴美国游客习惯，节省旅费和时间对每一个到访的城市和景点进行深度游，这样，花在高速公路和空中的时间将会更少，也会看得更多、更有深度。因此，我们喜欢走马观花式的海外游＊文化习惯应该休矣。

也许是我们的"中国胃"太习惯中餐了，我们不少来美游客不肯尝试外国美食，就是在很小的城镇也喜欢找中餐馆吃饭。而很多美国游客一到中国，就抱着好奇心到处品尝中国美食。我的美国朋友到北京一定会去吃烤鸭，到天津一定会去吃"狗不理"包子，到广东必定得吃正宗"早茶"。他们对北京全聚德烤鸭、大董烤鸭、鸭王的味道、价格和服务质量都很有见解。真正是入乡随俗，全方位体验旅游地的风土民情。

其实，每个国家都有很多当地"小吃"和饭店大菜很有特色，也很能打开我们的"中国胃"，你不吃不知道，世界很奇妙。出国旅游不容易，如果到了旧金山你还吃宫保鸡丁、到纽约你还吃麻婆豆腐不可，不是耽误了品尝当地美食、了解当地文化的大好时机嘛？

还有一大差异是，很少见过华人旅游团等花时间观赏当地演出。其实，邓小平访美时也看演出，这是了解一个国家文化的重要窗口。笔者许多美国朋友在北京都到过朝阳剧场和天桥剧场欣赏中国杂技，在西安看唐乐歌舞，在北京什刹海酒吧街、上海衡山路、新天地酒吧街和苏州金鸡湖畔酒吧等欣赏钢琴演出。

其实，去一个国家旅游白天看景，晚上看当地的演出，也是了解当地历史文化的好习惯。中国游客到了费城就不能欣赏一下费城交响乐团的演出？到了波士顿就不能到哈佛大学咖啡屋体验一下哈佛的文化氛围？

海外游只有融入了当地的文化氛围，才会游出上等咖啡的浓香。"最美高铁"如今已然领先于世界了，我们华人到美国等海外游的档次、习惯与格调也应该游出我们的大国文化"范儿"了！

2010 年 12 月 29 日，美国《侨报》的《文学时代》版头条配发鸭绿江断桥照片，用半个多版面发表了我写的《从丹东近看朝鲜》一文：

从丹东近看朝鲜

（宾州）谷世强

2010 年 11 月 12 日，我与美国客户公司高层一行 5 人出差去了中国，其中一站是中国最大的边陲城市 —— 辽宁省丹东市。由于丹东机场很小且航班很少，我们得从沈阳乘车去丹东。去之前，我们都以东北会很冷，所以都带了御寒衣物。那天一到沈阳机场，我们才发现天气还真好，一点也不冷，而且还阳光灿烂、蓝天白云的。除了机场，我们便坐汽车直奔丹东。

我到过沈阳多次，哈尔滨也去过两三次，我对东北的印象就是，它有大片的平原庄稼地。不过，这次我们车上坐的 5 个人都是持美国护照，到有点神秘和敏感的边境城市丹东去，总有点忐忑不安和好奇向往的感觉。当年那"雄赳赳、气昂昂跨过鸭绿江"的志愿军就是从丹东过江的啊。

从沈阳到丹东的高速公路路面平坦宽阔、车也不多，我们脑子里面想象的端着冲锋枪的边防检查站竟然一个都没有。比当年从机场开车进"特区"深圳还简单痛快得多。

原以为从沈阳到丹东一路上两边也是适合机械化耕种的东北平原庄稼地，这季节没什么好看的，正好在车上睡一觉。没想到一路上却是山峦起伏，不是已落叶了的果树林子就是梯田似的庄稼地，偶尔也驶过一小片、一小片的村落，屋顶上的烟道都冒着可能是在取暖或者烧饭的炊烟，好一派静静安祥的田园风光。原来从沈阳到丹东高速公路两边这么好看，要不是已入冬季，还真有点下"小江南"的意思。大约在高速上开了一个小时，车过本溪市，我们又看到大钢厂和成片的六、七层楼高的居民楼建筑。山体、山谷和这些建筑物倒也协调。

车越接近丹东，山色也越美，似乎也越暖和了。这里的夏季一定是又凉爽又有青山、绿林、鲜花和梯田相映成辉的美景，着实是休闲度假的好地方。听司机介绍说，我们正经过的丹东凤城市的凤凰山还是中国重点风景名胜区。凤凰山系长白山余脉，最高峰攒云峰海拔 836.4 米，以雄伟险峻、泉洞清幽、花木奇异、四季景秀而著称于辽东。凤凰山山美水秀，还特别适合爬山运动。真想不到这边境城市还是旅游度假的好去处！

就在我们赞美沿途景色不错之际，汽车已进入了丹东市。丹东不比北京、上海，城市的确不大，司机没有费大劲就顺利找到了我们预定的丹东皇冠假日酒店。丹东星级酒店寥寥无几，够五星级的只有这家丹东皇冠假日酒店了。它位于丹东滨江中路中心地段。最吸引我的地方是，饭店就建在鸭绿江畔，从饭店高层的房间就能清楚地了望江那边神秘的朝鲜。况且，滨江中路中心地段还有"丹东外滩"的美誉。

我很快预定了饭店都在 22 层以上的行政楼层房间，以便"近看朝鲜"。还别说，在只有几十万人口的丹东小城，这家饭店还真是不错。硬件与大城市的其它皇冠假日酒店没有什么差别不说，前台的服务员态度和蔼亲切、业务熟练，英文还很好。虽然我们都持美国护照，但在丹东办入住手续与在上海没有什么不同，很快就办好了。房间电视的 CNN 等新闻台照有，有线宽带网速也很快。从我的房间大窗户可以非常清楚地看到江对面的朝鲜。那是朝鲜的新义州。鸭绿江中国边境这边其实根本看不到什么边防部队和哨所，连警察都没有看到，是一派和平景象。中国丹东这边沿江公路上车水马龙，江那边的朝鲜像鬼城一样，见不到活动的车辆，寂静得有点让人毛骨悚然。

饭店上面有专门的行政楼层酒吧。窗户面对着神秘的北朝鲜。酒吧的窗户前装有一部倍数很高的立式双目望远镜，住行政楼层的客人都可以免费使用。

那是个阳光明媚的下午，我站在望远镜前调着焦距、兴奋地了望着对面的朝鲜。从望远镜里，我能清楚地看到朝鲜那边一些低矮、积木块似的民房和一些厂房。能望得到街道，但没有汽车空空荡荡。

望了半天就看到一条街道上有辆卡车似乎是在卸货，晃动着几个朝鲜人的影子。除此之外，什么影都没有望见，真见鬼了！从望远镜里面还可以看到巨大塑像，上面写的文字看不清楚，但肯定是朝鲜的革命口号。跟中国"文革"期间随处可见的领袖和红旗雕塑差不多。

女服务员很是和蔼可亲，又帮我调了调望远镜并帮我拍了几张站在望远镜前、以鸭绿江和朝鲜为背景的照片。她说，"您不用再了望了，对面白天永远就跟鬼城似的，基本看不到什么人和车。也许他们都在上班或在家里面。总是这样。"

不看不知道，到了丹东才感觉到，原来鸭绿江并不很宽阔，河对面的朝鲜真是近在咫尺。距离饭店不远处就是鸭绿江大桥和当年"抗美援朝"战争中被美军炸断的那了有名的"断桥"。

与我一起来谈合作项目的美国公司的几个"老美"已经穿着运动服和跑步鞋在漂亮的鸭绿江江边跑步了。有的当地行人还热情地跟他们打招呼"哈罗"、

"哈罗"。还是今天的和平年代和谐，还是今天的中国一边好啊！

如果有人问你，中国的沿江、沿海和沿边之城是哪一个，你能回答吗？现在你能了，她就是丹东。丹东也是中国版图上最大的边境城市。丹东小啊。与我的家乡天津比起来不论是人口、面积还是工农业产值，丹东都很小。丹东美啊。我看不论是跟江南还是北方名城相比，丹东小巧玲珑也同样很美丽，空气很新鲜，交通不拥堵。

虽然已是 11 月下旬了，东北的丹东却不冷。丹东的朋友自豪地告诉我，这小城市冬无严寒、夏无酷暑，素有"东北苏杭"之美誉，还是中国优秀旅游城市之一。这里有虎山长城为明朝长城东端起点。这里有抗美援朝的断桥遗址和纪念馆。这里连接着中国最神秘的邻国朝鲜，它也是中国人去朝鲜旅游的必经之地。这里有山、有水、有温泉，虽然这里与沈阳、大连相比，经济相对落后，但很有发展潜力和后劲。说丹东是个众多历史痕迹与自然山水和边境文化浑然一体的美丽城市，的确名不虚传。我们是 11 月 12 日下午抵达丹东的，13 日又去工厂考察、会谈安排时间紧张，否则，我们一定会乘坐鸭绿江的游览船顺着中朝边界再更进一步看看这神秘和封闭的朝鲜。

丹东的客户公司在江边市区的一家饭店的豪华包间里面请我们吃午饭。包间的窗户正对着朝鲜，包间里也装设有高倍望远镜，再次了望，朝鲜那边仍然是一片死气沉沉。给我的感觉是，那是一个应该高唱"在没有希望的田野上"之歌才对的、不知道为什么被上帝遗忘了的角落，可它军事上却十分强硬，能让四邻不安、让世界不安。

在丹东，只要你有时间，可以去品尝地道的朝鲜风味菜。说实话，朝鲜菜就那几样，过把瘾就够了，好在很便宜。

入夜，鸭绿江边的中国桥梁彩灯齐放，丹东一侧跟"小上海"似的饭店、餐馆、酒吧和高大建筑灯火辉煌，街上名牌汽车驶来驶去，街头人流熙熙攘攘，很是一派繁荣景象。

我们伸长了脖子往江对面的北朝鲜方向看，握着望远镜看，可惜漆黑一团什么也看不到，只有零星的少得可怜的灯炮光可以看到。看得我们真憋气。想不明白江对岸的朝鲜人每个日夜是怎么过日子的。太黑了、太没有生气了、太让人看不到光明了。

我以前只是知道有一颗大五星的朝鲜国旗图案。到了丹东我才了解到，原来朝鲜的国徽图案乍一看有点中国国徽图案轮廓的意思，但内容和意义完全不同。原来，朝鲜的国徽图案呈椭圆形，里面也有稻穗和红五角星。最有意思的是国徽中间为水坝、水电站、高压输电线架等图案。就是在这样一个表面上又代表农民又代表工人的国徽下面，即使是在靠近中国丹东市的朝鲜新义州也是缺粮又缺电。

不论是丹东饭店的服务员还是我们在丹东的朋友，都告诉我们说，河那边的朝鲜穷着呢，管制严着呢。以前还常有朝鲜人冒死游过鸭绿江想逃到中国。在河那边的朝鲜人眼中，现在的中国就有点当年中国人眼中发达的美国似的。灯红酒绿的丹东在他们眼中就像当年中国想象的纽约一样。也许，丹东就是他们心目中的"天堂"。他们可能根本就不知道还有耶稣基督、还有美国富人心目中的"天堂"呢。

我在结束此文时心情忽然沉重，希望上帝的光也能早日照耀到朝鲜。希望本来无辜的朝鲜老白姓有朝一日也能过上本来应该属于他们的自由、平等和幸福的日子，晚上也能亮起来！

2018年8月12日，周日版美国《世界日报》的《世界周刊》配发多幅彩照，发表了我写的《北戴河：冰火两重天》游记：

北戴河 冰火两重天

文、图／谷世强

七月流火。北戴河海滨也一半是海水，一半是游客，火了！多少年来，盛夏的北戴河经常也是中国政坛的晴雨表，素有"夏都北戴河"之说。论名气，北戴河可谓家喻户晓。毛泽东和邓小平等在北戴河疗养、畅游和决定军国大事的照片和故事广为流传。1954年，毛泽东一首《浪淘沙·北戴河》更让北戴河的波涛伴随着秦皇岛外打鱼船闻名天下：

大雨落幽燕，白浪滔天，
秦皇岛外打鱼船。
一片汪洋都不见，知向谁边？
往事越千年，魏武挥鞭，
东临碣石有遗篇。
萧瑟秋风今又是，换了人间。

中国的夏宫

比朱德和邓小平等都要晚，其实，直到1954年的夏天，毛泽东才来到北戴河休养。为了满足毛不喜欢住小洋楼别墅建筑，喜欢高大的中式平房爱好，北戴河海滨浴场中直疗养院当年兴建的"一号楼"就是一排平房。据记载，毛入住后十分满意，北戴河海滨浴场那优质的细沙和风起云涌的波涛毛都喜欢。其它大人物都走了毛还在北戴河观潮，一直到秋风起兮的1954年9月，所以才有了这首秋风秋雨的《浪淘沙·北戴河》。

如今高铁从北京或者天津到北戴河站只需要一个小时而已。而且，"9.13"林彪乘坐三叉戟从北戴河逃跑的那个后来军民两用的山海关机场也成为历史了。一年前，新建成的秦皇岛北戴河机场已经开始启用了。我去年回国出差到北戴河，就是从这个北戴河新机场直飞上海的，比以前那个老山海关机场简直就是鸟枪换炮了。

毛诗中特别提到的曹操名句"东临碣石，以观沧海"和秦皇岛的"天下第一关"也足见北戴河的历史名胜。就是这样一个京津冀地区的最美海滨，燕赵国度鸽子窝赏海看日出的名胜之地，即使是改革开放40年"换了人间"了，"萧瑟秋风今又是"一点没变。每年9月海水一凉，秋风一响，也就跟着人走茶凉，大批宾馆饭店关门大吉了。北戴河有多少星级饭店、海鲜餐厅和夏季娱乐设施啊！

今年5月份，我回国出差又来到北戴河海滨。"恭喜发财！"我落座后对饭店附近食品街的海鲜餐馆老板客气了一句。没想到，老板很认真地回复我说"恭喜发财什么啊！我们北戴河就能赚夏天三个月的钱。每年就火三个月！"我已经回到美国两个月了，但这句话总在我耳边萦绕着。

这么好的北戴河，难道每年就只能暑期火三个月？中美僵持不下的贸易战令北京更为市场、就业和税收担忧，拓展海外市场也是远水解不了近渴。难道北戴河就不能一年四季火起来，创造出财源滚滚的"拉斯维加斯奇迹"？

发展观光成解药

想起5月份回国到了北戴河，因为海滨浴场还没有开放，喜来登酒店虽然营业，但价格只能是薄利多销了，客源不足。真正盈利满负荷运转也就是六、七、八暑期三个月。九月秋风起兮海水凉，宾馆饭店也就开始人走楼空进入淡季了。一直到来年6月份，北戴河都是好山好水好寂寞。一流的旅游度假资源，一流的海鲜资源，一流的交通设施，但只能挣三个月的钱！

几年前，我一月份到秦皇岛出差。那时的秦皇岛机场还是军民两用的，设施简陋，每天只有与上海和石家庄对飞的一两次航班，冷清之极。北京和天津到北戴河的高铁那时也还都没有，交通不很方便。在秦皇岛出差后我就来到了北戴河想看看冬天的大海。没想到，北戴河的星级宾馆基本全都关门歇业了，只有四星级的新华假日饭店还开业接待会议和散客。

饭店虽然开业着，暖气也有，但感觉实在太冷清了，缺少人气。饭店一楼倒是有个酒吧，除了咖啡和茶，什么都没有，喝饮料要上二楼餐厅。餐厅说冬天冰箱不开，没有冰啤酒也没有冰可乐。没有梧桐树，哪里会有凤凰来！就这人去楼空的北戴河，再能"东临碣石，以观沧海"，再有天下第一关的山海关和鸽子窝看日出美景，过了暑期也吸引不来多少游客。就是跟深圳和上海比，北戴河的思想观念也还落后一条街，还没有真正的服务生财观念。

一回想这事我就觉得可乐更可叹。在新华假日饭店简单晚饭后，我到饭店外面走走。一月份的北戴河，夜幕好像比繁华的上海降临的早一两个小时，挺宽的大马路上没人不说，汽车都少，除了冷清就是冷清。打到一辆空转的出租车，我说去最热闹的商业区看看。没想到司机说"您这是愁死我了，就怕客人要看北戴河热闹点的地方，我们真没有啊！"。无奈，只好随便开车在市区转转，开灯营业的寥寥无几。真如司机说的，在北戴河，晚上想找家像点样的饭店吃饭都难，只能去秦皇岛，跟暑期火爆的三个月比简直就是冰火两重天。

2018 年 5 月，笔者在北戴河海滨留影。

只赚 3 个月

我在北戴河畅想，既然迪斯尼乐园、好莱坞大片和 NBA 篮球赛等都能漂洋过海到香港、上海乃至全中国赚钱，很多海内外华人又都喜欢去赌城拉斯维加斯和澳门娱乐度假游，北戴河的地理位置如此之好，旅游设施如此完备，交通如此便利畅通，为什么就甘心每年只赚暑期三个月钱呢？思想还是不够解放！

美国著名的拉斯维加斯是块啥地方呢？别说高铁就是今天也没有，乘飞机到美国首都华盛顿和纽约、费城等大都市也要好几个小时才行。拉斯维加斯就是美国西部沙漠上的一小块绿洲，前不着村，后不着店，水源都困难，更别说海滨浴场了。1931 年美国经济大萧条期间，为了度过难关，就是在这片沙漠绿洲上，地方政府立法支持，大胆的资本家、冒险家、投资家看好这块与加州接壤的沙漠绿洲，大笔投资将拉斯维加斯建设成为美国最大的赌城、娱乐城和会展城，街上霓虹灯、音乐灯光喷泉、海盗船表演活力四射，越夜越热闹，海内外游客蜂拥而至，拉斯维加斯不但火了同时也财源滚滚的发了！一年四季的火，一年四季的发，吸引来世界各地的大笔不动产投资，华人投资的拉斯维加斯中国城也成气候了，是美国西部品尝舌尖上的中国的好去处。拉斯维加斯的中国城后来居上，从地道广东早茶到川味坊，从云南过桥米线到辣妹子湖南湘菜，应有尽有，绝对的吃货天堂。

美国东海岸佛罗里达州有个小城叫做奥兰多，人口至今也只有20万人，名扬四海。奥兰多不靠博彩赌场，一年四季访客游客照样如云。奥兰多即没有能与北戴河比美的海滨，也没有"天下第一关"这样名胜，夏季还特别热，但旅游收入财源滚滚。为啥？就因为这座远离大都市喧哗的小城旅游宾馆设施齐备，建有奥兰多自然中心、橙县历史博物馆、国际会展中心、哈利花园、特别是名扬海内外的迪斯尼世界、海洋世界、环球影城和冒险岛乐园等，成为美国乃至全世界旅游度假、蜜月旅行特别是大型国际展会议趋之若鹜的胜地，一年四季都火。

如果北戴河能成为大陆的"娱乐旅游业特区"，旅游、美食、娱乐、会展、演艺、Outlets购物和主题公园等绿色无烟产业投资跟上，能特批开放一点博彩业更好，一年四季都火爆并非异想天开、天方夜谭。关键是思想解放。"夏都"就不能"换了人间"发展成为利国利民的娱乐之都？如此的话，除了巨大的经济利益之外，还可以大大缓解北京的交通和人流压力呢！水涨船高，宾馆、饭店、酒吧，出租车等行业更加发达，挡都挡不住，北戴河会成为吸引海内外投资的热土。

2014 年 10 月 19 日，周日版美国《世界日报》的《世界周刊》配发十多幅彩照、用四个整版发表了我写的《承德旧地游 令人惊艳》游记：

承德旧地游令人惊艳

文、图／谷世强

时间应该定格在 1985 年。那是婚后我与太太第一次一起"出远门"旅游。我们先从天津乘火车到北京游览了颐和园等，然后又从北京乘火车去承德游览"避暑山庄"。那时，从北京到承德根本就没有高速公路，旅游度假在中国还是一个新鲜词。我们那次在承德玩了好几天，只感觉山区挺美、"避暑山庄"挺气派，但承德市啥模样一点印象都没有留下。

今年 6 月 13 日，入夏的北京终于没了雾霾，晴空万里。上午 9 点，承德一公司派来的汽车准时从北京市中心的饭店接上我后直奔承德而去。汽车很快就上了直通承德的高速公路。汽车在高速上很快出了北京进入了河北省地界，路上车辆越来越少，山是越来越多。

我的思绪瞬间回到了 1985 年的承德行，弹指一挥间，30 年了，不知承德变成啥样了？

绿化成效显著

我还没到承德，首先就感到从北京到承德穿山越岭的高速公路路面质量似乎不错，公路两边的群山现在都是郁郁葱葱的，绿化植被成效显著。

我们的汽车路过遵化县一带时，放眼望去，只见山上到处都是栗子树，每棵栗子树上都结满了栗子，看来今年秋季遵化栗子又要大丰收了。

笔者家乡天津市著名的糖炒"小宝栗子"，就是用遵化栗子糖炒后出售。这"小宝栗子"并不太大，出锅后的每一粒糖炒栗子，都是那么油亮铮亮，入口香软绵甜。只要是有"小宝栗子"卖的季节，我每次回国出差途径天津，都忘不了排队买一两盒"小宝栗子"带回美国，人见人爱。

所以，当我从车里往山上看着这些已经果实累累的遵化栗子树，心里感觉甜滋滋的。

车子过了遵化县界，邻县的很多山上也种植了不少栗子树，估计也会沾光遵化栗子的大名畅销海内外。据说，这遵化种植栗子已经有 2000 年历史了，除了在中国畅销以外，还大量出口到日本等国家，享有"东方珍珠"美誉。北京首都机场免税店里，我们看到的袋装的"天津甘栗"，也是用遵化栗子加工的，口味不错。

好山好水好空气

过了唐山地区的遵化，欣赏着沿途的座座青山，眼前就看到了一条大河。朋友告诉我说，这就是滦河，承德县就要到了。

记得 70 年代天津的自来水又咸又难喝，后来，老市长李瑞环给天津人办了一件大好事，那就是"引滦入津"，自滦河引来的好水到了天津，不再喝咸水了，沏茶也能品出味道来了。所以，我这个"喝海河水长大"的天津人，对这滦河还真有点感情。

经过二个小时多，我们就从北京顺利抵达了承德县。一下汽车，我首先感觉到这里的空气品质比北京、天津等大城市真是好太多了，赶紧深呼吸几口。据说，虽然北京和河北省冬季雾霾特别严重，但承德县这里因为是群山环绕，空气流通好，没有雾霾。

我望着这里的满目青山和饭店旁边宽宽的滦河水，及沿着河边新盖起来的成片居民楼，想到随着高铁也要兴建，交通进一步改善，相信会有越来越多的北京人退休后愿意来承德县这里买房养老，享受山区的好空气、好风光。

真没有想到，安排我在承德县城入住的饭店真不错。这家新开张还不到一年的君安凯莱大酒店建筑有气派，门前的小广场上还有一个很大的金牛，小广场后面就是滦河，滦河后面就是青山。我看这饭店就是在北京、天津这样的大城市也够上星级了。有意思的是，这县城的饭店如今也能收美国等海外发行的信用卡，付账很方便。

来承德市游"避暑山庄"和看"外八庙"时，不妨抽一两天时间来承德县这里小住，感受山区县城的绿色乡土气息。

农家饭新鲜美味

我到达承德县当晚，看完工厂后，我们来到当地的农家院，吃正宗的农家饭。这"朝梁子农家饭庄"是一个典型的河北农家院。院里正厅门上挂着八个大红灯笼迎客，喜庆吉祥。

我们围绕着屋里的大圆桌子入座后，酒菜很快就上来了，都是很乡土的美味：新摘的黄瓜青菜，饭店当天自制的"大豆腐"，用当天早上现杀的猪炖出来的红烧肉，还有用滦河鲜鱼做的大汤红烧鱼，外带一盘油炸小河虾，味道好极了。

主食除了农家院自家包的饺子外，那用新鲜玉米面贴的上面金黄、下面很脆的农家贴饼子真是特别香脆，在美国有钱你也买不到。

难忘板城烧锅酒

这顿在承德县吃的农家饭，最让人难忘的是与老朋友们一起喝"板城烧锅酒"。这白酒用当地高粱、小麦和纯净水酿制，真是好酒。

承德县出产的板城烧锅酒，之前因为推销不够，"养在深闺人不识"，但两杯下肚后，保证会说这酒真好！

为什么叫"板城烧锅酒"呢？原来，这里的上板城和下板城都在承德县。据说，当年乾隆皇帝来承德避暑，带着宠臣纪晓岚微服私访到了板城。途经下板城的一家"庆元亨"的酒馆门前，酒香扑鼻。

乾隆与纪晓岚走进了庆元亨，喝了几杯酒馆自酿的烧锅酒后，觉得此酒不但好喝，而且回味无穷。于是，借着酒劲诗兴大发的乾隆皇帝，口出上联"金木水火土"，让纪晓岚对出下联。纪晓岚也借着这酒劲巧妙对出下联"板城烧锅酒"。

没错啊！板城这地方出的烧锅酒，不是应该名叫"板城烧锅酒"吗？最绝的是，"板城烧锅酒"这五个字的偏旁正好包罗了皇帝爷上联的"金木水火土"。真是绝对啊！酒美，对联佳，乾隆爷就乘兴挥毫御笔将此对联写下赐予了庆元亨酒馆，"板城烧锅酒"从此声名大噪。

我听说现在生产的"板城烧锅酒"仍沿用当年的传统生产工艺，绝不含糊。正因为如此，"板城烧锅酒"才有如此的入口绵、甜、爽、净，香气和口感俱佳的特点。

避暑山庄值得一游

在承德县住了一夜考察完工厂后，老友朴总特意安排我到承德市区看看这里的新变化。从承德县城开车十几分钟就进了承德市，眼见到处都是高楼大厦，从北京、天津等地开来的旅游大巴也多，俨然是一座很有规模的旅游城市。等高铁建成通车后，用不了一小时，从北京就到承德了。

熟悉中国历史的人都知道，承德避暑山庄是清代皇帝避暑和处理政务的场所，有点像毛和邓时代的北戴河，是清朝的"夏宫"。规模宏大的承德避暑山庄始建于1703年，历经清康熙、雍正、乾隆三朝，耗时89年建成。这次重游承德我才知道，原来所谓的"中国四大名园"，就是北京颐和园、苏州拙政园、留园和承德避暑山庄。可见承德"避暑山庄"的地位。所以，回国旅游观光，承德避暑山庄实在是应该前来看一看。

承德普宁寺"小布达拉宫"里面的香客在烧香拜佛。

普宁寺香火鼎盛

承德除了有清朝皇家 "避暑山庄"出名外，围绕着避暑山庄如群星拱月般在山坡上建筑的"外八庙"，其实更吸引游客。虽然与今日中国"反恐"和"维稳"所面临的挑战不同，当时大清朝为了团结蒙古、新疆、西藏等地区的少数民族，利用宗教笼络人心，由皇上亲自恩准、投入大量人力物力在承德兴建的"外八庙"也是用心良苦。这"外八庙"虽然不在北京，但建筑之宏伟和民族宗教特色之大乘绝对是大手笔。可见，清朝的康熙、雍正和乾隆等皇帝也是深明得人心者得天下的大义，治国方略也是很讲究政治的。

因为时间有限，承德公司的老朋友朴总等就带我参观了"外八庙"中著名的普宁寺和"小布达拉宫"。

如今，在中国参观寺庙到处都得缴钱，与在欧美游客可以免费进出参观教堂很不同。我们首先是在普宁寺的收费停车场缴费停车。然后去售票处买门票进入普宁寺参观。

刚走进普宁寺，就见眼前很多人手举着点燃的"高香"面向正殿，在香炉前虔诚地顶礼膜拜，口中都念念有词。夏日骄阳之下，普宁寺的香火真够旺盛，寺里面有很多卖香的摊位，寺庙外面也有很多兜售卖香的，烟雾缭绕的普宁寺，给人的感觉是商业气息有点浓厚。

不过，这普宁寺还真有皇家寺庙气派，占地 5 万 7800 平方米，由普宁寺和普佑寺组成，取普天之下安宁、保佑天下众生之意。虽然正在维修，但普宁寺内供奉的金漆木雕佛像千手千眼观世音菩萨至今仍然是世界上最大木雕佛像，真是十分的高大。

普宁寺当年是模仿西藏名寺庙所建，藏族寺庙建筑特色明显，里面驻有喇嘛。参观普宁寺，给我留下深刻印象的是该寺近40米高的大乘阁，宏伟壮观，建筑艺术和建筑技术都十分了得。在普宁寺的出口处有很多小卖店，卖各种佛教物品如佛像、佛珠、玉坠和纸扇等，很多游客在这里选购佛教和工艺品等图个吉利。

小布达拉宫气势宏伟

因为工作关系我至今未到过西藏，但承德的小布达拉宫已然规模不小了。其实，"小布达拉宫"的"大名"是普陀宗乘之庙，是承德外八庙中规模最为宏大的建筑群。因为全庙建筑风格和气势都模仿了西藏拉萨的布达拉宫，所以人们就干脆称其为"小布达拉宫"。久而久之，能随口说出普陀宗乘之庙正名称的反而少了。

虽然承德是清朝皇帝避暑的地方，但6月中旬我们参观小布达拉宫那天，正赶上艳阳高照，我们顺着楼梯登上小布达拉宫的金顶时，也是满头大汗、气喘吁吁。我不知道西藏拉萨的布达拉宫规模多大，反正这承德的小布达拉宫占地25万7900平方米，建筑形式汉藏结合，依山就势，层层升高，在当时肯定够得上是名副其实的高层建筑了。

虽然盛夏时节登上小布达拉宫的顶层够热够费力，但你一旦登顶立刻会有一种高高在上俯看天下，一览众山小的感觉。站在小布达拉宫很有宗教气势的大红台上远望，视野十分开阔，远处的棒槌山等景色一览无遗。我们参观小布达拉宫时正好是周六上午，门前正在大兴土木进行大规模修缮，但并不影响游客买票进来参观。小布达拉宫门口有一对很大的石头雕刻的大象，据说是象征吉祥和佛教大乘派的法力无边。

买票进入小布达拉宫后，首先映入眼帘的是由红、黄、黑、白、绿五座喇嘛塔组成的五塔门，特别有西藏寺庙特色。在承德"外八庙"中，建筑规模最为宏伟的莫过于小布达拉宫了。留给我印象最深刻的莫过于建在这三层建筑群顶层的万法归一殿。

那天上午阳光明媚，当我们顺着小布达拉宫里面的楼梯拾级而上，终于到达顶部的大红台时，哇！眼前的万法归一殿的金顶真是金光闪闪，耀眼夺目。这金顶是用镏金的鱼鳞铜瓦片层层覆盖而成，比真的金鲤鱼还美丽。我们站在金顶前面的琉璃瓦红墙前面，仔细欣赏了鱼鳞状金顶的美丽和别具一格，在这里拍了好多张照片。

如今的承德与30年前我第一次看到的承德早已今非昔比了，交通快捷方便，旅游设施齐全。下次回国度假时，我还想再到承德一游。

2019 年 1 月 20 日，周日版美国《世界日报》的《世界周刊》配发多幅彩照，发表了我写的《黄果树、尼亚加拉东西大瀑布 PK》游记：

黄果树、尼亚加拉东西大瀑布PK

文、图 / 谷世强

真正世界知名大瀑布其实并不多，北美当属尼亚加拉大瀑布（Niagara Falls），属全球三大瀑布之一。中国贵州的黄果树瀑布虽然算不上世界最大瀑布之一，但其知名度正所谓"隔着门缝吹喇叭"：鸣（名）声在外，尤其是在华人圈。既然这两个瀑布华人都最熟悉，不妨将东西方的黄果树瀑布与尼亚加拉大瀑布在这里 PK 一下，来一番身临其境的瀑布大比美。

黄果树景区要门票

众所周知，从美国一侧或者加拿大一侧观光尼亚加拉大瀑布都免门票。不论是白天观光还是来看灯光夜景，走下汽车很快就可以走到尼亚加拉大瀑布跟前尽情欣赏了，且旁边儿主街上饭店、酒吧、餐馆乃至赌场都有。到大陆贵州看黄果树瀑布，高铁虽然已经直通到安顺市，交通方便多了，但必须凭本人身份证或者护照买门票才能进黄果树景区观光，成人门票 160 元人民币一张，外加景区大巴车票 50 元，一共约合 30 美元一人。不过，如果超过 60 岁，就可享受老年人免票待遇。

黄果树瀑布景区门口售票处的售票员说，"建议您买一张景区巴士票，里面很大"。于是，我就愉快地花了 50 元人民币买了一张景区巴士票，开始了我 10 月中旬一个周末的黄果树瀑布游。

喀斯特地貌之奇

与游尼亚加拉大瀑布下了汽车就看大瀑布不同，黄果树瀑布则深藏不露，很有东方美景曲径通幽、高深莫测的神秘感。从景区乘大巴然后步行，最后还要乘扶梯下行几层楼高之后，才能欣赏到黄果树瀑布藏身于喀斯特地貌山峦之中的美貌，羞花闭月。而这个寻美过程，这种盼美的期待，更让黄果树瀑布显得更加难得一见。

我去过一次桂林，对喀斯特地貌美略知一二。这次乘坐高铁从我出差的湖南湘潭进入贵州，过贵阳到安顺，满眼都是看不完的喀斯特地貌，山形奇特，连绵不绝，农田、茶园与果树鲜花散落其间，耕牛与农夫依稀可见，云雾缭绕在不高的群峰之上，似仙境一般美不胜收。据说，高铁驶往终点站昆明途中到处都是云贵高原喀斯特地貌美景。

黄果树瀑布景区周围独特的喀斯特地貌风光，可以说是得天独厚，非尼亚加拉大瀑布周围风光可比。所谓喀斯特地貌，其实就是岩溶地貌，此处不但风光旖旎，而且有很多特大特美的溶洞和天坑，在中国广西和云贵高原很常见。

就在黄果树瀑布所在的贵州，风光独特的喀斯特地貌美景还有水帘洞、织金洞、龙宫，荔波喀斯特水上森林、赤水丹霞地貌以及苗寨等等，好玩好看的高颜值景点名胜很多；而尼亚加拉大瀑布周围，主要就是多伦多市区景观名胜。

就在距离黄果树瀑布几十英里远的紫云格凸河附近的一个巨大溶洞里面，至今还隐藏着一个充满神秘色彩的穴居部落，也就是传说中的"最后的穴居"部落 —— 中洞苗寨，居住着 21 户人家，共计 83 口人。

2018 年 10 月，笔者在黄果树瀑布前留影。

我从黄果树瀑布门口登上景区大巴车，第一站是陡坡塘瀑布，第二站是天星桥，最后一站才是黄果树瀑布。

走进黄果树瀑布景点后才发现，想揭开盖头欣赏到黄果树瀑布的音容笑貌还要往山里面走好一段路。越是不容易看到，越是神往。途中有条两边都是奇花异树的小路非常值得驻足欣赏。

这里，数以百盆的奇树盆景比我在其它地方见过的盆景都更加新奇秀美。不但造型特别争奇斗艳，两边树形特别的稀有树种也难得一见。而穿插在其间的怪石景观，有的像罕见太湖石，有的我根本没见过。盆景奇树后面的小山坡上爬满了大片的仙人掌，宛如置身于植物园里。银杏、樱花、蜡梅、金弹子盆景和周围的紫薇等树种交相辉映，还没看见黄果树瀑布，就先欣赏了一番景点的植物造型之美。

深幽瀑布含蓄美

我站在黄果树瀑布前试图比较尼亚加拉大瀑布。如同世界级选美大赛，一个东方佳丽，一个西方美女，谁比谁更美呢？还真难定论。前者如一位亭亭玉立、长发飘柔的中国佳人，含蓄玲珑，秀色可餐：后者如奔放狂野的西方美女，似脱缰野马，赛冲锋女足，波澜壮阔，气势磅礴。黄果树瀑布美的含蓄多彩有品味，尼亚加拉大瀑布美的直来直去震撼轰鸣。

黄果树瀑布的深藏含蓄美很有中国特色，就是你走到了跟前，还要购买电扶梯票下行到深处，才能抵达山脚下的水边看到黄果树瀑布从天而降的尊容。这里没有任何高楼大厦，只有水边绿草丛中一尊徐霞客坐姿石像，让这位中国清代著名地理学家、旅行家和文学家能年复一年地定睛仰望欣赏他最爱的黄果树瀑布"飞流直下三千尺，疑是银河落九天"。

2018年9月，笔者与二哥嫂和世斌弟在加拿大尼亚加拉瀑布合影。

尼亚加拉横跨美加

　　我曾多次与家人同游尼亚加拉大瀑布。最近一次是在 2018 年 9 月 1 日。还记得那天天气很好，天空湛蓝，白云如絮。我们从多伦多郊外出发，开车很快就到了距离大瀑布很近的收费停车场。

　　从停车场走过一条餐馆酒吧林立的商业街，大瀑布赫然映入眼帘。我们一边尽情欣赏感受尼亚加拉大瀑布的波澜壮阔气势如虹，一边不停地拍照录影，似乎只有录影才能录下这大瀑布的浩浩荡荡与振聋发聩。站在出水口拍摄呼啸而下的瀑布，很快就感到天旋地转，此时此刻，我大彻大悟地明白了当年印第安土著为何称这大瀑布为 Niagara Falls, 那是印第安语"雷神之水"的意思。从天而降的碧水滔滔，如雷霆般震天动地。

　　我在彩虹桥美国一侧的尼亚加拉看大瀑布多次，但只有在加拿大一侧才更能够更近地看到、听到和感受到尼亚加拉大瀑布的震撼大美。

　　不论是在加拿大一侧还是美国一侧看尼亚加拉大瀑布，我们看到的其实是大小不一的三个瀑布。我们通常说的马蹄瀑布最大，全部都在加拿大一侧，也被人称作加拿大瀑布。 马蹄瀑布宽 670 米，落差 57 米，因为瞬间水流量巨大而呈碧玉般的青色。中间稍小一点的中瀑布和她旁边被称作"新娘面纱"的小瀑布都在美国一侧。

　　由于美国一侧的中瀑布和小瀑布瞬间出水量没有加拿大一侧的马蹄瀑布那么巨大，映入我们眼帘的瀑布流水呈蓝色，也很美。的确，站在加拿大一侧看大瀑布最美，最动感，也最震撼。

尼亚加拉瀑布加拿大一侧景观。

磅礴大美气势如虹

世界三大瀑布都有一个共同点，那就是都跨越了两个国家。除了尼亚加拉大瀑布是美加两国共用共有之外，地球上最宽最大的伊瓜苏瀑布 (Iguazu Falls) 将南美的阿根廷和巴西两大国的热带雨林美轮美奂地连成了一片。世界第二大的维多利亚大瀑布 (Victoria Falls)，又野味十足地让东非赞比亚和津巴布韦成为了非洲最迷人的旅游热点。所以，来北美、去南美、游非洲零距离欣赏这世界三大瀑布的雄伟壮观，总是在六个国家中选择落脚点。

瀑布，是从天而降、落差巨大的流水，它的美源于流水量巨大，且看南美的伊瓜苏瀑布，每秒水流量是 1746 立方米，东非的维多利亚大瀑布水流量是每秒 1088 立方米；而我眼前的尼亚加拉大瀑布，水流量是每妙 2407 立方米。换句话说，美加边境的尼亚加拉大瀑布，每小时从两个国家往一处河流倾泻的水流量高达 866 万多立方米。

仅从水流量看，似乎北美的尼亚加拉大瀑布应该名列世界第一，但由于瀑布群宽度、高度和流速不同等原因，伊瓜苏瀑布和维多利亚瀑布的年总水流量仍高于北美的尼亚加拉大瀑布。所以，尼亚加拉大瀑布名气虽然大，但排位只能屈居老三。

子曰："智者乐水，仁者乐山"。全世界最大最美的瀑布，常常都是大自然手中水与山河湖泊相映成辉的杰作，美不胜收。中国咏瀑布的诗词中，最受人追捧的莫过于唐代大诗人李白的《望庐山瀑布》：

日照香炉生紫烟。遥看瀑布挂前川。

飞流直下三千尺，疑是银河落九天。

在读万卷书也行万里路的李白眼中，庐山瀑布美如天降，匹练飞空，飞流直下，荡气回肠，大有"疑是银河落九天"之美。可惜的是，李白一生与这世界三大瀑布无缘，没有看过伊瓜苏、维多利亚瀑布，特别是水质无比清澈的尼亚加拉大瀑布，李白再有诗人丰富的想象力也想象不出这三大瀑布那万马奔腾，银河倒泻，波澜壮阔，气势磅礴，水声震天的壮观美景，否则一定会留给世人更加壮丽诗篇。徐霞客到过黄果树瀑布，那也只是发现了黄果树瀑布不同凡响的秀美而已。他们大概都无法想象出像尼亚加拉大瀑布这样的世界级特大瀑布气势如虹到何等程度。

尼亚加拉大瀑布与庐山瀑布不同，也与黄果树瀑布很不一样。比较尼亚加拉大瀑布而言，庐山瀑布和黄果树瀑布水流量都太小了，婷婷玉立但震撼感不足；美轮美奂但雄伟恢弘气势不够。我眼前这雄伟震撼无比的尼亚加拉大瀑布，则让我不禁想到了金声玉振这个中国成语。孟子云，集大成者，金声玉振之也！

尼亚加拉大瀑布这从天而降的滔滔碧水难道不正是如江河湖海一样永恒的集大成者吗？

赏瀑布思惜水资源

水能载舟，亦能覆舟。前段时间，北卡州遭遇的"佛罗伦斯"飓风，中国广东沿海遭受"山竹"台风，两者所带来的狂风暴雨和洪水泛滥让人谈水色变。但是，水给我们人类带来的不仅仅是大瀑布无以伦比的大美和我们赖以生存的水源，其巨大的功能还为我们日夜发电，灌溉不止。

美国尼亚加拉大瀑布水电站始建于1881年，可以说是世界上最早的水电站，为当地的面粉厂和居民用电提供可靠而且又廉价清洁的电源。

至今，美国一侧的尼亚加拉水电站依然可以满足纽约州10%的供电需要。

加拿大一侧也同样建有水电站，但规模要比美国的小很多。如果是在美国一侧观赏尼亚加拉大瀑布，不妨顺便去参观对游人开放的尼亚加拉水电站，上一堂关于水的科普课。

加拿大和美国淡水资源丰沛。看一眼世界地图不难发现，在美国和加拿大东海岸交界处有五个巨大的湖泊。这五大湖，一个更比一个大，在地图上的蓝色水域堪比海洋。如果以水域面积来比较的话，五大湖中的苏必利尔湖 (Lake Superior) 最大，其次是密歇根湖 (Lake Michigan)、休伦湖 (Lake Huron)、伊利湖 (Lake Erie)，最后是相对面积最小的安大略湖 (Lake Ontario)。

除了知名的密歇根湖完全在美国境内之外，五大湖中的其余四大湖均为美加两国共有。就这五大湖，竟然是全球地表淡水的21%。我们眼前的奔腾不息的尼亚加拉大瀑布的巨大流量，落地后就直接奔流到安大略湖东岸的圣劳伦斯河 (St. Lawrence River)。据介绍，安大略湖目前是全球排名第14的大湖。没有如此丰沛的水资源，就形不成尼亚加拉这样气吞山河波澜壮阔的世界级大瀑布。

横跨美加两国的尼亚加拉大瀑布一年四季游客不断，但春夏秋季没有大雪天气最好。从多伦多开车到大瀑布也就一个多小时车程。而加拿大一侧的尼亚加拉镇宾馆饭店林立，赌场餐馆酒吧齐全，还有儿童游乐场等，比美国一侧的尼亚加拉更受游客追捧。

尼亚加拉地区有很多葡萄庄园，有些庄园的住房对外出租，有些更大的葡萄庄园还有很大的餐厅，适合举办婚礼等大型活动。

《圣经》的"创世纪"说神用六天造世界，第七天为安息日。神在按照自己的形象造人类之前，第一天让世界首先拥有的就是水与光。但是，我们已经步入的这个信息时代，人类面临的最大威胁正是水资源短缺和污染问题。

根据专家预测，到2025年，世界上将会有三分之二的人口严重缺水。其实，目前全世界已经缺乏干净饮用水的人数何止十亿八亿？大瀑布远水解不了近渴，没有了淡水，大瀑布不但会消失，生命也将终结。所以，尼亚加拉大瀑布和黄果树瀑布都代表了水资源的大美，如同杨贵妃与西施，难分仲伯，各领风骚，各显其美。

我们爱瀑布的大美，更爱水资源的珍贵。没有水，人类创造的所有文明与财富将会一文不值。所以，俯瞰这滚滚而下的尼亚加拉大瀑布，仰望这匹练飞天的黄果树瀑布，我都在心底里面祈祷，让我们每一个人都像爱看瀑布美和爱惜自己眼睛一样爱水吧！

Chapter 7

台湾印象

从 2018 年起，因为客户项目需要，我连续三次到台湾出差，从台北、台中到台南、高雄，宝岛台湾给我留下深刻印象。于是，我写了这篇《印象台北》游记：

印象台北

(美国) 谷世强

几回回梦里游台湾，阳光、沙滩和海天一色的景象，有时像我到过的复活节岛，有时象是巴巴多斯，更有时象是香港和新加坡的夜景。2018 年 3 月下旬，为客户选择供应商项目，我如愿以偿地踏上了宝岛台湾。

除了旧金山每天有美联航直飞台北的航班外，似乎美国其他城市都只有转机才能飞台北。"三通"后，北京、上海、天津和大多数大陆省会城市都可以直飞台北，有的还可以直飞高雄，非常方便。

圆山饭店今昔

我很庆幸第一次到台北能选择入住圆山饭店。蒋介石、宋美龄时代，圆山饭店饭店就如同北京的钓鱼台国宾馆。就是今天，圆山饭店和台北 101 大厦依然是台北的名片建筑。我真喜欢圆山饭店，因为她是非常典型的中国宫殿式建筑，那中国红的颜色令人难忘。

我是从携程网上预定的圆山饭店一个普通标准间，差不多 100 美元一晚，包早餐和免费 Wifi，性价比不错。

圆山饭店在台北那是家喻户晓，14 层楼高的大屋顶宫殿式建筑入住过很多政要名人，新加坡已故总统李光耀就入住过圆山饭店 24 次之多。美国前总统艾森豪威尔和克林顿也曾在圆山饭店下榻，足见该饭店的历史地位。

圆山饭店的非凡历史地位和雄伟瑰丽的中国宫殿式建筑，对包括中国大陆游客在内的华人极具吸引力，现在已经变成了旅游宾馆。台湾早已经少有"国宾"了，蒋介石、宋美龄早已经作古，市场经济经济下，台北圆山饭店变成了今天的普通旅游宾馆也实属无奈。因为饭店建在台北剑潭山山头，整个建筑多处采用尽显尊贵的龙形雕刻，琉璃金瓦，如同故宫太和殿的大厅金碧辉煌，圆山饭店在台北还享有"龙宫"美誉。

我住在圆山饭店里面，更感觉这饭店高高的大厅的确很像北京故宫的大殿，地面上铺设红地毯，一根根粗大的立柱都油漆成红色，再加上中式花盆盛开的鲜花和一架三架钢琴，又与故宫大殿的格调完全不同。

中式建筑台北圆山饭店一角。

台北圆山饭店富丽堂皇的大厅。

圆山饭店的悦耳的音乐不绝于耳。我入住的那个周末下午，就见大厅中央两名身着红色丝绸衣裙的女演员表演，一个吹笛子，一个弹古筝，悠扬动听。晚上我外出返回饭店，又赶上了钢琴和萨克斯演奏，足见圆山饭店不同凡响。

圆山饭店门前还有一处典型的中国牌坊，吸引不少游客拍照。都说圆山饭店的台湾红烧牛肉面色香味俱全，而我却十分青睐圆山饭店的早餐，不但星级酒店早餐的西点面包和中式蒸食都地道，每天早餐都有的烤台湾红薯又香又甜，跟北京街头的烤红薯很有一比。

对了，在台北自由行旅游观光乘坐捷运地铁快捷方便又很便宜。圆山饭店还有通勤车往返于捷运圆山站和饭店之间，计程车也多，出行十分方便。

台北士林官邸，感受岁月沧桑

已故国民党元老、书法家和诗人于右任先生，1964 年在台北去世前写就的《望故乡》诗词，将人在台湾心系祖国大陆和海峡两岸近而远之的关系跃然纸上：

> 葬我于高山之上兮，
> 望我大陆。
> 大陆不可见兮，
> 只有痛哭！
> 葬我于高山之上兮，
> 望我故乡。故乡不可见兮，永不能忘。
> 天苍苍，野茫茫，
> 山之上，国有殇。

我曾到访过蒋介石和蒋经国先生的故乡浙江奉化溪口，得知蒋介石其人非常恋家，从家乡的雪窦山、雪窦寺到蒋氏故居和当地学校，到处都可以看到蒋介石对于家乡的眷恋。所以，想必人在台湾的蒋介石晚年，心境很可能一如于右任先生的《望故乡》。

我到台北后放下行囊首先拜访的就是士林官邸，去看看蒋介石和蒋夫人宋美龄在台湾的住所。也许是因为故宫、中南海，或许是受白宫、白金汉宫影响，反正在台北我第一个最想看的就是士林官邸，受宋美龄影响，也是基督徒的蒋介石从这里升天堂的。

一部中国近代史，不论谁写，毛泽东与蒋介石都是叱咤风云人物，决定了大陆与台湾的命运乃至今日海峡两岸关系。

还不错，我赶到士林官邸时，距离闭馆还有一个多小时，赶紧买票进去参观。士林官邸是台湾的"古迹"，官邸房间里面不允许拍照录像。我在入门处领取了录音解说器，边走边看边仔细聆听解说器的中文讲解，还有当年蒋夫人宋美龄在美国的英文演讲录音片段呢。

士林官邸尽管是蒋介石的"白宫"，但蒋夫人宋美龄的身影无处不在。官邸的墙壁上不挂西方油画，也不挂古今国画大师佳作，悬挂在墙壁上上的几幅中国画都是宋美龄的佳作，其中一幅有蒋介石亲笔题词的山水画我觉得非常好。工作人员告诉我说，这是蒋夫人画的蒋介石家乡奉化溪口的雪窦山风光。我到访过奉化溪口，也去拜访过雪窦山的雪窦寺。知蒋介石者宋美龄也！

蒋介石一生自诩是孙中山"三民主义"的信徒和继承人。但是，受蒋夫人宋美龄家庭影响，蒋介石也是一名有《圣经》信仰的基督徒。作为国民党党魁，蒋介石信奉基督教也不是秘密。我参观士林官邸才知道，蒋介石晚年最爱看四本书：《圣经》、《三民主义》、《沙漠甘泉》和《唐诗》，其中两本都与基督教信仰相关。解说器介绍，蒋介石去世后，宋美龄就将这四本书陪葬了。

2018年3月，笔者在士林官邸前留影。

所谓士林官邸，包括有我正在参观的蒋介石与宋美龄起居生活的"馆舍"，还包括有馆舍周围的招待所、做礼拜的凯歌堂和慈云亭景观。在台北市中心闹中取静的士林官邸距离总统府很近。

尼克松作为美国副总统访问台湾时，曾经被安排超高规格在士林官邸下榻，被奉为上宾。士林官邸室外是一片不大不小的园林。园林那边还建有一座结构简单、规模也不大的教堂，名曰凯歌堂。别看这凯歌堂十分简朴，但它是专门给蒋介石和宋美龄做礼拜建造的。当年，身为美国副总统的尼克松也曾经在凯歌堂里面聆听过台湾牧师的布道。美国前总统艾森豪威尔也在凯歌堂听过布道，很有历史。只是，尼克松当上美国总统后就到北京拜访了毛泽东，不但实现了中美建交而且也终止了美国与台湾的外交关系，令蒋介石心寒。

蒋夫人留美并说一口流利英文，从抗战到台湾，国民党与美国关系密切，但蒋介石一生却一次也没有去过美国，其中的酸甜苦辣和五味杂陈我在士林官邸似乎能体会出一二分。

士林官邸不大，进门后的走道上有《世纪之爱 – 蒋中正先生与宋美龄夫人大事纪年表》展牌，吸引了不少游客驻足观看，上面有大量的蒋介石和宋美龄生平照片，尤以蒋在家乡奉化溪口和抗战的照片居多，很多都是第一次看到。出了士林官邸不远处就是台北著名的士林夜市。

中正纪念堂建筑有气势

就我在台北看过的所有建筑而言，中正纪念堂建筑群和自由广场最有气势也最具中国建筑特色，纪念堂定时的礼兵仪式更是最吸引本地人和外来游客的的节目了。如今的台北，不但很难见到蒋介石和蒋经国父子的塑像，甚至于蒋家父子的照片都少见。中正纪念堂也许是台北唯一还在每天纪念蒋介石、缅怀孙中山遗训的地方。

这台北自由广场也是中国式建筑风格艺术的集中展现。从中正纪念堂俯瞰下来，两座像北京宫殿的建筑很抢眼球。而纪念堂本身的洁白色中式建筑，深蓝色的双层屋顶，给人以北京天坛建筑风格的感觉，又有南京中山陵的特色。自由广场两侧的那两座宫殿式建筑，一座是台北国家戏剧院，另一座是台北国家音乐厅。加上我入住的圆山饭店，蒋介石和蒋经国时期的台北名片式建筑，凸显中国传统建筑艺术特色。中正纪念堂和圆山饭店的建筑设计师都是杨卓成先生。

三月下旬的台北，阳光直射自由广场，没遮没挡的。我拾级而上，一口气跑上了中正纪念堂。回首一看，感觉自由广场挺有规模和气势。

步入纪念堂，迎面是身着中式长衫的蒋介石不戴帽子坐在座椅上的全身铸铜塑像，栩栩如生。纪念堂高高在上的穹顶正中央，是青天白日的国民党党徽。慈眉善目的蒋介石座像身后是白色墙壁，上面镌刻着科学、民主、伦理六个大字。

　　纪念堂墙壁上还镌刻有镀金的《总统蒋公遗嘱》。蒋公塑像在纪念堂各个视角观看都很"中正"，坐东朝西，据说座像遥望的前方正是蒋公有家难回的中国大陆。自由广场原名是中正纪念堂广场，民进党的陈水扁当上台湾"总统"后，将其改名换姓为"自由广场"了。

　　纪念堂的蒋介石座像两侧有两面青天白日旗帜，两侧各有一名头戴白色钢盔的礼兵持枪守卫。白天，每当整点十分，一队换岗礼兵就会从电梯里面出来，走到座像前面一通耍枪表演，很受观众欢迎。有人到纪念堂来不看别的，就看礼兵表演，觉得很帅。

　　如同到南京必看中山陵一样，我认为游台北必游中正纪念堂。这里无声展现的也是台湾近代史，不容错过。到自由广场交通很方便，除了计程车和公交外，捷运地铁在中正纪念堂有车站。广场两侧的国家戏剧院和国家音乐厅里面也有珍珠奶茶冷饮和热咖啡店可以休息。

2018 年 3 月，笔者参观台北自由广场时在中正纪念堂前留影。

细游台北故宫博物院

　　台北游最热门儿的，当属台北故宫博物院。我很多次到访过北京故宫，一直风闻台北故宫有很多从北京弄到台湾的顶级国宝珍品，这次到了台北，游台北故宫当然是重头戏了。

北京故宫的辉煌建筑当然搬不到台北。到了台北故宫门前，映入眼帘虽然是典型中国宫殿式建筑，还有一个白色的牌楼，上面是黄绿颜色的琉璃瓦，正中央有孙中山先生"天下为公"四个镀金大字。不过，台北故宫没有北京故宫的雄伟建筑群、城墙、角楼和三大殿，规模和气势自然比不了北京故宫。台北故宫的全称很够范儿：国立故宫博物院。

首先，在炎热的台北，在空调凉爽的室内仔细品味欣赏一件又一件的故宫珍藏、清朝皇帝御笔十分享受。台北故宫分为南院展区和北院展区，文物古迹珍品的确很多，包括华人游客趋之若鹜的所谓镇馆之宝翠玉白菜和肉形石等。

我感觉，台北故宫的布局、展品分类、历史沿革、展区光线环境乃至名人轶事电子解说都下了功夫，很有水平，跟北京故宫的珍宝馆有一比。

台北故宫开放参观的故宫文物国宝真是一桌无以伦比的中华历史文化的盛宴。从历代陶瓷珍品、名人字画玉器、清朝皇帝起居注册孤本、乾隆爷御用玉碗、真金佛像、明清宫廷家具、世水晶球、罕见牙雕多层球、皇帝诏书、御批玉玺、青铜器、郎世宁新媒体艺术展、"内府"瓷器、明永乐年间的甜白莲花纹梅瓶到夺目的凤冠玉佩、玉手镯、如意和进贡洋玩意，皇家珍奇异宝，令人大饱眼福，大开眼界。

台北故宫的多媒体网站做得也很好，暂时还去不了台北的不妨浏览看看台北故宫的多媒体网站"过把瘾"。馆藏文物70万件的台北故宫，从新石器时代至近代，其珍贵文物展品跨越了8千年的历史长河，是传承中华历史文化的名胜。

2018年3月，笔者在台北故宫博物院门前留影。

松山慈佑宫的感慨

台湾令我印象深刻的是到处寺庙，信什么的都有，佛教、道教为主，其他各种信仰五花八门。有 2 百多年历史、香火旺盛的松山慈佑宫，就位于台北饶河夜市入口处。

似乎是与著名的饶河夜市强强联合，这松山慈佑宫在台北大名鼎鼎香火旺盛。我一走出饶河夜市的捷运地铁站，眼前就是松山慈佑宫，街边是一长溜的慈佑宫的狗年花灯，祈福添丁旺财福满门。

这慈佑宫据说接近道教却并非正宗道教。寺庙建筑很有台湾宗教信仰特色，屋顶脊梁上满是巨龙和福禄寿三官等塑像，神兮兮的有点诡异。据说，松山慈佑宫因为灵验，信徒很多，拜松山妈祖。与香港不同，台北寺庙教堂比银行多。什么佛教、道教、妈祖、基督教、天主教、伊斯兰教、犹太教、长老会、天帝教和一贯道等应有尽有，不一而足。我在台北市中心看到这样一幅大红横幅："本宫备有考试及格符，欢迎考生前来参拜索取（非常灵验）！"信则灵。只有 2 千多万人口的台湾，共有大小寺庙教堂 1 万 6 千多座，密度世界第一！

逛饶河夜市之前，我先走进松山慈佑宫看看。慈佑宫殿堂的确不小，大殿上方的飞龙舞凤镀金雕刻穹顶，很有佛教大寺庙气派。穹顶下面，供台之前，不但有老年人双手合十顶礼膜拜，更多的是年轻人在虔诚跪拜，还有带着孩子跪拜的，香烟缭绕，都是信仰满满虔诚跪拜松山妈祖的。

台湾"总统府"大楼。

松山慈佑宫始建于乾隆年间，因为在台北市区靠近基隆河，香火曾经更加旺盛。我看到殿堂屋顶挂满了一串又一串的红灯笼，往里面走还有专门的烧香处，两侧更有登记求签问卜和买高香的柜台，楼上还有为信徒举办的讲座等，宗教与商业气氛伴着香火让人疑惑。

疑惑间我看见一位 20 几岁穿着漂亮的女孩过来，手持一炷香，一个劲儿地在保平安的妈祖神像前顶礼膜拜，磕求保佑。我猜想，这女孩也许是失恋了，求妈祖保平安？

晚饭时分，慈佑宫里面上供的、随缘的、许愿的、求签的、烧香的、拜妈祖的人真不少。当我逛完饶河夜市大约晚上 9 点多钟去捷运地铁站时，又见慈佑宫门前人群熙熙攘攘，门外在燃放了鞭炮，信徒们在敲锣打鼓吹唢呐欢送三辆大巴车去什么地方修行去，车上以中老年妇女为最多。妈祖保佑！

台北 101 大厦

我的书桌上至今还摆放着"把 101 带回家"的台北 101 大厦纪念照。纪念照右上角印有"爱上 101，乐在观景台"字样，下面还印有"幸福共游 101"。有两张放大彩照的纪念册背面印有"TAIBEI 101：白天动感 夜晚感动"，挺美。

第一次登陆台湾，台北桃园国际机场给我留下的第一印象是老旧和建筑设施平平，难比大陆的一流机场，也比不上香港和新加坡机场。但是，台北机场地面交通很方便，出了机场巴士、计程车，捷运地铁去台北市区很方便快捷。论城市建筑，台北的摩天大厦比上海和深圳等差远了，市中心的台北 101 大厦至今是台北第一高的城市名片建筑。

"9.11"前，我曾陪同父母亲朋等多次上过纽约的世贸大厦。我感觉，台北 101 大厦的高速电梯更好，号称世界最快当年绝不是吹牛。我买票排队，上了站满了人的电梯去 101 层的观景台。电梯启动后，解说员开始讲解吸引注意力，但我还是能感觉到高速上升的失重感。电梯以每分钟 517 米速度很快就平稳登顶，神速！

从顶层俯瞰台北市，楼房多是火柴盒式的公寓以及写字楼和酒店等，平淡无奇。视野可以看得很远，景色尚属不错，远处的河流和不高的山峦尽收眼底。台北的楼房和住房建筑密集，一看就是个人口数量不少的大城市。台北松山机场距离 101 大厦真是很近，但桃园机场就望不到了。

台湾岛地震和台风都不少，台北 101 大厦建筑结构设计当然是安全第一了。纽约世贸大厦和帝国大厦似乎都不开放摩天大厦的阻尼器给游客看，但台北 101 大厦开放，我还在这据说是世界第二大的巨型阻尼器前留了影，终于看到了也明白了百层摩天大厦顶层的阻尼器啥模样和有啥功能。

101 大厦顶层卖的珊瑚工艺品和瓷器十分精美，价格不菲。楼下商场卖的凤梨酥等台湾特产生意红火。似乎是地下一层，都是餐馆和台湾特色小吃，人也不少。有意思的是，台北 101 大厦门外的雕塑景观，竟然是跟费城市中心的标志性雕塑红色 LOVE 一模一样的 LOVE 雕塑，也是大红色，可见美国对台湾的影响之大。

如果将台北的城市建筑视为一场恢弘的钢琴交响音乐会的话，台北 101 大厦鹤立鸡群，毫无疑问的就是这场音乐会的哪家钢琴。而摩天大厦林立的纽约、上海、香港，很难说哪座摩天大厦建筑当之无愧的就是那个城市建筑群乐队里面的钢琴。这就是今日台北。

我打卡台北 101 大厦时，还赶上了门外六七个台独分子举着台湾独立旗帜在造势，旁边还有三个身穿黄色上衣、戴黄色帽子的法轮功妇女在练功吸引人关注。不过，台北人似乎早已经见怪不怪，年轻人手拿着奶茶、冰激凌过来过去熟视无睹。

打卡西门町

人在台北，才知道日本对台湾的影响这么大，不仅仅就是一个李登辉。我入住的台北圆山饭店，就是在日治时期的日本神社旧址上建成的。就在台北总统府不远处，有个白天热闹晚上更热闹的西门町，地名就很日本。我逛的台北别处夜市，午饭前来到西门町商街一逛的。这日治时期红火的西门町，如今有捷运地铁站出口，日本料理多，商场多，大幅电子电影广告多，年轻人特别多。

我走进西门町时，正是午饭时分，熙熙攘攘的热闹程度堪比饶河夜市。与饶河夜市和士林夜市不同的是，这里台湾美味和名牌专卖店挺多，购物环境好，是台北有名的高档购物休闲商圈。西门町有名，还因为这里有一条"电影节"，不但影院多而且一些台湾电影就是以西门町为背景拍摄的。

我在西门町商区逛来逛去，纵横几条街都有日本餐馆料理，生意似乎都很红火。什么上禾町烧肉，梅村日本料理、岚山食肆、东京烧串酒场、三味食堂等等，恍如在日本逛街的感觉。出了凸显日治时期台北历史外，西门町商圈已然国际化，大陆风味餐馆也有，甚至还有川菜街、美国街和纹身街等。

我以为，西门町年轻人多正是因为这里不同于其他夜市，不但可以吃到考究的日本料理和正宗川菜，还能购物名牌和欣赏到最新好莱坞大片。与西门町一街之隔的红楼和红楼广场名气也不小，是定期举办西门红楼创意市集的地方，可以买到民间文化创意作品，难怪红楼前面也是游人如织。逛完西门町后我才知道，西门町附近的台湾"总统府"，其实也是日治时期日本人的办公楼建筑，应属于殖民地遗迹。

我几次到过台北桃园机场，却更喜欢台湾岛南部的高雄机场。我也曾逛过士林夜市，但却更喜欢西门町商圈的现代商圈氛围和休闲环境。我近年三次出差台湾去拜访的公司企业都在台中和台南。作为世界名城之一的台北，可圈可点可看的应该还有许多，有机会我期待着再到台北旧地重游。

2018年9月16日，周日版美国《世界日报》的《世界周刊》配发多幅彩照，发表了我写的《逛台湾夜市》游记：

逛台湾夜市

文、图/谷世强

如同不到长城非好汉，台湾也有一句"没到过台湾夜市，就称不上到过台湾旅游"。久闻台湾夜市文化，今年到台湾出差领教了。3月份和5月连续两次到台湾出差，白天拜访客户，晚上没事儿把台中和台北的著名夜市逛了个够！

这几年食品街、大排档在大陆火爆，而台湾夜市，简直就是每天晚上都要赶的大集，是食品街套着食品街，大排档连着大排档，横七竖八连成一片，各种美食和台湾小吃小琳琅满目，让我大开眼界也大快朵颐。

美国的中国城一般都有台湾珍珠奶茶和台湾牛肉面，与台湾夜市的规模宏大和好吃好喝好玩的之多相比，简直"大巫见小巫"。夜市里面光是各色珍珠奶茶和特色油炸臭豆腐等就不知道吃哪一家风味的好。什么台湾蚵仔煎，蚵仔面线、卤肉饭，肉圆，胡椒饼、台中蜜豆冰、新竹肉圆、深坑臭豆腐等等，真是不胜枚举，太多了！台湾夜市到了今天，已然发展成为了观光夜市，上海小笼包、福州鱼丸、山东鸭头、蒙古烤肉、天津葱抓饼乃至日本和韩国料理都有，而且价格超便宜。

台中逢甲夜市 吃撑了

在台湾大城市台中，与逢甲大学比邻的逢甲夜市无人不晓。我慕名到逢甲夜市一看啊，真是不看不知道，一看吓一跳！这夜市与我们通常概念的食品街不同，是由很多条纵横交错的街道形成集市，热闹非凡。台中的交通还挺畅通。晚饭时分，乘坐公车慕名前往逢甲夜市，还没有到跟前就堵车缓行了。马路两边都是商铺，霓虹灯招牌闪烁，大车、小车、电动车和摩托车蜂拥而至。原来，逢甲大学孕育出来一个逢甲夜市，而逢甲夜市又孵化出来一个逢甲商业圈，是台中最为活跃有生气的经济增长点。

2018 年 3 月，笔者在台中逢甲夜市边吃边逛。

到了逢甲夜市，人头攒动，各色台湾小吃摊位一个接着一个，一眼望不到头的样子。入口处，逢甲国际观光夜市的灯光横幅十分抢眼。就在入口处不远，现烤现卖的台湾胡椒饼从烤炉里面散发出来的香气，真让我食欲大开。我也排队买了一个尝尝，味道好极了！一路往逢甲夜市里面走，看到对胃口的就买点尝尝，现烤的台湾活虾串，鲜美！刚出锅台湾红茶臭豆腐，闻着臭，吃着是又香又过瘾！珍珠奶茶，好喝！到了后来，看到什么大肠包小肠，三妈臭臭锅，台湾烤鱿鱼和各种海鲜卤味，实在吃撑了！

台中还有好几个规模小一点的夜市呢，但逢甲夜市属于必逛。

台北著名夜市那就更多了。我想，同是"民以食为天"文化熏陶下的台湾，小吃文化盛行可能与台湾岛一年四季都比较热有关。大热天的，谁愿意在家里煎炒烹炸啊？白天忙碌了一天，谁不想吃点既有中国美食色香味，又清爽便捷还便宜的晚饭呢？于是乎，原汤原味解饱又开胃的台湾牛油面不但在台湾火，就是费城中国城也少不了。

游逢甲夜市，我还了解到，从大清朝起福建和广东的农民就到台湾帮助开荒发展农业。在一年四季大部分时间都暑热难耐的台湾岛开荒，劳动强度之大、体能消耗之高可以想象。于是乎，各种方便田间地头吃的冷热小吃就被生意人送去叫卖了。而后，随着庙会文化，又形成了小吃集市，再后来就规模化发展成为台湾的夜市观光产业了。

台北士林夜市 人气旺

台北据说有十大夜市，也有说游台北必逛七大夜市的，都是首推饶河夜市和士林夜市，规模最大。台北捷运地铁挺方便，虽然稍微拥挤一些，但快捷还便宜。我乘坐捷运地铁不但逛了著名的饶河夜市和士林夜市，还到台北故宫等很多著名旅游景点逛了逛，感觉夜市才是台湾游的特色亮点。

因为从蒋介石的士林官邸出来，走路溜达就到了士林夜市了，所以我在台北先逛的是士林夜市。这士林夜市不但规模的确很大，而且是台湾代表夜市。夜幕刚刚低垂，一车车的旅游团就陆续来到夜市凑热闹了。再加上像我一样的散客和当地食客，交通又特别方便，这士林夜市越夜越热闹。如果论夜景美，台北比香港、上海甚至苏杭、重庆乃至我家乡天津差远了。但若论夜市，这士林夜市之大、各色台湾小吃美食之多和人气之旺，就像台湾水果，美味多元。

虽然士林夜市地上和地下两层美食餐点多多，四面环海的宝岛台湾海鲜不少，炒蛤蜊、油炸螃蟹、章鱼丸子和鳝鱼面线等海鲜美味很多，年轻人排队等座的特色菲力牛排更吊胃口。我要了一客菲力牛排还带奶油面包汤，浇满汁的烤牛排下面是面条，面条旁边是一个单面煎蛋，蛋黄金黄，以铁板烧形式上来，还吱吱作响，色香味俱全，非常好吃还过瘾，饮料免费。

台北士林夜市一摊贩正在油炸臭豆腐。

在士林夜市闲逛，炸臭豆腐的，蒸小笼包的，煮台湾面线的，烤台湾胡椒饼的，空气中弥漫着一种只有台湾夜市才有的小吃味道，很有韵味。游客如织，年轻人成群结队，的确是观光台湾的好去处。我边逛夜市，也偶尔忍不住买一份没有吃过的台湾水果品品，来一杯特色珍珠奶茶喝喝，再买一串海鲜串边走边吃，感觉好爽。

夜市才是台湾百姓和食文化的荟萃，到台湾旅游，绝不可以错过游当地的著名夜市。

台北饶河夜市 美食赞

我在台北也乘坐捷运地铁去逛了台北著名的饶河夜市。知道黑龙江省乌苏里江西岸有个饶河县吗？台北最大、最著名的观光夜市就叫饶河夜市。 是巧合吗？不是。我认为饶河夜市名称的由来，与1949年大批国民党官兵和家属从大陆跑到台湾有关。包括少帅张学良，多少原来东北军的官兵和亲属都到了台湾，家乡饶河岂不顺理成章地成为了台北的新地名，而台北的饶河夜市也让饶河这地名在台湾家喻户晓。不但台湾夜市小吃的口味与大陆的南甜北咸、东辣西酸相合，台北地名很多也是跟大陆一摸一样，地方警察局也叫派出所。在饶河夜市熙熙攘攘的人流中，欣赏各色小吃美食，听着台湾人用挺标准的普通话叫卖，我想到了少帅，也想到了当年的东北军。

论规模，我感觉这个饶河夜市其实比士林夜市还要大。饶河夜市的旁边就是一条大河，河边乘凉闲逛的不少，情侣散步的也挺多。只是，这条大河不是饶河，是台北著名的基隆河。不知为何，我望着宽阔的基隆河，脑海里想到的却是台湾建省后的首任巡抚刘铭传。这个西太后恩准的清朝能臣，不但在台湾抗击法军入侵在基隆港立下了有争议的奇功，兴建台湾铁路和开发基隆煤矿，也是功在基隆。但眼前这滚滚的基隆河，可曾还记得首任台湾巡抚大人刘铭传？

还记得我逛饶河夜市那天是3月25日，礼拜天。原来，周末是台湾夜市最火爆的日子。诺大的夜市人流如潮，叫卖声不绝于耳，各种美食烤肉烤鱼烤虾和油炸臭豆腐的味道汇集到鼻息，感觉特别享受。

最乐的是三个印度哥们儿在卖印度烤饼。不大会笑的印度人却很聪明。他们将中国人的炒菜铁锅反过来用扣在煤气灶上面，已经被用的锃亮的锅底烙饼正好！

看来我们中国人炒菜的铁锅，在台湾被印度人"技术引进"改用锅底烙饼了，中为洋用。台北"外劳"很多，夜市上也能品尝到印尼人的烤肉，马来西亚人的烤串和菲律宾人的水果拼。

台中的逢甲夜市旁边就是著名的逢甲大学，有点大学城夜市的感觉。这个规模巨大的饶河夜市周围没有什么大学，却有一个闻名台湾的慈佑宫，香火旺盛。我印象中的台湾，除了夜市多和夜市大之外，就是寺庙多，信什么的都有。

台北火爆的饶河夜市外面，有200多年历史的松山慈佑宫建筑气派。祠庙外面的街边，是一长溜的狗年花灯，祈福添丁旺财福满门，也为慈佑宫造势。这慈佑宫寺庙建筑很有台湾宗教特色，屋顶脊梁上满是巨龙和福禄寿三官等塑像，装饰很有台湾宗教特色。据说，这信徒很多很灵验的松山慈佑宫不是佛教寺庙，拜的是松山妈祖。

台北著名的饶河夜市一入口处。

从台中到台北，感觉台湾的寺庙比银行多。佛教、道教、妈祖、基督教、天主教、伊斯兰教、藏传佛教、孔子、关公等等都盛行。我在台北市中心看到这样一幅大红横幅"本宫备有考试及格符，欢迎考生前来参拜索取（非常灵验）！"。台湾岛不算大，却有大小寺庙教堂和这个宫那个宫1万6000多座，人均密度世界第一！

游罢台湾，游罢台湾夜市，台湾已故国民党元老、书法家和诗人于右任先生1964年在台北去世前写就的《望故乡》荡气回肠地在我耳边回响，回响。。。

葬我于高山之上兮，

望我大陆。

大陆不可见兮，

只有痛哭！

葬我于高山之上兮，

望我故乡。故乡不可见兮，永不能忘。

天苍苍，野茫茫，

山之上，国有殇。

如今，"三通"已经实现，从中国大陆北京、天津、上海和几乎所有省会城市都能直飞台湾岛了，逛台湾夜市可谓是分分钟的事情。

高雄市中心的六合夜市越夜越热闹。

Chapter 8

云游世界

　　2018 年 4 月 1 日，周日版美国《世界日报》的《世界周刊》配发多幅彩照，用五个半版面长篇发表了我写的《布拉格：值得深度探索》游记：

布拉格：值得深度探索

文、图 / 谷世强

　　2017 年 5 月底和 12 月中旬，因为工作关系，我二次到访世界名城布拉格。5 月份的首访，因为谈判需要，在布拉格呆了 10 天，印象深刻。12 月份再到布拉格完成项目后，我有幸重游而且是深度重游了布拉格，为其大美所再次震撼。布拉格，一座绝对值得深度游的欧洲历史名城！

有轨电车深度游

　　我感觉，跟旅游团因为行程和集体活动所限，其实很难深度游览品味布拉格的大美。古香古色的布拉格，很多街道马路两边停满汽车，旅游大巴根本开不过去。但是，布拉格的名胜景点都相距不是很远，步行在大街小巷里面穿梭游览最能细细欣赏品味布拉格无以伦比的欧式建筑风格的大美和这里的人文历史。而且，布拉格的城市公共交通四通八达，应该是我见过的全世界最好的了。特别是那红色、黄色、绿色的有轨电车，既是布拉格的一道风景线又如此的环保快捷，价格更是便宜得近乎免费。其地铁和城市观光巴士也很发达，但地铁无法看到地面景色，还是乘坐有轨电车最好。

　　布拉格的有轨电车等都只有捷克语站名，没有英文。再有，电车上面不卖票。要在马路上的报刊亭和一些商店买票上车才行。我在报刊亭买了一张 24 小时有效，可以乘坐任何有轨电车的票才合大约 7 美元。有了车票，语言其实问题不大。马路上很多人会英文，可以问路。不懂英文可以借助有景点图画的地图一指，通常就有当地人告诉你乘坐几路电车和往哪个方向乘坐了。车上也会有人告诉你哪一站下车的，没大问题。很多车站都是有好几路电车衔接，随便上下，十来分钟就有一趟车，夜里电车也行驶，又安全又舒适。一票在手，可以尽情地在布拉格市内穿来穿去，见到有意思的地方就下车游览，大多数车站都有好几路电车靠站，很方便。

　　如果是自由行，建议先在饭店附近的诸如火药库塔 (The Powder Tower) 等市区景点，乘坐黄色车身的布拉格市区游中巴熟悉一下全城景点市容和历史文化。转一圈下来两个小时，可以上车买票，大约每人 10 美元一张票。特别好的是，上车后售票员会给你旅游指南地图和耳机。耳机插入座位前的插座里面就可以听各个景点和历史文化介绍了，中文也有而且发音很清楚。英文、日文、法文等更有了。二个小时观光车跑一圈下来，你会对布拉格有了身临其境的全新了解和感觉，后面自己再步行和乘坐电车深度游布拉格各个著名景点和大街小巷就方便自信多了。

各种颜色的电车是布拉格街头常见的公共交通，环保还便捷。

被遗忘的古都

　　也许是东欧前苏联社会主义阵营国家历史的原因，很多人不了解东欧，不了解捷克，更不了解布拉格的大美。在中国长大的我们这一代 50 后，倒是都知道"冷战"时期前苏联坦克入侵干预而名扬天下的"布拉格之春"。12 月中旬，圣诞节前夕，我旧地重游布拉格，再次为这座城市的建筑艺术之美而震撼不已。

　　1989 年，柏林墙被推倒后这里发生了著名的"天鹅绒革命"，捷克和平演变成为民选总统的多党制国家，现在更是成为了欧盟成员国。所以，持生根协议国家签证游览德国、法国和意大利的游客，进入布拉格不再需要捷克签证。持美国护照的当然更不需要签证。

　　很多世界名城都是那座名城的某一部分，或者某几座建筑登峰造极令世人刮目相看，比如北京的长安街和长城、故宫等，上海的外滩夜景，也如纽约的新老世贸大厦和帝国大厦。布拉格则完全不同，整个城池即像一个爷们范儿十足的老派帅哥，从头顶发型帅到了脚下的皮鞋清一色的欧派经典，它也像一位阿娜多姿的欧洲美女，浑身散发出沁人心脾的魅力。而且，布拉格治安很好，物价也不高。

2017 年 5 月，客户与中资公司主谈等在布拉格品捷克啤酒。

　　一点也不夸张地说，不论我从位于新城区的饭店出来后向哪个方向走、走出多远，映入眼帘的每条街道、每座建筑群、每个街头雕塑都展示出欧陆风情建筑艺术之美，就连街灯都铸造得如此的古朴典雅。难怪，这个有着"千塔之城"、"金色城市"、"万城之母"和"欧洲中心"昵称的东欧城市，会笑傲群雄首先被联合国教科文组织将整座城市列为世界文化历史遗产！

　　虽然捷克已是欧盟成员国，但市面上却不使用欧元，而是使用捷克克朗CZK。 我是出差，但也在机场用美元换了一点捷克克朗，大约是一美元兑换22 克朗左右。这里的饭店、礼品店和餐馆似乎都可以直接用 VISA 等信用卡支付。后来我发现，我入住的饭店周围到处都是门口写着"Change"或者"Exchange"英文名称的外币兑换点，比香港街头差不多。

古典动感的古城

　　大概是距离德国近的原因吧，从布拉格机场到市中心的路途上除了随处可见的捷克产 SKODA 轿车外，德系的奔驰、奥迪、大众和宝马车很多。我们的汽车一接近市中心的新城区，映入眼帘的都是建筑艺术水准极高的典型欧洲建筑，一座更比一座美。

捷克计程车等物价水准比美国便宜多了，吃饭、乘游轮和买当地出产的水晶、艺术玻璃和艺术铸铜工艺品价格都比美国便宜很多。所以，布拉格真可谓是物美价廉的欧洲旅游首选地。

当汽车驶过伏尔塔瓦河的一座桥梁进入新城区时，桥头右手边的一座窈窕淑女般腰身漂亮的现代新建筑与桥头左手边的典型欧式建筑群交相辉映，美极了！后来我才知道，这座美女般腰身且动感十足的现代化建筑很有名，叫做 Dancing House（跳舞屋）！这座 1992 年由加拿大建筑师完成设计的大厦，直到 1996 年才建成使用，现在里面据说都是资金雄厚的银行机构。舞蹈屋大概是我在布拉格见过的唯一一座非传统欧式建筑风格的写字楼，现代飘逸的动感我感觉与周围的古老欧式建筑群其实很和谐，而且有时代感。舞蹈屋其实距离查理大桥不远，顺着河边走过去或者乘坐电车过去都是几分钟的事。建议到舞蹈屋那里去看看布拉格不一样的景色。不必买舞蹈屋里面建筑师博物馆的门票，直接乘坐电梯到顶层咖啡厅，然后从高楼屋顶俯瞰布拉格，美极了，还免费。

入住后我才发现，原来我出差入住的 Hotel Grudium 饭店距离布拉格新城区著名的瓦茨拉夫广场步行五分钟就到，近在迟尺。布拉格近代的几乎所有重大事件，从"自由欧洲之声"电台到苏军入侵坦克，都给这座不朽的广场留下了新的历史烙印。

广场大街犹如长安街般十分宽阔，瓦茨拉夫雕塑艺术造型壮观恢弘高高矗立在广场大街的一头。瓦茨拉夫广场大街两侧欧洲古典式建筑一座挨着一座，十分的华丽养眼。除了饭店、餐馆、酒吧和赌场以及礼品商店之外，这条街上也不难看到中餐馆。

捷克的啤酒好喝，咖啡也很香醇。沿着广场大街，餐馆的室外餐桌前到了近午夜时分依然有很多年轻人在不紧不慢地喝啤酒抽烟。就在瓦茨拉夫雕塑周围，就有麦当劳、肯德基和 Burger King 等美式快餐店。但是，我感觉布拉格的捷克餐馆饭菜好吃而且不算贵。捷克是内陆国家海鲜不多，餐馆菜谱以牛羊肉为主，烤猪肘和香肠也是一绝。12 月中旬，广场大街两头都有巨大的圣诞树和节日自由市场。我在自由市场看到了一处炸果子的露天小店，生意不错。别说，炸出来的果子还真有点像我家乡天津的炸果头，只是撒上奶酪等后，味道全变成洋味儿的了！入夜，圣诞树灯火点亮，广场大街人流熙熙攘攘。

就在瓦茨拉夫雕塑附近，还有新文艺复兴式建筑的国家博物馆，当时正在外装修，装修复原后一定是金碧辉煌气势不凡。

再往前走不远，STATNI 歌剧院金色牌匾上面那组栩栩如生的战马嘶鸣雕塑和歌剧院建筑的雄伟，不禁让人为布拉格昔日曾经的辉煌肃然起敬。

距离歌剧院不远，就是布拉格火车站，里面很大，商店餐馆林立，从这里乘火车或者长途巴士不但可以去任何其它捷克城市，也可以到德国等周边国家，交通方便。

布拉格建筑艺术给人以十分地原汁原味，还包括几乎城区的所有街道地面都是用青色石砖铺就，显得特别古朴。

2017 年 5 月，笔者在雨后的伏尔塔瓦河畔留影。

旧城广场不可不游

一次会后，我与客户在附近的饭馆室外落座，喝捷克扎啤，点菜晚餐。客户告诉我，眼前的那座钟楼非同寻常，是布拉格最著名的历史遗迹之一。原来，这座前面游客如织的钟楼名曰天文台钟楼，其历史典故既与几百年前的捷克宗教政治相承，又与当年捷克的科学技术发展水准相关，这里篇幅所限就无法展开了。只是，仅从建筑艺术美来看，仔细欣赏眼前这座 600 年前建成的高高的钟楼，美感也是油然而生。至今，每到正点，《圣经》里面的 12 门徒都会围绕耶稣基督像在钟楼上面打开的窗子前旋转一圈，然后将窗子关闭。

我和钟楼下面的游客们一样，用手机兴奋地录影下来这个"钟楼运动"，当晚就朋友圈发给亲朋好友了。12 月中旬我旧地重游布拉格时，钟楼和国家博物馆都依然在维修之中。重要的是，天文钟楼所在的地方已然就是著名的旧城广场了。可见，从新城区的瓦茨拉夫广场大街就是步行，走到旧城广场 20 分钟足够了，沿途的街巷商店都好看。

布拉格旧城广场不但历史悠久，也是最集中体现欧式建筑艺术大美之地。平日，这里除教堂建筑的雄姿外，游客总是很多，还有街头艺术家在演奏音乐。圣诞节前，广场上巨大的圣诞树和节日灯火辉映下的泰恩教堂和尼古拉教堂显得更加神圣辉煌。广场上的节日自由市场卖香肠的、烤肉的、热酒饮料的和工艺品的，人山人海，热闹非常。

除了步行到旧城广场最好外，乘坐电车和市区旅游中巴都可以便捷地到达旧城广场。而旧城广场的漂亮旅游马车、载客去古城堡皇宫的小火车（汽车）、豪华老轿车、计程车当然还有有轨电车又可以从这里送你到古城堡等地，比游览任何其它世界名城都交通方便。可以说，这里就是布拉格的旅游集散地。

旧城广场真好看。巴洛克圆顶建筑风采的圣尼古拉教堂大名和与其比邻的有两个高高尖顶的泰恩大教堂建筑就是布拉格的名片。泰恩教堂则属于巴洛克建筑风格，特有欧陆风情。广场上的著名胡斯雕塑，是为纪念被罗马教廷烧死的胡斯教授而建。黑黑的胡斯雕塑默默地记录和展示着这座历史名城与宗教剪不断理还乱的错综复杂关系。就如同这里的捷克人、德国裔和犹太裔人关系一样说不清楚。

到布拉格，最好能花上起码半天时间仔细从里到外地欣赏品味尼古拉和泰恩教堂，品味和聆听天文钟楼每到正点就跟随12使徒出来转圈报时的音乐钟声，在周围游客如织的街巷走走逛逛商店，当然最好也能在这里的露天餐馆喝上一扎味道醇美的捷克啤酒，旧城广场会让人终生难忘的。

一对儿新人在布拉格旧城广场的泰恩教堂前面拍婚纱照。

查理大桥 走上桥品味

旅游团和散客大多都会从伏尔塔瓦河畔登上游轮，观赏两岸欧式风格建筑之美和查理大桥雄姿的。乘坐游轮游布拉格那是必须的，白天和晚上游轮游感觉会很不相同，当然夜景拍摄的伏尔塔瓦河两岸风光照片自然也会美轮美奂。不过，查理大桥光远看不行，必须得步行走过去上桥仔细游览品味才行。

2017 年 12 月，笔者在查理大桥桥头留影。

12 月，重游布拉格，我是乘坐有轨电车又来到了查理大桥。查理大桥周边的教堂和查理大桥的桥头堡，就已然美的不行。漫步再次走上大桥，一座桥上雕塑又一座雕塑地审美品味，再次惊叹这座始建于 1357 年的欧洲第一座哥德式石桥真是美不胜收。查理大桥的 16 个桥拱，两端的桥塔，特别是桥上面的 30 座包括耶稣基督在内的雕塑，每一个都是一篇优美动听的故事，每一座都是一份艺术孤品，《圣经》故事影响巨大。

查理大桥是游客到布拉格的必游之地，是古典欧洲桥梁建筑美的经典之作。从这里遥望古城堡等布拉格建筑美景，恍惚中真有点置身于天堂般的感觉。

旧城堡 布拉格璀璨明珠

从查理大桥乘坐有轨电车往山上爬去，著名的布拉格城堡就在前面不很远处。

旧城广场的胡斯纪念雕塑。

和城堡中已有 500 年历史的圣维徒斯教堂的哥德式建筑从里到外都浸透着欧式建筑的大美，是整个布拉格城建筑艺术群中傲视群雄的一颗不朽的璀璨明珠。

布拉格城堡是当今世界最大的古城堡，罗马帝国的王宫也在这里。参观古城堡不需要买票，免费参观，但要排队过安检。雄伟的圣维徒斯教建筑之美，如果不是身临其境地从正面，侧面和后面观赏拍照，很难用文字描述清楚这座歌德式建筑为何如此的非同寻常和如此的令世人仰望并赞美不止。

重游布拉格，我一早儿就到了古城堡并有幸走进向往已久的圣维徒斯教堂。圣诞节前幸运啊，12 月 17 日正好是个礼拜天，我走进大教堂后不久就赶上了当天第一场天主教礼拜仪式。我坐在后排观看这庄严神圣的礼拜仪式，聆听楼上巨大的管风琴和乐队演奏出的圣歌，还有女高音领唱，教堂两侧彩绘玻璃窗在阳光下色彩斑斓，感觉不一样极了。

里里外外欣赏圣维徒斯大教堂后，我买了门票，开始游览城堡里面的博物馆、黄金巷和其它教堂，感觉不虚此行。特别需要指出的是，当你快要走出古城堡时，会见到一个 Museum 牌子，但这个博物馆需要单独买票才能进去看。这就是著名的洛布科维茨宫博物馆，是城堡内唯一对外开放的私有建筑。我是买票进去带上耳机（有英文解说但还没有中文解说）仔细欣赏了这里丰富的馆藏。门票价格大约合 13 美元左右。

洛布科维茨宫博物馆的收藏里，不仅有贝多芬和莫扎特手稿和乐器，而且还有大量中国瓷器艺术品，当然油画等艺术品也很多。我进去参观的这个周日晚上，博物馆内还要举办音乐会，想必会是十分高雅和皇家品味。走出洛布科维茨宫博物馆也跟着走出了城堡。此时，从城堡入口处的观赏点居高临下俯瞰布拉格城，红瓦黄墙，教堂林立，建筑恢弘大气，给人以风华绝代的震撼感。前面那伏尔塔瓦河的秀美婉约，为布拉格的欧式建筑大美画龙点睛，令人叹为观止。

重游布拉格，这座历史名城"欧洲建筑博物馆"的美好印象已然深深烙印在我的心上了。布拉格可以说是一座集罗马式、哥特式建筑到文艺复兴、巴洛克、洛可可、新古典主义、新艺术运动风格和立体派、超现代主义建筑艺术美之大全的古城，特别巴洛克风格和哥特式的建筑在布拉格随处可见，美不胜收。

"二战"期间未遭德军破坏

布拉格是一座祥和之城、音乐之城。这里也曾经诞生过莫扎特这样的音乐大师。所以，除了音乐厅、歌剧院等之外，教堂也时常在晚上售票举办音乐会。

捷克人白天喜欢在室外品咖啡，傍晚起喜欢坐在餐馆的室外餐桌前喝啤酒吃饭，男女穿着得体，似乎文明修养程度很高。街上见到的除了满眼的教堂等典型欧式建筑外，书店、剧院、博物馆和影院等真不少，凸显布拉格这座欧洲名城的历史文化氛围底蕴。

我在游客如织的查理大桥上的确也看到了几个低头跪拜伏地的乞丐，不知道他们是否是捷克人，但也是十分文明地跪拜祈求施舍而已。相反，在各个旅游景点，我看到的更多的是两三人一组的音乐组合，小提琴、中提琴和手风琴等都有，演奏水准似乎很高，听众和很多游客也是很文明礼貌地给他们扔些钱表示欣赏。

布拉格保存完的欧陆风情建筑，也是因为这座城市虽然在"二战"中被德军占领，但却没有被纳粹德国轰炸破坏，比巴黎和伦敦等名城幸运多了。

1939年3月15日，德军轻而易举地占领了布拉格，没有发生城池保卫战。尽管如此，德国占领军还是疯狂地将布拉格市内大批的犹太人投入集中营杀害。在德军占领布拉格的一年时间里面，希特勒二次到访布拉格，也为布拉格的建筑艺术大美所折服。布拉格地区当时在欧洲领先的机械生产水准和产能也是德军所急需。所以，据说希特勒看着这座建筑美超群的城市，下令不允许炮弹落入布拉格城区。如此，虽经"二战"德军占领，但布拉格的古老建筑和历史遗迹都被意外完整地保存下来了。所以，今天美国好莱坞大片拍摄过去的伦敦、巴黎等欧洲名称时，外景地经常选择布拉格拍摄。

历史建筑名城布拉格。

漫步街头河畔赏大美

行文至此，我要说，深度游布拉格的最好方式就是漫步布拉格的街头巷尾，随便走，到处都好看，到处都有令人惊艳的欧陆风情。如果是走到了伏尔塔瓦畔，千万不要只看查理大桥，一定要顺着河边往前走，往舞蹈屋方向走，多走上几座大桥，从不同角度欣赏伏尔塔瓦畔两岸建筑，远方的大桥和前面的城堡建筑之美，你会体会到什么才是大美的。

如果你正好溜达到了著名的火药塔等名胜景点，不妨花一般不超过 10 美元买张门票上去看看这些五、六百年前的历史建筑，也从顶层俯瞰周围的市区，你也会为几百年前捷克的建筑艺术和技术的高超，以及眼帘中看到的市区建筑之错落有致的大美感叹不已的。

2004 年 5 月 25 日，面向全球华人发行的《人民日报海外版》07 版发表了我写的《欧洲"申根"协议国度假游》出行指导：

欧洲"生根"协议国度假游

谷世强 （美国费城）

我的太太和儿子一直向往有机会去看看他们从未涉足的大西洋彼岸的欧洲。前不久，新加坡航空公司以极优惠价促销美国纽约至德国法兰克福的往返机票。机不可失，我赶快给我们一家三口买下了机票。接着就是安排休假时间和到德国驻纽约总领馆办签证……

根据几年前欧盟十五国在卢森堡申根市达成的"申根"协议，只要有上述任何一个国家签发的"申根"签证，访客就可以在签证有效期内随便进出这些国家。这些欧盟国家都使用欧元。

我们到达法兰克福后，随德国熊猫旅行社的豪华巴士旅游团，花两周时间一口气畅游了 8 个国家。如何顺利地实现欧洲游，笔者体会不少。

2003 年 7 月，笔者与卢琳在布鲁塞尔著名的原子球塑像前合影。

签证

即使持有美国"绿卡"，去欧洲仍要事先办好签证。要从哪个国家入境，就到哪个国家的使、领馆去办签证。如果旅行社给办更好。为能顺利、快捷地得到签证，建议先上网查阅一下入境国使领馆网页中的有关要求，然后准备好所需证明文件。就在美国的华人朋友而言，通常需要护照、绿卡或美国签证、银行储蓄证明，医疗保险卡和保险公司出具的在欧洲此保险也有效的证明。有工作的还要有公司出具的证明你受雇于该公司的函；学生要有学校的证明信。要确认签证是"申根"协议签证。

特别要注意的是，英国不是"申根"协议国家，要到访英国和其他非"申根"协议欧洲国家，要另外办签证。

司机

我们从法兰克福出发，先驶往奥地利、意大利、比利时，然后从德国顺莱茵河往西，游览了莱茵河两岸风光、科隆大教堂、荷兰、法国和卢森堡，最后按计划顺利返回法兰克福，圆满结束了全程。大巴司机是德国人，名叫鲍斯顿，技术熟练，好像全欧洲的每一条大街小巷他都熟悉。跑了8个国家，鲍斯顿先生竟然一次都没走错路，永远是既安全又正点，而且从未见他看过地图。

2003年7月，卢琳与大姐卢琨乘坐贡多拉游览水城威尼斯。

导游

一个出色的导游，首先要性格好、招人喜欢并善解人意。导游既要知识面尽量博、大、精、深，又要勤奋、负责、活跃并且诙谐幽默，组织能力还要过人。有 5 年导游经验的小青年肖波先生十分了得，半个小时就赢得了上至六七十岁的老人，下至少男少女的喜爱。在友情中游，在玩笑游戏中旅，听着肖波不停嘴的介绍讲解、说笑话。这位天才小导游和我同乡，是从天津南开大学旅游系来德国的。

2003 年 7 月，笔者一家三口在巴黎凡尔赛宫前广场合影。

景致

一路欣赏的城市和名胜实在太多。人称德国为欧洲的"绿色心脏"，德国的"黑森林"是由茂密、深绿色的松树和其它树木组成的，远远望去的确是黑黑一片的大森林。八国之行，哪里最好看最好玩？我个人以为：巴黎、罗马、梵蒂冈。与北美不同，欧洲文化和历史的精华，完美地保留和体现在这些令人叹为观止的教堂、广场和雕塑之中。

其实，德国漂亮非凡的新天鹅堡、莱茵河两岸风光，奥地利的维也纳，意大利的威尼斯，洋溢着浓郁历史、艺术和美学气息的佛罗伦萨，欧味十足的比利时首都布鲁塞尔，都值得一游。

如果将罗马看做同"大卫"雕塑一样洋溢着永恒的、震撼心灵的阳刚之气的"俊男"，巴黎则是连空气都浸透着巴黎香水和时装诱惑的美女。去欧洲度假的朋友，千万要与"俊男"罗马握手，也一定要与"美女"巴黎拥抱。

2003年暑假，笔者一家三口在奥地利萨尔茨堡市政厅广场合影。

物价

与美国相比，欧洲国家物价太贵。在车站、景点上趟厕所，少则0.2欧元，多则0.7欧元，相当于人民币2至7元。不过，虽然现在美元对欧元的兑换率较低，但去欧洲仍然划算。

欧洲华人旅行社组织的华语巴士多国游，价格很有竞争力，从200欧元／人到700欧元／人不等，视时间长短和路线而定。一般情况下，门票和午餐、晚餐费用要自理。华人旅行社组织的巴士多国游团组很多，完全可以挑选安全可靠、服务质量好且价格合理的。

2003年7月，卢琳在意大利比萨斜塔前留影。

2009 年 2 月 12 日，美国《侨报》的《文学时代》版头条配发照片，用半个多版面发表了我写的《加勒比海豪华之旅》游记：

加勒比海豪华之旅

(宾州) 谷世强

对于我们这些在最近一段时间饱受美国金融海啸之苦，又不得不在东海岸度过漫漫寒冬的人来说，没有比能如愿以偿去加勒比海度假更令人兴奋的事了。趁新年假期和在康奈尔大学上学的儿子放寒假之机，我们一家 3 口从费城飞到佛罗里达州，从这里的海港登船，开始了为时一周令人难忘的加勒比海豪华之旅。

虽然我们来美国也 10 多年了，但乘坐豪华邮轮出海度假这还真是"大姑娘坐轿头一回"。

2009 年 1 月，我们乘坐的"嘉年华自由号"邮轮停靠在安提瓜港。

不上邮轮不知道，好家伙，现代豪华邮轮的确是好大。这艘白色船身、红蓝色船尾的巨轮到最上层甲班一共 14 层，仅船上员工就多达 1150 人。巨轮上有 20 多个酒吧、三个游泳池和迷你高尔夫球场。什么商店、小医院、图书馆、电脑室和理发美容、卡拉 OK 和会议室一应俱全。最令人意外的是，船上还有中医针灸理疗室，生意还很不错。

　　启航了，我们的邮轮离港后在加勒比海上一直向南，披着灿烂的阳光和银色的月光航行了约 2 天。在船上各种各样丰富多彩的活动和香甜的美梦中我们不知不觉驶过了古巴和海地，于 5 日下午按时抵达了美属波多黎各首都、知名港口城市圣朝安。

　　美国经济制裁古巴的政策可有意思。在波多黎各首都圣朝安的大街上和商店里都可以买到知名的古巴雪茄，其它岛上也有各自品牌的雪茄。游客如果买了古巴雪茄在船上的咖啡厅里抽，绝对没人管，但如果将古巴雪茄带回美国时在港口被海关查获的话，就要面临巨额罚款（也不知道港口和机场海关的狗是如何闻出乘客箱子里面的雪茄是古巴的还是其它岛国的）。也就是说，你可以买其它岛国的雪茄并免税带回美国，但古巴的雪茄不行，因为买古巴雪茄就是支持古巴经济。

加勒比海托尔托拉岛的甘蔗花园海滨浴场。

　　从 11 月到 4 月是游加勒比海的黄金季节。我们随后抵达的岛屿一个比一个更美丽迷人。岛上的当地人大多都是非裔，他们招揽游客、开出租、开汽艇、做导游、卖 T 恤衫和工艺品等，都很敬业热情。治安也不错，我几乎在任何一个停靠的港口和大街上都没有看到持枪警察，这与美国非常不同。当地民众生活虽然不算很富，但看上去都很快乐满足。我问出租车司机："为什么岛上治安这么好？"他说："如果犯罪就会被投入岛上的监狱，好日子就过完了，得不偿失。"岛上人口不多，教堂却是一个接一个不少，这也许就是另一个的原因。

"要想死后上天堂，就别犯罪。"

乘邮轮出海旅游，大量时间在茫茫大海上度过。因此，邮轮还特意为乘客准备了丰富多彩的活动。除了主甲板上巨大的电视屏幕每天不停地播放或新闻或电影或加勒比岛风光外，每天晚上船上的剧场都有歌舞演出。上午如果是在海上航行，小剧场等场所会有诸如"如何在岛上购物最划算"、学跳舞、学手工、音乐欣赏等讲座。船上还有油画拍卖会、歌舞联谊比赛会、男子要西服领带着正装的晚宴、免税商品和名牌手表大甩买会、与船长见面会，交谊下午茶会等等。从登船开始，船上的多名专业摄影师就在抢拍各种场合各种背景的照片，每天都将洗印好的下面印有"Carnival Freedom（自由嘉年华）"记念字样的大幅彩色照片放在 4 楼商店的墙上，乘客若看到了自己的照片，喜欢就可以取下来付费带走，还可以再买个相应的镜框配上。

除了酒吧、赌场等外，船上的诸如出售岛上各种观光和海上运动票、照相、DVD 盘、卖高档手表和免税商品商店、洗衣和上网服务等都成为邮轮额外的生财之道。

船上的服务也很周到。服务生不但每天 2 次将房间打扫得干干净净，而且客房洗浴用的大小白色毛巾、浴巾也总是给换上洁白新洗的。每天晚饭时间完成清理房间后，服务生还会用白色毛巾叠一小象或小狗之类的动物造型和给客人当晚用的巧克力一起放在床上，特别有趣。儿子正好在船上过生日，服务生得悉后立即送来点着蜡烛的小蛋糕，并与我们和其他客人一起高唱"祝你生日快乐"，那场面特别叫人难忘。

2009 年 1 月，笔者在加勒比海的天堂岛上与当地警察合影。

　　巨轮行驶在浩瀚的加勒比海上。看着成批的乐于掏腰且高高兴兴出海度假游的各种肤色游客，我不禁想：中国论造船技术已经是世界造船大国了，论旅游资源和客源吸引力以及价格也应该很有优势。如果我们中国的旅游行业也能早日产生可与美国的船公司比美的中国海船公司，那将会对振兴中国旅游业和连带经济贡献巨大。单是中国旅游航线，我的脑海中就浮现起一条从大连启程经天津、威海、青岛、上海、宁波、福州、厦门到"东方夏威夷"三亚的旅游航线。如果再展开一下，台湾宝岛游，香港、澳门、韩国、日本和东南亚游航线也定会很有吸引力。如果我们的海上豪华客轮游业务也能做到加勒比海游那样的规模和水准，不但旅游业能利润丰厚，更会对带动沿海相关经济发展发挥巨大的积极作用。

　　11日星期天上午，我们圆满完成了加勒比海东线度假游。虽然旅行结束了，但它留给我的却是蔚蓝色的美好回忆。

2015年6月21日，周日版美国《世界日报》的《世界周刊》配发太太卢琳拍摄的九幅彩照、用三个整版发表了我写的《巴巴多斯 – 加勒比海璀璨明珠》游记：

巴巴多斯 — 加勒比海璀璨明珠

文、图／谷世强 卢琳

前两年"圣诞"、新年期间，我们一家三口离开冰天雪地的费城，飞抵加勒比海岛国巴巴多斯度假，一住就是十多天。这次，我们不但从从容容地在美丽的海滨休闲了个够，更感受到了加勒比海岛国不一样的历史文化。我要说，巴巴多斯是北美冬季"反季节"度假游的好去处，更是上天精心镶嵌在加勒比海和大西洋之间一颗璀璨的明珠。

完全被海洋环抱

巴巴多斯机场不大，其实就一层楼，到港和离港都在同一层。飞机只要一离开跑道就出国了。所以，巴巴多斯机场起降的航班都是国际航班。机场里面商店，免税店，饭馆和酒吧等一应俱全，游客主要来自欧美。白人很喜欢来岛国享受阳光、沙滩、棕榈树和蔚蓝色的大海。

巴巴多斯沿岸饭店林立，很多都是家庭经营；洁白沙滩的浴场也是一个挨着一个，每家饭店距离海滨浴场都不远。我们入住的饭店有个很大的阳台面向加勒比海。每天坐在阳台上赏日出日落，倾听马路对面的加勒比海温柔的波涛声声，感觉很过瘾。

巴巴多斯作为一个独立国家，到今天也只有28万人口，其中90%是非洲后裔，其余主要是欧洲裔。从北到南岛长只有21英里，从东到西岛宽只有14英里。整个国家的国土面积只有166平方英里，既400多平方公里。全岛西靠加勒比海，东临大西洋，是一个完全被海洋环抱的真正岛国。

巴巴多斯面积虽小，但中国、美国和很多主要国家在这里都设有大使馆。正所谓"山不在高，有仙则灵"，国不在大，只要拥有自己的主权，在国际上就有一席之地。

岛国巴巴多斯加勒比海海滨一瞥

"小英国"绿意盎然

从英属殖民地独立出来的巴巴多斯，英国痕迹明显，素有"小英国"之称。就连岛国的公路体系也是沿袭了英国的一套，汽车方向盘都在右手边。岛上不但棕榈树、椰子树和热带植物多，处处鲜花盛开，无花果树也很多。原来，葡萄牙语巴巴多斯就是无花果树的意思。

因为这里海底石灰岩是白色的缘故，巴巴多斯的海滨浴场脚下都是洁白细腻的白沙。在初升的太阳照耀下，碧海、蓝天、白沙越看越让人赏心悦目。

早晨，西海岸的加勒比海波涛并不汹涌。温柔的波浪一波接着一波，在海水温暖的浴场游泳随波逐浪享受着波涛的按摩。此时不远处的东海岸，大西洋海滨却没有这番温柔，正好可以拍到巨浪击起千堆雪的照片。

如果说巴巴多斯岛西岸的加勒比海有如温文尔雅的窈窕淑女，东岸的大西洋则像骑着脱缰野马奔腾的壮士，汹涌澎湃叱咤风云。在哪里还能找到可以同时欣赏加勒比海和大西洋微波荡漾对比波澜壮阔的如此海景呢？

坐落在宝岛中心位置的哈里森溶洞 (Harrison's Cave) 不但非常深邃，而且很大。滴着水滴的钟乳石造型千姿百态。更令人称奇的是，溶洞里面还有一条淡水河。

岛上对外开放的植物园里面，有很多热带植物或开着特别美丽的鲜花，或长着成串的红色果实以前从来都没有见过，漂亮极了。

我们在巴巴多斯很有特色的野生动物保护园里，看到了猴子的顽皮友好和大海龟的悠闲自得，岛上也见过很多雄壮漂亮的大公鸡。这里，羽毛漂亮的大公鸡特别喜欢跟羽毛更漂亮的孔雀在一起争奇斗艳，引来很多游客驻足拍照。

2012 年 1 月，笔者一家三口在巴巴多斯"南极"灯塔前合影。

潜艇游刺激浪漫

这里闻名全岛的 Atlantis 号潜艇游，听起来很刺激。我们在潜艇公司的港口候客厅按照预定用信用卡付费，得到了三张印刷精致的潜艇游门票。我们兴奋地等待上潜艇、下深海！候客厅除了满墙的潜艇和水下鱼类介绍外，还免费提供橙汁和冰水，服务周到。

一开始我们还以为直接从港口码头上潜艇呢！原来没那么简单。在导游带领下，我们首先登上一艘机动客船。核对买票的游客都如数登船，并穿好救生衣后，客船迎着下午加勒比海上空灿烂的阳光驶向大海深处。

此时，导游用标准美式英语介绍安全须知，严肃认真。当我们的客船开到大海深处停了下来，导游说 Atlantis 号潜艇很快就要进入水域了。正在我们翘首以待时，水面开始泛起水花，潜艇像出水芙蓉般浮现在我们面前。

这艘白色的旅游潜艇真的很漂亮。当潜艇与客轮的甲板搭上了有扶手的过桥后，先是潜艇里面的游客们一个个兴高采烈地爬出潜艇，上了客船。然后，就轮到我们顺着潜艇梯从两端同时进入潜艇。这旅游潜艇设计得很好，里面感觉还宽敞舒适，每一位游客都有座位，座位前面都有圆窗可以清楚地观看海底世界。

Atlantis 号潜艇长 65 英尺，艇重 80 吨，一直享有安全运营的好名声。潜艇内可以容纳 48 个游客和 3 名工作人员。潜艇里边温度适宜，不断播放轻快放松的音乐，感觉氧气很充足。

很快，潜艇在前进中开始下潜。前面的屏幕即时显示下潜深度，窗外水下世界的景色和光线也随之变化。十几分钟后，满载着我们 48 名老少游客的 Atlantis 号就下潜到了 140 英尺的水下。此时此刻的加勒比海海底，珊瑚礁就在我们眼前，色彩斑斓的鱼儿游来游去，如同到了海龙宫一般。

潜艇还带着我们绕着一艘很大的沉船转了一圈，沉船里面有很多漂亮好看的鱼儿。这时，潜艇里面播放起"铁塔尼亚号"电影主题曲，浪漫而刺激，令人难忘。

当我们乘坐客轮返回码头时，每个乘客都得到了一张乘坐 Atlantis 号成功下潜 140 英尺水深的证书，上面还印有乘客的姓名和下潜日期，很有保留收藏意义。

Atlantis 号观光潜艇浮出加勒比海海面。

有海就有中餐馆

"有海就有中餐馆"这话不假。我们在巴巴多斯度假选择了位于 St. Lawrence Gap 海滨的黄鸟酒店入住，没想到，这里不但每天可以游海泳、赏海景和出门逛街方便，吃中餐更方便。

我们抵达巴巴多斯后的第一个中午，到饭店外面找吃饭的地方。巴巴多斯旅游业的确发达，沿着海滨的这条马路上，酒吧和饭馆一家接着一家。走了不到 10 分钟，就看到一家中餐馆名曰"萃苑"；乘兴再往前走几步，又见一家"东方"中餐馆。上楼一看，这家"东方"餐馆的餐厅墙壁上居然还挂着一面五星红旗。

果然，八个月前才从安徽来到巴巴多斯的饭店伙计，见我们能说中文，立即将他那还蹩脚的英文改成母语，热情接待我们。他滔滔不绝地用中文给我们介绍他眼中的巴巴多斯，有问必答。

巴巴多斯著名的动物花岩洞观看大西洋波涛。

我们多次就近来"东方"吃中餐，与老板夫妇也熟了。他们都是安徽人，在岛国市中心区还开有另外两家中餐馆。老板娘很会说话，每次都说："咱们都是自家人，别客气，想吃手擀面什么的，我就叫厨师做给你们吃"。

我们看到，常来这里吃饭的游客，除了欧美白人外，还有许多当地非裔，他们也爱吃中餐。

在巴巴多斯度假旅游中，我们发现竟然有 20 多家中餐馆呢！

巴巴多斯是个纯旅游国家。岛上除了有一家季节性开工的给甘蔗榨糖的工厂和一家啤酒公司外，没有其它工厂。所以，巴巴多斯岛的空气呼吸起来感觉特别新鲜。

不过，因为连香蕉在内的食品都是靠进口，岛上从大米到鸡蛋、牛肉和蔬菜价格都比美国贵不少。我们在"东方"餐馆吃一份鸡肉或者虾仁炒面要 20 巴元（10 美元），再加上小费，比在美国费城中餐馆吃饭贵多了。

岛国海鲜有特色

巴巴多斯是岛国，海鲜自然不少。不过，我们在岛上并没有看到大海蟹和龙虾。在饭店里面能点到海鲜主要是鲜鱼。我们特别喜欢这里盛产的飞鱼，味道鲜美。傍晚到岛上著名的海鲜大排档（The Fish Market）露天吃海鲜，可以体验岛国的食文化。

从我们住的饭店外面坐公交车，很快就到海鲜大排档的鱼市车站。大排档规模不小，即有卖当天捕捞到的新鲜鱼虾的室内鱼市，更有以烧烤为主的室外海鲜大排档。就在加勒比海海滨，大排档一处处烧烤摊位炊烟袅袅，桌子周围都坐满了喝啤酒、品烤鱼、烤虾的游客，热闹非常。

在这里，你可以尽情品尝刚出海的鲜鱼，鲜虾。除了刷上调料烧烤吃外，也有几个摊位油炸鲜鱼，金黄鲜美。再来瓶当地出产的Banks牌啤酒，花钱不多，却能大饱海鲜口福。

海风习习，涛声阵阵，海鲜大排档生意很红火。我们在岛上度假期间，抵挡不住现烤海鲜的诱惑，三度前往海鲜大排档品尝当地鲜鱼，为我们的岛国度假游平添了不少海味记忆。

2015 年 3 月 15 日，周日版美国《世界日报》的《世界周刊》配发 8 幅智利游彩照、用近 4 个整版篇幅发表了我写的《智利：反季节度假游胜地》度假旅游生活文章：

智利：反季节度假胜地

文 / 谷世强　　图 / 卢琳

如果在你印象中，南美洲的智利只是一个铜矿资源丰富的矿业国家的话，你就 Out 了。其实，智利也是一个旅游资源丰富、独特的"反季节"度假胜地。当北美与亚洲冰天雪地的新年时节，这里却是鸟语花香的南美夏日。

圣地亚哥 文化氛围浓厚

智利本土地图如同一座细长的带状公园。而首都圣地亚哥正好位于这座带状公园的"心脏"部位。所以，在智利东游西逛，一般都要从圣地亚哥转机。

圣地亚哥的高速公路和城市道路建设不错，市区除了地铁以外，满眼都是大公共汽车和挥手就能叫到的计程车。只是，高速公路和市区道路的路牌以及商店、饭馆名牌等统统都只有西班牙文，有点不方便。此外，这里的旅馆和机场等的电源插座只能插进两个并列圆柱型的插座。好在我们来智利度假游前，买了一个国际转换插座，在这里每天给手机和电脑充电派上了用场。

我们是当地的圣诞节当天上午抵达圣地亚哥，司机告诉我们，当地大多数的餐馆圣诞节都照常营业，吃饭不成问题，他特别建议我们去距离饭店不远的著名海鲜市场 Mercado Central 去品尝当地海鲜。

我们还没走进大屋顶的海鲜大市场，就闻到了很开胃的海鲜味道。走进市场，只见万头攒动，十分热闹。这里不但有卖新鲜海鱼和鲜贝等的摊位，里面更有很多家海鲜饭馆，据说都很有名，都是座无虚席。

智利人的生活水准似乎很不错。特别是周末，从下午开始一直到凌晨，我们饭店附近的酒吧和餐馆总是满座。人们喜欢坐在饭馆外面的阳伞下面喝酒、吃饭、聊天，似乎很会享受生活，相信圣地亚哥人的幸福指数一定不低。

圣地亚哥不但有很多很有情调的餐馆和酒吧，天主教教堂、公交和计程车也多，市中心的步行街商业街区规模也很大。在这里，虽然中餐馆少，但在商店里面卖的东西很多都是"中国制造"。

有趣的是，圣地亚哥书店和影音制品点不少。每天傍晚，饭店附近街道上的地摊，总有几摊是卖二手书的，文化氛围很浓。如果在市区公园或者主要街道散步，总会碰到有乐手在弹奏演唱，很多过路人都会给放下点钱表示欣赏。我们还在市区一繁忙路口，见过一女士身着艳丽裙子，红灯一亮，她就翩翩起舞，男同伴在旁击手鼓，水平不低。然后，在绿灯放行前走到开窗给钱的车前收钱，也算是有特色的自食其力。

在治安、秩序和生活水准方面，圣地亚哥似乎比南美的其它国家大都市要好，但吃饭和物价不算便宜。我们游圣地亚哥时的银行兑换率，大约是 1 美元兑换 590 智利比索。外面小店买一瓶矿泉水要 800 比索，到普通的餐馆点菜吃顿饭，花个 1 万比索很平常。我们在市中心步行街游览时，上公共厕所要先在一个窗口交钱买票，一个人 450 比索，还给收据，似乎比欧洲一些城市上厕所方便还贵。

智利南端的纳塔莱斯港湾美景。

百内国家公园 风景如画

我们乘坐早班飞机离开圣地亚哥，越过连绵起伏的群山，三个多小时后抵达智利南端的 Punta Arenas 机场。旅行社接机并安排我们乘坐长途大巴直奔百内国家公园（Torres del Paine National Park）。

沿途，道路两边长满了丰盛的牧草，很少见到人和房子。只见雪山下的牛群、羊群、马群懒散地享受着阳光和嫩草，感觉他们挺幸福的。

以雪山、瀑布、冰川、河流、森林、动物和蓝色湖泊美景闻名世界的百内国家公园，位于高原之上，保持着良好的原生态美，风景如画。

　　我们还参观了国家公园里著名的"米洛顿洞穴"景区。这个洞穴非常巨大，保留着1万2000年前早期人类活动痕迹，包括石片工具等。洞口处，站立着一只这里出土的南美"大树懒"模型，吸引很多游客留影。

　　参观完"米洛顿洞穴"，我们继续往国家公园深处前进。眼前的湖泊一个比一个漂亮。

　　百内国家公园的雪山景色特别美、特别震撼的原因在于，雪山下面有森林，森林下面有大面积碧波荡漾的湖水，还有水流和气势都很壮观的瀑布。那如美玉般颜色落下的瀑布流，背衬着不远处高耸入云的雪山峰和峰顶上的乱云，这景色真是太美了。美国《国家地理杂志》将智利百内国家公园评为地球上最美的地方之一，名不虚传。

　　其实，百内国家公园里面的冰川名气可能更大些。我们乘坐游轮去看著名的塞拉诺冰川 (Serrano Glaciers)，经过大约一个多小时的航行，游轮停靠在冰川脚下的码头。下船后我们冒着蒙蒙细雨，跟着导游顺着弯曲狭窄但湖景美丽的山路急匆匆地走向冰川。在这里，你的手可以触摸到这万年冰川的原始美。人们忘记了下个不停的细雨，用大小相机和手机不停地拍摄这冰川美景。往回走的路上雨停了，阳光又钻出来了，路边的小树上挂满了深红色的果子，塞拉诺冰川在阳光下显得更加壮观。

2014年12月，笔者在智利百纳国家公园留影。

　　百内国家公园所在地区水草丰盛，牧场特别多，是吃烤羊肉的好地方。果不其然，我们的的游轮离开冰川后航行20分钟，抵达另一码头，是一家厅堂特大的烤肉食堂。旅行团每六人一桌，每人一杯红酒或其他饮料，用松木刚烤好的烤羊肉就上桌了。

　　酒足饭饱后，搭游轮返航，顺着从游轮尾部螺旋桨打出浪花回头了望雪山和冰川，感觉回味无穷。来南美度假，不能不来智利；来智利旅游，一定要到百内国家公园欣赏美景，还有这烤羊腿的美味。

2014 年 12 月，卢琳在智利南端百内国家公园里拍摄美景。

月亮谷 别错过温泉行程

我们乘坐早班飞机从智利南端的 Punta Arenas 机场起飞，在圣地亚哥有不到一个小时的转机时间，下午 1 时就顺利抵达智利北部的 Calama 市机场了。巴士经过一段山路行驶，将我们送到了"月亮谷"景区的旅游村饭店入住。

村里如同用"干打垒"土坯盖成的饭店一家挨着一家，几乎家家客满。我们入住的饭店院子里面有个小游泳池，一池清水驱散着这里的热浪，院子里的仙人球植物长的比人还高。

这里的太阳下山也很晚，这季节几乎天天是艳阳高照，根本不需要天气预报。下午 4 时 30 分，我们预定的旅游大巴准时到饭店门前接我们，直奔"月亮谷"国家公园而去。

"月亮谷"公园以沙漠，盐碱滩和站在一望无际的悬崖峭壁上观赏日落景色闻名。据说，这里的地貌景观酷似月球。入夜，当月光洒落在辽阔的"月亮谷"时，因为地面是白色的盐碱滩，还有各种形状的沙丘、沙漠、山谷，真正是月光如银的感觉，令人痴迷。

我们还去观赏火烈鸟国家动物保护区，看到火烈鸟展开翅膀飞翔时，上面火红，下边黑色的翅膀如火焰燃烧。导游说，正是因为火烈鸟从小就主食盐湖里面的小虾，而盐湖矿产资源丰富，使火烈鸟白色的羽翼上长出了上面红色、下面黑色的羽毛，成为一种漂亮非凡、仪态大方的天生尤物。

游览"月亮谷"景区，还能享受到 Puritama Hot Springs 温泉河的恩赐。我们在温泉池里游温泉泳、泡温泉时，从上一个台阶流下来的"温泉瀑布"如倾盆大雨般落在头上、身上，那感觉实在是爽。所以，前往智利游"月亮谷"时，千万不要忘记带上泳衣和泳裤，也千万不要错过了到 Puritama 温泉畅游温泉河的难得机会呀！

笔者一家三口在智利北端的月亮谷景区合影。

复活节岛 旅游产业旺盛

新年伊始，我们再次经首都圣地亚哥转机，飞往神秘的复活节岛。机场不大，但一派热带岛上风光，棕榈树、椰子树和各色花朵随处可见，海风习习。

这里居然与智利本土有两个小时的时差。智利不大，但"领土"复活节岛还真不近。凡是到过复活节岛旅游的人，都会称赞这里是南太平洋上一颗真正璀璨的明珠，而且特别有传奇历史文化。

复活节岛的形状如同一等腰三角形，面积不小，人口只有约6000人。据说，1772年荷兰探险家在南太平洋上发现这个无名岛屿，那天正好是基督教的复活节，从此，该岛便以"复活节岛"得名。

自从美军为航天飞机应急备降专案在复活节岛建立起飞机场后，从智利本土、欧美和巴西、阿根廷以及日本等国前来这里的游客愈来愈多，旅游业不但挽救了复活节岛，并让这里的岛民致富。至今，旅游业几乎是这个岛的唯一产业。

新年前后的旅游旺季，岛上的饭店不便宜，一间房150美元以上一夜很很平常。在岛上的饭馆吃饭也不便宜，一餐十几个美元是起码的。在岛上想吃中餐？那就只能在附近的商店里面买从中国进口的"康师傅"方便面了。

有意思的是，复活节岛周围都是水，但海鲜都是从智利本土"进口"来的，价格不菲。想想也是，岛上宾馆饭店、计程车、零售店和旅游纪念品店、旅行社、租车公司和海上潜水冲浪游乐服务公司等都可以轻松挣钱，再加上旅游业刺激起来的修路、养花和建筑业，哪里还会有人下海去当渔民呢？

南太平洋上这座曾经长期与世隔绝的孤岛，基本都是"城市市民"，种庄稼、蔬菜和养牛的"农民"人口才100多人，渔民基本没有。尽管有火山坑，但我们看到岛上有着大片平坦的土地，要是在亚洲还不知道会被"开发"到什么程度呢！

虽然1月到3月是复活节岛最炎热的夏天，但我们感觉并不湿热，很舒服。岛上还有一处水下白沙特别细腻的沙滩，水深也很平缓，特别适合家庭游海泳。

当我们在海边欣赏一处又一处的巨大摩艾石雕像时，白色的巨浪冲击着岸边的礁石，激起朵朵巨大的浪花，景色十分独特壮观。

复活节岛如此缺衣少食，当年人们为什么要豁出命来雕刻、搬运和在海边矗立起这么巨大的石雕像呢？是文化还是岛上的宗教使然？至今谜团未解。

2015年新年，笔者在复活节岛"七个摩艾"石雕前留影。

据说，大石像头顶上红色岩石雕刻的帽子越大，地位越高。这些石像有大耳朵，中耳朵和小耳朵的。据说，大耳朵的是有大智慧的贤达"上等人"？中耳朵的次之。小耳朵的是普通百姓？这倒是有点像佛教的大耳垂有福，大耳如来佛的意思。

复活节岛上彩虹多。夏季的复活节岛说下场雨就来场雨，但时间都不长。我们在海边参观摩艾石雕时，在海边散步拍照时，或在饭店附近饭馆吃饭时，都看到了细雨过后出现的漂亮绚丽彩虹。

复活节岛上的这些巨大的摩艾石雕也算是有眼福了，一定是欣赏过无数次的绚丽彩虹，让它们不再那样的深沉寂寞。

这个岛上还有个旅游胜地叫Abu Tongariki，游览复活节岛时绝对不可错过。

智利美，复活节岛更美！

　　2015 年 3 月 30 日，美国《侨报》的《文学时代》版配发题头彩照，以半个版篇幅发表了我写的《复活节岛摩艾石像探秘》游记：

复活节岛摩艾石像探秘

（宾州）谷世强

　　几个月前，我们到正值夏季的南美洲小国智利反季节度假游，终于有机会亲眼目睹了世界奇迹之一的摩艾石像，它的确令人震撼、敬畏。

　　复活节岛可以说是最与世隔绝的海洋大岛了。岛上上千尊摩艾石像是如何雕刻和搬运到海边祭坛之上去的，至今仍是未解之谜。

　　打开世界地图，从智利首都圣地亚哥往西，顺着浩瀚的太平洋望去，望到 3700 公里远处的南太平洋，才能望到一个绝对前不着村、后不着店的孤岛，她就是复活节岛。

2015 年新年，复活节岛上的流浪狗在跟着谷峥走。

　　这个南太平洋上的孤岛怎么会有复活节岛这个西方色彩地名呢？据说，1772 年，荷兰探险家洛加文的舰队首次发现并登上这个南太平洋上的孤岛并首次看到了岛上令人震惊的摩艾石像群。碰巧，登陆上岛那天正好是复活节，这个小岛从此就被称作复活节岛了。岛上居民称石像为 Moai，所以我们称复活节岛石像为"摩艾石像"。

　　复活节岛不但气候宜人，海浪冲击礁石的海景和雨后海上经常生成的彩虹也美丽动人。但真正让复活节岛成为今日世界最具魅力旅游热点的，正是岛上被选为世界遗产的摩艾石像。

　　我们在复活节岛上住满欧美游客的海边庭院式饭店住了四夜五天，把岛上所有摩艾石像景点看了个遍。越看越觉得复活节岛这上千尊摩艾石像实在让人不可思议。

　　长城是奇迹、兵马俑也是奇迹，但历史告诉我们为什么中国古代会产生如此的世界奇迹。就是到了今天，复活节岛人口满打满算才 5800 人，历史上人口最多时也没有超过 2 万人，农牧渔业极端落后，金属工具到了岛上是近代的事情。岛上这些重达几十吨、雕刻艺术水平不低的摩艾石像当年是如何在山坡上被岛民雕刻出来的？这些高高鼻梁大眼睛的石像被雕刻好后又是如何用石片工具从背后将石像整体从石山坡上切割下来的？被完美切割下来的巨大石像又是如何从雕刻石场被搬到海滨的？在没有任何起重机械的条件下，岛上土著又是如何将这些巨大的石像搬上高高的祭坛上去的？更让人匪夷所思的是，当年岛上这些土著人最后又是如何将巨大的红色石帽稳稳地戴在石像的头顶上去的？难道这些真是外星人干的？为什么呢？

笔者与卢琳在复活节岛"15 个摩艾"石雕像前留影。

　　尽管考古学家和历史学家等对复活节岛的摩艾石像的来历做过很多研究发掘乃至现场实验，但得出的结论大多都是推理和猜测。复活节岛历史上似乎没有产生过文字，所以，至今找不到可以揭开岛上历史谜团的任何文字记载。

　　考古学在岛上一共发现了约 1000 尊摩艾石像。其中，矗立在环岛海滨各个祭坛上的有 600 多尊。

研究发现，这些巨大的石像都是在 10 至 17 世纪雕刻完成的，也许与当时岛民的宗教信仰相关。我们的女导游是土生土长的复活节岛人，她说她的长辈们视摩艾石像为守护神。果真如此的话，为什么他们一代又一代如此执着狂热地不断雕刻这么多守护神呢？

复活节岛海滨的官帽大眼摩艾石雕像。

也有一种说法是，摩艾石像是岛民当时渴望永生、期盼再生而雕刻的石像化身。的确，我们在复活节岛参观的每一处摩艾石像群，祭坛前面以前都是墓地。当时的岛民去世后会被用树枝"火化"，然后将遗骨埋葬在摩艾石像群前面的墓地。如果岛上雕刻摩艾石像其实是人们求生和盼望再生的一种宗教情结的话，这倒是与中国古代皇帝热衷建造皇陵和烧制兵马俑的祈求永生情结如出一辙。

我们在当年的海边雕刻场参观拍照时，也见到很多被遗弃在地上半途而废的巨大摩艾石像，有的基本上已经快雕刻完工了。是什么原因和什么力量让这神圣的摩艾石像雕刻工程戛然而止的呢？是战争、饥荒、动乱还是火山爆发还是"外星人"突然走了？

更让人费解的是，有人发现面向大海的摩艾石像群的眼神不是在遥望大海那边，而是都在往上仰望星空！如果这个发现属实的话，如果摩艾石像的眼神是被有意雕刻成仰望星空状的话，那这些巨大的摩艾石像可能是外星人所为似乎并非是空穴来风了？ 这么多的巨大摩艾石像，这么美丽的复活节岛，如此与欧美和亚洲反季节的旅游胜地，这么多越传越神的谜团，让复活节岛对世界各地游客的吸引力如磁石一般。

在复活节岛我们参观到的每一处摩艾石像群都有所不同。有些石像的头部还戴有一顶用红色岩石雕刻的大红帽子。据导游说，这红帽子越大，说明地位越高，越是大人物。还真有点中国"红顶商人"的意思。

仔细观察，这些石像有大耳朵，中耳朵和小耳朵的。有人研究说，大耳朵的是有大智慧的贤达上等人，中耳朵的次之，小耳朵的是百姓。但我看到的很多都是大耳朵的摩艾石像。这倒是有点像佛教大耳有福的说法。

考古学家近期研究发现，雕刻一尊摩艾石像需要 30 名雕刻工每天工作 8 小时，干一年才能雕刻出一尊石像。而将雕刻好的摩艾石像搬运到海滨祭坛上去，更需要 90 个劳力慢慢移动两个月才能完成。将搬到海滨祭坛前的巨大石像平安竖立起来，并准确地被安放到祭坛上设计好地位置又需要 3 个月时间才行。如此浩大的工程当年又是如何分工合作完成的呢？当时的岛上是怎样一种社会体系呢？

在复活节岛上一处又一处的摩艾石像群中，那个有 15 个石像站成一排的海边石雕群最为出名。全世界很多旅游杂志都常能见到这 15 个高矮不同的摩艾石像。千百年来他们不管风吹日晒，面向岛上的村庄，背对着大海守护着这个孤岛，忠于职守。这个有 15 个摩艾石像群的旅游胜地名叫 Tongariki。 你如果有机会去复活节岛旅游观光，绝对不可以错过了在这 15 个摩艾石像群前留影的机会。

复活节岛其实比香港岛面积还大，但饭店和景区比较集中。诺大的复活节岛，除了机场的了望指挥塔外，你看不到一所高楼大厦，绝对的原生态。

复活节岛的饭店大都是大院花园形式的，集中在岛上的一条主要商业街周围，距离海滨景区和那里的摩艾石像群很近。岛上巨大无比的火山坑面向天穹，背靠大海，让周围的摩艾石像群越发显得高深莫测。

因为复活节岛没有游轮码头，想去那里探秘，一般只能从智利首都圣地亚哥乘直飞航班前往。复活节岛机场还有一个很好听的正式名称，叫做马塔维里国际机场，是复活节岛上唯一的机场，也是游客进入复活节岛的唯一口岸。

复活节岛 Rano 山上刻好待运的摩艾石雕像。

　　2018 年 11 月 5 日，美国《侨报》的《文学时代》版头条配发题头彩照用半个多版面发表了我写的《重游尼亚加拉大瀑布有感》：

重游尼亚加拉大瀑布有感

（费城） 谷世强

　　我曾多次与家人同游尼亚加拉大瀑布。最近一次是在 2018 年 9 月 1 日。当天上午，我们就近游览了大瀑布，下午就在附近的葡萄庄园参加 Howe 侄子的婚礼。Howe 侄和侄媳 Janet 都在多伦多工作，婚礼就选在距离多伦多很近的尼亚加拉 Ravine 葡萄庄园举行。所以，这一次，我们是在加拿大一侧观看的尼亚加拉大瀑布。

　　还记得那天，天气很好，天空湛蓝，白云如絮。早饭后，从温哥华过来的弟弟世斌和我陪同从天津来的二哥嫂开车出发，20 分钟车程就到达尼亚加拉大瀑布了。

从加拿大一侧观看气势如虹的尼亚加拉大瀑布壮观景色。

　　大瀑布激起的水雾让我们在阳光下稍感凉爽。我们一边尽情欣赏感受尼亚加拉大瀑布的波澜壮阔气势如虹和大自然鬼斧神工的大美，一边不停地拍照录像。是的，似乎只有录像似乎才能录下这大瀑布的浩浩荡荡与振聋发聩。站在出水口边拍摄呼啸而下的瀑布，我很快就感到天旋地转！此时此刻，我大彻大悟地明白了当年印第安土著为何称这大瀑布为 Niagara Falls，那是印第安语"雷神之水"的意思。从天而降的滔滔碧水，如雷霆般震天动地。

　　我在彩虹桥美国一侧的尼亚加拉看大瀑布多次，但只有在加拿大一侧才更能够更近地看到、听到和感受到尼亚加拉大瀑布的震撼大美。

　　其实，不论您是站在加拿大一侧还是美国一侧看尼亚加拉大瀑布，您看到的其实是大小三个瀑布。我们通常说的马蹄形瀑布最大，全部都在加拿大一侧，名曰马蹄瀑布，也被人称作加拿大瀑布。马蹄瀑布宽 670 米，落差 57 米，因为瞬间水流量巨大而呈碧玉般的青色。中间稍小一点的中瀑布和她旁边被称作"新娘面纱"的小瀑布都在美国一侧。由于美国一侧的中瀑布和小瀑布瞬间出水量没有加拿大一侧的马蹄瀑布那么巨大，映入我们眼帘的瀑布流水呈蓝色，也很美。不过，站在加拿大一侧看瀑布最美，最动感，也最震撼。

　　不知道您注意到了没有，世界三大瀑布都有一个共同点，那就是都跨越了两个国家。除了北美知名的尼亚加拉大瀑布是美加两国共享共有之外，地球上最宽最大的伊瓜苏瀑布将南美的阿根廷和巴西两大国的热带雨林美轮美奂地连成了一片。世界第二大的维多利亚大瀑布，又野味十足地让东非赞比亚和津巴布韦成为了非洲最迷人的旅游热点。所以，来北美、去南美、游非洲零距离欣赏这世界三大瀑布的雄伟壮观，总是在六个国家中选择落脚点。

　　瀑布，是天而降、落差巨大的流水，它的美源于流水量巨大，且看南美的伊瓜苏瀑布，每秒水流量是 1746 立方米！每秒钟啊！东非的维多利亚大瀑布水流量是每秒 1088 立方米。而我眼前的尼亚加拉大瀑布，水流量是每妙 2407 立方米！换句话说，美加边境的尼亚加拉大瀑布，每小时从两个国家往一处河流倾泻的水流量高达 866 万多立方米！仅从水流量看，似乎北美的尼亚加拉大瀑布名列应该世界第一。但由于瀑布群宽度、高度和流速不同等原因，伊瓜苏瀑布和维多利亚瀑布的年总水流量高于北美的尼亚加拉大瀑布，所以，尼亚加拉大瀑布名气虽然大，但排位只能屈居老三。

　　子曰：智者乐水，仁者乐山。全世界最大最美的瀑布，常常都是大自然手中水与山河湖泊相映成辉的杰作，美不胜收。中国咏瀑布的诗词中，最受人追捧的莫过于唐代大诗人李白的《望庐山瀑布》：

　　日照香炉生紫烟。遥看瀑布挂前川。

　　飞流直下三千尺，疑是银河落九天。

　　在读万卷书也行万里路的李白眼中，庐山瀑布美如天降，匹练飞空，飞流直下，荡气回肠，大有"疑是银河落九天"之美。

李白的诗真美啊！可惜的是，李白一生与这世界三大瀑布无缘。没有看过伊瓜苏、维多利亚特别是水质无比清澈的尼亚加拉大瀑布的大诗人李白，再有诗人丰富的想象力也想象不出这三大瀑布那万马奔腾，银河倒泻，波澜壮阔，气势磅礴，水声震天的壮观美景，否则一定会留给世人更加壮丽的诗篇。

2018 年 9 月，笔者与儿子谷峥在多伦多 CN 电视塔合影。

尼亚加拉大瀑布的确与很多中国瀑布很不同。我几年前也到过庐山小住，也观赏过庐山瀑布，也为庐山瀑布飞流直下三千尺的美感所陶醉，但比较尼亚加拉大瀑布而言，庐山瀑布水流量太小了，婷婷玉立但震撼感不足。不过，中国水墨画中小桥流水瀑布的意境却很美。

清晨或者夜晚清净时，当你还无法遥望到尼亚加拉大瀑布雄姿时，就会首先被那巨大恢弘的轰鸣声所震撼。那是尼亚加拉大瀑布昼夜不息水流滚滚而下的轰鸣声，如雷贯耳。中国三大瀑布之一的黄河壶口瀑布虽有"千里黄河一壶收"的声势，但不到 30 米宽的出水口和黄河水量形成的壶口瀑布，还是比尼亚加拉大瀑布小多了，当然水质的清澈更不能比。但是，"风在吼，马在叫，黄河在咆哮，黄河在咆哮"歌声却气吞山河，鼓舞了中华民族一代又一代人知难而进，奋勇向前。

此时，我也不由得想到了金声玉振这个中国成语，形容眼前的尼亚加拉大瀑布太贴切不过了。孟子云，集大成者，金声玉振之也！我以为，水就是我们这个世界上永恒的集大成者。

　　水能载舟，亦能覆舟。前段时间，北卡州遭遇的"佛罗伦斯"飓风和中国广东沿海遭受的"山竹"台风带来的狂风暴雨和洪水泛滥让人谈水色变。但是，水给我们人类带来的不仅仅是大瀑布无以伦比的大美和我们赖以生存的水源，其巨大的动能还为我们日夜发电，灌溉不止。

　　美国尼亚加拉大瀑布水电站始建于 1881 年，可以说是世界上最早的水电站，为当地的面粉厂和居民用电提供可靠而且又廉价清洁的电源。至今，美国一侧的尼亚加拉水电站依然可以满足纽约州 10% 的供电需要。加拿大一侧也同样建有水电站，但规模要比美国的小很多。如果是在美国一侧观赏尼亚加拉大瀑布，不妨顺便去参观对游人开放的尼亚加拉水电站，上一堂关于水的科普课。

　　加拿大和美国淡水资源丰沛。看一眼世界地图你会不难发现，在美国和加拿大东海岸交界处有五个巨大的湖泊。这五大湖，一个更比一个大，在地图上的蓝色水域堪比海洋。如果以水域面积来比较的话，五大湖中的苏必利尔湖最大，其次是密歇根湖、休伦湖、伊利湖和相对面积最小的安大略湖。

　　除了知名的密歇根湖完全在美国境内之外，五大湖中的其余四大湖均为美加两国共有。就这五大湖，竟然是全球地表淡水的 21%！

　　我们眼前的奔腾不息的尼亚加拉大瀑布的巨大流量，落地后就直接奔流到安大略湖东岸的圣劳伦斯河。据介绍，安大略湖目前是全球排名第 14 的大湖。没有如此丰沛的水资源，就形不成尼亚加拉这样气吞山河波澜壮阔的世界级大瀑布。

　　横跨美加两国的尼亚加拉大瀑布一年四季游客不断，但春夏秋季没有大雪，天气最好。从多伦多开车到大瀑布也就一个多小时车程。而且，加拿大一侧的尼亚加拉镇宾馆饭店林立，赌场、餐馆、酒吧齐全，还有儿童游乐场等，比美国一侧的尼亚加拉更受游客追捧。

　　尼亚加拉地区有很多葡萄庄园，有些庄园的住房对外出租，有些更大的葡萄庄园还有很大的餐厅，适合举办婚礼等大型活动。

　　《圣经》的"创世纪"说神用六天造世界，第七天为安息日。神在按照自己的形象造人类之前，第一天让世界首先拥有的就是水与光。但是，我们已经步入的这个信息时代，人类面临的最大威胁正是水资源短缺和污染问题。

　　根据专家预测，到 2025 年，世界上将会有 2/3 的人口严重缺水。其实，目前全世界已经缺乏干净饮用水的人数何止十亿八亿？大瀑布远水解不了近渴，没有了淡水，不仅大瀑布也会消失，生命也将终结。

　　没有水，人类创造的所有文明与财富将会一文不值。所以，俯瞰着这滚滚而下的尼亚加拉大瀑布之水，我在心底里面祈祷，让我们每一个人都保护环境、都像爱惜生命一样爱水吧！

2013 年 1 月 5 日，面向全球华人发行的《人民日报海外版》的《读者桥》专版头条配发照片，用半个版篇幅发表了我写的《游北美，行走中国城》一文：

游北美，行走中国城

谷世强 （寄自美国）

要想了解海外华人及其历史文化的发展脉络，不可不了解"血浓于水"的海外中国城。

中国城遍布各大城市

美国和加拿大都是有名的移民国家，生活着来自世界各地的移民。然而，没有任何一个国家的移民能像我们华裔一样，在几乎所有北美名城的市中心，建立起一个又一个的"中国城"。我在美国一些城市也见过"小意大利"、"韩国街"、"德国镇"或"日本城"什么的，都远不能与当地的中国城相提并论。从纽约、华盛顿到旧金山、洛杉矶、费城、温哥华、多伦多等，当地人没有不知道中国城在哪里的。打出租车都不用说具体地址，只要说去中国城就可以了。而像华人聚集稠密的纽约和多伦多，你还得告诉出租车司机是去老中国城还是去哪个新中国城才行（纽约曼哈顿的老中国城和法拉盛的新中国城都很有名）。

以前北美中国城在"老外"心目中，就是中餐馆和华人商铺一条街。随着华人在当地影响力的不断提高，其价值远不止于此了。尤其是新移民，成为律师、医师和工程师的人越来越多，有的已经当上议员、市长、州长、部长及企业主管等，就连竞选美国议员甚至总统的人，也越来越经常地到中国城来作秀和拉选票了。

"中国城"三个字，将来自大陆、台湾和世界各地的华人凝聚在一起。我家住在费城郊外，每次到市里办理回中国签证、找旅行社等，都少不了要去中国城，至于吃中餐、理发或买酱油、料酒、酱豆腐等，中国城更是优选之地了。

地铁站名就叫"中国城"

你到纽约如果找中国城，当地人很可能会问你要找哪个中国城？原来，除了在纽约曼哈顿市中心几乎无人不晓的老中国城外，在靠近纽约肯尼迪机场的皇后区，近十几年来还逐步发展起来了纽约的第二个中国城"法拉盛"。

颇具规模的纽约曼哈顿中国城，是早在 1890 年随着大批华人移民涌入纽约而形成的。纽约地铁在这里有"Chinatown"（中国城）站。著名的孔子广场、孔子塑像处，常常游客如云，很多"老外"是从这里知道孔孟之道与中华文化的。

曼哈顿中国城里各种中餐馆、华人超市、中文书店、理发馆、中国工艺品礼品店以及华人旅行社、华人社团、华人税务所、诊所和移民律师楼等应有尽有，简直就是一个远在海外的"小香港"、"小广州"。

如果说纽约曼哈顿中国城以广东和福建元素见长的话，那么，纽约法拉盛的新中国城，则更加体现新移民的多元性了。在这里，既有成都小吃，也有新疆羊肉串、天津炸糕、北京小吃驴打滚和北京烤鸭、天津包子等。喜欢玩的年轻人到这里的"钱柜"唱卡拉 OK，也许觉得跟在北京差不多。

在曼哈顿老中国城和法拉盛新中国城之间，有华人开的区间巴士，每天不间断往返，经济实惠快捷，很受当地华人和观光客欢迎。中国城不但是当地旅游饮食文化的一道亮丽风景线，也是当地经济发展的重要元素和动力之一。

加州最大城市洛杉矶，也有一个规模不小的"中国城"，和曼哈顿一样，其地铁站的站名也叫"Chinatown"（中国城）站。

我是去伯克利加大看望读博的儿子时，知道"奥克兰中国城"这个地方的。我们几次前去造访，"辣妹子餐馆"的川菜和火锅、山东饭馆的山东水煎包等，味道都很不错。

牌楼是其显著标志

每到中国城，首先看到的是其标志性建筑——牌楼。费城中国城的牌楼金碧辉煌，看上去很气派，彰显了中华文化之美。来中国城观光的"老外"都喜欢站在牌楼前拍照，用来永久记录这中国城的与众不同之处。说起来这牌楼恰恰来自我的家乡天津市，是天津市政府在与费城结成姐妹友好城市时，赠给费城中国城的。每次看到它，我都会不由得乡情复燃。

华盛顿中国城的牌楼更是名声在外。1986 年，由北京与华盛顿联合设计、联合投资的华府中国城牌楼，彩绘了 270 条栩栩如生的巨龙，牌楼正中镶嵌的汉白玉上，写有"中国城"三个大字。它刚一建成揭幕，立即成为美国首都市中心一景。

　　我和家人曾在美国西海岸的旧金山中国城吃过广东早茶，真叫地道！与其他中国城不同的是，其街口矗立的是类似"城楼"的建筑，花岗岩的柱子大气坚固，绿色的琉璃瓦屋顶很有南国味道，最著名的是城楼正中牌匾上的"天下为公"四个鎏金大字，璀璨夺目，凸显其高雅品位。

美国首都华盛顿的中国城牌楼。

加拿大盛行中国城

　　只有4000万人口的加拿大，中国城之多、规模之大很令人刮目相看。提到哪里最有名，人们会异口同声地告诉你：温哥华和多伦多。这两个城市的中国城我都去过，感觉温哥华的更具"老广"特色。这里的餐馆老板大多都说粤语，广式夜市、大排档和地道的港式早茶，活脱脱地将你带入似香港、似广州的境地。除了富丽堂皇的中华门外，这里还有一座仿明代古典园林的中山公园呢！

　　而东海岸名城多伦多，最近十多年来竟然形成了6个中国城！记得几年前我们开车去多伦多度假，来到"室内中国城"太古广场，给我的第一印象就是投资的大手笔。好家伙！一走进太古广场感觉就象是走进了波音飞机的装配车间，真是巨大无比。楼上楼下、一排又一排的华人店铺和各种风味的餐饮店不计其数。就是到今天，我在国内也没有见过如此规模的"室内中国城"市场。可见华人和中华文化在海外的影响力是越来越不可小觑了。

有中国城的城市还有蒙特利尔、卡尔加里和温尼伯等。我曾在温尼伯市小住过，令我至今印象深刻的是，这里的中国城除了中餐馆和华人商铺外，还建有一个很不错的华人文化中心，这里开设了"学中文"课堂，我当年还应聘讲过一段时间的"商用中文"课呢。此外，去文化中心看中文书籍、报刊，或打乒乓球、健身什么的，都十分方便。

2018 年 8 月，笔者在多伦多中国城留影。

2003 年，我们到德国探亲旅游并参加当地华人旅游团体验了一遍车轮滚滚的西欧八国游。2003 年 8 月 8 日，"旅行家"杂志网站上发表了我写的《德国印象》游记：

德国印象

（美国）谷世强

六月下旬，赶在美国每年一度 7 月 4 日"独立日"正式开始的暑期休假人潮高峰之前，我与太太和儿子一家三口乘新加坡航空公司直飞航班从美国东海岸的纽约肯尼迪国际机场飞往大西洋彼岸德国的法兰克福机场，开始了我们一直向往的全家一起游欧洲并探亲的计划。我本人在中国工作时曾经到访过欧洲，但从没有到过德国。我太太的大姐一家在德国工作、学习，所以，我们此次的欧洲休假游的"重头戏"自然是德国了。

根据几年前欧盟内包括德国、奥地利、意大利、丹麦、荷兰、比利时、法国、希腊、冰岛、挪威、葡萄牙、西班牙、卢森堡和瑞典在内的十五个国家在卢森堡大公国生根市达成的"生根"协议（Schengen Agreement），只要有上述任何一个国家签发的"生根"签证，访客就可以在签证有效期内随便进出上述任何一个国家。我们虽然拿的是从德国住纽约总领馆签发的签证，在德国法兰克福大姐家小住后，我们还是借"生根"协议签证之光随德国熊猫旅行社的巴士旅游团游览了德国周围的奥地利、意大利、荷兰和法国等欧洲国度，很有些观感。

作为欧洲经济强国的德国其森林植被之好和高速公路的优质给我们印象深刻。美国的绿化水平也很高，但美国的草地草坪多，而德国的"黑森林"面积大。从飞机上往下看或是从高速公路的汽车窗远远望去，德国境内到处是茂密的、深绿色的，黑黑一片的大森林。身在德国，我们终于确信，人称德国是欧洲的"绿色心脏"名不虚传。美国郊外的住房一般都没有院子，更没有院门，都是开放式的，房前屋后多是由绿草覆盖。只有一些极有钱人的豪宅有时是座落在深深的院墙里面。我在美国每两周就要用剪草机剪草一次，以保持房前的草坪整齐好看。住宅小区内不是各家各户拥有的私人草坪就是公共绿地。德国法兰克福郊外的居民区则给人更接近中国、日本的感觉。大多数居民都有庭院，庭院里不是草坪而是各种花卉和小石雕等，还有不少庭院里有金鱼池的，比较更接近亚洲的情调。

2003年暑假，谷峥在德国新天鹅堡前留影。

　　早就听说德国人干活细，这次在德国领教了。美国高速公路网络发达，世界一流。可美国的许多高速和准高速公路质量不是一般就是很差。我们在美国开车不但常能感觉到因为路面质量不好造成的颠波，而且到处可见修马路的工程。我们所走过的德国高速公路和乡间公路路面质量真是好极了，几乎就没有见过因修马路要减速或绕行的地段。加上德国人开的车型普遍比意大利、法国等要好，在没有限速的高速公路上看着像子弹一样一辆辆飞驰而过的奔驰、宝马等名车令我们咋舌。在不限速的高质量德国高速公路上只要你车好，技术好，不怕死，开到汽车的极限速度也合法。在美国，警察早就要给你开超速驾驶的大罚单了！

　　都说德国人特别循规蹈矩，做事一丝不苟，这次来德国也领教了。别看德国人在高速公路上开飞车风驰电掣一般，但我在德国一次交通事故也没看到过。与美国高速公路上常见到不按规矩和交通规则胡乱开车的害群之马不同，德国人开车一般都很有礼貌，转弯时一定会打转弯信号灯，该让车时绝不拼命抢行。我们旅行团的大巴司机是德国人名叫鲍斯顿，他不但每天都十分准时，而且大热的天他每天从早到晚都系着领带绝不马虎，给人很专业和很绅士的信任感。当然，在我们中国人眼里，常觉得德国人办事太教条太死板，缺少灵活性。这自然是我们的文化、处事哲学、历史背景和社会环境等差异造成的。与德国人"酒杯一端，政策放宽"是绝对没戏的。

德国和美国虽然都是西方资本主义强国，除语言之外，不同之处实在是很多。美国作为移民国家，从全世界各地来的移民等一般都能起码享受到民族包容性的好处。如，我们中国人在美国各大、中城市的中国城和中国货超级市场等买到各种国货。从天津冬菜到四川豆豉，从镇江香醋到上海腐乳，从板兰根冲剂到正宗北京安宫牛黄丸，可谓应有尽有，价格也不贵。在欧洲金融中心、德国大都市法兰克福根本就找不到中国城。到其市中心火车站附近的一家据说是法兰克福较大规模中国店购物，其规模和货物不要说不能与北美大都市如纽约、多伦多、温哥华等相比，就是与费城也相差甚远，而且非常昂贵。就我们华人日常生活方便而言，我发现德国与美国相差极大。除了物质供应和中餐馆等以外，精神生活方面即使是法兰克福这样的大都市中文报纸、华人聚会活动、华人教会、中文学校等等与美国费城这样的北美主要城市也差很多。据说整个德国只有三万华人，与同胞沟通交流解除寂寞可比美国难多了。

2003 年夏，卢琳与大姐卢坤家合影于德国斯图加特。

就在欧洲旅游而言，德国似乎没有我们华人到欧洲一般一定要去的法国巴黎、意大利罗马、威尼斯、佛罗伦萨等世界名城。其实德国的确是很美的。她莱因河两岸的迷人风光，漂亮非凡的新天鹅堡，在"啤酒之乡"慕尼黑喝生啤酒游 BMW 汽车公司总部大楼和 BMW 汽车博物馆，还有到欧式风情无限的马克思诞生地古城特里尔观光，还有去山谷和古堡之中的德国大学城海德尔堡去追寻哥德等大思想家的足迹，都是很值得一游的，欧洲味道十足休闲旅游。

德国，确切地说是整个这次欧洲 8 国之旅给我们留下物价昂贵的印象。说德国物价贵当然不是和中国的物价比。与美国比，从日常生活必须的饮料、食品和日用品到汽油、保险等等，德国法兰克福都比美国费城贵很多。据当地人介绍，德国人保括有收入的华人，纳税率也高于美国的大约百分之三十。以前听说中国的增值税（VAT）和所谓"星级"厕所收费都是从欧洲学来的。这次我们在德国亲身领教了。不但德国如此，我们此行到过的法、意、荷、比等欧洲国家，在车站、景点甚至快餐店等地上趟厕所也常要付 20 至 70 分欧元，差不多是人民币两元至 7 元上一趟厕所！每见我们旅游团的导游在车上大喊"下一个休息点的厕所不收费，请尽量多用"或"这里的厕所只要 20 分欧元小费，够便宜的了"，然后见大家下车后都往厕所跑心理就好笑。

更令我们吃惊的是，吃德国的麦当劳汉堡，儿子想多要一小袋番茄酱作料，对方伸手给我们。我们不明白，麦当劳售货员说 15 分欧元一袋。我们一边付钱一边说，在美国的麦当劳等快餐店，这些小作料一般都是免费随便拿的。漂亮的女售货员嫣尔一笑什麽也没说。我知道她心理在说，这里是德国不是美国！除德国外，类似的拼命收费现象在欧洲很普遍。你要是说在美国上厕所都是免费的，甚至整个首都华盛顿的主要博物馆，国会山庄、白宫等等都是免费的，对方常常是对你一笑。我知道美国与德国、与法国等欧盟国家关系很微妙。

2003 年夏，笔者一家三口在德国特里尔合影。

欧洲之旅结束了。在德国法兰克福等待飞回美国纽约的航班时，我忽然发现只有几十万人口的法兰克福，其国际机场十分庞大，四通八达到世界各地的航班数量绝不在北京之下。法兰克福国际机场据说是仅次于法国巴黎的戴高乐国际机场，欧洲第二大而且很现代化。拥有奔驰、大众和宝马、欧宝等世界一流汽车公司的德国汽车是其最大的支柱产业。虽然在德国的马路和高速公路上跑的最多的可能是大众汽车公司出产的捷达、帕赛特和各型奥迪轿车，但我个人觉得上海仍然可能是大众汽车占有量最高的大城市。在上海，放眼望去，马路上跑的出租车、公车、私人车到处都是大众 VW 和它等的奥迪牌车，在德国法兰克福你反而看不到这个奇观。我们在德国的时间其实不常，前东德那边也没得时间去，但德国留给我们的印象是绿色的是美好的。

2003 年 7 月，笔者一家在德国慕尼黑宝马公司总部大厦前合影。

　　2002 年 8 月，我们从费城郊外出发直奔加拿大而去。这次加拿大自驾游一路顺利，令人难忘。这是我写的《开车去加拿大度假去！》游记：

开车去加拿大度假去！

（美国）　谷世强

　　趁着上高中的儿子放假，我们居住在美国费城郊外的一家三口决定自己开车到加拿大东部名城度假游。先给没有来过北美的朋友一个地理概念：费城位于美国东海岸的纽约和华盛顿之间。从费城到纽约与从天津到北京差不多远。

　　我们做好公司休假安排，给新买不久的旅行轿加满油就向着此行第一站、世界十大奇观之一的尼亚加拉大瀑布进发。出发前通过互联网在加拿大尼亚加拉大瀑布市的一家饭店订好了房间，约 70 美元一夜，价格还不错。汽车里 CD 光盘换了几张，一路歌曲音乐，一路蓝天白云，加上中途停车吃饭、休息和喝咖啡时间，高速公路上跑了约 7 个小时我们就进入了加拿大尼亚加拉大瀑布市。美国牌照的汽车过海关很快，和国内过高速公路收费处差不多。过边界大桥时，边防人员只看了我的绿卡一眼，就挥手让我们的汽车过关进入加拿大了，什麼填表等手续都没有。

　　以前我们在美国境内这一边欣赏过尼亚加拉大瀑布。从加拿大境内这一边观赏尼亚加拉大瀑布果然更加气势非凡，不同凡响。汽车还距离大瀑布挺远我们就听到了尼亚加拉大瀑布那惊天动地般的滔滔之声。有意思的是，不知为什麼，此时此刻的我脑海里回荡回荡的却是黄河大合唱的乐章：怒吼吧，黄河！

　　在海外的华人，不但大都保持着爱吃中餐的中国胃，看来连观光赏景的细胞都有中国情结。我们还没走到大瀑布根前，空气中弥漫的细细的水珠已扑面而来，使人立即产生一种惊喜的被天下第一瀑布洗礼、滋润的美感。当那马蹄形的主瀑布和旁边的侧瀑布一下子呈现在你眼前时，我们的心被这天赐的大自然的鬼斧神工杰作震撼了！水能有多美？水能有多碧？水能有多壮观？水的能量能有多巨大？水之滔滔声响能有多震撼？这从天而降的尼亚加拉大瀑布在向我们演示着，倾诉着，奔腾着，歌唱着。

　　从加拿大境内这一边站在尼亚加拉大瀑布马蹄形主瀑布的岸边护栏前观赏

瀑布从你眼前奔腾而下有一种巨大的动感。你恍惚中会感到自己的身体也在不由自主地随着水流移动。你知道这巨大的力量来自哪里吗？马蹄形主瀑布的水流量为每秒 60 万加仑。其落差高度为 167 英尺。与其它著名瀑布比，其落差不算高，但水流量绝对巨大。那碧玉般晶莹的水真像万马奔腾，所向无敌。由于这巨大高速的水流量，尽管冬天十分寒冷，但尼亚加拉大瀑布一年四季都奔流不息。历史上只记载有 1848 年因上流河水冰冻，造成大瀑布断流。我们也曾在美国这边观赏尼亚加拉大瀑布。穿上雨衣，乘游船逆流向大瀑布开、从下向上欣赏尼亚加拉大瀑布有是另一番感触。在大自然奇观面前，我们是多麼的渺小呵。尼亚加拉大瀑布给由一座名叫彩虹大桥连接起来的美国和加拿大的两个尼亚加拉市不仅带来了美景奇观，还带来了滚滚财源。林立的大小饭店生意红火，饭店的入住率很高。街上逛逛，旅游记念品商店，赌场，游乐场游人如织，满大街的游客尽情地花钱，个个喜形于色。尼亚加拉大瀑布，你的美丽和壮观真是永恒的诱惑。

2002 年 8 月，卢琳与笔者外甥女孟寅夜逛蒙特利尔商业街。

依依惜别尼亚加拉大瀑布的滔天碧水，我们沿加拿大 QEW 高速公路北上，不到两小时就进入了世界名城、加拿大东海岸最大都市多伦多的怀抱。曾经是世界第一高塔的多伦多 CN 电视塔和建于 1911 年规模宏大、结构造型独特的多伦多大古堡等名胜吸引了大批游客。开车在多伦多游逛很快会体会到我们华人在多伦多的数量和影响都是美国城市难以相比的。离市中心 CN 高塔不远处的中国城是多伦多市景点。进了中国城，你会有似置身在广州的感觉。街上的小店什麼国产货都有，连凉席、草帽都有。新鲜的荔枝和龙眼每家水果店都大量有货，价格比美国的中国城便宜多了。粤菜馆，川菜馆，饺子馆还有号称正宗的全聚德北京烤鸭店这里都有。与美国的许多大城市不同，多伦多除了其市中心的中国城以外，开车在许多街区都能见到中、英文双语牌匾醒目的中餐馆、针灸按摩诊所、中国家俱和礼品店等。在这座世界名城观光，街上同是黄皮肤的华人同胞真不少，有说广东话的，有说普通话的，有操英文的，很有意思。

　　我们根据从饭店拿到的一份旅游小册子，慕名驱车来到多伦多号称北美最大的室内中国货大市场太古广场一游。这个太古广场果然名不虚传，是我在世界各地见过的最具规模的中国货大卖场，其建筑规模之大就是在国内也少见。太古广场门前的停车场庞大，一扫纽约等中国城拥挤脏乱无处停车的形象。投资经营方我不知道是什麼公司，但其实力和气魄真很长海外华人志气。在这个大卖场里，卖参茸中药的，卖中文图书音像制品的，卖燕窝鱼翅的，卖中国工艺品的，卖中国食品特产的乃至珠宝、手表和手机电脑是应有尽有。太古广场里可以花很少的钱吃到很正宗的上海小笼包、星洲炒饭、鱼香肉丝等小吃盒饭，当然也有装饰不俗的中餐和日本餐馆。对了，这里还有我第一次在海外见到的真正的手拉牛肉拉面和山西刀削面呢。我那已来美国多年的儿子虽喜食美式快餐但他特别爱吃这里的手拉牛肉拉面，说好吃，和北京吃的一样好吃。

2000 年 7 月，谷峥在加拿大落基山脉班夫国家公园雪山前留影。

　　告别了多伦多我们顺着沿途风景如画的 401 号高速公路往东北方向边欣赏沿途安大略湖景点边行，大约用了 4 个小时我们就到了加拿大首都渥太华。我们在市中心一家饭店住下后立即冒着蒙蒙细雨到不远处的加拿大议会大厦去观光。加拿大议会大厦是一座深受英国影响的大教堂式建筑，规模宏大，十分好看。如同华盛顿的地标建筑是国会山庄一样，加拿大议会大厦也是游人必到的渥太华地标建筑。身穿制服的导游带着一批又一批的游客进入大厦参观。有英文导游，也有法文导游。议会大厦参、众两院的会议厅都对游人开放，不需要门票。

2013年5月，笔者与五哥谷世安医生在温哥华合影。

渥太华城市不大但非常干净有序。在我们参观的著名的加拿大文明博物馆里，有相当的展品展示了华人对加拿大历史和文明发展所做出的突出贡献。渥太华是一座小巧玲珑政府和文化气息都很浓的城市，值得一游。渥太华也有一个很小的中国城，有几家中餐馆和卖中国货的商店。我们也到此吃了一顿已很西化了的中餐，和多伦多的中餐比那是大打折扣了。好在我们在渥太华只住一夜，没找到地道的中餐也问题不大。

看完渥太华最有名的文明历史博物馆后，我们直接驱车沿417号高速公路往蒙特利尔高速驶去。一上高速公路，我们立即体会到了枫叶之国加拿大"一国两语"的国家体系。往蒙特利尔开的高速公路路牌全是法文，没有英文。连东、西、南、北这些词也得蒙着理解，好在我儿子懂德语也有帮助，十分有趣。快到蒙特利尔问路时，十之八九会开口与我们讲法语后该说英语。人都很热情。行车三个多小时我们顺利到达了法语魁北克省重镇蒙特利尔市。入夜，我们与在蒙市的亲戚一起逛蒙市中心很有浪漫情调的老港一带。路边生意兴隆的酒吧，街上演杂耍的，街头给游客画像，演奏的，真所谓风情万种。这里典型的欧式建筑，给人以身在巴黎的感觉。

蒙特利尔的中国城也在市中心，规模不大不小。中国城主街上有一座唐人街牌楼，很有些气派，据说当时造价一百万加元。从华盛顿到费城到蒙特利尔，中国城的标志建筑都是很有中国特色的唐人街牌楼。这些唐人街牌楼的设计和建造很多都与这些城市在中国的友好城市有关。与在蒙市的亲戚一起，我们在中国城的一家中餐馆吃了一顿海鲜套餐，色香味都不错，价格比在美国吃一餐同样饭菜便宜不少，只是加拿大政府的收税实在是很高，比美国高多了，政府什麼都管。所以，有人说加拿大才是社会主义。

1976年，蒙特利尔曾成功举办过奥运会。我们的汽车就停放在离有575英尺高的奥运体育馆斜塔不远处。呈45度角的斜塔用十几棵钢缆将外形似飞蝶般的奥运体育馆轻轻抓起来，造型别致，漂亮。游人可以乘观光电梯上到斜塔顶层远望。这里也是蒙特利尔吸引游客的一处景点。平时，奥运体育馆也用于大型展览等之用。我还特别在背后是五环标志的领奖台上照了张像，也过一把奥运瘾。

2013年5月，笔者在温哥华渔夫码头留影。

其实，奥运体育馆旁边的蒙市植物园更是特别值得一游。蒙特利尔市植物园是我到过的面积最大，最具吸引力的植物园之一。植物园里最让我们惊叹振奋不已的是她的中国园。这里的亭台楼阁不少但布局紧凑，如同上海豫园；这里的石舫如同在北京颐和园；这里的花墙小桥湖光山色胜似江南园林。坐在假山顶上的小亭上，往下看是瀑布湖水石舫，往前看是白色漂亮的奥运体育馆，这麼美丽动人的中国花园就是在国内也不多见。据介绍，这个中国园是亚洲以外，世界上最大的中国花园。中国园内播放着轻柔的二胡独奏，这里每天都吸引来一批又一批慕名而来的游客。

在蒙特利尔市玩了两天后的早晨，我们沿40号高速公路继续北上往号称小巴黎的古城魁北克市开去。两个多小时后我们已经上山来到了魁北克市老城。

这里是魁北克市的著名旅游圣地，傍山依水，欧式建筑风格各异，非常美丽。在老城这块不很大的地方，却是集历史，文化，建筑，风俗和景色之大乘的名胜。法国风格餐馆酒吧，欧洲情调的街头铜像和雕塑，五光十色的手工艺品地摊和商店，表现手法各异但水平都很高超的街头画像师们生意兴隆。古城魁北克市闻名于世的芳特耐特大古堡饭店雄伟无比，俯视圣劳伦斯河。大古堡饭店房间一夜要七百至数千加元。但我们平民百姓可以免费参观大古堡饭店，还可享受免费导游。一楼都是高级工艺品，画廊，餐馆，酒吧等，随便参观。置身这里，很有在欧洲的感觉。

乘游船从水面上仰望魁北克上城，那芳特耐特大古堡饭店和其它教堂和古堡式建筑美不胜收。游船离开上码头不久就见在一大铁桥后面的一大瀑布，可谓又是一景。魁北克到处都讲法语，建筑和景色也似法国，所以人称这里是"小巴黎"。我们下午在这里赶上两拨加拿大军乐团的街头演奏会，免费而且水平不低，为这旅游城市添色不少。我们下午五点多告别了美丽古城魁北克，晚饭时分就回到了蒙特利尔市。至此，我们对加拿大法语区的法国影响之深算是领教了。圆满结束了在美丽枫叶之国的自家车度假游，我们告别迷人的蒙特利尔顺 15 号高速公路往南开，不到一小时就到了美国和加拿大边境检查站。过来边检，我们的汽车又回到美国一边。这时，加国 15 号高速公路已改名美国 87 号高速公路了。法文路标终于不见了，属于美国纽约州地盘的 87 号公路上都是英文路标了。公路两边是著名的千岛湖度假区，山青水秀，当天下午 6 点多我们载着一路风光平安回家了。

2019 年 8 月 4 日，美国《侨报》的《文学时代》版头条配发照片大篇幅发表了我写的《胡志明市印象》游记：

胡志明市印象

（宾州）谷世强

在欧美，知道西贡的比知道胡志明市的人更多。其实，西方人熟悉的那个越南首都西贡早已经在 1976 年越南统一后被更名为胡志明市了。而且，越南北方的河内成为了统一后越南的新首都。不过，胡志明市中心那条夜景美丽的大河至今依然名叫西贡河，火车站依然名曰西贡站。

也许是历史原因，西贡对于从法国到美国的西方游客具有特殊的魅力。中美贸易战让人力资源成本低廉的越南渔翁得利，赫然成为了美国主流媒体今年报道的亚洲热点之一，胡志明市的旅游观光业也更加火爆起来。

今日越南啥样子？其核心竞争力与中国有多大差距？6 月 21 日，我结束了在台湾的出差后从高雄机场直飞胡志明市。因为担心越航晚点等，我买的是华航直飞航班。到了机场才知道，执飞的其实还是越航航班。没想到，越航柜台办理登机牌和托运行李箱挺顺利，越航的空客 321 机型航班正点从高雄起飞，3 小时后又平稳正点抵达了胡志明市机场。我的行李箱从传送带上也很快露面，越航似乎还挺靠谱。

胡志明市现在的新山一机场机场跟中国二三线城市机场差不多，即使是国际航班抵达也要乘坐机场大巴车才能到候机楼入境和提取行李。机场的穿梭大巴车是中国制造的，满眼的越航客机似乎不是空客 320 就是空客 321，一架越航的波音客机我都没看到。越南经济发展迅速，据说胡志明市的新国际机场有望 2025 年建成启用。

新山一机场的出境大厅不大也不高，但抵达的乘客却很多，排长队办理入境时感觉很热。到港大厅外面接机的人太多了，又热又乱哄哄的。我在出机场时用美元兑换了越南盾。似乎 100 美元能换成 2 百多万越南盾。本来我就算不清楚钱，这无数个零的越南盾让我到离开越南时也没能明白坐计程车和餐饮每次花了多少越南盾，好在都不贵。兑换外币的柜台也管计程车，业务员讲英文。

这样，我付费后就凭着已经付款的收据到外面很快坐上了计程车径直去了市中心的西贡大酒店。

法式建筑风格的胡志明市市政厅。

如果说人满之患的新山一机场给我留下"越南人真多，摩的和汽车又多又无序"的第一印象的话，从机场到市中心主街上潮水一般奔驰的无数摩的和大小汽车穿插前进有惊无险的交通乱象更让我惊叹不已。真是越战打出来的、不怕死的战斗民族！人口接近千万的胡志明市尚无地铁，公交车又慢又不方便，计程车百姓嫌贵，摩的就成了这座世界级大都市的主要交通工具，可谓肆意横行但也的确车技高超。

到处都是人都是大量年轻人的胡志明市让我看到了其人力资源竞争优势。但在胡志明市，我碰到的能讲英文的年轻人比中国主要大城市少多了，其大学毕业生不论数量和质量都远远落后于中国，尤其是理工科毕业生。我在胡志明市几天也没有看到高新技术园区，科研实力也比中国差远了。所以我认定，未来二三十年，越南的核心竞争力主要是人力资源，其人才资源远远难比中国，高端和高附加值产业还难以与中国等竞争。

我住的西贡大酒店过一条宽敞的马路就是西贡河岸边。在看不见红绿灯的马路边，汽车、摩托车和摩的以"没有规则就是规则"的速度滚滚而来又滚滚驶去，站了10分钟，我也没能过马路。还是一辆人力车车夫骑着车带我过了马路。这里的规则就是，只要你强行过马路，汽车和摩托车也都会躲开你。晚上过这条车流不断的马路时，行人常是举起一只手臂让开汽车和开摩托车的注意别撞上。太悬了！

在胡志明市的车流滚滚中，我发现轿车大多都是日本丰田车，也有一些尼桑和马自达等日本车以及韩国的起亚和现代。旅行车基本都是美国福特牌。中国产的轿车和旅行车我一辆都没有看到。我几年前到南美智利度假游，到处可见中国产的轿车和旅游大巴车。越战期间中国拼命援助胡志明，如今统一后的越南汽车市场却罕见中国车，咄咄怪事。

抵达胡志明市当晚，我就慕名到范老五街觅食。真没有想到，这范老五街既与中国各地的食品街和酒吧街不同，更与台湾知名夜市不一样，其资本主义格调的热闹非凡和灯红酒绿就是美国赌城拉斯维加斯也逊色。步入范老五街，街道两侧的酒吧和餐馆以及廉价酒店霓虹灯闪烁游人如织。从一家家酒吧传出来的音乐声和酒吧歌女的歌声以及小贩的叫卖声和游客的欢叫声震耳欲聋，越夜越热闹，夜夜如此这般。

2019 年 6 月，胡志明市越夜越热闹的范五老街一瞥。

我在一家人气特旺名曰西贡小姐的饭店斜对面的酒吧室外餐桌前落座，要了一碗味道不错的越南牛肉米粉和一瓶啤酒，与北京上海比，价格不贵。范老五街上充斥着大量的欧美白人游客，华人游客也不少。街上除酒吧和饭店，摆地摊烧烤的大排档和满街拉客做按摩的女孩又多又穿着暴露。街头还有两家中餐馆，生意似乎都挺兴隆。在这里混饭吃的还有不少十几岁的小女孩和上点年纪的大妈。她们主要是靠向游客兜售鲜花、香烟、打火机和扇子等赚点小钱，大热天的很不容易。还有一群年轻人身背发光广告牌在街上为啤酒等做广告。从范老五街的表面繁华，我看到了越南在经济大发展中形成的贫富不均，和这里已经开始的纸碎金迷。

很多胡志明市观光行程包括华人的，都不包括中国城，但我看介绍说胡志明市中国城不小华人也多。为了体验胡志明市交通，我专门选择乘坐公共汽车去中国城。越南的公交车极便宜，车上有一名司机，还有一个售票员。我手里拿着有中国城照片的旅游图，司机让我在终点站下车。果然，中国城就在公交终点站附近，环境比集中在一区的其他主要景点差远了。

在街上路过的中餐馆我倒是见过中文餐馆名称，但在这里的中国城连其钟楼上的"中国城"三个字也只有镀金的越南文，没有中文。这与美国中国城大多有牌楼，牌楼上面都用中文金字书写如"费城中国城"等字样很不同。我倒是在飞往胡志明市的航班上拿到一份中文版的《西贡解放日报》，头版跟大陆的省市机关报版面非常相似，只是跟台湾一样还用繁体字。

油漆成黄色的两层楼式中国城规模不小，主门钟楼前停满了摩托车，还有不少卖饭的地摊。走进中国城，天井中央供奉的是雕刻有龙的汉白玉石碑。红瓦四方城结构的中国城上下两层都是摊位，卖什么的都有。从虾干、干辣椒到木耳蘑菇调料品，从越南斗笠、旅游棒球帽、头巾到餐具、礼品和日用品，啥都有。外面肮脏拥挤的街道上卖鱼肉的和蔬菜水果等摊位也很多，低洼处积着水，当地人很多就骑着摩托车边看边买，乱哄哄中想到了脏乱差三个字。美国的中国城多以中餐馆为主，这里没有，全是自由市场摊位，似乎全说越南文。

我从携程网预定的西贡大酒店不但性价比很不错，而且距离统一宫，中央邮局、圣母教堂和市政厅等都是步行可达，距离西贡河的夜景景观区和68层高的金融塔摩天大厦更是近在咫尺，附近更有西贡河上的帆船餐厅和歌剧院等，位置超好。

胡志明市的地标建筑金融塔大厦鹤立鸡群。

由于历史原因，这一带法式洋房建筑很多，许多酒吧等也是漂亮的法式小洋楼，到处可见欧美游客，西贡河的夜景也很迷人，彩灯装饰的游船在宽阔的西贡河上形成一道风景线，河边乘凉的民众和观景的游客熙熙攘攘很有点上海外滩的味道。河边还有专门出租塑料板凳的，而且生意不错。

西贡河上取名艾丽萨号的帆船餐厅几层楼高，里面装有电梯，三扇风帆的灯光颜色不断变化，忽蓝，忽绿，忽粉红，与过往的游轮灯景和附近的摩天大厦夜景相映成辉。艾丽萨帆船餐厅虽然豪华，但餐谱显示只点普通晚餐并不贵。我在顶层室外餐厅落座，要了一瓶333牌啤酒和一份简单晚餐，十多美元而已。

艾丽萨号餐厅不但是欣赏西贡河两岸夜景的好地方，而且英文很好的帅哥服务员很高兴与我聊天有问必答，让我对胡志明市年轻人工作、生活和理想追求了解了不少。看着眼前河滨大道上的摩的和汽车车流滚滚，望着周围越来越多的高层建筑，我感觉胡志明市真不愧为是当今世界的"摩的王国"。夜景有点后赶香港的胡志明市经济和旅游业已经扬帆。

俯瞰胡志明市迷人夜景的最好去处就是不远处的名片建筑金融塔了。胡志明市中心这座鹤立鸡群的摩天大厦2010年才建成对外开放，外观设计理念据说是取自越南国花莲花形状，里面商场、酒吧、影院和餐厅俱全。我进去时注意到海底捞火锅店也要在这里开张了。除了可以买票到顶端的了望台俯瞰胡志明市和西贡河全景外，其实，到楼顶酒吧喝啤酒饮料更划算更爽，特别是夜晚了望厅关闭后，楼顶酒吧就是最佳选择。光线柔和的酒吧里面坐满了人还有歌手伴唱。我要了一扎当地啤酒，在酒吧窗边座位欣赏胡志明市市区夜景，越战的硝烟早已经被眼前的一片灯火辉煌所取代。结账时才知道只花了不到20美元，越南的物价的确还在便宜时期。

我发现胡志明市的主要景点建筑市政厅、统一宫、中国城和歌剧院主色调都是米黄色。距离西贡大酒店不远的市立歌剧院建筑黄色调中又很法国。这座哥特式建筑风格的歌剧院门脸儿很有法兰西艺术美。正门前两个白色的顶柱是两个裸着上身的欧洲美女雕塑，双手托住上面的屋顶，自然和谐。屋顶上面的白色石雕更为精美，是两个背长双翅全裸的西方美女天使手扶着圣琴，蓝天下洁白无瑕与歌剧院的建筑色彩十分协调。据介绍，市立歌剧院当年是参照法国同类歌剧院设计建成的，原名叫做西贡歌剧院。歌剧院周围的酒吧等建筑也是欧陆风情十足。

从歌剧院往前走不远就是旅游团必到的中央邮局和圣母大教堂，当地人称其为"红教堂"，是一座天主教堂。中央邮局有名主要是因为它是19世纪末法国建筑师埃菲尔的设计。很多游客也喜欢从这里邮寄越南风光明信片回家做纪念。与中央邮局比邻的圣母大教堂著名，也是因为这座教堂的历史。这座同样也是19世纪末法国殖民时代的哥特式红砖双塔尖顶建筑是胡志明市的地标建筑。据说，其设计是参照了巴黎圣母院，教堂前面 4 吨重的圣母玛利亚塑像是 1945 年罗马教会赠送的。

游客喜欢前来打卡的胡志明市中央邮局。

胡志明市最吸引游客的统一宫和市政厅都在附近。统一宫在越南实现祖国统一前是总统府。开放参观的多个大会议室、会见厅、总统办公室、贵宾厅和总统卧室等，地毯、吊灯和瓷器摆设十分豪华。地面四层的总统府大楼外面有喷水池和很多巨大的盆景，地下还有防空袭轰炸的作战室，墙上依然挂着当年的越战作战地图。跟当时在北越丛林中穿草鞋布衣奋战的胡志明相比，这总统府显得过分的奢华。统一宫非常值得一游，但需要在门外排队买票才能进入参观，门票很便宜。统一宫大院的的草坪上还摆放了油漆一新的越战时期的主战坦克和战斗机等，吸引了不少游客拍照留念。

西贡虽然改名换姓成了胡志明市，市区街头到处可见的宣传招贴画上也常见胡志明怀抱小孩等胡志明画像照片，但我只在市政厅马路对面的广场花园看到了胡志明的全身铸铜塑像，感觉象是见到了胡志明似的。

市政厅是一座 1908 年建成的法国风格建筑，很有点欧洲宫殿建筑气派。红色瓦顶下面是米黄色墙体，中间高出一层的钟楼上面是白色的西方雕塑，顶端飘扬着红色的越南国旗，整座建筑与不远处的市立歌剧院异曲同工地彰显着法兰西建筑和雕塑艺术美。傍晚，夕阳西下时拍摄的市政厅照片更有法式建筑格调美。

广场花园中轴线上的胡志明全身铜像背朝市政厅面向前面的市中心和西贡

河。身着中山装的胡志明右手举起在挥手致意，脚下的黑色大理石基座上面用越南文刻着胡志明（1890-1969）字样。这是在胡志明市与胡志明合影的最好雕塑了。从这里走过广场花园、路过金融塔摩天大厦冲着艾丽萨帆船餐厅走就到了西贡河畔。所以，这里是观光游览胡志明市最好的地方了。周围餐饮、酒吧、商厦和饭店多多，我入住的西贡大酒店就在旁边。

2019年6月，笔者在胡志明市统一宫（前总统府）前留影。

我们这一代从小时候就天天听说的越南都与越战相关，知道西贡在南越，河内在北越。我认为胡志明市最难得、最应该花点时间参观的是战争遗迹博物馆。这座令人震撼呼吁和平的博物馆馆址，正是越战期间的美军情报中心。在这里，我看到了近代战争的残酷、无辜越南百姓对战争的控诉和民众对和平的企盼与呼唤。

在博物馆对外开放参观的4层展厅里，除了大量美国等各国记者拍摄的令人毛骨悚然的战争惨状与恐惧照片，更有从枪支弹药到地雷炮弹到各种空投炸弹等杀人武器实物。一进展厅，在一扇和平鸽图案的玻璃上面记录着已被人们淡忘的越战历史时刻：1954-1975。

很多游客在一张英文展牌前驻足拍照。展牌上写着，越战期间有3百万越南人丧命，其中200万是包括妇女儿童的平民百姓。还有200万人受伤，30万越南人在战争中失踪。此时此刻，我脑海里面也想到了美国首都华盛顿的那面著名的"越战墙"。在这设计成v字形的黑色大理石碑墙上面，刻着5万多名在越战中死亡在异国他乡的美军官兵姓名。战争与和平。人类应该吸取战争教训世代争取和平。

　　参观这个展览的西方游客特别多，个个表情凝重。很多幅美军在越南使用生物武器后造成的畸形儿和极度残疾人的照片惨不忍睹令人心碎。一幅幅记录下战争中百姓特别是妇女儿童的恐惧与绝望的照片让人看到了越战的残酷和惨状。

　　战争遗迹博物馆室外还展出了越战期间美国空军的各种战斗机、轰炸机和直升飞机，美国陆军的各种作战坦克、装甲车、丛林推土机、迫击炮和燃烧弹等事物以及船头架设着重机枪的快艇等，可见越战对美国消耗也是很大。博物馆的馆徽令我印象深刻：蓝天下三枚往下投掷的炸弹背景前面一只洁白美丽的和平鸽。走出博物馆，仰望蓝天白云，我真希望看到和平鸽能永远在蓝天白云中自由翱翔。

Chapter 9

费城夜话论东西

　　2015 年 7 月 12 日，美国《世界日报》在全北美发行的《世界周刊》配发彩色插图，刊登了我投稿的《微信：改变我们的生活方式》一文：

微信：改变我们的生活方式

谷世强

　　目前，我们进入大数据时代。尽管我们也分不清楚信息时代、云时代和大数据时代这些网络新词儿到底不同在哪里，但微信已经主宰了从中国大陆到北美华人圈的智能手机和 iPad 是不争事实。微信已然成为海内外亿万华人离不开的日常信息沟通和社交手段，甚至在改变着我们的生活方式。

没有微信 便是落后

　　自从 2011 年腾讯公司推出微信平台，不到三年间，从大陆到北美，微信已经拥有了 5 亿多活跃用户。微信的英文翻译也传神，一半谐音，一半谐意，叫做 WeChat。我们一些常去中国的"老美"客户，手机上也赶时髦装有微信，否则便是落伍。它与我们日常生活关系最密切、对我们社交生活影响最大。

　　若论发照片、发视频、发段子、发即时新闻和音频、视频即时聊天，若论在网络世界不分国界地建立亲朋群、同学群和好友群等，微信的确真比电邮、短信和其它社交网站方便好用。正是微信里的这个群那个群和朋友圈，将大陆以及海外华人带入一个全新的多姿多彩而且方便实用的社交世界。

　　大数据这科技新词儿在大陆火到了啥程度了呢？近日，新华社一篇报道习近平 7 月中旬视察贵州"要闻"这样写到：在参观贵阳大数据广场的大数据应用展示中心时，习近平说："我听懂了，贵州发展大数据确实有道理"。今天，大陆官媒人民网头条文章就是"习近平为何要说贵州发展大数据确实有道理"，大数据概念被越炒越火。

有了微信 习惯改变

微信也在悄悄改变北美华人的日常生活。微信刚在大陆兴起时，有亲朋让我也装微信，我不削一顾。以为电邮、电话最好用也最实用。前年春节前夕，我在费城和在北京、天津的侄辈们给谷家注册建立起了一个微信群。我们这些在海内外的"长辈"也就都被邀请参加了。很快，每天群里聊天，报平安，晒旅游和孙辈照片、录像，分享海内外奇闻逸事，为微信里面流传的一个观点、事件和段子各抒己见争论不休，好不热闹。微信改变了我家的日常信息交流形式、频度和内容。海外乡愁被微信稀释了，家庭关系纽带被系得更加紧密和亲密。

自从我的 iPhone 上了微信入了群后，生活习惯都改变了。每天起床洗漱后，吃早点上班前的第一件事就是赶紧看今天的微信。这不，端午节前，我在温哥华的七弟夫妇就给群里发来了"送开心粽子来了"的有趣动漫。同学群里在天津的大学老同学也给我们发来了一锅正煮热气腾腾的粽子视频。立即就有老同学微信捧场"闻到香味了，好诱人啊，看着也高兴！"这端午节的粽子还没吃完呢，今天微信群里又都是一片"父亲节快乐！"的祝贺声。外甥女在"朋友圈"里转发的"一曲《父亲》，唱哭无数人"，点击打开，的确声情并茂十分感人。这就是微信的力量！

笔者太太所在的费城郊外华人基督教"三一教会"，以前都是用电邮和电话通知各种活动时间安排，如今早已改为微信通知了，方便快捷不少。而且，太太跟几个姐妹教友的微信群每天都很热闹。从下班后的晚饭前后到睡觉前，她们天天在微信群里聊哪个菜好吃，子女教育，旅游计划，风趣照片，好听新歌等等，乐此不疲。父亲节那天，又看到我们同学群里在悉尼的老曹同学微信告我们，澳大利亚的父亲节在 9 月，所以他一年过两次父亲节。

言论自由 上了台阶

毋庸讳言，大数据时代给微信平台提供的即时通讯技术和五亿多活跃用户，让中国人的社交和言论自由一下子上了一个新台级。当然，这个因为大数据时代新技术带来的"言论自由"进步是有限度的。面对微信时常超过官媒的巨大影响力，大陆的国信办去年就赶紧出台了"微信十条"，给微信立规矩。除了实名制和不准通过微信传播色情、暴恐和欺诈等不良信息外，要害是严打危害大陆政体和维稳的各种"谣言"。

所以，一年多前微信上面广为流传的诸如"抓捕万庆良现场纪实"之类被微信群迅速传播的民间新闻和讽刺段子等，很快都被"有关部门"删除了。实名制和"微信十条"的确收到了"净化网络"功效，让北京认为"危害社会"的微信几乎销声匿迹。但是，"上有政策，下有对策"。微信群里不那么"政治"，不那么敏感的议论和段子仍然可以被广为转发。而这些幽默段子等，在某种程度上也的确表达了民意，算是微信仍的一大亮点。以下这个段子就反映了百姓对各地"名酒"越出越多、越来越贵现象的极端不满：

"宜宾机场已改名为五粮液机场。可以预想不久的将来，您登机前会听到这样的通知：由五粮液机场前往二锅头国际机场的旅客请注意！您所乘坐的老白干航班已经到达本站，请携带好您随身物品到酒鬼登机口登机。请酱香型旅客在红花郎口登机……浓香型旅客请在国窖 1573 口排队等候！我们抱歉的通知您，由于闷倒驴机场天气原因，小刀烧航班取消，请旅客们改乘劲酒航班……献给日夜辛勤奋战在一线拼命喝酒五湖四海的朋友们！"这样的讽刺性段子是肯定不会被大陆官媒采用的，但可以容忍在微信里面被转发到海内外。

以下这个洪晃评四大名着的段子也是讽刺中国的"官二代"现象：西游：出身不好，想成佛是有难度的；红楼：出身不好，想嫁人是有难度的；水浒：出身不好，想当官是有难度的；三国：出身不好，想创业是有难度的。

如果北京真有意愿和魄力兴利除弊锐意进取的话，其实微信里面被百姓广为传播一些反映民意和社会问题的段子也是苦口良药。比如，微信群里流传的这个反映当今中国官场怪现象的段子，就有警世意义："河边两个村，河东的村长带民众经常加固自己这边河堤；河西的村长则把资金挪用吃喝。洪水来了河西决堤，于是村长带民众抗洪抢险奋战在一线，电视台天天采访，上级拨款救灾，而该河西村长也因抢险有功官升三级。而河堤牢固的河东啥事没有，村长仍旧是村长。"

2013 年 5 月 30 日，美国《侨报》的《文学时代》版头条，用半个多版面配发好莱坞影星朱莉照片发表了我写的《从朱莉切乳话文化观念》评论杂文：

从朱莉切乳话文化观念

(宾州) 谷世强

最近，好莱坞大牌女星安吉丽娜　朱莉 (Angelina Jolie) 因为自己有着较高的乳腺癌发生率而通过手术切除了双乳，并公之于众。美国和世界各国媒体广为报道，反响颇大。

这是因为美国医学科技又有了新发明、新突破吗？显然不是。这是大家司空见惯、哗众取宠的名星秀吗？当然不是。这是朱莉在沽名钓誉、追求商业利益吗？显然不是。美国主流媒体也不会愚蠢到如此这般为名星作秀。我觉得这其实是一种心灵与文化的震撼。

《时代》周刊 5 月的封面就是朱莉依然漂亮但表情严肃的照片，并在封面照片下面用醒目的白色大字写道：THE ANGELINA EFFECT (安吉丽娜效应)。这篇《安吉丽娜效应》就是本期《时代》周刊最重要的封面文章。

试想，如果同样的事情发生在中国影视明星和名人身上，一个知名女人会只是因为医院检测认为她由于遗传基因而有 87% 的风险罹患乳癌就毅然决定切除双乳吗？即使她有意，我们中国医院的诊断治疗、法律和保险报销体系允许医院做这样的手术吗？就算我们有女星、女名人宁可自掏腰包为了预防乳癌发生而切除双乳腺的话，她会公开通过报刊媒体自曝如此个人隐私而且赞美自己已非"原装"的人工再造双乳吗？就算我们也有女名星、名人也有勇气做类似之举的话，我们的社会、文化、媒体、"粉丝"，特别是她的亲朋好友和医生能接受并赞美鼓励她吗？所以，朱莉不但是很多美国人心目中最美的女影星，而且能泰然正视癌症、作出如此超凡之举真不简单。她的双乳腺切除手术带来的不仅仅是万千妇女的仿效从而减少乳癌病患，而且从跨越国界的文化层面让人们深思。

朱莉的母亲同癌症抗争了近 10 年，但美国一流的医疗技术手段还是没有能阻止她在 56 岁时就告别女儿等亲人。朱莉知道了自己的遗传基因缺陷，不愿让自己生养和领养的儿女们过早地失去母亲,她没有太多犹豫与顾虑地选择了切除双乳腺,未雨绸缪。最令世人钦佩的是朱莉主动将自己切除双乳腺和人工双乳再造一事毫不保留地告知天下,帮助更多的妇女放下包袱,丢掉幻想,主动出击,防癌抗癌。

无独有偶,美国三大电视网之一的 ABC 电视网早间新闻《早安,美国》节目知名女主播罗伯特 (Robin Roberts) 不断战胜癌症等疾病的事迹也是家喻户晓。

5 年前,刚刚战胜了乳腺癌的罗伯特,如今又在与罕见的需要骨髓移植的造血不良疾病抗争。我每天早晨上班前都习惯于一边在家吃早点一边看《早安,美国》新闻。罗伯特女士在放化疗期间剃光了头发后还努力坚持工作。她在新闻广播中还边拿自己的光头开玩笑边说"I'm going to beat this"(我一定要战胜它)。她的乐观向上、开放、感恩生命与友谊,以无以伦比的感召力鼓舞和激励了万千观众。包括我在内,更多人因此更加喜欢看常有罗伯特主播的《早安,美国》早间新闻节目了。当然,这也需要电视台的理解与支持。而这种社会的理解与支持正是社会文化使然。

自从朱莉 5 月 14 日在《纽约时报》上发表了震撼性的《我的医疗选择》文章并自曝为了防癌主动切除双乳腺并植入假体后,我所看到的《时代》周刊等美国所有主流媒体没见有人说影星朱莉疯了,只见一片钦佩、赞美与祝福之声。

我们每个读到影星朱莉防癌故事的人,看到罗伯特抗癌事迹的人,无不为她们的勇气而钦佩,无不为她们主动牺牲个人隐私、唤醒社会关注、挽救更多生命的情怀而动容。

我们华人,特别是身在海外的华人,时常由衷赞美源远流长的灿烂中华历史文化。就是在写此文的此时此刻,我也为自己是这灿烂中华历史文化长河中的一分子、一滴水而倍感自豪。我想,任何伟大灿烂的历史文化都一定要具有批评与自我批评的能力,才能不断去其糟粕、吐故纳新,得到升华、永保青春。否则,免疫力自然会下降。

但在美国媒体赞美朱莉的同时,我们不是每天都能看到海内外中文媒体网站上以惊爆、惊艳、揭秘、哗众取宠、"吓人"为标题的无聊新闻与文章吗?我们不是已对此习以为常、熟视无睹了吗?我们不是常常看到相声、小品用"老年痴呆"等本来需要社会关爱的病症取乐幽默、一而再再而三地在很多电视剧里面用"植物人"来烘托剧情、将毫无逻辑性的故事情节贯穿起来了吗?我们不是有东北二人转的演员就是凭借在小品和电视剧里面的口吃形象而成名天下吗?我们想过万千口吃患者和他们家属的感受吗?他们能乐起来、笑起来吗?我们不是也看得津津有味吗?我们的作者和文化工作者甚至宣传把关者对此不也是置若罔闻任其发展吗？

　　长此以往，这能不损害我们伟大中华文化的机体、损耗其中的正能量吗？这绝对不是灿烂中华文化所应具有的和谐、包容和实事求是等精神，这也不代表我们中华民族伟大爱心的主流，是应该被鞭挞抵制的负能量。

　　同样是对待癌症等疑难病，同样是为了防癌，朱莉和罗伯特等作出的反应及其积极向上的态度与我们一些人的观念和做法大相径庭。

　　在我所在的费城和很多美国城市，每年都会举办多次防癌和抗癌长跑、竞走和音乐会等，旨在为各种癌症的战胜者造势并鼓励更多的人勇于以积极态度防癌抗癌。不论春夏秋冬，不论是针对乳腺癌还是胰腺癌，每次活动参加者都很多。常常是市长一大早就前来和大家一起跑、一起走、一起为战胜者祝福、为病患者祈祷。球星、影星等逢年过节也常到医院探望癌症病患，特别是儿童。有的重要球赛开场前，还专门安排该市或者该校的病患在全场观众的热烈鼓掌下将球投进篮筐或者踢进球门，激励斗志、唤醒爱心。这是一种开放的、积极的、向上的防癌和抗癌文化。"洋为中用"，我们弘扬中华文化正能量，应该也包括取人精华、去己糟粕，在我们的悠久历史文化中将所有人类文明和文化正能量的东西发挥得更好、更正。

　　对比我在国内和在北美的所见所闻，我就想，为什么在癌症医学知识更为普及的北美，医生诊断结果是"癌"的病情通知，对我们华人产生的震撼和心理负面影响常常远大于不懂中文的"老外"呢？思来想去，我认为这根本就不是什么医学知识和治疗技术问题，而是文化观念问题。癌症这个词或者说这个病名早已经被我们的文化给妖魔化和过度恐惧化了。而且，我们的作家、艺术家还仍然在乐此不疲地继续着这个"中国人自己吓唬中国人"的恐惧文化工程。

　　首先，尽管现在很多早期乳腺癌、胰腺癌、鼻咽癌、皮肤癌和胃癌患者都能被治愈，甚至很多中晚期癌症患者的疗效也非常好，有的也完全痊愈或多少年未复发。尽管中西医防癌治癌技术在不断提高，我们的很多小说、电影、电视剧等却喜欢一写癌症就不忘渲染"绝症"和"不治之症"等非常负能量的词汇和场景。

　　我前两天看了一部从中国带回来贺岁喜剧电影《亲家过年》。电影还不错，而开片不久就是女主角背着母亲卖掉了大房子，但母亲突然要来访，为把房子借回来，她从患病的邻居家借了一张 X 光片，告诉买她房子的人说她母亲得了乳腺癌、要来看她。之后，新房东两口二话没说就痛哭流涕地将房子借给了女主角，让她迎接母亲前来过年。这样随心所欲地向观众暗示"绝症"和社会视乳腺癌为不治之症的胡编乱造剧情，一是毫无必要，二是起了渲染恐惧的坏作用。我们要正视这样的问题，并努力从文化层面改变。

　　还有，我们为什么要将有记忆力障碍、丢三落四的患者诊断定名为"老年痴呆症"这样吓人的病名呢？患者真老吗？不见得。患者真又痴又呆吗又治不好了吗？我看未必。还有，像红斑狼疮、白血病、败血病和心肌梗死等病名真不明白是如何翻译定名并被我们接受的，病名本身就具有很强的震撼杀伤力。

难道我们有几千年历史的汉语就找不到更准确、更科学、更温和、更富于爱心的字眼来定名这些病症了吗？我们的卫生和宣传文化主管机构为什么不能给这些刺激性的病名更名改姓、加入一些正能量呢？

当然，仅更改纠正病名可能不能解决所有问题，但起码有益无损。最关键的是我们应该通过弘扬中华文化的正能量，大力宣传类似朱莉和罗伯特这样的事迹，不人为制造恐惧文化，建筑开放的、积极向上的和富于爱心的社会文化。

2016 年 8 月 17 日，美国《侨报》的《文学时代》版头条以半个版篇幅发表了我写的"从菲尔普斯拔罐到《刮痧》"一文：

从菲尔普斯拔罐到《刮痧》

（宾州）谷世强

里约奥运开幕后第一个周日，男子 4 x 100 米接力冠军争夺赛可谓万众瞩目，美国队派出了包括 23 枚奥运金牌得主菲尔普斯在内的最强阵容。果然，美国队一举赢得了这块奥运游泳大赛中含金量很高的金牌。这场大赛，让美国和各国观众大感惊奇的是，主将菲尔普斯肩膀和后背上布满了一个又一个的圆形红印。这是咋回事？也许是笔者的父亲、姐姐和大哥都是中医目濡耳染的原因吧，我马上想到了中医拔罐疗法。

都说美国运动医疗最先进，前几年中国田径健将刘翔脚伤也是专门来美国治疗康复的，难道"不差钱"的美国奥运"大腕儿"会在如此重要的奥运大赛上给最牛的金牌运动员拔罐疗法助力摘金？疑惑之间，眼尖嘴快的 NBC 解说员肯定也注意到了"菲鱼"身体上的红色印痕。他立即解释说，听说菲尔普斯正在接受神秘的传统中医疗法帮助缓解肌肉紧张，一下子印证了我的猜测。

美国媒体的确嗅觉灵敏新闻出手快。转天周一的美国主流大报《今日美国》就以《拔罐：为什么菲尔普斯身上红痕处处？》为题刊配发菲尔普斯入水前佐证照片做了报道。该权威新闻确认，除了美国游泳巨星菲尔普斯外，包括竞技状态出色的美国体操队等在内的运动员都在流行用简单易行的拔罐疗法缓解肌肉紧张。只是，这种小玻璃杯拔罐疗法不用点火就能通过抽真空拔罐。一时间，Cupping Therapy（拔罐疗法）成了美国主流媒体的常用词。8 月 9 日，就连以实况政治报道闻名世界的 CNN，也以《带红色印痕的奥运：什么是拔罐？》为题作了报道。文中说，里约奥运进入了拔罐时代，这一古老的疗法源于中东和亚洲国家，特别是中国。

说来也好笑，首先否认拔罐疗法源于中国的却是中国自己的主要网站，而且还引经据典貌似科学。说什么拔罐疗法既不是中国传统走出国门也不是"中医的胜利"。认为拔罐疗法是清朝才流行起来的，是从阿拉伯传入中国的，云云。

但事实是，如今我们走遍世界各国，有哪个国家的医院有如中国的中医医院和针灸按摩诊所这样普遍应用拔罐和针灸疗法呢？而且，很多中国家庭至今不但常用拔罐和刮痧疗法治病而且保健。正因为如此，也正是因为对中医传统医学的信任，人们通常都认为拔罐、针灸和草药是中国的中医药学。

奥运大赛上美国名将菲尔普斯等肩背处拔罐疗法后的红色印记，有美国记者称之为中国红印。所以，拔罐疗法和针灸乃至中医药一样，都是中医药学对世界的贡献。其潜移默化带来的结果当然也可以说是中国中医药学的一次胜利，一次世界范围的普及，一次量的提高。如今，不但很多新闻记者和运动员都开始对拔罐疗法感兴趣，一些健身房和按摩院等都提供拔罐疗法了。加拿大广播公司 CBC 在一则奥运报道中写到：菲尔普斯和美国体操名将试图采用古老的中国医学疗法提高成绩。里约奥运会美国队引发的拔罐疗法一幕的确也是一次"中医的胜利"。

其实，中国的很多优秀科技和传统都是先在海外闻名后才被重视的。中医科学指引研发成功的青蒿素就是一例。就在一年前，我们有谁知道屠呦呦教授的大名，更有谁知道古老的中医药学与青蒿素的关系呢？还有谁知道这是诺贝尔医学奖水平的重大发明发现呢？没有。只是在获得了诺贝尔医学奖之后，屠老太太才在中国科技界出了点名，大众才知道青蒿素原来是中国研发成功的治疟奇药，才有了为什么屠呦呦会在中国是"三无科学家"的讨论。

大概也是拜微信群的功力，从关于中国队员比分被打压一直到孙杨与澳大利亚的霍顿要一决高下，孙杨却因为被感冒无缘 1500 米自由泳决赛，各种段子和吐槽也够得上奥运会水平了。相比而言，奥运奖牌大国也是公认的体育强国美国的民众，似乎很少如此关注和评论美国运动员的失利。相反，媒体和民众对表现出色的美国游泳队和女子体操等也不过是鼓励和祝贺而已。如同相信中医拔罐疗法的运动功效和相信屠呦呦教授科研团队青蒿素研发成果对人类的杰出贡献一样，我们对成功和失利的奥运运动员都应该抱有足够的信心和鼓励。能在激烈的竞争中走到里约奥运这一步就是相当的成功！奥运充满竞争但也充满宽容、鼓励和奥运精神。

男子 100 米决赛让全世界都看到了十分感人而又平和的一幕。新加坡游泳名将斯库林以公认的实力战胜了自己多年的偶像菲尔普斯，为新加坡勇夺首枚奥运金牌。电视画面上我们都看到了，当得知自己已经获得金牌时，斯库林第一个动作就是主动与屈居第二的偶像"菲鱼"握手并相互祝贺。领奖台上，美国游泳"大腕"、屈居亚军的菲尔普斯手捏银牌，对斯库林笑的多开心！因为，他看到了长江后浪追前浪，看到了奥运精神让新加坡小将梦想成真，看到了奥运竞赛激励斗志普及体育的美好一面。

其实，中国如今值得信心满满的"好东西"多了，很值得所有华人骄傲。

就说这巴西里约奥运会吧，我前两天就在微信群里看到这个不错的段子：《看了巴西奥运，才知道中国在海外已然这么牛逼》。这段子并非是说中国奥运军团得金牌总数如何如何，而是说"中国制造"。不论各国记者如何吐槽里约奥运的方方面面，但从声光电大显身手的里约奥运开幕式至今，供电系统可以说是最为靠谱给力的。

可以说，中国国家电网巴西公司所拥有的 7000 公里输变电线路和到位的技术服务，为里约、巴西利亚、圣保罗等奥运比赛城市提供了奥运成功所必不可少的供电保障，中国应该引以为豪。在里约市中心的中国国家电网大厦，是里约奥运会电力供应保障成功的关键部门之一。

中国制造的地铁去年和今年相继击败竞争对手拿下美国波士顿和芝加哥地铁大单早已证明了中国地铁车辆制造技术已然十分成熟，里约奥运更是让中国地铁建设水平大大露脸一次。奥运会前完成并投入使用的里约地铁 4 号线，可以说是里约最新、最现代化的地铁线路，每天运送 30 万人次往返于奥林匹克公园、奥运村和里约市中心。这条名副其实的"奥运地铁"线路上奔跑的正是中国制造的地铁列车，全部 15 组共 90 辆列车。而这个里约地铁 4 号线也是本届奥运会投资最大的基础设施项目，全长 16 公里，共有 5 站，为里约奥运会成功提供了快捷、舒适和可靠的交通保障。

也许你熟悉华为和中兴电子的智能手机，物美价廉。但你也许并不知道，华为和中兴等中国公司也在为里约奥运提供可靠的通讯保障。此外，除了格力和美的空调给里约奥运场馆带来的凉爽，从开幕式上绚丽多彩的奥运焰火礼花到高清晰的奥运场馆安检设备，"中国制造"的身影可以说是无处不在，处处给力。所以说，"菲鱼"等美国奥运名将选用拔罐疗法放松肌肉紧张争取奥运最佳成绩也完全在情理之中，中医针灸诊所在美国越来越多也很说明问题。

说起国家的发展与实力，凡是在中国乘坐过高铁出行的"老美"朋友和客户没有不说好的。特别是中国整洁舒适的高铁正点率和安全可靠程度都不逊色于美国如今仍然是普通速度的火车客运。尤其是除了车次很多以外，一等座的票价都比美国的"灰狗"长途大巴便宜，性价比实在是很高。我的一些"老美"朋友和商务客户，只要是长跑中国出差的，手机上大都安装了中国的微信，发照片、发录像、一到北京机场就微信电话与外面通话，都说中国这 WeChat 实在是太方便好用了，网络通讯技术跟任何国家比都很先进，真是这样。

行文至此，我忽然想起了在美国看过一部叫做《刮痧》的电影，印象深刻。主角都是大家熟悉的"大腕儿"：梁家辉、蒋雯丽和我们都非常喜爱的老演员朱旭先生。剧情对在海外生活的我们更有震撼和感染力：故事发生在美国中部密西西比河畔的城市圣路易斯。许大同来美 8 年，事业有成、家庭幸福。这时，大同 5 岁的儿子生病了，大同的父亲用传统的中国民间刮痧帮孙子治病。因为中美文化和司法体制不同，美国人不了解古老的中医疗法，误解中就造成了大同夫妻虐待儿童的铁证。后来发生的这一原本幸福的家庭妻离子散的故事令人心碎。

　　如今，美国奥运金牌得主菲尔普斯等拔罐拔得"体无完肤"，非但没有了"被虐待"的法律问题，而且还让中国的拔罐疗法在美国各大媒体上真真正正地火了一把！中国，包括属于中国也属于人类的中医药宝库，已经立于世界之林，今非昔比了！

2016 年 11 月 20 日，美国《世界日报》在全北美发行的《世界周刊》配发彩照，刊登了我投稿的《美中狗文化的差异》一文。

美中狗文化的差异

文 / 图：谷世强

近日在纽约中文媒体上看到有关狗的报道，报道说，"超人""蝙蝠侠"甚至总统候选人川普都出现在 22 日的"汤普金斯广场公园万圣节狗狗大游行"上，吸引数千人忙着与萌翻的狗狗合影。你看，狗狗在美国有多受宠、多神气！但是，狗狗在中国则不同，不仅有关狗的词汇多是骂人的，而且还有被打死吃肉的危险。

在美国，狗狗是很多家庭的重要成员，就连总统奥巴马外出度假时，也常喜欢牵着一条黑色卷毛狗上"空军一号"。这就是大名鼎鼎的"白宫第一狗"阿波。这阿波甚得奥巴马两个宝贝女儿喜爱，当爹的总统也要经常亲自遛狗，甚至还要亲自铲狗屎呢。

美国的狗文化真是以爱狗为标志。从"感恩节"到新年的整个节日季里，美国人一爱看球赛，二爱看电影。而好莱坞拍摄的"狗片"也真不少，很多是非常叫座的大片。《军犬》（War Dogs of the Pacific）、《永远忠诚》（Always Faithful）、《忠犬八公的故事》（Hachi: A Dog's Tale）、《我家也有贝多芬》（Beethoven）、《福将与福星》（Turner & Hooch）和迪斯尼世界公司根据真实故事编写拍摄的《南极大冒险》（Eight Below）等等，动画片就更不胜枚举。

去年，我在飞北京的美联航航班上第一次看到《南极大冒险》这部电影的，真是大片，越看越爱看，看后深受感动。那八条忠诚、勇敢和聪敏过人的南极雪撬犬实在是太可爱、是我们人类最忠诚的好朋友。

美国新闻中经常把政府监督部门等称为 watchdog，直译就是"看门狗"，这绝对不是贬义。但你如果大胆在中国称呼纪检委、反贪局乃至海关和人大等为 Watchdog 的话，估计离倒霉不远了。看门狗被中国人听了，都会认为是贬义词，是骂人的。

与中国文化正好相反，美国文化中关于狗的名言很多，而且多是褒义正面的。比如，老美常喜欢说 work like a dog（跟狗一样卖力气）；"Dogs are not our whole life, but they make our lives whole."（狗虽然不是我们生活的全部，但他们让生活更加完美）； "A dog is the only thing on earth that loves you more than he loves himself."（狗是地球上唯一爱你超过爱他自己的动物）；"Happiness is a warm puppy."（快乐就象是一只热情的小狗）。美国已故总统杜鲁门曾经说过这样一句名言："If you want a friend in Washington, get a dog."（如果你想在华盛顿交一位真朋友，就养条狗吧"）。估计希拉里和川普也得相信杜鲁门这句名言。

在中国看国产电视剧，特别是胡编乱造的抗日神剧，演员的台词经常是狗日的、狗东西、狗杂种、狗娘养的、狗腿子和打断你的狗腿等。真不知道是在抗日还是跟狗过不去。明明是当年的中国人挡不住日本军队的长驱直入，却骂狗骂得很勇敢，其实日本入侵与狗无关。

郭沫若先生可谓是中国文人的杰出代表，当过首任中科院院长和中国科技大校长。这位"讲科学"的进步大文豪 1976 年写的那首著名的《水调歌头·粉碎四人帮》也没能免俗，也是与狗过不去："大快人心事，揪出四人帮，政治流氓文痞，狗头军师张，还有精生白骨，自比则天武后，铁帚扫而光！"。这狗头军师与精生白骨是一个级别的坏蛋。文革期间，红卫兵最喜欢狂呼"砸烂谁谁谁的狗头"。

今年 6 月下旬，本来就夏日炎炎热的难受，广西玉林却大张旗鼓地搞起"玉林狗肉节"。原来，从 2010 年开始，这里每年都要在盛夏举办"玉林狗肉节"，都要在狗肉节里杀掉和吃掉一万多只狗。迫于外部压力，玉林政府宣称这个狗肉节不是政府官办的，是私人举办的活动，跟他们无关。政府和城管经常威风八面，难道就不能取消这舆论沸腾的"玉林狗肉节"？

只有三亿多人口的美国却拥有大约 8000 万只宠物狗。美国人花在宠物身上多少钱呢？每年大约 560 亿美元。平均每条宠物狗每年消费 1641 美元。你别看在美国禁枪难，但如果有谁胆敢大办狗肉节的话，被动物保护组织给兔死狗烹了都说不定。

忠诚的狗在中国文化里面就找不到一两句褒义词儿，什么狗嘴吐不出象牙、狗屁不通、狗血喷头等。狗对人类这么忠诚，中国人对狗却没有好词。文革年代，一旦庆祝发表最高指示，人们就上街游行，高呼诸如"打倒帝修反及其走狗"的口号。若是出生于地主富农家庭，就会被贫下中农出身的同学骂成地主富农的"狗崽子"。我一直纳闷儿，自己到处觅食吃的"走狗"也犯忌？词典将走狗翻译成 Running Dog，估计没有哪个"老美"能明白这 Running Dog 有什么不好。在线英文词典更是将"狗崽子"翻译成 puppy，是可爱的小狗的意思，打倒它们干什么？那年月的中国，实在是疯狂的可笑。

最让人啼笑皆非的是，连发音跟狗字谐音的也犯忌。中国某市市委书记的大秘姓苟，大名就化名苟向阳吧。人们见别的领导大秘都亲切地称呼张秘书、李秘书的，唯独到了苟向阳这里，都改口称呼"向阳同志好"，就跟有人事先教过似的。几千年铸成的中华文化之微妙，"苟秘书"要改称"向阳同志"可见一斑。你可以直呼龙局长、侯警官、朱市长，但谁敢直呼苟局长、苟警官和苟市长呢？

不但成语里面关于狗的全部是坏词，如狗苟蝇营、狗头军师、狗尾续貂、狗血喷头、狗眼看人、狗仗人势、狐朋狗党、鸡鸣狗盗、鼠窃狗偷、声色狗马、狼心狗肺和关门打狗等贬义词，就连歇后语也没忘了骂狗：哈巴狗上轿，不识抬举。更没有道理的是，裁缝打狗，有尺寸！你裁缝不去裁剪而去打狗，真是莫名其妙。

2014 年 3 月，笔者在中溪湖观雪雁时与一游客的爱犬合影。

　　2014 年 11 月 24 日，美国《侨报》的《文学时代》版头条配发我在苏州拍的阳澄湖大闸蟹彩照，用半个多版面发表了我写的《品蟹趣谈》一文：

品蟹趣谈

（宾州）　谷世强

　　"秋风响，蟹脚痒"说的是深秋正是品尝河蟹的大好季节，所谓"菊花黄时蟹正肥"是也。也许是河蟹谐音和谐，也许是河蟹的长相虽然有点怪，但生命力强，蟹肉味道别具一格地鲜美，深秋时节品河蟹对于我们华人来说，不仅是美食而且已是一种文化了。

　　这几年，每当我秋季回中国出差时，在上海、在苏州和在无锡等地，都能看到或身上贴着防伪标签或腿上拴着防伪和产地证的阳澄湖大闸蟹，它们身价不菲，早已成为宴会席的上品佳肴了。

　　最近，我也"与时俱进"，在家里兴趣盎然地观看 48 集电视连续剧《历史转折中的邓小平》。《邓》剧里面就浓墨重彩地表现了当年打倒"四人帮"的消息公布后举国欢庆、人心大快的场面。一时间我们的河蟹文化又有了新时代的政治涵义。电视剧里，北京的老百姓家家户户都抢着去买河蟹，都是"三公一母"拴成一串买回家，立即上锅蒸熟了这"四蟹帮"大快朵颐，解馋又解恨。这场面，真比《红楼梦》中大观园里品蟹、赏桂和饮酒作诗的场面壮观、震撼、生动形象多了。河蟹已然成为中国历史大转折的见证了。

　　笔者来美一晃已经 20 年了，因业务关系，我每年都要回中国出差几次。我最喜欢秋季回国出差，可以在家乡与家人把酒言欢，一享河蟹美味。

　　东西方文化传统中的确存在着很多完全格格不入的东西。美国尽管有知名的五大湖，有无数的江河湖泊淡水资源，但却不出产河蟹，或者说不出产淡水蟹。20 年来，我从来没有在美国见过卖河蟹的。据说，在中国被视为美味佳肴而大量养殖的河蟹，在美国则被环保机构"依法"管制，不允许河蟹在美国"泛滥成灾"。这也许是怕河蟹对河流、湖泊堤坝和农业有破坏、不利于生态平衡吧。

　　记得某年秋季，我带美国客户到江苏常州出差找供货商，每家客户宴请都会上一大盘被蒸得浑身鲜红的大闸蟹，我劝阻也无效。餐桌上，美国客户只是看着我们华人吃这大闸蟹，他们则一口都不吃。有的供货商还一再为这些美国人惋惜，说："多没有口福啊！"我就赶紧说："您口福不浅，就替这些美国人吃几个吧，让他们继续吃他们爱吃的铁板牛肉、宫保鸡丁吧！"

美国虽然不出产河蟹，但出产海蟹的海域的确是不少，一年四季都能买得到。这里的白人、黑人和我们黄皮肤的亚洲人爱吃海蟹的很多。我所在的东海岸费城一带，就盛产美国"蓝蟹"(Blue Crab)。中国城的水产品店一年四季都卖蓝蟹，价格也相当稳定。鲜活的蓝蟹出水后被装在透气的筐里，早晨就会用卡车送到中国城的水产品店等地方出售。除了有的华人超市是称重量卖外，一般都是按"打"卖。给顾客夹螃蟹时，只要是碰到不动的，就当成死蟹被扔到旁边的垃圾箱。个个鲜活的蓝蟹确实不金贵，在费城中国城 10 美元左右就可以买一打 12 只。公蟹比母蟹贵，老外们不喜欢吃蟹黄，也怕得"三高"。这点也与中国的蟹文化不同，中国人大多爱满肚子蟹黄的母蟹。看来，美国海蟹市场还是挺"重男轻女"的。

蓝蟹价格不贵也是因为美国人通常不喜欢买活螃蟹回家蒸着吃，估计家里也没有这么大的蒸锅。饭馆也不卖蒸海蟹，因为美国人不喜欢吃带壳的海蟹。而软壳蟹更受他们欢迎。他们偶尔吃蓝蟹解馋，不是在饭馆里面点一个"蟹饼"(Crab Cake) 汉堡吃，就是在超市买几个做好的蟹饼回家吃，微波炉一热就能吃。

所谓蟹饼，就是工厂将刚出水的蓝蟹加工剥出蟹肉，做成跟汉堡包的牛肉饼大小一样的蟹肉饼，高温做熟冷冻后进入市场。这样，吃蟹饼时即能够品尝到海蟹肉的鲜美，又不会吃一桌子蟹壳。

据说，习近平访美时，奥巴马总统的国宴菜谱上主菜就是从马里兰州空运过去的蓝蟹蟹饼。至于习主席是否爱吃就不得而知了。

这里中国城的粤菜饭馆菜谱上也有姜葱炒蟹。到海边钓蓝蟹也很好玩。到K-Mart 等超市去买几个钓螃蟹用的铁丝筐子，里面放个鸡腿什么的，放到海水里面等一会儿往上一提，运气好时里面总有一两只蓝蟹，比钓鱼来的快多了。有人就用一根拴了鸡腿的绳子放到水里，一会儿就有蓝蟹上钩，提上来将螃蟹放到桶里就大功告成了。东海岸的新泽西州和马里兰州都有钓蓝蟹的好地方。自己钓到的海蟹，怎么吃都会觉得格外鲜美。

除了蓝蟹以外，美国人大多也爱吃帝王蟹 (King Crab) 的大蟹腿。它们被捕捞后很快会被加工成熟的蟹腿，冷冻后销往美国甚至世界各地就方便多了。由于在惊涛骇浪的阿拉斯加北冰洋深海里捞帝王蟹越来越不容易了，近年来其价格也是越来越贵。费城的食品超市卖的帝王蟹大蟹腿大约 15 美元一磅，也算物有所值。

有意思的是，除了中餐自助餐饭馆以外，一般在美国的中餐馆都不经营帝王蟹蟹腿。费城等地华人开的很多自助餐餐馆，为吸引顾客，晚餐都有帝王蟹腿，虽然不是上等货，但只要蟹腿一上来，通常很快就被顾客取光了。自助晚餐每人大约16美元加点小费，如果吃两盘蟹腿的话，估计自助餐饭馆老板也赚不到什么钱了。好在很多美国人通常只拿一两只蟹腿吃而已。

西海岸的旧金山一带卖的海蟹产自太平洋，比东海岸的蓝蟹大多了，肉也多，价格也贵，可以解馋又管饱，一个人吃半只就够了。游旧金山"渔人码头"时就有饭馆现煮现卖，你也可以就买半只品尝，很受游客欢迎。

说来说去，我觉得还是中国的河蟹最鲜美。其实，河蟹只是我们为区别海蟹而对所有淡水蟹的一个统称。认真地讲，河蟹里面还要分是湖泊还是河流里乃至稻田里出产的等等，身价和口味都很不同。

家父谷济生生前是天津市名老中医、中医肝病专家。家父很喜欢吃河蟹，所以，我们家海内外兄弟几人个个都对吃河蟹情有独钟。每年深秋季节，我们回中国出差或者探亲时，就是我家"和谐"家宴欢聚之时。

家父曾任天津市第一医院中医科主任，早年毕业于华北国医学院，是中国最早的"科班出身"的中医专家。而当年的华北国医学院是由中国一代名医施今墨先生所创办的。施先生不但是华北国医学院的首任院长，也是中国最早提倡中西医结合的大国医。作为施先生的弟子，家父曾告诉我们，民国年代，施先生每年深秋必到苏州、南京一带行医一次，除治病救人和给国医学院的弟子们提供实习机会外，一享当地河蟹美味也是"重头戏"。

据说，施先生食蟹不用姜醋，不饮酒，而是蘸点好酱油吃。施今墨先生不但医术高明，而且对螃蟹很有研究。他把螃蟹分为六等，每等又分为二级。他认为一等是湖蟹，阳澄湖、嘉兴湖一级，邵伯湖、高邮湖二级；二等是江蟹，芜湖一级，九江二级；三等是河蟹，清水河一级，浑水河二级；四等溪蟹；五等沟蟹；六等海蟹。可见，在施今墨这样的大国医眼里，河蟹比海蟹"高档"多了。

我的家乡天津市地处渤海之滨、九河下梢，这里的所有水产品，我都爱吃。小时候，文革还没结束，院子里的老大娘教会我一句很有市场经济思想的"天津话"，叫做"借钱买海货，不算不会过"。我当时的理解就是，口袋里的钱，只有买海货最划算。我小时候，除了天津出产的对虾闻名中外之外，天津小站等稻田出产的河蟹也小有名气，只是那时的"稻田蟹"都是自然生长的"绿色食品"。

去年秋天，我回中国出差，回美国前，我与在天津的兄嫂家人聚餐。我三哥谷世乐专门在自由市场买了很多只活的天津"七里海"河蟹，我们聚餐的饭馆给加工蒸熟，红彤彤地上了一大盘。我们饮酒、品蟹叙家常，何等的"和谐"！

那"七里海"河蟹肉质的确鲜美，绝对可以与阳澄湖大闸蟹和太湖蟹有一比。那一夜，家乡河蟹就着家乡的白酒，真是越吃越美！我这三哥，今天还来邮件给我们传授他的吃蟹学问：吃河蟹，一个是品牌，一个是时令。河蟹只有10月底天气转凉后才最肥，特别是公蟹才有白油，这是我感觉最好吃的。"七里海"河蟹如今也是一个品牌，现出水的自然是最鲜美的。所以，如果你秋季到我家乡天津出差旅游的话，别忘了也去尝一尝天津的"七里海"河蟹啊！

今年9月下旬，我回中国出差，看到今年市面上卖的所谓"阳澄湖大闸蟹"价格已下降很多，可以走上寻常百姓家的餐桌了。前两年可不行，在上海等地的饭店里面，大闸蟹的价格高得令人望而生畏，一只大一点得大闸蟹可以卖到130元人民币甚至更贵。也许是因为"反腐"的成效，也许是因为养殖的更多了，总之，价格降低了是好事。

北方的辽宁盘锦现在也盛产河蟹。盘锦的"稻田蟹"养殖据说很成功。美国不是怕河蟹破坏生态平衡吗？盘锦的稻田养蟹是"用地不占地，用水不占水，一地两用，一水两养，一季双收"，反而有利于环保和生态平衡。因为，养殖河蟹的稻田会形成"互惠互利"的良性生态循环，施肥少了，更加绿色环保了。这样，稻田养蟹不但可以出产肥美的"稻田蟹"，而且稻米也成了少污染的"蟹田稻米"，大受市场欢迎，一举两得。

如今，菊花早已金黄，我们华人回乡探亲旅游也正好可以一饱中国河蟹的美味，大快朵颐了。不一样，就是不一样。

华盛顿、纽约和费城等一年四季都有卖的美国蓝蟹。

2015 年 1 月 7 日，美国《侨报》的《文学时代》版头条配发枪店彩照，以半个多版篇幅发表了我写的《浅谈美国"禁枪"》一文：

浅谈美国"禁枪"

（宾州）谷世强

据统计，2014 年"黑色星期五"的商品销售额低于 2013 年，但枪支弹药销售却出人意料的火爆，其销售额大大高于 2013 年。也许，这与"黑色星期五"买枪打折有关，但枪械销售成倍的增加反映出的问题也是不言而喻的。

美国成年人依法都是可以买枪的，但是，买枪的顾客也要依法通过无犯罪记录背景调查。"黑色星期五"那天，美国联邦调查局（FBI）每分钟要回复 100 多个枪店发来的顾客背景调查才能满足火爆的"市场需要"，真是忙坏了 FBI 了。

一般而论，绝大部分顾客购买枪支弹药放在家里的确是为了防身自卫的，但社会上枪支弹药多了，擦枪走火和枪击案件等意外事件自然也会增多，对于不会用枪和家里没枪的人会凭空增加危险恐惧感。所以，"黑色星期五"枪售火爆对于社会大众来说意味着被枪击伤害的危险性大增。

前段时间，枪杀美国黑人青年布朗的白人警察威尔逊被大陪审团免于起诉判决一公布，立即引发了美国各地的抗议游行示威。

去年 12 月 4 日，围绕纽约一大陪审团裁定不起诉将黑人小贩加纳"锁喉"致死的涉事警察丹尼尔·潘塔利奥，纽约曼哈顿再次愤怒起来，又见大规模抗议游行示威。美国枪击案越来越多已令奥巴马政府十分头痛，现在又裹入了警察打死黑人的种族问题，影响和抗议已经波及美国各大城市。

这两年主流媒体不断报道的美国"校园枪击案"、"职场枪击案"、"商场枪击案"等越来越严重的枪击案，让很多本来不喜欢枪的美国人为了自保和自卫也跟着买枪学枪。美国的合法"枪民"人数越来越多，养肥了军火商，忙坏了警察局，威胁了平民百姓。

面对如此社会现状，被佛格森大陪审团宣判免于起诉的白人警察威尔逊，为了自己和其它警察同事的生命安全，还是在第一时间宣布辞职了。三十六计走为上。即使是威尔逊这样的执法警察也不得不如此选择，惹不起，躲得起。毕竟，美国社会实在是拥有太多的枪支弹药了。仅 2013 年，上万美国人死于枪支暴力。警察威尔逊也害怕挨黑枪、冷枪，赶紧辞职走人实为上策。

从奥巴马总统到民间，禁枪呼声越来越高也越来越紧迫。很多华人对 2014 年 5 月 23 日夜晚 22 岁冷血大学生杀手 Elliot Rodger 在圣巴巴拉大学校园区制造的血腥枪杀案记忆犹新。因为，一个父亲是导演正值豆蔻年华的白人大学生，瞬间就持枪疯狂夺走 6 个大学同学的青春生命，其中 3 个还都是我们无辜的华裔学生，令人心痛和震惊不止。

一位 61 岁的白人受害学生 Chris 的父亲接受 CNN 采访时声泪俱下，痛心疾首。他愤怒地询问美国政府、国会和政客："你们高谈阔论美国人持枪权利不可侵犯，那我儿子生命的权利又在哪里呢？被枪打死的无辜人实在是太多了！"

而最近因为种族和司法公正问题引发的美国大规模游行示威，其实早已经超越了枪击和打死黑人事件本身，对美国的政治体系也会产生微妙影响。美国是个警察就配枪，不像中国，还有不配枪甚至不怎么会打枪的户口警和交通警。所以，除了枪击案件，每年被警察开枪打死的也不在少数。

当然，我们如果能换位思考一下，美国这么多人手里都有枪，警察在执法过程中寻求自保的恐惧和防范心理，容易扣动扳机也是可以理解的。面对美国枪支泛滥，民众危险，警察其实更危险。今年"黑色星期五"美国枪售火爆，也反映了民众对美国禁枪和只靠警察保护不抱幻想了。

就在 5 月份加州圣芭芭拉校园枪击惨案一周后，费城郊外橡树镇举办的大型枪展就如期在会展中心开幕了。橡树镇离我家很近，我们也想看看美国到底是怎么展枪和卖枪的，趁周末有时间就开车去橡树镇会展中心看枪展去了。

我们从家里开车一会儿功夫就到了举办 Aok Gun Show （橡树镇枪展）的会展中心。门前很大的停车场上已停满了汽，有很多车是从新泽西州、纽约州甚至麻省等较远地方开来的。看来，很多美国人还真是喜欢枪或者真需要买枪。说来也奇怪，枪展展馆外面警车反而少见，就在门口看见一辆警车。而且，这卖真枪实弹的展会跟汽车展、花卉展等一样，什么特别安检也没有。进门入场即没有不准带包入内，也不需要身份证，更不设 X- 光安检器，买票就能进去看。门票不贵但只收现金，成人入场每人 10 美元。很多人都是带着孩子全家出动来这里看枪展过周末的，跟逛商场一样，会场气氛相当的轻松，刚刚在加州发生的校园枪击案对枪展一毛钱的影响都没有。

3 年前，笔者出差曾经在巴尔的摩机场附近的 "Outdoor World"（户外世界）购物中心里面见识过卖枪支弹药的。这个专卖户外运动商品的购物中心很大，从钓鱼杆到沙滩车到长短枪支和子弹以及自动弓弩等都有卖，而且都是崭新的商品，价格也不算贵。只要你没有犯罪记录和够成年了，凭驾照登记，你就可以在店里购买任何你喜欢的枪和子弹，真比买汽车简单多了。尽管这家购物中心的卖枪区很大，但进出"Outdoor World"购物中心没有特别的安检，跟进出沃尔玛一样随便。

在橡树镇举办的枪展则有所不同。枪展的主要目虽然是卖枪赚钱，但展会毕竟是展会。

首先，进门需要买门票。说是门票，其实就是交钱后在我们手背上盖个红印章。就凭手背上的这个红印章，观众可以随便进出展馆。再有，与"Outdoor World"购物中心不同，枪展上卖枪、卖刀和卖子弹的都是卖枪专业户租的摊位，绝对的个体经营卖"军火"。

还有，枪展上不仅展卖很多新式枪支，也展卖各式古董收藏枪和收藏价的腰刀与军刀。

最逗的是，一个专门卖俄国造步枪的摊位上，竟然还在装枪支的木箱上挂了一面鲜红色的前苏联"镰刀斧头"党旗招揽顾客。自由美国，五花八门，无奇不有。

受越来越令人震惊的各种枪击案所迫使，最近一年美国社会"禁枪"呼声的确很高，包括总统在内的很多政客也在公开场合大讲"禁枪"，但真正能让美国立法禁枪大概要等到猴年马月了。以前，每次校园等枪击惨案发生后，我们都会纳闷美国禁枪怎么就这样难呢？而且，每次枪击惨案后都会有人出来辩护说，枪击案杀人的其实不是枪支而是人的问题，云云。

众所周知，美国步枪协会 NRA 很有影响力。美国民主政治的重要标志是民选总统、州长和市长。两党支持的总统候选人花老鼻子的美元拼命竞选，为的就是能入主白宫。而拥有雄厚资金实力和会员影响的美国步枪协会 NRA 所影响的选票对任何总统候选人都至关重要。

当然，NRA 所掌控和影响的选票都是投给拥护宪法《第二修正案》的候选人。而这个宪法修正案就是确保美国人拥有持枪的权利。NRA 的巨大游说和影响力不仅仅表现在总统选举上，对国会议员选举也是一样。而美国大法官是由总统任命的。从而，NRA 其实多少也影响到了大法官的人选。而生产枪支弹药的军火商的游说和影响力也非同小可。所以，在三权鼎立的美国，社会虽禁枪呼声甚高，但真正能实现立法禁枪那还真是"路漫漫其修远兮"，我们也只好且呼吁且耐心等待吧。我们买完门票，一走进枪展大厅，第一个邀请我们拿资料和填写会员表格的就是美国步枪协会 NRA，我们当然是谢绝了。

这次，我们在家门口看枪展才明白，原来在美国买一把新枪其实并不贵。看上去很不错的新手枪通常也就是三四百美元一把。但是，被枪支收藏爱好者买来卖去的老古董手枪、步枪和猎枪，标价从数千到数万美元的都有，也有爱好者购买。此时，我更明白一点了，原来美国除了很多人买枪"防身"外，还有不少"票友"性质的喜欢玩枪和收藏枪。难怪美国人均拥有枪支数量世界第一。

据统计，美国大约有将近一半的家庭拥有枪支，听起来挺吓人。

在美国，拥有枪支弹药是人权，而保护公民生命安全不死于非命也是人权。禁枪与否，就是这人权与那人权之间的政治了。从历史角度看，美国的"独立战争"和西部大开发都离不开枪，自己家里拥有枪支弹药对于一些美国人来讲那的确就是美国文化的一部分。如果你有幸到访过美国"独立"的诞生地维吉尼亚州的威廉斯堡的话，你一定记得，参观总督府时最让人难忘的就是总督大厅墙壁的装饰物就是上百把的真步枪和真战刀，威武壮观。在枪展上，你就随便可以端起一把冲锋枪拍照，没人管，旁边就是卖子弹的。

看来土生土长的"老美"眼中的枪械与我们很不同。我们认为的"军火重地"在这里不过是一个普通展台而已。

从根儿上说，这也是美国文化的一部分。

2014 年的"黑色星期五"美国枪售火爆又意味着什么呢？当越来越多的人选择购枪护家自卫时，"禁枪"其实就显得更加紧迫、更加重要。社会上还是尽量少一些枪支弹药更安全感一些。

我这辈子第一次亲眼看枪展，看着这么多做工精美的长枪、短枪和古董收藏枪，特别是那比"越战"武器还先进的全自动步枪这么容易就能买卖，我的心就不由自主的担忧。枪支和子弹不是绣花针，真是随时可以要人命的。谁会是下一个无辜受害者呢？希望这一轮美国种族冲突问题早日平息，希望美国能早日实现"禁枪"，希望我们的户外能更加安全。

　　2018年12月16日，美国《侨报》的《文学时代》版大篇幅配发电影广告彩照发表了我写的《从"摘金奇缘"遇冷说起》一文：

从《摘金奇缘》遇冷说起

（宾州）谷世强

　　《疯狂的亚洲富豪》（《Crazy Rich Asian》）在美国8月中旬一上映就火爆异常，成为2018年最为成功的好莱坞大片，如同一匹黑马，让亚裔题材和全亚裔演员的这部好莱坞影片一举成名。据说，现在好莱坞有好几部亚裔题材和亚裔明星担纲的电影在抓紧拍摄之中。提起这部亚裔故事片，就一个字，火！

　　但最近，以《摘金奇缘》命名的此片在中国隆重公映却跟今冬的天气一样，遭遇寒流了。尽管其华丽的中文广告也不忘高调宣称这是一部"好莱坞全亚裔口碑佳作，北美票房三连冠"的非常大片，但上座率之低却让人跌破眼镜。美国《华尔街日报》12月9日发表了China Isn't Crazy At All About "Crazy Rich Asians"（中国对于《疯》片一点也不疯狂）长篇报道，对这部好莱坞亚裔大片居然在中国市场遭遇滑铁卢惊叹不已。

　　《华尔街日报》的这篇文章披露，在美国等地赢得2亿多美元票房的《摘金奇缘》在中国市场却只有140万美元的可怜票房收入，连美国市场票房业绩的零头都不到。承办方没有想到，中国观众对该片就是不买帐。很多中国观众认为，这部好莱坞大片不仅弱智化了亚裔的爱情故事，俗套化了亚裔富豪生活，而且缺少亚裔文化的真实。说《摘金奇缘》在中国市场被看成是一部美式中餐一样不土不洋、不伦不类的好莱坞影片也不为过。如果该片不是在美国大出其名，演员都是华裔面孔的话，在中国市场的票房也许会更加惨淡。当然，该片在中国市场滞后几个月才公映，一些观众可能在网上或者海外已经看过《摘金奇缘》了，也是影响票房的一个因素。

　　8月中旬，《疯狂的亚洲富豪》在美国上映后热评如潮，我和家人也赶时髦在我家附近的影院观看了这部大片，说它是大片，主要是因为它在美国上映后取得的票房成功和各大主流媒体连篇累牍的好评如潮。夏秋季节，美国没有看过或者听说过《疯狂的亚洲富豪》的人就显得很奇怪了。连我们客户公司的"老美"朋友在与我的业务往来邮件里都会侃一侃《疯狂亚洲富豪》，表示他们也看了这部片子。

与很多华人一样，我在美国也很少去电影院追星。这次被火辣的影评调起胃口的我，坐在影院舒适的座椅上观看电影时，感觉就是这片子还看的下去，比好莱坞好多胡编乱造的世界末日、警匪枪战和荒唐喜剧片好看多了。新加坡的场景和时常蹦出来的洋味儿中文台词和歌词都挺有亲切感，但一点观看真正大片的震撼感和共鸣都没有。

这样一部说不上好也说不上坏的片子，为何能在美国获得如此巨大的反响和成功呢？原因应该只有一个，那就是以中国为代表的亚洲文化面目一新了，美国社会充满着不解与好奇。今日美国社会对于亚洲富豪故事，具体说是对于华人财富飞黄腾达的震撼和关注远非"亚洲四小龙"发迹时代所能比拟。毕竟，才三四十年光景，财富天平变了，主流媒体里面的中国一跃成为了世界第二大经济体，马云等中国新富豪在美国大名鼎鼎。此时此刻《疯狂的亚洲富豪》在美国上映，可谓正逢其时。

根据同名小说改编的这部好莱坞影片，在中国上映还是沿用港澳台的翻译片名《摘金奇缘》我看是失策。现在中国大陆的年轻人，英文好的可以看懂 Crazy Rich Asian 的不计其数，直译的《疯狂的亚洲富豪》本来挺好。而且，什么金啊缘啊的，难免让中国观众觉得太俗。如果连《摘金奇缘》这俗套的翻译名称都让人烦，票房在中国市场还好得了？在中国上映遭遇滑铁卢其实也是情理之中之事。毕竟，今日中国观众的视野和文化品位与美国人很不同。

不仅仅是翻译片名落俗套，《摘金奇缘》讲的是华人的故事，导演和演员也都是华人，但却并未表现出真正的华人生活。这位新加坡出生、美国旧金山湾区生活经历丰富的导演朱浩伟，的确是一位出色的华裔导演，熟悉美国文化，更熟悉好莱坞。但他的新加坡和美国西海岸两地生活阅历，局限了他的艺术视野，对亚洲特别是对中国发生的翻天覆地变化不甚了了，搞出来的《摘金奇缘》在中国市场撞击不出火花也就不足为奇了。

《摘金奇缘》的主要演员们，虽然个个都是英文说的都够溜的华裔，有的在美国或者在东南亚已然名气不小了，但却没有一个是有中国大陆生活背景的，说出来的中文，美国观众听得很正宗，中国观众却会觉得怪怪的，有点像上海十里洋场上的洋泾浜英文的感觉。所以，整部《摘金奇缘》就好像是专门服务美国人的高档中餐馆，给美国人餐桌端上来的冰水也够冰，做出来的左宗棠鸡"老美"也赞叹好吃的不得了，但有点"舌尖上的中国"背景的食客就都不会问津一样。这里面最大的差异是文化层面的差异。

《摘金奇缘》演的是华裔富豪故事，华人俊男靓女还都有纽约大学教授头衔，包饺子、打麻将，可谓中国元素一样不少，但就是缺少亚裔文化的那个"味儿"，让中国观众不感冒、没感觉，所以不卖座。

尽管在中国公映票房不佳，我还是要给朱导演这部《摘金奇缘》点赞，因为该片开了好莱坞亚裔影片全亚裔演员和导演的先河，点燃了美国观众对亚裔特别是对华人世界的关注热情。而且，《摘金奇缘》还以好莱坞的华丽与夸张，彻底改变了以前好莱坞影片一演华裔就是脏兮兮的中国城餐馆和穷兮兮的洗衣妇和佣人形象。好莱坞的《末代皇帝》等也没能正面表演华人和中华文化正能量。从这个视角观看《摘金奇缘》，它在好莱坞的成功意义重大且积极。

其实，与《疯狂的亚洲富豪》同时上映的好莱坞大片有的不论是艺术性还是观赏性特别是哲理性都不在《疯狂的亚洲富豪》之下，亚裔文化的崛起却让《疯狂的亚洲富豪》意外走红。就在看完《疯狂的亚洲富豪》后不到一周时间，我也看了同期上映的好莱坞新片《阿尔法：狼伴归途》。对我而言，《阿尔法》一片比《疯狂的亚洲富豪》好看多了。该片描写的主角与狼的关系，与大自然的关系和亲情社会关系语言不多但十分到位，整部影片画面美极了，故事感人极了，演员特别是这只"明星"狼的表演精湛极了，但票房与《疯狂的亚洲富豪》相比也是差极了。这就是今天的社会现实，美国也不例外。最美、最有意义和最有价值的艺术，往往并非是受人追捧的高票房"成功"艺术。

可圈可点的是，《疯狂的亚洲富豪》在结尾前巧妙地通过华人爱打麻将牌一场戏表现女主角瑞秋与尼克目前的矛盾冲突。麻将文化华人世界古已有之。打麻将经常打的是文化，是修养，是心理战，是道德水准，是尊卑上下的政治。这两位不同年龄段、不同背景的华人妇女，一位是美国土生土长纽约大学教授的尼克女友瑞秋，一位是新加坡首富太太、尼克的母亲宋丽诺，但这两位背景完全不同的华人妇女，却都是麻将桌上的高手，都深谙华人麻将政治精髓。

一心想将富豪儿子夺回来的宋丽诺万万没有想到，这位她看不起的瑞秋够厉害也够水平，虽然她深深爱恋着尼克，但骨子里面依然还有的华人文化传统竟促使她决定不与豪门争斗、主动放手尼克，打出了顶得上万语千言的八条这张牌，帮助尼克的母亲和了，给足了尼克母亲面子，也彰显了她视豪门如粪土的情怀。当然，美国长大的瑞秋也不是吃素的，此时此刻的她也不忘大胆推倒自己手里的牌，让尼克的母亲宋丽诺和所有牌局人看到了，本来是她可以和了可以赢的，是她主动放了尼克母亲一马，相逢一笑泯恩仇。

这场充分表现我们华人麻将文化、麻将政治的戏写得好，演员表演的也是入木三分，但问题是不懂麻将更不懂麻将文化的西方观众是否能看懂？我估计他们看不懂。好在华人社会从美国到新加坡到中国能看懂的大有人在。从饺子到麻将，从新加坡到上海、深圳，这也许就是《摘金奇缘》展现的亚洲和亚洲文化。《摘金奇缘》遭遇冰火两重天也许会催生出下一部更加接地气、也能在中国成功的亚裔大片。

2015 年 12 月 19 日，面向全球华人发行的《人民日报海外版》06 版头条配发三幅插图发表了我写的《乘高铁赏故国美景 盼合建"美西快线"》一文：

乘高铁赏故国美景 盼合建"美西快线"

谷世强（寄自美国）

这两年回国探亲过的华人和到过中国的"老外"，纷纷称赞中国高铁物美价廉、快捷方便。不但主要大城市之间已实现高铁连接，就是从丹东到沈阳或者从秦皇岛到天津，都有高铁可乘，一会儿就到，价格比在美国乘坐长途大巴都便宜。若论高铁的建设速度和安全运营业绩，恐怕很多国家都要与中国"接轨"了。

我所体验的中国高铁

我也曾经担忧过：乘坐高铁安全吗？但两年前因为雾霾航班取消，我不得已从天津改乘高铁直奔上海开会。过河北、山东、江苏，高铁一路飞奔，正点抵达上海，又快捷又舒适，我心服口服了。从此，我每次回国出差、旅游、探亲都乘坐高铁。比如，从天津到苏州，乘坐高铁比先飞上海再打车到苏州快多了，还划算。从苏州、杭州等地去上海办事，从天津去北京拜访亲朋，去北戴河观海，乘坐高铁真跟坐地铁似的方便。就是从我家乡天津乘坐高铁去山东曲阜参观孔庙，不到两小时也就到了。舒舒服服当天去、当天回，一点问题都没有。

与美国的火车票价相比，中国高铁的票价便宜很多。从苏州到上海的"二等座"票价才 35 元人民币，"一等座"票价也不过才 60 元人民币，相当于 10 美金，何乐而不为？从丹东到沈阳乘坐高铁才不到一个半小时，"一等座"不过 90 多元人民币而已。

向往"最美高铁线路游"

中国高铁高歌猛进，美国主流媒体也报道了很多。不久前我从网上看到"中国最美高铁正式运营"的消息，眼前不由得一亮。啥路线，这样美？原来是今年7月1日正式开通的合肥至福州高铁，号称"中国最美高铁路线"。一看地图，果然是一路明山秀水。高铁从合肥出发后，过巢湖、黄山、婺源、三清山、武夷山，这些中国闻名遐迩的顶级名胜真是一站接着一站，最后抵达中国南方名城福州，把绿水、青山、花海和名胜古迹用"和谐号"高铁像串糖葫芦一样连接起来，果然最美！

也许是久居海外的缘故，我对家乡的景色极为向往，一旦展开想象的翅膀，便尽情地遨游起来。我想象着，阳春三、四月间，全家人回国乘坐"中国最美高铁"，来一次度假游。先在合肥品尝中华"八大菜系"之一的徽菜，感受正宗的"舌尖上的中国"。美国是粤菜多、川菜火，徽菜饭馆还少见。据说，曹操鸡、包公鱼和御笔鳝丝等徽菜，合肥的饭馆最拿手。然后，我们从合肥启程坐上流线型的"和谐号"，迎着江南春色一路南下。

我们高铁游的第一站，应该是在巢湖下车住上一夜，品巢湖湖鲜，赏落日红霞；黄山站下车是必须的："五岳归来不看山，黄山归来不看岳"，黄山美景岂能错过？我们要与"迎客松"合影，把黄山奇松、怪石、云海和温泉"四绝"体验个够；高铁从黄山抵达婺源站时，应该正是江岭梯田上油菜花盛开的时节，定然秀色可餐；江西的三清山站也要下车游："三峰峻拔，如三清列坐其巅"，据说三清山美景堪比很多名山大川，不可不去；高铁驶入福建省的武夷山站，更是必须下车小住。爬武夷山，赏丹霞地貌，喝武夷大红袍，想着就美！到了终点站福州，要游这座历史名城众多的名人故里：三坊七巷要逛，福州小吃要品，林则徐纪念馆也是必去的。

期待中国公司来美修高铁

行文至此，我忽然想起了上次我们一家3口从美国加州去盐湖城的火车之旅。我们的目的地是黄石公园，只是火车只能到盐湖城，不到黄石公园。我们从旧金山附近Emerryville镇火车站启程，17个小时后的转天凌晨3点多才正点抵达盐湖城站。火车座椅还是蛮舒服的，就是站站停车，慢得让人着急。车窗外的美国西部"天苍苍，野茫茫"的风光的确壮丽，但绝对没有乘坐高铁的快捷。别看美国火车车速不快，但价格却很昂贵。我们这一段火车，单程普通座位也要每人200美元呢。从费城到纽约乘坐大巴只要十几美元，而乘坐火车则需七八十美元，时间差不多都是2小时左右。所以，美国早该进入"高铁时代"，与时俱进了。

前不久，习近平主席访问美国时，美国各大主流媒体都竞相大篇幅报道了中国公司将首次在美国参与修建高铁的新闻。真是30年河东，30年河西。改革开放 30 多年后，中国高铁项目即将进入美国这个高端国际市场了。

　　据了解，由中国铁路国际公司、中国中铁、中国中车和中国建筑工程总公司等国营大公司组成的联合体已经与美国西部快线公司合资合作，将在美国修建和经营"西部快线高速铁路"。这条长达 370 公里的西部高速铁路预计总投资 127 亿美元，2016 年 9 月开工建设，将把赌城拉斯维加斯与洛杉矶用高铁连接起来。建成运营后，将大大缩短这一旅程的出行时间，而且，乘客终于可以和洛杉矶高速公路大堵车的"常态"说"拜拜"了！

2016 年 5 月 5 日，美国《侨报》的《文学时代》版头条以半个版篇幅发表了我写的《天津与费城》一文：

天津与费城

（宾州） 谷世强

5 月 1 日，小学同学在微信群中说家乡天津的"五一劳动节"天气够热。美国也有劳工节 Labor Day，但不是"五一"。

费城与天津是姐妹友好城市。"五一"这天却细雨霏霏春暖乍寒。 早晨打开电视看新闻，NBC 等主要新闻频道都在直播雨中长跑。

原来，由蓝十字保险公司主办的"2016 百老汇大街 10 英里长跑赛"正在费城市区如火如荼地如期举行。

别看这下雨天的早晨让人感觉浑身发冷，早上 8 点整就鸣枪开跑的这次健身长跑活动， 竟然吸引来了四万多人冒雨参加，甚至还有自己摇轮椅跑的残疾人，场面感人。的确，费城不但是美国绝对的历史名城，其特别崇尚体育和参与的精神很代表美国传统。

10 英里有多远呢？有 16 公里远！对于长跑运动员来说，这个距离不算什么。但是对于很多是老人和妇女的 4 万多参赛人来讲，冒雨跑 16 公里路还是很需要一点毅力和体力的。

每次费城举办长跑、竞走、义务劳动乃至每年一度的费城国际马拉松大赛，都能吸引成千上万的民众自愿参加。他们不求名次，甚至也不求能够跑完全程，只求积极参与，精神着实可嘉。

也许是因为费城是家乡天津的"姐妹城市"，也许是费城一景的中国城牌楼是家乡天津赠送的，也许是我在天津和费城都工作生活过很多年的情结，反正我喜欢拿费城与家乡天津的发展相比较。

过去，费城也曾是美国东海岸重要的港口城市，但货运吞吐量已经基本被周围的纽约港和巴尔的摩港等给竞争没了。邮轮码头业务仍在，但从费城进出的豪华邮轮不多见了。最近这些年，费城的发展速度不论从哪个角度看，的确是被天津的高速发展甩在了后边。当然，也没有天津的雾霾污染问题。

　　比较而言，天津港已然成为了中国北方最大的集装箱码头，货运吞吐量惊人。在天津完成总装的"空客 320"和"空客 330"客机，机身也是从欧洲海运到天津的。而且，在天津东疆港区建成使用的天津国际邮轮母港不但是中国北方第一，在亚洲也数一数二，可以停靠世界上最大的豪华邮轮。"空客"在天津的总装合资工厂和邮轮母港我都去参观过，规模的确很大。最近两年，家人和朋友都曾从天津登上豪华邮轮去韩国和日本旅游度假。我也曾幻想，有朝一日如果能从费城乘坐豪华邮轮回天津探亲观光该有多好？

　　虽然费城的市区人口还不足 2 百万人，但有名的大学却不少。市区最有名的大学当然是"常春藤"宾夕法尼亚大学和宾大的华顿商学院了。1979 年授予邓小平荣誉法学博士的天普大学 (Temple University) 就在费城市区。高速发展的天津人口已超过了 1300 万人！除了南开大学和天津大学在国内比较有名外，也有医科、理工、财经、中医、师范、外语、音乐、美术、民航和城建等近 20 所大专院校呢。不过，就博物馆而言，宾大的考古与人类学博物馆里面展出的中国文物收藏也十分可观。该馆不但收藏有汉、魏、隋、唐时代的石刻精品，而且拥有唐昭陵六骏中的飒露紫和拳毛䯄，其他四骏现藏于陕西西安碑林博物馆，可见该大学中国文物馆藏水平之高。

　　以前，很多人都认为美国历史名城费城比天津更像一座旅游城市。现如今，不但天津名胜"五大道"景区也蛮有历史韵味，游客越来越多，海河两岸的美景不论是白天游还是夜游，也都不输费城。贯穿费城的斯库基尔河与德拉瓦河虽然都很宽阔美丽，但绝对没有天津海河上面的桥多，也没有海河上面大光明桥等的金装雕饰和灯景的欧洲风味靓丽。乘船游览海河夜景，多少真有点巴黎塞纳河上夜游的感觉。

　　Philadelphia（费城）的希腊语原意是"兄弟之爱之城"。难怪游客在费城市中心，都喜爱与那个最代表费城的巨大的红色的 LOVE 街头雕塑合影留念！原来这个 Love 雕塑也代表着费城之爱。很多美国人心目中的美国历史名城是费城。为什么？因为费城是名副其实的美国诞生地。为美国政体奠基的《独立宣言》正是在费城市区的独立宫签署的，是美国第一个首都所在地。而独立宫前面的自由钟则是美国独立和建国历史的象征。美利坚合众国的 240 年历史正是从费城走出来的，费城当然是美国建国历史的见证。

　　费城独立广场上的欧式红砖楼房就是美国历史上大名鼎鼎的独立宫，每天吸引大量的海内外游客前来参观游览。这独立宫建筑塔尖是乳白色、门窗是乳白色，塔上还镶嵌着一座始终，古朴好看。塔顶就是当年悬挂自由钟之处。1776 年 7 月 4 日著名的《独立宣言》在这里通过，后来，7 月 4 日就成为了美国的国庆节"独立日"。《独立宣言》的首页宣告："人生而平等""人人拥有生命、自由和追求幸福的权利"。说《独立宣言》奠定了美国的立国之本、政治体制和价值观一点不为过。国家宪法中心博物馆和费城造币厂也在独立广场这里，也很受游客欢迎。

我最喜欢带亲朋游览拍照之地莫过于费城艺术博物馆，站在这座辉煌建筑门前小广场上，前面的费城市中心建筑一览无遗，也莫过于博物馆前有喷水池的殿前小广场，即使是在这座艺术圣殿的门外也是满眼的著名艺术雕塑和喷泉、河流，很美。从这里往市政厅望去，映入眼帘的先是一百多年前由美国著名雕塑家西莫宁完成的铸铜雕塑群。国父华盛顿将军骑在战马上的铸铜雕塑高高在上，气势恢宏。下面的 圈铸铜雕塑，从土著印第安人丰富的面部表情，到驯鹿优美的身姿，个个栩栩如生，再现了美国的"过去"。而前面插满世界各国国旗的富兰克林大道和巨大喷泉后面的圣保罗圣殿大教堂以及楼顶站立着富兰克林全身塑像的市政厅，代表的正是今日费城。

如果你有幸买票走进费城艺术博物馆，你会亲身享受一次真正的艺术盛宴。这座面积达 1.7 万平方米的古希腊神庙式建筑有 200 年历史，可以说和美国历史一样长。 这座艺术圣殿不但是全美国收藏法国印象派作品最多的博物馆，而且中国、印度、日本和亚洲其它国家历代艺术珍品收藏也是相当丰富。

在中国馆，就能看到许多在其它地方绝对难得一见的文物瑰宝。北齐雕像、汉代陶俑、造型各异的唐三彩、南北朝兵俑、隋朝酒具、宋代木佛雕头像、元朝瓷枕、明朝做工精细的黄花梨木椅子、难得一见的景泰蓝清朝宫廷带轮子的宠物狗笼子，美不胜收。中国馆的屋顶本身就是用北京智化寺大殿穹顶木制藻井实物吊顶而成，藻井中央是栩栩如生的"九龙"浮雕，让观众仰望之中，叹为观止。

尽管费城市中心的中国城也是旅游观光名胜，但我更喜欢推荐费城郊外的长木公园 (Longwood Gardens)。凡是有幸游览过费城郊外这座世界一流的大植物园的都说美。因为长木公园曾经是著名工业慈善家老杜邦先生家庭的私人花园，费城人至今仍然喜欢称长木公园为"杜邦花园"。也正因为这个历史，长木公园也有"美国最美私家花园"之称。

游览长木公园不但是赏心悦目美的享受，其实也是了解美国历史和价值观的重要场所。早在 1906 年，美国当时著名的工业慈善家皮埃尔·杜邦 (Pierre du Pont) 先生将这片地买下，收集各种特色树木，保护这里的植物和生态环境。1937 年，杜邦先生在这里创办了占地 425 公顷的植物园。

1954 年，杜邦先生去世后公园面向公众开放，很快成为享誉世界的最美植物园。今天需要买票游览的长木公园，由 20 个各具特色的室外花园、非常漂亮的意大利水园、大型音乐喷泉、露天剧场和占地 1.6 公顷的巨大玻璃温室花房等组成。从热带雨林的奇花异果到干旱沙漠地区的巨大仙人掌科植物，颜色各异的美丽兰花和牡丹等成百上千的名花，还有这里一流园艺师们精心打造的各种花坛和吊挂等，色彩斑斓，美不胜收。

如果说北京的圆明园曾经是中国最美皇家园林的话，长木公园里面精美的西洋喷泉花园景色和高度体现西洋花园美学的园林设计，绝对会让你在里面流连忘返。

2015 年 9 月 26 日是美国费城一个十分荣耀的"大日子" —— 当今教皇方济格（Pope Francis）到访费城。教皇不但为正在费城举办的"2015 年世界家庭大会"演讲，也到访费城的天主教堂、教会学校甚至监狱，在费城住了两夜并从费城返回梵蒂冈。可见，即使是在教皇繁忙桃剔的宗教山访行程中，费城也是非同寻常之地。家乡天津的友好城市费城，真很值得一游！

2013 年 11 月 25 日，美国《侨报》的《文学时代》版头条配发照片发表了我写的《雾霾、高铁与蓝天》一文：

雾霾、高铁与蓝天

（宾州） 谷世强

我春节前那次回中国出差赶上了北京、天津连续多天的重度雾霾，终于明白了什么是雾、什么是霾、北京 PM2.5 高度超标雾霾是怎样的昏天黑日。大白天的，饭店对面马路的高楼大厦竟看不清楚，空气不但不再新鲜，简直感觉不够呼吸。

我们美国一客户公司总裁 Jim 先生按我们来中国出差前确定的日程，抵达北京后本来应该是与我一起乘前来接我们的汽车走高速公路去秦皇岛看工厂的。但那天，因整个北京、天津和河北省全都笼罩在重度雾霾的朦胧混沌之中，去秦皇岛的计划日程被迫取消。

Jim 先生年过七十，心肺也不很好。他发现，北京的雾霾太可怕了，戴上美国原装 3M 口罩也无法消除心理恐惧、呼吸困难。到了北京的饭店，他当即就花了 1000 多美元改签了机票，转天上午便赶紧告别北京飞往香港了。这趟差出的真是劳民伤财还心有余悸。可见，雾霾严重干扰了人们的日常工作生活和身体健康，从国家到个人都损失惨重。

两天后，我从天津飞往上海的航班以及那天上午的所有天津机场航班又因雾霾都被取消了。上海与苏州的会议是回中国出差前就安排好的，不按时去开会和拜访客户的话真枉费了这次回中国出差。

高铁！别无选择了，管他高铁安不安全，我立即坐计程车直奔火车站，改乘高铁去上海！现在回想起来，那天的这个决定还真是英明决定！而且，实事求是地说，是雾霾天气让我认识了中国高铁。

与我熟悉的天津北站等相比，专门跑高铁的南站宽敞很多。我真没有想到，中午前后，从天津开往上海的高铁每 20 多分钟就开出一趟，不到 5 小时高铁从天津就能抵达上海虹桥车站，真是十分方便。

除了天津到北京的短程外，这是我第一次在中国乘坐高铁旅行。那天，雾霾中，白色车身流线型的高铁"和谐号"正点驶入天津南站。车身像子弹头般的高铁速度的确快，穿霾破雾一路穿越河北、山东和江苏大地，在雾霾中大显身手。不知道为什么，车过济南时我忽然想到了"河套"这个挺怪的地名，与山东一点都不搭边。车过了济南，外面仍然是迷雾一团，那雾霾无边的阵势，我从来没有见过。我感觉，高铁正在穿越的不是齐鲁大地而是"雾套"。在"雾套"中前行，欣赏着高铁车厢的整洁舒适，我竟哼哼起《长征组歌》那熟悉的唱词："路迢迢，秋风凉。。。全军想念毛主席，迷雾途中盼太阳"。如今，我们不是在严重雾霾的"雾套"中期盼蓝天、期盼太阳吗？

高铁也展示着中国经济的高速腾飞发展。望着车窗外面的雾霾一片，我想，中国最近 30 年的高速发展在经济上的确取得了举世瞩目的成功。但是，中国的发展也没有能够走出 3P 怪圈。Population（人口），Poor（贫困），Pollution（污染），这 3P 不但困扰中国多年，也是今日雾霾和环境污染问题严重的根源。

"穷则思变"、"发展是硬道理"驱动中国 GDP 以"中国速度"连年增高。这些年，我们天天读到的都是钢铁产量翻番，煤炭产量翻番，水泥产量翻番，出口创汇翻番。从山西到内蒙，沉睡地下千万年的煤炭被拼命挖了出来。"电老虎"喘着粗气拼命烧煤发电用以满足工业生产高速发展需要。

美国通用、福特，日本丰田、本田，韩国现代、启亚，德国奔驰、宝马通通都在中国投资设厂，大举生产轿车，原来是"自行车王国"的中国早已成为了超越美国的世界第一大汽车市场，交通堵塞、汽油、柴油尾气大量排放，"老天爷"都被呛得喘不过气来了。

如今，城市化建设速度如此之快、规模如此之大，中国到处都成了工地，新楼群、新机场、新高速、新车站等等如雨后春笋般拔地而起，建筑工地尘土飞扬，能不严重空气污染？

经济发展了，中国人口袋里有钱了，饭馆是越越越多，煎炒烹炸、烤羊肉串、烤全羊、烤鱼、烤鸡鸭，乌烟瘴气，能不 PM2.5 严重超标？

每次回中国出差，我都能赶上红白喜事，鞭炮和礼花那是越做越大，越来越响，每场结婚都结得是鞭炮齐鸣昏天黑地；每个葬礼与"清明节"扫墓都攀比着烧钱比阔，烧花圈、烧纸钱、烧纸人、烧纸马、烧纸"奔驰"、烧纸彩电、纸冰箱，给父母亲人烧纸"别墅"甚至烧纸"小姐"，空气被污染了，文化也被污染了，社会更是被污染了。

我在高铁上就想，美国人在教堂结婚不放鞭炮礼花，神圣隆重不是很好吗？现在麦当劳、肯德基、星巴克在中国内如此流行，为什么我们就不能也流行扫墓是都给亲人献上一束鲜花和一面国旗，温馨而环保地表达怀念呢？

10 月底，我又带客户公司老总回中国出差。觉得正逢秋高气爽之时应该不会遭遇雾霾。谁曾想，我人还没有离开费城，CNN 等主流媒体就都大肆报道了东北的哈尔滨、伊春、长春等地重度雾霾，学校被迫关闭。以前只有"寒冷"不识"雾霾"的哈尔滨，白天竟因雾霾而昏天黑日的。据说，就连哈尔滨的公共汽车都因能见度实在太低跑错了路。

据报道，从今年1月1日至4月10日这100天里，首都北京的雾霾天数高达46天。

10月31日下午，我抵达北京。一下飞机，发现天空就像被罩了一层膜一样。从北京机场驱车直接去天津，一路似阴天似下雾地"轻度雾霾"。好在到天津后赶上了一夜西北风，转天在家乡天津终于又看见了蓝天。

说这话一点也不夸张，如今，你如果是冬天到北京、天津等地，蓝天白云的日子真有点变成了奢侈品似的难得。而以前我们骑自行车时代最讨厌的西北风忽然变得很受欢迎，因为北风过后雾霾也被驱散了，人们就可以享受几天看得见太阳的好日子了。

原来我总以为雾霾天气比较局限于北京、天津和河北省。这次，我11月17日从苏州抵达上海后，当天的上海《新民晚报》头版头条新闻题目就是"立冬遇霾，申城重污染"。读罢新闻，看着饭店窗外的雾朦胧，我无言。原来除了北京、天津和河北省以外，就连遥远的乌鲁木齐、兰州和经济发达的无锡、苏州也被雾霾或者空气质量严重污染了！看来还真像国歌中唱到的：中华民族到了最危险的时候，每个人被迫发出最后的吼声。

如今，中央下重拳治理雾霾和强化环境保护就是这最后的吼声。我们迷雾途中盼太阳！

说起北京的蓝天，我11月9日从上海飞北京出差那天正好赶上"三中全会"开幕。说来也奇了，11月10日星期天，我早晨起来到饭店外面一看，那蓝天啊蓝的就跟在美国"大峡谷"上空看到的蓝天一样的湛蓝，空气呼吸起来也感觉顺畅多了。我顺着长安街走啊，走过了金街，一直走到了王府井，拍了不少张"三中全会"召开时北京长安街蓝天下的美景。要是北京能不靠西北风也天天这样天高云谈该多好啊！在北京这季节没有遭遇雾霾感觉很幸运，心情好了，我也边走边看边哼哼起了小时候就学会了的歌曲："解放区的天是明朗的天，解放区得人民好喜欢"。

11月16日，礼拜六，我下午照例从天津驱车抵达北京机场乘美联航航班从北京返回美国。透过T3航站楼的玻璃墙放眼望去，机场上空还真是阳光高照天蓝蓝。这季节，在北京，看着如此美丽无暇的蓝天我真是心花怒放。如今，高速发展起来的中国富了，"土豪"多了，成了国际市场救世主了，好像什么都买得起了，就是蓝天白云有钱也买不到了。一问，原来是北京15日西北风强劲，所以，我在北京机场可以欣赏到这阳光蓝天，可以清楚地看过机场塔楼、看到远处北京郊外的山峦。

这次回国，我终于明白了什么是有中国特色的雾霾。我终于明白了绿色环保让中国科学发展如今是多么地重要。这是关乎子孙后代和国家生死存亡的事情。我期盼雾霾这两个字能早日被人们淡忘。我期盼着中国的蓝天白云不再是奢侈品！

2016 年 9 月 11 日，美国《世界日报》在全北美发行的周日版《世界周刊》配发彩照，刊登了我投稿的《解决北京城市病 应迁出机构企业》一文。

解决北京城市病 应迁出机构企业

文 / 图 谷世强

7 月初去中国出差，夏日炎炎中再次感受了北京打车难和行车难。要想在北京不迟到，你得学会乘地铁，或你的手机也下载滴滴打车和优步打车等打车软件。否则，越是着急打车，越是打不着车，急死你！在北京学会乘地铁也不简单。车站大多都是电子售票，而且常常人山人海，按哪个键、买多少钱的票，乘坐几号线在哪里转车衔接最快捷必须门儿清才行。否则，挤得满头大汗，结果可能还是坐错车，耽误工夫。想问别人，地铁里面的年轻人都是"低头一族"，拿着手机、戴着耳机脚步匆匆，谁理你？

出租车比地铁贵很多，但你愿意花钱打的却常常打不到。出租车哗哗地过，你招手车就是不停，因为如今当地人都是手机叫车，预定好的。就算你幸运地打上了常规出租车，不论是上午、下午还是晚上，也不论你是去国贸地区办事还是去望京小区看亲戚，赶上堵车几乎是新常态。我还赶上过从北京飞往华盛顿的美联航航班晚点一个多小时，原因竟然是送机长和驾驶员的饭店汽车被堵在半路，就是按时到不了首都机场！

北京如今人口知多少？现有常住人口 22002 万！再加上每天要到北京使馆办签证的、跑部委的、办事的、旅游的、看病的和参加各种会议以及来访的国宾等等，北京可以说每天都是在人满为患中超负荷运转。这么多人，这么多车，北京的马路能不堵车、能不成为名副其实的"首堵"吗？

最近，纽约时报整版地发表文章介绍北京的买车摇号和行车难。文章根据官方统计数据说，炎热的 7 月，北京共有 270 万人参与了买车摇号，约每 725 个人里才能有一个幸运中签的。所以，在北京不但行车难，停车难，打车难，连自己花钱买车也要如此地摇号，难上加难！

与大北京相反，美国首都华盛顿却是一个小城市，其整个规划设计和建设充分体现了美国先驱"小政府，大社会"的理念，不发展工商业，让今天的美国首都能依然享有中小城市的一片绿地与安宁。现在回头看北京和很多国家首都都患上大城市病，更感觉美国开国先驱们规划建设首都华盛顿时的远见。

北京将中国几乎所有的"国字号"都集中到了北京。除了中国庞大的党政军中央机构都在北京和各国使馆以及北京市政府以外，中国几乎所有国字号大公司如中石化、中石油、中移动、四大银行乃至中国民航等的总部都在北京。此外，中国最好的医院和大学都集中在北京，如协和医院、同仁医院、301 医院、北京肿瘤医院和北京儿童医院、北京妇产医院以及北大、清华、人大、北航、北外、北医大、北京理工大学、北京中医药大学、中国农业大学、中央美术学院、中国石油大学乃至于北京电影学院等。有名的文化团体，如总政歌舞团、中央乐团、中央芭蕾舞团、海政、空政、北京杂技团、北京歌舞团等，再加中央媒体，如中央电视台、新华社、人民日报等重要媒体都在北京，还有长城、颐和园和故宫等这些景点，北京能不人满之患、能不天天堵车吗？

相比之下，美国常春藤大学不但一所都不在首都华盛顿，就是非藤校的名校如斯坦福、加州理工和伯克利加大等也都远离首都华盛顿。美国最著名的医院不论是肿瘤医院还是心脏病专科医院，几乎没有在华盛顿市的，都分散在美国各个州市。不仅美国各大商业银行总部没有设在华盛顿的，大公司也鲜有设在华盛顿的，如微软、谷歌、波音、通用、沃尔玛、福特和星巴克等美国大公司总部，都是远离华盛顿。美国的全国性媒体总部也都不设在华盛顿靠近总统，与中国很不同。

7 月初这次回国出差，不论是在北京还是在上海、苏州和天津打的，出租车司机抱怨最多的是嘀嘀打车和优步打车等软件叫车打车体系从天而降的竞争。嘀嘀和优步打车一方面的确是解决了一些城市打车难问题，但同时也让每月都缴纳数千元份子钱的正规出租车的空车率大大提高，赚钱更难。而且，都是兼职的嘀嘀和优步打车司机也为此服务行业带来了安全隐患问题和对其本职工作冲击的问题。

不知道是否是受了美国首都"小政府，大社会"理念的启发和影响，目前大张旗鼓进行的京津冀协同发展希望不但能减少北京的空气和水污染问题，而且，一部分由天津和河北省接手的城市功能特别是企业，也许能多少缓解一点北京人口和行车难的压力。但两千多万人口的北京已经是积重难返，就是解决好打车难、买车难和行车难的交通难题一项就够主政者头痛的了。至于说迁都到河北省保定市的说法，虽然造成了保定的房地产升值，但迁都是不可能的，只能是将北京市的某些行政功能迁到保定来。

保定也算是中国北方的一座历史名城，但如今人口也已经超过了了一百万。按其距离北京不远不近的距离，将北京集中的一些大专院校、一些行政事业单位、一些科研院所特别是未来会越来越多的养老院等从北京迁址到保定将会多少缓解一些北京行车难的压力。有了高铁，舒舒服服地从北京乘坐高铁到保定要 40 多分钟，普通二等座票价才 60 多元人民币。所以，借助于中国发达的高铁和高速公路网路，将北京很多机构企业都应该迁往保定、唐山、承德、秦皇岛和天津等地，将北京这座超级大都市的人口减少到一千万人。只有到了那时，打车难、买车难，停车难和行车难问题才可能得到根本解决。

北京故宫角楼眺望景山景色。

2012年3月23日，面向全球华人发行的《人民日报海外版》的《中华瑰宝》版头条配发多幅配文照片，发表了《美国博物馆里的"中国文化"》评论文章：

美国博物馆里的"中国文化"

谷世强　（美国）

只有两百多年历史的美国，博物馆却很多，大大小小、林林总总，全美国据说有各类博物馆 1 万多座。我多次陪同亲朋参观过纽约大都会博物馆和费城艺术博物馆，对这两座美国一流博物馆里中华文物藏品数量之多、门类之齐全和珍品之真之难得，都是一见即叹为观止。其实，从美国首都华盛顿的艺术博物馆，到同样也是美国东海岸名城的波士顿艺术博物馆，许多美国大博物馆里面都收藏有许多难得一见的中华文物瑰宝。

每有亲朋和国内客户来访，我都喜欢开车带他们看费城艺术博物馆建筑并从这里俯瞰费城市容。位于费城市中心区的费城艺术博物馆建筑相当有气派。这座面积达 1.7 万平方米的古希腊神庙式建筑有 200 年历史，可以说和美国历史一样长。这里有约 20 个展厅，差不多每个展厅中央都有宽大舒适的长方凳，让需要坐下来休息的游客可以面向四壁任何一面坐着，尽情欣赏巨幅油画等藏品，这对老年人尤其重要。这一点，国内博物馆应该借鉴，让参观博物馆真正成为艺术享受而不必疲于奔命。

费城艺术博物馆是全美国收藏法国印象派作品最多的博物馆，该馆收集的东方艺术品文物也非常多，其中中国馆最受参观者欢迎。这里展出的既有北齐雕像、汉代陶俑、造型各异的唐三彩、南北朝兵俑、隋朝酒具、宋代木佛雕头像、元朝瓷枕、明朝做工精细的黄花梨木椅子、难得一见的景泰蓝清朝宫廷带轮子的宠物狗笼子，也有历代书画等，丰富多彩。尤其是那两个如掌上明珠般吸引观众的清朝大水晶球，晶莹剔透美轮美奂，给我留下极其深刻的印象。那是我灿烂中华文化皇冠上的明珠啊！其实，费城艺术博物馆最著名的中国文物应该是那个巨大的北京智化寺大殿穹顶木制藻井实物了，藻井中央是栩栩如生的"九龙"浮雕，直到今天都令所有到中国馆的游客用力仰望！

费城、纽约、波士顿、华盛顿这些东海岸名城，都有着名的艺术博物馆，而且很多是常年免费对外开放的。从华盛顿国家艺术博物馆到波士顿美术馆，都收藏并展出相当数量的中国古代艺术史上的扛鼎之作。尽管这些著名艺术博物馆都值得一看，但如果时间紧张的话，我个人以为纽约大都会博物馆是非看不可的首选。每次走进大都会博物馆的亚洲馆，面对大量的中华文化艺术珍宝，都会震撼不已，流连忘返。被称为中国早期绘画三大名作之一的五代董源所绘《溪岸图》就在这里展出。中国馆最引人瞩目的要数那幅有 6 米高、约 10 米宽的巨幅中国壁画实物了。这是从山西广胜下寺主殿山墙切割下来的"药师经变"壁画实物。该画绘于元代，画中众佛神态自若，栩栩如生。美国收藏家赛克勒于 1964 年将其捐赠给了大都会博物馆。当你还没有从"药师经变"巨幅壁画磅礴气势给予的震撼中缓过劲来时，就看到了该壁画对面的镇馆之宝——龙门石窟精华"帝后礼佛图"浮雕。这一北魏年间的创作，代表了中华古代浮雕文化的杰出成就，令人赞叹不已。

美国西海岸名城旧金山人口不足百万，但位于市府旁边的亚洲艺术博物馆规模却很大。该馆收藏有纵贯上下 6000 年的 1.8 万多件亚洲艺术文物珍品，其中的中国文物最为令人瞩目。今年我和太太卢琳仔细参观了亚洲艺术博物馆，该馆的中国瓷器、玉器和青铜器等馆藏精品之多着实给我们留下深刻印象。该馆不仅号称世界上收藏中国玉器最丰富的博物馆，而且现任馆长也是美籍华人许杰先生。亚洲艺术博物馆藏有中国最早的佛像，4000 多年前的中国瓷器，约 3000 年前的青铜器和约 6000 年前的玉器等。这里，印度、日本、朝鲜、越南、印尼和柬埔寨等亚洲其它国家文物珍品也不少，可谓古老东方文化艺术的圣殿。

中华文化的巨大影响力和生命力并非只有在美国大都市的著名博物馆里。两年前我们到康奈尔大学参加儿子的毕业典礼时，也顺便参观了康乃尔大学的约翰逊艺术博物馆。真没想到，在这所远离大都市的美国大学艺术博物馆里竟然也有很多中国古代青铜器、汉代雕刻和历代书画珍品等中华文物。而且，朴实无华的博物馆建筑还是由美籍华人建筑设计大师贝聿铭设计的，现在已成校园一景。费城的宾西法尼亚大学考古与人类学博物馆里，中国文物收藏也十分可观。该馆不但收藏有汉、魏、隋、唐时代的石刻精品，而且拥有唐昭陵六骏中的飒露紫和拳毛騧，其他四骏现藏于陕西西安碑林博物馆，可见该大学中国文物馆藏水平之高。前不久，宾大博物馆还与国内合作举办了中国"丝绸之路揭秘"展。

每当我站在美国高水平艺术圣殿里面欣赏这些来自中国黄土地的历史文物、艺术珍品时，都会为我们祖先博大精深的艺术文化造诣，感到自豪。同时，也为源远流长的中华文化对包括美国在内的全世界影响之深之远，感到震撼、折服。站在这些来自中国的小到精美瓷器，大到壁画原件和佛雕像前，中华文化的力量让我们激动不已，浮想联翩。这些珍贵中华文物毕竟也无声见证了旧中国的软弱无力，令大量国宝流失海外。所幸，改革开放让中国已经成为世界强国，"火烧圆明圆"那样的惨剧一去不复返了！

2013 年 11 月 26 日，面向全球华人发行的《人民日报海外版》的《1 旅游天地》专版头条配发多幅旅游照片发表了我写的《中外旅游 7 大差异》一文：

中外旅游7大差异

谷世强 （寄自美国）

有备而来胜盲游

在美国机场或是飞往北京的途中，在王府井大街上，都能看见外国游客手捧厚厚的英文版《中国旅游手册》认真阅读，并对着地图仔细查看。很多外国游客虽然第一次到中国，但抵达之前已从书或网上，了解了不少旅游目的地的历史文化知识，实属有备而来。

而笔者出差从国内返回美国时，航班上至少有一半中国游客，却很少能见到一路上认真研读《美国旅游指南》的人，大多在聊天、看报、看电影，甚至打牌和睡觉。赶上航班晚点，围一圈打扑克牌的十有八九是中国游客。

出境旅游时，多了解研究旅游国的知识，这样旅游才不白花钱。

跑得多不如看得深

中国人出游习惯于跟旅行团，选定线路后，按照安排抵达目的地，边听导游介绍边拍照，然后上车赶下一个景点，一天要跑很多景点，早出晚归把自己弄得身心疲惫，有人戏称这种旅游方式为"上车睡觉，下车拍照"。

笔者一些美国朋友没来过几次中国，但对北京故宫、长城和西安兵马俑、古城墙等到过的地方比我们研究的还多。而国内赴美旅游团则常是以到过的景点多，"到此一游"的照片拍得多为"圆满"，每天飞来跑去疲于奔命，又有多少人仔细欣赏过纽约的大都会博物馆？又有多少人到访过距纽约不到 1 小时车程的西点军校和著名的哈德逊河要塞呢？

与其跑很多国家与城市，不如节省下来旅费和时间对每一个到访的城市和景点深度游，这样旅游才更有意义更实惠。

看名胜更要品风情

不少中国人在国外旅游，仍坚持吃中餐，不肯尝试外国美食，而很多外国人却抱着好奇心品尝中国美食。

笔者的美国朋友到北京一定会去吃烤鸭，到天津一定会去吃"狗不理"包子，他们对北京全聚德烤鸭、大董烤鸭、鸭王的味道、价格和服务质量都很有见解。真正是入乡随俗，全方位体验旅游地的风土民情。

笔者知道有许多外国游客在北京，都到过朝阳剧场和天桥剧场欣赏过中国杂技。北京什刹海酒吧街、上海衡山路、新天地酒吧街、苏州金鸡湖畔酒吧，每天晚上"老外"都不少，周末更多。其实，去一个国家旅游白天看景，晚上能看看当地的演出，也是了解当地风情文化的好习惯。

中国游客到了费城就不能欣赏一下费城交响乐团的演出？到了波士顿就不能到哈佛大学咖啡屋体验一下哈佛的文化氛围？

旅游，真正的海外旅游，只有注入了文化氛围才会游出名堂，游出更深层次的感受，我们的旅游习惯应融入更多的文化元素。

土特产比名牌更有回味

同样是购物，外国游客只会买一些自己觉得新奇，能体现异国文化的东西。美国朋友到中国都是买"有中国特色"的珍珠项链、中国画、苏绣、湘绣、唐卡、泥人张等工艺品，甚至有人会从中国买来算盘和京胡，他们将算盘挂在客厅墙上，将京胡挂在钢琴旁边，这种"中西合璧"的艺术效果非常抢眼。当有人问起，主人就会大秀一番中国之旅的见闻和中国"学问"。

我们到海外旅游为亲朋好友购物无可非议，除了买名牌包、手表、化妆品和皮鞋外，也有很多当地艺术品值得收藏，而这些纪念品能将异国情调和感受留下来。

享受胜于拍照留念

海滩上，外国游客懒懒地躺在海边，大口呼吸夹杂着咸味的海风，安静地享受着温暖的阳光，看蓝天白云。不远的浅海区，中国游客正在游泳，摆着各式姿势，与同伴互相拍照，并将这份快乐用照片记录下来化为永恒。

中国游客习惯于旅行途中与熟人谈笑，一路欢闹。而外国游客很少集中出行，会依自己的兴趣而出游，有很多人更喜欢独自行走，吃饭甚至发呆。在美国，常有年轻人拿着免费地图，一人徒步旅行，随身背着一个空水瓶，自带帐篷，风餐露宿，于独处中收获一份惬意。

游玩更要品味

一位外国游客到中国旅游，正赶上暑假，他看到北京故宫人山人海时，很惊讶地说："在我们国家，旅游就是一件很随性的事，一次短暂的假期，一个偶然的想法，背上背包就可以去了，很难想象这么多人挤在一起去旅游。"

据调查，很多中国人第一次出国游都是度蜜月。在国外，日本孩子很小的时候，就会被家长带着出国旅游。而法国孩子从小就被家长鼓励去旅游，去探索外面的世界，漂洋过海去美国、加拿大、中国、澳大利亚等国家。

中国人认为出游就是"玩"，是一次放松的经历，所以在参观时，对于导游讲解的历史文化知识，一听而过，往往不会刻意去研究，遇到疑惑之处也很少会追问，离开之后也就忘记了。而外国人在旅行过程中，针对导游的讲解里有些值得思考的地方，会记录下来并且认真研究，这是中外游客旅游习惯的一大不同。

体验另一样人生

大多数中国人旅游会选择去景区，游览过后住进酒店。其实，现在流行生态旅游，国外游客更倾向于选择亲近自然和惊险刺激的体验式旅游：到沙漠草原驰骋，到峡谷洞穴猎奇探险；到野生动物园观看动物，到野生植物园内野炊、露营。漂流、攀岩、出海、冲浪等各种挑战极限的旅游活动层出不穷，晚上在野外露营扎一顶帐篷，他们认为一场让人心跳加速的探险才是真正意义上的旅游。

种种不同的旅游习惯归根结底是源于不同国家文化的差异。中国旅游还处于起步阶段。进步需要汲取，发展需要交流，我们欣赏中外旅游之间的差异，但只有兼收并蓄，旅游生活才能展现出另一番美好。

2013 年 7 月 13 日，面向全球华人发行的《人民日报海外版》的《读者桥》专版头条配发多幅插图，用多半版篇幅发表了我写的《出境言谈举止要入乡随俗》一文：

出境言谈举止要入乡随俗

谷世强　（寄自美国）

不久前，看到人民日报海外版"读者桥"版上刊登了《中国人在海外如何树立文明形象》一文，我深有感触，遂结合自己在美国的所见所闻，具体说一说中国人在海外如何注意生活小节，如何尊重国外一些约定俗成的习惯，以树立中国人的文明形象，我认为这非常重要。

免费早餐不"打包"

美国的饭店一般提供免费早餐。我在用餐场所，不止一次看到中国游客吃饱喝足后不在饭桌上留下小费不说，临走时还往自带的食品袋里放煮鸡蛋、面包、苹果甚至香肠等，堂而皇之地带走。尽管同时用餐的其他旅客或者餐厅服务人员看到后没有当面制止，但如此举止给中国人形象带来的不良影响已经形成了。

其实，与我们出国游所花的机票费、饭店费和购物费等相比，私带的早餐连个零头都不值，然而，正是这众目睽睽之下，顺手牵羊拿几个煮鸡蛋、面包等，丢了中国人的面子，让当地人觉得中国人没素质。

打的也要付小费

在美国等西方国家，约定俗成地有付小费的习惯。即使是在包早餐的饭店里吃早点，如果有服务员给你倒咖啡、加饮料、收盘子等服务的话，饭后都会酌放一点小费表示感谢。如果是在不包早餐的饭店点菜谱用早餐，结账时要按照当地习俗加 15% 左右的小费，午餐和晚餐也是一样。

在美国入住饭店时，如果让服务生帮助你将行李送入客房，通常一个箱子要给起码 1 美元的小费。如果你不喜欢付小费而且箱子也不沉重的话，可以谢绝服务生的殷勤，自己提着箱子上房间。

很多旅客离开饭店时，常在入住房间的电话机下面放上几美元小费，算是对收拾房间的服务员表示感谢。美国很多饭店和餐馆服务员等底薪非常低，甚至没有底薪，收入主要靠小费。所以，很多饭店服务员对客人殷勤备至，入住时帮你拿箱子、吃饭时帮你续咖啡等，我们既然接受和享受了人家的热情服务，该给小费时就要入乡随俗照给不误。否则，他嘴上可能不说什么，也不知道你的尊姓大名，但心里会对我们中国人有看法。

在美国，有的小费可给可不给，也有的小费是必给的。比如，美国的机场都设有机场到饭店之间的通勤车，司机也常常热情地帮助拿箱子等，我注意到，从机场被接到饭店时，一些旅客不给司机小费赶紧办理入住，也有旅客给一两个美元的。然而，从饭店被送到机场时，更多人会想到给司机一两美元小费，没有一定之规。但是，你如果坐出租车就必须付小费，否则出租车司机会不答应。通常要在他打出来的税后车费基础上再加 15% 左右的小费。

公共场所别喧哗

来美国出差、旅游的朋友很快会发现，美国的餐馆很少有单间，美国人通常也没有订单间吃饭的习惯，请客也常是在大餐厅订桌。不像我们在国内，商务聚会、同学聚会乃至家庭聚餐，在餐馆订个单间，说话声音大些，甚至有人抽烟都不太显眼。

在美国的中、西餐厅吃饭、聊天、说事，通常大家都压低声音，不干扰旁边餐桌的人用餐。在餐厅和候机楼等公共场所，如果不管不顾地高谈阔论或者用手机大声讲话时，就会引起周围人的反感，是不文明的表现。

参观博物馆、图书馆、教堂和观看演出时，更是要特别注意保持肃静，不大声喧哗，需要关掉手机时必须关掉。

女士面前要绅士

在公共场所，美国等西方国家都讲究 Lady First（女士优先），我们也要入乡随俗。比如，在饭店、写字楼和商场等地上电梯时，不论我们先到与否，只要见到周围有女士，特别是老年妇女和小孩也在等着上电梯时，就要礼让女士和儿童先上。遇到残疾人和推儿童车上电梯或进门时，更是要立即主动帮助开门。即便是在国内，特别是在涉外场合，遵守"女士优先"规则也是应该提倡的文明之举。

逛街观展勿"乱拍"

我在美国的 GUCCI 和 Coach 等名牌专卖店以及博物馆等场所，均见过我们的同胞有不文明的举止：明明看到专卖店或者博物馆墙上贴有"禁止拍照"的牌子，还是不停地用相机或手机拍照，直到被服务人员严厉制止。类似的"乱拍照"情况我也在美国的一些大型展览会上见过。像家具、玩具、电子产品、时装和工业设计等展会，如果你身背照相机不停地在一些展品前拍照，不但会引起该参展商的反感，同时也会引起其他参展商和保安人员的警觉与反感。也许你在名牌店里拍 Coach 牌女包就是好奇或者发给家人看看；也许你在展会上拍照纯属个人兴趣爱好；也许你在博物馆里拍照就是为了留个纪念，但对方很有可能就认为你是在偷人家的设计、公然侵犯人家的知识产权等。这很容易引起误会，甚至导致对所有华人参观者产生防备和抵触心理。你可能会想，名牌商品摆在那里出售有什么可保密的？一旦被人买回家不是可以随便拍照吗？是的，这就是公共规则：你尽可以将你喜欢的名牌商品买走，然后爱怎么拍就怎么拍，但在购买之前，如果商店里有"No Photo"（禁止拍照）的提示，你就应该入乡随俗，绝不在店里拍照。如果是"No Flash"（禁止闪光灯）的提示，你就要关掉闪光灯后再拍照，遵守公共规则。

会场忌做"手机控"

我的一些美国朋友和客户曾说过他们对华人的印象：特别喜欢照相和打手机、发短信。这本来并非不好，但不注意场合与分寸就会出问题。比如，从机场入境美国后，飞机停稳、机舱门打开时，是可以打电话通知亲友"平安抵达"的，但一旦来到海关入境大厅，排队过海关时，就要遵守大厅里面的明文规定，千万不要随便打手机，更不要拍照海关大厅和移民局官员办公的情况。否则，手机或者相机被安保人员没收就麻烦了。

美国人发邮件多，但很少给人发短信。我见过一些华人在费城等大都市过马路时忙于看手机短信和发短信，忽略了交通安全。因为工作关系，我也常陪同国内来访团拜访美国公司或官员等。在会议室，双方开会谈事情时，一些国内来访者不时地接手机、低头忙于看手机短信或回短信，这不但很不礼貌而且会引起美国接待方的反感，影响合作谈判。既然飞机起飞前你能够而且必须关掉手机和电脑，那为什么在拜会客户时或听音乐会、参观教堂时就不能将手机关闭一会儿呢？如果你得知，你这场招商引资没能取得成功的原因，其实就是美国投资方负责人不喜欢有人在会议中不停地打电话、看短信等失礼之举造成的，下次你还愿意带这样的团员随你出访吗？其实，不仅仅在国外，就是在国内的相关场所也应该注意这些小节，知礼、讲理，毕竟没有规矩不成方圆。

禁烟场所忍烟瘾

请注意，美国几乎所有机场、商场、餐厅和写字楼都全面禁烟，很多饭店也根本就没有可以吸烟的房间，酒吧里面也禁止吸烟。如果你入住的客房是禁烟客房，请千万不要在里面吸烟。否则，轻者在结账时会被罚款起码几百美元，重者可能会招来麻烦，影响你的行程和情绪。即使是在饭店和餐厅外面吸烟，也要尽量躲开人群并且将抽完的烟头熄灭扔在垃圾箱内。

凭我多年旅居美国的体会，华人在海外，不论你持的是什么护照或国籍如何，不论你叫张三还是李四或有个迈克、南希等"洋"名字，在当地人眼中都是一样的名字：中国人。因此，为了所有华夏儿女在海外的文明形象，希望广大同胞出国后遵守当地的生活习惯和公共道德，以一个文明的、来自礼仪之邦的美好形象，展现在世人面前。

2012 年 2 月 3 日，美国《侨报》的《文学时代》版头条配发彩照发表了我写的《在岛国巴巴多斯赏海》一文：

在岛国巴巴多斯赏海

（费城）谷世强

今年庆祝新年的焰火从远处的巴巴多斯首都布里奇顿照亮天穹时，我们正在这个岛国度假。我们所在饭店外飞海滩上站满了白人游客和当地黑人。在加勒比海上空皎洁明亮的月光下，很多人蹚着细沙滩上波涛荡漾涌的海水唱啊，跳啊，大喊大叫互相祝福。

我看着夜色中加勒比海里泛起的银色月光，被震惊了，它是多么美丽动人。焰火还在放着，这时，一个身穿长裙的中年黑人妇女熟练地扭动着她的胖腰肢和屁股，带着四个黑人鼓手，敲着热烈的鼓点走进我们饭店楼下的一家家饭店，引来饭店里面还在饮酒吃饭的客人的一片叫好声。

今年的新年，我们就在月色照耀下听着黑人鼓手的鼓点，看着大海和海那边天上的灿烂焰火。

在中国，我们有靠海吃海之说，那可能是因为中国人口太多吃饭太重要了。在岛国巴巴多斯，我们要说靠海赏海。巴巴多斯作为一个独立国家到今天也只有不到 28 万人口，其中 90%是非洲黑人后裔，其余主要是欧洲裔白人。

巴巴多斯岛有多大呢？从北到南岛长只有 21 英里，从东到西岛宽只有 14 英里，整个国家的国土面积只有 166 平方英里，即 400 多平方公里。

全岛西靠加勒比海，东临大西洋，是一个完全被海洋所环抱的孤岛国家。巴巴多斯弹丸之地虽小，但却是大自然精心镶嵌在碧波浩荡的加勒比海和大西洋之间的一颗璀璨的明珠，全岛处处可赏海。即使是度假，我也习惯于每天清晨在岛上公鸡报晓声和窗外加勒比海的波涛声中起床。

我每天起床洗漱后的第一件事就是迫不及待地坐在饭店房间阳台的大藤椅上俯瞰加勒比海。因为巴巴多斯沿岸海底石灰岩是白色的缘故，这里的的海滩都是白色的。那细细的、洁白的细沙在清晨出升的太阳照耀下白得特别赏心悦目。

　　早晨的波涛并不汹涌澎湃，温柔缓和很有一波接一波的节奏十分和谐。此时映入眼帘的加勒比海水是那样的蓝，蔚蓝蔚蓝地清澈见底。我不禁大声赞叹，这才是 Blue！此时我的心胸真是"极目楚天舒"的那份感觉，好极了。

　　海滨浴场上停泊着两条白色的小船，船儿随着蓝色的波浪一起一浮煞是好看。在往远处眺望，那是海天一线的地方，海水平静，颜色变得很深沉。海天一线处天上得一片乌云，更让人感到加勒比海的神秘、深邃和魅力。眼前近海处蔚蓝蔚蓝的海水与远处变得墨绿色的深海海水之间有一条泛起白浪花的线，泾渭分明。

　　每天上午 10 时许，我和儿子在明媚阳光下游泳。巴巴多斯这地方最令人神往的就是在她那蔚蓝色温暖的大海里面畅游休息，波涛起伏但远没有巨浪滔天。这里海滨海滩非常之多，只有嫌人少之时，没有人满为患之忧。

　　在我们饭店门前的海滨浴场，当你头枕着加勒比海蔚蓝色海水波涛游尽情畅游时，环顾左右，常常发现就自己一个人在游泳，其他人都在晒太阳，一种似乎是在享受着自己私人浴场感觉油然而生。一个字，爽。漂浮在这辽阔无垠的海面上，一个字，蓝！最爽的还要说是仰卧在波涛之上长时间漂浮在海面无人打扰你的感觉了。加勒比水很咸漂浮力很大，特别适合在海面上长时间漂浮休息。那波涛在你后背起伏按摩你随波浪自然上下起伏和仰望蓝天白云和海天一线下的感觉真爽！这里的海水总是温度适中，何时下水都没有问题。躺在大海深处漂浮着并尽情欣赏大海时，我发现，此时的加勒比海海水颜色比早晨变深了，波涛起出映入眼帘的是宝石蓝色。伴随着白色的浪花和海岸洁白的细沙滩的衬托，海更蓝天更美了。只有游泳和戏水在这大海里面，你才能近距离用心去欣赏这份纯净的宝石蓝色，那蓝色真的是秀色可餐。

　　傍晚，加勒比海在涨潮中波涛一浪高过一浪，让泳者尽情享受冲浪的快感。夕阳西下余晖中欣赏到的不仅仅是加勒比海激情四射中仍然矜持的那份分外妖娆，而且还有那随着太阳以很快的速度落入海平线下在金色余晖中呈现有点绿头的、金色阳光下的深蓝色，美！

　　当太阳忽然一下子完全落入海平线后，加勒比海顿时变的深沉，天上的云彩也忽然从洁白轻飘变得庄重。这时的大海让人感到特别地神秘莫测和威力无穷。太太卢琳喜欢用相机记录下加勒比海天穹西边最后一缕金色的夕阳、大海之上乱云之间遮挡不住的那份金光灿灿。

　　新年过后的清晨，我起床时外面还哗哗地下着大雨，但当我洗漱完毕后站在阳台上时，一条漂亮的彩虹从天而降直达大海。蓝色海洋上的七色彩虹那景色真比油画还美。热带雨林天气的岛国就是这样忽然间就下了一阵子雨，马上又云消雾散，天蓝蓝，海蓝蓝。

　　如果说我们看到和体验到的巴巴多斯岛西岸的加勒比海如同温文尔雅的

蔚蓝色淑女的话，东岸的大西洋则像愤怒的猛男汹涌澎湃，蓝色的巨浪冲到岸边岩石推起千堆雪。这里，你感觉到的是大海在咆哮，大海入万马奔腾气势万千。东岸的海滨适合游客站在岸边看巨浪滔天，听涛声如雷。这里是欣赏蓝色海水激起浪花千朵瞬间那洁白入雪的巨浪。这里，可能适合专业运动员冲浪划水，但绝对不适合普通游客下海游泳。所以，巴巴多斯的度假饭店和高档住宅大多是在西海岸的加勒比沿海海滨。但到东海岸去观海，去欣赏那如同雄壮有力的帅男大西洋的那份巨浪撞击海边岩石的怒吼涛声和满眼雪白的浪花，我们感到了海洋的力量和能量。

　　朋友，你欣赏过大海吗？你是否曾在一个独立国度里欣赏东西海岸只相距14英里却既拥有加勒比海最美丽温柔得碧波荡漾，又拥有大西洋万马奔腾巨浪掀起千堆雪的汹涌澎湃？你用心欣赏过东西海岸两大海洋不同的蓝色、不一样姿色的秀色可餐吗？去巴巴多斯一游吧！

2010 年 11 月 10 日，面向全球华人发行的《人民日报海外版》的《旅游》版发表了我写的《中国应拓展国际邮轮游》旅游漫笔：

中国应拓展国际邮轮游

谷世强　（美国）

《人民日报海外版》最近刊登消息，报道中国北方第一个邮轮母港——天津国际邮轮母港开港，引起笔者关注，这其中当然也有天津是笔者家乡的缘故。海上邮轮游既有利于旅游业的大发展，又有利于国内主要沿海港口城市的进一步对外开放。海上邮轮游规模巨大，利润丰厚，前景诱人。中国应该有自己的可以与皇家加勒比邮轮公司等海外邮轮"大腕"媲美竞争的大型国际化邮轮公司。

海上邮轮游在美国、欧洲、日本和韩国等早已十分发达，深受不同年龄段、不同收入水平和不同旅游兴趣游客的欢迎。因为与需要赶飞机、开汽车、不断入住和离开宾馆的旅游度假不同，乘上海上邮轮，每天 24 小时，想吃可吃，想喝就有美酒咖啡，很多美国老人和带小孩的家庭，就特别喜欢参加海上邮轮游。有的老两口退休没事，每年都要乘坐豪华邮轮外出旅行一段时间。

今年 5 月我们全家参加了一次由美国西海岸名城西亚图起航的海上邮轮游。这次船出海后沿着太平洋航线北上，风平浪静中欣赏着沿岸的"北国风光"，观看美国阿拉斯加的雪山、冰山、冰原和冰川。上岸后，我们乘坐旅游车在美国和加拿大人烟稀少的交界地带，多次看到大白天在路边悠闲地啃吃野花的黑熊，游客可以在汽车上拍照。在地面交通难以到达的自然保护区，我们获得了——与大海、动物、植物和蓝天白云融为一体的和谐感。

由此我想到，乘坐邮轮，在中国沿海港口城市上岸观光旅游，对欧美等海外游客其实更有吸引力。到了天津观赏滨海新区和海河两岸风光，上"古文化街"购物，品"狗不理"包子，买"泥人张"和杨柳青年画；抵达上海，能够欣赏外滩夜景，到"南京路"购物；在游轮上表演京剧、杂技等节目；中国理应成为海上邮轮游目的地大国。

海上邮轮游学问很多，它集旅游观光度假与吃喝玩乐和造船、航海、饭店经营管理，船上演出和购物活动等之大乘。中国要发展世界水平的海上邮轮游，立足国内主要港口城市，走向亚洲并最终走向世界，关键是人才。首先要培养造就和吸引一批海上邮轮游的专才。其次是建造大吨位、高档次、够规模的海上邮轮游豪华邮轮。论吨位计已是世界第一的中国造船业，应该有能力建造出有中国特色的巨型邮轮，外观漂亮诱人，行驶安全可靠，客舱和饭厅、酒吧、剧场等设施都要达到世界水平。

我希望不久的将来能参加国内海上邮轮游公司推出的有中国特色的东方海上邮轮度假之旅，期待着中国自己的世界一流水平的海上邮轮公司和中国特色航线与旅游观光节目。

　　2015 年 4 月 5 日，美国《世界日报》在全北美发行的《世界周刊》配发题头彩照，刊登了我投稿的《全民运动：中国应大力发展》一文：

全民运动：中国应大力发展

文／谷世强

　　今年 1 月下旬回大陆出差，在北京地铁看到了难忘的一幕，几乎所有的乘客尤其是年轻人，都在低头看手机或 iPad，那景象我至今难忘。

　　因为缺少运动，大陆学生的身体状况每况日下。中小学校里"小胖墩"越来越多，一跑步就气喘吁吁。小学生就成为"眼睛娃"的比例已高达 40%。大学生视力不良的更是高达 80%。教室里，连教授带学生都是"眼镜一族"，现在连征兵甚至征航空兵都不得不降低视力标准。其实，要让中华民族有希望，必须给全民"补钙"。这个钙不是来自药厂，而是来自全民体育文化的真正振兴。

　　我属于 50 后，小时候赶上"度荒"和"文革"年代的艰苦岁月。但是，我们这些同学现在不论是在大陆的还是出国的，身体大多不错，戴近视镜的更是少有，我至今也不戴近视镜。为什么？我们小时候虽然吃的跟不上，营养不良，但是我们的运动多。

　　那时，我们考试很少，但体育课那时还真多，因为体育课较多，因为体育课不犯"白专"错误。放学回家，家家没有电视机，我们就在门口玩"捉迷藏"，在马路上摆上两块砖头当"大门"踢足球。我上初中时，不是军训就是"拉练"，背上背包去天津郊区农村劳动锻炼。那时，课外活动比上课时间都多。初中毕业时，我们班上同学几乎没有戴近视眼镜的。

　　现在，大陆学生和年轻人身体健康状况堪忧并非是他们的问题，社会缺少健康的运动文化环境是罪魁。现在的孩子们从上幼儿园起就陷入恶性竞争环境不能自拔。小学生得拼命考上初中名校，初中生要拼命考上高中重点校，高中生更要拼命考上大学。要考上北大、清华这样名校，更要从起床到睡觉天天拼命读书才行。

　　不但课本、手机、电脑让学生们都成了"低头族"，家长望子成龙的心态和压力，也让大陆学生更是苦不堪言。而且，让孩子来美国读高中、读大学、上"藤校”已然成为大陆很多家长的梦想。可以说，学英文比踢足球重要一百倍。

近两年，每逢寒假和暑假，往返中美之间的航班上，总能见到上百名的大陆中学生来美国游学，为今后来美国读书选学校做实地考察。航空公司和旅行社都有天上掉馅饼的感觉，美国大学更是如此。如今的学生们哪里还有什么闲暇踢足球，在大陆考名校体育成绩好坏无所谓。

好在习近平不但本人喜欢踢足球和游泳，他也看到中国要真正实现伟大复兴，没有全民积极参与的体育运动文化不行，学生和青年不热衷踢足球、打篮球和其它运动项目不行。于是乎，今年羊年春节刚过，大陆高层竟然率先通过了一个《中国足球改革总体方案》。

这很新鲜，的确很新鲜。最近，习近平反腐百忙，竟然首先推出了这个足球改革总体方案。抓足球是“点”，他要带的“面”，自然是要振兴全民运动文化。“少年强则国强，少年智则国智”。看来大陆高层已经看到了振兴足球要从娃娃抓起，振兴中国运动文化增强全民族身体素质的极端必要性。笔者以为，这项改革虽然不关乎政治体制改革和经济改革，但的确至关重要。

文化是什么？文化是一种社会现象，文化的拉丁文原意是对灵魂的培养。而健康的体魄正是健康灵魂的基石。笔者以为，让全民族积极参加的运动，对一个国家和民族而言，就是一种文化。国民是否热衷于运动锻炼，从某种意义上说，决定着这个国家的兴衰命运。

大陆要借鉴国际经验改革足球，应该关注美国的运动文化。凡是到过美国的都有感触，不论春夏秋冬，美国城市特别是郊外的马路上、公园里和健身房里跑步运动的人很多。美国的电视频道不少，但不论是 ABC、NBC 这样覆盖全美国甚至全世界很多地方的大电视网络，还是有线电视收费频道，每天黄金时段和非黄金时段总会有橄榄球、篮球、棒球、冰球以及高尔夫球、网球乃至足球比赛实况转播，整个社会的运动文化非常突出。

华人过年讲究吃饭喝酒聚会，要不就在家里看电视剧、打麻将。美国人又是怎样过他们的节日季的呢？每年从 11 月最后一个星期四的感恩节开始，一直到新年的钟声响过，是美国一年一度的节日季。球赛是整个节日季最大、最长和最具魅力的运动文化盛宴。美国是一个强国，不能否认运动对美国富国强军的重要作用。我们居住的小区里面，很多美国邻居家门口都装有篮球筐，社区更有设施完善的橄榄球、棒球、篮球和网球场。在周末，那里永远是身穿运动服的孩子们比赛和训练的乐园。

每年 12 月份的第二个周六，从美国总统到一般民众都会关注同一件事：美国陆军队（西点军校）与美国海军队（海军学院）的橄榄球大赛。美国各大学球队的橄榄球和篮球联赛也是牵动着万千美国人的目光。大赛季节，你在费城到处可见身穿“老鹰”队绿色球衣的球迷。他们的汽车上也贴着“老鹰队”

的雄鹰标识，很多家门口都挂起了"老鹰"队队旗。

　　我从小从天津长大，有多少市民知道天津队的队服颜色、队旗图案和比赛日程呢？很少。中国已经到了必须振兴运动文化不可的时候了，中国青少年的健康状况已然到了必须通过运动得到改善的时候了，我要为习大大在羊年新春主持通过的《中国足球改革总体方案》点个赞了。但关键在落实，我们拭目以待。

CPSIA information can be obtained
at www.ICGtesting.com
Printed in the USA
LVHW061909250322
714215LV00021B/150

9 781683 724186